김영민

하버드대학교에서 동아
받았으며, 브린모어대학
역임했다. 동아시아 정치사상사, 비교정치사
상사 관련 연구를 지속적으로 해오고 있으며, 그 연장선
에서 중국정치사상사 연구를 폭넓게 정리한 *A History of
Chinese Political Thought*(2017)를 출간했다. 이 책『중
국정치사상사』는 영어 저서의 한국어판 번역을 저본으
로 하였으나 국내 독자를 위해 영어판과는 다른 문체로
다듬고 큰 폭으로 원고를 수정 집필한 새로운 중국정치
사상사이다.

이 외에도 산문집『아침에는 죽음을 생각하는 것이 좋
다』(2018), 논어 에세이『우리가 간신히 희망할 수 있는
것』(2019)을 비롯해『공부란 무엇인가』(2020), 『인간으로
사는 일은 하나의 문제입니다』(2021)를 펴냈다.

중국정치사상사

A
History Of
Chinese
Political Thought

중국정치사상사

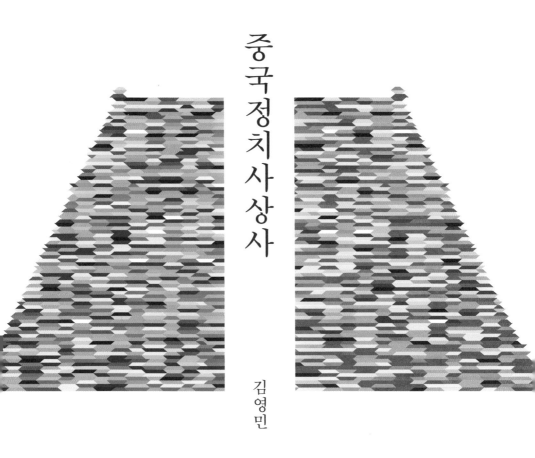

김영민

사회평론아카데미

"본질주의의 함정에 빠지지 않으면서 중국정치사상사를 한 권의 책에 담는 일이 가능할까? 김영민 교수는 바로 그 어려운 일을 해냈다. 융통성 있는 방법론과 방대한 지식을 가지고 중국정치사상을 살아 있는 전통으로 만들었다."

— 루브나 엘 아민(노스웨스턴대학교)

"깊이와 넓이를 두루 갖춘, 포괄적이고 권위 있는 중국정치사상 통사이다. 중국 사상의 복합성을 이해하는 데 정말로 귀중하고 필수적인 책이다. 이 책의 핵심에는 중국은 단수가 아니라 복수라는 강력한 주장이 담겨 있다."

— 케리 브라운(킹스칼리지런던)

"놀라운 책이다. 이 책은 중국정치사상에 관심 있는 모든 학인에게 새로운 출발점이 될 것이다."

— 스티븐 C. 앵글(웨슬리언대학교)

"이 책은 시대순으로 역사를 이야기하는 동시에 주제별로 내러티브를 조직하는데, 그 방식이 놀라울 정도로 효과적이다."

— 앤터니 블랙(던디대학교)

"이 책은 대가의 솜씨로 쓴 매우 가독성 높은 중국정치사상사이다. 원사료는 물론 중국, 일본, 한국, 서양 학계의 다양한 연구 문헌까지 능숙하게 활용하면서, 역사적이면서도 철학적인 내러티브를 제공한다. 단연코 이 분야 최고의 저작이며, 정치사상사에 관심 있는 모든 사람에게 진심으로 추천한다."

— 필립 J. 아이반호(조지워싱턴대학교)

"이 책은 B.C. 6세기부터 현재까지 중국의 정치사상에 대한 야심적이면서도 정교한 연구이며, 중국정치사상 학계의 관습에 대한 도전이다. 이 책에서 우리는 중국정치사상에 내재한 다양성에 대하여 귀중한 통찰을 얻을 수 있다."

— 존 닐슨 라이트(케임브리지대학교)

"이런 책이 세상에 있어 너무 행복하다. 오랫동안 역사적 현실과 유리된 중국정치철학 연구가 난무해왔는데, 김영민 교수는 철학적인 예리함과 역사적 맥락이 최적의 균형을 이루는 중국정치사상사를 써냈다. 전문 연구서로서의 새로움과 섬세함뿐 아니라 교과서적인 명료함까지 두루 갖춘 책이다. 해당 주제에 대한 연구사를 폭넓게 살피는 동시에 일반 독자도 읽을 수 있게끔 친절하게 서술되어 있다."

— 리 젠코(런던정치경제대학)

대상에 대한 흠모나 혐오 때문에 무엇인가 연구하는 사람들이 있을 것이다. 나는 그렇지 않다. 연구에 흠모나 혐오가 묻는 일은 대체로 바람직하지 않다고 생각해왔다. 이 책의 주제인 중국정치사상의 경우도 마찬가지이다. 중국정치사상에 대한 강렬한 흠모나 혐오가 있어서 연구한 것은 아니다. 인간은 혼자 살 수 없고 어딘가에서 공동생활을 하기 마련인데, 나의 경우 그 어딘가가 한국이다. 그러한 한국을 잘 이해하고 싶어서 중국을 공부하기 시작했다.

한국에 대해 이해하고 싶은데 왜 중국을 공부하는가? 어떤 대상에 대해 알고자 할 때, 그 대상'만' 공부한다고 해서 그 대상에 대해 잘 알 수 있게 된다고 생각하지 않는다. 그 대상을 잘 알기 위해서는 그 대상이 놓여 있는 맥락을 폭넓게 파악해야 하는데, 그 맥락은 비교의 맥락일 수도 있고 역사적 맥락일 수도 있다. 중국을 이해하는 일은 한국의 맥락을 이해하기 위한 충분조건은 아니지만 적어도 필요조건이라 여겼다. 중국 역시 중국'만' 공부한다고 해서 중국에 대해 잘 이해하게 되는 것은 아니다. 서양을 비롯한 여러 문명과의 비교 역시 필요하다. 그처럼 한국으로부터 멀리 떠나보아야 비로소 한국에 돌아올 수 있게 되리라고 믿는다.

이 책은 '중국'에 대한 것이지만, 우리가 익숙한 그 중국에 대한 것만은 아니다. 이 책을 서점이나 도서관에서 집어 들 독자는 아마도 우리에게 익숙한 그 중국에 대해 관심을 가진 사람이겠지만, 결국 독자의 예상을 벗어나는 것이 이 책의 목표이다. 일본의 애니메이션 감독 미야자키 하야오는 좋은 영화 체험은 1층으로 들어갔다가 2층으로 나오는 것과 같다는 말을 한 적이 있다. 독자가 현재의 중국에 대해 알고 싶어 책을 집어 들었다가 생각보다 넓게 펼쳐지는 세계에서 그만 길을 잃게 만드는 것이 나의 바람이다. 입구는 중국 고대였으나 출구는 대한제국, 일본, 베트남으로 뻗어 있는 교차로가 되게끔 책을 쓰고자 하였다.

이 책은 중국에 관한 책이기도 하지만 무엇보다도 먼저 '사상'에 관한 책이다. 즉, 그저 자료의 발굴과 나열을 목표로 하는 것이 아니라, 선학들이 남긴 사상을 통해 '생각'하는 것에 목표를 두었다. 그리고 이 책은 단순히 '사상'에 대한 책이 아니라 '정치사상'에 대한 책이다. 진공에서 이루어진 개념적 유희를 다루는 것이 아니라, 공동체를 둘러싸고 전개되는 사람들의 욕망과 열망과 갈등의 한복판에서 이루어진 사상을 다루고 있다. 그 사상의 역사와 씨름하는 일은 곧 우리의 사상을 만드는 길이기도 하다.

이 책에 담긴 공부의 기원을 찾자면 학창 시절에 배운 바까지 소급해야 하지만, 정작 이 책이 저술된 것은 미국의 대학에서 몇 년 가르치다가 한국으로 귀국하고 나서도 한참 시간이 지난 뒤의 일이다. 미국 대학에 계속 재직했더라면 그 세계에서 필요한 승진을 위해 훨씬 더 협소한 주제를 택하여 책을 썼을 가능성이 높다. 그러나 기회가 생겨 한국에 돌아오고 나니 한국정치사상사 연구를 본격화하기 전에 중국정치사상사 연구를 폭넓게 정리하고 싶은 열망이 일었다. 때마침 영어권의 한 출판사에서 중국정치사상사 저술을 의뢰했고, 그것이 계기가 되어 영문으로 된 *A History of Chinese Political Thought*를 출간하였다.

그러나 이 책이 기존에 출간한 *A History of Chinese Political Thought*를 그대로 번역한 것은 아니다. 처음에는 그 영문 저서를 단순히 번역하면 어떨까 하는 생각으로 작업을 시작했으나, 정작 작업을 시작해보니 목표로 하는 독자, 학계, 지성계가 다른 만큼 프로젝트의 성격도 달라져야 함을 깨달았다. 결국 이 책은 *A History of Chinese Political Thought*를 저본底本으로 하되, 많은 내용을 추가하고 수정하여 다른 문체로 쓴 새로운 중국정치사상사이다.

새롭게 쓰는 과정에서 내가 과거에 한국어로 발표한 연구 결과를 적극적으로 활용했고, 국내에 출간된 번역서도 폭넓게 인용하였다. 상당수의 인용문은 직접 번역하지 않고 국내에 번역된 책들을 활용했다. 독자들이 해당 번역서들을 찾아보고 전문을 읽어보기를 희망한다. 그리고 좀 더 생생한 느낌을 전하기 위하여 지도와 도판을 풍부하게 수록하고자 노력하였다.

이제 중국정치사상사를 출간하였으니, 과연 나는 앞으로 한국정치사상사를 쓸 수 있을까? 그러기 위해서는 당장은 상상하기 어려운 건강, 노력, 지원, 행운이 따라야 한다. 해낼 수 있을지 없을지 모르는 그 일을 상상하면서, 이 책이 나오기까지 여러 도움을 주신 가족, 친구, 동료, 스승, 학생, 출판사 여러분께 감사드린다. 특히 최종 단계에서 원고를 꼼꼼히 읽어준 ㈜사회평론아카데미 편집부와 서울대 동양사학과 구범진 교수의 도움 없이는 이 책의 완성도는 지금과 같지 않았을 것이다.

2021년 1월
김영민

차례

중국의 시대 구분

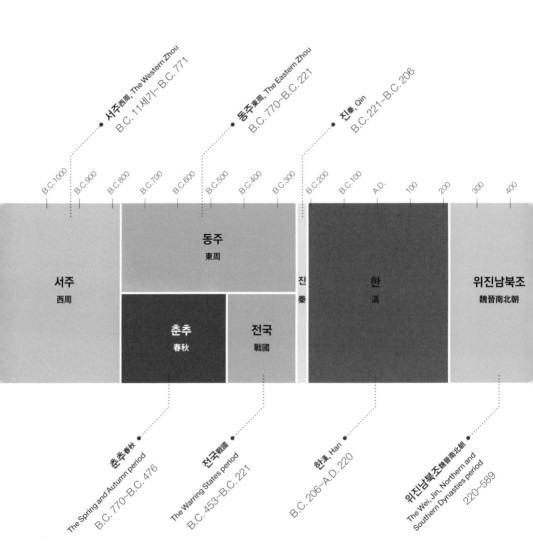

서주西周, The Western Zhou
B.C. 11세기~ B.C. 771

동주東周, The Eastern Zhou
B.C. 770~B.C. 221

진秦, Qin
B.C. 221~B.C. 206

B.C.1000 B.C.900 B.C.800 B.C.700 B.C.600 B.C.500 B.C.400 B.C.300 B.C.200 B.C.100 A.D. 100 200 300 400

동주
東周

서주
西周

진
秦

한
漢

위진남북조
魏晉南北朝

춘추
春秋

전국
戰國

춘추春秋
The Spring and Autumn period
B.C. 770~B.C. 476

전국戰國
The Warring States period
B.C. 453~B.C. 221

한漢, Han
B.C. 206~A.D. 220

위진남북조魏晉南北朝
The Wei, Jin, Northern and
Southern Dynasties period
220~589

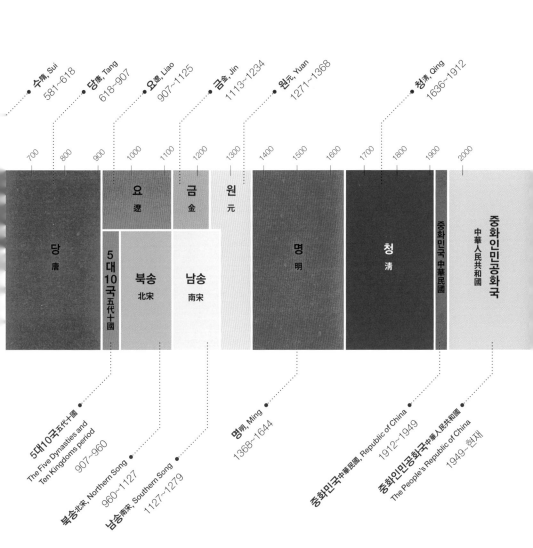

수隋, Sui
581~618

당唐, Tang
618~907

요遼, Liao
907~1125

금金, Jin
1113~1234

원元, Yuan
1271~1368

청淸, Qing
1636~1912

700 800 900 1000 1100 1200 1300 1400 1500 1600 1700 1800 1900 2000

요
遼

금
金

원
元

당
唐

5대10국五代十國

북송
北宋

남송
南宋

명
明

청
淸

중화민국 中華民國

중화인민공화국
中華人民共和國

5대10국五代十國
The Five Dynasties and
Ten Kingdoms period
907~960

북송北宋, Northern Song
960~1127

남송南宋, Southern Song
1127~1279

명明, Ming
1368~1644

중화민국中華民國, Republic of China
1912~1949

중화인민공화국中華人民共和國
The People's Republic of China
1949~현재

일러두기

1. 외래어표기법은 국립국어원 원칙을 따랐다. 단, 참고문헌의 경우 해당 출판사의 표기를 존중했으며, 각기 다르게 번역 표기된 경우 국립국어원 원칙을 따랐다.

2. 중국 인명 표기는 신해혁명(1911)을 기점으로 이전 시기는 한자음으로, 이후 시기는 중국어음으로 표기했다.

3. 본문의 도판 대부분은 한국 독자의 이해를 돕기 위해 한국어판에만 실린 것이다.

4. Image Credit: p. 71. INTERFOTO / Alamy Stock Photo; p. 81. 3, 4. ⓒ Mountain / wikimedia CC BY 3.0; p. 112. Rasto SK / Shutterstock.com; p. 130. 泉 lin / Alamy Stock Photo; p. 181. Heritage Image Partnership Ltd / Alamy Stock Photo; p. 234. lapas77 / Shutterstock.com; p. 337. Cakravartin-lesouverain universel ⓒ Ddalbiez / wikimedia CC BY 3.0; p. 679. Chronicle of World History / Alamy Stock Photo; p. 683. Imaginechina Limited / Alamy Stock Photo; p. 731. ⓒ Lampman / wikimedia CC BY 3.0

Introduction

1

서론

나는 이 책을 통해 지금까지 나온 중국정치사상 통사通史들보다 역사성이 좀 더 잘 구현된 서사narrative를 제공하고 싶다. 이러한 내 희망은 기존 중국정치사상 통사들이 충분히 역사적이지 않다는 비판적 인식에 기초해 있다. 따라서 내 자신의 서사를 제시하기 이전에 먼저 중국정치사상 통사를 둘러싼 연구 현황을 비판적으로 검토하겠다. 물론 중국정치사상에 대한 연구서나 논문은 엄청나게 많다. 지금 이 순간에도 영어권, 중국어권, 일본어권, 한국어권 등지에서 연구 결과가 꾸준히 나오고 있다. 편의상 나는 '중국정치사상사'라는 제목 혹은 그와 유사한 제목의 연구서, 즉 통사적 성격을 띤 저작들로 논의를 한정하고자 한다.[1]

　서양어로 된 연구서에 논의를 국한해서 말하자면, 샤오궁취안蕭公權[2]의 『중국정치사상사』 영역본(1979)이 고대부터 현대까지 중국정치사상의 흐름을 학인들에게 소개하는 실질적으로 유일한 저서 규모의 연구이다.[3] 그런데 이 책은 원래 영어로 저술된 것이 아니라 중국어로 된 원작(의 일부)을 영어로 번역한 것이다. 따라서 샤오궁취안의 『중국정치사상사』를 이해하기 위해서는 원작이 출간된 당시의 중국 학계 상황을 알아야 한다. 샤오궁취안의 『중국정치사상사』는 1930~40년대 중국 학풍의 일부이다. 당시 중국 학계는 뤼쓰몐呂思勉,[4] 뤼전위呂振羽,[5] 타오시성陶希聖,[6] 량치차오梁啓超[7]의 저작을 포함하여 적지 않은 정치사상사를 산출했다.[8] 하지만 이후 1980년대까지 중국 대륙 학계에서는 중국정치사상사에 대한 통사적 혹은 연대기적 서사가 거의 시도되지 않았다. 이러한 학술상의 공백은 그 기간에 중국 대륙이 정치적 격동에 휩싸여 있었다는 사실에 대체로 기인한다.[9]

한편, 중국 대륙과 떨어져 있어 불안정한 정치 상황에서 상대적으로 자유로웠던 타이완 학자들은 일련의 중국정치사상사 저술을 꾸준히 출간했다. 셰푸야謝扶雅의 『중국정치사상사강中國政治思想史綱』, 싸멍우薩孟武의 『중국정치사상사』, 양유중楊幼炯의 『중국정치사상사』, 예쭈하오葉祖灝의 『중국정치사상정의中國政治思想精義』, 장진젠張金鑑의 『중국정치사상사』 등이 그 예이다.[10]

그런데 지난 몇십 년간 정치 상황이 바뀌면서 중국 대륙의 학자들도 중국정치사상사를 의욕적으로 출간하기 시작했다. 2014년에는 류쩌화劉澤華와 그의 동료들이 기존 『중국정치사상사』 내용을 확장하여 9권에 이르는 거질 편집서 『중국정치사상통사中国政治思想通史』를 중국인민대학출판사中國人民大學出版社에서 출간하였다.[11] 중국정치사상사라는 이름을 가진 연구서들이 늘어나는 사실 자체가 연대기적 서사 혹은 통사류의 서사가 중국 대륙 학술계의 인기 있는 장르임을 보여준다. 그러나 중국 외부에서는 그에 비견할 만한 경향이 없었다. 괄목할 만한 중국학 연구 전통을 가진 일본 학자들조차 지난 50년간 중국정치사상 통사를 거의 시도하지 않았다. 몇몇 책의 제목은 중국정치사상 통사가 연상되지만, 실제 내용을 보면 통사를 의도한 것이 아님을 알 수 있다.[12]

내가 영어로 중국정치사상사를 처음 쓸 때는 그것이 영어 저술인 만큼, 샤오궁취안의 『중국정치사상사』가 출간된 이후 지금까지 학계의 공백으로 남아 있던 부분을 메우게 되기를 희망하였다. 샤오궁취안의 『중국정치사상사』는 물론 고전이다. 샤오궁취안은 자신의 책에 중국사 속의 정치사상가들을 가능한 한 많이 포함하고자 한 것으로 보인다. 나는 그와 같은 대작을 감히 흉내 낼 수조차 없다. 나의 중국정치사상사 저술이 표방하는 야심은 그보다 훨씬 작다. 나는 그 모든 정치사상가를 꼼꼼히 다루겠다는 야심은 가지고 있지도 않을뿐더러, 심지어 일견 중요해 보이는 정치사상가들마저 기꺼이 배제할 것이다.

그런데 샤오궁취안의 『중국정치사상』 영역본이 출간된 지도 40여 년이 지났고, 그동안 중국정치사상과 관련해 엄청난 학술적 진보가 이루어졌다. 이 이유만으로도 전보다 업데이트된 중국정치사상 통사를 제공할 필요는 충분한 것 같다. 소개하고 토론해야 할 새로운 관점과 중요한 발견이 너무나 많다. 특히 내가 기존에 출간한 영어본 중국정치사상사에 이어 한국어로 새로이 중국정치사상사를 쓰면서는 현재 한국어 독자들이 이용할 수 있는 연구서와 자료를 되도록 많이 동원하고자 하였다. 그런데 내가 중국정치사상사를 새로 쓰고자 결심한 것은 단지 중국의 지적 전통에 대한 우리의 앎을 혁신적으로 확장해온 새로운 학문적 업적들을 반영해야겠다는 욕망 때문만은 아니다. 나는 샤오궁취안의 『중국정치사상사』를 포함한 기존 중국정치사상 통사들이 기반하고 있는 전제들을 재검토하겠다는 분명한 문제의식을 가지고 있다. 그 점에서 이 책이 야심적이라면 야심적이다. 따라서 본 저작의 지향을 간파할 수 있는 효과적인 방법 중 하나는 이 책이 과연 어떤 식으로 샤오궁취안의 『중국정치사상사』라는 표준과 결별하고 있는지를 보는 것이다. 다음 글은 샤오궁취안의 『중국정치사상사』가 가진 특징을 잘 요약하고 있다.

중국의 역사는 아득히 먼 과거부터 세기를 걸쳐 내려온 연속체이다. … 공자가 선생의 역할을 자임하고, 자신의 가르침을 수립하고, 제자백가의 학설이 연이어 나타났을 때, 정치사상 역시 빠르고 급속한 변화를 겪었다. … 그 와중에 제국의 전제정 혹은 권위주의 정치체제the imperial authoritarian forms of government는 진秦·한漢시대 이래로 특별한 변화가 없었다. … 그리고 명明·청清시대에 해양에서 온 서양의 문화적·군사적 침공의 연속 과정이 없었더라면, 정치사상이 아무 변화 없이 지속해온 시기 the Period of Continuation가 송宋·원元시대로 끝나지 않았을 것이다. 그리고 명·청시대에 벌어진 것과 같은, 뒤이은 변화의 시기가 도래하지 않았을 수도 있었을 것이다. 중국정치사상 변화의 직접적 원인은 외부의 힘에 의한 충격이었다. … 이 중국이라는 권위주의적인 세계의 정치사상은 그 배경으로 진·한 왕조에서 명·청 왕조에 이르는 정치제도를 배경으로 하고 있었다. … 선진先秦 시기부터 존재해온 모든 철학 학파의 경우, 그들의 번영과 쇠락을 결정했던 것은 (제국 시기의) 새로운 역사적 환경에 대한 적응력이었다. 유가儒家의 적응력이 가장 뛰어났다. 그리하여 유가의 가르침이 가장 오래 전승되었다. 유가의 실제 힘과 영향이 가장 강력했다.[13]

첫째, "중국의 역사는 아득히 먼 과거부터 세기를 걸쳐 내려온 연속체이다"라는 문장, 그리고 샤오궁취안의 『중국정치사상사』 곳곳에서 보이는 유사한 표현들에서 드러나고 있는 것처럼, 샤오궁취안의 저작을 추동하는 힘은 중국 민족주의이다. 실제로 샤오궁취안의 『중국정치사상사』에서는 현대 중국을 그전 중국 역사가 도달해야 했던 불가피한 종착지로 간주하고 있다. 둘째, 샤오궁취안은 중국 제국의 역사를 권위주의 혹은 전제주의 정치체제authoritarian forms of government로 보고 있다. 셋째, 샤오궁취안은 이른바 유교儒敎, Confucianism 혹은 유가를 중국정치사상의 전형적인 형태로 보고, 공자를 그 유교 혹은 유가의 '갑작스러운' 창조자로 간주한다. 넷째, 샤오궁취안이 보기에 중국정치사상은 권위주의 혹은 전제주의 정치체제의 이데올로기적 정당화이다. 그에 따르면, 유교가 성공한 원인도 다름 아니라 유교가 중국 전제주의despotism or autocracy에 잘 적응한 데 있다. 다섯째, 서양 문명이 중국에 충격을 주기 전까지 중국 제국의 정치체제와 사상에는 심오한 변화가 없었다.

끝으로 지적할 점은, 샤오궁취안은 봉건封建에서 전제주의 제국을 거쳐 근대 민족국가에 이르는 세계사 발전 단계론에 의거하여 중국정치사상의 연대기를 구조화한다는 사실이다.[14] 이 발전 단계는 봉건에서 절대왕정을 거쳐 근대 민족국가에 이른 유럽의 경험에 대략 조응하는 것이다. 이러한 해석틀의 주된 문제점은 현재를 결정론적 시각에서 바라본 나머지 과거가 어떻게 하여 현재에 이를 수밖에 없었는지를 되짚어나가는 목적론teleology이라는 점이다. 샤오궁취안은 서양의 역동성과 중국의 정체성이라는 이분법을 견지하면서, 중국정치사상의 역사를 세 단계로 나눈다. 즉, 봉건 세계의 사상(춘추전국 시기 포함), 전제정 제국의 사상(진나라에서 청나라에 이르는 2,000년을 포함), 근대 민족국가의 사상(19세기 말에서 현재)[15]으로 나누고, 자신이 책을 저술할 당시에 알려졌던 중국의 정치사상가들 (전부가 아니라면) 대부분을 이 중국사의 커다란 프레임 속에 위치시킨다. 그 결과 그의 정치사상사는 규모가 상당히 커졌으며, 아마도 그 때문에 원저작의 절반만이 영어로 번역되었다.[16]

나는 샤오궁취안의 견해 가운데 거의 모든 면에 이의가 있다. 그러나 여전히 많은 사람이 대체로 위와 같은 사고방식대로 중국정치사상사를 요약하고 있는 것으로 보인다. 그러면 이제 앞서 거론한 샤오궁취안의 입장을 하나하나 따져보기로 하자.

중국이란 무엇인가

첫 번째로 따져볼 것은 중국이라는 개념 그 자체이다. 중국이라는 것은 샤오궁취안의 『중국정치사상사』나 그와 유사한 저작들을 조직하는 핵심 개념이다. 중국정치사상에 대한 대부분의 통사적 설명은 '중국'이란 말 뒤에 놓여 있는 다층성에도 불구하고 '중국'을 궁극적으로 단일한 단위로 간주하는 것 같다. 그런 태도는 그 나름대로 장점이 없지 않다. 중국정치사상의 서사를 전개해나가는 데 일종의 표지標識 역할을 하기 때문이다. 그러나 한편으로는 '중국'이라는 이 오랫동안 간직해온 가정假定을 무반성적無反省的인 상태로 내버려두는 것이기도 하다.

　중국 대륙 학계의 지배적인 패러다임이라고 해도 과언이 아닌 민족주의적 역사서술법이 이와 관련한 적절한 사례이다. 민족주의적 역사관에 기초한 대부분의 현행 통사적 설명은 중국 역사의 주체로서 중국 민족을 설정하고, 현존하는 중국 민족국가의 영토적·문화적 경계를 당연시한다. 중국 민족주의의 청사진은 페이샤오퉁費孝通[17]의 『중국민족다원일체격국中華民族多元一體格局, *The Unifying Structure of the Pluralist Chinese People*』(1988)에서 찾을 수 있다. 페이샤오퉁이 전개하는 논의의 핵심은, 원칙적으로 현대 중국은 그 이전 중국 역사의 피할 수 없는 귀착점이라는 것이다. 현재 많은 사람이 민족국가 혹은 그와 유사한 국가에 여전히 살고 있기에 일상적으로 사용하는 언어와 범주에도 민족주의 역사서술법의 인식이 상당히 반영되어 있다. 그러한 언어와 범주들에 익숙해지다 보면, 고대 이래 원초적 모습을 간직해온 어떤 내구성 있는 정치적 단위 안에서 우리가 오랫동안 살아왔다는 인상을 갖게 되기 쉽다.

그러나 비판자들은 중국이 역사적으로 통일된 민족국가였다는 것은 신화에 불과하다고 정력적으로 주장해왔다. 그러한 비판에 따르면, 민족주의적인 중국 이미지는 역사적 현실이었다기보다는 훨씬 최근에 발명된 인공적인 조작물이다. 정치적으로 민감한 이 주제에 대한 논쟁은 여전히 진행 중인데, 그 논쟁의 세부에 개입해서 결론을 내리려는 것이 이 책의 주된 관심사나 목적은 아니다. 어쨌거나 현행 중국 민족주의가 역사적 패러다임으로서 회고적retrospective이며 목적론적teleological이라는 점은 분명하다. 중국 민족이라는 생각을 전근대 시기에까지 투사하고, 과거에는 없던 의미를 현대의 입장에 기초하여 기어코 부여한다는 점에서 중국 민족주의는 회고적이다. 그리고 현재의 중국 '민족'국가를 2,000여 년의 중국 제국 역사의 필연적인 귀결로 간주한다는 점에서 중국 민족주의는 목적론적이기도 하다.

중국이 역사를 만들기보다는 역사가 중국을 만든다. 따라서 이 책은 중국을 원래부터 존재해온 단일한 덩어리monolith로 보지 않고 일종의 구성물construction로 간주한다. 공적인 수사rhetoric, 역사서술법, 그리고 다양한 이데올로기 생산수단을 통해 중국 정체성을 발명하고, 재발명하고, 강화하고자 하는 지속적인 인간 노력의 결과 외에 달리 중국을 지탱하는 절대적이고 영원한 기초 같은 것은 없다. 어떤 의미에서 볼 때, 현실이란 중국 그 자체가 아니라 중국이라는 이름 아래 이루어지는 정치적 정체성에 대한 모색들이다. 그 모색들을 통해 비로소 과거에 명멸했던 왕조들이 중국이라는 하나의 통합된 전체로 묶이게 된다. 이미 존재하는 모색들은 중국의 정체성을 만들어가는 후속 작업 과정에서 지속적으로 재해석reinterpret되고, 재협상renegotiate되고, 재조정readjust 되어왔다. 경직된 견해는 변화하는 상황에 제대로 대처할 수 없기에 오랫동안 버틸 수 없었다.

이러한 인식하에 이 책은 중국정치사상을 그 자체의 역사적 맥락에서 음미하기 위하여, 목적론적 역사서술법으로부터 이른바 중국이라는 것을 해방하고자 시도한다. '중국'이라는 것에 대한 인식 변화와 그러한 변화를 만들어낸 역사적 현실의 관계를 탐구하는 일은 그 자체만으로도 충분히 흥미롭다. 여러 가지 탐구할 만한 거리들이 있겠지만 그중에서도 중국 사람들이 자신들을 어떻게 중국인이라고 구성했는지, 그들의 자기 정체성이 그때 왜 하필 그와 같은 형태를 띠게 되었는지, 스스로에 대한 이미지가 어떻게 당시 정치사상을 조건지었는지에 대해 알아보고자 한다. 간단히 말해 나는 '중국'이라는 생각 자체를 중국정치사상의 긴 역사를 서술하는 데 핵심적인 맥락 변수contextual variable로 다루고 싶다.[18]

이렇게 말하고 나니 중국성中國性, Chineseness에 대해 몇 마디 더 해야 할 것 같다. 중국성이란 "중국이란 무엇인가?"라는 질문에 대한 광범한 대답들을 가리킨다. 각 대답의 내용이 무엇이든, 그 대답들은 중국사라고 일컬어지는 전 시간대에 두루 적용될 수 있는 초왕조적 실체a trans-dynastic entity를 상상하기 위한 틀을 창출하고자 하는 시도들이다. '중국'이 어떻게 정의되든 이 초왕조적 실체는 어느 특정 공간적–문화적–정치적 실체와 동일한 것이 아니다. '중국'은 그 자체로 각 왕조나 국가가 자신의 정체성을 형성할 수 있는, 특정 왕조나 국가보다 큰 총체적 실체a larger overall entity이다. 새로운 정치체가 등장해서 역사적으로 선행했던 왕조들과의 관련 속에서 자신을 정의함으로써 보다 큰 시공간적 연속 감각을 창출하려고 들지 않는 한, 대개 이러한 종류의 근본적인 질문은 제기되지 않는다.

보통의 상황에서라면 사람들은 중국이 무엇인지보다는 중국이 무엇을 하는지에 더 관심을 갖는다. 하지만 근래 학자들은 중국의 자기 이해에 대해 부쩍 더 관심을 보여왔다. 그것이 국가 정체성이든, 민족 정체성이든, 종족 정체성이든, 문화 정체성이든. 그런데 중국성이라는 질문을 다루는 일은 특히 더 만만치 않다. 중국이 꾸준히 존재해온 실체인 것 같아도 변치 않은 존재였던 적은 없었기 때문이다. 실제로 '중국'은 다양한 정치적 행위자political actors에 의해 지속적으로 발명되고 재발명되어왔으며, 그리하여 변화하는 역사적 조건들을 반영하는 변환을 꾸준히 겪어왔다. 이 변환의 역사는 2,000여 년을 훌쩍 뛰어넘는다. 그러므로 '중국'이란 고정된 단일한 정체성이 아니라 지속적으로 움직이는 표적이다.[19] 그렇다면 우리는 이 움직이는 표적을 어떻게 포착해야 하는가? 오랜 시간에 걸쳐 흩어져 있던 나머지 자칫 난장판이 되기 쉬운 역사적 자료에 어떻게 질서 있는 연속성을 부여해야 하는가?

중국성에 대한 접근법들

영어 'China(차이나)'는 현대 중국어의 중국中國, central state 혹은 중화中華, central efflorescence에 해당하는 정치체를 지칭한다. 'China'라는 말 자체가 중국 역사상 최초의 통일 제국이자 전제적인 정치권력으로 유명한 진秦나라(B.C. 221~B.C. 206)의 이름에서 왔다(중국어 사용자는 China와 秦의 발음상 유사성을 인지할 수 있다). 대조적으로, '중화'라는 용어는 규범적인 의미를 명백하게 탑재하고 있다. 중국 역사상 통치자와 지식인 들은 근대적인 유형의 민족국가를 지칭하기 위해서가 아니라 '문명의 중심'이라는 보편적인 사명을 뜻하기 위해 중화라는 용어를 사용하였다. 그런 점에서 볼 때, 중화라는 말이 예전부터 줄곧 사용되어왔다고 해서, 현대적인 민족 혹은 국가의 의미를 중국사 전체에 덧씌우는 것은 시대착오적이다. 역사상 존재했던 중국의 대부분은 우리가 아는 중국이 아니었다.

　　이 점을 음미하기 위하여 우리는 중화 개념이 가진 역사성을 진지하게 다루어볼 필요가 있다. 한漢나라(B.C. 206~A.D. 220) 때부터 혹은 그 이전부터 정치 엘리트들은 중국 정체성을 형성하는 과정에서 중화 개념을 꾸준히 활용해왔다. 중화 중심적 세계관은 '중화'라는 용어를 보다 넓은 세계와의 관련 속에서 사용한다. 중화라는 용어는 중국과 이적夷狄의 대립항을 설정한다. 중국이란 중심에 존재하는 보다 우월한 공간-문화적 실체이고, 이적이란 주변부에 존재하는 종족과 국가 들이다. 중화 대對 이적이라는 이분법은 문명 대 야만과 유사하다. 따라서 중화 대 이적(간단하게는 화이華夷)이라는 이분법은 단순한 구분이 아니다. 페르디낭 드 소쉬르Ferdinand de Saussure(1857~1913)의 구조주의적 언어학에서 말했듯이, 의미는 상호 의존적인 차이에서 발생한다. '크다'는 '작다'와의 관련 속에서 '동쪽'은 '서쪽'과의 관련 속에서 정의되듯이, 어떤 것의 의미는 타자와의 관련 속에서 정의된다. 마찬가지로, 중화 중심적 세계관 속에서 중화와 이적은 개념적으로 상호 필연적인 관계에 있다. 즉, 중국 왕조들이 누리는 '중화'라는 지위는 단순히 그 자체의 내적 성질에 의존하는 것이 아니라 이적이 갖는 '야만성'과의 필연적 관계에 의지하고 있다. 자신이 중화가 되기 위해서는 그보다 못한 이적이 반드시 존재해야만 하는 것이다.

'중화' 개념에 위계적인 의미가 깃들어 있는 것은 분명한 반면, 무엇이 '중화'의 내용을 이루는가는 그다지 분명하지 않다. 고대에서 현대에 이르기까지 이 질문에 대한 대답은 너무 복잡하여 여기에서 그 모든 대답을 요약할 수는 없다. 중화의 내용에 관한 질문의 답이 무엇이든, 그 답을 만드는 과정에서 정치적 행위자들은 세 가지 원천source, 즉 공간적 원천, 민족적ethnic 원천,[20] 문화적 원천을 활용해왔다.

첫째, 공간적 원천을 활용하는 이들은 특정한 공간 영역이야말로 중국을 정의한다고 주장한다.[21] 중국中國이라는 전통적인 용어는 중국성 또는 중국 정치체polity를 지칭하기도 하는데, 그것은 그 과정에서 종종 공간적인 정의를 수반한다. 특히 중국이라는 말은 외국外國, external states이라는 용어와 대비되었다. 공간적 원천을 활용하는 접근법을 지지하는 이들은, 중국이 되기 위해서는 중원中原을 차지해야만 한다고 종종 주장한다. 중원은 황허黃河 유역이라고 알려지기는 했으나 정확히 어디부터 어디까지인지 모호하다.[22]

둘째, 민족적 원천을 활용하는 이들은 (민족이 꼭 혈통에 기반한다는 법은 없는데도) 중국성을 대체로 혈통과 동일시하려 든다. 민족적 접근법을 취하는 이들은 한漢이라는 민족적 정체성ethnic identity이 중국을 정의한다고 주장한다.[23] 그러나 새로이 등장한 비판적 한漢 연구critical Han studies는 한과 중국성을 단순히 동일시하면 안 된다고 경고한다.[24] 즉, 중국의 주된 민족 집단인 '한'은 세계에서 가장 큰 집단 정체성 범주 중 하나인 동시에 불확실성과 비일관성으로 가득 차 있는 범주이다.

셋째, 문화적 원천을 활용하는 접근법이 있다. 이 접근법은 비非민족적 형태의 정체성을 옹호한다.[25] 문화적 접근법을 취하는 사람들은 한의 민족성을 특권화하는 인종적 이해를 거부한다. 대신 그들은 중국 고유의 문화적 특질이라고 간주하는 것들에 초점을 맞춘다. 그러나 문화적 접근법이 전제하는 중국문화의 고유성과 통일성은 의심스럽다. 예컨대 중국 '방언'들 간의 차이는 너무나도 커서, 유럽 같았으면 각 방언이 다 외국어로 간주되었을 것이다. 게다가 비非한족계 여러 민족이 발전시킨 다양한 문화가 중국 역사에 결정적 영향을 끼쳐왔다는 사실은 점차 널리 인정되고 있다.

앞에서 거론한 세 가지 접근법은 분석적으로 구분되며, 그 나름의 특정한 정치적 프로그램과 정치권력의 표현을 반영한 것이다. 공간, 민족, 문화는 각각의 방식으로 사람들을 구분하고 특수한 계보에 얽어 넣는다. 따라서 정치적 행위자들은 자신들이 목표로 하는 청중을 정치적으로 동원하기 위하여 이 가용 원천들을 주의 깊게 운용한다. 특히 이 원천들은 그들의 통치를 정당화하는 데 활용될 수 있다. 눈앞의 목적에 얼마나 효율적으로 봉사하느냐에 따라 이 세 가지 접근법은 서로 얽힐 수도 있다. 즉, 정치적 행위자들은 자신의 필요에 따라 한 가지 이상의 원천을 결합하여 사용할 수 있다. 몇 가지 원천을 사용하든 정치적 행위자들은 자기 이해관계 속에서 집단 정체성을 만들어내고자 하며, 그 과정에서 정치적 전유political appropriation를 일삼는다. 그와 같은 행위는 그 나름대로 얻는 것도 있고, 잃는 것도 있다.

앞에서 말한 세 가지 원천을 가장 단순하게 결합하는 방식이 바로 본질주의를 동원해서 결합하는 것이다. 이를테면 신화적 존재인 황제黃帝의 후예라는 점에서 중국인의 통일성을 주장하거나, 혹은 그 밖의 방식으로 중국인 공통의 조상을 설정하는 경우가 있다.[26] 중국문학, 중국문화, 디아스포라 연구diaspora studies 등의 분야에 종사하는 학자들은 중국성에 대한 이러한 유구한 본질주의적 정의에 도전해왔다. 문제는 어떤 형식의 중국성이든 실제 내용이 모호하여 손에 잘 잡히지 않는다는 것이다. 그리하여 이엔 앙Ien Ang은 정체성의 범주로서 중국성이 갖는 정당성 자체를 따져 묻는 데까지 나아간다. 즉, 이엔 앙은 정체성 표지 역할을 하는 중국성이라는 범주 자체에 대해 정면으로 의혹을 제기한다.[27] 여타 문화적 본질주의에 대한 비판자들과 마찬가지로, 이엔 앙 같은 급진적 반대자들은 이종성heterogeneity, 논란성contestation, 잡종성hybridity 같은 이론적 정언명령을 전면에 부각한다. 그리고 그러한 정언명령을 따르기 위해 일종의 코즈모폴리턴cosmopolitan 적 상상력으로 중국성을 대치하고자 한다. 본질주의에 기초한 중국성 사고방식에 질린 사람들, 특히 과잉된 민족주의가 차별과 억압을 낳았다는 사실을 예민하게 의식하는 이들은 이엔 앙 같은 학자의 주장을 환영할 것이다. 실로 본질주의에 대한 그간의 비판을 외면하기는 쉽지 않다. 본질주의가 싫다고 할 때, 남은 길은 이엔 앙처럼 되는 것뿐일까? 중국성이라는 생각 자체를 폐기처분하는 것이 능사일까?

나는 본질주의 비판이 상당히 설득력 있다고 생각한다. 그러나 지금까지 주로 제기되어온 비판보다는 좀 더 생산적인 접근법이 있으리라고 생각한다. 그러한 접근법은 앨런 패튼Alan Patten이 명명한바, 사회 계통적 설명social lineage account에서 일부 찾을 수 있다. 사회 계통적 설명에 따르면 "문화란 사람들이 공통된 형성적 맥락a common formative context에 다 함께 순응할 때 그 사람들이 공유하는 것이다."[28] 다시 말해 사회 계통적 설명은 특정 정체성 표지 아래서 복수의 세대에 걸쳐 이루어지는 뚜렷한 사회화과정 혹은 해석의 연쇄에 초점을 맞춘다.

이러한 관점을 취할 경우, 무엇이 중국성이고 무엇이 중국성이 아니냐는 문제에 대답하기 위하여 중국성의 내용을 특정하게 정의할 필요는 없다. 중국의 오랜 역사에서 사람들을 통합해온 것은 그들의 생각 내용이 아니라 그들 스스로 구성한 집합적 정체성일 뿐이다. 그러한 구성 행위 없이는 오늘날 당연해 보이는 문화적 특질들이 무질서한 변이變異로 흩어져버릴 수도 있었을 것이다. 그러나 사람들은 자신의 집합적 정체성을 구성하기 위해 적지 않은 노력을 기울였고, 그러한 노력들이 모여 이해 가능한 정체성을 만들어냈다. 어떤 집단의 구성원들이 중국이라는 이름으로 자신들의 정체성을 주장할 때, 그들은 단지 "중국이란 무엇인가?"라는 질문에 그들 나름의 대답을 제시하는 것만은 아니다.

그에 더하여 그들은 바로 특정한 방식으로 정체성을 주장하는 행동을 통해 사회 계통적 설명을 가능하게 하는 조건들을 재생산하고 있는 것이다. 즉, 특정 정체성 표지 아래서 자기 세대에 필요한 사회화 과정을 겪고 있는 것이다. 그 과정에서 각 세대는 "중국이란 무엇인가?"라는 질문에 대하여 그들 나름의 대답을 제시하곤 하는데, 과연 그 대답이 얼마나 진정으로 중국의 핵심에 다가간 것인지 혹은 얼마나 '중국적'인지 측정하고 싶을 수 있다. 특히 본질주의적 접근을 취하는 이들은 얼마나 중국적인지를 측정하는 일이 매우 유의미하다고 여길 공산이 크다. 그런 마음이 아예 이해가 안 되는 것도 아니다. 그러나 사회 계통적 설명의 관점에서 보면, 집단 정체성을 형성하는 순간에는 그러한 측정이 나름대로 유용할 수 있어도, '중국적'이라는 말은 결국 내용상 정확성을 결여한 말이다. '중국적'이라는 것의 본질은 없기 때문이다.

시간이 흐르고 환경이 변하게 되면, '중국성'에 대한 기존 견해들은 다양한 이해관계가 촉진하는 행동 방향과 보조를 맞추지 못하게 될 수 있다. 보조를 맞추지 못하는 생각들은 더 이상 대다수 사람들에게 받아들여지지 않게 된다. 이처럼 정치적 정체성은 불변의 본질을 반영하는 것이 아니지만, 아무것도 없는 공백에서 단순히 날조되는 것 또한 아니다. 원하는 효과를 거두기 위해서는, 정치적 정체성은 문화적으로 조건지어진 규범, 기대치, 개인적 이해관계에 따른 요구에 부응해야 한다. 즉, 기존에 유통되는 상징들을 어느 정도 활용할 수밖에 없다.

그렇다면 중국문화의 어떤 본질적 특성이 중국 역사를 통합해왔는가 하는 질문은 적절하지 않다. 그 대신에 사회 계통적 설명 방식은 어떠한 역사적 조건들이 사람들로 하여금 그들 스스로 동일한 집단이라고 간주할 만한 강력한 이유가 있다고 믿게끔 했는지를 질문한다. 이러한 질문을 던질 때에야 비로소 어떻게 중국성 같은 정체성 표지가 끈질기고 생명력 있게 그간 존속해왔는지, 중국성의 실제 내용이 종종 큰 변화들을 노정해왔는지 설명할 수 있다. 요컨대 중국성이란 변화하는 조건에 반응하는 역사적 구성물이다. 이 점을 받아들인다면, 우리는 중국의 본질과 관련한 질문에 최종 답을 낼 수도 없고, 낼 필요도 없다. 그 대신 좀 더 역사적인 접근법을 취하는 것이 어떤가? 그럴 수 있다면, 우리는 현실 혹은 현실이라고 믿는 세계 속에서 작동 중인 '중국성'이 누리는 상징적·사회적 효과를 꽤 설명할 수 있게 된다.

전제적인 통치 형태

중국을 강력한 전제국가 혹은 권위주의 국가라고 간주한 이는 샤오궁취안만이 아니었다.[29] 중국을 항구적인 전제국가라고 보고, 그 점에 근거해서 중국과 타국을 대조하는 일은 동아시아의 역사가들이나 서양의 사회과학자들 사이에서 흔한 일이었다. 중국을 그런 식으로 보는 것은 적어도 몽테스키외Montesquieu(1689~1755)까지 소급할 수 있다. 몽테스키외는 중국 황제를 전형적인 동양 전제주의Oriental Despotism 폭군으로 간주했다. 그리고 이러한 생각은 20세기 대부분의 시간 동안 중국 정치에 대한 이해를 지배해온 마스터 내러티브master narrative이기도 하였다.[30] "중국의 봉건 시기 역사는 시종일관 늘어나는 독재, 중앙집권, 전제주의였다는 것은 기본적인 역사적 진실이다."[31]

이러한 견해에 동조하는 학자들은 종종 통치자의 전능한 권력을 중국 정치문화의 근본적인 특징이라고 강조했다. 예컨대 류쩌화는 왕권주의monarchism—"천하 전체는 단 한 명의 전능한 이에 의해 다스려져야 한다"—를 중국 정치문화의 정수라고 간주했다.[32] 그리고 "그 어떤 견제, 균형의 역량도 없으며 … 국왕의 권력은 무한하다. … 즉, 관여하고 싶으면 무엇이든 관여할 수 있는 그런 것이라고 말할 수도 있다. … 각종 사상을 볼 때 전부는 아니지만 대부분의 사상이 기본적으로 왕권주의로 귀결된다", "중국 역사가 계급사회로 진입한 이후 국가정치체제는 줄곧 군주 전제의 궤도를 따라서 앞을 향해 굴러왔다"[33]라고 해설하는 것을 보면, 동양 전제주의와 류쩌화가 말하는 왕권주의는 큰 차이가 없다.

20세기의 학자, 특히 일군의 사상사가들은 중국 제국의 정치권력에 대해 좀 더 복합적이고 섬세한 접근 방법을 채택하였다. 그러나 학계의 기존 경향과 완전히 결별한 것은 아니었다. 예컨대 유리 피네스Yuri Pines의 경우를 보자. 그는 중국 정치문화와 사상을 단순화하는 데 반대한다고 말한다. 따라서 환원론적 설명의 위험을 분명히 의식하고 있는 것으로 보이기도 한다. 중국 제국을 기나긴 폭정으로 환원해서 설명하는 것은 너무 단순하다고 생각하기에, 피네스는 "중국 황제권의 근본적으로 모순적인 성격은, 통치자의 전능한 권력을 강조하는 동시에 통치자가 정사政事에 미치는 영향을 제한하는 것이 바람직하다고 강조한다는 데 있다"고 말하기까지 한다.[34]

다시 말해 피네스는 아무런 족쇄 없이 제멋대로 전횡하는 군주정 이미지를 중국에 적용하는 데 반대한다. 즉, 중국 전제주의론에 찬성하지 않는다. 게다가 피네스는 중국이 지속적인 변화를 겪어왔다는 사실도 잘 알고 있다. 중국 고유의 항구적인 민족적 특성 같은 것이 있다고 생각하지도 않는다. 그럼에도 불구하고 피네스는 표면적인 변화의 기저에 중국 제국 모델의 근본을 형성하는 공통된 기저 원리가 있다고 믿는다. 군주 중심의 정치체a ruler-centered polity야말로 전국戰國시대(B.C. 453~B.C. 221)의 이데올로기적 합의이며, 그 합의는 중국 제국 시기 종말, 즉 19세기 말까지 흔들리지 않았다고 생각한다. 비슷한 취지에서, 주류 중국 사상가들은 녹봉과 위신을 얻을 수 있는 정부 관직이야말로 가장 고귀한 자아실현의 길이라고 생각했다고 피네스는 주장한다.[35] 간단히 말해 중국 정치문화와 사상은 정체되어 있지 않았다고 주장하는 동시에, 국가 및 통치자 중심의 정치 비전이 갖는 본질적 특성은 변화하지 않았다고 주장하는 것이다.[36]

나는 중국을 항구적인 전제국가로 보는 견해에서 한 걸음 더 멀어지고자 한다. 이어지는 장들에서 보다 구체적으로 논의하겠지만, 여기서 약간만 먼저 논의해보기로 하자. 왕권주의로만 중국정치사상을 설명하다 보면, 중국정치사상의 흥미로운 주제 중 하나인 무군론無君論을 무시하게 된다. 물론 중국 제국 시기에 단일한 황제가 있어야 한다는 생각이 실제 정치 영역에서 거의 도전받은 적이 없었던 것은 사실이다. 그러나 왕권주의라는 렌즈는 중국 정치사와 사상의 복합성을 포착하기에 그다지 적절하지 않다.[37] 마찬가지로 후기 중국 제국 엘리트 대다수가 과거 시험 준비에 에너지를 쏟기는 했지만, 국가에 대한 집착만으로는 교육받은 엘리트들의 사상과 행동을 충분히 설명할 수 없다. 이 사안은 송宋나라를 토론하는 장에서 집중적으로 다루게 될 것이다. 그밖에 피네스는 이민족 정복자들이 중국의 왕권주의에 적응했다고 생각한다는 점에서, 그는 중국화/한화 테제the thesis of sinicization(외국 출신 통치자들이 중국문화를 통해서 중국화되었다는 주장)에 동의하고 있는 것으로 보인다.[38]

이러한 이슈는 이 책의 본론에서 본격적으로 검토할 것이다. 그러나 전제국가론에 관련된 개념적인 문제만큼은 여기서 짚고 넘어가려고 한다. 전제국가라는 아이디어는 폐위를 가능하게 하는 입헌적 절차를 배제한 절대적이고 구속받지 않는 권력의 이미지를 제공한다. 이 이미지 속에서, 통치자는 국가 전체를 포괄하는 권위를 자기 개인 존재 안에 구현한다. 요컨대 통치자와 국가는 상호 결합된 상태에 있다. 전제국가라는 개념은 영어로 despotic state, authoritarian form of government, autocratic state 혹은 autocracy 등으로 불균질하게 번역되어왔다. 이렇게 여러 가지 번역이 가능한 이유 중 하나는 기존 전제국가론이 종종 국가의 기반 권력infrastructural power(국가가 사회에 침투하는 능력)과 통치자가 신하들과의 관계 속에서 자기 의지를 관철해서 통치를 이끌어내는 전제 권력despotic power을 구분하지 않았기 때문이다. 이런 느슨한 전제국가 개념으로는 중국 정치사와 정치사상의 복합성을 제대로 다룰 수 없다.

　사실 중국 제국의 국가 성격에 대한 이견 중 상당수는 앞서 언급한 개념적 구분을 하지 않아서 생기는 것이다. 빈 웡R. Bin Wong이 지적한 바 있듯이,[39] 중국 국가에 대한 담론에는 강한 국가 이미지와 만연한 수동적인 통치 이미지가 모순적으로 공존하고 있다. 그러나 일견 모순적으로 보이는 두 이미지는 화해할 수 있다. 개념을 일정 수준 이상으로 세련되게 다듬기만 하면 중국 제국의 국가와 사회의 특징에 대해 유의미한 합의에 이를 수 있을 것이다. 정치권력의 두 가지 형태 간의 불필요한 혼란을 피하기 위해 전제 권력의 차원과 기반 권력의 차원으로 국가권력을 구분하자고 한 마이클 만Michael Mann[40]의 제안을 우리는 진지하게 받아들여야 한다. '국가 효과' 개념[41] 역시 중앙정부가 충분한 행정기구 없이도 국가 기반 권력의 침투력을 어떻게 신장할 수 있었는지를 설명하는 데 유용하다. 중앙정부가 많은 업무를 반半자율적인 사회적 행위자semi-autonomous societal actors에게 외주를 주게 되면, 국가와 사회의 구분은 흐릿해진다. 그러한 중앙정부를 위한 사회적 행위자들의 활동은 국가의 행위라기보다는 '국가효과'라는 개념을 통해 더 잘 설명될 수 있다.

유교

이전 세대 사상사가들은 종종 중국의 사상가들에게서 양식화된 공통점들을 찾아내려고 시도했다. 게다가 사회과학자들은 자신들의 변수조작operationalization을 위해서 중국정치사상과 문화에 대한 매우 양식화된 정의를 채택했다. 이러한 맥락에서 볼 때 중국정치사상의 영역에서 주목할 만한 사례가 '유교'이다. 유교는 중국문화와 관련한 대부분의 담론에서 주된 분석 범주와 설명어 역할을 해왔다. 그런데 유교가 매우 양식화된 언어를 통해 정의될 때, 유교는 장기간에 걸친 역사적 변화를 이해하는 데 거의 유용하지 않다. 유교라는 범주의 의미가 천년도 넘는 동안 크게 변화해왔기 때문이다. 그럼에도 불구하고 상당수의 학자들과 논객들은 유교라는 용어를 마구잡이로 사용했고, 그 결과 유교라는 말은 학술용어라고 하기에는 지나치게 혼미한 용어가 되어버린 것 같다. 내이선 시빈Nathan Sivin은 이렇게 말한 적이 있다. "중국에 대해 뭔가 저술하는 데 그 어떤 것보다 유교라는 개념이 가장 심각한 혼란을 일으켰다."[42]

　그런데도 최근까지 중국정치사상에 대한 해석 대부분은 중국 역사에서 유교가 가장 강력한 정치 이데올로기라는 점을 증명하려 들었다. 혹은 그렇다고 전제하였다. 중국정치사상 분야에서 최근의 예로는 류후이수劉惠恕의『중국정치사상발전사: 유학에서 마르크스주의까지』[43]를 거론할 수 있다. 이 책의 부제가 보여주듯이, 류후이수가 전개하는 중국 정치철학 서사의 핵심은 고대부터 20세기 초까지 중국의 사상을 지배한 '유교'에서 20세기 중반 이후에 핵심적 위치를 차지한 마르크스주의로의 변천이다. 류쩌화나 류후이수 같은 학자들의 사례에서 드러나듯이, '유교'나 전제주의는 중국의 정치사상 전통을 대표하는 역할을 했다. 특히 중국 대륙의 학자 대부분은 중국의 지적 전통에서 유교가 특권적인 위치를 차지한다고 믿는다. 사람들은 중국이 발전시켜온 2,000년도 넘는 유교의 역사 혹은 중국정치사상의 역사에 대해 신나게 이야기한다. '유교Confucianism'라는 개념 자체가 후대의 발명품일지도 모르는데 말이다.

　영어로 된 연구서들도 예외는 아니다. 많은 학자가 유교와 중국 황제권이 긴밀히 결합해왔다는 명제를 믿고 있다. 예컨대 정위안 푸Zhengyuan Fu[44]에 따르면, 중국 정치와 역사는 지속적인 전제주의autocracy가 그 특징이다. 게다가 중국정치사상의 전통은 중국의 전제적 정치제도의 성장을 위한 이데올로기적 기초를 제공했다고들 한다. 샤오궁취안은 전제주의 사상의 기원을 찾아 중국정치사상의 역사를 연어처럼 거슬러 올라간다. "공자의 정치적 태도는 순응적인 주나라 신하의 태도였다. 그의 정치적 견해는 보수적이었다. 유교 교의가 후대의 전제적 황제들의 구미에 맞았던 중요한 이유가 바로 여기에 있다."[45]

실로 '유교'는 광범위한 대상을 지칭한다. 문화적 엘리트들이 수호하는 어떤 정설正說, 전제적 통치자가 과거 시험을 통해 재생산하는 정치 이데올로기, 일련의 고전 해석에 기초한 철학적 담론들, 가부장제를 옹호하는 가치체계 등등. 다양한 유교 용례를 관통하는 유일하게 의지할 만한 공통분모는 '유교 경전'과의 관련성일 것이다. 그러나 이 또한 문제 해결에 크게 도움이 되지는 않는다. 통시적으로 보았을 때, 유교 경전은 꾸준히 재정의되었고, 또 유교 경전에 대한 풍부한 주석 전통이 발전했으며, 유교로 지칭되는 지적 전통은 그간 크게 변모해왔다. 게다가 특정한 핵심 텍스트에 연루된 사상이 일정 기간 변하지 않았다고 해도, 해당 사회 구성원들에게 그 사상의 의미가 변하지 않았으리라고 보장할 수는 없다. 사상의 담지자들은 사상을 현실에 풀어놓기는 해도, 사상이 현실 속에서 어떤 변모를 겪고 어떤 운명에 처하는지 충분히 통제할 방법은 없기 때문이다. 그리하여 사상의 역사적 맥락을 밝히지 않는 한 어떤 사상이 특정한 역사적 계기에서 무엇을 의미했는지를 포착할 수는 없다.

유교를 단일한 덩어리로 여기고, 그러한 유교가 역사적 변화에서 면제되어 있다고 보게 되면, 중국정치사상의 역사적 복합성을 학술적으로 음미하기 어렵다. 이러한 관점은 유교에 대해 성급한 가치판단을 내리려는 태도를 재생산하는 경향이 있다는 점에서 문제가 있다. 칭찬이든 비판이든 유교에 대한 과감한 가치판단들이 정밀하게 연구된 경험적 증거에 의해 뒷받침되고 있는지는 분명하지 않다. 예컨대 유교 비판자들은 전근대 시기 동아시아 정치의 특징으로 거론되어온 당쟁黨爭이 유교에서 기인한다고 종종 주장해왔다. 그러나 슈무엘 아이젠슈타트Shumuel N. Eisenstadt[46]에 따르면, 파벌주의는 세계에 널리 존재해온 역사적 관료사회historical bureaucratic society에서 두루 발견되는 공통적인 현상이다.[47] 그 밖에 성인됨sagehood이나 도덕적 리더십 같은 사유는 데시데리위스 에라스뮈스Desiderius Erasmus(1466~1536)[48]가 개진한 이상적인 정치 지도자 비전과 상당히 유사하다. 사정이 이렇다고 할 때, 뭉뚱그려 대충 유교를 이해해서는 역사적 진실에 다가갈 수 없다. 그런 식의 이해는 유교를 찬양하거나 비난하고자 하는 명시적인 의도와 손쉽게 결합하며, 결과적으로 우리의 역사적 상상력을 말살한다.

유교에 불변하는 특징이 있다고 보느니만큼, 그러한 견해들은 본질주의essentialism라는 비판에서 자유롭지 않다. 그런 식의 유교 이해에 열렬한 비판자 중 한 사람이 라이오넬 젠슨Lionel Jensen일 것이다. 젠슨은 유교Confucianism를 "유럽 지식인들이 주도적인 역할을 하며 길고 고의적인 제작 과정을 통해 만들어낸 결과"로 간주한다.[49] 다시 말해 "유교는 대체로 서양의 발명품이며," 예수회(제수이트jesuit) 선교사들이 그 과정에서 핵심적인 역할을 했다는 것이다. 젠슨의 저서가 'manufacture', 'fabricated', 'construction', 'fictitious', 'imagination', 'invention', 'trope', 'figurative expression', 'fiction'[50] 같은 표현을 환기한다는 점에서 그가 본질주의적 유교 이해에 얼마나 비판적인지 알 수 있다. 그런데 '픽션fiction'이나 '매뉴팩처manufacture' 같은 용어를 격정적으로 사용하느니만큼, 젠슨은 그러한 개념을 정의하기 위해 '타자'로서 '진리'의 존재를 전제하는 것처럼 보인다. 젠슨의 탈근대적 유교 비판은 '유교'라는 것이 어떤 자명한 그럴싸함을 갖고 있다는 믿음을 흔드는 데 유용하기는 하다.

그러나 젠슨과는 달리 나는 공자, 유가, 유교 등이 특정 역사 시기에 '매뉴팩처'되었고, 그 용어들에 부여된 '의미들'이 근래의 발명품이라고 생각하지 않는다. 유儒(중국 문인을 지칭하던 전통적 용어 중 하나) 같은 용어들은 젠슨이 인정하는 것보다 더 강한 정체성의 의미를 가지고 있었고, 또 중국 역사 속에서 놀라울 정도로 그 지속성을 유지해왔다. 내가 여기서 주장하고 싶은 바는, 우리가 '유교'니 '중국'이니 하는 용어들을 사용하지 말아야 한다는 것이 아니다. 우리는 그러한 단축 용어shorthand들을 사용하는 것 말고는 별 도리가 없는 상황에 종종 처한다. 중요한 것은, 그러한 단축 용어들이 오랜 역사 동안 사용되어왔다고 해도 내용상 필연적인 정치적·문화적 연결성을 함의하지 않는다는 점이다. 그렇다면 '유' 같은 정체성 표지가 끈질기게 살아남아왔다는 사실과 그것이 담는 내용은 바뀌어왔다는 사실을 어떻게 화해시킬 수 있을까?

이른바 유교를 본질주의적 관점에서 바라보는 이들은 역사

| **17세기 서양의 공자 이미지** | 필리프 쿠플레(Philippe Couplet, 1623~1693)가 주도한 예수회 선교단이 출간한 중국 역사와 철학 개론서인 『공자, 중국의 철학자(Confucius, the Philosopher of the Chinese)』(1687)에 실린 공자 이미지이다. 미국 노트르담대학교 문화학과 교수인 라이오넬 젠슨은, 유교는 대체로 서양의 발명품이며 그 과정에서 예수회 선교사들이 핵심적인 역할을 했다고 주장한다.

적 변천이라는 회피할 수 없는 사실에 직면했을 때 다음과 같은 태도를 드러내곤 한다.

> 유가의 외연이 선명하지 않다. 한 학설의 외연은 때로 이론상 선명하게 말하기는 매우 어렵지만 직관으로 그것을 파악할 수 있다. 그런데 한대 유가의 외연은 때때로 직관으로도 파악하기가 어렵다. 유가가 독존이 되면서 혁혁한 지위를 갖게 되자 수많은 선비가 모두 유가로 전향하거나 유가에 기댔다. 우리는 적

잃은 사람이 본래 유학을 배우지 않았음에도 몇몇 원인으로 나중에 유가 대열에 가입하거나 유가로 자임하는 것을 보아왔다. 다른 한편으로 유가 또한 사회에 적응하기 위해 정치 및 사회와의 결합을 반드시 실현해야 했는데, 정치 및 사회는 분명히 유가 한 학설만 가지고 다 포용할 수 있는 것이 아니다. 그리하여 유가 또한 기타 학설을 대량으로 흡수했다. 법가, 음양오행 및 명가 등 각파의 사상 관념과 사유 방법, 그리고 또 재이, 도참, 신선, 감여堪輿, 역산曆算 등 술수나 미신이 모두 끌어들여져 유술의 조성 부분이 되었다. 유가에는 일시에 형형색색의 좋은 것과 나쁜 것이 뒤섞이게 되었다. 이런 유가에 속하지도 않는 것을 말하면서도 역사 기록에는 명명백백 유가로 말하며 기재하고 있으니, 선진의 유가와 다를 뿐만 아니라 당시 일부 유생의 반대에 부딪히기도 했다. 유가의 외연이 선명하지 않음이야말로 비정상적 상태라 말하지 않을 수 없다.[51]

그러나 내가 보기에 위와 같은 관점은 문제를 해결하기 어렵다. 앨런 패튼이 주장한 것처럼, 문화적 본질주의는 결국 내적 변이internal variation와 외적 중복external overlap이라는 문제를 해결할 수 없다. 내적 변이란 어떤 문화 내에는 그 문화의 '본질'이라는 명목하에 도저히 정리되지 않는 이질적 성질들이 다수 존재함을 지칭한다. 이른바 유교 정치사상의 기본적인 요소들을 시원하게 찾아내고, 그 요소들이야말로 모든 시대와 맥락을 넘어 적용 가능한 유교의 유의미한 특징들이라고 개운하게 주장하고 싶은 유혹이 있을 수 있다. 그런 마음이야 이해한다. 그러나 그러한 유혹에 못 이겨 유교의 이런저런 특징을 거론해보았자 그 특징의 타당성에 대해 많은 이의가 제기될 수 있다. 특히 오랜 역사를 거치면서 이른바 유교가 드러낸 '내적 변이'에 민감한 이들이 이의를 제기할 것이다. 확실히 공자 사후 소란스럽기 짝이 없던 수 세기 동안 많은 다양한 경향이 이른바 유교 전통 내에서 발전했고, 공자 사상의 구성 요소들은 다양한 해석에 노출되었다. 그리고 예상하다시피 역사가 오래될수록 그러한 경향은 더 심화되었다.

외적 중복이란 어떤 문화의 '본질적' 성격이 다른 문화에서도 동일하게 나타남을 말한다. 유교의 주된 특징이라고 일컬어지는 것들이 다른 전통의 주된 특징들과 놀라울 정도로 흡사할 수 있다. 예를 들어 유진 웨버Eugen Weber[52]에 따르면, 19세기 프랑스 시골은 공동 소유, 엄격한 성별 구분, 남아 선호, 가족 유대 등의 특징을 보여준다고 한다. 이러한 프랑스 시골의 특징들은 일군의 학자들이 유교 사회의 특징이라고 간주했던 것들과 놀라울 정도로 흡사하다. 또 다른 예를 들어보자. 지역적, 시대적 차이를 막론하고 상호 연결된 존재의 본체론the ontology of interconnected beings과 자연 친화적 영성eco-friendly spirituality은 비非서양 사고방식의 분명하고도 꾸준한 특징이라고 흔히 이야기되어왔다. 그리고 그러한 특징을 종종 서양의 계몽적 멘탈리티mentality와 대조하곤 했다. 그러나 서양 전통에도 그러한 특징은 얼마든지 있다. 어떤 학자들은 왕권주의를 중국 제국의 정치문화의 영속적인 특징이라고 간주했다.[53] 그러나 "476년 서로마 제국의 마지막 황제(16살배기 로물루스 아우구스투스Romulus Augustus)가 폐위되고 나서, 제2차 세계대전이 끝나기까지, 1인 통치 양식은 유럽에서 가장 흔한 정부 형태였다. 왕이든, 왕자든, 공작이든, 백작이든, 주교든, 교황이든 간에".[54]

경로를 달리해서 같은 것을 반복해서 찾을 필요가 얼마나 있을까? 물론 시간이 남으면 그런 일을 해도 된다. 그러나 어떤 사상 전통의 주된 특징이 다른 사상 전통과 문화 속에서도 발견된다면, 그 여러 전통을 일부러 다 연구할 필요는 없을지도 모른다. 적어도 서양 문화와 얼마나 다른지를 알아보겠다는 강박관념을 가지고 비非서구권 문화에 접근할 필요는 없을 것이다. 어떤 문화의 특징이 복수의 여러 문화에 걸쳐 있다면, 그리하여 대부분의 비서구권 혹은 전근대 문화들의 특징과 별 차이가 없다면, 그 특징들의 설명력은 많은 부분 사라질 것이다. 일견 차이가 없어 보이는 그 특징들의 내밀한 의미 차이를 음미할 정도로 심도 있게 연구하지 않는 한 별 도움이 되지 않는다. 그저 겉으로 드러난 차이에만 집중하는 일에는 분명 한계가 있다.

유교에 관계된 '내적 변이'와 '외적 중복' 문제를 다루는 한 가지 방식은 유교를 단수가 아니라 복수로 간주하는 것이다. 즉, 유교Confucianism라고 하지 않고 유교들Confucianisms이라고 하는 것이다.[55] 그러나 유교를 획일적인 전통으로 간주하는 경향에 대해 경고하고, 유교의 유연성을 강조한 나머지 그것을 복수로 간주하는 것만으로는 충분하지 않다. 내적 변이와 외적 중복을 찾기로 하자면 사실 끝이 없다. 어떠한 기존의 일반화도 점증하는 전문가들의 연구 무게 아래 찌부러질 것이다. 구체적인 연구가 발전하면 할수록, 중국정치사상의 역사는 불변의 풍경이 아니라 끝없이 복잡해져만 가는 만화경 같은 풍경이 될 것이다.

중국정치사상 전통이 변화하는 조건에 대응하는 역사적 구성물이라면, 우리는 어쩌면 중국정치사상 전통을 통합된 방식으로 서술하는 게 아예 불가능하다고까지 말해야 할는지 모른다. 아마도 이러한 맥락에서 우리는 서양의 저명한 사상사가 J. G. A. 포콕Pocock의 다음 언명을 이해할 수 있을 것이다. "나는 정치철학이 통일된 서사를 가능케 하는 역사를 가지고 있다고 생각하지 않는다."[56] 포콕이 이렇게 말했다고 해서 어떤 주제에 대한 개괄적 서술의 중요성을 부정한 것은 아니었다. 그리고 오랜 역사 기간을 포괄하는 저작이 가질 수밖에 없는 공통된 난제를 지적하고자 한 것도 아니었다. 포콕이 의미했던 바는, 정치사상의 역사성을 인지한다면, 단일한 진화 패턴을 가진 역사를 상상하기 어렵다는 것에 가깝다.

유형학적 접근법 대 행위자 기반의 접근법

2,000년이 넘는 시간 동안 중국의 정치질서와 사상이 거의 변화하지 않았다고 가정하는 것이 말이 된다고 생각하는가? 그런 가정은 사물의 질서가 늘 변화의 한가운데 있다는 상식에 반하

는 것처럼 들리지 않는가? 어쩌면 대상의 변화 여부는 관찰자의 관점에 달린 문제인지도 모른다. 북송北宋 시기 사상가 소식蘇軾 (1037~1101)은 이렇게 말했다. "무릇 변화의 관점에서 보면, 천지가 한순간도 가만있은 적이 없고, 불변의 관점에서 보자면 만물과 나는 모두 다함이 없다."[57] 중국 정치사의 공통된 이념적 기반을 찾는 데 골몰하다 보면, 중국 역사 내내 동질적으로 통일된 정치체제가 지속되었고, 거기에는 공통된 이념적 기반이 있다고 믿게 된다. 설령 추상화에 추상화를 거듭하여 총체적인 공통성처럼 보이는 그 어떤 것에 도달하더라도, 그 지점에 도달하느라 너무 많은 것을 추상화하거나 싸잡아 포함한 나머지 거의 아무것도 잘 설명할 수 없게 된다. 결국 그 불변의 공통성은 그다지 유용한 공통성이 아니다.

그다지 유용하지 않은 공통성을 추적하는 대표적 방식이 이른바 유형학적 접근법이다. 유형학적 접근법이란 과거의 사상체계를 대상의 특징에 맞추어 분류하고 유형으로 조직화하는 것이다. 유형학적 접근법의 목적은 공통된 성질을 묘사하고 설명하여, 광범한 대상을 이해 가능하게끔 만드는 것이다. 중국 사상 분야에서 유명한 사례는 기학氣學, learning of vital energy이라는 용어를 사용하여 수행한 계보학적 연구이다. 마르크스주의 역사서술법이 점차 영향력을 잃어가면서 학자들은 과거의 중국 사상가들을 설명할 때 마르크스주의 접근법을 채택하는 대신, 유형학적 접근법으로 눈을 돌렸다.[58] 기학이라는 명칭하에 수행된 연구는 이理와 기氣라는 축을 중심으로 과거의 사상을 구분했던 조류의

중국정치사상사

50

일부라고 할 수 있는데, 이러한 접근법은 어쩐 일인지 한때 중국 사상사 연구에서 상당한 인기를 끌었다. 이러한 유형학적 접근법을 취하는 이들은 '기'라는 개념이 특정 사상체계 내에서 수행하는 핵심 역할을 찾은 뒤, 이른바 기학 전통 속에 그 사상체계를 위치시키고자 시도한다. 기학이라는 전통을 구성하기 위하여 특정 시기에 국한되지 않고 상당히 오랜 기간에 걸쳐 반복해서 나타나는 기의 사상을 추적하는 것이다.

유형학적 접근법을 매우 긴 역사적 흐름에 적용하면 어떤 일이 벌어지는가? 어떤 일이 벌어지긴. 자신들이 비슷한 유형이라고 판별한 대상을 일정한 형식에 맞추어 순서대로 나열한 연구물이 산출된다. 해당 유형의 사상들이 흘러온 긴 궤적을 서술한 뒤, 그 지적 전통의 궤적 속에 (다 다른 시기에 발생했으나) 일견 비슷한 유형의 사상을 위치시킨다. 이런 식으로 연구를 하면 다음과 같은 문제가 발생할 위험이 있다.

첫째, 매우 다양한 대상이 얼마 안 되는 유형 속에 한통속으로 묶인다. 그렇게 되면 그 유형이 제공하는 틀이 너무 범박하여 해당 사상을 섬세하게 이해하기 어렵다. 둘째, 유형이란 결국 정의definition에 의존하는 가공물이다. 따라서 유형학적 접근법에는 임시변통적인 면이 깃들기 쉽다. 해석자는 유형이 갖는 효용성을 미리 확신하고, 대상을 그 유형에 맞추려고 하기 쉽다. 최악의 경우에는, 어쨌거나 유형화를 하려다 보니, 비교 대상들 간의 유의미한 유사점과 차이점을 제대로 반영하지 못하는 연구 결과를 산출하게 된다. 셋째, 유형화된 전통 속에 특정 사상가를 위치시키는 일은 지적으로 그다지 풍요로운 작업이 아닐 수 있다. 그런 식으로 유형화된 사상가 집단은 사회학적으로 정의된 학파나 자의식을 가진 집단과는 다르다. 그러한 접근법은 실제 그 사상들이 흥기했을 당시 작동했던 지적인 긴장, 맥락, 새로움을 음미할 수 없게 만들기 십상이다. 그러다 보면 어떤 사상이 원래의 맥락에서 의미했던 바와는 완전히 다른 의미의 사상으로 탈바꿈할 수 있다. 요컨대 환원주의적 오류에 빠질 수 있다. 즉, 사상을 미리 부과한 해석틀로 환원하고 마는 것이다. 한 걸음 더 나아가, 어느 유형에도 딱 들어맞지 않는 대상들은 정해놓은 유형을 불완전하게 실현한 결과로 간주될 수 있다. 마찬가지로 어떤 유형의 결정적인 특징으로 간주해오던 여러 가지가 한 대상에서 동시에 발견될 경우, 그 대상은 여러 유형의 혼합syncretism으로 설명되기 쉽다.

　많은 양의 데이터를 정리하는 데 도움을 준다는 점에서 유형학은 가치 있는 프로젝트일 수 있다. 그러나 위와 같은 함정에 빠질 경우, 그렇게 수행된 유형화는 결국 무엇을 위한 유형화인가 하는 질문을 유발한다. 단지 작업가설로서 일정한 유형을 사용했다고 대답할 수도 있다. 작업가설로서 일정한 유형을 활용할 수는 있겠지만, 그것이 보다 유의미한 결론으로 나아가지 않을 경우 애당초 왜 어떻게 그 유형들이 정당화될 수 있었는지 새삼 묻게 된다. 일군의 사상가들이 같은 유형으로 묶일 만한 일정한 특징을 보여준다고 할지라도, 그리하여 그들의 사상이 그런 점에서 결국 동일한 것이라고 여겨질지라도, 그 유형학적 특징이 곧 그 사상의 목적이나 의미를 나타내지는 않는다. 많은 경우 사상가들은 특정 유형을 지속하거나 창조하기 위해서 사상을 창출하지는 않는다. 그렇다면 그 유형들은 사상가들이 자신의 사상을 형성한 방식을 묘사할지언정 그들의 사상의 목적이 무엇이었는지 그리고 그 사상이 당시 어떤 문제에 대한 답이었는지를 설명해주지는 못한다.

사상이라는 것이 사상가의 복합적인 주체성의 산물인 한 사상은 사회 속에 존재하는 어떤 유형, 경제적 조건, 언어 구조 등으로 환원될 수 없다. 사상을 산출하는 것은 어쨌거나 사상가이다. 마크 비버Mark Bevir의 범주를 빌려 말하자면, 이러한 행위자 기반 접근법은 일종의 의도주의intentionalism로 이해될 수 있다. "어떤 발화의 의미는 그 발화자의 의도에서 도출되고", "개개인의 발화에 사회가 얼마나 많이 영향을 발휘하건 간에 우리는 개개인이 말한 바를 그들의 사회적 위상에 관한 사실로 환원할 수 없다."[59] 사유하는 자의 의도가 어떤 유형 혹은 그 밖의 외적 요인으로 환원될 수 없는 한 사상사의 자율성은 확보된다고 할 수 있다. 사상사는 경제사나 정치사의 단순한 종속변수가 아니다. 따라서 행위자 기반의 접근법은 중국정치사상의 연구자들로 하여금 유형학적 접근법이나 중국 마르크스주의 역사서술법 같은 환원론과 분명히 결별하도록 만든다.

그렇다면 위대한 사상가들을 나열해가며 사상을 해설하는 사상사야말로 행위자 기반의 접근법을 제대로 구현하는 것일까? 사실 개별 정치사상가들을 연대기 순으로 배열하는 서술법은 그 역사가 오래되었다. 많은 책이 과거에 명멸했던 위대한 사상가들의 만신전pantheon 혹은 성인전hagiography 같은 형태를 띠고 있다. 샤오궁취안의 중국정치사상사도 마찬가지이다. 그 역시 중국 지성사의 유명한 인물들을 나열하고, 그들의 정치사상체계에 대해 해설한다. 그런데 거자오광葛兆光은 그와 같은 사상사 서술을 비판한다.

> 만일 어느 날 갑자기 어느 천재 사상가가 돌연 나타났다가 사라져버린다거나, 어떤 심각한 사상이 홀연히 싹텄다가 호응을 얻지 못하거나, 어떤 저작이 깊은 산속이나 옛 우물 속에 감추어져 있다가 많은 세월이 지난 뒤에 갑자기 발견되어 반향을 불러일으킨다면, 사상사는 어떻게 그 연속적 맥락을 찾아 설명할 것인가? 이는 충분히 있을 수 있는 일이다. 이렇게 볼 때 진정한 사상사의 연속성은 은연중 점진적으로 확대되고 있는 일반 지식과 사상 그리고 신앙 속에 보다 깊이 감추어져 있는 것은 아닐까 하는 생각이 들었다.[60]

성인전식 사상사는 유명한 사상가들의 사상을 단순히 나열할 뿐이지 그 사상가들 간의 연속성은 설명하지 않는다는 점에서 문제라는 것이다.[61] 다시 말해 서사의 구성 요소들이 서로 연결되어 있지 않기에 그러한 사상사들은 엄격한 의미에서 역사가 아니라는 것이다. 이러한 거자오광의 비판은 조지 세이빈George H. Sabine의 『정치 이론사History of Political Theory』에 대한 포콕의 비판과 일맥상통한다. 포콕이 보기에 세이빈의 『정치 이론사』는 구식 접근법의 전형적인 예이다.

> 내가 보기에, 조지 세이빈의 정치 이론사는 전혀 역사가 아니다. 분리 가능한isolable 그리고 연속된continuous 인간 행위의 역사가 아니라는 뜻이다. 이러한 사실에서 논리적으로 끌어낼 수 있는 점은 다음과 같다. 내가 보기에, 저술을 할 때든 가르칠 때든 연대기 순으로 철학체계를 나열하는 것 같은 조지 세이빈의 방식으로는 정치적 사유의 역사 가운데 어떤 부분도 서술하는 것이 불가능하다.[62]

포콕에 따르면, 정치사상이란 특정 정치사상가가 의도적으로 당대인과 의사소통을 시도했던 결과물이다. 당대의 의사소통이 고대에서 현재에 이르는 그 긴 시간 동안 지속되었을 리는 만무하다.

거자오광의 입장과 포콕의 입장 간에는 차이점도 있다. 거자오광은 기나긴 중국지성사에서 빠진 구석구석을 연결해낼 수 있다고 믿는다. 그러나 포콕은 그러한 가능성을 부인한다. 당唐나라 사상을 예로 들어보자. 주지하다시피 고대 제자백가 시기와 송나라 시기에는 많은 사상가가 출현하여 정력적인 활동을 펼쳤다. 그러나 그 사이에 존재하는 당나라는 그다지 인상적인 사상가를 배출하지 못하여, 적지 않은 사람들이 당나라를 일종의 사상사적 공백기로 여긴다. 그러나 거자오광은 종교적이고 준準신비적인 도판이나 설화 등 기존 사상사가 중시하지 않던 자료들을 모아 사상사 서술의 공백을 메울 수 있다고 믿는다. 당나라 이후의 사상가들은 바로 그러한 자료에서 영감을 얻어 자신의 사상을 발전시킬 수 있었다는 것이다. 그런데 포콕의 관점에서 보면, 사상의 '사건들events' 간에 연결점이 없는 시대에 굳이 사상사를 서술하는 것은 무의미하고 헛된 일이다. "역사란 발생한 사태에 대한 것이다. 역사적 사건의 경우에도 마찬가지이다."[63]

이처럼 샤오궁취안, 거자오광, 포콕은 입장이 서로 다르지만 적어도 한 가지 점에서는 비슷하다. 그들의 연구는 모두 일종의 리얼리즘realism에 기반하고 있다. 정치사상사는 구성되기보다는 발견되어야 할 무엇으로 간주되고 있는 것이다. 그러나 '사건'은 리얼한 것이고, 따라서 꼭 '발견'되어야 할 그 무엇일까? 아마 그럴 것이다. 그러나 사건들 간의 연속성은 그렇지 않다. 연속성이란 서사를 통해 형성되는 것이고, 서사란 선재하고 있는pre-existent 어떤 것들을 베껴 쓰는 것이 아니다. 적실성 있는 텍스트상의 증거가 존재하면, 사상사가들은 연속성을 단순히 '발견'하는 것이 아니라, 역사적 과정에 대해 형식적 일관성을 '부여'할 수 있다. 그것은 발견되어야 할 대상으로의 일관성과는 다르다. 여기서 일관성이란 구분 가능한 일련의 주장들을 꿰어준다는 의미에서의 일관성이다.

서사성

중국정치사상사를 쓰는 것은 다루어야 하는 기간이 고대에서 현대에 이른다는 점에서 일단 매우 야심 찬 일이다. 아니 야심 찬일 정도가 아니다. 책 한 권에 중국정치사상의 모든 중요한 흐름을 논의하는 것은 사실상 불가능하다. 그런 점에서 중국정치사상사 쓰기란 애초에 성공하기 어려운 과업처럼 보인다. 설령 가능하다고 하더라도 그러한 긴 사상사를 논할 만한 정도로 충분한전문성을 갖춘 인물이 존재하기도 어렵다. 그런 점에서 중국정치사상사 쓰기란 역시 성공하기 어려운 과업으로 보인다.

이러한 어려움에도 불구하고 중국정치사상의 그 긴 역사를책 한 권에 어찌어찌 담다 보면, 아무래도 그 내용에 대해 결국(일부) 독자들이 불만을 가질 수밖에 없다. 독자 각자의 관점에서어딘가 중요한 부분이 빠져 있다고 느끼기 때문에 한 권으로 축약된 역사가 모든 독자를 만족시키기는 태생적으로 불가능하다.역사는 완전할지 몰라도, 한 권의 역사책은 불완전하다. 그런데나는 그러한 불완전성이야말로 정치사상사 쓰기 프로젝트를 가능하게 하는 전제라고 생각한다. 왜 그러한가? 먼저 정치사상사에서 '역사'가 의미하는 바는 일어난 특정 사건들 자체라기보다는, 그 나름의 초점을 가지고 사건들을 일정한 서사로 조직화한결과라는 사실을 기억할 필요가 있다.

호르헤 루이스 보르헤스Jorge Luis Borges[64]는 현실을 완벽하게재현한다는 것이 얼마나 어리석은 일인지를 지도의 예를 통해 극명하게 보여준 바 있다.[65] 만약 어떤 지역의 지도가 그 지역의 실제 지리와 모든 점에서 일일이 조응한다면, 그 지도는 그 지역 전체만큼이나 클 것이다. 그런 식의 일대일 대응 지도는 쓸모가 없다. 사용자들이 그렇게 거대한 지도를 들고 다닐 수도 없을뿐더러 너무 많은 세부사항 속에서 익사하게 될 것이기 때문이다. 마찬가지로 중국정치사상의 역사에서 실제로 일어난 모든 사건을 일일이 열거하는 것은 특정 지역의 모든 점을 재현하는 거대한 지도를 만드는 일만큼이나 어리석다. 일대일 지도가 그러한 것처럼, 그런 식의 서사는 자신이 재현하고자 하는 대상 그 자체가 되어버릴 것이다. 엄격하게 말해 그것은 서사narrative가 아니라 복제replication이다.

재현을 하기 위해서는 선택과 추출 과정이 꼭 필요하다. 정치사상의 역사에서 특정 부분을 책에 포함하겠다고 선택하는 것 자체가 해석 행위이다. 그렇다고 모든 재현이 똑같이 가치 있다는 말은 아니다. 정치사상사가 일종의 서사이기는 해도 문학적 서사와는 다르다.

첫째, 사상사를 위한 객관성은 자연과학의 인과적 설명에 요구되는 객관성과는 다르다. 그럼에도 불구하고 정치사상사는 객관성이라는 규범적 목표에 의해 제약받는다. 다만 절대적 확실성을 가진 독립적인 사실들에 호소하여 명제들의 확증을 추구하지는 않는다. 그 대신 역사가들은 역사의 특정 순간에 무엇이 있음직하고conceivable, 혹은 무엇이 있음직하지 않은지 묻는다. 역사적 조건을 고려하므로, 모든 것이 있음직한 것은 아니다.

둘째, 어떤 역사적 주장이 설득력 있다고 생각한다면, 그것은 해당 역사가가 앞에서 말한 여러 고려 사항을 모아 강력한 서사로 만들어내는 방식 때문이다. 우리는 그 서사의 특정 측면이 우리가 아는 다른 측면들과 잘 들어맞는지를 따져본다. 좋은 서사는 오리무중일 광범한 현상들을 이해할 수 있게 도와준다. 이러한 이유로 중국정치사상과 관련하여 복수의 서사가 있을 수 있지만, 서사의 궁극적인 힘은 자의적이거나 개인적인 변덕에 의해 좌우되는 사안은 아니다. 그런 주관적인 요인으로 환원되지 않는 서사의 힘이 존재한다.

이 책은 대략 연대기 순으로 구성되어 있지만, 중국정치사상의 전사全史를 제공하려는 의도를 가지고 있지는 않다(도대체 그러한 일을 어느 사상사가가 해낼 수 있을까?). 그보다는 차라리 일련의 테마들을 통해 중국정치사상에 대한 비非민족주의적이고 비非본질주의적인 설명을 제공하려는 것이 이 책의 구상이다. 따라서 이 책은 중국정치사상사에 대한 개관을 시도하되, 그 과정에서 특정 사상가들을 선정하는 일에 관해서는 매우 선택적인 입장을 취한다. 예를 들어, 구양수歐陽修(1007~1072)나 사마광司馬光(1019~1086) 같은 사상가들은 이 책에서 배제되었는데, 일부 독자들은 그런 사실에 놀랄지도 모르겠다. 각 장의 구성, 즉 누구와 무엇을 각 장의 역사서술에 포함하고 고려할 것인가의 사안은 결국 그러한 선택이 바람직한 이야기 꿰미들을 만드는 데 얼마나 공헌할 수 있는가에 달렸다. 이 책이 추구하는 이야기 꿰미들은 다음과 같다.

이야기 꿰미들

이제 나는 무지막지한 단순화나 본질주의적인 언명에 호소하지 않고 중국정치사상사의 긴 흐름을 살펴보고자 한다. 기나긴 중국 역사의 부침을 감안할 때, 역사적 사건, 사상가들의 자기 정체성 이해, 정치적 삶에 대한 폭넓은 견해 들을 연결하는 일은 결코 쉽지 않을 것이다. 그나마 바람직한 방법은 무엇인가? 다시 말해 이 책을 구성하는 각 장을 잇는 이야기 꿰미들은 무엇인가?

첫째, 이 책은 상당한 정도로 왕조사관을 채택한다. 그렇다고 해서 어느 한 왕조에서 그다음 왕조로 부드럽게 이동하는 식의 서술을 하겠다는 것은 아니다. 왕조사관으로 정치사를 바라본다는 것은, 각 왕조를 구조화했던 안정된 정치적 배열이 각종 위기에 의해 주기적으로 붕괴한다는 것을 전제한다. 어떤 왕조가 안정적인 정치질서를 유지하는 데 실패하면, 그것은 곧 상호 경쟁하는 권력자들 간의 지속적인 긴장이나 내전으로 이어지게 된다.

사회질서의 붕괴가 그 자체로 새로운 정치 이론을 생산하기 위한 충분조건은 아니다. 그러나 기존 정치질서에 의문을 제기하고 대안을 제시하기 위한 필요조건은 될 것이다. 무질서에 대한 공포에 시달리다 보면 인간은 공동체적 존재로서 서로 어울려 살기 위한 조건을 다시 쓰고 싶다는 마음을 갖게 된다. 그 새로운 조건은 문제가 되는 정치체를 어떻게 다스릴 것인지, 누가 다스릴 것인지, 어느 정도로 다스릴 것인지, 무슨 목적을 위해 다스릴 것인지, 어떤 방법으로 다스릴 것인지를 정의한다. 이러한 질문과 대답 들이야말로 정치사상의 핵심을 이루며, 왕조를 갱신하거나 교체하는 과정에서 새로운 수액과 역동성을 공급한다. 새로운 체계를 수립하고자 하는 이들은 새롭게 정의된 제반 조건 속에서 정치적 배열을 혁신하고자 한다.[66] 왕조 교체가 상당한 정도로 사회질서의 부침과 겹친다고 할 때, 왕조 교체 모델은 중국정치사상사의 서사를 위한 지표 역할을 할 수 있다.

두 번째 이야기 꿰미는 각 장의 제목이 나타내고 있다. 즉, 사상가들이 보기에 '정치적'이라고 이해될 수 있는 일련의 큰 문제들이 존재하였다. 그것들은 시간의 흐름에 따라 출현한 정치 배열의 비전과 관계가 있다, 계몽된 관습 공동체, 국가, 형이상학 공화국, 독재, 정체政體, 시민사회, 제국 등이 그 예이다. 각 정치 배열은 기존 역사적·사회과학적 범주하에서 토론할 만한 일정한 특징들을 드러낸다.

이 책의 구성상의 도전이라면, 과연 어떻게 주제라는 면에서 적실성이 있으면서 역사적으로도 근거 있는 중국정치사상의 일관된 서사를 제공할 수 있는가 하는 것이다. 이 책은 특징적인 정치 배열에 대한 정치적 사유의 진화를 추적할 것이다. 그리고 그러한 정치적 사유의 출현에 기여한 사회적·지적 과정을 찾아내고자 할 것이다. 다시 말해 해당 사상들 특유의 역사적 맥락이라는 점에서 그 정치사상들을 고려하겠다는 말이다. 오늘날에도 여전히 현재의 이슈에 비추어 정치사상을 지나치게 회고적으로 독해하는 경향이 팽배하기에, 이러한 역사적 접근법이 그러한 경향을 교정하는 효과가 있기를 기대한다.

　각 장의 제목들은 대체로 연대기 순으로 조직되어 있다. 동시에 테마가 누적되는 방식으로 서사가 진행되기도 한다. 즉, 연대기와 테마식 서술을 결합한 것이다. 나는 의도적으로 각각의 시대에 최적인 테마들을 선택해서 주된 왕조들의 대표적인 이슈들을 소개하고자 시도하였다. 테마와 연대기 서술이 조응하도록 했지만, 각 장의 테마들이 상호 배제적인 것은 아니다. 각 테마는 모든 왕조의 정치권력에 공히 적용될 수 있는 주제이기도 하다. 다시 말해 앞 장에서 이미 다룬 비전과 사상이라고 해서 그다음 장에서 완전히 사라지지는 않는다. 변화하는 환경에 대응하여 새로운 비전이 출현했다고 해서 기존의 비전이 전적으로 새것으로 대치되지는 않는다. 동시에 각 장은 그 자체로 독립적인 단위가 되도록 서술하고자 했다. 따라서 독자들은 관심 있는 테마의 장을 선택해서 읽을 수도 있다. 각 장에서 다루는 내용은 관련 주제에 관한 현 단계 학술 담론의 쟁점을 소개한 뒤, 그 학술 담론의 논쟁적인 지점에 개입하여 내 나름의 해석을 개진하는 방식으로 구성하였다.

　세 번째 이야기 꿰미는, 정치사상이란 전승된 지적 자원에 대한 창조적인 반응으로 이루어지기 마련이라는 아이디어이다. 외적 환경은 변화하기 마련이고, 그 변화가 부여하는 제약과 기회에 대한 창의적인 지적 반응이 바로 사상이다. 또한 중국 사상사는 중국의 문화적 본질의 전개가 아니라 누적적인 지적 전통이다. 이 때문에 중국 고전의 주석 전통은 중국정치사상의 긴 역사를 서술하는 데 매우 유용하다. 주석사는 과거와 현재의 정치사상가들을 연결해주는 언어적 매개체이다. 고전 텍스트는 종종 문화적 본질로 간주되어온 지배적인 가정들을 담고 있는 것이 아니다. 그보다는 사상가들이 자신의 정치적 비전을 재구성하는 과정에서 일종의 모식模式으로서 기능한다. 텍스트는 사고하는 행위자들의 개별적 사유에 종속되기 마련이다. 따라서 고전의 주석은 시대에 따라 변화한다. 주석사의 이러한 특징은, 연구자로 하여금 고전 주석의 공통기반을 무시하지 않고도 각기 다른 시기와 다른 사상가들 간의 정치적 사유를 비교할 수 있게 해준다. 그러므로 다음 장들은 고전 텍스트의 구체적인 주석에 대한 정밀 독해close reading를 거쳐 전개한다. 특히 나는 『논어論語』에 나오는 "우물에 빠지는 일"에 관한 구절이 후대의 정치사상가들에 의해 어떻게 반복적으로 재해석되었는지 추적해보고, 그 안에 담긴 보다 큰 이론적인 이슈들을 따져볼 것이다.

고전의 주석은 그 근저에 깔려 있는 믿음체계를 고려할 때 비로소 심도 있게 이해할 수 있다. 재구성된 믿음체계들은 그 고전 주석들이 어느 정도로 그전 시대의 지배적인 가정들을 받아들였는지, 의문을 제기했는지, 혹은 반박했는지를 알 수 있게 해준다. 그 믿음체계를 파악하기 위한 적절한 방법 중의 하나는 당시 사람들이 사용한 범주와 개념 들을 통해 접근하는 것이다. 사람들은 범주들의 연쇄를 통해서 자신들의 문제와 선택지 들을 이해한다. 따라서 범주는 사람들이 당면한 문제에 어떤 해결책들이 가능한지 그 범위를 정의하기도 한다. 이와 같은 생각에서 이 책은 이理와 기氣 같은 범주와 개념들을 탐색하는 데 지면의 상당 부분을 할애하였다.

네 번째 이야기 꿰미는, 중국성에 대한 논의이다. 결국 이 책은 '중국'이라고 불리는 어떤 구획된 실체의 정치사상에 대한 것이다. 그 실체의 경계를 정하는 요인들이 끊임없는 협상 과정을 동반한다고 해도 말이다. 이 중국성에 대한 논의의 핵심은, '중국'의 의미를 20세기 이후 민족/국민 국가를 지칭하기 위해 사용해온 용례에 국한하지 않고, 그 이전의 역사까지 되돌아가보자는 것이다. 이 책은 제목에서 보다시피 현대 중국을 훨씬 넘어서는 장기적 내러티브를 시도하다 보니 초超왕조적인 문화-지정학적 실체로서의 '중국'에 주목하게 된다. 그러한 의미의 중국 혹은 중화의 내용은 지속적으로 변화하고 논쟁의 와중에 있었지만, '중국/중화'라는 정체성 표지는 꾸준한 생명력을 보여왔다. 이 역동적인 실체로서 '중국' 정체성이 지닌 논쟁적 성격에 우리는 주의를 기울여야 한다.

끝으로 중요한 꿰미는 이것이다. 지금껏 많은 학자가 중국정치사상 대부분을 전제국가를 정당화하고 옹호하는 이데올로기로 해석해왔다. 이를테면 현재 한국에 소개되어 있는 대표적인 중국정치사상사들에 실린 다음과 같은 언급을 보라.

진·한에서 명·청에 이르는 2천여 년 가운데 왕의 통치는 변하지 아니하였고, 사회의 변화도 적었다. 환경이 바뀌려 하지 않는 가운데 자연히 사상은 대부분 인습적이었다. … 중국의 군주정치체제는 진·한시대에서 시작하여 명·청까지 계속된 2천여 년의 정치 이론이며, 대체로 그것은 임금의 도를 중심으로 삼은 것이었다. 전제정치체제의 이론의 정확성과 완벽성에 있어서는 아무도 중국인을 따를 수 없을 것이다.[67]

군주 전제제도의 특징은 국가 권력과 군권君權이 합일되어 있고, 공천하와 사천하가 유기적으로 한데 결합되어 있으며, 봉건 국가의 공과 사의 이중성이 황제 개인의 한 몸에서 동시에 구현될 수 있고, 이것이 봉건 법률 속으로 침투된다는 것이다. 이런 상황에서 국가 이익과 군주 이익의 무엇이 '공'이고 무엇이 '사' 인지 분명하게 경계를 나누기는 매우 어렵다. 천하의 대공大公과 한 사람의 대사大私가 왕왕 한 가지 일처럼 처리되기도 하는데 이른바 "천하는 공적인 것이며 한 사람에게 경사스러운 일이다."[68] 당 태종은 일찍이 "군주는 천하를 공적인 것으로 여겨야 한다"[69]고 외친 바 있다.[70]

그러나 나는 이러한 부류의 해석이 타당하지 않다고 생각한다. 본문에서는 '계몽된 관습 공동체'에서 '제국'에 이르기까지 다양한 정치질서와 사상을 다룰 텐데, 그 대부분은 그 나름의 방식으로 중국 전제국가론 테제에 이의를 제기한다. 이 점에서 본 연구는 샤오궁취안과 류쩌화의 정치사상사를 포함한 현존하는 많은 중국정치사상 연구와 큰 차이가 있다.

저자는 자신만의 특유한 문제의식에 따라 이야기 꿰미를 선택하고, 그 선택을 통해 서사를 조직한다. 그리고 독자는 그 이야기 꿰미와 서사의 유용성을 판단한다. 이 책은 일종의 통사일지언정 전사全史와는 거리가 멀다. 그러나 전술한 이야기 꿰미들이 독자들이 중국정치사상 전통이라는 바다를 항해하는 데 역사적 맥락과 주제의식을 놓치지 않도록 약간의 길잡이가 되어주기를 희망한다. 그러면 이러한 이슈들과 이야기 꿰미를 염두에 두고, 중국정치사상의 일— 역사를 구성하는 열 개의 개별 연구로 나아가보기로 하자.

Enlightened Customary Community

2

계몽된 관습 공동체

춘추시대

B.C. 770~B.C. 476

공자孔子(B.C. 551~B.C. 479)부터 중국정치사상사 서술을 시작하는 것은 일견 당연해 보인다.[1] 공자가 중국문화의 화신이자 유교의 창시자로 여겨져왔기 때문이다. 예컨대 류쩌화는 자신의 중국정치사상사 서술에서 "공자가 유가 학파를 창립했다"고 말한다.[2] 그런데 그러한 전제 아래 서사를 짜는 일은 실제 역사와 부합하지 않는다. 공자는 살아생전 그런 식으로 분류된 적이 없는 인물이다. 그것이 무엇을 지칭하든 '유교儒敎, Confucianism'라는 것은 공자 생전에는 존재한 적이 없다.

우리는 중국 고대 사상가들을 유가儒家, 도가道家, 법가法家라는 학파 구분으로 파악하려는 경향이 있지만, 그러한 틀은 대개 후대에서 회고적으로 만든 구성물이다. 공자가 살아 있던 당시에는 확고한 의미에서의 학파나 '유교'라고 이름할 만한 조직화된 운동이나 현상이 존재하지 않았다. 당시의 실제 상황에 부합하는 것은 공자라는 인물이 세계를 잘 다스릴 방법을 궁금해하는 야심 찬 젊은이들의 선생으로서 상당한 명성을 누렸다는 것 정도이다.[3] 진秦나라의 천하 통일 후 공자 계열 지식인들은 전반적으로 위축되어 있었고,[4] 한漢나라 때 이르러서야 국가가 정치 이데올로기로서 공자의 가르침을 본격적으로 존숭하기 시작한다. 그에 따라 공자 역시 점점 더 신성화되었다.

유수는 전 왕조의 역대 왕과 마찬가지로 예를 다해 공자를 공경하고 학교를 세워 교화했다. 건무建武 5년(29) 10월, "대사공大司空을 시켜 공자의 제사를 지내도록 했으며", 건무 14년(38) 4월 공자의 후손 공지孔志를 포성후褒成侯에 봉하는 조서를 내렸다.[5] 또 태학太學을 건립하고 오경박사五經博士 총 14가家를 세워 "각기 그 학파의 방법으로 교수하도록"[6] 했다. 유수는 직접 태학에 왕림하여 "여러 박사를 모아놓고 그 앞에서 논란을 벌이게 했으며" "여러 유생에게 고하여 피리를 불거나 경쇠를 치게 한 뒤 온종일을 보내기도 했다."[7][8]

효무제는 유학을 숭상하여 오경박사를 두었다가 나중에 『논어』와 『효경』을 더해 7경이 되었다. 『효경』은 한대의 국정 교과서가 되었으며, 이는 선비, 백성 외에 황태자에게도 필독서였다. 예컨대 효소제孝昭帝는 스스로 "『보부전保傅傳』, 『효경』, 『논어』, 『서경』을 통달했다"[9]고 말한다.[10]

이런 상황이 가속화되다 보니, 이에 대한 반발도 일었다. 한나라 때 사상가인 왕충王充의 견해가 그 대표적 예이다. 왕충의 말을 인용해보면 다음과 같다.

공자를 사수泗水와 바로 마주하여 장사 지내니 사수는 그를 위해 거꾸로 흘렀다고 전한다. 이는 공자의 덕이 물을 물리칠 수 있어서 묘가 물길에 휩쓸리지 않았다는 뜻이다. 세상 사람들은 이 일을 믿는다. 따라서 유자儒子들은 이를 논하여, 모두들 공자가 죽은 뒤에 작위를 받아야 하는 것은 사수가 거꾸로 흐른 일이 증명해준다고 한다. 이 사정을 고찰해보면 허황한 말이다.[11]

이 같은 비판에도 불구하고 여러 학자 혹은 사상가들이 공자를 존숭하고 그의 가르침을 해설하는 일을 멈추지 않았다. 어떤 의미에서 공자가 역사에서 살아남은 것은 공자의 가르침이 새로운 역사 환경에 적응한 결과이다. 이는 상당 부분 후대 사람들이 자신들의 생각을 공자의 언명 사이사이에 끼워 넣으려 한 주석사注釋史적 노력의 결과였다. 실로 공자의 가르침을 후대에 맞게끔 재해석하고 변용하는 것이 공자 이후 중국 지성사의 상당 부분을 차지한다. 결과적으로 공자는 자기 생각을 너도나도 새겨 넣고 싶어 하는 대상으로서 독특한 문화적 의미를 지니게 되었다. 그렇다면 사람마다 서로 다르게 공자의 사상을 해석해온 것도 놀랄 만한 일이 아니다. 이러한 정황으로 보건대 중국 전통 내에서 공자 사상의 위상을 평가하는 것은 보통 복잡한 일이 아니다.

공자와 전통

앞에서 말한 바와 같은 정황으로 인해 현대 학자들조차 공자의 획기적 중요성을 의심하지 않는 경향이 있다. 예컨대 샤오궁취안은 공자를 중국정치사상사의 돌파점이자 시작으로 간주하였다. "정치사상 또한 이 시대에 돌발적으로 발전하였으며, 공자가 사유師儒(도를 가르치는 유자)로서 가르침의 체계를 세웠을 때부터 제자諸子의 학문이 줄이어서 나타났다."[12] 그러나 역사 연구가 진행됨에 따라 이러한 주장은 실증적 사실과 여러모로 배치되

는 것으로 드러났다. 이 장에서는 여러 역사 연구 중에서도 특히 유리 피네스와 로타어 폰 팔켄하우젠Lothar von Falkenhausen의 연구에 주목해 논의를 진행할 것이다. 피네스는 춘추春秋 시기(B.C. 770~B.C. 476)의 지성사를 재구성하기 위하여 기원전 722~기원전 468년간에 일어난 정치 활동을 상세히 기록한 연대기인 『춘추좌씨전春秋左氏傳』(이하 '『좌전左傳』')을 집중적으로 분석하였고, 팔켄하우젠은 동시기 고고학 유물을 정밀하게 재검토하였다. 양자 모두 공자의 사상이 진공 속에서 생겨난 천재적 도약이 아니라 동주東周 시기(B.C. 770~B.C. 221) 문화적 분위기와 지적인 발전 속에서 배태된 것임을 보여주었다. 이러한 문화적·역사적 맥락에 충실한 연구 덕택에 기존 공자 해석들이 기초해 있는 뿌리 깊은 가정과 접근법 들을 재고할 수 있게 되었다.

공자의 전통관에 대한 기존 견해

실증적 역사 연구로 새로이 드러난 공자 사상의 면모를 논하기 이전에, 그러한 역사 연구가 도전한 기존 시각을 먼저 살펴보기로 하자. 그중 대표적인 것이 바로 공자를 주나라 초기 예禮를 복구하고자 노력한 전통주의자로 간주하는 견해이다. 사실 공자를 '전통주의자'로 이해하는 것이 전적으로 근거 없는 것은 아니다. 아닌 게 아니라 『논어』에는 주나라 창건자들이 이상적인 정치·사회·문화적 제도들을 만들어냈다는 취지의 언명이 실려 있다. 특히 문왕文王과 주공周公은 통치와 행동 규범의 모범으로 기능하게

| **문왕과 주공** | 《고신도(高臣圖)》에 실린 주나라 문왕(왼쪽)과 윤두서의 《십이성현화상첩(十二聖賢畵像帖)》(국립중앙박물관 소장)에 나오는 주공(오른쪽)의 초상이다. 이 둘은 통치와 행동 규범의 모범으로 기능하게 될 주나라 예법을 만들어낸 문화적 영웅으로 간주되었다. 19세기 한국에서 제작된 《고신도》는 중국 명인(名人)들의 그림 옆에 한글 이름을 달고 있어 주목을 끈다. 국립중앙박물관 및 영국 런던 브리티시뮤지엄(대영박물관) 소장.

될 주나라 예법을 만들어낸 문화적 영웅으로 간주되었다. 공자에 따르면, 당대의 혼란을 극복하고 질서를 재구축하려면 문왕과 주공이 활약하던 주나라 초기 상태로 되돌아가야만 한다. 이처럼 먼 과거의 모델을 고수하도록 사람들을 부추겼다는 점에서[13] 공자는 반동적이었는지도 모른다.[14]

그런데 공자가 500여 년 전 주나라 시기에 존재했으리라고 생각하는 과거의 유산을 실증적으로 파악하고 그에 대한 선호를 발전시켰다고 볼 근거는 희박하다. 앞으로 살펴보겠지만, 공자는 자신이 직접 경험할 수 있었던 어떠한 문화 속에서 나름대로 규범적인 문화상을 재구성하고, 그것을 과거에 존재했던 어떤 문명이라고 간주한 것이다.[15] 그렇다고 공자가 존숭한 전통을 일종의 허구라고 치지도외置之度外해도 될까? 공자가 자신의 비전을 주나라 초기에 연결하는 작업을 허구라고 간주하는 태도의 근저에는 실증적 복제 이외의 것은 모두 허구라고 간주하는 이분법이 도사리고 있다. 시대착오적으로 보이기까지 하는 공자의 전통관을 좀 더 잘 이해하기 위해서 앵커스미트Frank R. Ankersmit가 제안한 미학적 재현artistic representation 개념을 잠시 참고해보자.[16]

'재현' 개념과 공자의 비전

앵커스미트가 환기하는 바에 따르면, '재현representation'이란 어떤 대상이 현 상황에서 부재不在하다는 전제 아래 그 대상에 대한 대체물을 제시present하는 것을 의미한다. 이러한 재현 개념이 함축하는 바는, 현재 우리에게 주어진 것은 재현물일 뿐 원래의 대상이 아니라는 사실이다. 즉, 재현 행위는 해당 대상을 그대로 구현할 수 없음을 인정한 상태에서 그 대상을 '대신'하고자 하는 것이다. 만약 누군가 재현하고자 하는 대상과 재현물 자체를 동일시한다면, 그는 '재현'이라는 개념 자체를 잘못 이해하고 있다고 할 수 있다. 재현 대상을 복사하듯 동일시하고자 하는 욕망에 사로잡힌 재현은 미학적 재현과 구별되는 모사적 재현mimetic representation이다.

미학적 재현의 시도가 대상과 모사적으로 동일시되고자 하는 시도와 구별되는 것이라면, 재현과 묘사description의 차이 역시 이해할 수 있다. 이러한 점에서 앵커스미트는 역사적 서술에서 묘사와 재현을 혼동하는 현상을 비판한다. 그에 따르면, 묘사와 재현은 모두 '현실'과 관련을 맺고 있다는 점에서는 같다. 그러나 묘사는 현실'을' 묘사하고자 하는 데 비해 재현은 현실에 '대하여' 재현하고자 한다. 묘사의 경우에는 현실을 얼마나 핍진逼眞하게 그려내는가가 핵심이다(이 경우 사진이야말로 그 어떤 그림보다도 묘사력에서 앞선다고 할 수 있다). 그러나 예술사의 궤적은 핍진한 묘사력이 곧 뛰어난 재현력과 동일시될 수 없음을 보여준다. 즉, 뛰어난 예술작품은 현실'을' 사진처럼 핍진하게 그려냈느냐 여부에 따라 결정되는 것이 아니라 현실의 핵심에 '대하여' 뛰어난 재현력을 보였느냐 여부에 따라 판단된다. 마찬가지 기준을 역사에 적용한다면, 과거를 그대로 모사하는 데 치중하는 역사적 텍스트는 '묘사'의 관점에서는 훌륭할망정 '재현'의 관점에서는 불충분하다고 할 수 있다. 재현의 관점에서 진정으로 뛰어난 역사적 텍스트는, 해당 과거의 모사보다는 그 특질을 우리에게 잘 전달해주느냐의 여부에 따라 결정된다. 그렇다면 '재현'은 재현하고자 하는 대상의 외형적 모습과는 독립적으로 존재한다.

공자가 과거 전통과 맺었던 관계를 이러한 재현 개념을 통해 바라볼 경우, 공자의 재현 대상은 그가 설정한 바의 주나라 건국 시기의 문명이었다고 할 수 있다. 특정 역사적 시점을 실증적으로 복사할 수 있는 기제가 부재한 상황에서, 그리고 특정 문화적 상태를 공동체에 구현할 수 있는 정치적 권력이 결여된 상태에서 공자는 여전히 그 문명 상태에 대한 소명의식을 가졌던 것으로 보인다. 정치권력에서 상대적으로 소외된 공자가 목표할 수 있었던 것은 경전 산정刪定과 교육 작업 같은 활동을 통해 그 문명의 핵심을 개인 차원에서 구현하고 후대에 전달하는 일이었다.

그렇다면 공자는 왜 500여 년 전 주나라를 계승한다는 태도를 취하였을까? 공자는 왜 과거 특정 시기의 문명 상태의 재현이라는 양식을 빌려 자신의 비전을 제시한 것일까? 그것은 아마도 자신의 비전에 정치적 정당성을 부여하는 하나의 방법이었으리라고 생각된다. 공자의 시대는 아직 정치적 정당성의 근원이 '백성'에게 있지 않았다. 그리고 기존 정치적 정당성의 근원으로 여겨왔던 초자연적 존재(귀신)에 대한 의탁이 설득력을 잃어가고 있었다. 기존의 정치적 정당성 확보 기제가 약화됨에 따라 생겨난 공백을 메울 새로운 기제가 요청되고, 그 요청에 부응한 것이 이른바 주나라, 특히 그 건국의 아버지들인 문왕과 주공의 문명이라고 할 수 있다.[17] 그런데 고고학적 자료가 보여주듯이 공자가 언급한 문명이 곧 실증적인 의미에서 주나라 건국기의 문명이라고 할 수는 없다. 정치적 정당성의 근원이 되는 것들은―그것이 초자연적 존재이든, 인민이든, 건국 정신이든―현실에서 경험적으로 존재하는 것이라기보다는 정치적 과정에서 '재현'을 통해 존재하게 되는 것들이다.[18] 실로 공자는 주나라 문화를 논할 때, 역사적으로 존재했던 주나라를 실증적 의미에서 지칭하는 데 그치지 않고 이상화된 질서의 표상으로서 언급하곤 하였다. 다음은 그러한 사례 가운데 하나이다.

> 공산불요公山弗擾가 비費 땅을 근거로 모반을 일으키다. 이에 공자를 부르니 공자가 가고자 하였다. 자로子路가 기뻐하지 않으며 말했다. "갈 곳이 없으면 말 일이지 하필이면 공산씨에게 가십니까?" 공자께서 말씀하셨다. "나를 부르는 이가 공연히 부르겠는가? 나를 써주는 자가 있으면 동주東周를 이룩하리라!"[19]

여기서 동주는 물론 시기적으로 서주西周를 잇게 된 동주東周를 의미하는 것이 아니다. 주나라는 노魯나라의 서쪽에 있으므로, 동쪽에 있는 주처럼 잘하겠다는 말로, 여기서 주는 이미 실증적 고증 대상이 아니라 이상적인 질서의 상징으로서 기능하고 있다. 자신의 새로운 정치적 비전을 제시하는 과정에서, 성공했던 왕조 중에서는 가장 가까이 있었던 서주를 규범적 잣대로 활용하는 것은 자연스러운 방식 중의 하나라고 할 수 있다.

공자가 살았던 시대는 문명의 통일성이 약화되고 복수의 문화적 경향이 경쟁적으로 공존하면서, 공동체 의식이 분화해가던 시절이었다.[20] 마치 로마 이후 유럽이 소규모 단위 공동체로 해체되어가듯이, 중국도 각 개별 제후국의 정체성이 확립되던 시기이자 제후국 간 유동성이 강화되던 시기였던 것이다. 그와 같은 상황에서 공자는 규범적인 문명의 성격을 천명하는 과제에 마주했다고 할 수 있다. 그때 공자는 자신이 경험할 수 있었던 문화 중에서 바람직하다고 생각한 것을 전유하되, 그것을 자신이 속한 공동체의 건국 시점에 연결했던 것으로 보인다. 즉, 공자가 과거와 맺는 관계는 묵종默從적인 반복이라기보다는 미학적 재현 작업이라고 할 수 있다. 그리고 그러한 재현 작업을 통해 형성된 상징은 자신이 헌신하고자 하는 정치 공동체의 정체성을 재정의하는 데 일조하게 된다.

역사적 맥락

그러면 공자가 상상한 과거가 아닌, 실제 역사적 맥락을 살펴보자. 공자는 동주 중반기에 생애 대부분을 보냈다. 동주란 기원전 770년 이후 시기를 지칭한다. 주나라 통치자는 권력이 약화된 나머지, 기원전 770년에 수도를 동쪽으로, 그러니까 황허 유역의 현재 낙양洛陽(뤄양) 근처로 옮겼다. 이는 주나라가 그 이전 영토

| **상나라의 청동기** | 기원전 11세기경 상나라에서는 당시 최첨단 소재인 청동으로 무기와 제기를 만들었다. 무기와 제기는 집단을 조직하고 다스리는 데 매우 중요한 수단으로, 의식 에도 사용되었다.

1. 유(卣): 술 또는 음료를 보관하기 위해 만들어진 높이 35.2cm의 상나라 청동기. 프랑스 파리 세르누치박물관 소장.

2. 고(觚): 술잔으로 사용된 청동기 유물이다. 미국 호놀룰루미술관 소장.

3. 정(鼎): 제사용 음식을 담았던 그릇이다. 상 왕조의 청동기 유물. 중국 상하이박물관 소장.

4. 유(卣): 술을 담던 제기로, 겉면에 지그재그 천둥 패턴으로 무늬를 새겼다. 중국 상하이박 물관 소장.

의 상당 부분에 대한 통제력을 상실했음을 의미한다. 동주 시기는 통상 춘추 시기(B.C. 770~B.C. 476)와 전국 시기(B.C. 453~B.C. 221)로 구분한다.

『좌전』에 나오는 다음과 같은 문장에서 당시 분위기를 엿볼 수 있다. "나라의 큰일은 제사와 전쟁에 있다."[21] 고고학적 발굴에 따르면, 공자가 살았던 사회의 이러한 두 특징 — 제사와 전쟁 — 은 바로 청동기를 널리 사용한 분야와 일치한다. 당시 최첨단 소재인 청동으로 무기와 제기祭器를 만들었던 것이다. 무기와 제기는 집단적 삶을 조직하는 유력한 수단이었다. 청동제 무기가 전쟁을 수행하는 데 필수적이었다면, 전쟁은 정치질서를 창출하는 전형적인 방법이었다. 그러나 폭력을 사용하는 데는 비용이 많이 든다. 그리고 폭력을 과도하게 사용하다 보면, 기대하던 효과는 갈수록 줄어든다. 따라서 폭력을 지속적으로 사용할 수는 없다.

정치 엘리트들은 정치질서를 재창출하는 데 비용이 덜 드는 방법을 찾게 된다. 종교적 전례典禮는 다름 아닌 정치 엘리트들이 그토록 찾던 방법, 즉 적은 비용으로 정치질서를 확보하는 방법이었다. 종교적 전례는 정치 엘리트들의 권력 유지에 필요한 신성한 정당성을 제공했다. 신성화된 정치권력이 생산하고 재생산하는 정치질서는 당연한 것으로 느껴지며, 그리하여 그 정치질서가 믿어 의심치 않는 자연스러운 현실이 되고 나면, 비용이 많이 드는 전쟁의 필요성은 크게 줄어드는 것이다.

이와 같은 정치권력의 동학이 고대 중국에서 어떻게 전개되었는지 보기 위해 고대 중국 왕조들의 부침을 살펴보자. 대부분

| **요임금과 우임금** | 요(堯)임금(왼쪽)은 태고시대의 천자로 70년 동안 세상을 잘 다스리다 순(舜)임금에게 왕위를 물려주었으며, 순은 치수(治水)에 공로가 있는 우(禹)(오른쪽)에게 왕위를 물려주는데, 그가 바로 중국 최초의 왕조인 하나라를 세웠다고 한다. 그림은 1241년 중국 남송 제5대 황제인 이종(理宗, 1205~1264)이 화가 마린(馬麟, 1180?~1256?)에게 명하여 완성한 「도통오상(道統五像)」에 실린 것으로, 요임금과 우임금의 실제를 반영한다기보다 송나라 사람들의 인식을 반영한 초상이다. 타이완 타이베이 국립고궁박물원 소장.

의 중국 역사책에 따르면, 중국 역사상 초기 왕조는 하夏나라, 상商나라, 주周나라이다. 그리고 이 세 나라가 꼬리를 물고 차례차례 앞선 나라를 계승한 것처럼 서술되어 있다. 이러한 역사 서술 방식은 적어도 한나라 때의 위대한 역사가인 사마천司馬遷(B.C. 145?~B.C. 86?)에게까지 소급할 수 있다. 그런데 사마천이 위대한 역사가이기는 해도, 현재 우리가 활용하는 고고학적 증거들을 이용할 수 있는 처

| **사마천** | 사마천이 지은 『사기』는 하-상-주-진-한으로 차례차례 이어지는 선형의 중국 고대사 서사를 최초로 제공하였다. 《고신도》에 실린 사마천의 초상으로, 국립중앙박물관 및 영국 런던 브리티시뮤지엄(대영박물관) 소장.

지가 못 되었다. 사마천이 쓴 그 유명한 『사기史記』는 하나라-상나라-주나라-진나라-한나라로 차례차례 이어지는 선형의linear 중국 고대사 서사를 최초로 제공하였다.

그러나 실제 하나라, 상나라, 주나라 사람들이 사마천처럼 생각한 것은 아니었다. 일단, 세 나라 중 어느 하나도 우리가 '중국China'이라고 부를 만한 지역 전체를 지배할 정도로 큰 정치체가 아니었다. 근래 이루어진 고고학적 발굴에 따르면, 문명의 시작 이래 복수의 문화가 황허 유역, 양쯔강 유역, 그리고 기타 지역에 공존하였다.[22] 게다가 '중국'이라는 이름 혹은 그에 비견할 만한 어떤 상징도 세 나라를 통합하는 정체성 표지로 기능한 적

이 없었다. 이 세 나라와 그 밖의 이른바 '야만국' 간의 경계는 결코 분명하게 정의된 적이 없었다. 그 여러 집단은 지속적으로 이리저리 상호 작용하고 있었다.[23] 큰 포유류의 어깨뼈나 거북의 등딱지를 사용한 갑골문은 고대 중국에 대해 알려주는 1차 사료인데, 이 사료들은 당시에 여러 정치 집단이 동시에 공존하고 있었음을 확인해준다. 상나라와 주나라는 갑골문에 자주 등장하는 여덟 집단 중 두 집단에 불과하다. 주나라는 강羌, the Qiang이라고 일컬어진 다른 집단과 함께 상나라를 정복하는 데 마침내 성공했다.[24]

상나라 이데올로기와 그 해체

상나라의 이데올로기는 무엇이었는가? 상나라 사람들은 귀신이 추수, 전쟁, 질병 같은 중대사에 영향을 미친다고 믿었다. 그래서 조상신들의 감정과 생각을 알아내고자 점을 치고 제사를 지냈다. 특히 상나라 사람들은 갑골을 불에 태워 금이 가는 모양으로 점을 쳤는데, 그것이 조상신과의 소통 내용이라고 보았다. 즉, 갑골을 통해서 상나라 통치자들은 수호신과 샤먼적인 소통을 하고, 신성한 질서와 연결될 수 있다고 믿었던 것이다.[25] 상나라 통치자들과 조상신과의 관계는 상호적이었다. 음악과 무용이 함께하는 정교한 예식을 조상신에게 거행하면, 조상신이 그에 응답한다고 믿었다. 그리하여 조상신의 초자연적 도움을 얻기 위하여 통치자들은 예식을 통해 조상신에게 공물을 바쳤다. 그 공물을 받은 조상신들은 이제 후손들에게 호의를 베풀어줄 것이었다. 이렇듯이 제사는 보편 도덕의 조건을 충족하지는 못한 것이었다. (제사를 제대로 지내기만 하면) 조상신들이 보편적인 인간에게가 아니라 상나라 후손들에게만 호의를 베풀어줄 것이라고 상나라 통치자들은 생각하였다.

상나라 통치자들의 정치권력이 조상신 권력에 기초해 있었다는 점에서, 상나라 통치는 일종의 신정神政, theocracy이다. "은(상)나라 사람들은 신을 존귀하게 여기고, 백성들을 인솔하여 신을 섬겼다."[26] 상나라 통치자들은 귀신 세계라는 상징 자원을 활용해서 자신들이 자연 및 사회 환경을 충분히 장악하지 못한 데서 오는 어려움을 극복하고자 하였다. 주나라가 상나라를 정복하기 이전부터, 주나라 왕들 역시 상나라와 마찬가지로 가족 신전에서 정교한 예식을 수행하였다. 즉, 그들 역시 자신들의 조상을 숭배했던 것이다.[27] 그러나 상나라를 정복한 뒤,[28] 주나라는 종족적 배려로 귀신이 자신들에게 호의를 베푼 결과 자신들이 승리했다고 주장하는 대신, 천명天命, the Mandate of Heaven이라는 새로운 개념을 활용해서 자신들의 승리를 정당화했다. 그 주장의 핵심은, 주나라가 무력이 강해서 상나라를 이긴 것이 아니라, 초월적 권위인 하늘이 가장 도덕적인 정치 세력인 주나라의 승리를 원했기에 그렇게 되었다는 것이다. 하늘이 내리는 명령인 천명은 보편 도덕의 성질을 가지고 있다. 어느 종족이든 도덕적이기만 하면 가리지 않고 축복하는 것이다. 상나라가 부도덕하게 처신하자 하늘은 천명을 거두고 주나라에 천명을 부여한 것이다. "그러므로 하늘은 은(상)나라에 벌을 내리고 그들을 아끼지 않았다. 이는 하늘이 잔학한 것이 아니라 백성들이 자초한 것이다."[29]

주나라의 천명 개념

천명은 올바른 통치자만이 누릴 수 있는 특권이다. 이러한 천명 개념을 통해 주나라 통치자는 친족 네트워크를 넘어서는 보편 언어로 자신들의 권력을 정당화할 수 있었다. 즉, 신정 개념에 기초해 있던 왕권은 보편적 도덕에 근거한 정치 권위로 재정의된 것이다. 주나라의 보편적 천명 개념은 당시에 엄연히 존재하던 또 다른 하늘 개념 — 예측하기 어렵고 신비한 하늘 개념 — 과 경쟁 상태에 있었다. 후자의 하늘 개념은 이를테면 『시경詩經』에 보인

중국정치사상사

다. "하늘은 빠르고도 무섭다. 신중하게 고려하지도 않고 계획을 세우지도 않는다. 이처럼 죄가 없는 이들도 여기저기 구렁에 빠지게 된다."[30] 주나라의 천명 개념은 주나라의 권위를 당연시하지 않는 다른 부족들도 주나라의 권위를 받아들일 수 있게끔 권력의 성격을 재정의한 셈이었다.

　이후 천명 개념은 중국 역사에서 지속적이고 복합적인 영향력을 발휘하였다. 왕권이 천명으로 정당화되고 나면, 권력은 장기간 지속할 상징적 기반을 가지게 되었다. 그러나 어떤 왕이나 왕조의 권위가 충분히 도덕적이지 않다고 판명될 경우, 같은 이유로 권력을 잃을 위험에 처하게 되었다. "명은 일정하지 않다."[31] 무력으로 정복한 사람이야 물론 자신들이 천명에 힘입어 승리했다고 주장하고 싶을 것이다. 그러나 비판자들 역시 기존 통치자를 제약하기 위하여 천명 개념을 사용할 수도 있다. 예컨대 특이한 천체가 하늘에 나타나면 그러한 자연 현상은 기존 권력자를 정당화하는 데 사용될 수도 있었고, 혹은 현 정권이 제대로 통치하고 있지 못하다는 명백한 경고로 해석될 수도 있었다. 장기적인 중국 지성사의 안목에서 볼 때 천명 개념에서 주목할 점은 그것이 후속 왕조가 선행 왕조를 전복한 뒤에 자신을 정당화할 기제를 제공했다는 사실이다. 후속 왕조들은 선행 왕조가 하늘이 명한 도덕적 명령을 무시했기 때문에 망했다고 주장할 수 있게 된 것이다. 천명 개념을 이처럼 정치적으로 사용함으로써 정의로운 정복자 계보가 생겨났다. 중국 왕조사는 새로이 천명을 받은 이들로 엮은 장기 서사인 셈이다.

다음과 같은 기록은 천명 개념이 이후 중국 정치사에 정착되어가는 과정을 잘 보여준다.

경제景帝 때 황노黃老파의 황생黃生은 혁명론에 반대하며, "탕왕, 무왕은 천명을 받은 것이 아니라 시해한 것이다"[32]라고 주장한다. "모자는 해졌어도 반드시 머리에 씁니다. 신발은 새것이라도 반드시 발에 신습니다. 무엇 때문이겠습니까? 위아래가 구분되기 때문입니다. 지금 걸桀왕, 주紂왕이 도를 잃었다고 하지만 여전히 주상입니다. 탕, 무는 성인일지라도 신하입니다. 군주가 잘못된 행위를 하면 신하가 바른말로 잘못을 고쳐주어 천자를 존중해야 할 일입니다. 그럼에도 거꾸로 과오를 탓하여 그를 죽여 대신 남면하는 자리를 밟고 섰으니 시해가 아니면 무엇이란 말입니까?"[33] 유생인 원고생轅固生은 반박했다. "그렇지 않습니다. 걸, 주가 포악하고 어지러우니 천하의 마음이 모두 탕, 무에게로 돌았습니다. 탕, 무는 천하의 마음을 도와 걸, 주를 벌한 것입니다. 걸, 주의 백성이 자기 주인을 위해 일하지 않고 탕, 무에게 귀순했습니다. 탕, 무는 부득이하게 왕위에 오른 것인데 천명을 받은 것이 아니면 무엇이란 말입니까?"[34 35]

서주 정치질서의 해체

서주시대부터 춘추시대 초기에 이르기까지 기존 정치질서는 비교적 잘 작동하였다. 주나라 통치자들은 지역 제후들에게 대단한 권위를 행사하였고, 제후들은 친족 관계로 연결된 신하들의 도움에 힘입어 자신들의 관할권을 효과적으로 통제하였다. 제후들은 종교적 권위, 토지 소유, 고위 관직 임명권을 가지고서 신하를 회유하고, 자신들의 권위를 기꺼이 받아들이도록 하였다. 그러나 춘추시대 후기에 토지와 정부 관직은 점차 친족 집단의 소유물이 되어갔다. 토지의 사적 소유가 진행된 것이다. 신하들은 동시에 친족 집단의 우두머리이기도 했는데, 자신들이 관직을 상실했을 때조차도 통치자에게 토지를 반환하지 않으려는 현상이 늘어났다. 결과적으로 지역 제후들의 정치적 권위가 크게 약화되자, 친족 집단들이 경쟁적으로 부강을 위한 투쟁에 뛰어들었다. 이처럼 서주의 정치질서가 해체되면서 천명이나 귀신의 권위 역시 약화되었다. 결국 "교육받은 엘리트의 대부분이 하늘과 귀신에[36] 대한 의존이 정치사회적 질서와 와해를 막기에는 역부족이라는 확신에 이르게 되었다."

공자가 정치질서의 새로운 기초를 찾아나선 것은 바로 이러한 역사적 맥락에서였다. 비록 하늘이 여전히 최상위의 권위로 남아 있었지만, 그 하늘이 인간사에 직접 반응하리라고 공자는 더는 믿지 않았다. 그는 인간 세계 내에서 정치질서의 대안적인 기초를 찾았다. 신적 존재와 직접 소통하려 하기보다는 예禮 자체를 강조했다는 점에서 공자는 그 시대의 인물이었다. 사실 공자뿐 아니라 상당수 춘추시대 지식인들이 초인간적 존재가 갖는 정치적 적실성the political relevance에 관해 회의를 품기 시작하였다.[37]

신적인 것에서 인간적인 것으로 핵심 참고체계가 변화한 것이다. 즉, 인간의 문제를 해결하기 위해 기도보다는 세속 정치가 상대적으로 더 중요해졌다. 바로 그러한 의미에서라면 이 시기의 사상이 중국정치사상의 본격적인 시작점이라고 해도 좋다. 마찬가지 이유로 중국정치사상에 대한 서사를 공자에서 시작하는 것도 타당하다. 공자는 인간들이 (신적 존재에 대한 의존 없이) 어떻게 자신들의 공동체를 통제해나갈 수 있는지에 대해 이야기했기 때문이다.[38]

신정정치 조직에서 계몽된 관습 공동체로

지금까지 상나라와 주나라를 비교해보았다. 이제야 우리는 공자의 사상을 당대의 문제에 대한 하나의 반응으로서 이해할 수 있는 입지에 섰다.[39] 공자는 당시 영향력을 미치고 있던 무력, 신정정치, 보편적 도덕 이념 등의 선택지와 마주하여 기어이 강력한 정치적 비전을 만들어내었다. 공자는 무엇보다 그때까지 신에 대한 제사에서 널리 사용되고 있던 예의 의미를 재발견하였다. 그때까지 충분히 활용되지 못했던 예의 정치적 잠재력을 활용하여 대안적인 정치 공동체의 모습을 그려낸 것이다. 예는 광의의 '관습'에 해당하므로, 공자가 제시하는 공동체의 모습을 일종의 관습 공동체라고 불러도 큰 무리가 없을 것이다.

　『논어』 전반에 걸쳐 공자는 무력에 기초한 정치질서에 반대한다. 무력과 예를 대비하고, 무력은 적절한 통치 방법이 아니라고 역설한다.

위령공衛靈公이 공자께 진을 치는 일에 대해 묻자, 공자께서 말씀하셨다. "예(제사)에 대한 일이라면 일찍이 들어본 적이 있으나 군사에 대한 일은 배우지 못했습니다." 이튿날 기어이 떠났다.[40]

물론 공자 혼자만 무력의 한계를 인식한 것은 아니었다. 지속 가능한 정치질서를 창출하는 데 무력과 물리적 강제가 갖는 한계를 의식하고 있던 또 다른 인물이 관중管仲(B.C. 725?~B.C. 645)이었다. 사상의 시장에서 관중은 공자의 경쟁자 중 한 사람이다. 관중은 이렇게 말했다. "형벌이 번다해도 마음이 두려워하지 않는다면, 명령은 행해지지 않는다."[41] 즉, 공자와 관중은 모두 효과적인 통치를 하려면 거친 폭력에만 의존해서는 안 된다면서 통치란 궁극적으로 강제가 아닌 모종의 동의에 기초해야 한다고 생각한 것이다. 이렇게 볼 때, 공자가 때로 관중을 높이 평가한 것도 이해할 만하다.[42] 그러나 관중에 대한 공자의 높은 평가는 조건부였다. 공자가 "관중의 그릇은 작다! … 관씨가 예를 안다면, 누가 예를 알리오"[43]라고 했을 때, 공자가 의미했던 바는 관중이 예의 진정한 의미를 제대로 알지 못한다는 것이었다.

예가 가진 원래 함의를 상기해보자. 예는 원래 신의 대답을 얻기 위해 행하던 전례였다. 공자가 예의 중요성을 강조했다고 해서 그것을 꼭 공자가 권위를 이용해서 정치권력을 정당화하려 든

| **관중** | 공자의 경쟁자 중 한 사람인 관중은 통치란 궁극적으로 강제가 아닌 동의에 기초해야 한다고 생각했다.

것이라고 할 수 있을까? 정반대이다. 초자연적 존재들이 자신들의 염원에 응답하리라고 나른하게 믿는 이들에 대해 공자는 비판적이었다. 놀랍게도 공자는 이렇게 말했다. "귀신을 공경하되 멀리하라."[44] 이 미묘한 말은 일견 무신론을 설파하는 것처럼 들리지만, 실제 내용은 그렇지 않다. 공자는 결코 신의 존재를 부정하지 않았다. 위의 언명은 일단 신의 존재를 전제하고 있으며, 그러한 전제하에 사람들이 신과 거리를 두어야 한다고 주장하고 있다.

여기서 흥미로운 점은 후원자-고객patron-client 같은 신정정치에 대한 공자의 비판 그 자체라기보다는, 공자가 의존하고 있는 비판의 근거이다. 기존에는 권선징악의 결과를 얻기 위해 신을 숭배하였다. 즉, 얼마나 좋은 혹은 나쁜 결과를 가져오는지를 따져가면서 신을 숭배한 것이다. 그러나 공자는 그러한 결과주의적 접근을 거부한다. 공자가 보기에 인간은 신의 뜻을 알기 어렵다. 귀신과 죽음에 대해 제자 자로가 물었을 때 공자가 한 말을 생각해보라. "삶도 모르면서 어찌 죽음을 알리오?"[45] 자로의 문제는 신이 존재하지도 않는데 저런 질문을 한다는 점이 아니라 자기 앎의 한계를 의식하지 못하고 있다는 점이다.[46] 공자는 귀신의 존재 자체를 부정하거나 귀신을 좀 덜 경배하자고 주장하는 것이 아니다. 다만 귀신과 거리를 두자는 것이다. 이때 거리란 단순히 물리적 거리만이 아닌 반성적 거리를 포함한 것이다. 초자연적 존재와 거리를 둔다는 것은 맹목적인 믿음에 의한 인식론적 한계를 의식한다는 것이다. 묵자墨子에게는 발견할 수 없었던 인식론적 자의식을 요청하는 것이다.[47]

공자의 첫 번째 라이벌이었다고 해도 과언이 아닐 묵자는 이렇게 말했다. "귀신이 없다고 주장하는 동시에 제사 지내는 예를 공부하는 것은 손님이 없는데 손님 맞는 예를 공부하는 것과 같고, 물고기가 없는데 그물을 만드는 것과 같다."[48] 묵자의 비전은 이처럼 초자연적 존재와 후원자-고객 관계를 전제한다. 그러다 보니 인간의 후원자 역할을 담당하며 인간의 숭배에 응답하는 존재를 필연적으로 요청하게 된다. 그러한 묵자의 비전 속에서 예란 인간의 덕德을 배양하는 기능에 그 중요성이 있는 것이 아니라, 예를 집행한 대가로 초자연적 존재에게서 받게 될 호의에 있다. 그런데 묵자가 말하는 초자연적 존재는 인격신적 요소가 강하지 않고 일종의 자동반응virtual automaticity을 발휘하는 존재이다. 예를 제대로 행하면 신은 그에 대한 보답을 자동적으로 준다. 모든 조건이 적절하게 충족되기만 하면 예의 집행자는 그에 상응하는 보답을 받게 되는 것이다. 이렇게 볼 때, 묵자가 말하는 초자연적 존재의 작동 방식에 신비한 구석이라고는 거의 없다.[49]

유리 피네스에 따르면,[50] 인간과 신 사이에 설정된 후원자-고객 관계에 대한 공자의 비판은 춘추시대 후기의 역사적 맥락을 감안할 때에야 비로소 잘 이해할 수 있다. 춘추시대 후기에 이르면 하늘에 대한 견해가 바뀐다. 하늘은 인간의 행동을 지시하고, 인간의 행동에 반응하는 그 나름의 목적과 지각을 가진 존재라는 기존 특성을 점점 잃어가고 있었다. 당시의 그러한 문화적 분위기에 걸맞게 공자는 초자연적인 존재와 예 간에 존재하고 있던 전통적 관계를 분리하였다. 다시 말해 기존에 예의 주된 의미는 초자연적 존재에게서 보답을 받는 데 있었지만, 이제 공자는 예라는 행위 자체가 의미심장한 가치를 가졌다는 식으로 예의 의미를 재정의한 것이다. 이것이 꼭 예가 인간이 수행하는 행위의 목적 그 자체가 되었다는 뜻은 아니다. 『논어』에서 공자는 바람직한 정치질서를 구현하기 위한 수단으로서 예를 간주하곤 하였다. "예를 가지고 나라를 다스릴 수 없다면 예를 어쩌랴."[51] 공자가 예에서 어떤 정치적 가치를 발견하였는지 아는 것은 그다지 어렵지 않다. 행위 규범으로서 예는 충동과 느낌에 따라 제멋대로 굴려 하는 인간의 성향을 제어하는 기제이다.

공자의 비전과 관련하여 주목할 만한 사실은 예에 기반한 사회정치적 질서가 붕괴해가는 마당에, 그리하여 기존의 위계적 권위가 쇠퇴하는 마당에, 관습 공동체 비전을 새삼 구상했다는 점이다.[52] 앞에서 언급했듯이, 공자의 시대에는 주나라 통치자와 지역 제후들 간의 혈연에 기초한 연대가 상당히 약화되었다. 강력한 지역 제후들 다수가 전통적 예 규범을 명시적으로 어기고 있었다. 그 결과 제후가 주나라 왕실에 얼마나 가까운 혈연이냐에 따라 성립된 정치질서는 더 이상 유지될 수 없었다. 이에 공자는 주나라를 완전한 새로운 기초 위에 재정립하려 들기보다는 천하의 정치적 해체를 막기 위해 기존의 예를 재해석한 것이다. 관습 공동체라는 공자의 이상과 기존 예치禮治 사상의 차이는, 공자가 예의 의미를 확장하고 거기에 심리적인 깊이와 융통성을 부여했다는 데 있다.

관습으로서 예는 사회 내에 조화를 만들어낼 능력을 가지고 있다. 이러한 의미에서 공자가 생각한 이상적 공동체는 일종의 관습 공동체, 즉 공통의 관습에 의해 통일성이 유지되는 공동체라고 부를 수 있다. 이것은 신과 인간 사이의 서약covenant에 의존하는 공동체가 아니다. 형벌 같은 강제 조치에 의존한 나머지 강력한 규제적인 중심regulative centers을 명시적으로 요청하는 공동체도 아니다. 선례, 관습, 관례, 즉 예가 존재하는 공동체이다.[53] 포콕은 이렇게 말한 적이 있다. "사회는 포괄적인 예절에 의해 지배된다. 특정한 상황에서 인간은 그에 적절하다고 규정된 예를 따름으로써 그 상황에서 인간이 따라야 하는 방식과 존재해야 하는 인간관계를 실제적이면서도 상징적으로 나타내게 된다."[54] 예가 제공하는 것은 공적인 행동에 걸맞은 공통된 매너와 사회적 형식 들이며, 그것들은 사회적 상호 관계를 촉진한다. 인간들이 복잡한 교환과 협상의 과정에 연루되면 될수록 예는 더더욱 필요하다. 관습 공동체의 이상이란 모든 사람이 암묵적으로 사회적 관례에 맞추어 행동하는 상태이다.

공자가 예라는 말을 통해 의미한 것이 모든 종류의 관습을 다 포함하는 것은 아니다. 마크 루이스Mark E. Lewis가 주장했듯이, 고대 중국의 엘리트들은 도시가 문명의 수원지라고 생각했고, 지방과 시골의 습속을 제한적이고 협소하고 촌스러운 것이라고 보았다. 그리하여 '속俗, custom'은 지방적이고 부분적이고 미처 계몽되지 않은 대중이나 향유하는 어떤 것, 특정 장소나 지역의 특징에 얽매인 나머지 보편적인 성격을 갖지 못한 어떤 것, 즉 부정적인 범주가 되었다.[55] 공자가 예를 통해 의미한 바는 그저 아무 관습이라기보다는 계몽된 관습이었다. 그에게 진정한 예란 인간의 조건을 진정으로 이해하고, 관련 전문성을 가진 사람들이 만든 행동 규범이었다. 그러한 사람들은 사회의 그릇된 관습을 제거하고 보통 사람들을 교화해야 하며, 우월한 공통 행동 규범을 통해 더불어 사는 계몽된 공동체를 창출해야 한다.

종교적인 예식을 일반적인 행위 규범으로 재가공하기 위하여 공자는 예의 의미를 종교적인 예식뿐 아니라 관습과 일상적인 예의범절까지 포함하도록 확장하였다. 그 결과 예는 그 이전에 비해 보다 미시적이고 일상적인 특징을 가지게 되었다. 그 이전 시기에 예란 주로 초자연적 존재들과 소통하기 위해 사용된 큰 규모의 예식을 의미하였다. 예식에 사용된 청동기는 고대 중국의 예가 가졌던 스펙터클한 성격을 잘 보여준다. 상나라 사람들이 사용한 청동기 중 무거운 것은 875kg에 달한다. 기원전 15세기의 여러 저장소 가운데 한 곳에서는 청동기가 10톤 이상 발견된 바 있다.[56] 이에 비해 공자는 몸짓과 서고 앉고 보고 말하고 걷는 행위, 그리고 도구를 사용하는 방식까지 포함하게끔 예의 의미를 확장하였다. 그리하여 예는 인간의 상호 작용을 가능하게 하는 행위의 전반적인 양식을 나타내게 된 것이다. 이와 같은 광의의 예는 공자 개인의 발상이라기보다는 춘추시대 후기의 전반적 경향을 반영한다. 당시에는 예라는 말의 의미를 한껏 확장된 방식으로 재정의하고자 했던 시도들이 제법 존재하였다. 유리 피네스가 강조했듯이, 춘추시대 후기에 예는 "종교적 예식과 전례적 처신이라는 원래의 좁은 의미에서 점차 벗어나 정치적·사회적 삶의 궁극적 지도 원리가 되었다."[57] 다음에서는 이러한 전환이 갖는 정치적 의미를 '미시성의 정치'라는 면에서 좀 더 탐구해보도록 하겠다.

미시성의 정치

공자가 구상한 계몽된 관습 공동체 혹은 예禮 공동체는 미시성의 정치라는 특징을 갖는다.[58] 여기서 말하는 '미시성의 정치'란 인간의 복수성mutiplicity으로 특징지어지는 삶의 현실에 정치적 질서를 부여하고 유지하고 재생산하고 재규정하려는 일련의 노력이, 국가나 계급 같은 공동체의 거시적이고 구조적인 조건보다는 공동체 내 개개인의 미시적 행위 양태를 매개로 이루어질 때 포착되는 차원을 말한다. 내가 미시성의 정치를 탐구하기 위해 참고 체계로 고려한 것은 미셸 푸코Michel Foucault, 미셸 드 세르토Michel de Certeau, 그리고 제임스 스콧James C. Scott의 논의가 부각해온 행위의 미시적 차원이다. 물론 푸코, 세르토, 스콧은 각기 다른 사회적·역사적 맥락에서 자신의 사상을 개진하였기 때문에 공자의 정치사상을 논의하는 데 전면적인 참고체계로 기능할 수는 없다. 그러나 비교의 맥락을 적절한 수준에서 통제할 경우, 그들의 논의가 조명한 행위의 미시적 차원은 우리가 공자 정치사상의 중요한 측면을 포착하는 데 도움을 줄 것이다.

미셸 푸코의 미시성

미셸 푸코는, 지식knowledge/권력power의 '미시물리학', '모세관 같은 권력'이라는 표현에서 암시하듯이, 권력의 행사가 개개인의 미시적 행위 양태를 매개로 이루어질 때 포착되는 정치를 가장 명료하게 밝힌 사람 중의 하나이다. 그는 특히 권력이 인간의 육체를 단련하고 조정하여, 통제에 보다 용이하게 반응하도록 만드는 세세한 과정에 주목한다.[59] 그의 여러 저작 중 특히 『감시와 처벌』은 통치와 질서 유지를 목표로 하는 권력의 기제가 어떤 식으로 거시적인 스펙터클에서 미시적인 행위 통제로 변천했는지 잘 보여준다.

　　『감시와 처벌』은 루이 15세King Louis XV를 시해하려 했던 로베르 프랑수아 다미엥Robert-François Damiens의 처형이 얼마나 거창한 스펙터클의 예식이었는지를 묘사하면서 시작된다. 푸코의 표현을 빌리자면, 그와 같은 예식은 "권력의 과도하면서도 규칙적인 과시를 만들어내는 일"이자 "호사스러운 세력 과시였으며, 권력이 원기를 회복할 수 있는 과장되면서도 동시에 규범화한 '소비 행위'였다."[60] 다시 말해 본격적인 근대가 도래하기 이전 권력이 자신을 행사하고 재확인하는 방식의 특징은 '과잉', '과도', '과시', '규칙' 혹은 규범화한 '소비 행위'였던 것이다. 그러다가 18세기에 이르러 인구 증가, 자본주의 발달 등의 사회 변화에 힘입어 국왕 시해 같은 범죄보다 일상 수준의 경제적·사회적 범죄가 증가하면서 새로운 권력의 활동 기제가 요청되었다.

이와 같은 변화를 전후한 푸코의 역사서술은 간단한 요약을 쉽게 허용하지 않는 매우 복합적인 것이다. 그러나 단순화를 무

| 재판관들 앞의 다미엥 | 프랑스 파리 카르나발레미술관 소장.

| **1757년 3월 28일 행해진 다미엥 처형 장면** | 프랑스 고등법원은 루이 15세 암살 시도 혐의로 붙잡힌 다미엥을 다음과 같이 처형토록 했다. "손에 2파운드 무게의 뜨거운 밀랍으로 만든 횃불을 들고 속옷 차림으로 파리의 노트르담 대성당의 정문 앞에 사형수 호송차로 실려 와 공개적으로 사과할 것, 상기한 호송차로 그레브 광장에 옮겨간 다음, 그곳에 설치된 처형대 위에서 가슴, 팔, 넓적다리, 장딴지를 뜨겁게 달군 쇠집게로 고문을 가하고, 그 오른손은 국왕을 살해하려 했을 때의 단도를 잡게 한 채, 유황불로 태워야 한다. 계속해서 쇠집게로 지진 곳에 불로 녹인 납, 펄펄 끓는 기름, 지글지글 끓는 송진, 밀랍과 유황의 용해물을 붓고, 몸은 네 마리의 말이 잡아끌어 사지를 절단하게 한 뒤, 손발과 몸은 불태워 없애고 그 재는 바람에 날려 버린다." 푸코는 다미엥의 처형이 얼마나 거창한 스펙터클의 예식이었는지 들려주면서 이러한 예식은 권력 또는 세력 과시를 위한 소비 행위의 일종이었다고 말한다.

릅쓰고 요약하자면, 근대에 이르러 권력이 관철되는 방식은 거대한 공적 스펙터클이 아닌 일상 속으로 스며들어서 인간의 일거수일투족을 훈육하는 것이다. 권력이 개인을 스펙터클의 예식을 빌려 표상적인representative 처벌을 하는 것이 아니라, 이제 규율을 통해 개인을 아예 '제조'한다.[61] 따라서 분명한 저항조차 용이하지 않다. 푸코는 이렇게 말한다. "형벌의 적용 지점은 표상이 아닌 신체 그 자체이고, 시간이고, 날마다 취하는 동작과 행동이다. 또한 그것은 정신이기도 하지만 어디까지나 습관적으로 되풀

이되는 지점의 정신이다. 위의 근본 원칙으로서 신체와 정신이야말로 이제는 처벌기관의 관여에 제시되는 기본 요소를 이룬다."[62] 이처럼 근대에 개발된, 몸과 영혼을 지배하는 새로운 권력의 테크닉은 "군주제의 위엄 있는 의식이나 국가의 대규모적인 기구에 비하면 소극적 방식이고, 보잘것없는 방법일 것이다."[63] 다시 말해 매우 미시적인 형태를 띤다. 푸코가 행한 연구의 장점은 미시적이어서 그만큼 잘 드러나지 않는 권력의 메커니즘을 잘 분석하여 우리 눈앞에 드러낸다는 것이다.

미셸 드 세르토의 미시성

푸코가 권력의 미시적 통제에 주목했다면, 미셸 드 세르토는 똑같이 행위의 미시성에 천착하되 그것이 가진 저항의 차원에 주목했다.[64] 푸코는 자신이 분석해낸 그 권력의 작동이 과연 어떠한 저항을 통해 바뀔 수 있는지 명료하게 밝히고 있지 않다. 그러나 세르토가 보기에 사람들은 일상생활 속에서 매우 절묘하고도 미묘한 방식으로 그러한 권력의 통제에 저항하고 있다.

그리하여 세르토는 나름의 이론화를 통해 쉽게 포착되지는 않으나 분명히 존재하는 일상의 저항 방식을 읽어내고자 한다. 그리하여 그는 매우 정밀한 묘사로 사람들이 일상 속의 통제를 어떻게 무시하고 혹은 빠져나가고 있는지를 보여주었다. 예컨대 사람들은 절묘하고 눈에 잘 뜨이지 않는 방식으로 교통질서를 어기며 멋대로 걷고, 공식적인 이름 대신에 별명을 붙여 부르고, 똑바로 걷는 듯하면서도 자기 나름의 보행 방식을 발명한다. 심지어 의미가 정식화되어 있는 것처럼 보이는 텍스트를 읽을 때도 자기 멋대로 독해한다. 혹은 읽는 것처럼 하면서 자기 나름의 상상의 나래를 펴기도 한다.

이처럼 사람들의 일상적 행동이나 제스처 들이 자기 나름의 독특한 저항 방식으로 채워져 있다는 사실에 주목하면, 사람들은 푸코가 묘사하는 것처럼 통제의 수동적 노예가 아닌 것으로 드러난다. 사람들은 위에서 규정하는 규율과 행동 방식을 기계적으로 소비하기는커녕 오히려 매우 창조적으로 그러한 규율들을 전유해내는 존재이다. 요컨대 푸코가 훈육의 규제성을 강조한 데 반해, 세르토는 그러한 훈육 기제를 각 개인이 자기 나름대로 전유해내는 능력에 주목한다. 또한 세르토는 이러한 미시적 저항이 지금까지 잘 포착되지 않고 이론화되지 않았던 것은 현행 과학적 이론에 담긴 합리성 자체의 한계 때문이라고 보고, 그러한 합리성에 대해 문제를 제기하면서 구조로 환원되지 않는 개인들의 행위 양식에 대한 새로운 해석의 지평을 열어놓았다.

제임스 스콧의 미시성

세르토가 기존의 과학적 이해로는 잘 포착되지 않는 일상의 미시적 저항을 이해할 수 있는 이론적 밑그림을 제시했다면, 세르토의 통찰이 매우 경험적인 연구의 형태로 구현된 것이 제임스 스콧의『약자의 무기』라고 나는 판단한다.[65] 스콧은 농민의 저항에 대한 기존 연구들이 대규모의 조직적 반란과 혁명에 집중되어왔음을 비판한다. 그가 보기에 그러한 대규모의 (스펙터클한) 사건들은 영웅적이고 낭만적인 좌파의 관심을 끌 수 있을지 모르나 역사적으로 그렇게 조직화된 대중투쟁은 거의 자살 행위에 가까운 것이었음을 환기한다. 그리고 결과적으로 그러한 것들은 국가에 일시적인 위협밖에 주지 못했음을 지적한다. 요컨대 대규모 농민반란은 드문 데다가 일어난다고 해도 곧 괴멸되며, 그 결과 더욱 강하고 지배적인 국가 권력을 불러오기 십상이라는 것이다.

그리고 반란이나 혁명에 집중해서 그간 연구가 진행되어온 데는 서양학자들의 편견이 작용한 바 크다고 스콧은 주장한다. 요컨대 서양학자들에게 보다 익숙한 대상, 그들의 방법론이 쉽게 적용될 수 있는 대상, 이를테면 분명히 드러나는 큰 사건들, 공식화된 조직, 인물, 형식적인 리더십 등에만 주목했다는 것이다. 실로 그러한 것들은 상대적으로 분명한 기록을 남기기 때문에 기존의 이른바 과학적 연구법에 잘 포착된다. 그러한 것에 치중하는 연구들은 농민들의 영웅적 행동에 주목하여 농민들을 중시하는 것처럼 보이지만, 필패必敗를 부르는 그러한 행위에만 주목한다는 것은 오히려 농민을 무시하는 결과를 불러올 수 있다. 농민에게 맞는 미시적 저항을 무시해버리면, 농민의 정치적 가치는 무無에 가까운 것이 된다.

스콧이 보기에 장기적으로 농민들에게 유의미하고 효과적인 계급투쟁 방법은 반란이나 혁명 같은 대규모의 방법이 아니라 오히려 시시하고 미시적인 다음과 같은 방법들이다. 고의적 지연, 폭동보다는 허락 없이 이루어지는 은근한 의무 불이행, 대규모 습격보다는 좀도둑질, 사보타주, 대대적인 침략보다는 부지불식간에 이루어지는 공유지 무단점유 등이다. 이러한 저항 방법은 암묵적/비형식적이어서 수학/통계에 잘 포착되지 않고, 비형식적인 네트워크에 의해 수행되며, 지속적이되 신중한 투쟁 방식이라는 특징이 있다. 신중하기는 하되 미리 치밀한 계획 속에 이루어질 필요가 없으며, 지루하지만 상시적이고, 조용하지만 그칠 줄 모르는 방식이다. 이념투쟁과 관련해서도 지배적 가치 자체에 대한 전면적 대결보다는 가치의 전유, 험담, 가십, 인신 모독, 별명 부르기, 제스처, 경멸적 침묵 등을 활용하는 계급투쟁 방식이다. 이것은 권위에 대한 전면적 도전이 아니라 과거의 농민들에게 대개 익숙한, 자세를 낮춘 투쟁 방식이라고 할 수 있다. 그러나 이러한 상대적으로 조용한 투쟁 속에서 지배층이 부과하는 미시적인 행동 규범들은 점차 잠식된다. 이러한 저항은 대규모이거나 화려하거나 조직적이지는 않을지라도 쉽게 역공의 대상이 되지 않을 뿐 아니라 농민들이 큰 위험을 감수하지 않고 행할 수 있으며, 지배층에게는 한층 더 괴로움을 줄 수 있는 방식이다. 기존 체제의 가시적인 붕괴도 이런 식의 미시적인 저항들이 장기적으로 소리 없이 입혀온 타격의 결과일 수 있음을 스콧은 암시하고 있다. 무엇보다 농민들이 자신의 정치적 존재감을 드러내는 것은 대규모 항쟁에서보다 이런 미시적 투쟁에서일 수 있다는 것이다.[66]

예의 미시적 차원

지금까지 거론한 푸코, 세르토, 스콧의 논의들이 환기하고 있는 정치의 미시성은 상당한 수준으로 일관된 맥락을 가진 것이라고 할 수 있다. 특히 이들은 모두 권력과 통치의 핵심이 드러나고 관철되는, 그리고 그에 저항하는 영역이 개개인의 미시적 행위에 있음을 주목했다는 공통점이 있다. 이 중에서 특히 푸코의 행위 훈육은 적지 않은 사람들에게 이른바 유교 전통의 '예'를 연상시킨 것 같다.[67] 실로 푸코는 예를 정치사상의 관점에서 분석하는 데 새로운 계기를 마련해준 것으로 보인다.

그런데 공자의 비전을 이른바 정치의 미시성이라는 테마에서 논한다고 할 때, 내가 주목하고자 하는 것은 단지 예라는 것이 행위의 미시적 훈육 기제일 수 있다는 점만은 아니다. 나름의 복잡한 역사와 의미의 층위를 가진 '예'를 그것이 진화되어온 맥락에 대한 충분한 고려 없이 단순히 푸코의 훈육과 비교한다면 많은 시사점을 얻기 어렵다. 비교의 층위를 효과적으로 유지하기 위해서는 논의 대상의 역사적 문맥을 충분히 고려해야 한다. 그러한 면에서 내가 주목하는 것은, 푸코가 서구 근대의 역사에서 발굴한 몸의 훈육과 예의 단순 등치가 아니라, 생생한 묘사로서 대비한 바 있는, 거대한 스펙터클에서 미시적 행위 훈육으로의 변천에 비견할 만한, 즉 거시성에서 미시성으로의 전회가 공자시대에 이르러 본격적으로 일어났다는 사실이다.

앞서 논했듯이, 공자가 강조한 예는 그 기원을 적어도 상나라 시대에 성행한 신에 대한 제사로 소급할 수 있으며, 『논어』에서 그러한 제사 전례로서의 예의 의미가 인간관계 전반을 규율하는 행위로까지 확장되었다는 것이다.[68] 이와 같은 통설을 받아들이면서 내가 재차 주목하고자 하는 것은 신에 대한 제사에서 인간관계 전반에 관련된 행위로 예의 의미가 확장되고 변천하는 과정에서, 예의 '규모'에 중요한 전환이 일어났다는 사실이다. 중국 고대에 이루어진 신에 대한 제사에 거대한 청동 제기가 사용될 수 있었던 것은 정치권력의 집중화가 상당히 이루어졌기 때문이며, 일상용품으로 간주하기에는 지나치게 큰 그 청동기들은 집중화된 고대 정치권력을 정당화하였다. 상나라의 예는 정치적 목적을 가지고 신과의 교통을 자임한 거대한 스펙터클이었다.[69]

이와 같은 예의 전사前史를 염두에 두고 『논어』에 나오는 "예가 아니면 보지 말고 예가 아니면 듣지 말고, 예가 아니면 말하지 말고, 예가 아니면 움직이지 말라"[70]라는 언명을 독해하면, 그 예의 규모에 관하여 의미심장한 전회—전례적 스펙터클로서의 예에서 일상의 미시적 행동거지로의 전회—가 일어났음을 실감할 수 있다. 물론 이것이 곧 공자가 성대한 전례로서의 예를 무시했다거나, 일상의 예에 스펙터클적 요소가 완전히 사라졌다는 것을 의미하지는 않는다. 그보다는 예에 일상적이고 미시적인 차원이 더해졌음을 의미한다. 예의 미시성으로의 전환을 영어로 표기하자면, 거대 리추얼ritual에서 그것을 포함하되 그것에 국한되지 않고 한 걸음 더 나아가 매너manner/에티켓etiquette/행동거지behaviour로까지 확장·변천했다고 할 수 있다. 그러나 한문에서는 예라는 한 단어에 리추얼에서 매너/에티켓/행동거지까지의 광범한 외연이―즉, 거시적 전례와 미시적 일상 행위가―모두 포괄됨으로써 우리가 해당 단어의 연속성에만 집착할 경우 이 중대한 변천을 간과할 수 있다.[71]

물론 거시에서 미시로의 전환에도 불구하고 예의 정치적 의미는 지속된다. 거대한 전례 행위에서 집중적으로 드러나야 하는 통치층의 신중하고 경건한 행동거지는 일상의 미시적 행위에서도 필요한 것이다. 이 점에 주목하면 유사한 미시성에도 불구하고, 『논어』에서 말하는 예와 푸코가 사례로 든 근대의 육체 훈육은 상당히 다른 지점에 놓여 있다. 상나라 이래 이 예를 관통하는 문제의식은 피지배층에게 전례나 행동거지의 훈육을 부여하고자 하는 시도가 아니라, 지배층 자신이 그러한 예의 담지자라는 것을 자임하고자 하는 문제의식이다.[72] 마찬가지 이유에서 『논어』에 나오는 예는 세르토가 논한 저항의 양식 또한 아니다. 요컨대 푸코와 세르토의 경우와는 달리, 예는 자기 부과적이다. 즉, 예의 행위자가 스스로에게 부과하는 기제이다.[73] 스스로가 훈육의 주체이자 객체인 것이다.[74] 세심하고 경건한 제사와 의례의 수행이 통치자의 덕을 측정하는 판단 기준의 하나로 남아 있었듯이,[75] 공자가 예의 의미를 일상적·미시적 행위로 확장하였을 때도 그 예의 적절한 수행은 통치 엘리트의 중요한 덕목이었다고 할 수 있다. 그리고 통치 엘리트들은 그러한 예의 적절한 수행이 가져올 정치적 효과를 기대했던 것이다.

푸코가 논한 몸의 훈육(그리고 세르토가 논한 몸의 저항)과 예의 수행이 다른 점은, 앞에서 논한 바에 그치는 것이 아니다. 예의 수행이 목표하는 궁극적 지점은 그 예의 기계적 실천이 아니라 그것의 창조적 변용이다. 이 점은 『논어』에서 논의되고 있는 예의 맥락이 그 창조성에 관한 한 세르토가 말한 '창조적 소비'에 가깝다는 사실을 시사한다. 예의 수행이 목표하는 궁극적 지점이 훈육의 수동적 소비가 아니라 창조적 소비에 있다는 사실은 추후 살펴볼 권權[76] 개념에서 분명히 드러난다.

무위와 미시성의 정치

이와 같은 미시성의 정치는 바람직한 정치 공동체의 요건으로서 '해석 공동체'의 성격을 갖추어야 한다. 행위의 미시적인 차원에 많은 의미와 기대를 담으면 담을수록 그 미시성 때문에 행위의 의미를 섬세하게 소통할 수 있는 감수성이 요청되는 것이다. 마찬가지로 그 미시적 행위가 기존에 기대되어온 규범의 반복적 실천이 아니라 창조적 변용일 경우, 창조성이 개입된 맥락에 대한 사려 깊은 이해가 더욱 필요하다. 의미의 소통은 결국 어떤 개인의 사려 깊고 미시적인 행동을 보고 의식하는 자의 공명과 해석resonant interpretation을 경유하여 이루어지며, 그에 따라 공동체 성원 사이에 조화로운 질서가 형성되고 유지되는 정치적 효과가 발생하게 된다. 그렇다면 '계몽된 관습 공동체'에서는 보다 잘 정비된 법체계보다는 양질의 해석 공동체를 가능케 하는 기반을 마련하는 것이 더 시급하다고 할 수 있다. 이렇게 볼 때 공자가 구상하는 이상적인 정치 공동체의 비전이란, 정치의 주체는 매우 미시적이고 섬세한 행동거지 속에 자신의 정치적 함의를 담고, 그것이 (강제를 동반하지 않고도, 그리고 강제를 동반하지 않기 때문에) 공동체의 다른 성원의 적절한 공명과 해석을 통해 조화로운 질서의 유지라는 효과를 궁극적으로 가져오는 것이다.

이른바 기존 유교 전통 내의 정치사상을 설명하기 위해 거론되어 온 덕치德治, 무위無爲, 수기안인修己安人 같은 클리셰cliche에 담겨 있는 이상적 정치의 모습은 전술한 미시성의 정치로 수렴된다.[77] 덕치라는 것이 형벌이나 강제처럼 널리 드러나는 과잉 행위에 의한 것이 아니고, 개인에게 축적된 인격의 질과 관련되는 것이라면, 그것은 섬세하고 미시적인 행위들로 이루어질 공산이 크다. 그리고 과잉과 강제를 배제한 미시성이 궁극에 이르렀을 때, 그것은 너무도 미시적인 나머지 '무위', 즉 마치 아무것도 하지 않는 것처럼 보일 수 있다.[78] 다음의 언명들은 덕치, 무위, 수기안인의 아이디어가 서로 연결되어 응축되어 있는 구절들이라고 할 수 있다.

자신이 바르면 명령을 내리지 않아도 행해질 것이고, 자신이 바르지 않으면 명령을 내려도 따르지 않을 것이다.[79]

공자께서 말씀하셨다. "무위의 다스림을 이룬 이는 순舜임금이로다. 무엇을 했는가? 자신(의 몸가짐을) 공손히 하고, 바르게 남면南面(임금의 자리를 지킴)했을 뿐이다."[80]

마을 사람들이 나례儺禮[81]를 지낼 때는 조복을 입고 동쪽 층계에서 계셨다.[82]

첫 번째 구절은 타인에 대한 정치적 통솔의 문제가 (강제를 동반한) 명령의 문제가 아니라 자기 수양의 문제로 환원될 수 있는 가능성을 말하고 있다. 그리고 두 번째 구절은『논어』에서 말하는 '무위'가 다음 장에서 논의할 노자老子가 말하는 무위나 혹은 무생물처럼 아무것도 행하지 않는 어떤 상태를 말하는 것이 아니라 개인 수양을 의미하는 것임을 나타내고 있다. 이러한 비전에서는 개인 수양이 충분할 때는 명령이나 형벌 같은 것들은 불필요한 과잉으로 간주된다. 요컨대 공자가 주장하는 바의 미시성의 정치는 특별한 강제적 수단에 호소하지 않고, 대신 개인의 정련된 행동거지에 호소하며, 그처럼 수양된 상태가 공동체의 다른 성원에게 제대로 해석되어, 결국은 공동체 전체가 보다 나은 질서로 고양되는 정치를 의미한다.

이러한 점을 염두에 두면서 세 번째 구절을 음미해보면, 간단해 보이는 공자의 모습이 심원한 정치적 함의를 가진 것으로 드러난다. 실로 동쪽 층계에 예복을 입고 서 있는 공자는 자신의 미시적 행동거지만 바로하고 있을 뿐 그 이상의 거창한 행동, 즉 구호를 외치거나 뜯어말리거나 '본때'를 보이거나 계획을 세우거나 하는 행동 없이 말 그대로 가만히 있는[無爲] 상태를 유지하고 있다. 이것은 자신의 미시적 행위가 일정한 감화를 발휘하기를 기대하는 마음이 있는 동시에 자신의 행위가 의미하는 바를 새겨주었으면 하고 염원하는 태도이다. 그리고 나례라는 것이 신을 향한 기복祈福 행위라는 것을 감안할 때, 그와 같은 예를 거부하고 기복 대상인 신과는 거리를 둔 채, 떠들썩한 굿거리의 스펙터클에서 벗어나 조용히 자신의 몸가짐을 가다듬음으로써 공자는 어떤 질서의 효과를 기대하였다.

이런 무위의 정치사상이 중국 특유의 것은 아니다. 클리퍼드 기어츠Clifford James Geertz는 19세기 발리의 정치체제를 탐구한 저서인 『극장국가 느가라』에서 발리의 군주를 이렇게 묘사했다.

왕은 계속해서 여러 시간 동안 공허한 표정으로, 시선을 더욱 공허하게 둔 채 엄격하게 형식적인 자세를 유지하며 앉아 있었다. 왕은 꼭 필요한 경우에만 발레처럼 우아하고 느린 형식성에 맞추어 몸을 움직였으며, 역시 꼭 필요한 경우에만 과묵한 어구로 몇 마디를 중얼거리며 이야기했다. 사람들이 왕의 주변에서 왕의 영예를 위한 화려한 장면을 구성하려고 힘껏 일하고 있을 때, 왕은 위대할 정도로 동요하지 않는 존재이자 사물의 중심에 있는 신성한 침묵으로 남아 있었다.[83]

이러한 발리 군주의 모습은 앞에서 인용한 순임금의 남면 자세가 연상된다. 그리고 기어츠가 발리 군주의 모습을 형용하기 위하여 위 인용문 바로 전에 인용하는 엘리엇T. S. Eliot의 시구 "회전하는 세계의 중심점"이라는 표현은 『논어』에 나오는 "정치를 덕으로 하는 것은, 비유하자면 북극성이 자기의 합당한 자리에 있으니 뭇 별들이 그것을 둘러싸고 도는 것과 같다"[84]라는 문장이 연상된다. 기어츠가 보기에 이러한 발리의 정치체제는 여러모로 기존의 동양 전제주의 이미지와는 거리가 멀다.

발리에서 관개체계를 작동시키고 그것에 형태와 질서를 부여한 것은 거대한 수리시설과 많은 수의 막노동자들을 통제했던, 고도로 중앙집중화된 정치적 제도가 아니었다. '아시아적 전제군

| 오늘날까지 남아 있는 발리의 관개시설 | 발리섬의 지형은 경사진 경작지가 많아 벼농사에 적합하지 않지만, 이곳 주민들은 예부터 수리시설을 만들고 마을 단위로 수로조합인 수박(Subak)을 갖추어 합리적이고 적절하게 물 관리와 분배를 함으로써 이 문제를 해결해왔다. 미국의 인류학자 기어츠는 발리의 관개시설의 작동 방식을 자세히 언급하고 있는데, 이는 동양의 전제국가론과는 조응하지 않는, 탈집중화된 모습이라 하겠다.

주'들이 '전체적 권력'을 추구하면서 운영하던 '수리 관료제'가 아니었던 것이다. 발리에서 관개체제를 작동시킨 것은 사회학적으로 층화되고 공간적으로 분산되었으며 행정적으로 탈집중화되고 도덕적으로 강제된 의례적 의무의 집합체였다.[85]

발리 정치체제에 대한 인류학적 탐구에서 볼 수 있듯이, 무위의 이상은 전제국가론과 조응하기 쉽지 않다.

해석 공동체와 예술적 차원

이러한 미시적 행위 당사자가 죽은 뒤에 해석 공동체는 어떻게 되는가? 공자의 가르침을 따르는 이들은 세대를 이어 형성되는 해석 공동체를 기대하게 된다. 일단 후학들의 선결 과제는 공자의 일견 시시해 보이는 행동거지에 담긴 정치적 의미를 해석해 내는 일이다. 맹자孟子의 다음과 같은 발언은 그 대표적인 예이다 (맹자의 정치사상 자체에 대해서는 다음 장에서 논의하겠다).

맹자가 말했다. "공자가 노나라 사구司寇(노나라에서 형벌과 경찰의 일을 맡아보던 벼슬)가 되었는데, (그의 생각이) 쓰이지 않았다. 그리하여 제사 지내는 데 (대부인 자신에게) 구운 고기가 이르지 않자, 면류관을 벗지 않고 가버리셨다. 잘 모르는 이들은 고기 때문이었다고 생각하고, 좀 안다고 하는 이들은 예가 없었기 때문이었다고 생각한다. (내가 생각하기에는) 공자는 작은 죄를 구실 삼아 떠나고자 한 것이다. (공자는) (아무 이유 없이) 구차히 떠나고 싶지 않았고 (주자: 또 큰 죄를 구실 삼아 떠나면, 자기의 조국을 욕되게 하는 것이므로 그것도 원하지 않았다) 군자가 하는 바를 일반 사람들은 진정 알지 못한다."[86]

이 구절은 여러 가지 면에서 '정치적' 인간으로서의 공자를 보여준다. 그는 자신의 행위 속에 국가 전체에 대한 자기 생각을 담고자 하였다. 그리고 그러한 행위는 많은 사람에게 해석 대상이 된다. 뛰어난 해석자라고 할 수 있는 맹자는 공자의 행위를 얼마나 많은 사람이 오해하는지 한탄하고, 그의 행위에 담긴 섬세하고도 사려 깊은 면을 밝혀낸다. 이 구절에서 말하는 "면류관도 벗지 않고 가버리는" 행위는 예법에 어긋나는 것으로 보인다. 면류관은 제사 지낼 때에만 쓰고 평상시에는 쓰지 않는데, 제사가 끝나자 빨리 떠나고자 벗지도 않고 가버린 것이다. 이것은 일견 황망한 모습에 불과해 보일지 모르나, 맹자 그리고 나중에 주희朱熹가 해석한 바에 의하면, 공자의 행위는 조국을 사랑하되 그 조국을 비판해야 하는 딜레마 상황에서 섬세한 정치적 감각에 의해 산출된 사려 깊은 행위이다. 만약 공자가 특정한 도덕률에 집착하는 협애한 도덕가였다면, 그는 어떠한 도덕적 기준을 들어 자신의 조국을 가차 없이 비판하거나, 아니면 조국애라는 원칙에 맞추어 무조건적으로 조국의 편을 들어 그 흠을 눈감아주었을는지 모른다. 그러나 그는 조국을 사랑하되, 조국을 비판해야 하는 딜레마에 마주하여 나름의 해결책을 자신의 행동에 담았다. 그 행동은 무척 섬세해서 그러한 차원을 이해하지 못하는 사람들의 오해를 샀던 것이다.

혹자는 왜 공자가 자신이 떠나는 이유를 명명백백히 밝히지 않았는지 의문을 제기할지 모른다. 그러나 공자는 소리 없는 작은 행위가 정치적 메시지를 전달할 수 있는 그런 공동체를 희망하였다. 맹자와 주희의 해석 사례는 정치 공동체란 일종의 해석 공동체임을 알려준다. 바람직한 정치의 주된 과제 중 하나는 섬세한 해석이 가능한 기반을 공유하고 유지하는 일이다. 그렇게 하여 유지되는 공동체 내부의 해석의 질은 곧 정치의 질이기도 하다. 일정 수준의 해석이 불가능해질 때 커뮤니케이션은 폭력적이 되고, 충분히 폭력적일 때 더는 커뮤니케이션이라고 부를 수 없으며, 그것은 곧 정치 타락의 지표가 된다.

공자가 예를 논함에 있어 거대 스펙터클로서의 전례에서 관심을 멈추지 않고 일상의 행위로 초점을 확장했을 때, 예는 전에 없던 미시성의 차원을 얻었다. 그러한 미시성에 기반한 정치적인 비전은 구호나 무력이나 거대한 스펙터클에 비해 덜 과시적이고 덜 날것이며, 더 조율되어 있고, 더 섬세한 기호이다. 창조성을 자신의 궁극적 경지로 설정하고 그에 공명하는 대상을 요청하는 이 미시적 차원은 (비유적으로 말하면) 정치를 예술화하는 면이 있다. 대개의 예술이 그러하듯이 미시성에 기반한 정치는 그 의미 체계에 익숙한 사람들을 청중으로 삼는다. 그러한 정치는 더 은근한 차원에서 소통을 원하며 은근한 소통을 통해 질서가 유지되기를 기대한다. 『논어』에서 거듭 주장하는 예를 통한 감화는 비강제적이며 은근한 소통을 꾀한다는 점에서 예술을 통한 감화와 닮았다. 이 점에서 우리는 음악에 대한 공자의 언명을 더 잘 음미할 수 있다. "시를 통해 느낌이 일어나고, 예를 통해 확립되는 바가 있으며, 음악을 통해 완성된다."[87] 요컨대 공자는 신에 의존적이거나 무력에 의존적이던 정치를 인간에 의한 예술 세계로 치환하고자 하였다. 그 노력의 기록인 『논어』는 미시성의 정치라는 말로 요약될 수 있다.[88]

미시적 차원에서 이루어지는 섬세한 예에 기초한 예술성, 그 예술성에 기반한 해석과 소통에 주목하다 보면, 그 유명한 허버트 핑가레트Herbert Fingarette의 예 해석과 대결하게 된다. 핑가레트는 기존의 인仁 혹은 심리적 해석에 치중되어온 공자 사상 해석에 반기를 들며 그 누구보다도 공자의 비전 속에 자리한 예의 중요성에 주목하였다. 그런데 예에 너무 집중한 나머지 『논어』를 '행태주의적behaviorist'으로까지 과도하게 해석한다. 핑가레트는 존 오스틴J. L. Austin의 '수행적 발화performative utterance' 개념을 활용하여 공자가 제시한 비전의 특별한 점은 예가 초자연적인 존재와 연결되지 않고도 정치적이고 종교적인 차원을 갖고 있다는 점이라고 주장하였다. "예식은 내재적인 조화, 아름다움, 신성함이 강조된 관습화된 실천이다."[89]

그런데 이렇게 말하면서 핑가레트는 예에 내재된 의미는 초자연적 존재뿐 아니라 인간 내부의 심리적 기질inner mental dispositions과도 분리된다고까지 이야기하였다. 물론 핑가레트도 공자가 종종 인仁에 대해 언급하였으며, 그리고 많은 주석가가 그것을 심리적 개념으로 해석해온 사실을 잘 알고 있다. 그러나 핑가레트가 보기에 인이란 예 그 자체를 적절하게 수행하는 것 이상의 것이 아니다. 인은 인간 주체human subjectivity 속에 그 자체로서의 본체론적 지위ontological status를 가지고 있지 않다. 인이란 공적으로 인정되는 행위 패턴에 대한 개개인의 외적 태도이다. 누군가 인仁하다는 것은 상황에 맞는 합당한 방식으로 행동할 줄 안다는 것, 주변 사람과의 관계에서 적절히 행동할 줄 안다는 것이다. 인간이란, 역할과 관계에 의해 정의되는 사회적 존재인 셈이다. 이렇게 보았을 때 예는 사람들이 익숙해져야 할 건조한 관습적 행위 패턴 이상의 것이다. 예는 그야말로 조화를 보장한다. 상호 연결된 행위들로 이루어진 통합된 관습으로서, 어떤 행위는 다른 행위와 공존할 수 있도록 조절된다.

핑가레트가 공자의 비전을 해석하는 바에 따르면, 만약 어떤 행동이 나머지 행동들과 조율되지 않는다고 해서 그것이 진정한 도덕적 갈등이나 도덕적 선택을 초래하는, 또 다른 실행 가능한 도덕적 옵션을 의미하는 것은 아니다. 그보다는 전체 관습의 그물에서 그 행동이 어긋나 있음을 의미한다. 그래서 핑가레트는 공자의 비전을 "교차로 없는 길way without a crossroads"이라고 불렀다. 이러한 핑가레트의 공자 사상 해석에 대해 벤자민 슈워츠Benjamin I. Schwartz는 지나칠 정도로 인간의 주관성을 무시하고 있다고 비판한 바 있다.[90] 핑가레트의 행태주의적 공자 사상 해석이 문제가 있다면, 그가 충분히 주목하지 못한 공자의 비전 속

'주체'는 어떤 것일까?

예와 인식 주체

핑가레트에 따르면, 공자의 비전 속에서는 통합된 전체를 이루고 있는 예의 시스템을 따르는 것 말고는 도덕적으로 타당한 다른 길이 없다. 그런데 공자는 과거(의 예악)를 그대로 따르기만 했던 것일까? 『논어』에는 예의 엄격한 준수를 찬양하는 것만큼이나 예의 '어김' 혹은 변화를 찬양하고 있는 언명들이 상당수 존재한다.[91] 과거를 따른다고 주장하는 경우에도, 공자는 단순히 특정한 과거(주나라)를 선택하여 그것을 하나하나 그대로 복사하고자 한 것이 아니라 여러 가지 복합적인 요소를 배합하여 창의적인 재구성물을 도출하고자 하였다.[92] 그럼에도 공자는 당대 예의 상황에 대해 우려하였고, 보다 바람직했던 과거로의 복귀를 주장하였다. 공자가 그리는 이상적 전통에 따르면, 예는 죽은 조상보다는 살아 있는 사람들에게 초점이 맞추어져 있었고, 허례허식이 아닌 진정한 마음의 태도[仁]와 덕을 중요시하였다.

　한편, 공자는 자신이 그러한 비전의 창조자가 아니라 과거에 있었던 비전의 계승자였다고 분명히 말하였다. 그런데 팔켄하우젠이 중국 내외의 광범한 자료를 활용하여 재구성한 바에 따르면, 공자가 이상적 과거라고 묘사한 비전은 주공이 활동하였던 주나라 초기에 존재하였던 것이 아니라 기원전 850년경에 비로소 존재하기 시작하였다. 이러한 연구 결과는『논어』라는 텍스트 속 공자 언명과 충돌하는 것임에도 불구하고, 청동기에 새겨져 있는 계보적인 데이터와 청동기의 형태와 기능상의 변화를 꼼꼼히 추적하여 얻은 것이어서 설득력이 높다.

팔켄하우젠은 자신이 재구성해낸 주나라의 광범한 사회 변화 내용이 문서 자료에만 의존했던 기존 사상사 연구와 충돌하는 것을 분명히 의식하고서[93]『논어』의 관련 언급을 고고학적 데이터와 대조하여 일일이 검토하였다. 특히 기존에 공자 사상의 특징으로 거론된 점들—고인이 된 조상 자체보다는 현재 살아 있는 공동체로 예의 초점이 이동하고,[94] 겉으로 드러난 외관에 집착하기보다는 마음에서 우러나오는 경건함이 중요하고,[95] 혈통보다는 덕성을 중시하고,[96] 과도한 비용 없이 예를 수행하는 것을 강조하는 것[97]—을 검증한다.[98] 공자에 따르자면, 이러한 점들은 주나라 창건 당시에 실현된 문명의 특징이었고, 당대에 되살려야 하는 것이었다.

그러나 고고학적 자료는, 공자 사상의 토대는 주나라 초기가 아니라 공자의 생전보다 두 세기 전부터 시작하여 공자 사후 반세기 정도 시기까지 지속되었던 현상이라고 말한다. 즉, 기존 학설이 전제하던 것보다 훨씬 가까운 과거에 일어난 현상이라는 것이다.[99] 고고학적 자료의 분석에 따르면, 주나라 성립 후 첫 두 세기 동안 주나라는 근본적으로 상나라 전통을 지속했다.[100] 오직 서주 후기, 즉 기원전 850년에야 비로소 주나라 사람들은 자기 나름의 예에 기초한 새로운 질서를 고안해냈다.[101] 그리고 이러한 변화의 원인은 친족 조직 내의 변화와 인구 변동을 반영한 것일 가능성이 있다고 팔켄하우젠은 주장한다.

팔켄하우젠의 상세한 고증을 이 지면에서 모두 반복할 수는 없다. 핵심은 공자가 추구한 비전의 기원이 주나라 초기가 아니라는 사실이다. 그렇다면 이러한 고고학적 사실과 『논어』의 관련 언명 간에 생기는 불일치를 어떻게 설명해야 할까? 팔켄하우젠에 따르면, 공자의 언명은 일종의 허구로서 후대의 판타지가 희미하고 선택적으로 기억되고 있는 과거에 투사된 것에 불과하다.[102] 그렇다면 공자는 옛것을 묵수墨守하는 존재이거나 불충분한 기억에 근거한 허구 주창자일 뿐일까? 이 양극단의 이미지를 넘어서 보다 풍요롭게 공자의 입장을 이해할 수 있는 길은 없을까? 다시 말해 새로이 발굴된 고고학적 자료를 아우르면서 "술이부작述而不作"을 이해할 다른 길은 없을까?

술이부작의 재검토

팔켄하우젠의 연구는 지금까지 전통적인 해석을 지지한다고 여겨져온 『논어』의 구절들을 재고해볼 것을 요청한다. 그중 공자의 보수적 태도와 관련하여 가장 많이 거론되는 말이 바로 "술이부작"이다. 그 전문은 다음과 같다.

(옛것을) 받아 적되 창작하지는 않으며, (깊이) 믿어서 옛것을

좋아한다. (그러한 내 자신을) 몰래 우리 노팽老彭에 견주어본
다.[103]

널리 회자되어온 말임에도 불구하고, 의외로 "술이부작"의
정확한 해석은 쉽지 않다. 일단 주요 동사인 '술述'과 '작作'의 의
미가 『논어』의 본문에 정확히 정의되지 않고, '술'과 '작'의 목적
어 역시 명시되지 않았기 때문이다.

먼저, '술'과 '작'의 의미는 무엇인가? 일단 이 두 단어는 '이
而'라는 역접어를 매개로 하여 대구로 사용되었음에 주목해야
한다. 주희 역시 『논어집주論語集註』에서 술과 작을, "술述은 옛것
을 전하는 것일 따름이고, 작作은 창시創始하는 것이다"[104]라고 대
구가 되도록 풀이하였다. 이처럼 (옛것을) '전하는 일'과 (새것을)
'창조하는 일'의 이분법은 주희 이전의 문건에서도 발견된다. 그
중에서도 특히 『예기禮記』의 관련 구절이 주목된다. 『예기』「악
기樂記」의 "예악禮樂의 정情에 대한 지知를 가진 자는 작作을 할 수
있고, 예악禮樂의 문文에 대한 식識을 가진 자는 술述을 할 수 있
다"[105]라는 문장과 "작作하는 사람을 일러 성聖이라고 하고, 술述
하는 사람을 일러 명明이라고 한다"[106]라는 문장은 각별하게 주의
를 끈다. 이 두 문장에 근거해볼 때 작과 술은 대구를 이룰 뿐 아
니라, 작과 술 사이에 명백한 위계가 존재함을 알 수 있다. 그리고
그 위계는 성聖(성인)과 명明(밝은 사람) 사이의 위계와 동일하다.

그렇다면 '술'과 '작'의 목적어는 무엇인가? 술과 작의 목적
어가 모두 생략되어 있으므로 두 동사 모두 같거나 유사한 목적

어를 전제하고 있다고 간주된다. 그 목적어는 "예악의 정에 대한 지를 가진 자는 작을 할 수 있고, 예악의 문에 대한 식을 가진 자는 술을 할 수 있다"라는 문장에 근거해서 볼 때, '술'과 '작'의 목적어는 예 혹은 예악이다. 좀 더 구체적으로 말하면, 예라는 조율된 인간 행위 패턴에 기초하여 구상된 조화로운 공동체 비전이라고 추론할 수 있다. 실제로 가장 이른 시기에 성립된 『논어』 주석인 황간皇侃(488~545)의 『논어』 주석은 예를 '술'과 '작'의 목적어라고 간주하고 있다.[107]

이렇게 본다면 『논어』에 나오는 "술이부작"은 특정 문명 상태를 창출해내는 성인의 역할에 대한 자신의 입장 표명이라고 할 수 있다. 『논어』에서 서술되는바 성인이란 쉽게 자임할 수 없는 높은 경지라는 점을 감안할 때,[108] 그리고 본문의 '절竊(몰래)'이라는 표현이 전달하는 뉘앙스를 감안할 때 "술이부작"은 글자 그대로 기술된 사실적 언명이라기보다는 일종의 겸양 표현이라고 간주해야 한다. 그렇다면 성인됨과 관련된 또 하나의 언명을 살펴보자.

자장이 선인善人의 도에 대해 물었다. 공자께서 말씀하셨다. "(성인의) 자취를 밟지 않으면(밟지 않아도 나쁜 일은 안 하지만), (선인이라고 해도) 그 역시 아직 성인聖人의 경지에 들어갈 수 없다."[109]

이 구절에 대해서도 다양한 해석이 있으나 모두 선인과 성인의 관계를 나타낸 것이라고 본 점에서는 일치한다.[110] 이른바 '창조' 행위는 성인에게만 허여된 행위이므로, 위의 언명 역시 자신은 아직 성인이 아니라 (배움을 추구하는 자라는) 겸손한 자의식을 드러낸 것으로 보인다. 동시에 앞선 성인의 자취를 밟는 행위(술에 해당하는 행위)는 성인으로 가는 과정으로 자리매김된다. 즉, 술은 작을 위한 준비 조건인 것이다. 『예기』 「악기」의 "예악의 정에 대한 지를 가진 자는 작을 할 수 있고, 예악의 문에 대한 식을 가진 자는 술을 할 수 있다"라는 논리를 따른다면, 예악의 문文을 기억[識]한 다음에 예악의 정情까지 알게[知] 된다면, 그는 비로소 작作의 경지에 나아갈 수 있는 것이다.

이처럼 "술이부작"이 겸양어라는 사실이 분명하다면, 과거를 따르는 행위로서의 술은 그 자체로 궁극적 가치를 갖는 것이 아니라, 작이라는 그보다 높은 가치가 있음을 지시하는 역할을 한다고 할 수 있다. 그렇다면 우리는 공자가 겸양의 맥락에서 벗어나 있을 때는 술과 작에 관하여 과연 어떤 입장을 취할지 궁금해진다. 이와 관련하여 먼저 다음과 같은 언명을 살펴보자.

> 공자께서 말씀하셨다. "대개 앎[知]에 이르지 못하면서 작作하는 자가 있기 마련이다. 그런데 나는 그러한 경우가 없다. 많이 듣고, 그중에서 선한 것을 택하여 따른다. 많이 보아 기억[識]하는 것은 아는[知] 것 다음 급수이다."[111]

지知, 식識, 작作 등 관련 개념을 논하고 있음을 감안할 때, 이 언명은 『예기』「악기」의 "예악의 정에 대한 지를 가진 자는 작을 할 수 있고, 예악의 문에 대한 식을 가진 자는 술을 할 수 있다"라는 명제와 분리해서 이해할 수 없다. 즉, 공자는 다시 한번 술과 작에 대한 자기 입장을 밝히고 있는 것이다. 이 구절에서 공자가 비판하는 것은 지의 단계에 이르지도 못했으면서 작을 행하는 이들이다. 그렇다면 "대개 앎에 이르지 못하면서 작하는 자가 있기 마련이다. 그런데 나는 그러한 경우가 없다"는 언명은 "술이부작"과 동의어라고 할 수 있다. 이 구절이 "술이부작"에 비해 더 흥미로운 점이 있다면, 공자 자신이 작을 행할 수 있는 가능성에 대하여 완전히 부정하지 않는다는 사실이다. 즉, 공자가 하지 않는다고 부정한 대상은 지의 단계에 이르지도 못했으면서 작을 행하는 일일 뿐, 작 자체의 일에서 자신이 완전히 배제되었다고 말하지 않고 있다. 그리고 "많이 듣고, 그중에서 선한 것을 택하여"라는 표현에서 지 이전 단계인 식의 단계도 이미 존재하는 것들에 대한 단순한 암기나 묵종을 의미하는 것이 아니라 광범한 경험적 자료에 기초한 선택 과정임을 의미하고 있다.

안다는 것은 무엇인가

그렇다면 공자는 과연 식識의 단계를 넘어서, 작作을 할 수 있는 조건인 '지知'의 단계에까지 나아갔는가? 지는 고대 중국의 텍스트에서 광범하게 발견되는 문자로서, 특별히 개념화하지 않는 한

'알다'라는 번역으로 족할 수 있는 범박한 뜻을 담고 있다. 그런데 공자는 '지'를 단순히 '알다'라는 동사로 취급하지 않고. 특정한 상태를 나타내는 말로 개념화하고자 하였다. 예컨대 인仁과 더불어 2종의 덕을 이루는 한 요소로 간주하기도 하고,[112] 인, 용勇과 더불어 3종의 덕을 이루는 한 요소로 간주하기도 한다.[113] 그런데 이 책의 서사 맥락에서 볼 때, 가장 흥미로운 '지'에 대한 논의는, 귀신과 사람과의 관계를 논하는 맥락에서 거론된 '지'이다.

> 번지樊遲가 지知에 대하여 물었다. 공자께서 말씀하셨다. 사람 세계의 합당함에 힘쓰고, 귀신을 공경하되 거리를 두면 지라고 할 수 있다.[114]

공자가 그때까지의 정치문화에서 강력한 영향력을 행사해온 신에 대한 제사 행위, 특히 제사를 통해 신에게서 기복 차원의 대가를 바라는 행위에 유보적인 입장을 표한다. 그러나 공자는 정치권력의 주요 정당화 기제로 작동해온 신과의 관계를 전면적으로 단절하자고 주장하지는 않는다. 그 대신 신의 존재를 부정하지 않은 채로 일정한 거리를 유지하자고 제안한다. 공자에게 중요했던 것은 제사를 바친 대가로서 신에게서 받을 것으로 기대되는 혜택이 아니라, 제사 같은 사례를 통해 구현되는 예식 자체가 주는 공동체 차원의 의미와 효과였다. 실제로 공자는 그러한 예식의 의미를 제대로 음미하지 않고, 귀신에게 기복적인 태도를 보인 장문중藏文仲을 일러 '지知'를 제대로 성취하지 못한 사람이라고 비판한 바 있다.[115] 그런데 귀신에 대한 이러한 입장은 주체와 대상의 특정한 관계, 앞 인용문의 표현을 빌린다면 '거리'를 전제하는 것이라고 할 수 있다. 주체가 대상에 대한 절대적 믿음으로 인해 대상에 몰입할 때는, 공자가 말하는 '거리'가 유지될 수 없다. '거리 유지'야말로 '지'의 중요한 요건이다. 이와 관련하여 다음 인용문을 살펴보자.

> 공자가 태묘太廟[116]에 들어가면 매사를 물었다. 누군가 말했다. "추읍鄹邑[117] 사람의 아들이 예를 안다고 누가 그랬나? 태묘에 들어와서 매사에 묻기만 하는데." 공자께서 듣고 말하기를, "그렇게 묻는 것이 예이다."[118]

『논어』의 이 구절에 대해서도 역대의 주석가들은 다양한 해석을 보여주었다. 그 논란의 핵심은 과연 공자가 예에 대하여 정말 몰라서 물은 것인지, 아니면 알고도 물은 것인지, 알고 물었다면 왜 알고도 물었는지에 대한 해석 차이이다. 만약 대부분의 주석가가 생각하는 바와 같이, 공자의 질문 행위에 단지 자기가 틀릴까 봐 신중하려 하는 것 이상의 차원이 담겨 있다면, 그 차원은 과연 무엇일까? 알면서도 일부러 '묻는 행위'에는 어떤 가치가 담겨 있을까? 물론 그 묻는 행위에는 앞서 "술이부작"의 해석과 같은 겸양의 의미가 담겨 있을 수 있다. 그리고 한 걸음 더 나아가 질문 행위를 통해, 예의 수행이 수동적이고 기계적인 행위의 반복으로 전락하지 않고 보다 고양된 참여의식이 생성된다고 할 수도 있을 것이다. 좀 더 흥미로운 차원은, 예를 수행하는 동시에 예에 대해 질문함으로써 예에 대한 메타meta적인 태도가 동반된다는 점이다. 즉, 예를 묵종적으로 수행하는 데 그치는 것이 아니라, 예의 수행 자체에 거리를 두고 질문할 수 있는 능력 자체가 예의 (보다 차원 높은) 일부로서 정의되는 것이다. 이와 같은 사유는 『논어』의 다른 구절에서도 드러난다.

> 공자께서 말씀하셨다. "유由야. 네게 안다는 것에 대해 깨우쳐주마. 안다는 것을 안다고 하고, 모르는 것을 모른다고 하는 것이 앎이다."[119]

'안다[知]'는 것이 그 앎의 대상이 되는 내용을 숙지하는 것을 넘어 그 앎의 여부에 대해 메타적인 차원에서 파악할 수 있는 능력을 '안다'는 범주에 포함하고 있다. 그러한 메타적인 태도가 곧 '지知'의 차원 높은 경지가 되듯이, 예에 대한 차원 높은 경지 역시 예의 내용을 단순히 숙지하는 데 그치지 않고 메타적인 차원에서 예를 파악할 수 있는 능력에서 확보된다고 할 수 있다. 그러한 지를 통해 사람은 비로소 대상에 대해 "미혹되지 않을 수 있다".[120] 이렇게 볼 때, 지예知禮(예를 안다)란 곧 특정 사실을 외어 아는 것에 불과하다고 생각하는 질문자를 맞아, 공자는 지에는 보다 심층적인 차원이 개재되어 있음을 환기했다고 할 수 있다. 이와 같은 예에 대한 태도는 예를 묵종하는 태도와는 큰 차이가 있다.[121] 무엇보다 과거부터 존재해온 예와 그것을 수행하는 주체

간에 보다 창의적인 관계가 존립할 수 있음을 말해준다. 요컨대 예악에 관하여 '지'의 차원에 진입한다는 것은 대상에 대한 암기와 묵종을 넘어서, 창의적인 선택과 메타적 이해를 가능하게 하는 주체의 성립을 의미한다.

그러한 주체는 밖으로 드러난 예의 외적 양식을 그대로 '보수保守'하는 것에 그치지 않는다. 물론 예는 외양으로 드러나는 양식을 불가피하게 동반하게 되지만, 공자가 파악하는 예는 시대가 바뀌어도 단순 반복되기를 요구하는 외화된 양식에 불과한 것이 아니다. "예라고 일컫고 예라고 일컫곤 하는데, (예에 쓰이는) 옥구슬과 비단을 말하는 것이겠는가! 음악이라고 일컫고 음악이라고 일컫곤 하는데, (음악에 쓰이는) 종과 북을 말하는 것이겠는가!"[122] 물질적인 차원으로 환원될 수 없는 예의 핵심이 무엇이냐에 대해서는 논란의 여지가 있을 수 있고, 후대의 주석가들에 따라 상이한 해석이 가능하다. 그러나 예가 물질적인 차원으로 환원되지 않는다고 할 때, 예의 외적 물적 구현 양식은 환경에 따라 다양하게 바뀔 수 있음은 분명하다.

공자는 과연 위에서 논한 지知의 경지에 이르렀는가? 공자가 지의 경지에 이르렀다고 자타에 의해 간주되는 사례는 『논어』에서 찾을 수 있다. 예컨대 양화陽貨가 공자에게 "정치에 종사하고자 하면서 자주 때를 놓친다면, 그것을 지라고 할 수 있습니까?"[123]라고 물었을 때, 그는 일단 공자를 지 단계의 성취자로 전제하고 있다. 그 밖에 공자가 자신의 삶의 궤적을 요약하면서 삼십에 제대로 설[立] 수 있었다[三十而立]고 말한 바 있는데,[124] 그와 같은 상태는 "예를 아는[知禮]" 것을 전제하고 있다.[125] 그 점은 "예를 모르면[不知禮] 제대로 설 수 없다"와 같은 언명을 통해 확인할 수 있다. 이러한 사안과 관련하여 공자의 자의식을 가장 명징하게 보여주는 대목은 사문斯文에 관한 구절이다. 『사기』「공자세가孔子世家」에 의하면, 양호陽虎(양화)가 광匡 지역에서 포악하게 굴었는데, 공자의 모습이 양호와 닮아서 광 지역 사람들이 공자를 에워싸 위기에 빠졌다. 이와 같은 위기 상황은 평소 겸양의 언어를 요구했던 상황과는 자못 다른 발화 상황이라고 할 수 있다.

> 공자께서 광 지역에서 (사람들에게 에워싸여) 경계하는 마음을 가지고서 말씀하셨다. "문왕께서 이미 돌아가셨으니, 문文이 나에게 있지 않은가? 하늘이 장차 이 문[斯文]을 없애려 한다면, (문왕보다) 뒤에 죽는 내가 이 문에 참여할 수 없었을 것이다. 만약 하늘이 이 문을 없애려 하지 않는다면, 광 지역 사람들이 나를 어찌하리오?"[126]

여기서 사문斯文은 예악제도를 중심으로 하는 이상적 문명을 지칭한다. 공자는 이 단락에서 그러한 이상적 문명과 자신의 관계를 천명하고 있다.[127] 즉, 과거 문명과 자신의 관계를 천명한 "술이부작"의 언명과 주제를 공유하고 있다. 그런데 겸양을 취하지 않는 상황에서 나온 공자의 진술은 "술이부작"과는 사뭇 다른 내용을 담고 있다. 먼저, 독자는 이 진술을 통해 공자의 고양된 자의식을 느낄 수 있는데, 그것은 무엇보다도 공자가 성인급으로

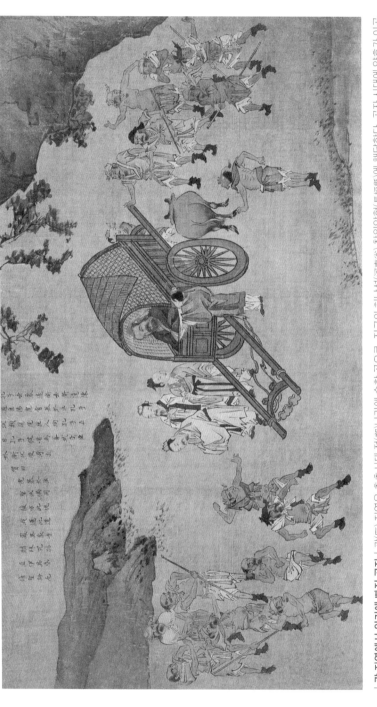

| 광 지역에서 위기에 빠진 공자 | 광(匡) 지역은 춘추시대 정(鄭)나라에 속한 곳으로, 지금의 허난성(河南省) 창위안현(長垣縣)에 해당한다. 공자 시대에 양호가 이곳을 점령해 악명을 날리고 있었는데, 공자가 그의 닮았다는 이유로 사람들에게 둘러싸여 위기에 빠진 적이 있다. 이때 공자는 성인군자 칭송되는 문왕과 자신을 동일하면서 하늘이 문명을 없애지 않으려 한다면 자신에게 어떤 일도 벌어지지 않을 것임을 천명하고 있다. 도판은 공자가 광 지역에서 군란을 당하는 모습을 묘사한 그림으로, 《공자성적도(孔子聖蹟圖)》에 수록되어 있다.

칭송되곤 하는 문왕과 자신을 동일한 반열에 두고 논하고 있다는 점에서 비롯된다. 공자 자신이 그와 같은 독보적인 지위를 점하고 있다고 스스로 판단한다면, 그가 사문과 맺는 관계는 더 이상 "술이부작"의 차원에 그친다고 보기 어렵다. 술述에 종사하는 사람들은 공자 외에도 적지 않은 사람들이 존재한다는 것은 『논어』의 다른 부분에서 이미 암시된 바 있기 때문이다.[128] 공자가 사문과 맺는 관계는 과거의 단순한 반복을 넘어서는 보다 창의적인 차원이다.

이처럼 고양된 자의식에도 불구하고 공자와 문왕 간의 결정적 차이는, 공자는 공동체에 예악을 새로이 실현할 수 있는 정치적 지위와 권력을 결여하고 있다는 사실이다. 공동체 전체에 영향을 미칠 수 있는 정치적 힘이 부재했을 때 선택할 수 있는 것은, 개인 차원에서나마 그 예악의 소우주를 구현하는 일이다. 다시 말해 문왕이 이상적 문명과 맺었던 관계에 비하여 공자가 맺는 관계는 상대적으로 '개인적인' 것이 될 수밖에 없다. 공자의 정치적 불운을 상기한다면, 앞 인용문의 동사 '재在'('문文이 나에게 있지[在] 않은가?'는 이상적인 문명이 '자신에게 있다'는 표현)는 그러한 뉘앙스를 전달한다고도 할 수 있다.

공자가 스스로 규범적으로 타당하다고 믿은 예악의 비전을 (보다 넓은 정치 차원이 아니라) 개인 차원에서 구현하고 있는 모습이『논어』에서 가장 잘 드러나 있는 부분은 「향당鄕黨」편이다. 「향당」편 전체가 예악을 통해 하나의 예술작품으로서 화한 공자의 모습을 그리고 있다. 그리고 그러한 모습을 바라보는 관객의 시선을 전제한 언명들로 가득 차 있다. 예컨대「향당」편에는 유난히 형용어 어미인 '여如'로 끝나는 구절이 많은데, 그것은 일종의 예술작품으로 화한 공자의 행동거지를 묘사하는 데 문장들이 사용되고 있기 때문이다. 이러한 특징―단순한 과거의 반복으로는 환원되지 않는 예악에 대한 태도, 그리고 정치적 권력이 부재한 상태지만 개인적 차원에서나마 이상적인 문명 상태를 구현해야 한다는 자의식―을 감안한다면, 공자 사상에서 주체성이 갖는 의미는 핑가레트 및 그의 추종자들이 주장하는 것보다 훨씬 더 강조되어야 한다.

예와 정서 주체

인식의 측면이 예를 수행하는 인간 주체에 관한 공자의 견해를 다 설명해주는 것은 아니다. 인간 마음의 정서적 측면이 인간의 행동 과정에서 핵심적 역할을 하는 것 역시 공자는 인정하였다.[129] 바로 이 대목에서 공자 사상의 중요한 측면인 인仁을 조명할 필요가 있다. 인의 사상을 깊이 파고들면, 우리는 핑가레트가 제시한 행태적 모델behavioral model이 조명하지 못했던 부분을 볼 수 있다. 도대체 인이란 무엇인가? "『좌전』에 나온 언설 내용을 꼼꼼히 살펴보면, 춘추시대 중기의 윤리적 담론에 이미 인 개념이 사용되고 있으며, 공자의 시대 이전에 이미 그 중요성이 증대되었음을 알 수 있다. 공자는 인을 부각하고자 하는 기존 경향을 계승하고 강화하여, 인을 중요한 덕성 중의 하나로 만들었다."[130] 인은 원래 통치자의 덕성을 지칭했으나, 귀족들이 그러한 인 개념을 전유하였다. 그리고 공자 및 기타 사람들의 노력을 통해 인은 한 걸음 더 나아가 보편적 인간의 덕성을 의미하게 되었다.

『논어』에는 인에 대한 언급이 많지만, 『논어』에서 공자는 인 자체에 대한 이론적인 사색은 거의 제시하지 않는다. 주로 무엇이 인이 아닌지에 대해 말함으로써 공자는 인에 대해 결과적으로 의미심장한 언급을 한다. 그렇다고 할지라도 인이 정서적인 측면을 포함하는 수양된 마음의 기질cultivated mental disposition을 나타낸다는 것은 분명해 보인다. 동시에 인이 인간 본성의 한 측면이라고 공자가 이해하였는지는 결코 분명하지 않다. 공자는 인간 본성에 대해 논하기를 삼갔던 것으로 보인다. "선생님께서 성性(본성)과 천도天道에 대해 말씀하신 것을 들을 수 없었다."[131] 공자가 강조한 것은, 인이 인간으로 하여금 각 상황에 걸맞은 예의 실천을 하도록 해준다는 것, 그리고 합당한 예의 실천은 인을 배양한다는 것이었다.

공자는 인간을 초자연적 존재의 힘에 의해 좌우되는 수동적인 존재로 보지 않았고, 스스로 예에 참여하여 자신의 주체성을 형성해나가는 존재로 보았다. 인은 인간의 행동거지가 무의미한 겉치레nothing but meaningless, outer forms로 흐르지 않도록 하는 데 중요한 기능을 한다. 다음 인용문은 인이 매우 강한 정서적인 반응에 관계된다는 점, 그리고 자칫 단순하고 무반성적인unreflective 감정 반응, 심지어 격렬한 감정 분출로 오해될 수 있음을 보여준다.

재아가 물었다. "인仁한 사람은 누군가 '우물 안에 인(人 혹은 仁)이 있다'라고 하면 아마 따라 들어가지 않을까요?" 공자께서 말씀하셨다. "어찌 그럴 수 있겠는가? 군자는 (우물까지) 가게 할 수는 있지만, 빠지게 할 수는 없다. 군자는 이치를 가지고 속일 수는 있지만, 무턱대고 속일 수는 없다."[132]

이『논어』구절에서 재아는 인한 사람은 누군가 우물에 빠지면 놀랄 것이며, 제어할 수 없는 감정적 격동에 휩싸일 것이라고 전제하고 있다. 그리고 인한 사람은 이미 우물에 빠진 사람을 구하기 위하여 우물에 뛰어들 것이라는 비극적인 시나리오를 상상한다. 즉, 솟구치는 인한 감정과 상황에 대한 현명한 대처는 양립하지 않을 것이라고 시사한다. 재아의 도발에 대한 공자의 반응을 보면 이에 대한 공자의 생각을 짐작할 수 있다. 타인이 처한 상황을 잘 인지하고, 그에 대해 체계적인 반응을 하는 일은 감정과 얼마든지 양립할 수 있다고 공자는 본다.

이 구절에 대한 한 전통적인 주석은 공자의 반응을 다음과 같이 부연한다―공자는 일단 우물에 빠진 사람이 구할 가치가 있는지를 먼저 점검할 것이며, 오직 인한 사람일 경우에만 구할 것이다.[133] 즉, 공자는 극도로 사악한 사람은 구하지 않을 것이라는 말이다. 이러한 해석은『논어』에 나오는 공자의 다른 언명을 배경으로 하면 잘 이해할 수 있다. "오직 인한 사람만이 (다른) 사람을 좋아할 수 있고, 미워할 수 있다."[134] 어쨌거나 앞 구절에 대한 주석은 인한 사람은 단지 감정에 휩싸이고 마는 것이 아니라 그에 더하여 명료한 사유와 해당 문제에 대한 충분한 이해에 근거해서 행동한다고 주장한다.

앞 인용문에서 흥미로운 점은 두 용어—인자仁者와 군자君子—가 호환되고 있다는 사실이다. 인자는 일반적인 면에서 덕이 있는 사람virtuous man을 지칭하는 반면, 군자는 바람직한 정치 엘리트 유형을 지칭한다.[135] 두 용어가 호환되고 있다는 사실은, 바람직한 정치 엘리트는 정서와 인지적 판단proper cognitive judgment이 괴리되지 않은 사람이라는 점을 시사한다. 이렇게 볼 때, 이상적인 정치적 행위는 아무 생각 없이 지배적 관습을 추종하거나 목전의 사태에 아무 생각 없이 감정적 반응을 하는 것이 아니라, 감정과 분별 있는 인지의 적절한 조화the proper reconciliation of emotion and judicious perception에서 나온다. 다음에서는 이러한 정치 엘리트의 새로운 자기 이해self-understanding를 역사적 맥락 속에서 이야기해보도록 하겠다.

정치 엘리트

공자에 따르면, 정치 과정은 예의 계몽된 패턴enlightened pattern of ritual 속에서 진행되어야만 한다. 따라서 공자가 정치 엘리트를 인仁을 가능케 할 예를 보존하고 정제하고 전수하는 존재로 본 것도 이상할 것이 없다. 공자의 가르침에서 주목할 만한 점은, 원칙적으로 말해서 모든 이가 배움[學]을 통해 정치 엘리트가 될 수 있다고 한 것이다. 배움은 인생의 초기 단계에서 시작되어야 하며, 지속적으로 강화되어야 한다. 자아 수양은 길고 어려운 과정이어서 쉽게 목표에 도달할 수 없고, 언제나 개선의 여지가 있다는 점에서 실제로는 끝이 없는 과정이다. 그럼에도 공자는 자아 변혁self-transformation이란 처음에는 대단한 노력이 필요하지만, 시간이 흐르면 노력 없이 자동적으로 되는 것이라고 믿었다. 다시 말해서, 습득된 관습은 자신의 핵심 부분으로 자리 잡는다는 점에서 제2의 천성second nature과도 같은 것이다.

이렇게 볼 때, 공자의 비전은 평등주의적 요소와 엘리트주의적 요소를 모두 가지고 있다. 탁월함을 성취하는 데 방해가 되는 법적 걸림돌이 없다는 점에서 평등주의적이다. 잘 수양된 사람만이 정치적 권위를 행사할 수 있다는 점에서 엘리트주의적이다. 다시 말해서, 공자는 사회의 위계적 질서 자체를 거부하기보다는 엘리트의 자아 이미지the self-image of the elite를 재정의하였다. 공자는 위계적 사회에 대한 대안적인 제도적 청사진 같은 것에 대해서는 거의 이야기하지 않았다. 그 대신 정치 엘리트가 공동선에 대해 진정으로 헌신해야 한다고 생각하며 정치 엘리트들에게 어떠한 자질이 필요한지 탐구하였다. 고대 중국에서 정치 엘리트를 지칭하는 일반적인 용어는 군자였다.

사실, 춘추시대 귀족들에 의해 군자 개념이 분명히 재정의되기 이전에 새로운 군자 개념이 귀족층의 실천에서 이미 배태되었다. 어원으로 볼 때, 군자는 원래 군君의 자식子, the offspring of a lord을 의미하였다. 그러나 춘추전국시대의 정치적 혼란기에 대부분 귀족 가문은 지속적인 위협에 시달렸고, 가계만으로는 귀족의 위치를 온존할 수 없었다.[136] 그러한 불안한 상황으로 귀족들은 자기 자식들의 높은 지위를 공고히 하기 위하여 추가적인 수단을 모색하였다. 결국 그들은 자신들의 우월성이 혈통보다는 개인적인 덕성에 기초한다고 주장하고, 덕德, 인仁, 효孝 같은 윤리적 범주들의 새로운 의미를 발전시켰다.

유리 피네스는 이러한 새로운 발전들이 세습 귀족에게 의도치 않은 결과를 가져다주었음을 설득력 있게 보여주었다. 그것은 사士 계층the group of literati eligible for office의 지위 상승을 위한 길을 닦았던 것이다. 즉, 통치 계층의 말단에 있던 사들이 자신들도 군자의 지위에 걸맞을 수 있다는 것을 주장하게 된 것이다.[137] 이 새로운 비전에 따르면, 수양이 잘된 사람이라면 누구나 군자가 될 수 있기에, 귀족들만 정치적으로 위대해질 수 있는 배타적 권리를 가진 것이 아니다. 그리하여 '고귀함'이란 더는 세습된 지위를 말하는 것이 아니라 배워서 위대해지고자 하는 모든 이에게 열린 이상이 되었다. 이렇게 볼 때, 공자의 군자 개념은 자신의 지위를 새롭게 공고히 하고자 원했던 춘추전국시대 전기 귀족층이 제시했던 새로운 자아상을 한층 더 다듬은 것이라고 할 수 있다.

군자 개념의 이러한 재정의는 하층 계급이 귀족층으로 이동하는 일이 빈번했던 공자 시대의 모습을 어느 정도 반영한다. 고대 중국 사회는 성층화되어 있었고, 출생과 동시에 자신이 속할 계층과 친족이 정해졌다. 통치자가 속한 친족은 주나라 왕들에게 연결되어 있었다. 귀족층의 맨 아래에는 사 계층이 있었다. 일찍이 쉬줘윈許倬雲, Hsu Cho-yun은 고대 중국 텍스트 연구를 통해 사계층이 전국시대 정치 엘리트의 핵심으로 진입하였다고 주장하였다.[138] 근년에 로타어 폰 팔켄하우젠은 제기와 무덤에 관한 고고학적 데이터를 꼼꼼히 연구한 끝에 춘추시대 중기까지만 해도 사 계층과 보다 상위의 귀족 간에 엄청난 간극이 존재한 반면, 춘추시대 후기부터 전국시대 중기 사이에 그 간극이 사라졌다는 사실을 보여주었다.[139] 귀족 가문들이 서로를 죽이는 투쟁 속에서 자신들의 권력을 잃어가고 있을 때, 통치자들은 자신들의 행정력을 잘 활용하기 위하여 적극적으로 사 계층 출신들을 등용하였다. 이러한 방식으로 사 계층은 재빨리 통치 계층의 영향력 있는 위치를 점할 수 있었던 것이다.

공자 자신이 사 계층(혹은 논자에 따라 대부 계층)의 일원으로 태어났고, 자신뿐 아니라 다른 사들에게도 도덕적 덕성으로 무장하기를 요청하였다. 공자는 귀족 자체를 없애려고 하지 않았다. 귀족 집단 내의 사회적 네트워크라는 점에서 귀족을 정의하려 하는 대신에, 인간의 유연성the malleability of human beings이라는 점에서 엘리트를 재정의하고자 하였다. 군자는 이제 세습 귀족보다는 리더십 계급을 의미하게 되었다. 공자는 이렇게 말했다. "성인은 내가 만나볼 수 없다. 군자를 만나보는 것, 그 정도만 해도 괜찮을 텐데."[140] 이 언명에서는 군자라는 말과 아울러 그보다 상위 급수의 인간형을 지칭하는 성인이라는 말이 나온다. 군자는 성인 됨을 추구하는 사람이라고 할 때, 성인과 군자를 구분하는 기준은 무엇인가?

권과 시중

초월적 지렛대가 존재하지 않는 관습 공동체에서, 관습이란 장기간 시행착오를 거쳐서 정착된 판단을 의미한다. 즉, 관습의 장기간 보존 자체가 높은 수준의 정당성을 얻는 것이다. 에드먼드 버크Edmund Burke(1729~1797)는 이렇게 말한 바 있다. "개인은 멍청하다. 다중도 그 순간에는 멍청하다. 그러나 인류는 현명하다. 시간 속에서 인류는 언제나 옳게 행동한다."[141] 그러나 공자는 사람이 상황을 통제하려면 기존의 예에 수동적으로 의존해서는 안 되는 상황에 놓이게 됨을 잘 알고 있었다. 그의 시대는 각별히 인간사가 출렁이던 때였고, 기존의 행동 양식이 부적절한 것으로 판명되는 상황이 종종 있었다. 정형화된 예의 운용만으로는 감당하기 어려웠다. 행위자들은 오직 자신의 분별력prudence을 가지고 그러한 상황을 헤쳐나가야만 한다.

그러나 공자에 따르면, 보통 사람들은 예를 만들어낼 능력이 없다. 오직 성인만이 예를 만들고 고칠 수 있다. 성인은 전수된 예를 충실하게 따르고, 후대에 기존의 예를 고스란히 물려주는 존재에 그치는 것이 아니라, 모든 전통, 관습, 인습이 보존할 가치가 있는 건 아니라는 것을 잘 알고 있는 사람이다. 그래서 새로운 역학으로 인해 근본적으로 불안정해진 상황에 잘 대처할 수 있는 사람이다.[142] 다시 말해 성인은 기존의 예를 완벽하게 구사할 수 있는 예의 장인임은 물론, 역동적이고 불확실한 상황 속에서도 잠재된 모든 자원을 활용하여 새로운 예를 창출해낼 수 있는 사람이다.

실로 『논어』는 예의 엄격한 준수를 찬양하는 것만큼이나 예의 변화를 찬양하는 텍스트이다.[143] 예의 변화 가능성을 이해할 때에야 비로소 우리는 예가 감옥이라는 편견에서 벗어날 수 있다. 예가 정치적 기제라고 했을 때, 우리에게 익숙한 예의 이미지는 정해진 틀 내에서 자기 역할을 묵묵히 행하는 일종의 롤플레이role-play 모델이다. 이 롤플레이가 주어진 역할을 정해진 대로 반복하는 것에 불과하다면, 진정 예는 억압적인 기제에 불과할 것이다. 그러나 다음과 같은 언명을 보라.

> 공자께서 말씀하셨다. "더불어 함께 배울 수는 있으나 (그것만 가지고는) 더불어 길을 갈 수는 없고, 더불어 길을 갈 수는 있으나 (그것만 가지고는) 더불어 확고히 설 수 없고(같은 원칙을 고수할 수 없고), 더불어 확고히 선다고 해서 (그것만 가지고는) 더불어 (상황을) 저울질하여 융통성을 발휘하는 일을 할 수는 없다."[144]

이 예문은 예의 변화에 대한 서술을 담고 있을 뿐 아니라, 그 (변화가 요구되었을 때 적절히 이루어지는) 변화에 최고의 가치를 부여하는 논리까지 담고 있다. 위 예문에서는 네 가지 일─배우는 일[學], 길을 가는 일[適道], 확고히 서는 일[立], 저울질하여 융통성을 발휘하는 일[權]─을 설정하고, 그 네 가지 일의 위계를 설정한다. 이 구절에서는 '권權', 즉 저울질하여 융통성을 발휘하는 일discretionary power이 최고 단계로 제시되고 있다.[145] 그렇다면 '확고히 선다[立]'는 것은 무엇인가? 현대의 독자는 이 '립立'의 의미를 다소 막연하게 생각할 수 있기 때문에, 그 의미를 명료히 할 필요가 있다. 『논어』에서 전거를 찾아보면, '립'이란 예를 확고히 실천해낼 수 있는 상태를 의미한다.[146] '립'이 기존의 예로 대변되는 일종의 원칙을 의미한다고 할 때, '권'이 '립'의 상위 단계로 제시된다는 점은 의미심장하다. 즉, '권'은 원칙을 준수하지 못하여 아직 무원칙한 상황에 머물러 있는 것을 지칭하는 것이 아니라 원칙의 준수를 넘어선 단계를 지칭한다. 다시 말해 '권'은 몰원칙함이나 무원칙함이 아니라, 원칙에 대한 맹종을 초월한 어떤 단계인 것이다.[147]

'권'을 최상급의 예 실천 단계로 설정한다는 것은, 인간의 현실이 기존의 예를 기계적으로 적용하는 것으로 파악되고 충족될 수 있는 어떤 것이 아니라, 때로 기존의 예를 창조적으로 변화시켜야만 하는 역동적이고 복합적인 어떤 것임을 전제로 하고 있다고 하겠다. 그와 같은 현실관을 암시하는 사례들이 『논어』에 실려 있지만,[148] 그러한 현실관을 이론적으로 정리하는 형이상학은 제시되어 있지 않다. 공자에 이르러 현실의 기저를 이루는 형이상학에 근원적인 변화가 일어난 것은 아니다. 그보다는 정해진 틀 내에서 집행되는 전례라는 의미에서부터 상황에 따라 인간이 취해야 할 소소한 행동 양태 일반으로까지 예의 외연이 확장되는 과정에서 새삼 요청된 덕목이 '권'이라고 할 수 있다. 이처럼 『논어』가 공자가 예를 어긴 사례의 모음이라면, 과연 어떤 기준에 의해 예의 어김 혹은 변화가 이루어질 수 있을까? 이와 관련하여 『논어』「자한子罕」에 나오는 다음 구절을 보자.

> 공자께서 말씀하셨다. "삼베 모자를 쓰는 것이 예이다. 그런데 지금은 실로 짠 것을 쓴다. 그것은 검소한 것이니 나는 다수의 사람들을 따르겠다. 당 아래서 절하는 것이 예인데, 지금은 당 위에서 절한다. 이것은 교만한 것이니, 다수 사람과 다르더라도 나는 당 아래(서 하는 것)를 따르겠다."[149]

이 구절이 흥미로운 점은 예의 변화에 대한 구체적인 사례와 더불어 예를 집행하거나 바꿀 수 있는 근거와 그 위계를 제시한 것이다. 여기서 제시된 근거들은 다음 세 가지이다. 첫째, 기존 전통이기에 예를 따라야 한다. 이것은 삼베 모자의 경우에 적용되었다. 둘째, 다수의 의견이 변화를 원할 경우 예를 바꿀 수 있다. 이것은 실로 짠 것을 쓰는 경우에 적용되는 듯이 보인다. 여기서 흥미로운 점은 다수의 의견이라고 해서 무조건 기존 전통보다 우위를 점하는 것이 아니라, "검소한 것이니"라는 표현에서 보이듯이 납득할 만한 추가적인 이유가 존재해야 한다. 바로 그러한 점 때문에 다수 의견을 넘어서는 세 번째 근거가 제시된다. 아무리 다수의 사람이 원해도 다수의 의견과는 다른 예를 취할 수 있는 궁극적인 근거는 개인의 판단에 있다. 이처럼 예의 변화에 관한 판단의 궁극적 권위를 개인에게 부여한다고 할 때, 그런 권위를 향유할 능력이 있는 이야말로 최상급의 정치 엘리트라고 할 수 있다.

예에 만약 '권'의 차원이 원천적으로 결여되어 있다면, 예의 수행은 생산이 아닌 소비에 그칠지 모른다. 예가 옛 성인에 의해 창조되고, 후대인은 그 예를 묵묵히 실천하고 소비하는 데 그치는 것이 아니다. 기존의 예가 통용될 수 없는, 막다른 골목에서는 '권'을 발휘하게끔 되어 있다는 점에서 예의 소비 과정에 존재하는 흥미로운 창조성에 주목하게 된다. 그 창조적 변용의 영역을 모두에게 허락한 것이 아니라 일정 수준 이상의 인간에게만 허락했다는 점에서 공자는 엘리트주의의 문을 열어놓았다고도 할 수 있다. 그러나 학學에 의해 인간은 누구나 개선될 수 있다고 천명했으므로, 공자의 엘리트주의는 적어도 닫힌 엘리트주의는 아니다.[150]

권 개념뿐 아니라 시중時中, time-sensitive equilibrium 개념도 변화에 탄력적으로 대응하는 역량을 나타낸다. 우연적이고 변화무쌍한 현실의 흐름 속에서 기존의 예가 부적절한 것으로 판명되면 성인은 재량의 힘을 발휘한다. 재량의 힘이란 결국 과학이라기보다는 예술에 가까운 것이며, 보편적인 상황에 대해서라기보다는 특수한 상황에 대한 것이다. 인간사는 불안정하고 시간 속에서 상황은 출렁이기 마련이다. 따라서 단순히 반복되는 것 같아 보이는 행동도 다른 의미와 결과를 낳을 수 있다. 공자는 '시중' 개념을 통해 예에 시간의 요소를 명시적으로 도입한다. 합당한 행동이란 이제 그 자체로 시간성temporality에 의해 정의되게끔 된 것이다.

수양이 제대로 된 사람은 예의 규정을 의식할 뿐 아니라 상황의 템포와 함께할 수 있어야만 한다. 성인은 시간, 시즌, 사건, 상황, 인간의 의지 등의 출렁임을 포착하는 데 필요한 예민한 감수성을 가져야만 한다. 공자의 이런 동적인 성인관은 당대의 특징을 반영한다.[151] 그때는 바야흐로 주나라 '봉건' 시스템에 깃든 관습적인 면이 당연성taken-for-granted nature을 완연히 잃어가던 시절, 즉 관습 공동체가 발 딛고 있던 기존의 기초가 무너져가고 있던 시절이었다.[152] 이런 상황에서는 기존의 예를 바꾸거나 새로운 예를 창조해야 비로소 예치禮治가 가능하다. 바로 이러한 맥락에서 공자는 예를 창조한 인물이라고 여겨졌던 과거 성왕聖王들의 정신을 되살리고자 했다.

공자의 노력에도 불구하고 사회의 혼란이 가중되자, 기존 권위가 기초해 있던 전통적인 자원들이 점점 더 논란을 불러왔고, 정치사상가들은 관습 공동체 이외의 다른 형태의 정치적 삶을 감히 사색하기 시작했다. 오늘날의 입장에서 돌이켜보건대, 그 사색의 궁극적인 결과는 공자가 상상했던 것과는 매우 다르다. 공자가 죽고 난 이후 변화는 점점 더 급진적으로 전개되었다. 앞으로 살펴보겠지만, 변화의 결과는 이른바 제국의 성립the establishment of the imperial state이었다. 그렇게 성립한 진·한 제국은 다음 장의 주제이다. 그 주제를 다루기 전에, 공자의 비전이 제국적 비전과 어떻게 다른지 먼저 살펴보자.

작은 국가

이상적인 관습 공동체 내에서 관습의 존재 이유에 대한 질문은 명시적으로 제기되지 않는다. 관습 혹은 예는 사회 현실을 산출해내는 상징적인 힘the specifically symbolic power을 가지기 때문이다. 관습이 정말 잘 존재한다면 사람들은 어떤 식으로든 그것을 따르게 된다. 행위자의 마음 습관과 행동 양식 속에 예가 잘 살아 있으면 있을수록 기존의 사회 형태social formation가 좀 더 당연시된다. 이렇게 볼 때, 예가 갖는 힘의 많은 부분은 행위자가 예를 기꺼이 수용하고자 하는 데서 온다. 다시 말해 행위자 자신이 예를 행하고 있다는 사실을 의식하지 않을 때 예는 가장 성공적이다. 이상적인 상황에서 예는 그저 거기 존재하는 것이다. 사람들은 예로 매개되어 당연시된 삶을 조화롭게 살아갈 뿐이다. 통치자의 입장에서 볼 때, 각 행위자는 합당한 순간에 합당한 방식으로 사회적으로 정의된 적절한 기능을 수행하고, 그 결과 조화로운 사회의 실현에 이바지하는 게 최선이다. 그리하여 공자는 정치를 인간의 열망과 이해관계를 예절로 변환하는 과정으로 종종 묘사했다. "예양禮讓으로 나라를 다스릴 수 있다면 무슨 (어려움이) 있으리오."[153]

이런 맥락에서 왜 공자가 통치술을 가족 모델에 기초해서 구상했는지 좀 더 잘 이해할 수 있다. 가족에 대한 관습적인 견해를 받아들인다면, 관습 공동체가 가족에서 가장 자연스럽고 당연하게 구현될 것이라고 상상하는 것은 그리 어려운 일이 아니다. 대개 가족 구성원들은 가족 내 자신의 역할을 한동안 관습적으로 받아들인다. 사람은 일단 자신의 가족과 마을에 관습적으로 귀속된 뒤, 차츰 그보다 더 큰 단위로 나아간다. 더 큰 단위로 나아갈수록 관계의 애착과 관습적 성격은 줄어든다. 사회적 단위마다 예는 행위자의 정체성을 표현한다. 예는 가족 내 아버지와 자식이 점하는 위상, 그리고 국가와 사회에서 해당 구성원이 점하는 위상을 표현하며, 그 표현 속에서 구성원의 정체성이 밖으로 드러난다. 공자의 비전에서 타인과 무관한 고독한 자아 같은 것은 없다. 예의 세계에서 산다는 것은 타인과의 관계에서 정의된 자신의 위상을 받아들이는 일이다. 잘 사는 것은 그 관계망에 자신을 적응하는 능력에 달려 있다.

이러한 공자의 비전에 대해 물론 전형적인 불평을 제기할 수 있다. 관습 공동체는 기존의 가치와 믿음에 의해 인도되므로, 근본적으로 보수적이라는 것이다. 널리 알려진 정명론正名論이 좋은 예이다. "제경공齊景公이 공자에게 정치를 물었다. 공자께서 말씀하셨다. 임금은 임금답고, 신하는 신하답고, 아비는 아비답고, 자식은 자식다운 것이다."[154] 이러한 언명에 담긴 생각은, 사물의 실태를 제대로 반영하도록 기존의 이름들을 변화시키자는 것이 아니라, 사물의 실태가 기존의 이름에 들어맞게끔 하자는 것이다.[155] 윗사람의 모델을 본받자는 생각과 더불어 이러한 보수적인 생각은 『논어』에서 반복적으로 나타난다. 다시 말해 기존 관습의 지속적 실천 과정에 외부의 관점이 끼어들 여지가 없으므로 현 상황에 대해 급진적인 비판을 행하기 어려울 수밖에 없다. 관습 공동체의 당연성the taken-for-granted feature of customary community 때문에 기성 정치질서는 자의적(즉, 경쟁하는 다른 질서 중에 가능한 한 선택지)으로 여겨지지 않고, 딱히 의문시되지 않는다. 그리하여 공자는 말했다. "누가 나가면서 문을 경유하지 않을 수 있으리오? 무엇이 이 도를 말미암지 않으리오?"[156] 공자의 이러한 면은 기존 관습에 도전할 수 있는 외부의 관점을 채택하기를 열망했던 장자莊子뿐 아니라 기존의 예를 법으로 대체하고자 했던 한비자韓非子의 입장과도 정반대되는 것이다(장자와 한비자에 대해서는 다음 장에서 토론할 것이다).

이러한 점을 감안하면, 공자가 개입적 국가intrusive state를 선호하지 않으리라는 것은 쉽게 예상할 수 있다. 만약 예가 완전하게 작동한다면 관료제와 경찰 같은 통치 도구들은 불필요하게 될 것이다. 공유하는 관습이 생성해내는 조화라는 게 정말 제대로 존재한다면 규칙을 강제할 제3자의 존재는 필요 없을 것이다. 다른 곳에서라면 국가가 수행할 법한 많은 행정 조치가 가족이라는 비非국가 행위체에 의해 수행될 것이다. 농경시대의 가족은 보통 기본적인 조직 기능을 스스로 수행함으로써 국가의 권력을 결과적으로 제한하곤 한다. 공자의 계몽된 관습 공동체는 그 안의 각 집단이 각기 수행할 업무를 가진 유기적 전체이다. 거기에는 국가가 일부러 개입해서 간섭할 여지가 크지 않다. 이것이 바로 공자가 법에 의한 통치rule by law, 정부 관리의 강제적 법 집행을 요청하는 통치를 환영하지 않은 이유이다.

이론적으로 말해서 이상적인 관습 공동체 안에는 성문법成文法

을 위한 자리는 없다. 반면, 법에 의한 통치는 사람들이 관습의 자명성을 받아들이지 않으리라고 전제한다. 질서를 확보하는 데 형법이 많은 역할을 하면 할수록 관습은 덜 당연시될 것이다. 법령 및 그와 관련된 처벌은 관습 공동체를 정의하는 핵심 특징과 정면으로 배치되는 것이다. 법에 의해 지배될 때, 행위자들은 관습을 따르기보다는 규범이 깨질 가능성을 염두에 두면서 행동하게 된다.[157] 예의 '관습적' 측면이란, 외부적인 조정자 없이도 예의 실천들이 객관적으로 조화를 이루는 것을 말한다. 이것이 『논어』에서 공자가 무위無爲, rule without purposive action의 통치를 선호했던 이유이다.

그러나 일부 학자들은 공자의 비전을 국가 혹은 주권자의 권력이 확장되는 징후로 해석하기도 한다. 가장 흥미로운 견해는 효孝, filial piety에 대한 역사적 연구를 통해 제기되었다. 역사가들은 춘추시대 많은 귀족이 가문 차원에서 주로 자기 정체성 확보를 우선하고, 제후의 신하라는 정체성은 그에 비해 부차적이었음을 지적했다. 즉, 효와 충忠, loyalty이 서로 갈등 관계에 있을 때 효가 우선했다는 것이다. 이는 곧 효가 통치자의 정치적 권위를 침식할 수 있음을 의미한다. 키스 냅Keith Knapp에 따르면,[158] 바로 이러한 상황에서 공자는 효에 대한 혁신적인 해석을 제시했다. 즉, 공자는 효의 대상을 대규모 친족 집단에서 호구戶口 단위로 재정향redirect했다는 것이다. 효의 대상이 더는 대규모 친족 집단이 아니게 되면서 효라는 덕성은 통치자에게 위협을 가하지 않았다. 이러한 해석의 전제는 개별 호구의 이해관계와 통치자의 이해관계는 원칙적으로 갈등하지 않는다는 것이다. 대규모 친족 집단과는 달리 개별 호구는 통치자에게 도전할 만한 독립적 권력을 충분히 가지고 있지 않기 때문이다. 바로 이러한 이유로 유리 피네스는 공자가 귀족 가문들의 이해관계를 희생하면서까지 통치자의 이해관계를 옹호했다고 주장하였다. 다시 말해 피네스는 공자를 통치자 중심 정치 모델의 옹호자로 해석한 것이다. 한술 더떠서 마치 샤오궁취안의 견해를 떠올리듯, 피네스는 공자 사상의 그러한 점 때문에 바로 후대 왕조들이 공자 사상을 환영하였다고 주장하였다.

이 문제를 보다 복합적으로 바라보기 위하여 통치자 중심의 정치 모델을 마이클 만Michael Mann이 제안한 바와 같이 두 가지 측면—군주의 권위와 국가의 기반 권력—으로 나누어보자. 이러한 구분을 통해 나는 공자는 전자를 옹호한 반면, 후자는 옹호하지는 않았음을 강조하고자 한다. 이 사안을 토론할 수 있는 적절한 예시는 아마도 『논어』에 나오는 다음 구절일 것이다.

> 섭공葉公이 공자에게 말했다. "우리 편에는 자신을 바르게 하는 이가 있습니다. 아비가 양을 훔치면, 아들은 그렇다고 증언합니다." 공자께서 말씀하셨다. "우리 편의 곧은 이는 이와 다릅니다. 아비는 자식을 위해 도둑질한 사실을 숨겨주고, 자식은 아비를 위해 도둑질한 사실을 숨겨줍니다. 곧음은 그 가운데 있습니다."[159]

아버지와 자식이 법정에서 서로에게 해가 되는 증언을 해야 하느냐는 사안을 두고 섭공과 공자는 이처럼 견해를 달리한다. 섭공은 아버지와 자식 관계조차도 예외 없이 법과 처벌의 대상이 된다고 주장한다. 그게 '곧음[直]'이다. 섭공이 보기에 국가와 호구는 긴장 관계에 있다. 그리고 국가가 바르고 공적인 질서가 구현되는 영역이라면 가족은 편파적이고 사적인 영역이다. 이러한 견해의 함의는 국가주의적 통치자statist ruler 혹은 공적 질서를 보장하고자 하는 사람은 가족의 이해관계를 희생해가며 국가의 이해관계를 추구할 수 있다는 것이다. 막스 베버Max Weber가 묘사한바 관료제에 관한 다음 발언은 섭공의 입장을 이해하는 데 도움이 된다.

> 순전히 정치적인 계기 중에서 관료제화 방향으로 특히 지속적으로 영향을 미치는 것은 확고하면서도 절대적인 치안에 익숙한 사회가 모든 영역에서 질서와 보호('경찰')를 점점 더 많이 요구하는 것이다. 골육 간의 싸움을 단순히 종교적으로, 또는 중재 재판을 통해 통제할 때 개인의 권리나 안전의 보장은 전적으로 씨족 성원들이 서약한 보조 의무나 복수 의무에 맡겨졌지만, 이러한 통제에서 오늘날의 경찰관이 갖고 있는 '지상에서 신의 대리인'으로서의 지위에 이르기까지는 끊임없는 도정이 존재한다.[160]

그러나 공자의 생각은 사뭇 다르다. 국가가 정한 법을 앞에다 두고도 아버지와 자식은 서로를 숨겨줄 수 있다. 그리고 그것이야말로 진정한 '곧음'이다. 공자의 발언에서 흥미로운 것은 효를 곧음의 대안으로 제시하지 않고, 그 효 '안'에 곧음이 있다고 한 점이다. 즉, 공자는 국가와 가족, 충과 효를 대척점에 놓지 않는다. 그 대신 공자는 효가 국가와 긴장 관계에 있지 않는 대안적 질서를 환기한다. 그렇다면 질문은 이것이다. 그것은 과연 어떠한 국가란 말인가?

보다시피 공자가 상상한 국가에서는 모든 사람과 모든 사안이 법 아래서 똑같이 다루어지지 않는다. 어떤 사안들―이를테면 친족 구성원에 관련된 사안 같은 것들―은 국가 이외의 영역에서 다루어진다. 비록 공자가 구체적인 언어로 그 구조를 명료하게 논하지는 않았지만 비국가 영역이 많은 사회적 기능을 떠맡는다는 의미에서 그것은 작은 국가임에 틀림없다. 이는 (다음 장에서 논할) 국가주의 사상가 한비자의 비전과 정반대되는 것이며, 주나라 초기의 준準봉건적 모델(지방의 세습 제후들을 경유한 통치)에 훨씬 더 가깝다.[161] 공자가 강조한 덕성은 상대적으로 작은 공동체에서 실현될 가능성이 더 크다. 인仁과 같은 도덕적 감수성은 대면이 가능한 관계에서 상호 작용을 통해 배양되기 쉬운 덕성이다. 그렇다면 공자가 효의 대상을 대규모 친족 집단에서 보다 직접적 관계에 있는 소규모 가족으로 재정향했다는 사실이 국가 권력의 증대를 옹호했음을 뜻하는 것은 아니다. 차라리 그러한 사실은 이상적인 공동체란, 법이 기계적인 방식으로 사람들에게 적용되는 큰 국가에서 가능하기보다는 필수적인 심리적 성정을 기

| **『시민법 대전』** | 『시민법 대전(*Corpus Juris Civilis*)』은 동로마 제국의 유스티니아누스 1세(Justinianus I, 재위 527~565)가 고대 로마의 법을 부활시키기 위한 목적으로 로마의 판례법과 학설을 집대성하여 편찬하고 반포한 법령을 총칭하는데, 『로마법 대전』 또는 『유스티니아누스 법전(*Justinian's Code*)』이라고도 불린다.

를 수 있을 만한 작은 단위에서 가능하리라는 것을 함의한다.

아무리 공자의 의도가 상찬할 만한 것이었다 해도, 혹은 아무리 공자의 매력이 대단했다고 해도 공자 당대에 관습 공동체의 비전은 그 효용을 잃어가고 있었던 것이 사실이었다. 일례로 주나라 친족 관계에 기반한 '봉건'체제는 독자적인 지역 권력체들의 군웅할거 상태로 변해갔다. 대부분 지역에서 행정은 해당 지역의 권력자들 손에 전적으로 맡겨졌다. 기존의 예는 더 이상 당연시되지 않았다. 분열적 현상이 당시에 분출하고 있었다는 정황 증거는 『논어』에도 많다.

공자는 당시 사회질서에서 어느 정도 소외된 인물이었다. 그렇지만 계몽된 관습 공동체의 가능성과 권위를 급진적으로 비판하는 목소리는 『논어』에서 찾기 어렵다. 관습과 전통은 공자의 비전 속에서 여전히 존재감이 크다. 동시에 관습 공동체는 깨지기 쉽다는 것, 단순히 예만 가지고 통치가 잘되는 것은 아니라는 것, 관습 공동체의 통일성과 생존은 예 이상의 어떤 것에 의존하고 있다는 것을 공자도 암묵적으로 의식했던 것 같다. 특히 공자는 관습이 화석화될 가능성에 대하여 우려하였다. 사실, 예를 따른다는 것이 얼마나 손쉽게 겉치레에 집착하는 일로 흐를 수 있는지 우리는 잘 알고 있다. 최악의 경우 모든 사람이 관습대로 살긴 하지만 성실성sincerity은 사라진 지옥이 펼쳐질 수 있다. 그러한 상황에서라면 예는 결코 바람직한 공동체의 건설과 유지에 봉사하지 않을 것이다.

　법으로 다스리는 정치 공동체라는 로마적인 사상이 중세 유럽으로 전승되었던 것처럼 예가 다스리는 정치 공동체라는 공자의 사상은 후대 제국 왕조로 전승되었다.[162] 그러나 그 과정에는 묘한 아이러니가 있다. 공자가 생각한 계몽된 관습 공동체는 상대적으로 작은 나라와 한정된 집단을 상정한 것이었으나, 제국의 황제들은 정반대로 생각하였다. 제국을 운영하는 통치자가 보기에 계몽된 관습은 작은 공동체 상층부에 국한되지 말고 보다 넓은 지역과 보다 많은 사람에게로 퍼져나가야 하는 것이었다. 제국의 확장된 영토라는 조건 속에서는 국가기구가 법만으로는 사회에 침투하기 어렵기 때문이다.

Political Society

3

정치 사회

전국시대

B.C. 453~B.C. 221

흉노

조의 장성

연의 장성

연燕

조趙

제齊　린쯔

진의 장성

강羌

황허강

한단

제의 장성

위魏

얀이

진秦

구이지

센양(함양)

한韓　뤄양

송宋

노魯

저氐

초의 장성

쥐양

황해

청두

초楚

오吳

월越

양쯔강

주장강

남중국해

전국시대(B.C. 453~B.C. 221)는 전쟁이 만연하고 지성이 꽃피운 시기였다. 첫째, 상호 경쟁하는 지역 정치체들이 정치적 라이벌의 영토를 뺏기 위해 끊임없이 전쟁을 벌였다.[1] 철제 농기구의 도입으로 농업 생산력이 늘어났고, 제후들은 향상된 생산력을 전쟁을 위한 자원으로 활용했다. 전국시대 232년 동안 590회의 전쟁이 일어났다고 기록되어 있다.[2] 하나의 지역 정치체가 현저하게 커지고 강해지면 다른 정치체들은 그에 위축된 나머지 의존적이 되었다. 그리하여 처음에는 많은 지역 정치체가 서로 경쟁했지만, 큰 물고기가 작은 물고기를 잡아먹는 식의 현상이 지속되면서 지역 정치제의 수는 빠르게 줄어들었다. 그러는 와중에 주나라와 이웃 나라의 갈등은 민족적 정체성ethnic identity 의식을 형성하는 데 기여하였다.

불안정한 환경에도 불구하고, 혹은 불안정한 환경 때문에 지성계는 새로운 활력을 얻었다. 통치자들이 정치체를 강하게 만들기 위해 인재들을 앞다투어 초빙하다 보니 지식인들에게 전에 없던 기회가 주어졌다. 지식인들 대다수는 사士 계층에 속했다. 귀족들의 이데올로기적 구속에서 벗어난 지식인들이 여러 정치체를 옮겨 다니면서 경쟁적으로 다양한 가르침을 설파했는데, 이것이 이른바 제자백가諸子百家이다. 제자백가 중 널리 알려진 사상가는 묵자墨子, 순자荀子, 노자老子, 한비자韓非子, 양주楊朱, 맹자孟子, 장자莊子 등이지만, 이들 외에도 많은 군소 사상가가 난립하였다.[3] 제자백가는 향후 중국의 정치적 사유를 지속적으로 구조화할 참고체계와 언어 들을 수립하였다. 물론 당시 사상가들이 자기 사상의 미래 운명을 알았던 것은 아니고, 그들은 당시의 지적 필요에 부응하는 비전을 일단 제시한 것이었다.

주나라의 '봉건'체제가 점차 붕괴하고 기존 정치적 정당성의 기초가 설득력을 잃어가면서 무엇보다도 새로운 정치적 권위의 원천이 요청되었다. 이번 장의 목적은 그러한 요청에 부응한 제자백가들의 사상을 다루는 것이다. 특히 '정치 사회political society'라는 테마를 가지고 상호 경쟁하는 제자백가의 정치사상을 분석하고자 한다. 정치 사회에 대한 그들의 논의는 대개 인간 본성과 자연 상태the state of nature 혹은 전前-정치 상태the pre-political state에 대한 논의를 포함하고 있었다.

새롭다 못해 종종 급진적이기까지 한 이론적인 사유들이 등장했다는 것 자체가 새로운 시대의 시작을 알리는 징후였다. 이상적인 관습 공동체에서라면 관습은 대체로 그 자체를 스스로 정당화하기에 별도의 이론화를 요구하지 않는다. 즉, 관습이 잘 작동하는 경우라면 지키고 있는 관습이 좋다는 것을 새삼 설명할 필요가 없다. 그러나 당시 격렬한 전쟁들로 인해 많은 사람이 원래 속해 있던 사회의 익숙한 위치에서 이탈하였고, 기존 행동 양식과 유리되었다. 이러한 불안정한 상황은 새로운 형태의 집단적 삶을 구상하고 시도해볼 만한 사회적·문화적 공간을 창출해냈고, 정치사상가들에게 근본 문제들을 새로이 고민하는 계기가 되었다. 사상가들은 일제히 관습 이전에 존재했을 '자연' 상태를 상상하고, 그로부터 정치 사회를 창출할 수 있는 조건을 새삼 고민했다. 그 조건에 대한 견해는 사상가마다 매우 달랐다.

정치 사회의 개념

'정치 사회'란 무엇인가? 사실 '정치(적)political'이란 말의 의미에 대해서는 논란이 많다. 여기서는 전국시대 제자백가 사상을 이해하는 데 도움이 되는 차원에서 '정치적인 것the political'의 개념을 살펴보기로 하자. '정치적'이란 말은 사회질서 전체를 창출하는 과정 혹은 절차를 지칭한다. 이러한 의미의 '정치적인 것'이란 '전-정치적인 것the pre-political'을 전제한다. 즉, 공동체가 평화로이 공존하기 어려운 문제 상황을 일단 전제하는 것이다. '전-정치적인' 상태를 그렇게 정의하고 난 뒤에는 그러한 상태를 당연시하지 않고 의식적인 노력으로 공동생활의 형식을 창출해내겠다는 정치적 행위자political actor들을 전제한다.[4] 다시 말해 정치 사회의 창출은 관습을 당연시하는 관습 공동체의 구성원과는 다른 부류의 정치적 행위자를 전제로 한다. 이러한 의미의 정치 사회 개념은 특히 전국시대 제자백가 사상을 이해하는 데 유용하다. 전국시대 사상가들은 기존 질서의 자연적 기초를 의심하였다. 정치적 동물로서의 인간이 함께 어울려 살 새로운 기초를 찾아내겠다는 강렬한 욕망에 불타고 있었던 것이다. 그들이 구상한 정치 사회는 통치가 부재한 '자연 상태'와 대비될 뿐 아니라 앞서 토론한 관습 공동체와도 다르다.

　　그러면 당시 사상가들은 자기 정치사상의 구도를 어떻게 짰을까? 그들은 다음 두세 가지 단계가 맺는 관계를 정의하려고 시도하였다. 전-사회 상태the pre-social state, 사회 상태the social state, 정치 사회political society. 예컨대 인간의 자연조건이 고독한 전-사회 상태a solitary and pre-social state라고 간주하는 사상가가 있을 수 있다. 그 사상가는 사람들이 자연적 공동체natural community(가족의 원초적 형태)를 어떻게 형성하기 시작하는지 설명해야 한다. 반면, 인간의 자연조건이 아예 일정한 사회 상태라고 간주하는 사상가가 있을 수 있다. 그는 사회 상태를 인간의 출발 조건으로 보기 때문에 고독한 전-사회 상태에서 사회 상태로 어떻게 인간이 이행하는지를 설명할 필요는 없다. 그런데 이 두 종류의 사상가 모두 인간이 어떻게 정치 사회로 이행하는지 설명해야 한다. 먼저, 인간에게는 자연적 공동체를 포기하고 결국 정치 사회 특유의 관계를 선호할 만한 어떤 강력한 이유가 존재해야만 한다. 그래야 정치 사회로 이행할 것이다. 정치 이론가들의 책무는 어떻게 그러한 이행 혹은 변화가 발생하는지를 경험적으로 추적하는 것이라기보다는 무엇이 그러한 변화를 정당화했는지 설명하는 것이다.

자연 상태에서 정치 사회로의 이행을 설명한 이론 중 가장 유명한 사례가 토머스 홉스Thomas Hobbes(1588~1679)가 설명한 '만인의 만인에 대한 투쟁bellum omnium contra omnes'이다. 홉스에 따르면, 사람들이 자연 상태에서는 정의나 안전을 유지할 수 없다는 것을 깨닫게 되고, 자신들의 이기적인 이해관계 추구를 제한할 수도 있는 정치 사회를 수립하는 데 동의한다. 혹은 그렇게 하는 것이 합리적이라고 생각하게 된다. 다른 예를 들어보자. 사회적이고 공동체적 삶을 영위하는 것이 인간 본성에 내재되어 있다고 여기는 사상가를 생각해보자. 즉, 인간은 원래 고독한 존재가 아니라 더불어 살고자 하는 본성을 타고났기에 항상 사회 속에서 살아간다. 그것이 꼭 정치적인 생활은 아니다. 그들이 비록 공동체 속에서 더불어 산다고 할지라도 그러한 최초의 공동생활이 곧 정치적인 생활은 아니고, 그저 어떤 '자연적natural' 혹은 '가정적domestic' 집합일 수 있다. 자연적 공동체와 정치적 공동체는 이론적으로 구분되기에 이제 이론적 과제는 어떻게 자연적 공동체가 특정한 형태의 정치 사회로 변화하는가를 설명하는 것이다. 즉, 사상가들은 사람들이 자신들의 정치 사회를 창출할 능력을 가지고 있다는 것과 어떻게 해서 그러한 변화의 필요에 직면하게 되는지를 설명해야 한다. 비록 자연적 공동체는 인간 본성에 기반하고 있을지라도 어느 지점에 이르면 더 이상 그것만으로는 만족할 수 없게 되는 것이다. 어떤 외적 조건이 정치 사회라는 보다 복합적이고 인공적인 통치체계를 요청하게 된다.

경쟁하는 비전들

전국시대 정치사상의 전반적인 면모를 음미하기 위해서는 두 가지 관점을 채택해야 한다. 첫째, 사상가들이 예치禮治 사상을 받아들이거나 거부하는 방식에 주목할 필요가 있다. 이상적인 관습 공동체 안에서라면 관습은 그 관습을 지켜나가고 있는 이들에게 잘 맞는다는 사실 자체에 근거해서 정당화된다. 그러나 전국시대 제후들은 예를 무시하고 소홀히 하기를 거듭했다. 따라서 많은 사람이 예의 효험에 대해 점점 회의적이 되었다. 다시 말해 엄혹한 정치 현실로 인해 통치의 주된 방식으로 예치를 채택하는 일은 설득력을 잃어갔다. 많은 사람이 무력과 형벌이 더 효과적이라고 생각했다. 이러한 변화는 계몽된 관습 공동체에 대한 열망이 쇠퇴했음을 보여준다.

이제 새로운 접근법이 필요했다. 예를 여전히 중시하며 자신을 공자의 추종자라고 생각하던 이들조차도 예치에 대해 다른 접근법을 취했다. 즉, 기존의 예 혹은 주나라의 예를 존중하라고 촉구하는 것만으로는 충분하지 않게 된 것이다. 그들은 예의 당연성에 의존하기를 그만두고 명시적인 이론적 정당화를 제공해야만 했다. 그러한 정당화는 종종 인성론人性論 같은 보편적인 전제로부터 연역되었다. 이러한 맥락에서, 우리는 기존 관습 공동체에 대한 반응을 두 가지로 나누어볼 수 있다. 첫째, 예의 효용 자체를 비판하는 이들이 있었다. 그들은 세상을 통치하는 데 예가 핵심이 될 수 없다고 주장했다. 둘째, 여전히 예치 이념을 강하게 옹호하되, 예치에 대해 의식적인 체계화·합리화 작업을 시도하는 이들이 있었다. 그리고 그러한 작업은 관습 공동체의 비전에서 정치 사회 비전으로의 이동과 관련하여 상당히 징후적인 것이었다.

둘째, 이 시기 정치사상이 영토에 기반한 준準근대국가a territory-based, quasi-modern state의 출현을 준비했는지 여부를 따져볼 필요가 있다. 그러한 국가가 결국에 가서는 중국 고대에 출현한 다양한 형태의 정치체들을 대체하게 될 것이었다. 이러한 (내가 보기에는 지나치게 회고적인) 관점에서 유리 피네스는 전국시대 사상가들이 제안한 군주국가monarchical state론을 인상적으로 정리한 바 있다.[5] 피네스의 해석은 상당히 타당하지만, 나는 군주국가론의 관점으로만 음미되기 어려운 측면이 제자백가 정치사상에 상당히 존재한다는 사실을 강조하고자 한다. 그러기 위하여 나는 전국시대 사상가 세 명—양주, 맹자, 장자—에게 좀 더 초점을 맞출 것이다. 특히 맹자는 송宋나라 이후 중국정치사상에 큰 영향을 미쳤기 때문이다. 그 밖에 통치자를 중심에 놓는 정치사상이 가진 섬세한 결을 음미하기 위하여 전제 권력despotic power과 기반 권력infrastructural power 간의 개념적 구분을 활용할 것이다.

이와 같은 관점들을 염두에 두면서 지금부터 전국시대 정치사상의 스펙트럼을 살펴보겠다. 그 첫 번째 대상은 공자의 비전을 열렬히 비판했던 묵자이다.

묵자

묵자가 보기에 공자 및 그 추종자들은 너무 '보수적'이었다. 그 증거로 묵자는 『논어』에 나오는 '술이부작述而不作'이라는 말을 문제 삼는다.[6] 다음 인용문은 묵자가 가한 비판의 대표적 예이다.

(유가들은 또 말하기를) 군자들은 따르기만 하고 (새로이) 만들지 않습니다[循而不作]. 대답해서 말하기를, 옛날에 (활의 명수) 예羿는 활을 만들었고, 여伃는 갑옷을 만들었으며, 해중奚仲은 수레를 만들었고, 교수巧垂는 배를 만들었습니다. 그렇다면 지금 가죽, 갑옷, 수레, 배를 만드는 이는 모두 군자가 되고, 예, 여, 해중, 교수는 모두 소인이란 말입니까? 그들이 따르는 것조차도 누군가가 작作한 것이 틀림없습니다. 그렇다면 그들이 따르는 것은 모두 소인의 도道가 됩니다.[7]

물론 이 인용문에서는 '술이부작' 대신에 '순이부작循而不作'이라는 표현을 거론하고 있지만, 두 표현은 모두 "따르되 새로이 만들지 않는다"라는 뜻을 가졌기에 호환 가능하다. 『의례儀禮』

「사상례士喪禮」에 실린 "筮人許諾, 不述命(서인허락, 불술명)"이라는 구절과 『의례儀禮』「소뢰궤식례少牢饋食禮」 편의 "遂述命曰, 假爾大筮有常(수술명왈, 가이대서유상)"이라는 구절을 해설하면서, 후한後漢(25~220)의 경학가 정현鄭玄(127~200)은 "술述은 순循의 뜻이다[述, 循也]"라고 해설한 바 있다.[8] 이렇게 볼 때 앞 인용문에서 이른바 유가들의 특징으로 거론된 '순이부작'은 『논어』에 나오는 '술이부작'과 같은 표현임을 알 수 있다.

묵자는 제자백가 중에서 논리에 관하여 가장 깊이 탐색한 사람답게 '술이부작'의 태도가 논리적 모순을 가지고 있음을 지적한다. 만약 새로운 것을 창출하지 않고 과거의 것을 따르는 것이 바람직한 군자의 태도라면 예, 여, 해중, 교수처럼 문명의 이기를 만든 이들조차 바람직하지 못한 일을 한 사람들이 되고 마는 모순에 봉착한다는 것이다. 이러한 논리를 통해 묵자는 새로운 것을 창출하는 일을 적극적으로 인정해야 한다고 주장한다.[9] 이와 같은 묵자의 비판은 논리적으로 타당하다. 그러나 '술이부작'이라는 발언을 일종의 겸사謙辭로 다루지 않고 문자 그대로 받아들여 비판했다는 특징이 있다.

예禮는 옛것을 따르는 전형적인 문화적 형식으로 간주되어 왔다. 따라서 새로운 것의 창출을 적극적으로 수용해야 한다는 묵자의 주장과 짝을 이루는 것은 예의 효용에 대한 비판적인 태도이다.

공맹자公孟子가 말했다. "군자는 반드시 옛날 말을 사용하고 옛날 의복을 입은 연후에야 인仁할 수 있습니다." 묵자가 말했다. "옛날 은나라의 주 임금과 신하 비중費仲은 천하의 포악한 사람이었고, 기자箕子와 미자微子는 천하의 성인이었습니다. 이들은 모두 같이 옛말을 사용했으나 혹자는 인하고 혹자는 인하지 못했습니다. 주공단周公旦은 천하의 성인이고, 관숙關叔은 천하의 포악한 사람입니다. 이들은 모두 같이 옛 의복을 입었으나 혹자는 인하고 혹자는 인하지 못했습니다. 그러므로 옛 의복과 옛말에 달려 있는 문제가 아닙니다. 게다가 그대는 주나라를 본받고 하나라를 본받지 않습니다. 그러니 그대가 말하는 옛날은 (진정한) 옛날이 아닙니다."[10]

이 구절에서 밝혀놓은 '술이부작'의 전형적인 사례는 이른바 유자儒子들이 예부터 전해오는 예를 존중한 나머지 옛 의복과 언행을 고수해온 일이다. 그런데 '유자'들이 원래 단순히 예를 지키는 것 자체를 목적으로 했던 것은 아니다. '유자'들은 예를 통해 인仁이라고 하는 덕목을 배양할 수 있으리라는 기대를 가지고 있었다. "옛날 말을 사용하고 옛날 의복을 입은 연후에야 인할 수 있"다는 말은 곧 인의 성립을 위한 선결 조건 혹은 방법으로서 예가 요청됨을 뜻한다. 이후 묵자가 거론하는 사례들은 예의 수행이 결코 인이라는 덕목으로 이어지지 않았음을 보여주는 반례들이다. 그리하여 공맹자가 예에 맞는 옷차림과 도덕적 실천 간의 선후 관계에 대해 묻자, 묵자는 이렇게 대답한다.

공맹자가 말했다. "군자는 올바른 옷차림을 갖춘 뒤에야 올바로 행할 수 있는 것일까요? 올바로 행할 수 있게 된 연후에야 올바른 옷차림을 하는 것일까요?" 묵자가 말했다. "행동은 옷에 달려 있지 않습니다."[11]

이처럼 묵자는 예의 수행이 진정한 도덕적 행동을 유발할 수 있는 가능성을 인정하지 않는다.[12] 이러한 묵자의 주장은 예의 반복적 수행이 특정 행위의 반복적 산출을 넘어 어떤 감수성 혹은 기질을 창출하기도 한다고 본 공자의 입장과 정면으로 충돌한다.[13] 이렇게 볼 때, 묵자의 공자 비판은 '술이부작'의 발언이 겸양의 발언이 아니라 액면 그대로의 축자적逐字的 주장이라는 전제, 그리고 예의 수행은 특정한 감수성이나 덕성의 배양으로 이어지지 않으리라는 전제에 서 있다. 이미 존재하는 예를 묵종할 뿐 그러한 묵종 속에서 어떠한 덕성도 형성되지 않는다면 그 행위 주체는 이미 존재하는 것에 대해 창의적 관계를 맺기 어려울 것이다. 이와 같은 묵자의 비판은 1919년 5·4운동 이래 공자를 보수적이라고 비판했던 이들의 입장과 놀라울 정도로 유사하다. 묵자와 현대의 비판자들 모두 공자가 가졌을 수도 있는 과거에 대한 창의적인 태도를 전혀 인정하지 않는다. 아울러 예를 통해 배양될 것으로 기대할 수 있는 덕성을 인정하려 들지 않는다. 그 대신 그들은 대체로 부강富强해질 방법을 찾고, 전통 대신 유용성을 판단의 궁극적 잣대로 삼는다.[14]

그처럼 전통을 인정하지 않는다면, 묵자는 처음부터 새로이 정치 사회를 구상해야만 한다. 다시 말해 전-정치 상태를 먼저 상상한 뒤, 그 상상으로부터 정치 사회에 대한 비전을 도출해야 한다. 그러면 묵자는 어떤 전-정치 상태를 상상했을까? 그리고 사람들은 어떻게 하여 그러한 전-정치 상태를 떠날 수 있다고 생각했을까? 묵자가 상상한 전-정치 상태, 즉 자연 상태의 특징은 현실을 인식하고 규범을 정할 만한 통합된 관점이 부재한 상태라는 것이다. 다시 말해 자연 상태는 갈등하고 상호 배제적인 관점들이 모여 서로 경쟁하는 상태이다. 이는 결국 어떤 통합의 원리를 요청할 수밖에 없는 상태이다.

> 옛날에 백성들이 처음 살던 시절, 아직 형벌과 행정이 존재하지 않던 시절에는 사람들이 말할 때 서로 다른 의義(옳음)를 주장하였다. … 사람이 많아질수록 이른바 의라는 것도 많아졌다. … 그러므로 상대를 비난하게 되는 것이다. 이러한 까닭에 안으로는 부자간에 그리고 형제간에 원한과 미움을 만들고, 헤어져 서로 화합할 수 없다. 천하의 백성은 모두 물, 불, 독약으로 서로를 해친다. 여력이 있어도 서로 돕지 않고, 썩을 정도로 재산이 남아돌아도 서로 나누지 않으며, 좋은 방도를 은닉하여 서로 가르치지 않는 지경에 이른다. 세상의 어지러움이 마치 짐승 같다. … 오직 군주만이 저마다 다른 의를 하나로 통일할 수 있다.[15]

이 인용문의 첫 부분은 토머스 홉스가 『법의 기초Elements of the Laws』(1650)에서 한 말과 통한다. "자연 상태에서는 모든 이가 그 스스로 판관이다."[16] 원초적 조건 속에서 사람들은 각자 세계를 달리 이해하고 평가하며, 그러한 급진적인 다원성으로 인해 고통받는다. 문제는 단순히 개인들이 다른 가치관을 갖는 데 있는 것만은 아니다. 이러한 자연 상태에서 사람들이 각자 달리 인식하고 달리 관계를 맺는다는 것 역시 문제이다. 인식상의 불일치는 인간 행위의 예측 불가능성이라는 문제를 일으키고, 예측 불가능성은 갈등으로 이어진다.

이렇게 보았을 때 묵자의 자연 상태는 몇 가지 점을 전제한다. 첫째, 사람들은 자연스레 어떤 도덕적인 관념a certain moral conception을 갖는다. 즉, 인간은 스스로를 정당화하는 동물이다. 둘째, 도덕적 정당함에 대한 개개인의 생각은 서로 화해 불가능하다. 셋째, 개개인들은 정당함에 관하여 서로 갈등하는 시각을 갖는 데 그치는 것이 아니라 쉽사리 혹은 즉각적으로 자신이 옳다고 인식한 것[義]에 따라 행동을 취하도록 동기를 부여하게 된다. 넷째, 이상의 전제들에서 도출되는 논리적인 귀결로서, 자연 상태의 개개인들은 폭력적인 혼란 속에 빠지게 된다. 다섯째, 그들의 충돌 단위는 가족이 아니라 개개인이다. 묵자가 공자 사상을 편협한 가족 윤리라고 비판했다는 사실을 상기하면 흥미로운 지점이다. 그 밖의 주목할 만한 점은 누구에게도 만족을 가져다 주지 못하는 만인의 만인에 대한 투쟁으로 전-정치 상태를 정의하고 있음에도 불구하고 욕망이라는 이슈는 묵자의 상상 속에서 두드러지게 의제화되지 않는다.

묵자는 다양한 가치 지향의 충돌이라는 점에서 전-정치 상태를 정의하느니만큼 그러한 화해 불가능성을 어떻게 처리해야 하는지에 대해 답해야 한다. 그렇지 않으면 그의 상상 속에서 사회는 분해되고 만다. "오직 군주만이 저마다 다른 의를 하나로 통일할 수 있다." 여기서 통합의 원리란 겸애兼愛, impartial care이다. 겸애 개념을 이해하는 한 가지 방식은 당시 '겸兼'과 '애愛'의 의미를 이해하는 것이다.

고대 중국에서 '겸'은 '별別'의 반대 개념으로 정의된다. 즉, 겸이란 특수의 반대로 보편을 의미하는 것도 아니고, 이해관계에 얽매인 상태의 반대로 이해관계를 초월함을 의미하는 것도 아니었다. 오히려 겸은 사람들을 이해관계에 따라 구분 짓지 않고 모든 이를 같이 대한다는 뜻이었다. 이와 같은 겸에 대한 이해는 다음과 같은 논리적인 함축을 갖는다. 인간은 친족을 편애하는 경향이 있다고 본 공자와 달리, 묵자는 가족 관계가 우리 삶에서 가장 깊고 애착이 강한 관계라고 보지 않는다. 가족이 물질적 자원을 배분하는 데서 특별한 대접을 받아야 할 이유 같은 것은 없다. 사람들은 자기 가족에게 자원을 넘겨주고자 하는 편파적인 욕망에 굴복할 수 있다는 점에서 가족을 향한 특별한 보살핌과 관심은 겸의 이상과 충돌할 수 있다.

이제 '애'를 살펴보자, 애는 종종 '사랑'이라고 풀이된다. 그러나 이것은 자칫 오해를 불러일으킬 수 있다. 고대 중국에서 애는 대개 좀 더 나은 상태에 있는 이가 그보다 못한 상태에 있는 대상에게 갖는 태도와 마음가짐을 의미하였다. 애의 대상은 결코 같은 인간에게만 국한되지 않았고, 동물과 무생물의 세계도 포함하였다. 애물愛物, cherish things(대상을 아끼다) 같은 표현이 그러한 점을 잘 말해준다. 이렇게 볼 때 묵자의 겸애 사상은 평등이나 평등주의와는 별 관계가 없다. 묵자의 가르침이 비엘리트층non-elite에게까지 뻗어나갔다는 사실에도 불구하고 그러하다. 겸애 사상에 따르면, 통치자는 물질적 재화를 공평하게 분배해야 하지만, 그렇다고 해서 평등한 정치적 권리를 보장해야 하는 것은 아니다. 묵자는 시민이 아니라 통치자와 현인이 운용하는 정치 시스템을 고안하고자 하였다. 류쩌화와 유리 피네스가 주장한 바와 같이 묵자는 확실히 군주 중심의 정치 시스템을 옹호하였다.

> 묵자의 놀랍도록 새로운 점은 천자의 손에 권력을 집중해야 한다고 강조한 점이었다. 천자(와 천자의 명에 의해 국가의 각종 위계적 지위를 차지하는 이들)는 최고의 도덕적 모범이자 통일된 도덕의 궁극적 원천이 되어야 하고, 그를 통해 사회정치적 질서의 중추가 된다. 자신의 견해와 규범을 신민臣民에게 일괄적으로 부과함으로써 군주는 일탈을 막고 보편적인 번영을 보장한다.[17]

이와 같은 면을 확증하는 전거가 『묵자』「상동尙同」 상上에 보인다.

> 그러므로 이장里長은 이里의 인仁한 사람이다. 이장은 이里의 백성에게 정령을 내어 이렇게 말한다. 선한 일이든 선하지 못한 일이든 들으면 반드시 향장에게 보고하라. 향장이 옳다고 여기

는 것을 반드시 모두 옳다고 여겨야만 하고, 향장이 옳지 않다
고 여기는 것은 반드시 모두 옳지 않다고 여겨라. 너의 선하지
않은 말을 버리고 향장의 선한 말을 배워라. 너의 선하지 않은
행동을 버리고 향장의 선한 행동을 배워라. 그렇게 되면 향리
가 무슨 이유로 어지러워질 것인가? 향리가 잘 다스려지는 경
우, 그 까닭은 무엇인가? 향장은 다만 향리의 의義(옳음)를 통일
할 수 있기 때문에 향리가 다스려지는 것이다. 향장은 향鄕의 인
仁한 사람이다. 향장은 향의 백성에게 정령을 내어 이렇게 말한
다. 선한 일이든 선하지 못한 일이든 들으면 반드시 군주에게
보고하라. 군주가 옳다고 여기는 것을 반드시 모두 옳다고 여기
고, 군주가 옳지 않다고 여기는 것은 반드시 모두 옳지 않다고
여겨라. 너의 선하지 않은 말을 버리고 군주의 선한 말을 배워
라. 너의 선하지 않은 행동을 버리고 군주의 선한 행동을 배워
라. 그렇게 되면 나라가 무슨 이유로 어지러워질 것인가? 나라
가 잘 다스려지는 경우, 그 까닭은 무엇인가? 군주는 다만 나라
의 의를 통일할 수 있기 때문에 나라가 잘 다스려지는 것이다.
군주는 나라의 인仁한 사람이다. 군주는 나라의 백성에게 정령
을 내어 이렇게 말한다. 선한 일이든 선하지 못한 일이든 들으
면 반드시 천자에게 보고하라. 천자가 옳다고 여기는 것을 반드
시 모두 옳다고 여겨야만 하고, 천자가 옳지 않다고 여기는 것
은 반드시 모두 옳지 않다고 여겨라. 너의 선하지 않은 말을 버
리고 천자의 선한 말을 배워라. 너의 선하지 않은 행동을 버리
고 천자의 선한 행동을 배워라. 그렇게 되면 천하가 무슨 이유

로 어지러워질 것인가? 천하가 잘 다스려지는 경우, 그 까닭은 무엇인가? 천자는 다만 천하의 의를 통일할 수 있기 때문에 천하가 다스려지는 것이다.[18]

그렇다고 모든 의사 결정 과정에서 아랫사람을 배제한다는 뜻은 아니다. "윗사람이 과실이 있으면 합당하게 이의를 제기해야 한다."[19]

그렇다면 사람들은 과연 어떤 동기로 겸애라는 묵자적 규범을 실천할 수 있을까? 사람들은 어떻게 정치 지도자를 기꺼이 따르고 싶어지는 것일까? 공자와는 달리 묵자는 통치자가 모범을 보이고, 그 모범이 발산하는 카리스마적 설득력으로 세상을 통치하기를 기대하지 않았다. 따라서 묵자는 도덕 '심리학'에는 거의 관심을 기울이지 않았다. 대신에 겸애의 시스템에서 얻는 이익으로 인해 사람들은 자발적으로 지도자를 따르게 된다고 생각했다. 게다가 묵자는 자신의 윤리적·정치적 견해를 정당화하기 위해 종종 신의 승인에 의지했다. 그런데 초자연적 존재에 대한 묵자의 생각은 강한 인격신적 요소를 가진 것은 아니었다는 점을 기억해야 한다. 묵자가 보기에 초자연적 존재들이 그 나름의 의지를 가지고 있기는 해도 그들은 자연의 패턴 혹은 세계 속의 어떤 힘 같은 것이지, 세계를 유지하면서 세계 밖에 존재하는 독립적인 행위자는 아니었다. '하늘'조차도 개개인을 사랑하는 인격신이 아니라 인간의 행동이 그에 걸맞은 반응을 얻도록 보장하는 힘force 같은 것이었다.[20]

끝으로, 묵자는 어떤 주장이 설득력 있고 합리적이라면 편파적이고 편견에 찬 타인의 마음을 변화시킬 수 있다고 믿었다. 그런 맥락에서 묵자는 공자를 단순히 대안적인 관점에서 비판한 것이 아니라 공자의 언명들 사이의 내적 모순을 드러내려고 시도하였다.[21]

다음 사상가를 논의하기 전에 국가 이론의 맥락에서 묵자의 반전反戰 사상에 담긴 함의를 생각해보자. 전쟁을 수행하기 위해서는 강화된 국가 조직이 필요하다. 그러니 반전 사상이 강한 국가론으로 이어지기는 어렵다. 이 지점에서 묵자의 비전이 그 이전에 존재했던 비전에 비해 훨씬 더 통치자 중심적이며 위계적이긴 해도, 국가와 관련해서 유의미한 제도적 변화를 담고 있지 않다는 사실에 주목해야 한다. 묵자는 윤리적 언어로 문제들을 논할 뿐 행정적 이슈를 본격적으로 제기하지는 않았다. 다시 말해 묵자는 군주에게 신민을 다스릴 최고의 정치권력과 권위를 부여했지만, 군주가 자신의 권력을 행사할 기제인 국가의 힘 자체를 증진하는 것을 원하지는 않았다.

순자

인간은 나면서부터 욕망이 있다. 욕망이 있는데도 욕망의 대상을 얻을 수 없으면 그 대상을 추구하지 않을 수 없다. 추구하는 데 한계가 없으면 싸우지 않을 도리가 없고, 싸우면 어지럽고,

어지러우면 곤경에 처하게 된다. 선왕들은 그 무질서를 미워하여 예禮와 의義를 만들어 구분 짓고, 사람들의 욕망을 충족해주고, 사람들이 원하는 것을 공급하였다. 욕망이 자원에 궁해지지 않도록 하고, 자원이 욕망에 부족함이 없도록 하였다. 욕망과 자원이 서로 균형 있게 발전하도록 하였다. 이것이 예가 생겨난 바이다.[22]

순자荀子(기원전 3세기경)의 사상은 성악설性惡說이라는 이름으로 이해되어왔다.[23] 여기서 성악性惡이란 인간에게 타고난 도덕적 길잡이가 없다는 뜻이다. 순자에 따르면, 인간은 태어나면서부터 공통된 경향성을 가지고 있는데 그것을 성性이라고 부른다. 인간은 무엇보다 욕망desires을 가지고 태어난다. 인간은 결코 자신의 본성에서 욕망을 지워버릴 수 없다. 반면, 도덕적 길잡이는 타고나지 않는다. 바로 이러한 점이 정치 사회 형성에 대한 순자 사상의 기초를 이룬다. 순자는 전-정치 상태를 만인의 만인에 대한 끊임없는 투쟁, 그리하여 누구도 자신들의 욕망을 만족시킬 수 없는 상태로 상상하였다. 그 갈등의 원천은 묵자가 주장한 것처럼 원칙들의 충돌이 아니라 자신들의 욕망을 충족하고자 하는 사람들 간의 경쟁이다. 욕망을 좀 더 충족하기 위해 인간들은 예제禮制를 만들어서 '자연 상태'를 떠날 필요가 있다. 그렇게 순자는 정치 사회의 필요성을 인정한다.

인간은 태어나서 무리를 이루지 않을 수 없다. 무리를 이루면서 구분이 없으면 싸우고, 싸우면 어지럽고, 어지러우면 흩어지고, 흩어지면 약하고, 약하면 사물을 이길 수 없다.[24]

힘으로 하자면 소만 못하고 달리기로 하자면 말보다 못한데도 소와 말을 부리는 것은 어째서인가? 인간은 집단을 이룰 수 있고, 소와 말은 집단을 이룰 수 없기 때문이다.[25]

욕망은 그 자체로 선하거나 악한 것이 아니다. 따라서 순자 사상의 핵심을 성악설이라고 지칭하는 것은 오히려 독자를 오도할 공산이 있다. 그런데 욕망이 부정적인 결과를 초래할 수 있는 잠재력을 가진 것은 사실이다. 욕망이 늘 만족을 가져다주지는 않는다. 욕망을 만족시킬 충분한 자원이 있으리라는 보장이 없기 때문이다. "원하고 싫어하는 바는 같다. 욕망은 많은데 자원은 적다. 적으면 반드시 다툰다."[26] 기회와 자원이 넉넉해 보일 때도 욕망은 만족스럽지 않을 수 있다. 욕망은 그 한계를 정확히 측정하기 어렵기 때문이다. 욕망의 궁극은 신기루 같다. 미치고 팔짝 뛸 정도로 불투명하다. 현재의 욕망을 해소하면 끝일 것 같았는데 새로운 욕망이 샘솟는다. 욕망에 연루된 쾌락은 결국 실망스러운 것임에도 불구하고, 아니 실망스러운 것이기에, 사람들은 욕망을 맹목적으로 그리고 끝없이 추구한다. 한정 없고 근본 없는 내적 불안정에 기반한 욕망이 인간을 진정한 만족감으로 안내할 수 있을까?

인간에게는 자라나는 욕망에 제동을 걸 만한 타고난 본질적 기제가 없다. 따라서 인간 행위를 규제할 외적인 규범과 그 규범을 실천할 수단을 창조해야 한다. 그것이 바로 예禮다. 그렇다고 해서 순자가 욕망을 전적으로 거부했다는 말은 아니다. 순자는 욕망의 조율된 충족을 옹호한 것이다. 욕망을 완전히 없애는 것은 불가능하다. 예라는 이름의 일정한 행동 패턴을 통해 우리는 욕망에 적절한 형태를 부여하고, 그로 인해 만족을 얻을 수 있다. 예가 인간 본성에 꼭 심각한 긴장을 일으키는 것은 아니다. 예를 반복적으로 오랫동안 실천하다 보면, 예가 몸과 마음의 습관이 되기 마련이다. 그 지점에 이르면 습관은 덕성을 이루게 되고, 그 덕성을 통해 인간은 예를 즐길 수 있게 된다. 이쯤 되면 예는 제2의 천성second nature이 되었다고 할 만하다. 이런 점에서 순자가 인성에 대해 비관적인 견해를 가졌다고 한 샤오궁취안의 주장은 무리가 있다.[27]

그렇다면 예는 도대체 어디서 오는가? 예의 기원에 관한 이 명시적인 질문은, 예가 더는 당연한 것이 아니라는 점을 보여준다. 순자는 대화를 위해 상상으로 질문자를 설정한 적이 있다. 그 질문자가 예의 기원에 대해 질문하자, 순자는 이렇게 대답한다. "예와 의義는 성인聖人의 작위[僞]에 의해 생겨난 것이지 인간의 본성에서 생긴 것이 아니다."[28] 관습이 인간 본성에 뿌리박고 있는 것이 아니기에, 성인은 인간이 어떻게 행동해야 하는지를 의식적으로 결정해야만 한다. 그것이 작위이다. 성인은 과거 세대의 시행착오에서 무엇인가를 추출하여 현재 인간들의 행동거지에 대한 모델을 제공한다.

예의 세세한 사항은 인간의 욕망과 가용 자원 간의 균형이라는 관점에서 정의된다. 그러한 균형이 예의 형태로 수립되고, 사람들이 그 예 속에서 훈련되고 나면, 한정된 자원을 두고 벌이는 끊임없는 경쟁이라는 문제는 해결된다. 즉, 관습(예)이란 단순히 사람들이 관습을 유지하기 위해 작동하거나 명시적인 근거 없이 저절로 정당화되는 것이 아니다. 욕망과 욕망을 충족할 가용 자원 간의 균형을 위해 필요한 것이 무엇인지 이해해야 하고, 그것을 이해한 성인이 의도적으로 예를 만들었기에, 관습은 작동하는 것이다. 인간의 이기적인 성향과 보통 사람들의 지적 능력의 취약함을 고려할 때 다음과 같은 단호한 결론에 이르게 된다. 우리가 야만적인 삶을 벗어나 지속 가능한 공동체 속에서 삶을 영위하려면 예를 창조할 수 있는 성왕聖王이 필요하다. 일단 예가 창조되고 나면, 개별 인간은 예를 참조하여 자기 수양을 해나갈 수 있다. 그 예에는 사회 분업도 포함된다.[29]

> 백공의 작업에 의해 한 사람을 기를 수 있다. 한 사람은 여러 가지를 통달할 수 없고, 여러 가지 사업을 두루 할 수 없다. 떨어져 살고 서로 의존하지 않으면 곤궁해지고, 집단생활을 하되 구분이 없으면 다투게 된다.[30]

> 농부는 농부답게, 사士는 사답게, 기술자는 기술자답게, 상인은 상인답게.[31]

군자는 덕을 가지고 하고, 소인은 힘을 가지고 한다.[32]

순자가 성왕에게 의존한다는 점에서, 순자의 정치적 비전을 통치자 지향적ruler-oriented이라고 보는 것도 무리가 아니다. 유리 피네스는 순자의 비전 속에서 통치자가 갖는 핵심적인 중요성을 풍부하게 논의한 바 있다.

통치자는 두 가지 방식을 통해 사회질서에 공헌한다. 첫째, 통치자는 '자신의 신민을 부릴' 수 있다. 다른 여러 가지 중에서도 자신의 신민을 제약하고 그들의 탐욕이 사회적 기초를 망가뜨리는 것을 방지한다. 둘째, 통치자는 사회정치적 피라미드 꼭대기에 위치해서, 자신의 존재 자체로 사회적인 위계의 중요성을 표현한다.[33]

순자는 통치하는 데 군주 중심주의를 한껏 발전시킨 나머지 군주의 참모 노릇을 할 지식인의 자율성마저 훼손하는 지경에 이르렀다. 맹자가 지식인의 자율성을 옹호한 것과는 대조적으로 순자는 개인의 도덕에 의해 통치자의 명령을 거부할 수 있는 지식인의 권리를 부정했을 뿐만 아니라 한 통치자를 떠나 다른 통치자에게 봉사할 수 있는 지식인의 이동 가능성도 배제하였다. 이러한 순자의 비전 속에서는 국가의 기능 역시 증대한다. 순자는 "전복적인 이데올로기를 끝장내는 국가를 상상하였기 때문이다."[34]

노자

노자老子는『도덕경道德經』의 저자로 추정되어왔다.『도덕경』내용
의 태반은 문명 비판이다. 예는 문명의 기반이다. 전례ceremonies
의 구체적인 항목들, 일상에서의 예법manners, 그리고 그런 것들
과 관련된 여러 형태의 지식은 모두 자연 세계에 인간이 부과한
기획들이다. 노자는 문명이 가져다주는 폐해를 의식하면서, 사람
들이 보다 단순한 사물의 질서를 누렸던 것으로 보이는 어떤 과
거에 대한 노스탤지어를 표현한다. 인간은 환경과 교감 상태에
있어야 하며, 모든 이가 대체로 자족적인 상태에 있는 보다 단순
한 경제에 참여하는 게 좋다고 노자는 말한다. 요컨대 농업에 기
반한 단순한 이상향을 상상한다.

　　노자가 말하는 자연 상태란 문명의 정반대 상태이다. 문명화
과정이 시작되기 이전 사물의 상태란 어떠한가? 존재가 아직 미
분화된, 말로 표현할 수 없는 원시적 상태이다. 원시적 상태는 언
어 소통에 적합한 구체성을 결여하고 있기에 인간의 언어로는 포
착하기 어렵다. 따라서 자연 상태는 오직 '부정적인' 방식으로만
포착된다. 문명이 아니라고 말할 수 있을 뿐, 그것이 무엇인지 콕
집어서 말하기 어렵다. 그래서 노자는『도덕경』에서 상상 속에서
나마 문명화 과정을 부정해가며 자연 상태를 묘사한다. 노자에
따르면 현 상태는 긴 문명화 과정의 역사적 결과물이다. 문명이
처음 전개되면서 구분이라는 것이 생겨났다. 이로 인해 미분화된
상태를 유지하던 세계가 상반되는 존재들로 갈라졌다. 구분이 더

| **소를 타고 가는 노자** | 명나라 때 장로(張路)가 그린 노자 모습으로, 『도덕경』의 저자로 추정되는 노자는 문명이 가져다주는 폐해를 의식하면서 그 정반대인 자연 상태를 옹호했다. 노자가 말하는 인간의 자연 상태란 복잡한 정치제도를 필요로 하지 않는 자연스러운 단순함의 상태를 말한다. 타이완 타이베이 국립고궁박물원 소장.

진행되면서 더 많은 이름과 범주가 등장했다. 이러한 문명화 과정은 곧 복잡화 과정이며, 복잡화 과정이 일단 시작되면 자체 추진력을 가지고 멈출 줄 모르고 진행된다. 이러한 관점에서 볼 때, 인간의 자연 상태는 복잡한 정치제도를 필요로 하지 않는 자연스러운 단순함의 상태라고 정의할 수 있다.

자연 상태 혹은 그와 가까운 환경 속에 처한 인간의 유일한 관심은 자신의 생을 보존하고, 단순한 일을 하고 빈 땅을 경작해 자식을 부양하는 것 정도였을 가능성이 높다.[35] 그러한 초기 상태에서는 예와 법의 제약을 (크게) 받지 않았을 것이다. 이와 같은 노자의 상상을 통해 우리는 인간 본성에 대한 노자의 암묵적인 견해를 재구성해볼 수 있다. 인간의 '진정한' 욕망은 크지 않으며, 그 크지 않은 욕망이 충족된다면 사람들은 만족할 것이다. 즉, 노자는 예를 통해 이루어지는 관습 공동체는 자연스럽다는 전통적인 주장을 폐기한다. 노자에게 예란 타락해가는 인공적인 질서를 나타낼 뿐이다. 사람들이 점점 더 깊이 문명에 침윤浸潤됨에 따라 삶은 점점 더 예의 부정적 영향에 휘말린다. 사람들은 점점 더 부자유롭고 위선적이고 교활하게 된다. 노자 정치사상의 목표는 점점 더 격화되는 문명화 과정을 멈추고, 보다 단순하고 '자유로운' 삶을 복구하는 것이다.

그러나 레이디 맥베스Lady Macbeth가 말했듯이, "한번 저질러진 일은 없던 일로 할 수 없다." 도대체 어떻게 단순했던 과거로 돌아갈 수 있단 말인가? 이미 사람들이 문명의 한복판에 있다고 할 때, 왜 그리고 어떻게 사람들이 자신의 문명을 포기하고 원시 상태로 돌아가겠다고 선뜻 동의하게 되는지가 분명하지 않다. 원시 상태로 돌아가겠다고 반성적으로 마음먹는 일 자체가 문명의 산물이지 않은가? 보다 단순한 삶으로 돌아가겠다고 의식적으로 시도하는 것self-conscious attempt조차 자멸적self-defeating이다. 자신의 처지를 반성하고 그런 시도를 해보겠다는 고양된 자의식heightened self-consciousness 자체가 문명의 특질이기 때문이다.

다시 말해 도대체 바꿔볼 수 없는 문명의 진행이라는 것이 있을 뿐 아니라 뭔가를 바꾸어보려는 시도 자체가 문명화 과정을 가속하는 것이다. 따라서 사람들을 보다 단순한 삶의 세계로 돌아가게 하려면 완전히 다른 기술이 필요하다. 노자가 순진하게 자기 충족적 농민들로 이루어지는 농업 세계로 그저 돌아갈 수 있다고 믿었다고 보는 것은 잘못이다. 노자는 사람들 대다수가 보다 단순한 유토피아로 돌아가되, 그 돌아가는 과정에 대한 자의식이 없는 어떤 방식을 추구하였다. 그 방식은 결코 순진한 것이 아니다. 인간의 자연적 조건은 정치적 지도자를 반드시 요청하는 것은 아니지만, 단순한 유토피아로 돌아가는 일은 특정한 정치적 지도자를 반드시 요청한다.

노자의 프로젝트가 성공하려면 개개인은 꼭 돌아가야겠다는 의식적인 노력을 하지 않고서도 단순한 형태의 삶으로 돌아갈 수 있고, 또 돌아가야 한다. 이 어려운 작업은 단순한 형태의 삶으로 돌아가고자 하는 프로젝트 자체를 숨길 수 있는 통치자의 독특한 능력으로 가능하다. 통치자의 책무란 자기 개인의 차원에서 일단 자연自然, the state of the 'self as naturally so' or 'spontaneously natural' the natural course of things without conscious interference 상태를 유지하는 것이다. 통치자는 간섭하지 않는다. 통치자는 그저 사태의 흐름이 자연스럽게 흘러가게 두어서 개개인과 가족 들이 평화롭고 자족적인 삶을 누리게끔 한다. 이 자유방임 스타일의 통치laisser-faire style of rule는 무위無爲, rule without purposive action라고 일컬어진다.

그런데 이 자유방임적인 통치 뒤에는 문명화 과정을 되돌리려는 목적이 숨어 있다. 통치자는 무관심한 척하면서도 정치적인 계산을 하고 있는 것이다. 이런 점에서 노자식 통치자는 대단히 정치적인 존재다. 이 일견 모순적인 과업을 가능하게 만드는 것이 바로 정치적 덕성이다. 노자는 이상적인 통치자는 일련의 정치적 덕성을 갖추어야 한다고 주장했는데, 그중에서도 특히 너그러운 순진함generous naivety과 인식 차원의 모호함epistemic uncertainty을 유지할 줄 알아야 한다. 통치자가 그러한 덕성을 충분히 구현하면 사회는 저절로 굴러가고, 그 과정에서 모든 것이 제자리를 찾게 된다. 그렇게 작동하는 이상적인 사회질서 안에서라면 사람들은 뭔가를 굳이 고안해내려고 애쓰지 않는다. 그저 자신의 일을 할 뿐이다. 그러는 자신에 대한 자의식도 발전시키지 않는다.

이러한 이상적 상태에서는 국가가 적극적으로 사회에 개입할 필요가 없다. 공화주의적republican 질서를 구현하기 위해 시민이 적극적으로 참여할 필요도 없다. 정반대이다. 해이한 상태slack는 오히려 좋은 것으로 간주된다. 무엇인가를 최대한 활용한다든지, 국가 운영에 적극적으로 참여한다든지 하는 일은 나쁜 것으로 간주된다. 뭔가 필요할 때 동원할 수 있는 잠재적인 자원이라는 점에서, 해이한 상태는 그 자체로 매우 중요한 기능을 수행한다고 할 수 있다. 해이한 상태야말로 소중한 자원이다. 일정한 해이함은 사회의 안정과 융통성에 공헌한다. 공화주의적 혹은 국가주의적 이상과는 정반대로 최대치로 각성하고, 강경하게 의견을 표출하고, 적극적으로 정치에 참여하는 일은 바람직한 정치 공동체를 만드는 데 도움이 되지 않는다. 해당 공동체를 이루고 있는 사람들 대다수가 정치적 무관심political apathy을 유지하는 것이 오히려 도움이 된다.

요컨대 통치자가 겉으로는 분명히 모든 유형의 인공성을 물리치고 자발성과 자연스러움을 드높인다는 사실에도 불구하고, 노자의 대안은 인공적인 정치 사회라고 할 수 있다. 사회를 이상적인 상태로 돌이키는 책무가 통치자의 어깨에 온전히 떨어진다는 점에서 노자의 비전은 통치자 중심의 비전ruler-centered vision이기도 하다. 동시에 그 통치자의 주된 수단이 무위라는 점에서 국가가 적극적으로 개입할 여지는 없다. 통치자는 사람들이 어떤 과정인지 의식하지 못한 채로 자신들의 현 상태를 바꾸어나가게끔 해야 한다. 샤오궁취안은 이른바 도가에 세상을 유기遺棄하는 염세 사상이 있다고 말한 바 있지만,[36] 이러한 정치사상을 염세 사상이라고 부르기는 어렵다.

한비자

한비자韓非子(B.C. 280?~B.C. 233)는 이렇게 말했다. "의사는 다른 사람의 상처를 빨고 입에 머금지만, 친족끼리의 연대에 의해서 그러는 것이 아니라 거기에 달린 이익 때문에 그러는 것이다."[37] 여기서 의사와 『논어』에 나온 바 있는 우물에 빠지려는 이를 목격한 사람은 유비類比 관계에 있다(2장 참조). 왜냐하면 양자 모두 측은지심惻隱之心을 느끼게 되는 상황 속의 사람들이기 때문이다.

　이 의사는 환자에 대한 공감 때문이 아니라 이윤을 얻고자 하는 욕망에서 환자를 돕는다. 앞으로 살펴보겠지만 맹자는 측은지심을 인간 본성이 선하다는 주장의 근거로 간주하지만, 한비자는 측은지심 대신 이기심을 내세운다. 따라서 한비자에게 정치 사회를 건설한다는 것은, 공감을 넓혀나가는 일이 아니라 각자의 생존에 관심 있는 사람들이 자신들의 이기적 욕망을 집단적으로 실현해나갈 수 있는 체계를 창출하는 일이다. 한비자가 보기에, 더는 신의 가호에 의지하여 정치 현실을 구성할 수 없는 때가 왔다. 한비자는 말한다. "요새 무당들이 사람을 위해 천년만년 살 거라고 기도하니, 천년만년 소리가 귓가에 쟁쟁하다. 그러나 단 하루도 수명이 늘어나는 실제 효험이 없다. 이것이 바로 사람들이 무당을 업신여기는 이유이다."[38] 『한비자』에는 종교적인 맹약religious covenant의 필요성이나 생래生來적인 도덕성을 운운하는 대목이 없다. 한비자는 규범적인 언어를 되도록 배제한다. 사람들이 자신이 처한 자연적 조건을 개선하고자 한 결과로서 정치

중국정치사상사

186

사회의 성립을 설명한다. 정치 사회의 구체적인 형식은 인구와 자원의 관계가 변화하면서 바뀌어왔다.

> 옛날에 … 사람 수는 적은데 재물은 여유가 있어서 사람들이 싸우지 않았다. 그래서 상을 후하게 내리거나 무거운 벌을 주지 않아도 백성들이 저절로 다스려졌다. … 지금은 … 사람 수가 많아지고 재물이 줄어들자 사람들은 힘을 다해 노동해도 간신히 먹고산다. 그러므로 백성들이 싸우니 비록 곱절로 상을 주고 가중처벌한다 해도 무질서한 상황을 벗어날 수 없다. … 옛사람들이 재물을 가볍게 본 것은 그들이 인仁해서가 아니라 재물이 많아서였고, 오늘날 사람들이 싸우는 것은 그들이 비루해서가 아니라 재물이 적어서이다.[39]

한비자에 따르면, 역사는 네 단계—상고上古, 중고中古, 근고近古, 당금當今—를 선형적으로 거쳐왔다. 각 단계는 그에 해당하는 특징이 있다. 그 특징은 한비자가 전-정치 상태를 어떻게 상상하고, 사람들이 어떻게 그 단계를 떠난다고 생각했는지를 반영한다. 상고 시기에 대한 한비자의 묘사는 자연 상태에 대한 노자의 묘사를 떠올리게 한다. 양자 모두 인간의 본래 조건은 정치적인 다스림을 요청하지 않는다고 보았다. "사람 수가 많아지고 재물이 줄어들자 사람들은 힘을 다해 노동해도 간신히 먹고산다"는 상황이 될 때 정치가 필요하다. 이러한 역사의 동역학動力學은 도덕의 쇠퇴와는 아무런 관계가 없다. 대신에 역사의 동역학은 인구학적 요인을 반영한다.

한비자는 수요와 공급에 관한 순자적 사유를 보다 발전시켜서 이후의 역사 단계를 설명한다. 역사의 첫 단계에는 재화가 넘쳐나느니만큼 인간의 재생산 욕구를 감안하면 인구 증가는 불가피하다. 인구가 늘면 그다음에는 자원과 수요 간에 불균형이 일어나고, 점점 한정된 자원을 두고 사람들 간에 갈등이 일어난다. 결과적으로 한비자 본인의 시대를 정의하는 특징은 점증하는 복잡성과 투쟁이며, 그로 인해 사회는 이전과 근본적으로 달라졌다.. 한비자가 보기에 자신의 시대는 만인의 만인에 대한 투쟁으로 정리될 수 있으며, 타인에게서 무엇인가를 뺏지 않으면 소유하기 어려운 지경에 이르렀다. 사람들은 고귀한 것 혹은 선한 것 자체에 대한 사랑에 의해 동기가 부여되지는 않는다. 욕망의 충족 가능성에 의해 동기가 부여된다. 그리고 잘못했을 때 형벌을 받거나 죽거나 창피를 당할 것이라는 두려움에 의해 동기가 부여된다.

공자, 맹자, 노자, 순자와 달리 한비자는 고대를 이상화하지 않는다. 그는 역사의 전개를 가치중립적인 입장에서 설명한다. 역사는 발전이나 쇠퇴가 아니라 오직 변화하는 환경에 대한 적응일 뿐이다. 도덕적 가치조차도 고유한 가치가 아니라 상대적인 가치를 가질 뿐이다. 즉, 자원이 풍부해서 사람들이 너그러울 수 있었던 시절에 걸맞은 상대적인 가치를 가질 뿐이다. 이제 개개인은 더 이상 인仁과 같은 도덕 가치에 호소하지 않는다. 사람들이 더 비도덕적이 되어서 그런 것이 아니라 자신의 이기적인 욕망을 만족시키는 방식을 바꾸었기에 그럴 뿐이다. 시대 변화에도 불구하고 변함이 없는 것은 이기적인 인간 본성이다.

　인간의 욕망을 질서 있는 방식으로 충족할 수 있는 체계를 창출하기 위하여 한비자는 다음의 세 가지 방법을 제안한다. 법法(법 혹은 인간 행동에 대한 규범적인 기준), 세勢(제도화된 군주의 지위에서 산출되는 권위), 술術(검증 가능한 기준을 적용해서 관료를 통제하는 기술). 다시 말해 한비자는 통치자는 위계적인 관료제의 최상위에 위치하여 자신의 권위를 유지하고, 상벌을 도구 삼아 법을 집행해야 한다고 생각한 것이다. 통치자는 법에 따라 명령을 내리고, 당근과 채찍으로 그 명령을 뒷받침한다. 벌을 받을 것이라는 위협과 상을 받으리라는 기대는 신하들이 잘 행동하게끔 동기를 부여한다. 다른 제자백가의 사상 속에서 법이 예의 차선책의 지위에 머물러 있었던 것을 상기한다면, 이러한 조치는 의미심장한 변화를 나타낸다. 예는 관습이 정착되는 데 필요한 상당히 긴 시간을 소모해가며 자신의 정당성을 확보한다. 그에 비해 법은 그보다 짧은 시간에 반포될 수 있다.

　한비자의 비전은 서양 근대의 법치rule of law 개념과는 거의 무관하다. 법은 권력 남용으로부터 사람들을 보호하기 위해서라기보다는 사람들을 통제하거나 국가를 강화하기 위한 수단으로 상정된다. 한비자의 비전에서는 모든 사람이 평등하지만, 중요한 예외는 통치자이다. 통치자는 개개인이 일부를 이루는 공동체 전체 위에 있다. 법체계의 우선적 기능은 질서 유지를 위해 하지 말아야 할 것들을 분명히 정의해주는 것이다.

　동시에 한비자에게 이상적인 통치자는 법이나 규칙에 구애

받지 않고 자기 의지와 변덕대로 모든 것을 결정하는 폭군이 아니다.[40] 통치자는 사회적으로 적용되는 법 안에 머물고 또 그러한 법을 집행해야만 한다. 그뿐 아니라 통치자 및 피치자 일반은 아무 법이 아니라 자연법natural laws적 성격을 띤 규율을 따라야 한다.[41] 통치자는 모든 법을 일관되고 정확하게 유지하여 자의적인 해석의 소지를 없애야 한다. 법으로 약자를 보호하고자 그러는 것이 아니라, 명령이 예측 가능한 방식으로 수행되게끔 하려는 것이다. 어떤 의미에서 볼 때 통치자의 업무는 간단하다. 관리들은 수행할 업무를 통치자에게 제시하고 재가를 받아 그 업무를 수행한다. 통치자가 하는 일이란 과연 관리가 원래 하겠다고 한 업무를 약속한 대로 이행했는지를 점검하는 것이다. 만약 약속과 결과가 일치하면 관리에게 상을 준다. 만약 약속과 결과가 일치하지 않으면 벌을 준다. 이러한 일을 할 때 중요한 것은 통치자와 관리가 어떻게 이 과정에 철저할 수 있느냐이다. 심지어 나중에 나온 결과가 원래 했던 약속보다 더 좋다고 해도 관리는 처벌받는다. 과도하게 잘하는 것도 시스템의 예측 가능성을 떨어뜨리기 때문이다.

한비자는 무위에 의한 통치rule by nonaction로까지 나아간다.[42] 시스템이 자리를 잡고 나면 통치자는 그 시스템이 설계된 대로 굴러가도록 놓아두기만 하면 된다. 그런데 그러기 위해서 통치자는 지배를 위한 특정한 조건을 생산하고 또 재생산해야 한다. 여기서 말하는 지배 조건이란 시스템이 특정인의 의지에 휘둘리지 않도록, 심지어 통치자 자신의 의지에도 휘둘리지 않는 지점까지 시스템을 비인격화하고 보편화하는 것이다.

요컨대 통치자가 누리는 최상의 지위와 하향식 정치 권위에도 불구하고, 한비자가 구상한 이상적인 정치 사회는 지휘자 없는 오케스트라와 같다. 규칙성, 통일성, 체계성이 사적인 추구를 막고 개개인의 변덕스러운 행태를 압도하는 사회이다. 그러한 이상적인 정치 사회에서는 개개인의 신민은 상위에 있는 사람에게 복종하고, 관료적인 행정에 적응하는 것 말고는 할 일이 거의 없다. 이렇게 볼 때 한비자는 통치자의 개인 도덕에 높은 기대를 품지 않고, 완벽하게 작동하는 행정 기계를 옹호한다고 할 수 있다. 그런 점에서 한비자는 진정한 국가주의자이다. 한비자의 비전은 성왕聖王이나 성인聖人 같은 조언자에게 의지하지 않고, 관료적으로 움직이는 군주국에 의존한다. 관료제를 잘 갖춘 군주국이야말로 그의 시대에 가장 적합한 인간 연합체라고 보았던 것이다. 만약 누군가 자신을 사적 개인으로서 시스템 바깥에 위치시킨다면, 그러한 행동은 시스템을 망가뜨릴 것이다. 왜냐하면 그러한 행동은 시스템의 예측 가능성을 떨어뜨리기 때문이다. 이제 다룰 양주楊朱(기원전 4세기경)가 그러한 인물이었던 것 같다.

양주

바보라는 뜻의 영어 'idiot'는 보통 이하의 지력을 가진 이를 가리키는 멸칭蔑稱, pejorative term이다. 그 어원은 그리스어 'idiotes'로,

공공의 일에 참여하는 시민에 반대되는 사적인 인간private person 을 뜻한다. 양주의 비전에 나타난 이상적 인간을 'idiot'라고 묘사할 수 있다. 양주의 이상적 인간형은 정치 참여와 그에 따르는 영광을 인간 번영의 필수적인 부분이라고 보지 않기 때문이다. 양주에 따르면, 이상적 인간은 자신의 신체적 쾌적함을 얻기 위한 사적인 추구에 종사하는 사람이며, 그에 거슬리지 않도록 내버려 두기를 바라는 것 말고는 딱히 야심이 없는 사람이다.

100년은 수명의 한계다. 100세까지 사는 이는 1,000명에 한 명 꼴도 안 된다. 그런 사람이 한 명 있다고 하더라도, 포대기에 싸인 어린 시절과 흐릿한 노년기가 생애의 반을 차지한다. 밤에 자느라 활동하지 못하는 시간, 깨어 있는 낮에도 머물러 쉬는 시간이 또 거의 반에 해당한다. 병들어 고통받고, 실의에 빠져 근심 걱정하는 것이 그것이 또 거의 반에 해당한다. 그러고 남는 시간은 십수 년에 불과한데, 그나마도 여유롭게 자득하고 걱정 없는 때는 한순간도 없다. 그러니 인생에서 무엇을 하고 무엇을 즐길 것인가? 좋은 의복, 가무와 여색을 좇을 따름이다. 좋은 옷은 항상 물리도록 즐길 수 없으며, 가무와 여색은 늘 감상하고 희롱할 수는 없다. 그런데도 도리어 형벌로 금하거나 상으로 권유하는 것을 따르고, 명예에 얽매여 나아가고 법에 걸려 물러나며, 정신없이 일시의 헛된 명예를 다투고 사후의 영광에 얽매인다. 조심스레 눈과 귀가 보고 듣는 것을 따르고, 제 생각이 옳은가 그른가를 중요하게 여긴다. 그래서 당장의 지극한 즐거움을 잃는 것은 물론이고 한순간도 마음대로 하지 못한다. 그렇다면 중죄인이 감옥에 갇힌 상황과 무엇이 다르리오![43]

이러한 양주의 입장은 고대 그리스의 사상가 아리스토텔레스Aristotle의 입장과 대조된다. 아리스토텔레스는 사회적 멤버십과 무관한 개별자는 짐승이거나 신임에 틀림없다고 생각했다. 그래서 인간을 정치 사회에 참여하려는 강력한 동기를 가진 정치적 동물이라고 간주하였다.

그런데 양주는 정치 안에서의 자유freedom *in* politics가 아니라 정치로부터의 자유freedom *from* politics를 추구한다. 이 장의 초점이 정치 사회에 있느니만큼, 여기서 양주의 사상 전반에 대해 길게 논할 필요는 없다. 관습 공동체의 쇠락과 관련된 함의를 간단히 언급하는 것으로 충분할 것이다. 양주는 인간 본성이라는 이슈를 제기한 최초의 사상가이거나 혹은 그런 사상가 중 한 명이라고 할 수 있다. 양주는 인간을 본질적으로 예의 그물에 연루되어 있는 존재로도, 태생적으로 도덕적인 존재로도 보지 않는다. 양주에 따르면, 풀을 뜯고 있는 양들과 마찬가지로, 인간은 자신의 육체적 필요에 부응하는 것이 가장 중요하다. 다른 좋다는 것들에 휘둘리지 않고 무병장수하기 위해서는 부와 명예를 향한 무분별한 욕망 같은 것은 제어되어야 마땅하다.

맹자는 자기 보존을 위해 정치적 열망을 포기하고자 하는 양주의 생각을 못마땅해했다. 그래서 맹자는 양주가 매우 이기적이어서 세상을 위해 머리카락 한 올 희생하지 않을 것이라고 비판을 퍼부었다.[44] 그런데 『열자列子』「양주」편에 나온 다음과 같은 문장을 보면, 양주의 입장은 각자에게 최적화된 욕망에 충실하다 보면 결국 조화로운 사회가 도래할 것이라고 주장한 것으로도 해석될 수 있다.

> 옛사람들은 털 하나를 손상해서 천하를 이롭게 할 수 있다고 해도 천하에 관여하지 않았다. 온 천하가 자신을 받들어주어도 취하지 않았다. 각자 털 하나라도 손상하지 않고 각자가 천하를 이롭게 하려 들지 않기에 천하는 다스려진다.[45]

어쨌거나 느슨한 인간 연합을 옹호한 양주의 비전은 앞에서 논의한 강한 군주국 비전에 대한 반론이었다고 볼 수 있다. 즉, 한비자의 비전과 상극을 이루는 비전인 셈이다. 아무리 맹자가 양주를 격렬하게 비판했다고 해도, 한비자와 대척점에 있다는 점에서는 양주와 맹자는 한편에 가깝다.

맹자

맹자孟子(B.C. 372?~B.C. 289?)는 자신을 공자의 참된 추종자라고 생각했다. 그는 이렇게 말한 적이 있다.

> 땅을 넓히고 백성을 늘리는 것은 군자가 바라는 바이지만, 즐기

는 바는 거기에 있지 않다. 천하의 가운데에 서서 사해의 백성을 안정시키는 것은 군자가 즐기는 바이지만, 본성으로 여기는 바는 거기에 있지 않다. … 군자가 본성으로 여기는 바는 인의 예지로서 마음에 뿌리를 내리고 있다.[46]

맹자가 보기에 군자가 욕망하는 것과 즐기는 것과 본성으로 따르는 것 사이에는 위계가 있다. 정치란 군자가 즐기는 것이기는 하지만 그것이 꼭 그의 본성을 실현하는 것은 아니다. 정치의 차원에서 요청되는 것과 개인 도덕의 차원에서 요청되는 것이 화해할 수 없이 충돌할 때 맹자는 후자를 선택한다.[47] 즉, 인간을 '정치적 동물'이라고 정의했던, 즉 인간의 본성은 정치 공동체 안에 사는 것이라고 보았던 아리스토텔레스와 달리, 맹자는 정치를 인간 본성의 '직접적' 실현이라고 간주하지 않는다.

맹자 인성론의 핵심은 개인 도덕의 완성이다. 이 점은 바로 인간 본성이 선한데도 불구하고 왜 세계에 좋은 사회정치적 질서가 없는지를 설명해준다. 좋은 사회정치적 질서는 성인이 부여하는 것이다. 『맹자』에서는 정치에 선행하는 자연 상태 자체에 대한 상세한 논의를 발견할 수 없다. 그럼에도 맹자는 제도가 존재하기 이전 상태에 대해 논한 적이 있다. 그 상태에서 인간은 자신을 둘러싸고 있는 자연 및 사회 환경에 대한 장악력이 극도로 낮다. 그에 대한 설명은 요堯임금이라는 성왕聖王에 의해 수립된 문명질서의 시원을 이야기하는 부분에 전형적으로 드러나 있다.

요임금의 시대를 맞아 아직 천하가 다스려지지 못하고, 큰물이 마구 흘러 천하에 범람하고, 초목이 마구 자라고, 금수가 멋대로 번식하며, 오곡이 익지 않고, 금수가 사람들을 핍박하고, 짐승 발자국과 새의 흔적이 난 길이 핵심 지역 한가운데에 교차했다. 요임금이 홀로 이를 걱정하며 순을 등용하여 다스림을 펴게 하였다.[48]

이 인용문, 그리고 문명의 기원에 대한 맹자의 다른 설명들에 따르면, 대혼돈의 시기에 성왕들은 야수들에 대처하고 홍수를 조절하는 등 다양한 문명화 프로젝트를 시작하였다. 즉, 정치 지도자들과 인간 사회는 문명보다 선행하고 있었던 것이다. 다음에서 조금 더 자세히 토론하겠지만, 맹자는 인간이 원래 공격적이고 반사회적인 성질을 타고났다고 보지 않았다. 인간은 서로의 (비참한) 상태에 공감하는 좋은 본성을 가지고 있다. 그러한 관점에서 보자면 공동생활의 어려움을 해결하는 가장 좋은 방법은 상호 경쟁하는 개개인 간의 갈등을 해소하기 위한 현실적 협정이나 갈등하는 이해관계를 관리할 수 있는 포괄적인 체계 같은 것이 아니라 개개인이 타고난 도덕의 싹을 잘 배양할 수 있는 건강한 환경이다. 이러한 면에서 보면, 정치 사회란 외부에서 법을 부과하는 이가 만들어낸 구속이라기보다는 인간 본성에서 유래하는 선물에 가깝다. 인간에게 잠재된 문제란 개개인이 스스로 도덕적으로 선해질 수 있는 타고난 성향을 발전시키는 데 실패할 가능성일 뿐이다.

| **〈대우치수도〉** | 우(禹)는 오랫동안 지속되었던 홍수 문제를 잘 다스려 치수(治水)에 성공한 공로로 순임금에게서 왕위를 물려받아 중국 최초의 나라인 하나라를 세운다. 대혼돈의 시기에 야수들에 대처하고 홍수를 조절한 우임금의 치수는 곧 문명화 프로젝트의 시작을 일컫는다. 그림은 청대 화가 사수(謝遂, 생몰년 미상)가 그린 〈대우치수도(大禹治水圖)〉이다. 타이완 타이베이 국립고궁박물원 소장.

그러한 우울한 가능성이 실현되는 것을 막기 위해서는, 사람들이 자신의 선한 본성을 발전시킬 수 있는 보다 넓은 제도적인 틀이 있어야 한다. 맹자에 따르면 "사물이 고르지 않은 것은 사물의 실정이다".[49] 그러므로 사물의 비교 우위와 확대되는 시장에 기반한 기능적으로 분화된 노동 분업이 필요하다. 사람들은 전문화되어야 하고, 그리하여 자신들이 생산할 수 없는 재화를 교환을 통해 얻어야 한다. "그대가 (서로의) 공을 통하고 일을 교환하여 남는 것으로 부족한 것을 보완하지 않는다면, 농부에게는 남는 곡식이 있게 되고, 여자에게는 남는 베가 있게 된다. 그대가 그것들을 통하게 해주면, 목공과 수레 만드는 이도 그대에게서 밥을 얻어먹을 수 있을 것이다."[50] 결과적으로 개개인들은 점점 더 자신과는 다른 전문화된 기능을 수행하는 이들에게 의존하게 되었다. 그러면 그 기능인 중에서 통치자, 지식인, 백성의 경우를 차례로 살펴보자.

첫째, 맹자는 사회의 자원을 수취하는 국가의 능력을 한껏 증진하는 데 반대하였다. 그 대신 세금의 수위를 낮추는 일이 중요하다고 강조하였다. 그러나 국가주의에 반대하는 맹자의 견해를 정부의 역할 자체를 잠식하자는 것으로 해석해서는 안 된다. 최소한 정부는 국가가 통제하는 정전제井田制를 유지할 책임이 있다. 정전제에 따르면, 토지를 우물 정井 자 모양으로 9등분하여 여덟 가구가 각각 한 구획씩 경작하고, 가운데에 있는 한 구획은 통치자에게 경작물을 바치기 위해 여덟 가구가 공동으로 경작하게 된다. 즉, 정전제에서 통치자는 일정한 수입을 보장받는 한편,

사적 토지 소유의 집중은 허용하지 않는다. 이렇게 볼 때 맹자는 정치질서를 창출하고 유지할 수 있는 정치적 리더십을 분명하게 인정했다고 할 수 있다. 바로 그 때문에 맹자는 통치자를 자신의 주된 청중으로 선택한다.

둘째, 양주와는 달리 맹자는 인간이 신체적인 쾌적함 이상의 가치를 위해 존재한다고 믿었다. 따라서 인간의 공동체는 그러한 가치를 일깨워줄 지식인이 필요하다. 지식인의 역할은 분업의 논리에 의해 정당화된다. 마음을 집중적으로 수양하고, 육체노동에서 자유롭다는 점에서 지식인의 일은 다른 사람들의 일과 구별된다. 지식인들이 자기주장을 할 권리는 자신들이 산출할 것으로 기대되는 경제적 이익이나 자신들이 가지고 있다고 추정되는 고귀한 의도에서 도출되는 것이 아니다. 그것은 지식인들이 정치 사회에서 행하는 기능적 역할에서 도출된다. "그대는 어째서 그 뜻을 따지는가? 그들이 그대에게 공이 있어 먹일 만하면 먹이는 것이다."[51] 맹자는 도덕적 자아 수양의 전문가들을 정치 사회의 무난한 작동을 위해 꼭 필요한 직군으로 간주한다. 이러한 의미에서 맹자는 나중에 논할 사상가인 왕양명王陽明과 다르다. 종종 비슷한 사상을 제시한 것으로 오해받기는 하지만 맹자와는 달리 왕양명은 각자 스스로 도덕 전문가가 되어야 한다고 주장하였다 (9장 참조). 반면, 맹자의 비전 속에서 지식인은 다른 직군에 있는 이들을 도울 책무가 있다. 그들의 전문 영역은 통치자에게 조언을 제공하는 일, 통치자의 독재에 대항하여 백성들의 복지를 수호하는 일, 도道를 다음 세대에 전수하는 일을 포함한다. 통치자의 조언자로서 활동하면서 지식인은 공적으로 가장 중요한 서비스를 수행하게 된다. 정치적 조언자가 해야 하는 일은 단순히 통치자에게 정책적 선택지를 제공하는 데 그치지 않고 통치자가 완연히 도덕적인 사람이 되는 걸 돕는 일까지 포함한다. 해당 정치체가 잘 다스려지려면 호혜적인 제도적 구성뿐 아니라 계몽된 지도자가 필요하다.

셋째, 맹자가 민본民本 사상을 제시했다는 것은 잘 알려져 있다.[52] 일부 학자들은 맹자가 급진적인 인민주권popular sovereignty 사상을 제시하였다고까지 주장하였다. 예컨대 샤오궁취안은 이렇게 말했다. "맹자는 군주와 백성이 대립되는 개념임을 처음으로 암시하고, … 이것을 오늘날의 말로 설명하면 맹자는 주권이 궁극적으로 인민에게 있다고 믿었다고 할 수 있다."[53] 그러나 류쩌화의 견해는 그와 크게 다르다.

민본은 민주인가, 아닌가? 아니다. 민본 사상 가운데 특히 민이 군주를 선택한다거나 민을 얻어야 군주가 된다는 등의 명제는 민중의 의향이 최고 권력에게 제약을 가하고 있음을 정말로 인정하는 것으로 어느 정도 민주적 요소를 포함하고 있기는 하다. 그러나 민본 사상 가운데서 민은 목적이 아니며 권력의 주체도 아니다. 전통적 민본론은 민의 정치적 권리, 특히 민의 개인적인 정치 권리에 대해 한 번도 언급한 적이 없다. 오히려 하층 민중을 무지몽매한 집단으로 취급하는데, 이는 통치자들의 일관된 주장이었다. 소인은 기르기 어려우니 군자와 소인의 벽을 엄격히 해야 한다는 공자의 주장에서부터 "일반 백성은 세속적이다. 세속적인 것은 금수나 하는 일이다"[54]라는 왕부지王夫之의 말까지 거의 예외가 없다. 정관 군신들 또한 마찬가지였다. 그들은 "민이란 어둡다는 말이다",[55] "천하에는 어리석은 사람이 많고, 지혜로운 사람은 적다",[56] "하민들과 더불어 무엇을 도모하기는 어렵다"고 말한다. 민중은 완고하고 영민하지 못하며, 견식이 천박해 자연스럽게 권력자들의 조종에 따르고, 권력의 객체로 존재할 뿐이다. 이른바 "민을 잘 교화해 기른다는 것은 마치 장인이 굽은 북을 만드는 것과 같다. 천지사방의 민은 풀 한 포기와 같고, 검은 머리 백성이란 콩이나 보리와 같다. 그들을 바꾸고 교화할 말이나 행동은 지도자에게 달려 있나니!"[57] "민의 탄생은 화로 속에서 담금질하는 쇠와 같아 네모나거나 둥글거나 얇거나 두텁게 되는 것은 어떻게 녹여 만드느냐에 달려 있나니!"[58] "따라서 세상의 선악이나 풍속의 후박은 모두 군주에게 달려 있다."[59] [60]

다른 중국 고대 사상가들에 비해 맹자는 확실히 더 혁명적이었다. 그는 공공선公共善을 위하여 그릇된 통치자를 끌어내리고 저항할 백성들의 권리를 강조하였다. 그렇다고 해서 맹자가 직접적 혹은 대의적representative 인민주권 이론을 전개한 것은 아니다. 다른 무엇보다도 맹자는 백성이 자신들의 통치자를 선택할 권리를 양도했다는 식의 주장을 하지 않았다. 맹자가 정치적 저항의 정당성을 옹호할 때 맹자가 한결같이 의미했던 바는 최악의 상황에서의 저항권이지 통치에 참여할 권리가 아니었다. 즉, 맹자가 말하는 백성의 덕성은 시민의 덕성과는 분명한 차이가 있다.

맹자는 이상적인 정치 상황을 그릴 때조차 통치자가 자기 행위의 정당성을 얻기 위해 피치자의 동의를 공식적으로 얻어야 한다는 식의 주장을 하지 않는다. 그보다는 백성들을 '만족시켜야' 할 대상으로 보았다. 이러한 입장은 정치 사회의 기원에 관한 맹자의 설명과 관계가 있다. 맹자는 전 인민의 자유로운 동의에 의해 정치 사회가 출현한다고 보지 않았다. 맹자에게 보다 바람직한 정치 사회를 만들어야 하는 이유는 개인의 권리 때문이 아니라 공동의 안전과 혜택을 보호하기 위해서였다. 마찬가지로 근대 민주주의 이론가들이 생각하는 것과 같은 방식으로 시민들이 통치자를 창출할 권리를 양도한다는 식의 생각도 없다.[61]

맹자에게 백성의 권위는 지식인들의 입지를 정당화하는 이론적 수단으로서 주로 작동한다. 백성의 이해관계를 대변하기에 지식인은 도덕적 권위를 공적으로 자임할 수 있는 것이다. 예컨대 과연 이웃 나라를 무력으로 정벌하는 것이 바람직하냐를 두고 오간 제선왕齊宣王과 맹자의 대화를 보라.

"(연나라를) 집어삼키지 않으면 반드시 하늘의 재앙이 있을 것이니 집어삼키려고 합니다. 어떻습니까?" 맹자가 대답했다. "삼켜서 연나라 사람들이 기뻐하면 집어삼키십시오."[62]

예민한 독자들은 상나라 이래 발전해온 정치적 정당화 방식들을 이 대화에서 읽어낼 수 있을 것이다. 앞 인용문에 따르면 제선왕은 정치적으로 중요한 사안을 결정하는 데 초자연적 존재의 뜻을 여전히 고려하고 있다. 동시에 그는 이 나라 저 나라를 옮겨다니고 있는 지식인 정치 고문에게 조언을 구한다. 그리고 초자연적 존재의 뜻이 차지했던 자리를 민의民意가 대신하고 있다. 즉, 백성들이 하늘의 기능적 등가물functional equivalent로 쓰이고 있는 것이다. 동시에 백성이 직접 의견을 말하는 것이 아니라 맹자가 백성을 위한다는 명분으로 백성 대신 말하고 있음에 주목해야 한다. 사실 『맹자』에서 어떤 백성이 정치적 사안에 대해 직접 의견을 표하는 모습은 찾아볼 수 없다. 그렇다면 맹자가 백성의 뜻을 환기하는 일은 백성을 위해 발언하는 지식인의 권위를 강화하는 작업에 가깝다. 지식인들에게는 민심과 동일시되는 도덕적 질서를 유지할 자신들의 개인적 책무가 있다. 그 책무를 위해서 지식인들은 통치자들에게 백성들을 무시하지 말라고, 그러다가 자멸하지 말라고 경고를 하는 것이다.[63]

　『맹자』에서 가장 유명한 구절을 꼼꼼히 독해함으로써 맹자에 대한 우리의 토론을 마무리하기로 하자.[64] 성선설性善說이 맹자 사상을 대표하는 이론으로 여겨져온 만큼, 성선설에 대한 가장 명시적인 논의를 담고 있는 「불인인지심不忍人之心」 장이야말로 『맹자』의 가장 핵심적인 부분(중의 하나)이라는 데 학자들 간에 이견이 없다. 「불인인지심」 장에서 맹자는 우물에 아이가 빠지면 사람이라면 모두 구하려 들 것이라는 사고실험thought-experiment을 수행한다. 그리하여 인간 본성이 선하다는 점을 증명하고자 한다. 내가 보기에 『맹자』의 「불인인지심」 장은 사람이 우물에 빠지려 할 때 인仁한 사람은 어떻게 할 것인가 문제를 다룬 『논어』 구절(2장 참조)의 연속선에 있다.

맹자가 말했다. "사람은 모두 남에 대해 차마 어쩌지 못하는 마음을 가지고 있다. 선왕은 남에 대해 차마 어쩌지 못하는 마음을 가졌기에, 남에게 차마 어쩌지 못하는 정치를 베풀었다. 남에 대해 차마 어쩌지 못하는 마음을 가지고서 남에게 차마 어쩌지 못하는 정치를 베풀면, 천하의 다스림을 손바닥 위에서 운용할 수 있다. 사람은 모두 남에 대해 차마 어쩌지 못하는 마음을 가지고 있다고 한 까닭은 다음과 같다. 가령 사람이 어린이가 우물에 빠지려는 것을 갑자기 보았다면 모두 깜짝 놀라고 측은히 여기는 마음을 가진다. 이것은 그 어린아이의 부모와 교제를 맺으려고 그러는 것도 아니고, 마을 친구들에게 좋은 평판을 얻으려고 그러는 것도 아니고, (구해내지 않았다고 비난하는) 소리를 듣기 싫어서도 아니다. 이로부터 보건대, 측은해하는 마음이 없으면 사람이 아니고, (선하지 않은 일을) 부끄러워하고 미워하는 마음이 없으면 사람이 아니고, 사양하는 마음이 없으면 사람이 아니고, 옳고 그름을 가리는 마음이 없으면 사람이 아니다. 측은해하는 마음은 인仁의 단서이고, 부끄러워하고 미워하는 마음은 의義의 단서이고, 사양하는 마음은 예禮의 단서이고, 옳고 그름을 가리는 마음은 지智의 단서이다. 사람이 사단四端을 가지고 있는 것은 사지四肢를 가지고 있는 것과 같다. 이 네 가지 단서를 가지고 있으면서 (인의예지를) 스스로 행할 수 없다고 말하는 이는 자신을 해치는 사람이다. 자신의 군주가 행할 수 없다고 하는 이는 자신의 군주를 해치는 사람이다. 사단을 가지고 있는 이가 그것을 확충할 줄 알면, 그것은 마치 불이 막 타오르고, 샘이 막 솟는 것과 같을 것이다. 만약 확충할 수 있으면 사해를 다 보전하기 충분할 것이고, 만약 확충할 수 없으면 부모도 섬길 수 없을 것이다."[65]

맹자는 이웃의 아이가 우물에 빠지려는 것을 보면 모든 이가 측은한 마음을 갖게 되는데, 그것이야말로 인간의 본성이 선하다는 증거라고 보았다. 실로 우리는 인간의 도덕성에 대한 의미심장한 일련의 통찰을 「불인인지심」장에서 끌어낼 수 있다. 우선, 「불인인지심」장은 특정 개인이나 집단에 대한 언명이 아니라 보편적 인간이 갖는 도덕성에 대한 언명을 담고 있다. 이처럼 인간이 보편적으로 공유하는 도덕성에 대한 명시적이고 철학적인 진술은, 동아시아 사상사에서 최초의 것이다. 비록 양주가 공통된 인간성을 이야기하기는 했지만, 그것은 도덕적 본성과는 거리가 멀다. 맹자가 말하는 도덕성의 뿌리는 근본적으로 어떤 교육이나 훈련의 결과라기보다는 인간됨 그 자체에서 유래하는, 즉 인간인 한 그 자체로 생성되는self-generating 어떤 것이다. 이른바 네 가지 단서[四端]를 사지四肢에 비유한 것은 그러한 점을 고려한 것으로 보인다. 도덕이 인간성 자체에서 유래하므로, 각각의 개별자 이외에 어떤 도덕적 입법자가 따로 존재할 필요가 없다.

| **맹자** | 공자의 참된 추종자였던 맹자는 인간을 '정치적 동물'이라고 정의했던 아리스토텔레스와 달리 정치를 인간 본성의 '직접적' 실현이라고 간주하지 않는다. 맹자 인성론의 핵심은 개인 도덕의 완성이다. 맹자가 말하는 도덕성의 뿌리는 근본적으로 인간됨 그 자체에서 유래하는 어떤 것이다.

그 네 가지 단서 중에는 우리가 지금까지 주목해온 예禮의 단서도 있다. 상나라 이래 중국 정치문화에서 그토록 중시되어온 예라는 것이 이제 맹자에 의해 사단四端의 하나로 정의되었다. 예가 가진 행태적인 측면보다는 예를 행하는 개별 마음의 내적인 상태에 초점을 맞춤으로써 맹자는 예의 의미를 재정의한 것이다. 이제 예는 그저 따라야 할 일련의 행동 패턴이 아니라 인간 본성의 표현이다. 많은 사람이 점점 더 기존 관습들을 당연시하지 않으면서 예에 대한 이러한 새로운 견해가 나타났다고 할 수 있다. 다시 말해 전국시대에 관습의 당연성이 침해받는 현상이 가속화되었고, 그러한 현상은 예를 어떻게 개념화할 것인가 하는 변화를 가져왔다고 하겠다.

사단이라는 이름의 생래적 도덕성이 표출되는 방식에 주목해보자. 도덕성은 이성적 반성으로 일어나는 것이 아니라, 상황에 대한 즉각적 반응으로서 나타난다. "이것은 그 어린아이의 부모와 교제를 맺으려고 그러는 것도 아니고, 마을 친구들에게 좋은 평판을 얻으려고 그러는 것도 아니고, (구해내지 않았다고 비난하는) 소리를 듣기 싫어서도 아니다"라고 했을 때, 맹자는 인간의 도덕성이란 어떤 외재적 효용과는 독립적으로 존재한다는 주장을 하는 동시에 그러한 효용을 염두에 두거나 계산하는 사고 과정 자체를 인정하지 않고 있다. 진정한 도덕성의 표출이란 너무도 즉각적인 나머지 스스로도 조율할 수 없는 어떤 것처럼 묘사되고 있다.

앞에서 논한 바 있는 양주와 묵자에 대한 비판을 고려해보자. "맹자가 말했다. 양주는 자신을 위하는 (입장을) 취하고 거기에 그치니, 털 하나를 뽑아 천하를 이롭게 한다 해도 하지 않는다. 묵자는 겸애이니 정수리를 갈아 발꿈치에 이를지라도 천하를 이롭게 한다면 한다."[66] 일견 양주는 매우 이기적으로 보이고 묵자는 매우 이타적으로 보인다는 점에서 두 사람은 첨예하게 부딪친 것 같지만, 이익을 근간으로 해서 자신의 이론을 구성한다는 점에서는 유사하다. 맹자에 따르면, 어떤 프로젝트를 추진할 때 이익을 근본적인 구실로 삼는다면 그것은 부도덕한 것이며 도를 따르지 않는 것이다. "하필 이익을 말씀하십니까?"[67] 이익과 도덕을 구분함으로써 맹자는 도덕의 자율성을 강조한다. 이러한 관점에서 볼 때 이익 극대화 모델을 가지고 인간의 행동을 설명하고 심지어 정치 영역까지 경제 모델로서 이해하고자 하는 근대 경제학자들과 맹자는 크게 다르다. 맹자에게 정치는 개인 도덕personal morality의 연장이다.

물론 도덕적인 행동의 즉각적이고 자발적인 성격만 맹자 사상의 전부는 아니다. 이른바 사단, 즉 측은지심惻隱之心, 수오지심羞惡之心, 사양지심辭讓之心, 시비지심是非之心을 통합적으로 간주하는 데서 드러나듯이, 공감, 부끄러움, 반성, 도덕적 판단 등의 요소는 인간 본성의 여러 측면이다. 이러한 관점은 인간 본성의 다양한 요소를 분리하는 이들과 대조된다.[68] 사단의 통합적 성격은 개인 도덕을 보다 발전시키는 데 핵심적인 역할을 수행한다. 공적인 영역을 다스리게 되었다고 해서 우물에 빠지려는 아이에 대한 개인적인 공감을 느끼는 일을 그만두어서는 안 된다(이러한 태도는 나중에 다룰 사상가인 왕정상王廷相과 크게 대비된다). 오히려 그러한 공감을 다른 사람들에게까지 확대하고, 적절한 상황들에 적용할 수 있어야 한다.

> 『시경』(「대아大雅」 '사제思齊')에서는 다음과 같이 말했습니다. 처에게 모범을 보이고, 형제에게까지 미치고, 그로 인해 나라를 다스린다. 이것은 이 마음을 들어다가 저기에 적용한다는 것입니다. 그러므로 은혜를 미루어가면 사해를 평안히 할 수 있고, 은혜를 미루어가지 않으면 처자조차 평안히 할 수 없습니다.[69]

스스로 공감을 확대하고 발전시켜야 할 필요를 강조한다는 점에서, 맹자는 인간을 의식적으로 자아 수양을 행할 수 있는 반성적 존재로 보았다고 할 수 있다.

인간 본성이 근본적으로 선하고, 공감력 있고, 합리적이라고 한다면, 우리는 세상에 존재하는 악을 어떻게 설명해야 할까? 필립 아이반호Philip J. Ivanhoe가 주장한 바와 같이,[70] 이 질문에 답하려면 맹자가 농경의 비유를 종종 사용한다는 사실에 주목해야 한다. 식물과 마찬가지로 인간의 본성도 점진적으로 성장한다. 제대로 성장하기 위해서는 적절한 환경이 필요하다. 인간이 저지르는 악은 바로 그 성장이 실패한 결과로 나타나는 현상이다. 적절한 환경이 제공되지 않고 자아 수양이 결여되었을 때 성장은 제대로 이루어지지 않는다. 이것이 바로 맹자가 악을 묘사할 때 헐벗은 산에 비유한 이유이기도 하다.

맹자가 말했다. "우산牛山의 나무는 한때 아름다웠다. 그것이 '대국'의 외곽에 있기 때문에 도끼로 벌목하니 아름다울 수 있겠는가? 밤낮으로 생장하고 비와 이슬이 적시어 새싹이 움트지 않은 것은 아니지만 소와 양을 또한 놓아 기르니, 이 때문에 저처럼 밋밋하게 되었다. 사람들이 그 밋밋함만 보고는 일찍이 나무가 없었다고 여기는데, 어찌 그것이 산의 본성이겠는가? 유독 사람에게 보존되어 있는 것이라 한들 거기에 어찌 인의의 마음이 없겠는가? 사람이 양심을 내쳐버리는 것은 도끼와 자귀를 나무에 드리우는 것과 같다. 매일 베어가니 아름다울 수 있겠는가? 밤에 자라는 바와 새벽녘의 맑은 기운의 경우, 그 호오好惡에 관한 한 남들과 공유하는 바가 얼마 되지 않은즉, 다음 날 낮에 하는 행위가 그 싹을 질곡해 없애버리기를 반복하니 그 좋던

밤기운이 보존될 수 없다. 밤기운이 보존될 수 없으니, 금수와 거리가 멀지 않다. 사람들이 그 금수 같은 면만 보고 좋은 재질은 있어본 적이 없다고 여기니, 이것이 어찌 인간의 실정이겠는가? 알맞은 보살핌을 받으면 자라지 않는 것이 없고, 알맞은 보살핌을 받지 못하면 사라지지 않는 것이 없다."[71]

이러한 주장의 이면에는 인간에게 뿌리내리고 있는 선한 본성이란 오직 잠재력으로만 존재한다는 생각이 있다. 그 잠재력은 어떤 조건이 충족되었을 때에야 비로소 개화한다. 본성을 실현했다는 말은 자신의 문제를 의식적이고 반성적인 노력으로 대처해 나간 끝에 자신의 잠재력을 굳건한 성정으로 실현했다는 뜻이다. 자신이 설정한 기준에 미치지 못하는 일이 반복되면 보다 나아지고자 하는 동기 자체가 훼손될 수 있다. 그래서 통치자를 포함한 개개인들은 자신을 도道로 안내해줄 스승이 필요하다.

도덕 심리와 관련된 풍부한 논점들이 이처럼 「불인인지심」장에 존재하고 있음을 인정하는 동시에, 나는 「불인인지심」장을 우선 정치사상 텍스트로 해석하고자 한다. 맹자의 정치사상은 동아시아 정치사상 연구자들에게 익숙한 주제이지만, 정치사상가들이 『맹자』에서 주목한 부분은 대체로 패도霸道정치와 왕도王道정치를 구별한 구절이나 이른바 '민본'에 대한 명시적 언급을 담은 구절, 정전제 등에 대한 언급을 담은 것이었다.[72] 물론 「불인인지심」장 역시 이른바 왕도정치에 대한 표현 중의 하나로 간주되지만, 그 핵심은 정치사상의 언명이라기보다는 도덕 이론이라고 여겨져왔다.[73] 그러나 내가 보기에 「불인인지심」 장을 정치사상 텍스트로 독해하면, 맹자의 비전이 가진 중층적인 의미가 드러난다.

이번 장의 테마인 '정치 사회'는 전-정치 상태—공동체가 불화와 내전 상태에서 비롯되는 파산을 피하고, 평화적으로 지속되기 위한 일정한 규준을 만들어내기 어려운 문제 상황—에서 어떻게 정치 사회로 이행하는가의 문제의식을 담고 있다. 이러한 문제의식은 특히 『맹자』의 「불인인지심」 장을 이해하는 데 유용하다. 첫째, 맹자가 자신의 사상을 제출하던 때인 전국시대는 일종의 내전 상태 혹은 준내전 상태로 간주될 수 있다.[74] 둘째, 『맹자』의 「불인인지심」 장이 아무리 자주 도덕 심리에 관한 텍스트로 해석되어왔다고 한들, 「불인인지심」 장이 전제하고 있는 청중이 통치자라는 것은 부인할 수 없으며, 「불인인지심」 장의 본래 맥락은 통치자가 이 세계에 질서를 확보하는 최고의 방법을 논하는 자리이다. 이렇게 보았을 때 이제껏 도덕 심리의 관점에서 해석되어왔던 점들이 새로운 함의를 얻게 된다. 이를테면 특정 개인이나 집단에 대한 언명이 아니라 인간 일반이 갖는 도덕성에 대한 언명이라는 점은, 공동체가 지지해야 할 어떤 공유 가치shared value에 대한 언명으로 재해석될 수 있다. 인간 모두 어떤 합의 가능한 도덕적 가치에 대한 인성론적 기초가 있다는 주장은, 공동체 유지에 관한 한 자연법적 기초가 있다는 주장으로 연결될 소지가 있다.

그런데 이러한 인간의 보편적 특질에 대한 통찰이 곧바로 인간의 평등성에 대한 주장으로 연결될 수 있는 것은 아니다. 무엇보다 앞에서 논한 '측은지심'이라는 정서가 인간 간의 평등한 상황을 전제로 하고 있지 않기 때문이다. 측은지심은 어떤 대상에 대해 그러한 감정을 느끼는 이가 해당 대상보다 더 나은 혹은 덜 비참한 위치에 있다는 일정한 위계를 전제로 성립하는 것이다. 내가 판단하기에 '사단' 중에서 특히 측은지심을 대표로 논했다는 점은, 맹자가 설정하는 대상이 '군주'이며 그 군주는 백성에 대해 위계적으로 상위에 있다는 사실과 무관하지 않다.

이 점은 맹자가 우물에 빠지려는 아이나 제사의 희생물로 끌려가는 소의 사례를 드는 데서 잘 드러난다.[75] 예로 든 아이나 소는 정치 공동체를 스스로 건설할 것으로 기대되는 정치 주체가 아니다. 곤경에 처한 보통 사람들에게 마음을 쓴다는 것과 그들을 공적 영역에서 동등한 대상으로 간주하는 것은 다른 문제이다. 상호성reciprocity과 평등성equality을 혼동하지 말아야 한다. 맹자가 강조하는 공감이라는 것이 민주주의에 맞도록 재구성되지 않는 한, 그것은 피치자 계급을 사회 하층에 안정적으로 온존시키고자 하는 통치자의 이해관계에 봉사한다. 맹자가 명시적으로 민본을 운운할 때조차, 그의 주된 청중은 통치자와 지식인들이지 일반 백성이 아니다.

그렇다고 해서 맹자가 정치적 위계라는 잣대로만 인간이 처한 상황을 재단한 것은 아니다. 『맹자』라는 텍스트 전체를 고려해볼 때, 앞의 대화 속에는 정치적 위계와 도덕적 위계가 공존하는 동시에 경쟁하고 있다. 맹자가 각 나라를 주유하며 정치적 조언자의 역할을 자임하면서 군주들에게 도덕성의 제고를 촉구했을 때, 정치적 위계로 환원되지 않는 도덕적 위계에 기초하여 발언한 것이다. 그런데 『맹자』 텍스트 내의 여러 사례에서 보듯이, 전국시대 군주들은 맹자가 요구하는 (그들이 생각하기에) 높은 도덕성의 기준에 자신들이 미치기 어렵다고 고백한다.

'자포자기自暴自棄'에 대한 맹자의 논변은, 당대 군주들이 가진 도덕적 자존감의 허약함에 대한 비판이다. "스스로를 해치는 자[自暴]는 더불어 대화하기 어렵다. 스스로를 포기하는 자[自棄]는 더불어 일할 수 없다. 말할 때 예와 의를 비난하는 것을 스스로를 해친다고 하고, 자신은 인에 거할 수 없고 의를 따를 수 없다고 하는 것을 스스로를 포기하는 것이라고 한다."[76] 다시 말해 맹자는 대단한 성인만 도덕적으로 완성될 수 있는 것이 아니라, 원칙상 바보든 현자든 누구든 도덕적으로 완성될 수 있다고 주장한 것이다. 도덕적 자존감이 허약하다고 군주를 질책하는 맹자의 모습에서, 정치적 위계 이외에 도덕적 위계가 작동하고 있음을 알 수 있다.

(높은 수준의) 도덕 가능성을 부정하는 이는 자기의 군주를 해치는 것이라는 「불인인지심」 장의 인용문 안의 발언은, 군주의 자존심에 호소하는 맹자 특유의 정치적 수사를 보여준다. 요컨대 '측은지심'이라는 정서에는 정치적 위계와 도덕적 위계가 절묘하게 공존한다. 즉, 정치적 위계상 (여타 신민에 대한) 군주의 우위를 인정할 때만 측은지심이 성립하며, 측은지심은 그 자체로는 정치적 위계가 아니라 도덕적 위계라는 점에서 도덕적 완성도에 의해

인간이 재배열될 수 있다는 가능성을 포함하고 있다. 군주는 정치적 위계에 관한 한 최정점에 있으나, 도덕적 위계에 관한 한 자신의 도덕성을 더 개발해야만 하는 존재이다. 그러한 점에서 정치적 조언자로서 맹자 자신의 위치가 정당화된다. 인간 모두가 가지고 있는 것은 도덕성의 단서/씨앗이지 완성된 도덕성이 아니기 때문이다.[77]

그런데 이러한 맹자의 입장은 또 하나의 질문을 유발한다. 정치적 위계와 도덕적 위계가 공존함에도 불구하고, 통치자가 도덕적으로 우월한 지식인의 말에 경청하리라고 믿을 만한 이유가 있는가? 주디스 슈클라Judith Shklar는 장 자크 루소Jean-Jacques Rousseau(1712~1778)의 정치사상을 검토하면서 이렇게 말했다. "왕이 자신이 신민이 될 것이라고 예상하지 않고, 부자는 자신이 빈민이 될 것이라고 예상하지 않기 때문에, 감정이입 같은 것을 발전시킬 인센티브가 없다."[78] 이런 식으로 누군가 맹자의 입장을 너무나 이상적이라고 비판할 수도 있다. 그러나 이 사안에 대하여 맹자는 그 나름의 대답을 가지고 있다. 인간 본성이 주로 식욕과 성욕 같은 욕망으로 이루어져 있다고 보는 양주와 고자告子[79] 같은 사상가들과 달리, 맹자는 인간의 심리적 본성에서 도덕의 기초를 찾는다. 한 걸음 더 나아가 맹자는 사람들이 도덕적 행동과 생각 자체에서 기쁨을 느낀다고 믿는다. 맛있는 음식의 유비를 들어가면서 맹자는 도덕적 행동이 유발하는 강한 쾌감을 강조한 바 있다. "이理와 의義가 우리 마음을 즐겁게 하는 것은 고기가 우리 입을 즐겁게 하는 것과 같다."[80] 맹자는 도덕을 강조하기 위해 쾌락을 거부한 것이 아니라 도덕적 쾌락을 포함할 수 있게끔 쾌락을 재정의한 것이다. 사람들이 해야 할 일은 쾌락을 부정하는 것이 아니라 자아 수양을 통해 자신의 쾌락을 적절히 형성해나가는 것이다. 이런 점에서 보면 도덕적 통치는 통치자와 피치자의 이해관계에 모두 들어맞는다.

이제 남은 질문은, 이처럼 통치자와 지식인이 권위를 나누어 가질 때 과연 어떤 형태의 정치 형태가 가장 적절하냐는 것이다. 통치자가 영토 확장을 위한 전쟁에 몰입할 때는 통치자 중심으로 권위가 집중되는 것이 가장 효과적일 것이다. 전쟁 중에는 분산된 협의체보다는 통치자 일 개인이 단호한 결정을 내리는 것이 유리하기 십상이다. 권위가 분산되어 있으면 여러 사람이 정책 형성 및 집행 과정에 개입하므로, 통치자가 좌고우면左顧右眄하지 않고 전쟁을 수행하는 데 방해가 될 수 있다. 그러나 맹자는 전쟁을 통한 영토 확장에 반대하였다. 맹자에 따르면, 통치자는 전쟁하는 대신 백성들의 민생을 보호하고 도덕성을 진작해야 한다. 간신히 살아남기 위해 발버둥치는 비참한 상황 속에서 삶이란 너무 고단하여 도덕을 위해 사용할 시간과 에너지가 없다. 따라서 통치자는 세금을 조금 걷음으로써 백성들 스스로 사용할 재원을 남겨두어야 한다.[81] 이것이 꼭 맹자가 극단적인 최소 국가를 지향하였다는 말은 아니다. 세금을 사용할 만한 문명이 없기에 세금을 너무 조금 걷는다는 이유로 북쪽 오랑캐를 비판하는 대목이 『맹자』에 나온다.

백규白圭가 말했다. "나는 세금으로 20분의 1을 취하고자 하는데 어떻습니까?" 맹자가 말했다. "그대의 방법은 오랑캐 맥貊의 도입니다. 1만 호의 나라에서 단 한 사람이 그릇을 구우면 되겠습니까?" 백규가 말했다. "안 됩니다. 충분히 쓸 그릇이 없게 됩니다." 맹자가 말했다. "맥나라는 오곡이 자라나지 않고 오직 기장만 자랍니다. 성곽, 궁실, 종묘, 제사의 예가 없습니다. 제후 간에 폐백을 보내고 음식을 대접하는 예도 없고, 관리체계도 없습니다. 그러므로 20분의 1만 취해도 충분합니다. 지금 중원에 거처하면서 인륜을 없애고 군자가 없다면, 그것이 괜찮겠습니까? 그릇이 적어도 나라를 다스릴 수가 없는데, 하물며 군자가 없는 경우에랴! (세금을) 요순의 도보다 가볍게 하고자 하는 이는 큰 맥국, 작은 맥국인 셈이고, 요순의 도보다 무겁게 하고자 하는 이는 큰 걸왕, 작은 걸왕입니다."[82]

인간은 상당한 정도의 문명을 누린다는 점에서 짐승들과 구별된다. 그리고 단순한 사회성이 아니라 덕을 실천하는 도덕적 공동체를 형성할 수 있다는 점에서 인간은 다른 군집생물들과 구별된다. 도덕적 본성을 부인한 고자와 논쟁을 벌이면서 맹자는 인간은 인간보다 못한 동물들에게 맞추려 할 것이 아니라 인간만이 해낼 수 있는 고차원적인 형태의 삶이 무엇인지를 물어야 한다고 주장한 바 있다.[83] 진정으로 인간다운 형태의 삶은 높은 수준의 문명을 요청하며, 문명을 유지하기 위해서는 자원이 필요하다. 이러한 이유로 인해 맹자는 백성들에게 일정량의 세금을 부과할 필요가 있음을 인정한다. 다른 한편, 맹자는 전국시대 국가들을 일종의 전쟁 기계로 만든 일련의 국가제도를 거부하였다. 맹자의 이상은 덕에 기초한 작은 국가이며, 그러한 국가가 장기적으로는 보다 많은 사람을 끌어들일 것이라고 믿었다.

요컨대 「불인인지심」 장의 결론은 군주 개인의 도덕성을 더 계발할수록 정치적 안녕이 확보(되고 그에 따라 군주의 정치적 위치도 더욱 공고히)된다는 것이다. 개인 도덕이 곧 정치질서를 이루어낼 수 있다고 보는 주장은 사실 쉽지 않은 이론적 과제를 포함한다. 수많은 것 중에서 왜 하필 도덕이 세계의 질서를 확보하는 데 핵심적 지위를 차지해야 하는지에 대한 논란을 차치하더라도― 즉, 도덕이 가장 중요하다는 전제를 받아들이더라도―어떻게 하나의 부분에 불과한 개인이 거대한 전체인 세계[四海]의 정치적 안녕을 담보할 수 있는가 하는 이론적 과제에 직면하게 되기 때문이다. 맹자가 개인 도덕이 정치의 핵심이라고 간주했던 것은, 정치적 위계의 최정점을 차지하는 군주가 발휘하는 영향력 때문이다. 바로 그 지위와 영향력 때문에 군주의 개인 도덕은 전 세계의 정치적 안녕의 관건이 된다고 맹자는 생각하였다.

장자

장자莊子(B.C. 369~B.C. 289?)의 텍스트는 사회적 관습, 규범, 가치에 대한 급진적인 비판을 담고 있다. 장자에 따르면, 어떤 사안에 대해 본질적으로 '타당한' 입장으로 보이는 것이 다른 각도에서 보면 '그릇된' 입장일 수 있다. 그러므로 도덕적 판단이든 공통된 관습이든, 보편적 기준이라고 들이미는 것들은 『장자』 내에서 거부되거나 의문시된다. 『장자』의 「선성繕性」 장은 제반 관습, 믿음, 가르침이 사람들로 하여금 타고난 본성을 잃게 만든다고 주장한다.[84] 이것이 꼭 장자가 진리의 가능성 자체를 배제했다는 말은 아니다. 아무리 장자의 비전이 자유로운 기상으로 가득 차 있어 보여도 장자는 결코 진리에 관하여 무엇이든 허용된다는 식의 태도를 취하지는 않았다. 그 대신 장자는 사물을 이해하기 위한 기존 방식들을 비판적으로 검토한 뒤, 완전히 다른 종류의 진리를 가능케 하는 상상적 입지imaginary position를 제시하였다.

일단 그 상상적 입지에 올라서면 대상과 그 대상을 보는 이 간의 상당한 거리가 유지된다는 점에서 그 입지를 '초월적 입지'라고 부를 수 있다. 그 거리가 멀면 멀수록 대상은 작아 보이고 결국 무엇이나 비슷해 보인다. 장자가 궁극적으로 제시한 것은 실로 초월적인 관점에서 포착되는 비전, 즉 익스트림 롱 숏extreme long shot, 遠寫(극단적 원사)이라고 할 수 있다. 누군가 그러한 관점을 취하게 되면 사물 간의 일견 명백해 보이는 차이는 소거되고, 사물은 다 거기서 거기인 것으로 보이게 된다[齊物]. 이것은 사물이 근본적으로 서로 다르다[夫物之不齊, 物之情也]고 본 맹자의 견해와 대조된다. 초월적이고 끊임없이 확대되는 관점에서 보면, 기존의 다른 비전은 자의적인 것을 마치 너무도 당연한 것으로 간주한 단견short-sighted으로 판명된다. 기존의 익숙해 있던 관

| **장자** | 대상과 상당한 거리를 유지하는 '초월적 입지', 곧 익스트림 롱 숏처럼 확대되어 보다 웅장해진 관점으로 보아야 진리를 포착할 수 있다고 여겼다. 이러한 장자의 사상은, 사물은 근본적으로 서로 다르다고 본 맹자의 견해와 대조된다.

습도 더는 자연스럽게 여겨지지 않게 된다.

이러한 점에서 장자는 작은 새들의 협소한 비전과 붕새의 큰 비전을 비교한다. 붕새는 여느 새보다 높이 난다. 붕새가 가진 보다 큰, 그리하여 보다 나은 비전은 보다 높은 입지에 의해 가능한 것이다. 작은 새들은 낮은 곳에 있는 자신들의 둥지에서 그다지 높게 날아오르지 않으므로 그러한 큰 비전을 누릴 수 없다. 이러한 비교를 통해 장자는 경쟁하는 다른 비전들을 근시안적이고 미성숙한 것이라고 비판한다. 근시안적인 것과 미성숙한 것은 서로 연결되어 있다. 성숙 이전과 이후를 비교해보면 성숙의 의미가 분명히 드러난다. 성숙 이전과 성숙 이후의 가장 분명한 차이는, 보는 이가 성숙해지면 그전에는 커 보이던 대상도 작아 보인다는 사실이다. 좀 더 높은 입지에 올라가서 선입견을 검토해보면, 우리가 세상에 대하여 그리고 그 세상 속에 사는 우리 자신에 대하여 알고 있는 바가 얼마나 적은지를 깨닫고 소스라치게 놀라게 된다.

바로 이러한 맥락에서 장자 텍스트는 여러 고대 사상가에 대해 날카로운 비판을 가한다. 장자에 따르면, 기존의 관습과 정치 이론은 가능한 것, 그리고 상상 가능한 것들에 대해 제한을 가한다. 이를테면, 다른 사상가들은 정치 이론을 만들면서 인간 본성에 대해 확언하곤 하는데, 사실 그 인간 본성론은 자신들이 가지고 있는 편협한 확증편향을 반영할 뿐이다.[85]

한 걸음 더 나아가 관습적인 표현, 분석적인 논증, 논리적인 개념, 인간의 인지적인 마음 등은 진리를 포착하기에 적절한 수단이 아니다. 초월적 입지에서 보았을 때만 진리는 포착될 수 있다. 그리고 그러한 초월적 입지를 인정한다는 점에서 장자의 사상을 상대주의적이라고 하는 것은 무리가 있다.[86] 그리고 그 초월적 입지에서 전제정을 포함한 기존의 모든 정치 형태를 비판할 수 있다는 점을 고려한다면, 장자 사상을 전제주의적 토대로 간주한 거자오광의 견해 역시 설득력이 없다.[87] 요컨대 장자는 익스트림 롱 숏이라고 부를 만한 광대한 비전을 가지고서 다른 사상들은 협애한 지평에 갇혀 있다고 전방위적 공격을 가한 것이다. 장자는 사람들로 하여금 일견 근본적으로 보이는 개념들까지도 뿌리에서부터 재고하게끔 만든다. 이처럼 장자 사상은 급진적이고 초월을 향한 끝없이 개방적인 지향을 보여준다. 또한 장자는 종종 인간을 보통 상상할 수 있는 것보다 훨씬 더 광활한 우주 안에 위치시킴으로써 이러한 점을 잘 드러내고 있다. 이와 관련하여 적절한 사례는 죽음이라는 이슈이다.

장자의 아내가 죽었다. 혜자惠子가 조문했을 때, 그는 장자가 다리를 펴고 앉아 통을 두드리며 노래하고 있는 모습을 발견했다. 혜자가 말했다. "당신은 아내와 함께 그동안 살았고, 당신 아내는 아이를 키우며 늙었다. 곡을 하지 않는 것 정도로 충분한 것 같다. 굳이 통을 두드리며 노래를 하다니, 이건 너무 심한 게 아닌가?" 장자가 말했다. "그렇지 않다. 아내가 죽었을 때 나 혼자 슬퍼하지 않았을 것 같은가? 그렇지만 아내가 태어나기 이전, 태어나기 이전 정도가 아니라 아예 형태를 갖추기 이전, 형태를 갖추기 이전 정도가 아니라 아예 기氣가 없던 때를 생각해보았네. 뭔지 도대체 알 수 없는 신비의 한가운데서 변화가 일어나 기가 생기고, 기가 변하여 형태가 생기고, 형태가 변하여 태어나게 되었네. 그리고 이제 또 변화가 생겨 죽었네. 이는 춘하추동 사계절의 진행과 같네. 죽은 사람들은 조용히 크나큰 공간에 쉬고 있는데, 나만 슬퍼 소리 내어 운다는 것, 이것은 이치에 맞지 않는다는 생각이 들어 울기를 그만두었네."[88]

이 인용문은 장자가 어떻게 하여 죽음에 대한 부정적인 태도를 버리고 대안적인 자세를 갖게 되었는지를 설명한다. 아내가 죽자 장자는 처음에는 슬퍼한다. 그러나 곧 생각을 바꾼다. 사후 세계에 대한 믿음이나 죽고 난 뒤의 명성 혹은 불멸의 영광 같은 대안을 통해 생각을 바꾼 것이 아니다. 장자는 자신의 아내가 태어나기 이전을 생각해보자고 제안한다. 그렇게 할 경우, 지금껏 도외시하던 사실에 직면하게 된다. 첫째, 죽고 난 뒤의 상황에 대해서 우리는 대개 부정적인 태도를 취하는 반면, 태어나기 전의 상황에 대해서는 대개 가치중립적인 태도를 취한다. 어차피 삶이 아니라는 점에서는 매한가지인 그 두 상황에 대해 사뭇 다른 태도를 취한다는 자체가 균형에 맞지 않는다. 이 점을 고려하면, 우리는 죽음에 대해 슬퍼하기를 그만두고 태어나기 이전의 상황에 대해 그러했던 것처럼 죽고 난 뒤의 상황에 대해서도 가치중립적인 태도를 취할 수 있게 된다. 그리하여 죽음을 목도하여 생기는 슬픔에 크게 좌우되지 않게 된다. 이것이 바로 장자가 애도哀悼라는 관습을 비난한 이유이다. 애도하는 자는 죽음에 대해 잘못된 태도를 보이고 있다는 것이다.

둘째, 태어나기 이전을 돌아본다는 것은 삶보다 넓은 관점을 취한다는 것을 의미한다. 그 넓은 관점에서 보면, 사람의 생사는 보다 큰 전체의 일부를 차지하고 있을 뿐이다. 익스트림 롱 숏을 통해 인생을 보면, 죽음은 종말이 아니라 그저 하나의 상태에서 다른 상태로 옮겨가는 일일 뿐이다. 익스트림 롱 숏, 즉 확대되어 보다 웅장해진 관점을 통해 보면, 인생이란 보다 큰 어떤 전체와 관련해서 그저 일부에 불과할 뿐이다. 비유하자면 인생이란 사계절의 진행과도 같으며, 죽음이란 그 전체 과정의 일부에 불과하다. 장자의 아내 역시 죽음을 통해 그 전체 과정에 참여하고 있는 것이다. 이와 같은 태도는 "삶은 사람의 시작이요, 죽음은 사람의 끝이다. 처음과 끝이 모두 좋으면 사람의 도를 다한 것이다. 그러므로 군자는 처음을 공경히 하고 마지막을 신중히 한다"[89]라고 한 순자의 태도와는 대조적이다.

셋째, 인생 자체를 보다 큰 전체의 일부로 바라보는 이 관점은 생각하는 인간의 의식을 특권화하지 않는다. 장자가 말하는 입지는 보통 인간의 의식과 상당한 거리를 둔 상상된 입지이다. 그것은 개별 의식의 단계를 초월하여, 의식을 넘어선 어떤 외부 지점을 점한다.

넷째, 익스트림 롱 숏은 보는 이와 대상 간의 거리가 멀어야 한다. 그 거리는 우리에게 죽음이 두려워하거나 슬퍼할 대상이 아니라 훨씬 더 거대한 변화의 움직임의 한 단계에 불과함을 알려준다. 우리는 그 거리를 죽음에 대한 '심미적 거리aesthetic distance'라고 부를 수 있다. 그 유명한 심미적 거리 개념을 설명하면서 에드워드 블로우Edward Bullough(1880~1934)는 바다에 나타나는 안개의 사례를 거론한 바 있다. 바다 한가운데에 선박이 떠 있다고 가정해보자. 짙은 안개가 그 선박을 둘러싸면, 그 배에 탄 사람들은 그 짙은 안개가 배의 운항에 나쁜 영향을 미칠까 봐 걱정한다. 그러나 멀리서 그 안개(속의 배)를 바라보는 사람은 그 짙은 안개가 만들어내는 거리감으로 인해 그 광경을 즐길 수도 있다. 심지어 아름답다고 느낄 수도 있다. 멀리 떨어져 있으면 이처럼 안개에 대해 나름 즐거워하고 그에 대해 심미적 체험을 할 수 있

는 것처럼, 우리도 죽음을 멀리서 바라본다면 나름 죽음을 즐거워
하고 그에 대해 심미적 체험을 할 수 있을 것이다.

만약 죽음이 사라지는 일이라기보다는 그저 변화하는 일이
라면, 구태여 죽음에 대해 슬퍼할 필요는 없다. 장자가 제시하는
바의 관점에서 존재의 생성과 소멸 과정을 보면, 그것은 오히려
아름다운 광경일 수 있다. 바로 이러한 맥락에서 우리는 장자가
통을 두드리면서 노래하는 것마저 이해할 수 있다. 그것은 분명
예술 행위이다. 즉, 장자의 비전은 인생의 모든 문제에도 불구하
고 우리가 인생의 아름다움을 향유할 수 있음을 말해준다. 그것
이 가능한 이유는 광범하고 포괄적인 맥락에서 보면 인간의 근심
은 아주 작은 일부분에 불과한 것으로 여길 수 있기 때문이다. 이
저변에 깔린 태도를 "전체로서 지각된 세계가 펼쳐놓은 거대한
스펙터클을 심미적으로 받아들이는 태도aesthetic acceptance of the
grand spectacle of the world perceived *as a whole*"라고 부를 수 있을 것
이다. 그러한 태도를 통해 죽음을 포함한 삶의 많은 문제가 제 위
치를 찾게 된다. 혹은 적어도 견딜 만한 것이 된다.

마지막으로 호접몽胡蝶夢 이야기를 살펴보자. 호접몽 이야기
는 장자 텍스트에서 가장 널리 알려진 부분일 것이다. 장자가 나
비 꿈을 꾸는 것인지, 아니면 나비가 장자 꿈을 꾸는 것인지를 질
문함으로써 장자는 정체성identity의 문제를 제기한다. 호접몽에
대해서는 이미 많은 해석이 존재하지만, 나는 지속적으로 팽창
하는 관점the ever-expanding perspective에서 호접몽을 가장 잘 이해
할 수 있다고 생각한다. 확실성에 대한 데카르트적 추구가 보여

준 바 있듯이, 생각하는 주체thinking subjectivity는 아마도 인생을 살아나가는 데 필수 불가결한 근본적 믿음에 해당할 것이다. 사실 르네 데카르트René Descartes(1596~1650) 자신이 '꿈 아규먼트the dream argument'를 고려한 바 있다. 즉, 누군가 진정으로 X에 대해서 안다면, 그는 그가 단지 X에 대해서 꿈꾸고 있을 뿐이라는 가능성을 배제할 수 있다. 이 꿈 아규먼트가 설득력이 있건 없건, 인간이 가진 가장 흔들림 없는 믿음이란 생각하는 주체에 대한 믿음이라는 점은 일반적으로 인정된다.

인간이 생각하는 주체라는 믿음은 보통 사람들에게 실제reality에 대한 닻anchor의 역할을 한다. 따라서 "나는 생각한다/존재한다"라는 믿음 없이는 인간 경험을 조직하는 포괄적인 체계 자체가 붕괴될 수 있다. 장자의 호접몽은 바로 그 닻 자체가 망상일 수 있다는 가능성을 제기한다. 그 논변에서 상상하는 존재가 끝내 어떤 '관점'을 가진 존재a creature with a point of view라는 사실은 여전히 남아 있기는 하지만 말이다. 우리 마음의 습관에 따르면, 어떤 정체성을 거부하지 않고는 다른 정체성을 가질 수 없는 것처럼 여겨진다. 즉, 나비의 정체성을 거부함 없이는 장자가 될 수 없고, 그 역도 마찬가지이다.

장자와 나비를 보다 큰 어떤 전체의 일부로 간주하는 확장된 관점은 바로 그러한 정체성 문제를 근본에서부터 다시 생각하게 만든다. "나는 이것이지 저것이 아니다"라고 말할 수 있게끔 하는 확신, "나는 누구이다"라는 유의 확신 자체를 흔들어놓는다. 일단 이 단계에 이르면, 우리가 우리 자신을 위치시키는 가장 친숙한

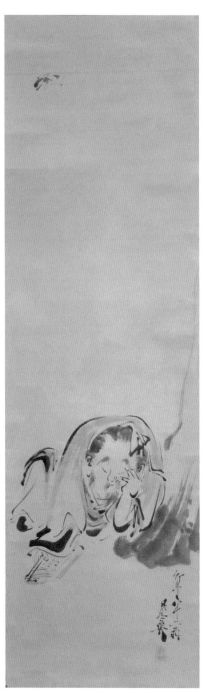

| 호접몽 | 『장자』 「제물론(齊物論)」에 장자는 어느 날 꿈에 나비가 되어 즐거이 놀았는데, 깨어보니 꿈이었다. 이에 대해서 장자는 '내가 꿈에 나비가 된 것인가, 아니면 나비가 꿈에 인간(나)으로 변한 것인가'라는 화두를 던진다. 그림은 19세기 일본 화가 시바타 제신 (柴田是真, 1807~1891)이 그린 〈호접몽〉(1888)이다. 미국 호놀룰루미술관 소장.

집단 범주 자체가 근본적으로 의심받게 된다. 장자 사상을 받아들인다는 것은 곧 즉각적인 실제immediate reality에 거리를 둔다는 것, 위에서 바라보기 위해 그 즉각적인 실제에서 물러난다는 것을 의미한다.

이러한 장자식 사고에 대한 분명한 반론 중 하나는, 정치 비평이 실제 정치real politics를 대신한다는 것이다. 장자식대로 하면, 참여적 정치 행위자engaged political actor의 역할보다는 초연한 관객detached spectator의 역할을 하기 십상이다. 장자의 사상을 구현하는 방식으로 사람은 사태를 관찰하기 위해 해당 사태와 거리를 두기 때문이다. 목전의 사태에 참여하기보다는 해당 사태를 인지cognition하기 위해 존재하는 어떤 총체totality로서 간주하게 된다. 그리고 구체적인 정치적 상호 작용조차 관찰자에게는 거대한 스펙터클의 일부로서 현현顯現한다. 관찰자는 주어진 세계에서 고양된 관객의 위치elevated spectator position에 수동적으로 서게 된다.

이와 관련된 또 하나의 문제는, 장자는 X가 무엇인지 말하지 않고 X가 무엇이 아닌지에 대해서만 말한다는 점이다. 정치 영역에서 대안적인 비전이 무엇인지 장자는 확고하게 말하지 않는다. 목전의 현실보다 더 큰 어떤 총체가 존재하고 그것을 염두에 둘 필요가 있다는 막연한 관념만 남는다. 이른바 장자의 한없이 확장하는 관점이라는 것은 어떤 고정된 지점을 설정하지 않는다. 고정된 지점 같은 것이 있다면 그것을 통해 현재의 협애하고, 갑갑하고, 제한된 관점과는 다르게, 대안적인 관점이라는 게 얼마나 크고 넓은지를 재어볼 수 있으련만.

　마찬가지 이유에서 장자 사상은 문학적으로 잘 표현될 수 있을지는 몰라도 실제 정치 세계에서 실현되기란 쉽지 않다. "그래서 무엇을 해야만 하는가?"라는 질문에 구체적으로 대답하기 어렵기 때문이다. 장자 사상은 치료적therapeutic일지언정 대안적인 정치체를 위한 건설적인 비전 혹은 정치적 행동을 위한 청사진을 제공하지 않는다. 그러나 장자가 살았던 시대는 분명한 집단적 행동을 요청하고 있었던 것으로 보인다. 그 시대의 과제는 혼란을 종식하고 새 질서를 만드는 일이었다. 기존 사물의 질서를 비판하는 것만으로는 충분하지 않았던 셈이다. 물론 (정치) 비평은 그 자체로 가치 있는 일이다. 그러나 그것이 (협의의) 실제 정치를 대신할 수는 없다. 많은 사람이 질서를 희구함에 따라 사상가와 정치가 들은 효율적이고, 집단적이고, 조직화되고, 책임 있는 정체성, 행동, 제도를 통해 질서를 향한 그 강한 열망을 만족시켜야만 했다. 바로 한비자의 정치사상에 영향을 받았다고 알려진 진秦나라가 그러한 열망을 일단 잘 만족시키는 것으로 보였다. 후대에 사는 우리는 결국 진나라가 천하를 통일하고 새로운 정치 질서를 창출하는 데 성공했음을 알고 있다.

The State

4

국가

진나라

B.C. 221~B.C. 206

만리장성

강

황허강

저

한단

● 센양   ● 뤄양

진秦

● 청두

양쯔강

황해

남중국해

국가의 근대적인 이미지란 이런 것이다. 제도화된 관직을 차지하고 있는 관료들의 도움을 받아 법을 통해 통합된 권위를 행사하는 존재. 우리가 이러한 국가 이미지를 중국 정치사에 적용한다면 소위 천하를 통일한 진秦나라는 중국 국가론을 다루는 데 유용한 출발점이 될 수 있다. 진나라는 그야말로 어엿한 관료국가 bureaucratic state를 만들어낸 것으로 보이기 때문이다. 그러나 우리가 훨씬 더 느슨한 국가의 뜻을 적용한다면 중국사에서 국가는 적어도 상나라 때까지로 소급할 수 있다.[1] 상나라 때 국가는 영토국가territorial state가 아니라 성으로 둘러싸인 정주지 연맹이었다. 그 연맹의 통일성은 친족 관계에 의해 유지되었다. 게다가 상나라 때 국가는 정교하게 발달한 행정과 자원 수취 능력이 없었다. 즉, 상나라 때 국가는 확장된 연맹 구조 이상이 아니었다.

기원전 1046년에 주나라 초기 통치자들은 상나라를 정복한 뒤 자신들의 인척과 협력자 들을 확대된 영토의 책임자로 파견하였고, 그 과정에서 정치권력을 멀리까지 확장하였다. 이것이 2장에서 언급한 바 있는 주나라 '봉건'제도이다. 영토를 할당받은 지역 제후들은 주나라에 충성을 바치는 동시에 자기 영역 내에서 백성들을 통제하고 권위를 행사하였다. 제후국 내에서는 도시에 기반을 둔 무장 귀족들과 시골에 기반을 둔 노예 농민들 간에 위계가 존재하였다. 주나라 왕들의 권력이 약해지자 이러한 지역 제후들의 통치 영역이 사실상 독립적인 정치체로 변모하였다. 봉건 제후들이 자신의 영토를 대상으로 재차 봉건을 실시하자, 반쯤은 독립적인 도시국가가 증대하였다. 다시 말해 강한 제후국들도 자신들의 영토를 직접 통치하기보다는 자신의 인척과 협력자들에게 차상위 도시들을 나누어 주었던 것이다. 그 결과 하나의 도시와 그에 딸린 시골이 정치적 통제의 기본 단위로 작동하게 되었다. 그리고 친족 관계가 서주西周 시기의 도시들을 묶는 연대의 방식으로 기능하였다.

그러나 마크 루이스가 명료하게 밝혔듯이,[2] 도시국가 시대는 이후 중국 제국의 역사에 거의 흔적을 남기지 않았다. 그 대신 거대 국가들이 전국시대에 출현하였다. 이 거대 국가들은 그전의 도시국가보다 훨씬 넓은 영토를 다스렸지만, 그들이 지속적인 영토국가였다는 말은 아니다. 전국시대에는 그나마 가장 관료적인 통치가 잘 구현되었던 진秦나라조차 내부적으로는 봉건을 실시했다. 김병준은 외경外境 이외에 내경內境이라고 부를 만한 것이 존재했다는 사실을 들어서, 천하를 통일한 진나라도 과연 어느

정도로 연속적인 영토국가였는지에 대해 의문을 표시한다.[3]

전국시대와 그에 선행하는 춘추시대의 차이는, 전국시대에 이르러 제후들이 각자의 정치체에서 군주권을 행사했다는 점이다. 이것이 바로 마크 루이스가 다수의 전국시대 제후국들을 군주 중심국이라고 부른 이유이다. 이 군주 중심국들은 자원을 보다 효과적으로 징발하고 나라 전체를 전쟁 기계처럼 체제를 바꾸기 위하여 점차 행정 개혁에 착수하였다.[4] 기원전 221년, 진나라는 마침내 천하를 통일하였다. 이로써 진나라가 여러 전쟁 기계 중에서 최강자였음이 증명되었다.

이 장은 여러 제후국이 다닥다닥 붙어 있던 상태의 중국이 어떻게 그전보다 더 잘 통합된 영토를 관장하는 중앙집권화된 제국으로 이행했는지를 추적한다. 그리고 진시황秦始皇(B.C. 259~B.C. 210)이 원래 가졌던 국가주의적 야심 ─ 중앙집권적, 관료적, 통일적 행정 시스템으로 세상을 다스리겠다는 야심 ─ 이 어떻게 한漢나라에 이르러 타협되었는지를 검토할 것이다. 거대한 영토를 통일된 단일 권력이 다스린다는 것은 통치자에게나 정치사상가들에게나 새로운 도전이었다. 진나라의 정치적 실험은 결국 광대한 영토를 중앙정부의 관료들 휘하에 두겠다는 것이었다. 진나라의 성취는 한나라 때 재평가되었다.

이 장에서는 진나라와 한나라에 대한 검토와 함께 중국사 전반에 걸친 제국국가imperial state의 부침 역시 검토할 것이다. 그리고 국가 이론의 관점에서 중앙집권화된 제국의 구심력과 지역의 원심력 간의 긴장을 살펴볼 것이다. 아울러 정치사상가들이 그러

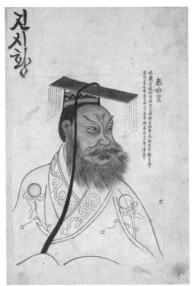

| **진시황** | 진시황은 중앙집권적이고 관료적인 통일적 행정 시스템으로 세상을 다스리겠다는 국가주의적 야심을 구현하고자 했는데, 이는 결국 광대한 영토를 중앙정부의 관료들 휘하에 두겠다는 것이었다. 이러한 정치적 실험과 성취는 한나라 때에야 재평가되었다. 《고신도》에 실린 진시황의 초상으로, 국립중앙박물관 및 영국 런던 브리티시뮤지엄(대영박물관) 소장.

| **병마총(兵馬塚)** | 진시황은 사후에도 자신의 무덤을 지키기 위해 흙을 빚고 구워 만든 병사와 말을 함께 묻었는데, 1974년 한 농부에 의해 발견되었다. 발굴조사 결과 3개의 갱이 발견되었고, 6,000점이 넘는 병마용이 출토되었는데, 이를 통해 무덤 조성을 위해 얼마나 많은 인력과 물자가 투입되었는지 가늠할 수 있다.

한 긴장에 대해 어떻게 나름대로 반응하였는지 살펴보겠다.

제국의 형성과 궤적

주나라의 '봉건'체제가 무너진 이후 주나라 주권은 파편화되어 수많은 지역 제후에게로 흩어졌다. 독립적인 지역 정치체들은 영토 확장에 골몰하였고, 그러한 영토 확장 욕망은 정치체들 사이에서 끝없는 군사적 갈등을 불러일으켰다. 각 나라는 경쟁에서 승리하기 위하여 백성들의 적극적인 협조, 행정 기술, 군대, 전술 등이 필요하였다. 기원전 356년부터 기원전 3세기까지 진나라는 진일보한 행정체계로 자원을 보다 효과적으로 동원하고, 능력 본위로 정부를 재조직하였다. 그 결과 상대적으로 약한 나라였던 진나라는 패권국으로 성장하였고, 기원전 221년에는 마침내 다른 제후국들을 모두 정복하였다. 통일 뒤에는 천하를 어떻게 통치할 것인가에 대한 논쟁이 시작되었다.

> 승상丞相 왕관王綰 등이 말했다. "제후들이 갓 무너졌지만, 연燕나라, 제齊나라, 형荊나라 땅이 멀어서 왕을 그곳에 두지 않으면 그들을 제압할 수 없습니다. 청컨대 자제들을 왕으로 세울 것을 원하니, 전하께서는 허락해주시기 바랍니다." … 정위廷尉 이사李斯가 논의하였다. "주나라의 문왕과 무왕이 분봉한 자제들은 성이 같은 사람이 매우 많았지만, 분봉한 뒤에 사이가 소원해져

서 서로 원수처럼 공격하였습니다. 제후들은 더욱 서로를 죽이고 정벌했는데 주나라 천자는 금지할 수 없었습니다. 천하가 폐하의 신령에 힘입어 통일이 되어 모두 군현이 되었습니다. 여러 자제와 공신에게 공적 세금으로 후하게 상을 주신다면 매우 손쉽게 통제할 수 있습니다. 천하에 다른 뜻이 없게 하는 것이 안녕을 가져오는 방법입니다. 제후를 두면 좋지 않습니다." 진시황이 말했다. "천하에 전쟁이 그치지 않아 모두 괴로웠던 것은 제후가 있었기 때문이다. … 정위의 논의가 옳다." 천하를 쪼개어 36개의 군으로 삼고. 군마다 수군수[守], 군위[尉], 감군[監]이라는 직책을 두었다. … 천하의 병기를 거두어들여 함양咸陽에다 모았다. 법률, 도량형, 무게, 길이, 수레바퀴 폭, 문자를 통일하였다. … 천하의 부호를 함양에 이주시켰는데, 12만 호에 달하였다. … 극묘에서 여산까지 길을 통하게 하고, 감천궁의 정전을 짓고, 용도甬道를 쌓았는데, 그 길은 함양에서부터 죽 이어졌다.[5]

이 인용문은 『사기史記』 「진시황본기秦始皇本紀」의 일부이다 (『사기』에 대해서는 2장 참조). 『사기』의 이 부분은 진나라의 천하 통일 당시 사람들이 통일 제국을 어떻게 구상했는지 보여준다. 진나라가 전국시대 동안 채택했던 행정적 실천을 지속할 것인가, 아니면 인척들을 분봉分封함으로써 주나라 초기 모델로 복귀할 것인가에 대한 토론이 있었던 것이다. 보다시피 조정에서의 논쟁은 이사李斯(B.C. 284?~B.C. 208?)의 승리로 끝났다. 이사는 인척들을 분봉해도 그들의 관계는 시간이 흐르면서 점점 멀어지기 때문에 결국 그 후손들이 서로 싸우게 된다고 지적하였다. 주나라가 결국 파편화된 것은 이 우려를 재확인한 셈이었다. 이 토론의 결과 새로운 제국은 황제가 직접 관리를 임명하여 통치하기로 결정되었다. 진시황은 천하 전체를 군郡, commanderies/후대에는 prefectures으로 나누고, 군은 다시 현縣, counties으로 나누었다. 사실 군현제commanderies and counties의 기원은 춘추 중기까지 거슬러 올라간다. 일찍이 고염무顧炎武도 『일지록日知錄』「군현郡縣」에서 군현제는 진시황이 시작한 것이 아니라 춘추전국시대에 시작한 것임을 지적한 바 있다. 당시 통치자들이 세습 영토를 현으로 대체하기 시작했던 것이다. 그러나 군현제를 중국 전역에 적용하여 관료제를 방불케 하는 통치를 실현한 것은 진시황이 처음이었다.[6]

앞 인용문에서 군현제뿐 아니라 다른 몇 가지 사항 역시 주목할 만하다. 첫째, 황제와 신하들은 이상화된 고대에 대해 거의 언급하지 않는다. 둘째, 황제는 백성들에게 정치적 책임을 지는 존재라기보다 신적인 힘을 가진 존재로 여겨진다. 셋째, 막스 베버의 근대국가론이 연상되듯, 진나라는 패배한 나라들의 병장기를 몰수해서 폭력의 합법적 수단에 대한 독점을 감행하였다.[7] 이러한 무장해제는 제국의 중앙 권력에 도전할 잠재력을 가진 지방 세력의 성장을 막기 위한 것이었다. 넷째, 진시황은 정복한 제후국에 존재하던 권세 있는 가문들을 수도로 이주해서 살게 하였다. 이러한 정책의 목표는 반란을 일으킬 여지가 있는 존재들을 조정의 즉각적인 시야 안에 두고, 그와 같은 조치를 통해 저항 가능성을 줄이는 것이었다. 다섯째, 진시황은 진나라의 성공적인 정복은 우주의 자연스러운 질서를 반영한 것이라고 주장했다. 그리고 기원전 220년과 기원전 210년 사이에 자신의 제국을 다섯 번이나 순행巡行하면서 제국 전역에 걸쳐 이와 같은 주장을 새겨 넣은 커다란 비석을 세웠다. 여섯째, 천하를 물리적으로 통합하기 위하여 진시황은 수도에서부터 뻗어나가는 도로망을 건설하였다. 그리하여 물리적인 소통이 전국적으로 가능해졌을 뿐 아니라 검문소를 통해 운행이 통제되었다. 이러한 교통과 통신 채널을 통해 정부는 변경을 감시하고, 인구 조사를 시행하고, 정부의 대표자들을 천하에 파견하였다.[8] 기원전 210년 진시황이 죽기 12년 전에 노동자들은 6,800km가 넘는 도로망을 건설하였고, 그것은 로마의 도로망에 비견할 만한 것이었다.[9] 일곱째, 진시황과 그의 신하들은 도량형, 운송수단 바퀴 폭, 화폐, 문자 등에 통일된 단위를 적용해서 보다 높은 수준의 표준화가 시행되는 나라를 만들려고 하였다.

전반적으로 진나라는 전쟁에 기초해서 국가를 설명하는 이론에 잘 들어맞는다.[10] 전쟁론에 기초한 국가론에 따르면 전쟁이야말로 국가를 만든다. 국가는 전쟁을 수행하기 위하여 행정을 최대한 관료화하고, 강제 수단을 독점하여 중앙집권화된 정치권력을 추구한다. 진나라의 공식 문건들은 진나라의 권력이 얼마나 대단했는지를 보여준다. 물론 피치자들이 정부 시책에 얼마나 잘 부응했는지에는 여전히 토론의 여지가 있기는 하지만 말이다. 예컨대 진나라는 군인과 농민의 삶에 대한 국가의 개입을 최대화하고, 국가의 통상적인 관리 영역 밖에서 전횡한다고 알려진 엘리트들을 감시하였다. 진나라는 자연환경, 그릇과 가축의 수와 상태, 노무 등에 관한 정보를 규칙적이고 강박적으로 수집하였다.[11]

한·당 제국

겉으로 드러난 바로는, 진시황은 자신이야말로 왕조의 부침에 종지부를 찍고 영속하는 치세를 이루었다고 명백히 믿었던 것 같다. 그러나 진시황은 영원을 허용하지 않는 세계에서 영원을 추구하는 실수를 저질렀음이 결국 판명되었다. 기원전 210년 진시황이 죽자 반란군들이 거의 즉각적으로 봉기하였고, 제국은 서로 경쟁하는 지역 블록으로 분열되었다. 진나라가 멸망했다고 해서 다시 봉건제도the enfeoffment system로 돌아간 것은 아니었고, 한나라라는 이름의 또 다른 통일 제국이 진나라의 뒤를 이었다.

기원전 202년 한고조漢高祖 유방劉邦(재위 B.C. 202~B.C. 195)은 내전에서 항우項羽에게 승리를 거둔 뒤 한나라를 창건하는 데 성공했다. 한나라에 주어진 과제는 망해버린 주나라 '봉건'제도와 진나라의 엄혹한 중앙집권적 관료 행정이라는 이중의 함정에 빠지지 않고 과연 질서와 안정을 담보하는 통치체제를 발전시킬 수 있느냐는 것이었다. 한나라 초기에는 통치자들이 진나라의 정책을 약간 완화하거나 수정했을 뿐, 대체로 진나라의 제도를 답습하였다. 그렇다고 완벽한 중앙집권체제가 실현된 것은 아니었다. 한고조는 중국의 동쪽 지역을 일종의 준準봉건체제로 만들었는데, 이는 해당 지역 권력자들에게 상당히 양보한 것이었다. 그리고 여전히 무시하지 못할 규모의 군대를 갖고 있던 자기 추종자와 친척 들에게 여러 지역을 상으로 나누어 주었다. 열 개의 봉건국이 한나라의 절반 이상을 차지했고, 황제 직할 통치 지역은 15개 군郡뿐이었다.[12] 그렇게 성립한 준봉건 영주들은 변경 수비대를 운영하였고, 한 봉건 지역에서 다른 봉건 지역으로 넘어가기 위해서는 여권이 필요하였다.

　이러한 타협에도 불구하고, 한고조는 각각의 호구戶口에게까

| **한고조 유방과 그의 숙적 항우** | 진시황 사후 반란군이 봉기하는 등 제국은 다시 여러 세력이 등장하면서 혼란에 빠진다. 이런 상황에서 유방(왼쪽)은 초나라 항우(오른쪽)를 제압하고 다시금 통일 국가 한나라를 세웠다. 두 그림은 19세기 《고신도》에 실린 것으로, 국립중앙박물관 및 영국 런던 브리티시뮤지엄(대영박물관) 소장.

지 직접 지배력이 미치는 통일된 행정의 이상을 포기하지 않았다. 통치에 적합하도록 인구를 가시화하고 수치화한 한나라 정부의 노력은 사회를 통제하고자 하는 국가의 지속적인 욕망을 분명히 보여준다. 한나라 경제景帝(재위 B.C. 157~B.C. 141)는 그간 제후국이 누렸던 조세권과 관리 임명권을 회수했고, 한무제漢武帝(재위 B.C. 141~B.C. 87)는 추은법推恩法을 사용하여 제후국의 영역을 대폭 줄였다.[13] 추은법이란 제후왕이 자신의 자식들을 왕자후王子候로 분봉하는 것은 허용하되, 후국侯國을 제후국의 군이 소유하는 토지에 세워야 한다고 강제하는 제도를 말한다. 추은법에 따르면, 왕자후를 많이 세우면 그만큼 제후국의 영토가 줄어들게 된다. 실제로 서한 말기에 많은 제후국이 3~4개의 현으로만 구성될 정도로 축소되었고, 그 결과 힘을 제대로 발휘할 수 없게 되었다. 이런 식으로 하여 한무제는 마침내 중국 대부분 영토를 굳건히 통제하는 데 성공하고, 외부로 주의를 돌렸다. 기원전 134년에서 119년까지 한나라 군대는 북서쪽 흉노족 제국을 침범하였고, 동쪽으로도 진군하였다. 그 결과 한 제국은 84군郡과 18왕국을 거느리는 거대한 영토를 향유하게 되었다. 진시황이 그러했던 것과 마찬가지로 한무제는 천하의 유일한 주권자임을 선포하였으며, 천상의 신들에게 자신의 성취를 보고하였다.

그러나 제국의 건설은 건설자의 의도를 뛰어넘는 결과를 가져오곤 한다. 한무제는 전쟁 비용을 대기 위해 농민들의 빈약한 자원을 바닥낼 정도로 세금을 거두었다. 이에 농민들은 토지를 권세 있는 가문에 팔아버리고, 유력 가문의 피보호자가 되기를

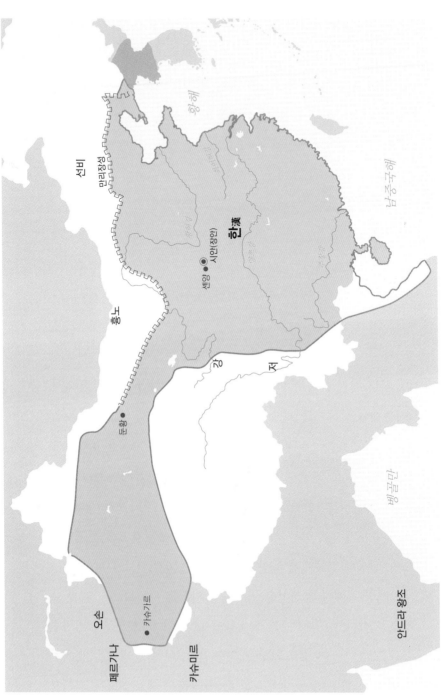

선비

흉노

오손

페르가나

카슈미르

만리장성

황해

한漢

뤄양 ●
시안(장안) ●

● 둔황

카슈가르 ●

남중국해

강

지

벵골만

안드라 왕조

| 한나라(B.C. 206~A.D. 220) |

원하였다. 이러한 토지 지배에 대한 변화는 지주들의 역량을 강화하는 방향으로 나아가 결국 국가주의적 비전the statist vision을 더는 추구할 수 없게 만들었다.

권세 있는 가문들의 점증하는 권력에 맞서기 위하여 왕망王莽(B.C. 45~A.D. 23)은 신新이라는 새로운 왕조를 건설하고 일련의 관료적 개혁을 추진하였다. 왕망이 추진한 관료적 개혁 중에는 모든 토지를 공평하게 나누고, 노예제를 폐지하고, 토지 집중을 제한하는 조치가 포함되어 있었다. 지나치게 부유한 몇몇에게 나머지 사람들이 의존하게 되는 현상을 없애기 위해서였다. 그러나 그의 시도는 권세 있는 가문의 적의만 불러일으켰다. 결국 신나라는 17년 만에 막을 내렸다. 권세 있는 가문들의 연합은 신나라를 전복하고, 후한後漢=東漢(25~220)을 세웠다.

그러던 와중에 무인체제에도 변화가 일어났다. 끊임없는 전쟁과 영토 확장의 시대를 겪고 나자 보편적인 군역universal military service을 유지하는 것이 부담스러워졌다. 보편적인 군역은 원래 진나라의 천하 정복을 가능하게 한 핵심 요소였다. 그런데 전한前漢은 군인들과 사령관의 개인적인 유대에 기초한 사병私兵의 성격이 강한 군대semi-private armies로 보편적 군역을 대체하였다. 후한시대에는 사령관들이 종종 범죄자들도 군인으로 고용하였다. 당나라 초기에는 부병제府兵制, the regimental army가 그 분명한 모습을 드러내었다. 당나라 부병제는 일반적으로 진나라 수전제授田制에 기반한 편호제민編戶齊民 체제와 마찬가지로 균전제均田制에 기반한 병-농 일치의 병제로 이해되지만, 그 정치적 성격은 사뭇

달라졌다. 부병제는 비非중국계 용병과 지역 군사 엘리트 가문인 관롱집단關隴集團 간의 연합을 의미하는 것이었다.[14]

내치가 허물어지자 군인들은 국가에 충성하기보다는 자신들의 직속상관 혹은 개인적인 네트워크에 충성했다. 그런 식으로 군대는 점점 더 세습적 성격이 강해졌다. 집권자의 입장에서 볼 때 가장 나쁜 시나리오는 사령관들이 자신들의 추종자들을 불러모아 반역을 도모하는 것이다. 보편적인 군역을 폐지할 때 기대했던 것은 문민화를 통해 안정을 확보하고, 국가 예산과 조직적 노력을 탕진하지 않고도 직업적으로 숙달된 군사력을 보유하는 것이었다. 이는 모두 국가의 단기적인 이해에 부합하는 일일 수 있다. 그러나 장기적으로 보아 이러한 전개는 국가의 힘을 약화하고 결국 무인들이 제국 정부의 권위에 도전할 수 있는 여지를 크게 열어놓은 셈이었다. 조정은 군대를 동원할 수 있는 능력을 잃고, 지방에 대한 직접 통치를 포기하다시피 하였다.

거대 지주들의 사회적인 힘은 계속 성장하였다. 당나라의 780년 재정 개혁에 이르러 지주의 성장은 정점에 달하였다. 당나라가 균전제를 양세법兩稅法으로 대체한 것이다(5장에서 논의). 이것은 국가가 더 이상 성인 남자의 호구를 세금 계산 단위로 사용하지 않겠다는 것을 의미한다. 이러한 변화는 국가가 농민의 동일성peasant homogeneity이라는 유구한 이상과 그 이상에 기반한 직접적 재정 행정direct, fiscal administration이라는 이상을 공식적으로 포기한다는 것을 함의한다. 이후로는 천하의 농민이 대체로 같다는 이상을 천명하기보다는, 토지와 부가 불균등하게 나누어져 있음을 인정한 뒤 개개인의 재산을 측정한 값을 기반으로 세금을 걷고자 하였다. 다시 말해 부를 많이 가진 사람은 세금도 많이 내야 했다.

징세의 초점이 개인이 아닌 개인이 소유한 부로 이동하면서 상인의 부가 점점 더 중요한 세수의 바탕이 되었다.[15] 그리고 각기 다른 경제적 생산성에 따라 세금 부담이 달리 적용됨으로써 주州라는 행정 단위를 넘어서는 중간 재정 행정 단위가 작동하기 시작하였다. 어떤 면에서 볼 때, 이 모든 변화는 진나라 비전의 공식적인 종말을 나타내는 것이었다. 진나라는 개개인의 사회경제적 지위와 권력에 상관없이 행정 단위를 작고 균일하게 만들어서 인구에 대한 직접적인 통제를 추구하였다. 진나라 모델의 종말은 국가-사회관계에서 거대한 변화를 의미하였다. 그렇지만 국가 관료제 자체가 바뀐 것은 아니었다. 다만 다양한 종류의 중간 매개체들이 그전보다 더 활성화되었다.

명·청 제국

명나라(1368~1644) 창건자인 주원장朱元璋(재위 1368~1398)은 국력을 강화하기 위해 정교한 정치적 통제와 행정 시스템을 발전시키고자 하였다. 예컨대 주원장도 진시황처럼 노동력을 수월하게 징발하고 세금을 효과적으로 걷기 위하여 농부들을 토지에 긴박緊縛시켰다. 그리고 문제를 일으킬 잠재적 소지가 있는 사람들을 좀 더 잘 감시할 수 있는 지역으로 이주시켰다. 한술 더 떠서 해양무역까지 금지하였다. 당나라 초기 통치자들이 균전제를 통해 시도하였던 것처럼 주원장 또한 개개인과 그들의 토지에 대한 자세한 정보를 취합해 호적을 작성하였다. 몽골족의 선례를 따라 제국의 모든 주민에게 직업적 범주occupational category를 부여하였다. 그리하여 주민들은 국가가 자신들의 노동력을 예측 가능한 방식으로 징발할 것이라고 기대했다. 게다가 주원장은 제국의 여러 지역에서 다양한 방식으로 열리던 신에 대한 제사를 파악하여, 국가 관료제에 맞추어 각종 제사의 위상을 정리하였다.

　그러나 16세기 이래로 이러한 건국기의 정책들을 밀어붙이는 명나라 정부의 능력이 눈에 띄게 저하되기 시작하였다. 사실 명나라 초기 정책들 중 완전히 성공한 것은 거의 없었다. 예컨대 주민들의 자유로운 이주를 법적으로 금지하였으나, 명나라 후기에 그러한 금지 조항은 거의 지켜지지 않았다. 주신周臣 (1472~1535년경 활동)의 〈유민도流民圖〉는 번영한 중국 도시의 거리를 떠도는 사람들의 모습을 묘사했는데, 이를 통해 당시 중국 제국에는 거지와 떠돌이 같은 유민流民, floating population이 넘쳐나고 있었음을 짐작할 수 있다. 이른바 '해금海禁, sea ban' 또한 철폐되었다. 지방관들은 종종 보고를 누락했으며, 정부는 새로운 지역을 정복하고 나면 그곳의 엘리트들과 새삼 협상을 해야만 했다. 정해놓은 직업적 범주가 있음에도 사람들은 자기에게 할당된 직업적 의무를 직접 수행하기보다는 다른 사람을 돈으로 고용해서 그 의무를 대신 이행하게끔 하였다.

제임스 스콧이 말한 바와 같이,[16] 국가의 하향식 집행과 사회 공학적 접근은 종종 설정한 목표를 달성하지 못한다. 논리적으로 계획되고, 통합되고, 중앙집권화된 행정체계는 현실에서 거의 실현되지 않는다. 주원장과 그의 부하들은 명나라를 폐쇄적이고 안정된 국가로 만들기에만 부심했을 뿐, 그 건국기의 비전에서 장차 어떤 동적인 발전이 일어날지 그리고 그 발전을 어떻게 포괄할지는 고려하지 못했던 것이다. 명나라 말기쯤 상업혁명이 발생하였고, 화폐경제는 명나라 창건 당시에는 상상할 수 없을 만큼 발전하였다.

과거 시험 제도가 귀족 권력의 토대를 침식했다고는 하지만, 명나라 중기 이후 지주들의 대응력은 지속적으로 성장해온 것으로 보인다. 명나라와 청나라 정부는 시장과 지방사회에 낮은 세

| 〈유민도〉 | 명나라는 정치적 통제와 효과적인 세금 징수를 위해 주민들의 이주를 법으로 금지했을 뿐 아니라 해양무역까지 금지하였다. 그러나 초기 정책들은 대부분 성공하지 못하고 대도시에는 거지와 떠돌이 들이 넘쳐났다. 주신이 그린 〈유민도〉(1516)는 그들의 모습을 매우 사실적으로 묘사하고 있다. 전체 31.9×244.5cm, 미국 클리블랜드미술관 소장.

금을 매기는 등 대체로 사회에 대해 비개입적 태도를 보였다. 중앙에서 임명한 관리들이 구체적인 지방 행정에 직접 개입할 수 없었음을 보여주는 하나의 지표는, 지방관 대 지방민의 비율이다. 한 계산에 따르면, 청나라 후기에 지방관 한 명이 담당하는 지방민은 20만~30만 명이나 되었고, 지방관은 과거 시험을 통과하지 않은 (거의) 세습직인 지방 아전들의 도움을 받아 행정을 꾸려나갔다.[17] 요컨대 명나라와 청나라, 즉 후기 중국 제국은 국가 관료제라는 단일한 원리에 의해 더 이상 조직될 수 없었다.

후기 중국 제국은 사회적 유대의 동학associative dynamic을 상당 부분 받아들이고, 사회적 네트워크에 의존해가며 통치하였다. 광범위한 결사체와 준準중간 단체들quasiintermediary bodies이 국가 기능의 버팀목과 소품 구실을 한 셈이었다. 바로 이러한 이유로, 아오키 마사히코靑木昌彦는 당시 국가 관료제와 사회적 행위자가 상호 배제적으로 조직화되지 않았다는 의미에서 후기 중국 제국을 상호 침투적 국가interpenetrative state라고 불렀다.[18] 사회적 자율성과 국가 통제 간의 경계선 역시 명확하게 정의된 바 없었다. 당시 그러한 경계선이란 국가와 사회의 끊임없는 상호 작용 과정의 결과였다.

중국 정치사 및 정치사상을 전제주의로 싸잡아 보는 학자들은 전근대 시기 중국의 행정력을 과대평가하는 경향이 있다. "군주 전제제도의 중요한 특징 가운데 하나는 행정권력이 일체를 지배하는 것이다. 군주가 관직을 나누어 설치한 주된 목적은 민중 통제와 지배인데, 바로 이것이 향리에서 관리들이 제멋대로 굴

수 있는 조건을 만들어준다."[19] 그러나 국가 행정의 전체 그림을 그리기 위해서는 지방 행정 처리에 아전들, 즉 서리胥吏와 아역衙役 들이 필수 불가결한 역할을 했음을 기억해야 한다. 비록 서리와 아역 들이 실제로 행정 위계의 말단에서 잡무를 맡았다고는 하지만 그들은 중앙에서 임명한 관료가 아니었다. 적어도 겉으로는 법적 규정statutory regulation에 구속되지 않는 존재였다. 그들은 봉급 대신 지역민에게서 수수료customary fees를 챙겼다. 그들은 대체로 자기 고향에서 일했으며, 지위를 세습하였다. 요컨대 중앙정부는 적어도 공개적으로는 서리와 아역을 정식 공무원으로 인정하지 않았다.

이 때문에 과연 어떤 의미에서 서리와 아역이 국가 관료제의 일부였는지, 어느 정도로 그들이 중앙정부에 충성했는지는 분명하지 않다. 비록 많은 사대부는 서리와 아역이 부도덕하다고 비판했지만, 아무도 그들의 역할을 부정하지는 않았다. 그들의 존재 자체가 공식적인 법적 규정을 위반하는 것처럼 보일지라도, 이 비공식적인 체제를 국가가 받아들인 한, 서리와 아역은 국가와 사회의 틈새에서 '국가 효과state effect'[20]라고 부를 만한 것을 산출해냈다.

후기 국가 성격과 지배층

후기 중국 제국이 인구 증가에도 불구하고 관료제를 확대하지 않음에 따라 중국은 더 이상 국가 관료제라는 단일한 원리에 의해 조직될 수 없고, 보완적인 체제가 필요하게 되었다. 그러한 상황에서 관료는 아니면서 관료에 준하는 역할을 한 엘리트 집단을 학계에서는 신사紳士층이라고 부른다. 신사층 연구라는 주제하에 수행된 후기 중국 제국 시기의 지배층 연구는 중국사의 중요한 하위 주제 가운데 하나로서 제법 오랜 역사를 가지고 있다. "신사층에 대한 연구는 1950년대 이래 세계 학계의 중요한 관심사로 대두"[21]한 이래 다양한 경로를 거치며 발전하였다. 그리고 신사층 연구뿐 아니라 봉건封建주의 대 전제專制주의 논쟁, 시민사회 논쟁, 지방사회 연구 등을 통해 후기 중국 제국 시기의 지배층을 어떻게 이해할 것인가 하는 문제의식은 꾸준히 지속되어왔다.

신사층에 관한 연구는 한국 학계뿐 아니라 동서양 학계에서도 많이 이루어졌다. 그리고 직간접적으로 관련된 연구사 정리만 해도 적지 않다.[22] 그런데 연구의 다양함과 활발함에도 불구하고, 신사층을 비롯한 지배층 연구는 아직 시작 단계에 불과하다고 하거나[23] 이제까지의 결론이 너무 다양해서 통일적 이해를 얻지 못하고 있다는 진단이 많다.[24] 신사층에 대한 견해 차이는 곧 중국의 역대 국가 성격에 대한 견해 차이와 연동되어 있다. 다음에서는 아직 학계의 합의가 충분하다고 볼 수 없는 이 현재진행형인 주제에 대하여 그간 어떤 입장이 개진되어왔는지 사회경제사적 접근과 지방사회론적 접근으로 크게 나누어 살펴보겠다.[25]

사회경제사적 접근

신사紳士는 누구인가? 한 논문은 신사를 다음과 같이 정의하였다.

> 명청시대 사회의 지배층은 신사(신금紳衿이라고도 함)였다. 신사
> 는 진사進士를 포함한 관직 경력자와 아직 관료가 되지 못한 학
> 위소지자를 포함하는 개념이며, 과거제, 연납제捐納制, 학교제
> 등을 매개로 하여 나타난 정치사회적인 지배층을 총칭하는 개
> 념이다.[26]

일견 명백해 보이는 신사에 대한 이런 정의는 향신鄕紳, 젠트
리gentry 등 동서양 학계에 통용되던 용어들 간의 경합을 거쳐,[27]
그리고 해당 범주의 포함 범위에 대한 논쟁을 거쳐 도출된 오랜
연구사의 산물이다.[28] 이렇게 정리된 신사의 정의를 일종의 작업
가설로 받아들인다고 할 때, 신사의 정체성에서 핵심적인 것은
'국가'[29]이다.[30] 신사가 관직 경력자와 관직 예비군을 모두 포함
한다고 할 때, 그들을 묶어줄 수 있는 공통분모는 관직과의 (잠재
적) 관련성이다. 그리고 명·청시대 관직은 국가가 관장하는 과거
제/학교제를 매개로 부여되었기 때문에[31] 신사의 정체성에서 국
가의 역할이 핵심이라고 할 수 있다. 신사층의 정체성이 국가에
달려 있음은 신사층의 세부 단위를 논하는 지점에서도 거듭 확인
된다.

생원은 이미 홍무년간洪武年間(1368~1398)부터 9품관품官에 준하는 특권을 국가로부터 부여받았다. … 그 결과, 명초로부터 국가와 사회에서 이들 생원을 모두 사대부의 일원으로 인정하게 되었으며 생원 스스로도 사대부라는 자각과 공의식公意識을 체득하고 있었다. … 또 사상적, 실제적인 면에서 생원이 사대부 계층에 포함될 가능성은 여기에 있었다. … 감생은 홍무년간부터 요역 우면 등 생원과 유사한 특권을 국가로부터 부여받았고, 또 평생토록 보장되었다. 명대의 감생[중기 이후에는 공생, 예감생 포함]의 사회적 성격이 당송시대의 태학생과 다르고, 또 사상적, 실제적인 면에서 사대부 계층에 포함될 여지가 여기에 있었다.[32]

신사층 정체성의 결정적 요소가 국가, 특히 국가가 부여하는 다양한 사회경제적 혜택이라고 간주하는 것은 많은 학자가 지지하고 있는 입장이다.[33] 이를테면 취퉁쭈瞿同祖, Chu, T'ung-tsu와 필립 쿤Philip Kuhn 모두 이 엘리트층이 관료층the official gentry과 비관료층the scholar-gentry으로 나뉠 수 있다는 데 동의한다. 관료층은 관직을 가지고 자신의 고향을 떠나 있는 상태인 반면, 비관료층은 고향에 머물러 있다.[34]

그럼에도 이 두 집단을 하나의 정치 행위자 단위로 묶을 수 있는가? 비록 관직을 가지고 있지 않은 경우라 해도, 관료층과 마찬가지로 과거 시험 합격 기록을 가지고 있다는 특징이 있다. 그리고 관련 학자들에 따르면, 두 집단 모두 다양한 네트워크에 연결되어 하나의 지배 엘리트층을 이룬다. 이로 인해 파견 나온 관료들의 이해와 지방 공동체local communities의 이해는 수렴되고 상호 갈등은 최소화된다. 그리고 신사층은 공동체에 대한 영향력, 배움에 대한 정통적인orthodox 입장, 통치에 대한 관심 등 공통된 특징을 가지고 있다.

아마도 관료층과 비관료 엘리트층을 하나로 묶을 수 있는 저변의 가장 큰 요인은, 앞서 언급한 후기 중국 제국 시기에 나타난 관료제 규모와 인구 증가 간의 불균형이라고 할 수 있다.[35] 이 불균형에 대해서는 윌리엄 스키너G. William Skinner를 비롯한 여러 학자가 명시적으로 지적한 바 있고,[36] 보다 구체적인 묘사로는 다음과 같은 기술을 참고할 수 있다.

현성에는 지사가 있어서 관내의 민사업무에 대해 지방 엘리트를 통해 절충한다. … 관민쌍방의 합의, 절충이 필요한 안건은 수리, 하천 관리, 토목, 복지, 구제, 세율 개정, 치안 등 … 매우 많았다. 관료의 총수는 당대부터 청대까지 3만 명 정도, 행정도시 총수는 현성급이 1,300개, 부/주성급이 300개가 채 되지 못하는 양상이 1,000여 년간이나 지속되었다. 반대로 당-청대 간 총인구는 8배나 증가했으므로, 민간 지도자에게 위임 처리해야 하는 안건은 계속 증가했다. 모조 관치 조직이 생겨난 것도 당연하였다.[37]

후기 중국 제국 시기에 일어난 폭발적인 인구 증가에도 불구하고 관직 수가 늘어나지 않았다면 어떻게 그 많은 잠재적인 관직 희망자를 계속해서 국가의 이해관계 속에 묶어둘 수 있었을까? 관직을 얻을 수 있는 가능성은 극히 낮아졌는데도 왜 많은 사람이 과거 시험에 연연했을까? 많은 학자가, 실질적으로 최종 단계까지의 합격률은 낮아도 진사 아래의 학위 소지자들까지 (관직 없이도) 사회의 엘리트로서 간주되었으며, 따라서 세제 혜택을 비롯한 다양한 사회적 혜택을 누렸음을 지적한다. 그리고 과거 시험에 실패한 사람들조차도 교육자로서 나쁘지 않은 경력을 쌓아갈 수 있었다. 그 결과 관직 수가 허용하는 것보다 훨씬 많은 수의 사람이 자신의 명운을 국가에 의존하게 되었다. 그리고 중국의 과거 제도는 지역별 할당제나 익명 시험 제도 등 다양한 기제를 통해 공정성을 확보하고자 노력했으며, 그로 인해 (시대에 따라 차이는 있지만) 상당한 수준의 계층 상승 효과를 발휘한 것으로 알려져 있다. 그러한 신분 상승의 가능성 때문에 실제 합격하는 사람들에 비해 훨씬 많은 사람이 그 체제에 자신의 장래를 걸고, 자신과 체제를 동일시하게 되었다.[38] 그 밖에도 과거 시험 제도는 엘리트의 각종 네트워크를 형성하는 데 기반이 되었고, 공통 가치common value를 생성하고 유지하는 기제로 기능했다.[39]

이처럼 신사가 자신의 정체성에 대한 보장을 국가로부터 받았다면, 신사층은 국가의 어떤 이해에 봉사하였는가? 이에 대해 한국의 대표적인 신사층 연구자인 오금성은 다음과 같이 말한 바 있다.

근대 이전 중국의 사회 발전 과정에 나타난 국가의 기능은 절대적이었다. 그것이 가능했던 이면에는, 각 시대마다 그것을 가능케 한 윤활유 역할을 한 계층이 있었다. 명대 중엽부터 청 말에 이르는 시기에는 신사가 바로 그러한 역할을 담당하였다.[40]

이 언명은 국가가 '절대적' 기능을 발휘할 수 있게 된 데에는 국가에 협조적이었던 신사층이 있었다는 내용이다. 그런데 이러한 언명은 국가의 절대성에 대한 주장과 신사층의 정체성에 대한 주장으로 분리해볼 수 있다. 그렇게 분리했을 때 우리는 비로소 별도의 논의가 필요한 두 가지 사안─국가의 절대성과 신사층의 정체성─에 대한 견해가 하나의 특정한 방식으로 결합하여, 논쟁적인 주장으로 성립하고 있음을 알 수 있다.

먼저 국가의 절대성 명제를 살펴보자. 연구자가 의식하든 하지 않든 간에, 중국의 국가가 '절대적 기능'을 수행한다는 주장은 후기 중국 제국을 일종의 전제주의 국가로 바라보고 있음을 시사한다. 중국의 국가를 전제주의로 해석하는 이 입장은 다양한 지적 전통 속에서 존재해왔다.[41] 첫째, 마르크스주의 전통을 일부 계승한 비트포겔Karl August Wittfogel(1896~1988)이 수력사회水力社會, hydraulic society 성격을 띤 전제주의 국가로서 중국을 정의한 바 있다.[42] 그 밖에 일본 학계의 경우에도 기무라 마사오木村正雄 같은 학자는 국가가 대규모 수리水利기구를 통해 일반인을 인두적人頭的으로 지배할 수 있었다는 주장을 전개하고, 거기에 제민제지배론齊民制支配論이라는 이름을 붙였다.[43]

둘째, 과거제를 통해 황제가 귀족의 견제를 뿌리치고 전제적 권력을 확보하였다고 본 주장이 있다. 이처럼 과거제를 매개로 하여 신사층이 국가에 긴박되는 것으로 이해하는 입장은, 관련 연구자가 의식하든 하지 않든, 교토학파 나이토 고난內藤湖南(1866~1934)의 주장에서 그 연원을 찾을 수 있다.[44] 나이토 고난 및 교토학파 학자들은 당·송 변천기 이후 정치권력에 대해 근대적 성격을 가진 전제주의라고 정의한 바 있다. 그에 따르면 군주는 과거 시험 제도를 통해 잠재적 경쟁자인 다양한 귀족 혹은 호족층을 견제할 수 있는 관료 지배층을 확보할 수 있었다.

셋째, 일본 학계에서는 오랫동안 '전통 시기' 중국을 이른바 봉건사회로 규정할 것인가, 전제국가로 규정할 것인가를 두고 논쟁을 벌였다. 그들 중 다수는 신사층이 대체로 지주라는 점에 착안하였고, 지배 계급으로서 지주의 이해관계와 국가의 관계에 주목하였다.[45] 이 경우, 지주-신사층의 독자성을 강조하는 이들은 봉건사회론으로 기울었다. 그들은 국가가 특정 계급의 이해에 봉사한다는 입장을 취했기 때문에 국가는 종속변수에 가까운 것으로 이해되었다(그럼에도 불구하고 그 국가를 전제국가로 보는 입장이 없었던 것은 아니다). 지주-신사층을 우회해서 국가가 자작농과 직접 맺는 관계에 주목하는 경우 국가가 그 자체 독립변수로서 전제적 성격을 띠는 것으로 묘사되곤 하였다.

이렇게 볼 때, 국가를 종속변수로 보는 입장을 취하지 않는 한, 신사층 연구에서 국가를 상상하는 방식은 ①수력사회 혹은 그와 유사한 사회에서 나타나는 강력한 국가의 역할에 주목하고, 신사층은 그러한 국가의 역할 행사에 봉사하였다는 경우, ②신사층은 잠재적 관료로서 자신의 사회적 혜택을 국가에 전적으로 의존하기 때문에 국가와 자신을 동일시했다는 경우, ③신사층은 지주로서 자신의 이해를 보장받기 위해 국가의 보호가 필요했고, 자작농은 국가에 직접 예속 상태에 있었다고 보는 경우 등으로 크게 구별할 수 있다. 이 모든 경우의 수에서 국가의 모습은 전제적이다.

이와 관련하여 한국 학계는 일관된 입장을 가지고 있는 것으로 보이지는 않는다. 앞서 인용문에서 본 바와 같이 오금성은 ②의 경우를 강조해왔다. 동시에 사회경제사의 관점에서 이루어져온 일본의 신사층 연구를 일별한 뒤 "최후까지 국가 전제권력의 기초가 된 것은 광범위하게 존재한 자작농이었으므로, 자작농의 존재를 간과해서는 안 된다고 생각한다"[46]고 한다. 그렇다면 ②와 ③의 경우를 결합한 입장은 다음과 같이 재구성할 수 있다.

광범위한 자작농들이 국가 지배하에 있었다면, 국가의 전제 권력과 길항 관계를 이룰 수 있는 것은 자작농 수준을 넘어서는 지주로 신사층이라고 할 수밖에 없다. 그러한 국가에 대하여 지주-신사층의 권력이 강화되는 것은 비특권 지주들이 국가에 내야 할 세금을 피하기 위하여 세금 우면 특권을 가진 지주 아래로 투항하면서 생성 유지된다고 할 수 있다. 그러나 그런 현상 자체를 가능하게 하는 세금 우면 특권이 애초에 국가에서 부여하므로, 결국 신사층은 근본적으로 국가에 종속된다고 할 수 있다.

국가의 지배력을 자작농과의 관계에서 사유하든 지주-신사와의 관계에서 사유하든, 오금성 혹은 그와 유사한 입장을 취하는 학자들의 특징적인 면은 정교하게 발달한 신사층에 대한 연구를 동양적 전제주의에 대한 반론으로 활용하기보다는[47] 오히려 동양적 전제주의가 대표해왔던 국가의 절대성 테제를 지지하는 용도로 해석한다는 점이다. 앞 인용문에서 "국가의 기능은 절대적이었다"는 표현이 그 점을 확인해준다. 물론 오금성 같은 학자들도 중국의 관료제가 인구 증가에 비례하여 발전하지 못했다는 점을 잘 알고 있다. 그리고 그 부족한 지배 인프라를 신사층이 메웠다는 것 역시 잘 알고 있다.

그런데 관료와 완전히 일치될 수는 없는 신사층의 지향성을 국가 종속적인 것으로 해석함으로써 비로소 국가는 관료제에 의존해서만은 얻을 수 없었던 '절대성'을 확보하게 되는 것이다. 해당 논자들이 신사층을 국가와 갈등을 빚기보다는 국가에 봉사하는 존재로 해석하고 있다는 사실은 앞 인용문에서 언급된 '윤활유' 같은 비유를 통해 재확인된다. 요컨대 오금성 및 그와 유사한 입장을 취하는 학자들에게 전제주의 국가관과 신사의 국가 종속적 정체성은 동전의 양면을 이룬다.

그러나 관료제의 규모가 커지지 않았다는 사실에 기반하여 신사층을 국가 종속적인 존재로 해석해야 할 이유는 없다. 신사층이 국가와 잠재적인 경쟁 관계에 있을 수 있는 다른 집단과 연대하고 동일시하게 될 가능성에 대하여 국가가 종종 우려하였다는 주장과 이를 뒷받침하는 증거가 적지 않다. 이를테면 행정 중심 체계를 일부러 경제적 중심지 체계와 일치시키지 않고 교차하는 구조로 구성했던 사실을 상기할 필요가 있다. 경제가 번성하

중국정치사상사

는 구역을 중심으로 인구가 증가할 때에도, 그에 맞추어 행정체계를 조정하려는 시도를 하지 않았던 것이다. 예를 들면 강남 지역이 아무리 발전해도 새로운 성을 설치하지 않았고, 장쑤江蘇·저장浙江·안후이安徽 세 성의 교계交界로서 분단하였던 통치체제를 지속하였고, 인구가 많은 부성府城은 그 배후지를 분할하여 다스렸다.[48] 이러한 조치에 대한 유력한 해석은 신사층이 (상인처럼) 증가하는 경제적 힘을 가진 세력과 결합하는 일을 막기 위해서라는 것이다.[49] 요컨대 후기 중국 제국 시기에 관료제가 불변의 상태로 있었던 저변의 한 이유는, '사회'에 패배하지 않으려는 '국가'의 소극적이지만 의식적인 선택이었던 셈이다.

이와 같은 해석에 동의하지 않더라도, 중앙정부-지방관-신사층-여타 계층 간의 관계가 앞서 논한 국가-신사 관계가 시사하는 것보다 훨씬 복잡다단했다는 사실은 분명하다. 장중리張仲禮, chung-li chang는 선구적인 신사 연구에서 이미 신사와 지방관이 밀착하는 것을 정부가 좋아하지 않은 사례, 지방관과 신사의 분쟁, 지역 대변자로서 정부를 향해 신사가 의견을 개진하는 사례, 중앙정부와 신사의 밀접한 관계를 지방관이 두려워한 사례, 신사가 조정에 대한 영향력을 이용하여 자신의 생각을 지방관에게 강요한 사례 등을 거론하였다.[50] 특히 신사층을 국가 관료의 연장선에서 볼 때는, 신사의 반관反官적 행동을 쉽게 설명할 수 없다는 난점이 있다.[51] 물론 전제국가 이론을 옹호하는 학자들도 이러한 사례들을 알고 있으나, 그들에게는 동림당東林黨 같은 저항성을 띤 신사층 운동도 "보다 나은 전제체제를 두고 겨루는 대립"에 불과한 것으로 간주될 뿐이다.[52] 그러나 그와 같은 해석에 만족하지 못하는 학자들은 지배 엘리트의 정체성과 활동에 대해 대안적 설명을 찾게 되었다.

지방사회론적 접근

지배 엘리트의 정체성을 국가에 환원했던 입장을 분석했을 때와 마찬가지로, 지배 엘리트를 국가에 비非종속적으로 보는 입장 역시 국가의 성격에 대한 주장과 엘리트의 정체성에 대한 주장으로 양분해볼 수 있다. 즉, 국가는 절대적인 힘을 가진 전제주의 국가가 아니라는 주장과 지배 엘리트가 자신의 정체성을 형성·유지하는 데 국가의 역할이 결정적이지 않다는 주장, 이렇게 동전의 양면처럼 나누어볼 수 있다.

앞서 논했듯이, 관료제 규모와 인구의 불균형은 사실 전제주의 국가 모델보다는 반反전제주의 국가 모델에 더 잘 어울릴 수 있다. 신사층이 국가의 이해에 충분히 호응할 때만 비로소 전제주의 국가 모델이 유지되며, 그러한 수준의 호응을 전제할 수 없을 때는 대안적 국가 모델을 상상할 수밖에 없다. 기존 연구자들은 관료제 네트워크로 환원되지 않는 다양한 네트워크의 존재를 입증해냈다. 시장질서에 기초한 별도의 네트워크를 입증한 스키너의 입론立論이 그 시작이었다.[53] 그리고 필립 쿤은 민병대 형성에 대한 연구로 자생적 지방 조직, 시장 네트워크, 준準군사 조직,

종족 조직, 비정통적 음성적 조직 등 관료 조직과 병존하는 다양한 네트워크의 존재를 보여준 바 있다.[54]

국가로 환원되지 않는 조직이 다양하게 존재하고 그 대부분에 신사층이 연루되어 있었다면, 신사층의 양태도 매우 복잡할 수밖에 없다. 특히 필립 쿤의 연구는 중국 정치사회사에 가장 중요한 것은 왕조의 변화에 의해 부침을 거듭하는 중앙무대가 아니라 지방사회라는 인상을 심어주었다.[55] 지방에 존재하는 신사층이야말로 ①왕조의 변화에도 불구하고 지속되는 '중국'이라는 '연속성'의 담지체이고, ②거대한 영토에도 불구하고 지속되는 중앙-지방, 도-농 간 연결의 담지체이며, ③관료제를 충원하는 동시에 그것을 보완하는 인력 공급원이었다. 중국사의 핵심이 (왕조 교체 같은 현상보다는) 지배층 대부분이 거주한 지방사회에 있었다면, 쿤의 연구는 지방사회로 연구 방향의 전환을 암묵적으로 촉구하는 셈이다. 실제로 이후 연구 흐름이 국가론에 대한 명시적인 토론이나 탐구 대신 지방사회에 대한 미시적 탐구로 바뀌었다.

그렇다면 신사층을 이해하는 데에는 어떤 변화가 나타났는가? 국가로 환원되지 않는 다양한 네트워크를 형성하며 자신의 존재 양태를 고민하는 존재가 신사층이라면, 그들의 정체성 역시 국가로만 환원되기 어렵고 복잡한 존재일 가능성이 크다. 그리고 명칭 자체가 이미 국가와의 환원적 관계를 암시하는 신사라는 표현은 더 이상 지배층을 포착하는 데 적합하지 않다. 기존에 신사층이라고 지목되어온 이들이 단순히 국가로 환원되지 않는 복합적 정체성을 가지고 있다고 새로이 이해되어야 할 뿐만 아니라, 국가와의 관련이 비교적 희박한 다른 집단도 지배층의 범주에 포함될 필요성이 생긴 것이다. 그리하여 힐러리 비티Hilary Beattie 및 이후의 세대들은 지배 엘리트를 논하는 데 지방 엘리트local elite라는 표현을 적극적으로 쓰기 시작하였다.[56] 물론 중앙정부에 뿌리를 둔 엘리트는 꾸준히 존재했지만, 후기 제국 시기에 중국의 관료제가 그전에 비해 확장되지 않았으므로 그러한 중앙 엘리트는 후기 제국 시기 지배 엘리트의 특징을 보여주기는 어려웠다고 할 수 있다. 후기 제국 시기 중국의 지배 엘리트의 핵심을 이해하려면, 그 시기에 비약적으로 증가한 지방 엘리트층에 주목할 필요가 있다.

신사층에서 지방 엘리트로의 표현의 변화, 이는 사소한 변화처럼 보이지만 신사라는 말이 함의하는 국가 중심성을 제거하고 지방에 대한 영향력을 지표로 하여 엘리트를 정의한 것이다. 즉, 국가와의 관계가 무엇이든, 지방에 일정한 영향력을 행사하면 그들은 공통의 정치 행위자로 묶일 수 있는 길이 열린 것이다. 예컨대 신사층은 반드시 국가와의 관련 속에서만 사유될 필요 없이 상인이나 여타 영향력 있는 집단과 함께 묶일 수도 있다. 그렇다고 이 상대적으로 새로운 세대의 학자들이 국가가 부여하는 관직 혹은 과거 시험의 효과를 무시한 것은 아니었다. 그들이 보기에 신사층을 위시한 엘리트층의 정체성에 관한 한 국가가 부여하는 관직의 역할은 중요하되 '결정적'이지는 않았다.

이러한 맥락에서 지방 엘리트와 국가의 관계를 명시적으로 재고한 학자가 로버트 하임스Robert Hymes이다. "위신, 권력, 부의 원천으로서 관직이 '전통' 중국에서 중요하다는 것은 역사학자들 사이에서 상식이라고 할 수 있다. … 그런데 나는 관직은 흔히 제시되는 것과는 달리 궁극적이고 모든 것을 결정하는 표지가 아니라고 생각한다. 물론 그렇다고 관직의 중요성을 부인하는 것은 어리석은 일이다."[57] 그리하여 하임스는 자신의 저서 전반에 걸쳐 지방사회에서 관직이란 해당 인물의 사회적 위치에 영향을 미칠 수 있는 여러 가지 자원 중 하나에 불과함을 보여주었다. 그에 따르면, 관직 수여자로서 국가라는 변수에만 주목하면 북송北宋(960~1127)과 남송南宋(1127~1279) 엘리트의 차이를 이해할 수 없다. 그리고 남송 엘리트에 대한 몰이해는 곧 그 패턴이 이어진 후기 중국 제국에 대한 이해 불가를 의미한다.

하임스의 남송 연구에 담긴 함의는, 남송 시기에 이루어진 지배층의 성격이 명·청시대까지 지속된다는 것이다. 하임스의 견해에 따르면, 송·원시대의 지배층은 사대부이고 명·청시대의 지배층은 신사라는 도식[58]은 재고되어야 한다. 특정 종류의 지방 엘리트가 남송 시기를 기점으로 본격적으로 형성되어, 그 이후까지 지속되었기 때문이다. 그리고 그 지방 엘리트 경우 국가와 맺는 관계가 그전과는 확연히 다르다. 앞서 필립 쿤의 연구가 시사했던 것과 마찬가지로, 하임스의 연구 역시 왕조 교체처럼 현상적으로 드러나는 대사건보다 더 중요할 수도 있는 저류의 흐름에 주목했다고 할 수 있다.[59] 그렇게 볼 때 남송은 북송보다는 이후의 시대와 더 친연성이 있다. 결국 북송에서 남송으로의 변천은 당에서 송으로의 변천만큼이나 중요하다.

　중국 학계가 오랫동안 마르크스주의 역사관을 유지함에 따라 지방사회 연구로의 전환이 늦었던 데 반해 일본 학계에서는 힐러리 비티나 로버트 하임스가 보여주는 것과 유사한 지방사회 연구가 비교적 일찍이 시작되었다. 일본 학계의 지방사회 연구로의 전환은 마르크스주의적 해석틀과 전제주의 국가관으로부터의 이탈을 의미한다. 따라서 지배층의 경제적 성격(지주)에 집중하는 대신, 문화적 측면에도 주목하였고,[60] 국가의 지배력이 전제적이라고 가정하지 않기 때문에 국가에 대한 논의 대신에 실제로 지방사회의 형성과 운영의 동학을 연구하는 데 집중할 수 있었다.

　지역사회에 존재하는 다양한 동학에 주목하고, 그 다양하고 애매한 모습 자체가 특징임을 역설한 대표적인 인물은 기시모토 미오岸本美緒이다.[61] 기시모토 미오가 재구성하는 지방사회의 모습은 수직·수평의 관계들이 다양한 양상으로 교차하는데, 그와 같은 구도 속에서는 신사층 자체가 통일된 정치적 행위자로 더 이상 취급되지 않는다. 기시모토 미오는 '발전 단계론적 사회경제사 연구'에 저항하는 자신의 연구에 자의식이 확고했다.[62] 그리하여 기시모토 미오는 자신의 연구방법론을 '방법론적 개인주의'라고 불렀다. 이와 같은 연구 태도는 국가론에 대한 고찰을 결여하고 있다는 비판을 받았다. 그러나 기시모토 미오 같은 학자들은 자신들의 국가론 결여를 결함으로 받아들이기보다는 도리어 이전에 거시적 관점에 매몰되어 미시적 연구를 소홀히 한 것에 대한 건전한 대안으로 간주하였다. 이러한 흐름 속에서도 보다 거시적인 차원에서 연구 결과들을 개념화하려는 시도가 전혀 없었던 것은 아니지만[63] 거시적 구조에서 개별 행위자로 연구의 중심축이 변화한 것은 분명하다.[64]

지방사회론으로의 전환은 거시적인 구조보다는 각 행위자 간의 미시적 행태에 관심을 두었다는 점에서 보다 구체적인 경험 연구를 추동했다고 할 수 있다. 그러한 경험적 연구의 장점을 십분 긍정하는 동시에, 과연 그러한 구체적인 경험 연구들이 국가와 사회라는 보다 거시적인 논의를 완전히 대체할 수 있는지에 대해 의문을 가질 수 있다. 기시모토 미오가 회고하듯이, 자신이 방법론적 개인주의로 선회할 때 저항 대상으로 염두에 두었던 것은 '발전 단계론적'인 연구 태도, 다시 말해 마르크스주의에 기초한 거시적 국가/사회 담론이었다. 주지하다시피 그와 같은 거시 담론은 일본의 제2차 세계대전 참전과 연루된 중국 정체론停滯論을 극복하기 위한 것이었다.[65] 중국이 정체되어 있다는 주장은 (침략을 포함한) 외부의 충격을 정당화하였기 때문에 제2차 세계대전 이후 학계의 반성은 중국의 발전을 어떻게 단계론적으로 입증할 수 있는가에 집중되었다. 그 과정에서 (마르크스주의에 기반한) 역사 발전 단계론이 큰 영향을 끼쳤고, 그와 같은 역사 발전 단계론에서 상정하고 있는 전제주의 국가관이 국가론 전반을 대표하였던 것이다.

국가론과 정치사상

학계 전반에 팽배하던 정치적 거시 담론이 차츰 소진되어가면서 구체적이고 경험적인 연구가 성장한 것은 자연스럽고 바람직한 흐름이었다고 평가할 수 있다. 그러나 '국가'는 현재 인류가 특정 시기 이후 경험해온 대부분의 공동체에서 지속적으로 경험하는 현상을 지시하고 있다고 할 때, 거시 담론의 소진과 더불어 사라질 수 있는 주제는 아니다. (특히 일본의) 지방사회론에서는 국가라는 '개념'을 중앙이라는 '용어'가 대체하곤 하였는데, 그러한 현상이 지속될 경우 그것은 국가에 대한 개념화를 마냥 유보하는 태도를 불러올 수 있다. 연구자들이 자료의 축적과 정리에 기반한 경험적 연구에 만족하지 않고 그 축적된 경험적 자료들을 개념화를 거쳐 체계화하고자 한다면, 그러한 미시적인 연구와 공존할 수 있는 유형의 국가/사회론은 무엇인지 질문해야 한다. 다시 말해, 전제주의 국가론과 방법론적 개인주의의 어느 한 극으로 환원되지 않으면서 지탱될 수 있는 국가/사회 담론은 무엇인가? 이 질문에 답하기 위해서는 사상 및 사회과학의 역사에서 출현하였던 (전제국가론에 국한되지 않는) 다양한 국가론이 호출될 필요가 있다.

더불어 제기되어야 할 것은 '방법론적 개인주의'가 고양하는 바의 행위 주체의 성격에 대한 질문이다. 기시모토 미오의 연구가 보여주듯이 지방사회의 피치자들은 권력에 대하여 종횡으로 다양한 입장을 취할 수 있는 존재들이었다. 이런 지방사회 연구론자들은 여전히 사회사 혹은 경제사의 방법에 의지하되 그에 국한하지 않는다는 특징, 즉 무슨 방법이든 유용하면 활용하고자 하는 융통성을 가지고 있었다. 그 결과 경제적 이해관계로 환원되지 않는 다양한 모습을 포착하는 성과를 올렸다. 그러나 흥미롭게도 사상사의 방법론은 이러한 연구에 충분히 반영되지 않았다.

이를테면 한국의 신사층 연구자들도 후기 제국 시기에 널리 알려진 사상가인 왕양명王陽明(1472~1528)에 관한 연구를 발표한 바 있고,[66] 일본의 지방사회론의 대표적 연구자인 기시모토 미오 역시 명말의 양명학에 대해 연구한 바 있다.[67] 그런데 그와 같은 연구는 왕양명의 양지설良知說 같은 이론이 어떻게 왕양명이 전개한 여타 활동과 관련될 수 있는가를 살피는 종류로서(9장 참조), 사상사의 관점을 본격적으로 사회의 거시적 구조 연구에 반영한 것은 아니었다. 다시 말해 그들의 연구에서 철학 이론은 정치 행위자의 정체성이나 해당 국가-사회 관계에 대한 본격적인 논의로 이어지지 않았다.[68]

그렇다면 정치사상사가 정치 행위자의 성격에 관하여 공헌하는 지점은 어디인가? 정치사상사의 관점을 빌려 우리는 비로소 이른바 지배 엘리트가 우리의 개념에 의해 분석되기를 기다리는 경험적이고 수동적인 자료에 그치지 않고 스스로 자신들의 행위를 개념화하고 의미를 부여하는 존재들이었다는 점을 음미할 수 있게 된다. 즉, 그들은 그들 나름대로 국가, 사회, 공公적인 성격 등을 개념화하고, 그러한 개념을 통해 구성된 우주 안에서 자신들의 정체성을 해석하고self-interpretation, 그에 따라 자신들의 활동을 규율하고자 했던 복합적인 존재였다는 것이다. 이 점에서 우리는 당시 지배층을 표면적 이해관계의 동학에 의해 해석하는 데 그치지 않고, 그들이 향유한 의식의 심층에 접근할 필요성을 느끼게 된다. 그러한 의식의 층위는 개개인마다 다르고, 모든 이가 사상가의 반열에 있었던 것은 아니지만, 도학道學을 생산·소비한 신사층의 리더십을 인정하는 한, 그와 같은 의식이 미쳤던 영향에 대해 과소평가할 수 없다. 특히 명·청시대 지배 엘리트가 공유하였던 도학은 마치 당나라 지배층의 시문詩文에 대한 소양과도 같았다. 즉, 당시 엘리트 세계에 입문하고자 하는 이들은 도학이라고 불리는 철학적 소양을 습득해야만 했다.[69]

이처럼 당시 지배층을 사상의 소비자에 그치지 않고 생산자로 볼 때, 우리는 비로소 그간 학자들을 괴롭혔던 역사적 현상의 다양성을 조금 더 이해할 수 있게 된다. 앞에서 살펴보았듯이, 후기 중국 제국 시기 연구사는 어떠한 뚜렷한 합의점에 도달하지 못한 채 보다 경험적인 연구로 방향을 선회한 바 있다.[70] 당시의 행위 주체를 일정한 요인에 의해 단일하게 설명 가능한 존재로 보는 한, 그들의 행태가 드러내는 복합성과 다양성은 끝내 이해할 수 없게 된다. 그 대신 그들을 자신의 세계와 정체성을 스스로 정의할 수 있는 보다 창의적인 존재로 인정한다면, 그들이 보여준 복합성과 다양성 ─ 앞서 언급한 바 있는 관료체제와 맺는 탄력적인 관계 및 각 지방사회의 구성원의 확일화되지 않은 패턴 ─ 은 어쩌면 당연한 것인지도 모른다. 요컨대 사상을 국가라는 정치권력이 주는 혜택의 종속변수나 지주로서의 경제적 이해관계에 좌우되는 종속변수로 보지 않고, 그 자체를 독립변수로 간주할 때 비로소 역사상에 드러나는 다채로움을 보다 쉽게 이해할 수 있는 길이 열리게 된다.

실제로 후기 중국 제국 시기의 지배 엘리트의 최대 공약수는 관직의 보유 여부나 일정한 경제적 여건보다는 도학을 중심으로 한 사상체계였다.[71] 도학은 특성상 그 사상의 소비자들을 철학적 사변으로 인도하였고, 인도된 주체들은 자신의 정체성을 해석할 언어를 도학을 통해 공급받았다.[72] 그리하여 그 언어가 허락하는 한도 내에서, 혹은 그 언어와 창의적 긴장을 이루면서 자신들의 생각을 표현하고 그 생각을 살아내고자 하였다.[73] 6장에서는 후기 중국 제국 시기 엘리트들의 그러한 생각을 '형이상학 공화국'이라는 틀 속에서 분석할 것이다.

대외 관계

다음으로 대외 관계Foreign Relations를 살펴보자. 중국 제국이 자신의 특징적인 자아상을 세계 제국이라고 여기는 한, 통치자의 정치적인 관심은 국가라는 공간을 넘어서야 한다. 제국은 하나의 국가가 아니라 천하the 'sub-celestial' realm 전체에 영향력을 천명하는 존재이기 때문이다. 모든 정치적 권위가 궁극적으로 단 한 명인 황제에 의해 통합되어야 한다는 이러한 제국적 야심은 다국多國체제를 당연시하는 근대적 국가관과는 다르다. 그 점을 적극적

| 중국의 다양한 〈직공도〉 | 〈직공도(職貢圖)〉는 중국을 방문하는 주변국 사절단을 묘사하는 그림 장르로, 중화질서의 일단을 볼 수 있는 흥미로운 자료이다. 다음은 대대로 그려져 온 다양한 〈직공도〉이다.

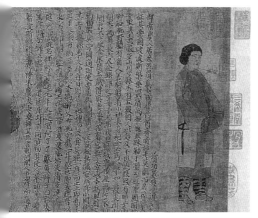

북송 때 모사된 양梁 왕조의 〈직공도〉로, 중국 남조 양나라(502~557)의 제4대 황제 소역(蕭繹) 재위 당시 각 나라에서 온 사신을 그렸다. 원래는 25명의 사신을 그렸는데 현재는 12명의 사신 그림만 남아 있다. 그림 속 사신은 모두 오른쪽을 향하고 있으며, 이어 해당 국가의 이름, 산, 강, 관습, 양 왕조와의 관계, 공물 항목 등이 적혀 있다. 오른쪽에서 세 번째가 백제, 다섯 번째가 왜의 사신이다. 25×198cm, 중국 베이징 중국국가박물관 소장.

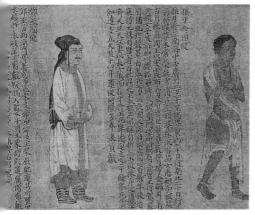

당나라 때 화가 염입본(閻立本, 600~673)이 그린 〈직공도〉로, 당 태종을 만나러 가는 티베트 사절의 모습을 그렸다. 현존하는 그림은 송나라 때의 모사본이다. 61.5×191.5cm, 타이완 타이베이 국립고궁박물원 소장.

당나라 때 화가 주방(周昉, 730?~ 800?)이 그린 〈만이집공도(蠻夷執貢圖)〉로, 머리띠를 한 곱슬머리와 수염, 허리띠와 짧은 칼 등은 유라시아 대초원의 튀르크족(돌궐족) 또는 거란족의 사신을 묘사한 것으로 추정된다. 그림 속 동물은 뿔이 길고 몸통이 흰 것이 중동 지역의 영양으로 추정된다. 46.4×39.5cm, 타이완 타이베이 국립고궁박물원 소장.

원나라 말기 화가 임백온(任伯溫)이 그린 〈직공도〉의 일부분으로, 유목민족이 조공품으로 말을 바치는 장면을 그린 것이다. 미국 샌프란시스코 아시아미술관 소장.

청나라 건륭제 때 화가 사수가 그린 〈직공도〉의 일부이다. 이 두루마리 그림은 청나라 영토가 확장됨에 따라 주변 국가와 청국에 포함된 소수민족의 모습을 계속 추가한 것이다. 각 그림 상단에는 건륭 황제의 국제 외교, 무역 및 민족 정책, 국경 규칙 등에 대한 내용이 중국어와 만주어로 쓰여 있다. 해당 그림은 중국 동북부, 무젠성, 타이완, 후난성, 광둥성, 광시성의 소수민족 이미지 61개가 포함되어 있는 사수의 두 번째 〈직공도〉 두루마리 그림에 실려 있는 것이다. 전체 33.8×1402.2cm, 타이완 타이베이 국립고궁박물원 소장.

으로 고려한다면, 국제 관계라기보다는 대외 관계라는 명칭으로 제국의 관심을 토론하는 것이 더 정확할지 모른다.

진나라는 중국의 경제적·인구학적 중심에서 멀리 있는 변경 지역조차도 직접적으로 통제하고 싶어 하였다. 변경 지역이라는 것이 종종 군대 주둔지 이상의 것이 아니었다고 할지라도 말이다. 그와는 대조적으로 한나라는 멀리 떨어져 있는 영토를 직접 다스리는 것이 실제로 거의 불가능했기 때문에 자신이 원하는 정치적 영향력을 유지하기 위하여 공식적인 관료제를 훨씬 넘어서는 여러 가지 간접적인 방책에 의존하였다. 중앙의 행정력이 충분히 미치지 않는 지역, 그리고 사람들이 별로 살지 않거나 거의 살지 않는 지역에 대해서 각 왕조는 나름대로 '영향권sphere of influence'을 유지하였다. 그 지역은 중앙정부의 영향력이 미치기는 하되 해당 지역민이 자신들의 일을 스스로 처리해나가게끔 자율권을 주는 공간이다. 이 공간에 대한 제도적 표현들의 예로는 한나라의 변군邊郡 혹은 속국屬國, the dependent states, 당나라의 기미羈縻, loose-rein prefectures, 명·청시대의 토사土司, local chieftain systems 등이 있다. 청나라의 개토귀류改土歸流 정책에서 볼 수 있듯이, 중국 통치자들은 국가의 힘을 공고히 하기 위하여 때때로 '영향권'을 국가의 직접적 행정 구조 속에 편입하고자 시도하였다. 그러나 전반적으로 말해 '영향권'의 전통은 근대 중국에도 자치구自治區, autonomous region의 형태로 여전히 살아 있다. '영향권'이란 결국 변경에 자리 잡은 소수민족의 지도자들이 자기 민족을 다스리는 상대적으로 자율적인 지역이다. 이러한 제도를 통해서 중앙정부는 이미 해당 지역을 다스리고 있는 그 소수민족 지도자들에게 공식적인 칭호와 인장을 수여하고, 해당 지역민의 기존 권력을 인정해주었다. 그 소수민족 지도자들은 제국의 조정에서 수여한 공식적인 인장을 받아들임으로써 자신의 입지를 강화하였다.

이러한 '영향권' 제도는 중앙집권을 추구하는 국가만의 창작품이 아니라 두 가지 구별되는 흐름이 합치된 결과이다. 일단 그것은 변경 지역에 질서 혹은 질서 비슷한 것을 정착시키고자 하는 중앙정부의 하향식top-down 노력이다. 중앙정부의 관점에서 보자면 '영향권'이란 중국 핵심부와 이른바 중국문화를 결여한 야만 세계 사이의 완충지대다. 다른 한편으로 해당 지역의 기존 권력자들이 자신들을 조직화해서 정권의 안전을 보장받고자 하는 노력의 일환일 수 있다. 지역 권력자의 관점에서 보자면 그들은 중앙정부의 인정과 칭호를 받아들임으로써 자신의 권력을 강화하고자 한 것이다. 준準관료 네트워크의 일부가 되지 않고는 변경 지역에 충분히 뿌리를 내릴 수 없었기 때문이다.

흉노와 중국의 정체성

전기 제국 시기the early imperial periods 대외 관계에서 가장 의미심장한 사태는 중앙아시아에 흉노 제국이라는 만만찮은 적수가 출현했다는 사실이다. 이는 중국정치사상의 발전에서도 중요하다.

니콜라 디 코스모Nicola Di Cosmo가 주장한 바와 같이,[74] 진나라의 천하 통일 이전에는 중국과 여러 외부 집단의 경계가 분명하지 않았다. 당시에 집단 정체성에 대한 어떤 유동적인 감각들이 존재하기는 했지만, 중국과 북쪽 변경 사회들 간의 경계는 분명히 정의되지 않았고, 각각의 영토적·문화적 통합성 역시 아직 확립되지 않았다. 우리가 '중국'으로 상상할 만한 국가 정체성의 발전은 이 흉노 제국의 등장에 크게 빚지고 있다.

진나라의 팽창주의는 그때까지 포괄적 정치질서를 결여하고 있던 여러 유목민이 뭉쳐서 큰 연합체를 만드는 계기가 되었다. 영토를 확장하면서 진나라는 황허 유역 남쪽에 있던 흉노족 및 다른 주민을 현대의 내몽골 지역으로 쫓아내는 데 성공하였다. 이러한 새로운 상황에 대응하여 흉노 제국의 창건자 묵특冒頓, Modun은 자신의 추종자들을 그러모아 원정에 나섰다. 묵특은 만주에서 중앙아시아에 이르기까지 폭넓은 일련의 승리를 거두었으며, 이러한 승리는 제국 형성의 계기를 마련했다. 흉노족이 리더라는 뜻으로 부른 선우單于, Shanyu의 영도력 아래에 그보다 힘이 약한 왕들이 피라미드 구조를 형성하며 모였다. 진나라의 천하 통일이 이루어지고 나서 얼마 지나지 않아 유목민들도 흉노족의 주도하에 하나의 거대한 제국으로 통일된 것이다. 이후 상당 기간 흉노 제국은 중국이라는 나라의 대척점에 선 세력으로 자리매김하였다. 그 결과 '중화' 관념은 단순히 문명을 나타내는 표지만이 아니라 정치체를 나타내는 의미까지 확실하게 획득하게 되었다.

흉노 제국은 전국시대에 존재했던 유목민 집단과는 질적으로 달랐다. 흉노 제국의 군사력은 대단했고, 결국 한나라를 자신들의 실질적인 조공국으로 만들어버렸다. 기원전 200년 평성平城에서 극적인 패배를 당한 이후 한나라는 수십 년 동안 치욕스러운 평화조약을 받아들여야만 했다(평성의 치욕). 기원전 198년에 맺은 조약으로 한나라는 매년 옷감, 음식, 여성을 바쳐야 했고, 그 대가로 흉노 제국은 한나라를 침략하지 않기로 약속했다. 이 치욕스러운 사건은 중국인들의 집단적인 기억에 오래 남게 되었고, 이후 여러 재해석의 대상이 되었다(그중 한 사례를 8장에서 논의할 것이다).

'중화'라는 것을 정치적 우위라는 점에서 정의한다면, 흉노야말로 한나라를 밀어내고 '중화'의 새로운 주인이 되었다고 해도 과장이 아닐 것이다. 적어도 흉노 제국의 형성으로 양극적 세계질서bipolar world order가 나타났다고 할 수 있다. 이것은 중국 사람들에게 미증유의 사태였다. 이는 중국인의 대외 관계 관념에 근본적인 변화를 일으켰다. 한나라 통치자와 지식인 들은 자신들의 정치적 경계를 훨씬 더 민감하게 의식하게 되었고, 자신이 누군지를 좀 더 확실히 정의하게끔 되었다. 그것을 잘 보여주는 사례가 사마천이다. 사마천은 『사기』에서 중국과 '야만족' 간 이분법의 전거를 제공하였다. "이전 황제의 명에 따르면, 장성 이북은 활을 당기는 나라로 선우의 명령을 받고, 장성 안쪽은 관대를 사용하는 나라로 짐의 통치를 받는다."[75] 이러한 양극적 세계질서의 이미지 속에서, 중국의 정체성은 공간적 원천(장성의 안과 밖),

문화적 원천(인궁引弓 대 관대冠帶), 민족적 원천(선우 대 중국 황제)에 의해 지지되었다. 게다가 현재 중국 인구 대다수를 차지하고 있는 민족은 주지하다시피 한족漢族이다. 이 한족이 진·한 시기에 와서 비로소 통합된 민족으로 자신을 인식하였다고 보는 것이 학계의 폭넓은 합의이다.

흉노 제국의 위협은 한족의 정치적 정체성을 분명히 하는 데 공헌했을 뿐 아니라 중국 제국의 국가성statehood을 형성하는 자극으로도 기능하였다. 초창기의 한나라는 충분히 통합된 나라가 아니었지만, 흉노족의 실질적인 조공국 처지에서 벗어나 패권국가로 탈바꿈하는 과정에서 한나라는 완연한 국가성을 획득하였다. 그 과정에서 한무제가 핵심적인 역할을 하였다. 한무제는 농업지대의 보급에 의존하여 중앙아시아로까지 원정을 감행하였다. 이 원정을 위해서는 병참 차원의 막대한 준비가 이루어져야 했으며, 추가적인 자원 동원이 불가피했다. 이는 한나라의 자원 동원력과 행정력의 확대를 초래하는 한편, 지역에서 자원을 보유하고 있던 실력자들의 기득권을 침해하는 결과를 가져왔다. 이러한 긴장은 그 유명한 『염철론鹽鐵論』의 배경이 되었다. 중앙아시아 원정에 대하여 서로 다른 견해를 가진 양측이 국가 정책 결정 과정에 적극적으로 참여해서 자신들의 의견을 반영하고자 노력하는 모습을 『염철론』에서 확인할 수 있다.

요컨대 진나라와 한나라의 천하 통일, 그로부터 초래된 양극적인 대외 관계, '중국'이라는 분명한 국가 정체성의 출현, 자원 동원 시스템으로서 국가의 공고화, 이러한 흐름을 반영하는 정치

사상의 발전 등은 모두 서로 연결되어 있다. 이제 지금까지 논의한 진나라와 한나라의 정치적 맥락에 대한 반응으로서 어떻게 당시의 정치사상이 전개되었는지 검토할 차례이다.

상앙의 개혁론

상앙商鞅(B.C. 390?~B.C. 338?)은 진秦나라의 군사적·정치적 성공을 가능케 한 이론적·제도적 청사진을 제공한 인물로 추정되고 있다. 진나라에서 이루어진 장기 개혁을 단 한 명의 사상가의 공으로 돌리지 말아야 한다고 한 마크 루이스의 견해는 옳다.[76] 하지만 상앙이 썼다고 전하는 (그러나 실제로는 한나라 때 편집된)『상군서商君書』가 진나라 개혁의 이론적인 정당화를 가장 잘 담고 있는 것도 사실이다.[77] 이하 상앙에 대한 논의는 역사적 실존 인물인 상앙이 일련의 개혁을 단행하고 그 개혁을 뒷받침하는 사상을 가졌다는 취지에서 다루는 것이 아니라, 오랫동안 그러한 사상과 개혁의 주인공으로 상앙이 취급되어왔으며, 그러한 관점에서『상군서』가 편집되었음을 밝히기 위한 것이다.

상앙은 본래 위衛나라의 사람이었으나 기원전 4세기 중엽에 진나라의 재상이 되었다. 그는 당시를 특징짓는 만성적인 전쟁에서 이기고 살아남을 방법을 진나라 통치자에게 건의하였다. 통치자를 설득하는 데 성공한 상앙은 기원전 359년 이래 야심 찬 제도 개혁을 감행하였다. 개혁의 골자는 다음과 같다.

(1) 농경지를 새로이 개척하고 거기에 체계적인 경계를 부여하였다. 그리고 국가가 농민에게 직접 경작권을 부여하는 '수전제授田制'를 실행하고, 그 토지에 대해 국가가 직접 세금을 징수하였다.

(2) 관작과 녹봉의 세습을 폐지하고 군공軍功을 세울 것을 장려하였다. 군공의 수준을 20등으로 나누고, 출신을 고려하지 않고 오직 군공에 근거하여 작위와 상을 부여하였다.

(3) 군주를 중심으로 하는 행정제도를 체계화하였다. 전국에 31개의 현縣을 두고, 현 아래 향鄕과 읍邑을 설치하였다. 그리고 주민들을 5호 혹은 10호 단위로 묶어 감독하는 십오편호제什伍編戶制를 실행하였다.

(4) 농업 생산을 장려하고 공업과 상업을 억제하는 정책을 추진하였다.

(5) 귀족이 근거하고 있는 대가족 제도를 폐지하고 핵가족 제도를 실시하였다. 남자가 성년이 되면 반드시 분가하도록 해 호구세를 늘렸다.

(6) 법령을 명료히 하고 널리 반포하였다.

(7) 유세 행위를 금지하였다.

(8) 『시詩』, 『서書』 등 전적을 태워 그 전적들에 기초해서 활동하는 지식인들의 영향을 축소하였다.

(9) 진나라의 도량형을 통일하였다.

이와 같은 개혁은 전 인구가 군사적인 정복에 헌신하도록 하는 데 목적이 있었다. 상앙은 무엇보다도 농토와 농민 간의 관계를 혁신하였다. 토지를 직사각형으로 등분한 뒤, 개개의 농민에게 나누어 주고, 호구별로 그 땅의 법적인 경작권을 (논자에 따라서는 소유권까지 일정 정도) 인정하였다. 이것이 곧 통치자가 더 이상 그 토지를 자기 소유로 여기지 않는다는 것을 의미하는 것은 아니었다. 그보다는, 농민들이 귀족이 소유한 토지에서 일하던 때에 비해 토지에 관해 상대적으로 더 강한 주장을 할 수 있게 되었음을 의미한다. 일정 정도 토지권을 인정받은 대신 농민들은 군역과 세금을 부담했고, 그것은 진나라의 영토 확장에 사용되었다. 국가와 개별 농민 사이의 중간 매개자가 사라지자 국가의 권위는 강화되었고, 세습적인 영주와 그들의 광범위한 친족 연대는 약화되었다.

그뿐 아니라 상앙은 통일된 행정체계를 수립하였다. 진나라의 전 인구가 전쟁과 공공사업에서의 실적에 따라 재조직되면서 기존 귀족들이 누리던 세습적 특권과 지위는 무시되었다. 그 결과 귀족의 권위와 위신은 땅에 떨어졌고, 엄격한 규칙에 의해 상벌을 제공하는 군주에게 권력이 집중되었다. 같은 맥락에서 상앙은 대가족을 핵가족으로 해체했는데, 두 쌍 이상의 부부가 하나의 호구에 사는 것이 금지되었다고 한다.[78] 두 쌍 이상의 부부가 함께 살면 군역과 세금을 부담해야 하는 성인 남자의 수가 은폐될 수 있기 때문이다. 각 호구는 5호 혹은 10호 단위로 상호 감시체제를 형성하고, 그 상호 감시 단위는 현縣이라는 보다 큰 군사 단위 아래 재조직되었다. 이 현 단위는 나중에 군현제로 발전

| **〈복생수경도〉** | 진시황의 분서갱유는 유명하다. 진나라의 뒤를 이은 한나라는 불타서 사라진 전적들을 복구하기 위해 애썼는데, 복생(伏生)은 분서갱유 당시 벽 속에 『서경』을 숨겨두었다가 한나라 때가 되자 이를 꺼내어 평생 『서경』을 가르쳤다. 그림은 명나라 화가 두근(杜菫, 1465~1509경 활동)이 그린 〈복생수경도(伏生授經圖)〉로, 복생이 왕이 보낸 신하에게 『서경』을 가르치고 있는 모습이 묘사되어 있으며, 그림에 나오는 여성은 복생의 딸로 알려져 있다. 147×104.5cm, 미국 뉴욕 메트로폴리탄미술관 소장.

하게 된다. 군주는 각 군郡에 중앙에서 임명한 지방관을 파견하여 세금 징수와 법 집행, 그리고 공적인 행정을 맡겼다.

사실, 상앙이 이러한 개혁 정책을 처음 창안한 것은 아니었다. 군사력을 강화하기 위하여 제齊나라와 진晉나라가 먼저 귀족들을 배제하고 군주와 신민 간에 직접적인 관계를 맺으려고 시도하였다. 상앙의 정책은 이 나라들에서 처음 시행되었던 내용을 수입하고 확장한 것이었다. 따라서 상앙의 성취는 통치자의 도움을 받아서 그 개혁 정책을 실제로 밀어붙이고, 그 개혁에 대하여 『상군서』에 나온 것 같은 체계적인 설명을 제공한 데 있었다.『맹자』와 달리『상군서』에서는 지식인과 상인을 존중하지 않고 사회의 위험한 기생충처럼 취급하였다. 앞 장에서 논의된 많은 정치사상가들의 경우와는 달리『상군서』에는 이상화된 과거와 성인에 대한 긴 논설 역시 없다.

가의의 대안

진나라는 단명했다. 진나라의 빠른 몰락으로 한나라의 정치사상가들은 어떻게 장기 지속하는 제국을 건설할지에 대해 깊이 고민하였다. 진나라 멸망의 원인은 한나라 초기 정치 담론의 지속적인 주제였다. 그 담론에 참가한 논객 중 널리 알려진 이가 가의賈誼(B.C. 200~B.C. 168)이다. 가의는 진나라 통치자들이 해결할 수 없었던 정치질서의 내구성durability 문제를 제기하고 대답하였다.

가의가 쓴 진나라에 대한 가장 유명한 논설인『과진론過秦論』에 따르면, 진나라 멸망의 원인은 통치자가 권력을 쥐는 법과 권력을 유지하는 법이 다르다는 것을 알지 못한 데 있다.[79] 다시 말해 진나라 통치자는 천하를 정복할 때 사용했던 방법으로 통일된 천하를 다스리려고 했다는 데 문제가 있었다는 것이다. 전시에는 도움이 되던 방법이 평화 시에는 오히려 손해가 된다는 것을 모르고서 말이다. 이러한 주장은 진나라의 성취를 어느 정도 인정하는 것이다. 가혹하다고 알려진 진나라 통치, 조직화된 폭력과 자원 징발 능력의 창출 등은 정치적 생존을 위해 필요했으며, 그것들이야말로 진나라의 승리를 가능하게 했다는 점을 인정하는 것이다.

이러한 점에서 가의는 도덕적인 모범과 설득에 의지하여 천하를 통일할 수 있다고 본 (맹자의) 견해를 논박하였다. 가의가 보기에 진나라는 통치체제를 전쟁 기계로 효과적으로 탈바꿈했기에 천하를 통일할 수 있었다는 데는 의심의 여지가 없다. 이러한 맥락에서 현대의 역사가와 사회과학자 들은 때때로 전쟁 기계로서의 근대국가 개념을 고대 중국의 국가 분석에 적용하기도 한다.[80] 그 학자들은 16세기 이래 유럽 국가의 성장과 진나라의 성장 간의 많은 공통점에 주목한다. 즉, 중국의 통치자든 유럽의 통치자든 모두 지정학적 경쟁에 추동되어, 자신들의 중앙집권력을 강화함으로써 자신들의 신민에게서 자원을 효과적으로 징발할 필요에 직면했고, 그 필요에 적극적으로 부응한 나라만이 살아남았다는 것이다.

그러나 정복 후에는 결국 평화 시의 행정이라는 새로운 과제가 생기기 마련이다. 일단 통일 제국을 창건한 뒤에는 통치자들은 권력을 잡은 데 그치는 것이 아니라 권력을 유지하는 데 힘써야 한다. 그러기 위해서는 정복과 행정을 구분할 줄 알아야 한다. 그래야만 정복 후 통치를 제대로 해낼 수 있다. 어떤 면에서 진나라의 과도한 형벌 의존을 비판하는 가의의 시각은 법에 대한 플라톤Platon(B.C. 428?~B.C. 347?)의 견해를 연상케 한다. "법은 결코 모든 사람 각각에게 최선인 것을 구현하는 명령을 내릴 수 없다. 어느 시점에서 공동체 구성원 모두에게 선하고 옳은 것을 완벽한 정확성을 가지고 규정할 수 없다."[81] 법의 적용에서 플라톤이 근심했던 것들—인간 됨됨이의 차이, 인간 활동의 다양함, 인간의 경험에 불가피하게 동반되는 불안정함—은 진나라나 한나라 같은 거대 제국을 다스릴 때 특히 더 심각해진다. 이러한 맥락에서 한나라 통치의 흐름이 왜 황로黃老 사상Huang-Lao ideology 같은 정반대 경향으로 흘러갔는지 이해하기 어렵지 않다.

황로 사상

이른바 황로 사상은 한나라 때 유행했지만, 황로 사상의 근간을 이루는 황제黃帝라는 상징은 훨씬 더 이전으로 소급할 수 있다. 황제는 오랫동안 중국인들의 시조로 여겨졌고, 전설에 따르면 중국 문명이 그에게서 시작되었다.

역사서 가운데 제일 먼저 황제를 언급한 것은 『좌전』과 『국어』 다. 『좌전』 희공 25년의 기록을 보면 진晉과 진秦이 교전함에 진晉의 제후가 복언ト偃을 시켜 점을 쳤는데, 복언은 점을 친 뒤 "길합니다. 황제를 만나 판천阪泉에서 싸울 조짐입니다"[82]라고 말했다. … 『국어』 「진어晉語 4」에는 진나라의 사공司空인 계자季子의 이런 말을 싣고 있다. "옛날 소전少典이 유교有蟜씨를 아내로 얻어 황제, 염제炎帝를 낳았다. 황제는 희수姬水로 성장했고, 염제는 강수姜水로 성장했다. 성장하며 갖춘 덕이 달라져 황제는 희姬씨가, 염제는 강姜씨가 되었다. 두 제가 군대를 일으켜 서로를 구제했다."[83] 사공 계자의 말에 따르면 황제는 희씨 성의 시조가 된다. 청淸대의 최적崔適은 황제가 바로 『서경』 「여형呂刑」 중의 '황제皇帝'라고 주장한다. 「여형」 편이 언제 만들어졌는지 학계의 견해는 엇갈린다. 만약 춘추 이전의 작품이라면, 황제의 전설은 더 앞당겨질 수도 있다.[84]

상당수 학자들은 황로 사상이 진나라 이전까지 소급될 수 있다고 믿는다.[85] 그러나 여기서 말하는 황로 사상은 황제라는 상징과는 다르다. 정치사상으로서의 황로 사상은 한나라 조정의 일부 정책 입안자들의 이론적으로 절충적이면서도 정치적으로는 선명했던 어떤 입장을 지칭한다. 그들은 자신들의 정책을 이론적으로 정당화해줄 『황제사경黃帝四經』과 『회남자淮南子』 같은 텍스트를 전면에 내세웠는데, (사실 여부와 무관하게) 노자와 황제가 바로 그러한 텍스트에 담긴 사상을 제창한 것으로 간주되었다. 마치 노자의 사상을 계승한 듯(노자에 대한 논의는 3장 참조), 이 텍스트들은 자연계의 모델에 근거하여 인간 세계를 다스려야 한다고 주장하였다. 보다 구체적으로 최상의 통치는 피치자 자신들이 다스려지고 있다는 사실을 의식하지 못할 때 가능하다고 주장했다는 점에서 일종의 '정치적 자유방임political laissez-faire'주의였다고 할 만하다. 이러한 사상에 기반하여 정책 입안자들은 흉노에 대한 원정을 그만두고 지방의 권력 가문이 알아서 번성하게 내버려두라고 촉구하였다. 이렇게 볼 때, 황로 사상은 복종을 강요하고 통제를 강화하려는 국가에 저항하는 지방민들의 마음을 대변한 것으로 해석할 수 있다.

그러나 황로 사상의 전성기는 오래가지 않았다. 황로 사상의 몰락에 대해 거자오광은 이렇게 정리했다.

한나라 무제는 건원 6년, 즉 기원전 135년 두태후가 세상을 뜨자 "그 이듬해 문학지사文學之士를 구하였다.其明年, 徵文學之士."[86] 위현韋賢, 위상魏相, 병길邴吉, 황패黃覇, 위현성韋玄成, 광형匡衡 등 『시』,『서』,『춘추』 등 유가의 기본 전적을 공부하고 윤리 학설을 기본적인 사고방식으로 삼으며, 예의 제도를 통해 사회질서를 추구하는 일군의 '문학지사'들이 신속하게 정치무대의 중심 인물로 부상하게 된다. 반면에 기존의 황로지학을 배운 학자들은 전혀 다른 상황을 맞이하게 되었다. 원수元狩 원년(기원전 122) "회남왕 유안이 스스로 목숨을 끊고, 왕후도 태자 천과 모반자들이 모두 주살되었다. … 나라가 없어지고 구강군이 되었

다.淮南王安自剄殺, 王后荼太子遷諸所與謀反者皆族. … 國除爲九江郡."﹁열
후, 이천석, 호걸 수천 명 등이 모두 죄의 경중에 따라 주살되
거나 벌을 받았다.列侯, 二千石, 豪杰數千人, 皆以罪輕重受誅."[87] 이렇게
지방의 제후왕들이 수난을 당하게 되자 그들 문하에서 황로지
학에 밝았던 학자들 또한 죄에 연루되어 희생양이 되고 말았다.
정치적 국면의 변화와 더불어 한나라 왕조가 적극적인 확장주
의 정책과 집권集權 경향을 띠게 되면서 황로지학은 점차 국가
의 이념이나 담론의 '중심'에서 '변두리'로 내쳐지게 된다. 이는
한 시대의 종말을 의미하는 것이자 또 다른 시대의 시작을 예시
하는 것이었다.[88]

가의 역시 황로 사상에 대해 비판적이었다. 가의는 진나라의
엄혹한 통치 스타일이 실패로 판명되었다고 해서 황로 사상에 기
반한 유약한 통치술에 의지하면 안 된다고 생각하였다. 상앙의
관점에서도 황로 사상 스타일의 통치는 거대한 제국을 다스리기
에 턱없이 부족한 것이었다. 인구를 철저히 통제하고자 했던 상
앙의 정책에 대한 진정한 대안이 되기에는 황로 사상의 정책이라
는 것이 너무 불분명하고 실행력이 떨어졌기 때문이다. 이런 맥
락에서 볼 때, 가의는 엄격한 국가주의적 접근과 정치적인 자유
방임주의라는 두 가지 상반되는 입장을 모두 경험한 뒤에, 정치
에 대해 근본적인 질문을 다시금 해본 사상가라고 할 수 있다.
가의가 실행 가능한 대안으로 제시한 것은 다음과 같다. 황
로 사상과는 반대로 그는 중앙집권화된 국가의 하향식 정치 과

정을 옹호하였다. 삶의 각 영역은 서로 연결되어 있고, 각 영역의 기능은 잘 유지되어야 하며, 동시에 각 영역에서 터져나오는 불만을 효과적으로 처리해야 한다. 그러기 위해서는 삶의 제반 영역들이 정치적인 중심으로 수렴되어야 한다. 그렇지 않으면 지방에 있는 황족들의 원심력이 자칫 제국의 질서를 해체할 수 있기 때문이다. 진나라의 통치 방식과 가의의 대안의 핵심적인 차이는, 가의는 동질적인 정치체를 만들기 위해 이데올로기적 접근을 매우 선호하였다는 점이다. 제국의 통일성을 유지하는 것은 결국 군사력이나 강제력이 아니라 공유하는 이데올로기라는 것이다. 상징 조작에 기반한 통일 제국의 비전을 제시하였다는 점에서 가의의 사상은 유명한 한대 정치사상가인 동중서董仲舒(B.C. 176?~B.C. 104)와 크게 다르지 않다.

| 동중서 | 동중서는 한나라 무제 때 활동한 유학자로, 공자의 『춘추』를 공부한 후 세상을 양과 음, 위와 아래, 정통과 이단으로 구분하여 위계질서를 세웠다. 동중서의 사상은 그보다 한 세대 앞서서 제국의 통일성을 유지하기 위해서는 공유하는 이데올로기가 필요하다고 주장한 가의의 사상과 연결되어 있다. 그림은 《고신도》에 실린 것으로, 국립중앙박물관 및 영국 런던 브리티시뮤지엄(대영박물관) 소장.

염철론

앞서 언급한 바와 같이, 한무제가 추진한 군사 원정은 그간 축적해온 자원을 고갈시켰다. 비록 한나라 군대가 중앙아시아 깊숙이 진군하기는 했지만, 흉노의 군대를 절멸하지는 못하였다. 새로운 곳을 정복하기 위해 한무제가 거듭해서 군대를 먼 곳까지 보낸 탓에 국고는 바닥났다. 원정이 길어지면서 늘어나는 원정 비용에 비해 얻을 수 있는 이익은 줄어드는 임계점에 도달하였다. 기존 토지세로는 원정 비용을 충당하기 어려웠다. 지속적인 원정을 위해서는 세수를 추가로 확보해야 했다. 세수 증대에 혈안이 된 국가는 마침내 소금과 철의 전매專賣를 주장하였다. 소금과 철의 전매 기원은 주周나라 때까지 거슬러 올라갈 수 있으며, 21세기 중국 정부가 전매를 포기할 때까지 지속되었다. 전매제도를 통해 정부는 소금과 철에 높은 가격을 매겼다. 소금과 철의 생산은 한정된 지역에서만 이루어졌으므로, 독점은 그다지 어려운 일이 아니었다.

그러나 흉노와의 장기전으로 사람들은 무거운 세금에 허덕였고, 지식인들은 점차 군사 원정을 의혹의 눈길로 바라보게 되었다. 한무제가 죽자 조정은 재정정책을 재검토하기 시작하였다. 기원전 81년, 두 그룹의 학자들이 염철 국가 전매 문제와 제국의 향방에 대해 거침없는 논쟁을 벌였다. 한 그룹은 국가 전매에 찬성하는 상홍양桑弘羊(B.C. 152?~B.C. 80)이 이끄는 국가주의적 전략가들statecraft strategists이었고, 다른 그룹은 전매에 반대하는 곽

| **상홍양과 곽광** | 한무제 사후 소금과 철의 국가 전매 문제를 두고 두 세력이 팽팽히 맞섰다. 한쪽은 국가 전매에 찬성하는 상홍양(왼쪽)이 이끄는 국가주의적 전략가들이었으며, 다른 한쪽은 국가 전매에 반대하는 곽광(오른쪽)의 지원을 받는 일군의 문인들이었다. 무엇이 이 두 진영의 격렬한 논쟁을 일으켰을까? 이는 개인과 사회, 국가와 대외 관계로 이어지는 인과적 연결고리에서 첫 번째 원인에 해당하는 것은 무엇인가라는 질문으로 바꿀 수 있다. 상홍양 그림은 『강소의흥매자경상씨종보(江蘇宜興梅子境桑氏宗譜)』에, 곽광의 그림은 《삼재도회(三才圖會)》에 실린 것이다.

광霍光(B.C. ?~B.C. 68)의 지원을 받는 일군의 문인들이었다. 곽광 그룹을 선호했던 환관桓寬(기원전 1세기)이 그 논쟁의 내용을 『염철론』이라는 텍스트로 편집하였다. 거자오광은 『염철론』의 핵심을 "중앙집권과 전제를 강화하려는 관리들과 황권과 민권을 강조하는 유생들이 이상주의와 실용주의라는 서로 다른 관점에서"[89] 토론한 것이라고 보았다. 그러나 내 견해는 좀 다르다.

논쟁은 몇 가지 기본적인 테마들을 둘러싸고 전개되었다. 그 테마들의 공통분모는 과연 국가는 어느 정도로 사회에 개입해야 하는지, 개입할 경우 어떤 제도적 변화가 초래되는지 등이었다. 논쟁의 구체적인 내용은 경제정책, 군사정책, 정부의 목적과 수단, 관리들이 지녀야 할 덕성, 국가-사회 관계를 포괄하였다. 논쟁의 양 진영은 오직 자신들의 정책만이 나라의 안전과 복지를 가져다줄 것이라고 주장하였다.『염철론』은 당시 중국 지식인들이 공적이고 정치적인 사안들에 대하여 경쟁적으로 다양한 의견을 제시하고 실천에 옮길 수 있는 상당한 능력을 가지고 있었음을 증명해준다.

먼저, 국가주의적 전략가들의 입장부터 살펴보자. 국내 통치의 영역에서 그들은 국가 개입의 범위를 확대하고자 했다는 점에서 국가주의자라고 부를 수 있다. 그들은 늘어난 국가의 활동 및 군사 작전의 비용을 해결하기 위하여 세수를 늘려야 한다고 생각하였다. 그 방법으로 소금과 철의 국가 전매를 선호하였다. 국가는 상부구조의 불활성 부분inert part으로 머무는 것이 아니라 지역사회를 발전시키는 데 결정적인 역할을 할 수도 있는 동적인 요인으로 간주되었다. 이들이 추구한 정책의 이면에는 지방 권력 가문들의 독립성을 제한하고자 하는 요소가 있었다. 지방 권력 가문과 국가는 동일한 경제 자원을 두고 다투는 경쟁자들이었다.

대외 관계와 국방 관련 사안에서, 국가주의적 전략가들은 공격적이고 개입적인 정책을 선호하였다. 이들은 무역이 많은 이윤을 가져온다고 보았으므로, 해외 물품을 수입하는 동시에 중국의 잉여 상품을 수출하기를 원했다. 예컨대 중국에 넘쳐나는 비단은 흉노가 가진 모피, 양탄자, 진귀한 보석처럼 가치가 높은 여러 물품과 교환될 수 있었다. 게다가 북쪽 변경 무역은 군사적인 측면 또한 있었다. 북쪽 변경 무역을 통해 비단이나 장신구를 유목민에게 팔고, 그 대신 여러 가지 물품을 수입할 수 있게 될 터인데, 그중에는 말과 낙타처럼 전략적 가치가 높은 동물도 포함될 수 있었다. 즉, 대외 무역은 흉노가 가진 군사적 자원을 줄이는 대신 중국의 국고를 늘리는 데 도움이 되었다. 끝으로, 이러한 정책들을 실제로 시행하기 위해 국가주의적 전략가들은 특히 상앙과 한비자의 방법을 강조하였다. 즉, 예측 가능한 규칙들을 적용할 수 있는 관료제의 역량 및 상벌의 중요성을 중시하였다.

이렇게 이야기하고 나면, 도대체 왜 그들은 그토록 많은 부를 필요로 했는지 궁금해할 수도 있을 것이다. 국가주의적 전략가들은 사치와 낭비는 인간의 자연스러운 성향이라고 여겼다. 따라서 과시적 소비와 신상품에 대한 수요는 합당한 것이었다. 대외 관계 차원에서도 그들은 권력과 안전을 최대치로 끌어올리려는 욕망이 합당하다고 생각하였다. 그들이 보기에 호전적인 유목민들을 길들일 방법은 군사적인 조치밖에 없었다. 따라서 그들은 한나라가 군사적인 영광을 추구하고, 타 지역으로 영향력을 확장하는 것이 합리적이라고 인정하였다. 국가주의적 전략가들의 주장은 진시황과 한무제의 팽창주의적 프로그램을 정당화하는 구실을 제공했다.

정리하자면, 국가주의적 전략가들은 정치·경제에 대한 일관된 논리를 가지고 있었으며, 이상화된 과거에 호소해서 현재 필요한 것을 정당화하기보다는 물질적 관점에서 자신들의 논리를 새롭게 만들었다. 그들의 세계관에 깔려 있는 일반적인 전제는 다음과 같은 것이었다. 사람들은 끊임없이 물질적인 필요와 사회적인 압력에 마주하기 마련이며, 그러한 도전에 맞서기 위해 스스로를 조직하고자 애쓴다. 이러한 세계관은 물질적인 힘을 집적하는 것이 매우 중요하다. 침략의 위험을 사전에 방지할 수 있고 군사 원정이 가능해지기 때문이다. 제국의 행정적·군사적 역량을 증강하는 데 필요한 비용을 감당하기 위해 공격적으로 부를 추구하는 것 역시 정당하다. 국가 재정을 위해 이윤을 창출할 수 있는 주된 수단은 소금에 대한 국가 독점과 대외 무역이다. 그 수단을 통해 한나라 정부는 지방의 세금을 직접 통제하고, 한 걸음 더 나아가 한나라 제국을 보다 긴밀하게 통합할 수 있다.

이와 같은 생각을 가진 국가주의적 전략가들에게 곽광의 지원을 받는 일군의 문인들은 어떻게 대응했을까? 국내 통치의 영역에서 그들은 이른바 최소 정부minimalist government를 선호하였다. 그들이 이상적으로 여긴 통치는 규모상 보편적인 통치라고 할 수 있으나, 국가주의적 전략가들의 이상에 비해 훨씬 덜 직접적이고 덜 관리 지향적far less direct and managerial이었다. 제국의 부가 정부에 의해 제대로 관장되지 않아 세수가 줄어들어도 그들은 별다른 조치를 취하려고 하지 않았다. 그들은 광산 같은 지역 자원은 지역민에게 맡겨야 한다는 입장이었다. 그들은 과도한 세금 부담이 농민들을 지치게 하고, 결과적으로 농민들이 제국의 정부에 불만을 가질까 봐 우려하였다. 지방에 대한 국가의 적극적 개입이 정당화되는 경우는 지역 권력자들이 지역사회의 가난한 이들을 억압하는 것을 국가가 막고자 할 때, 가난한 이들의 민생을 책임지고자 할 때이다. 경제 영역에서 그 이상의 정부 개입은 지지하지 않는다. 대신, 이 문인들은 지방 세력가들의 상업 활동을 지원하고자 하였다. 그들이야말로 국가 빼고는 조직화된 상업을 담당할 만한 유일한 존재였기 때문이다. 대외 관계와 국방 분야에서는 공격적인 확장 정책에 반대하였다. 그리고 군사적인 수단보다는 도덕적 설득과 같은 평화적인 방법으로 유목민들을 복속시켜야 한다고 주장하였다. 그들은 적어도 겉으로는 가장 다루기 어려운 유목민들조차도 한나라 문명의 힘으로 교화할 수 있다고 믿었다.

이 문인들은 대체적으로 사치와 대외 무역에 대해 회의적이었다. 사치는 인간에게 유해하다. 사치는 물품 생산을 촉진할지 모르지만, 사람들의 내적 도덕성을 고양하지는 않는다. 사치는 사람들에게 부와 과시에 대한 욕망을 불러일으키고, 예의 단순함과 덕을 말살하고, 사람들 마음이 공공선을 추구하지 못하도록 산만하게 만든다. 일상적으로 먹는 음식과 옷 같은 기본적인 물품만 갖추어도 도덕적으로 건강한 삶을 유지하는 데 충분하다. 그러므로 사람들을 타락시키는 사치품들이 국내에 들어오지 못하도록 무역을 통제해야 한다. 중앙아시아에서 흘러들어오는 물품 대부분은 진기한 물품이거나 희소가치가 있는 것들인데, 이것들은 사람들의 사치에 이바지할 뿐이다. 이 문인들이 선호하는 과거 사상가는 맹자였지만, 맹자와 달리 잉여생산물 교역을 그다지 옹호하지 않은 셈이다. 그들이 보기에 무역을 통해 생기는 거대한 빈부 격차는 시기심과 정치적 불안을 조장한다. 무력과 관료적 통제보다 도덕적 덕성과 모범적 행동을 선호하였다는 점에서 이 문인들의 세계관은 주나라 봉건제도의 정치적 비전과 상당히 유사하다.

정리하자면, 이 문인들은 도덕 경제moral economy에 대한 나름의 논리를 가지고 있었으며, 자신들의 논리를 주나라라는 이상화된 과거를 통해 정당화하곤 하였다. 그들의 세계관에 깔려 있는 일반적인 전제는 다음과 같은 것이었다. 권력을 추구하는 체제는 인간 고유의 능력과 바람직한 대외 관계를 실현하기에 적절하지 않다. 반면, 덕치는 인간 고유의 도덕성을 함양하고 침략의 위험을 미연에 방지한다. 만약 이러한 논리가 타당하다면, 평화적인 방법으로 흉노와 공존할 수 있고, 적은 비용으로 국경을 방어할 수 있을 것이다. 그러므로 제국의 행정적·군사적 역량을 지원하기 위해 세수를 늘리는 것은 불필요하다. 국가의 주된 책임은 소금과 철을 전매함으로써 이윤을 얻는 일이 아니라 신민의 도덕적 감수성을 진작할 교화에 힘쓰는 일이다.

양측의 논리에는 개인에서 사회로, 사회에서 다시 개인으로, 국가에서 대외 관계로, 대외 관계에서 다시 국가로 이어지는 그 나름의 인과적 연결고리가 있다. 무엇이 이처럼 격렬한 논쟁을 일으켰느냐 하는 질문은 과연 이 인과적 연결고리에서 첫 번째 원인에 해당하는 것은 무엇인가라는 질문으로 바꿀 수 있다. 당시에 여러 요인이 모여서 이처럼 풍부한 논쟁을 가능하게 했겠지만, 이 논쟁 자체는 흉노 제국이 가한 대외 관계의 압력에서 그 시발점을 찾을 수 있다. 이러한 대외 환경에 대응해야 했던 논쟁의 양 당사자들은 자신들의 정치사상을 갈고닦았던 것이다. 양측의 서로 다른 정책 내용을 결정한 핵심 요인은 흉노라는 강력한 타자의 존재를 목전에 두고 '중국'이라는 국가의 성격을 어떻게 규정하느냐 하는 것이었다. 다시 말해 흉노와의 대결 상황은 중국의 정체성과 국가 권력의 규정 요인the parameters of state power을 형성하는 데 밑거름이 되었다.

『염철론』은 한나라 황제의 조정에서 이루어진 논의를 담고 있는바, 논쟁의 양측 당사자들은 중국이 단일한 제국 시스템 아래 다스려져야 한다는 데 공감했다. 관건은 이 거대한 제국체제 내에서 중앙정부의 역할을 어떻게 정의할 것인가였다. 양측의 입장은 시대가 바뀌면서 후대에 다양하게 전승되었다. 둘 중 어느 한 입장이 완전히 패배하여 지성계에서 흔적도 없이 사라지는 법은 없었다. 두 입장은 해당 시대의 정치적 흐름에 따라 부침을 거듭하였고, 경쟁하는 정치 행위자들은 갈등하거나 타협하였다. 돌이켜보건대, 국가주의적 비전은 왕망의 관료제 개혁, 왕안석王安石(1021~1086)의 신법新法, 상대적으로 강했던 옹정제雍正帝(재위 1723~1735) 시기의 정부 등에서 다양하게 변주되었다.[90]

Aristocratic Society

5

귀족 사회

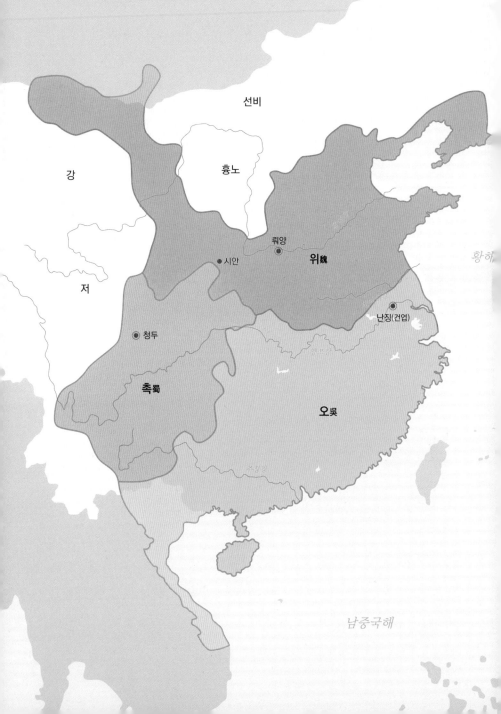

삼국시대

220~280

선비

흉노

강

저

뤄양

시안 ● 위魏

난징(건업) ●

청두 ●

촉蜀

오吳

황허

남중국해

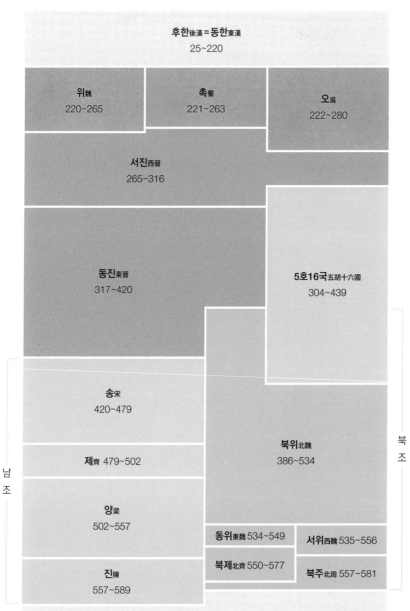

| 위진남북조시대(220~589) |

후한後漢＝동한東漢
25~220

위魏
220~265

촉蜀
221~263

오吳
222~280

서진西晉
265~316

동진東晉
317~420

5호16국五胡十六國
304~439

송宋
420~479

북위北魏
386~534

제齊 479~502

양梁
502~557

동위東魏 534~549

서위西魏 535~556

북제北齊 550~577

북주北周 557~581

진陳
557~589

수隋
581~618

남조

북조

서튀르크
동튀르크
거란
고구려
둔황
황허강
시안
뤄양
황해
화이허강
토번
(티베트)
수隋
양쯔강
주장강
벵골만
남중국해

| 수나라(581~618) |

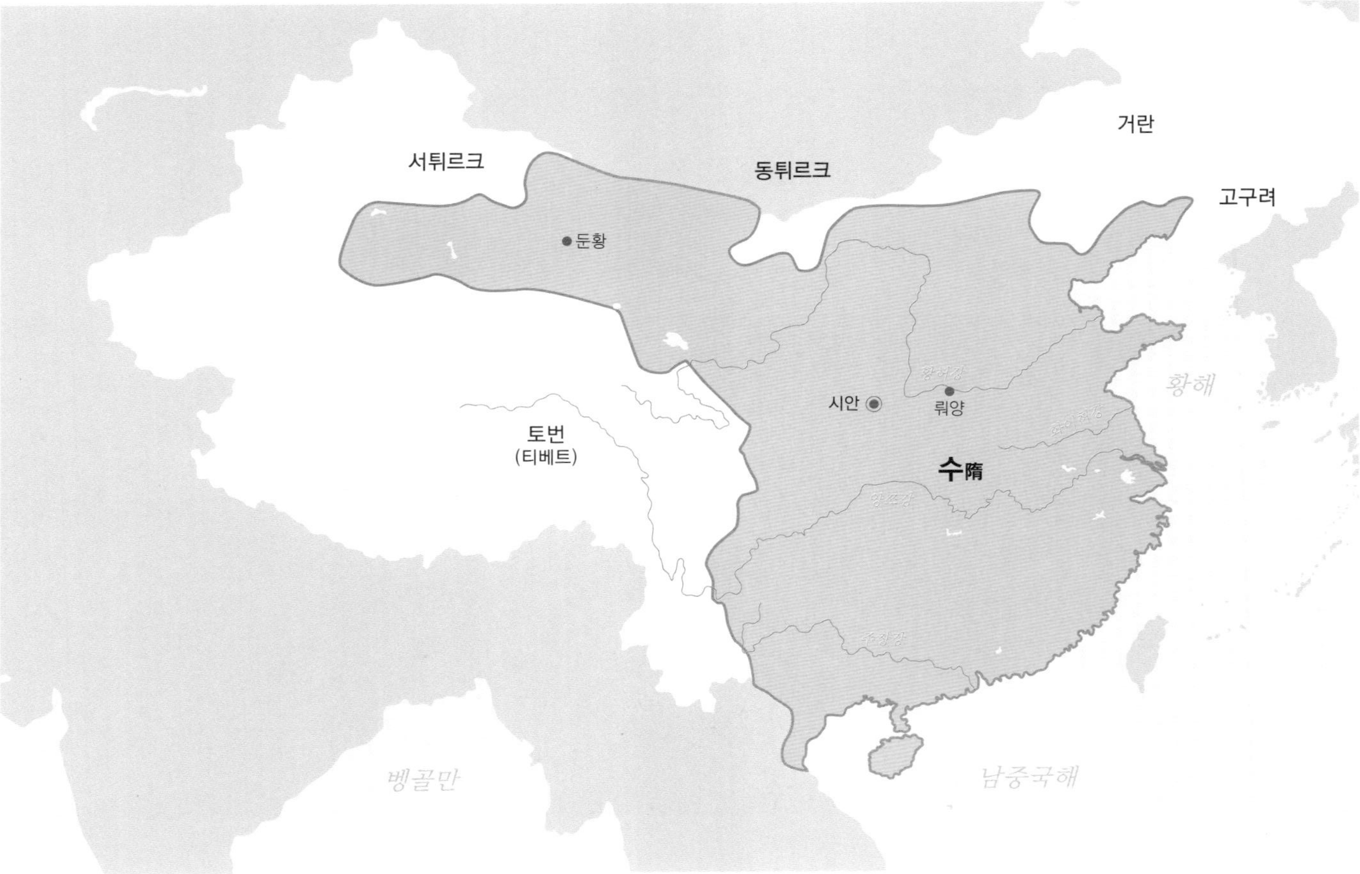

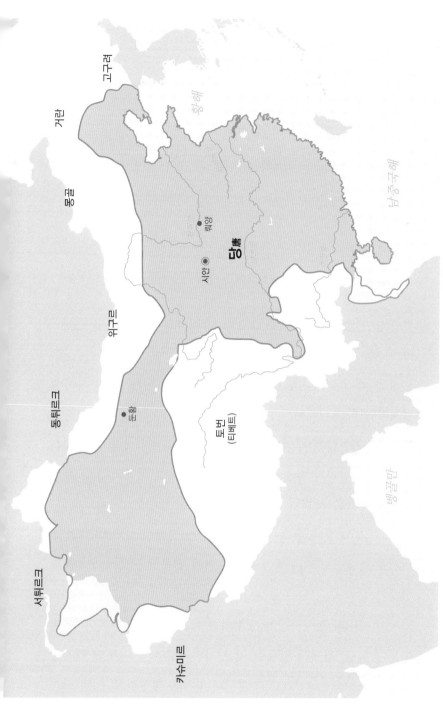

거란

고구려

황해

몽골

위구르

시안 ◉

뤄양 ●

당唐

둔황 ●

돌궐르크

토번
(티베트)

남중국해

벵골만

카슈미르

서투르크

| 당나라(618~907) |

관습적인 중국사 서술에 따르면 위진남북조시대魏晉南北朝時代 (220~589), 수隋(581~618), 당唐(618~907), 5대10국시대五代十國時代(907~960)가 한나라 멸망에서 송宋(960~1279)의 창건 사이에 펼쳐져 있다. 3세기부터 10세기에 이르는 이 시기는 정치적으로 어떠했는가? 많은 정치체가 공존하고 또 빠르게 명멸했기 때문에 내전과 정치적 혼란으로 점철된 시기라고 여겨져왔다. 사회적으로는 귀족 사회였으며, 종교적으로는 대승불교大乘佛敎와 도교道敎가 번창했다. 문화적으로는 시詩가 문학의 가장 찬란한 형식으로 떠올랐고, 학문적으로는 협의의 철학이 상대적으로 쇠퇴했다.[1]

　　이 시기의 정치사상을 공부하는 이들이라면 고민해야 할 질문들이 있다. 위에서 언급한 이 시기의 특징들을 어떻게 연결할 것인가? 당시 지식인들은 어떤 정치질서를 상상하고, 어떤 담론 실천을 통해 정치질서를 구성해나갔는가? 당나라처럼 매우 코즈모폴리턴cosmopolitan적인 동시에 계층화된 사회를 유지하기 위해서는 어떤 청사진이 필요한가? 그 과정에서 종교와 문화는 어떤 역할을 수행했는가? 이 장의 목적은 이와 같은 질문에 가능한 선에서 답하면서, 수동적인 순응성passive conformity의 이데올로기야말로 귀족적이고 코즈모폴리턴적인 당나라의 질서를 유지하는 열쇠였음을 보여주는 것이다.

새로운 역사적 조건들

3세기에 흉노 제국이 와해된 이후 많은 비非한족계 사람들이 중원으로 이주했다. 그 결과 한때 분명했던 정주민과 유목민의 정치적 구분은 점점 더 흐릿해졌다. 사실 당나라를 창건한 무인 집단은 민족적으로ethnically 혼성이었다. 일단 수나라와 당나라 황제의 가계는 한족과 선비족 모두와 관계되어 있다. 수나라와 당나라 초기 황족들은 비한족계 사람들과 사회적인 네트워크를 만들고 유지하기 위해 지속적으로 통혼通婚하였다. 그리고 수나라와 당나라 사람들은 전반적으로 외국 영향에 개방적이었다. 학자들은 당나라가 건국할 무렵 170만 명의 외국인이 당나라 신민이되었다고 추산한다. 그것은 당시 당나라 인구의 7%에 달하는 수이다. 당나라 후반기에는 19%까지 늘어난다.[2] 한 역사 기록에 따르면, 현종玄宗(재위 712~756)이 다스리던 시절에만 해도 72종의 서로 다른 외국인을 확인할 수 있다. 요컨대 이 장에서 다루는 시기의 '중국'은 민족적으로 한족의 나라ethnically Han라고 할 수가 없다. 흔히 '야만적'이었다고 평가받는 수나라는 물론이거니와 중국 역사상 가장 영광된 왕조라는 당나라조차도 그 이전 왕조들에 비해 민족적으로 훨씬 더 복잡했다. 그리고 이 사실은 중국의 정체성과 관련해 지속적인 반향을 일으키게 된다.

이 시기 또 하나의 시대적 특징으로는 강력한 힘을 지닌 가문의 등장을 꼽을 수 있다. 진시황이 일찍이 강력한 힘을 가진 지주 가문을 없애고자 했지만, 그러한 가문들은 한나라 후기부터 당나라 말기까지 사회적 위계의 정점에 엄연히 존재하였다. 별도의 강력하고 응집력 있는 사회층social stratum으로서 권력 가문의 등장은 동한東漢=後漢(25~220) 초기까지 거슬러 올라간다. 동한 왕조는 그 자체가 거대 지주들의 연합으로 성립되었다. 이러한 일련의 상황은 통치층의 구성에서 광범한 변화를 일으켰다. 동한 이래 친족 관계로 묶인 세습 집단은 강력한 정치적 행위자로 기능하였고, 당나라 말까지 제국 전역에 걸쳐 의심할 바 없는 사회적 위신을 누렸다. 이러한 이유로 역사가들은 당나라를 귀족 사회aristocratic society라고 규정해왔다.

기원후 150년 이후 환관들이 중앙정부에서 권력을 쥐게 되자 권세 있는 가문들은 중앙 정치의 뒷전으로 밀려났다. 그 후 중앙의 가문들은 지방의 영향력 있는 가문들과 협력하게 된다. 그들은 중앙 조정의 정치에서 소외되어 있었고, 점차 자신들을 조정의 권력자들과 구별하고자 했다. 이들은 자신들의 정체성을 중앙의 마구잡이식 정치권력을 가진 이들과 반대되는 부패하지 않은 가치 수호자로 규정하였다. 예컨대 무인들이 정치를 좌지우지하던 삼국시대에 권력 가문들은 넉넉한 토지 자산을 기반으로 남들과 구별되는 옷을 입고 세련된 태도로 서예를 즐기거나 동료들과 철학적 대화를 나누는 등의 문화적 활동을 향유하였다.[3] 그러한 문화적 자기 이해self-understanding는 당나라에서도 변함없이 지속되었다. 다만 당나라 시대에 권력 가문들은 자신들의 문화적 정체성을 유지한 채 조정의 핵심 정치 행위자로 재등장하게 된다.

일종의 정치 배열political arrangement이라는 점에서 귀족 사회의 공통점은 무엇인가? 여러 면에서 서로 다르기는 해도 역사상 존재한 모든 귀족 사회는 적어도 한 가지 점에서는 유사하다. 특정 가문들이 독자적인 계층을 이루고 나머지 사회 구성원 위에 존재하며, 자신들의 권력을 출신 성분에 귀속한다는 점이 그러하다.[4] 세대를 넘어 지속되는 특권과 자신을 동일시하였으므로, 귀족들은 가계의 관리에 각별한 관심을 기울였다. 조상들이 누렸던 정치적 특권을 나열한 누대에 걸친 가족 기록, 즉 족보族譜를 유지하고 보관하는 일도 드문 게 아니었다. 그러한 족보는 세대를 이어가며 자신들의 가문 구성원이 누군지를 확인해주었다. 마찬가지 맥락에서 귀족들은 비슷한 급의 다른 귀족들과 통혼하면서 새로운 협력 관계를 희망하였다.

당나라 질서

진나라와 한나라의 모델이 영속적인 제국을 보장하기에는 불충분했다. 당나라 통치자들은 제국의 경제적·사회적·지적 기초를 새로이 수립하고자 하였다. 특히 전례 없이 다양한 민족적·문화적 현실을 맞아 어떻게 위계화된 신민들 간에 통일성을 창출하고 유지할 것인가가 새로운 과제로 떠올랐다. 다시 말해 당나라 통치자들은 튀르크족Turks(돌궐족) 같은 비한족계 사람들을 배제하지 않으면서 하위 계층과 귀족 엘리트를 통섭할 수 있는 포괄적인 시스템을 고안해야만 했다. 그러한 작업에는 많은 사상적·제도적인 변화가 필요했다. 무엇보다 단일 제국 안에 '중국' 전체를 집어넣으려면 당나라 통치자들은 중국성Chineseness을 다시금 개념화해야 했다. 통일된 정치질서 아래 다양한 민족을 포괄하기 위해 기존 중국보다 더 크고 넓은 중국을 상상해야만 했다.[5]

코즈모폴리턴 중국성

당나라 통치자들은 자신들의 새로운 혼종의, 코즈모폴리턴 중국성을 이렇게 표현했다. "호월일가胡越一家, Northern and southern barbarians constitute one family", "만국래정萬國來庭, Myriads states come to our garden", "화이대동華夷大同, Chinese and barbarians constitute great unity". 이러한 표현들은 다수의 민족이 그 아래에서 함께 공존할

수 있는 개념적 덮개conceptual canopies를 나타낸다. 이것이 곧 당나라가 완전히 통일된 형태로 각기 다른 민족을 혼합했다는 말은 아니다. 그보다는 하나의 사회 안에서 경쟁하는 힘들이 조직적으로 공존할 수 있는 방법을 도모했다는 것을 뜻한다. 예컨대 당나라 영토는 독특한 민족적 혹은 문화적 정체성을 가진 여러 민족에 의해 분점되었고, 각 민족은 여타 민족과 자신을 동일시하기보다는 다양성을 의식하면서 적응하고자 했다.

이처럼 확장된 복합 제국은 여러 가지 제도를 통해 자신을 드러냈다. 초월적 통치권transcendental rulership, 균전제均田制, 세습군대hereditary soldiery, 제도화된 도교와 불교에 대한 국가 차원의 후원 등이 그 예이다. 이러한 제도들은 지위와 기능 면에서 서로 다른 이질적 집단들이 당나라 사회를 분점하고 있다는 사실을 인지하고, 그 분점에 기초하여 나름대로 통일된 정치질서를 형성해야 한다는 당위를 공유하였다.

초월적 황제

누가 이 복잡한 당나라 정치 세계의 유대를 가능케 하고 통일성을 부여할 수 있는가? 이론상 그것은 황제였다. 당나라 황제는 한족의 천자天子인 동시에 유목민의 영수領袖였으니 그 이전 황제들보다 더 큰 역할을 하게 된 셈이었다. 이것이 바로 당 태종太宗(재위 626~649)이 황제라는 전통적인 타이틀과 더불어 '텡그리 카간天可汗, Tengri Qaghan'이라는 명칭을 사용했던 이유다. 텡그리 카간은 흉노족이 리더라는 뜻으로 부른 '선우單于'라는 명칭을 대신하여 유목민들이 황제와 비슷한 뜻으로 사용했던 말이다. 일단 황제와 텡그리 카간이라는 구별이 존재한다는 것 자체가 곧 다른 두 집단 간의 환원 불가능한 차이를 인정한 것이라고 할 수 있다.

최고 정치 지도자를 지칭하는 다른 집단의 명칭을 동시에 인정함에 따라, 황제라는 명칭은 원래 가졌던 포괄적 의미에서 한

| **당 태종** | 당 태종은 황제라는 전통적인 타이틀에 유목민들이 황제와 비슷한 뜻으로 사용한 '텡그리 카간(Tengri Qaghan)'이라는 명칭을 함께 사용했다. 최고 정치 권위를 지칭하는 두 명칭을 동시에 인정함에 따라 당 태종은 초월적 지위에 올라섰을 뿐 아니라 화해하기 어려운 두 집단을 화해시키는 위치를 점하였다. 타이완 타이베이 국립 고궁박물원 소장.

족의 리더라는 좁은 의미로 변한 셈이다. 그리고 서로 다른 두 집단의 정치적 권위가 한 사람에게 수렴되면서 당나라 황제는 그전에 비해 초월적 지위에 올라서게 되었고, 초월적 존재로서 화해하기 어려운 두 집단을 화해시키는 위치를 점하게 된 셈이다. 그리하여 당 태종은 이렇게 말했다. "옛날부터 모든 사람이 중국을 숭상하고 오랑캐를 깔보았다. 나만이 양자를 모두 사랑한다. 그러므로 부족들이 나를 부모처럼 따른다."[6] 이러한 이유로 향후 역사에서 당나라는 중국 왕조로만 기억되지 않았다. 한족 사람들은 그들 나름대로 당나라를 자신들의 왕조로 보았고, 다른 많은 유라시아 사람들 또한 그들 나름대로 당나라를 한족이 아닌 자기네 왕조로 간주하였다. 유라시아 사람들은 당나라를 타우가스Taugas, 탐가지Tamgaj 혹은 타브가치Tabgach 라고 불렀다. 다시 말해 선비족의 한 갈래인 '탁발拓跋'이라 부른 것이다.[7]

종교적 관용

대체로 당나라는 종교에 관용적이었다. 당나라의 문화적 개방성에 대한 확실한 표지는 수도 장안長安(지금의 시안)이었다. 장안에는 불교와 도교뿐 아니라 동방정교회Eastern Orthodox church, 마니교摩尼敎, Manicheism, 네스토리우스파 기독교景敎, Nestorianism, 페르시아의 조로아스터교拜火敎, the Persian religion of Zoroastrianism 사원들이 있었다.[8] 당 무종武宗 시기인 회창會昌 5년(845)에 폐불廢佛 박

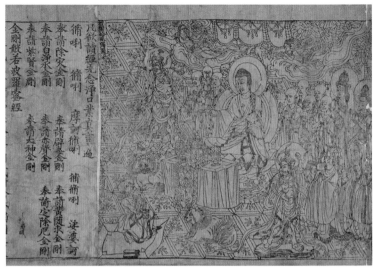

| **868년에 출간된 금강경(위)과 네스토리우스파 기독교의 예수상(아래)** | 당나라의 수도 장안에는 불교와 도교뿐 아니라 동방정교회, 마니교, 네스토리우스파 기독교(경교), 페르시아의 조로아스터교(배화교) 사원들이 있었다는 기록을 통해 당시 사람들이 다양한 종교를 받아들였음을 알 수 있다.

해가 있기 전까지 당나라 사람들은 상당히 다양한 종교를 받아들였다. 그중 대표적인 종교가 불교였다. 시간이 흐르면서 불교는 토착화되었지만, 당시만 해도 오늘날 인도 지역에서 발원한 외국 종교로 취급되었다. 한족보다는 유목민이 불교를 좀 더 일찍, 그리고 좀 더 보편적으로 받아들였고, 그 결과 불교는 중국 전역에 뿌리를 내리게 된다.[9] 불교 사원은 각기 다른 민족을 끌어모으

는 공적公的이며 간間문화적인 공간public, inter-cultural sphere의 구실, 다시 말해 개별 문화의 장벽을 넘어서는 매개 역할을 하였다. 비한족 상인들은 사원을 건축하는 데 거금을 기부하기도 하였다. 통치자들이 자신들을 부처로 정체화하는 일은 정치 지도자를 신격화하는 유목민의 전통에 따라 이루어진 것으로 보이는데, 이는 서구의 양상과는 구별되는 것이었다.[10]

개방적 관료제

귀족이 아닌 사람들이 당나라 관료제의 중추에 접근하기는 어려웠다. 다만 당나라 관료제는 오늘날 보기에 별나다고 느낄 정도로 외국인들에게 열려 있었다. 비한족 사람들이 관료가 될 수 있는 제도적 경로가 공식적으로 존재하였기에 외국인들도 당나라 중앙 관료제의 상당 부분을 점유할 수 있었다. 외국 학생들을 위한 과거 시험인 빈공과賓貢科가 바로 그것이다. 빈공과에 합격하기 위해 다수의 외국인이 장안의 과거 시험 준비 학교에서 공부하였다. 빈공과에 합격한 일본인, 한국인(신라인), 소그드인Sogd 人, 粟特 등 외국인도 중요한 공무를 맡았다.[11] 그 결과 번관蕃官, officials of foreign origin이 조정에서 늘어났다. 『당육전唐六典』에 따르면, 중앙 관료의 5분의 1이 번관이었다. 간단히 말해 국가 관료제 역시 문화적으로나 민족적으로나 혼합된 세계의 일부였던 것이다.[12] 한족 출신이 아닌 이들도 이 관료제라는 경력 사다리를 타고

최상의 위치에 오를 수 있었는데, 곧 다루게 될 원진元稹(779~831)이 그 좋은 예이다.

법적 체제

당나라 법률(당률)은 당나라 질서의 성문법적 표현이다. 당률은 매우 영향력이 커서 일본, 한국, 베트남의 통치자들이 모두 이를 받아들였다. 당률은 정치체의 피라미드 구조를 묘사하고 사회의 각 계층에게 합당한 신분과 그에 따르는 특권과 의무를 규정하였다. 당나라의 피라미드를 구성하는 각 계층은 불평등을 인정하면서 통합적 정치체에 귀속되었다. 그중 어느 한 부분이 자신이 부여받은 위치에서 이탈하면 정치체 전체가 무질서로 빠지게 될 것이었다. 당률은 궁극적 통치권이 황제에게 있음을 명백히 하고, 황제의 지위를 우주의 질서와 관련지어 정당화하였다. 동시에 정치체의 귀족적 성격은 귀족의 배타적 권리를 법적으로 규정한 이른바 팔의八議, Eight Deliberations에 분명히 드러난다.[13] 예컨대 같은 범죄라 하더라도 피해자의 상대적인 지위에 따라 다른 형벌이 적용되었다. 귀족 대부분은 고문을 받지 않았으며, 일정 금액을 지불하면 형벌을 면제받을 수 있었다.[14] 이후 중국의 법률에서도 그 유제遺制를 발견할 수 있다.

다시 말해 신민들을 서로 다른 신분 집단으로 나누는 것이 당률을 관통하는 원리였다. 당률의 귀족적 성격은 진秦나라 법률의 평등적 성격과 크게 대조된다. 진나라 법률에 따르면, 황제를 제외하고는 사회 구성원 누구나 신민으로서 차등 없는 법적 신분을 할당받았다. 반면, 당률은 신민을 엄격한 신분 위계에 따라 구분한 뒤 체계적으로 통제하고자 하였다. 당률은 상호 통합된 위계적인 전체를 이루고자 하는 국가의 열망을 표현한 것이었다.

국가와 귀족의 공생

권력자에 대한 복종의 의무에 결박되는 것은 순수히 앞서 언급한 정당성의 관념 때문만은 아니다. 그것은 또한 개인의 이해관계를 자극하는 두 가지 수단, 즉 물질적 보상과 사회적 명예에 의한 것이기도 하다. … 이런 보상을 상실하지나 않을까 하는 두려움이야말로 행정 관리들과 권력자 사이에 유대가 이루어질 수 있는 궁극적이고 결정적인 토대이다.[15]

어떤 방식으로 당나라 정부는 귀족들을 국가 체계에 붙잡아 두었는가? 첫째, 황제의 관점에서 이 질문에 답해보자. 신성성으로 무장한 황제라 할지라도 귀족이라는 가장 강력한 신민의 협조 없이 나라를 다스릴 수 없다. 그러므로 황제는 귀족의 협조를 얻기 위해 관직이라는 귀중한 선물을 귀족 가문에 선사하였다. 그 당시 관리 경력은 사회적 지위를 유지하기 위한 가장 확실한 보장책이었다. 당나라 황제들은 대략 후기(8세기)까지 귀족 구성원 대부분이 적어도 말단 공직에는 자동적으로 나아갈 수 있는 세습적 특권을 보장해주었다. 8세기 이후로는 가문에 근거한 관직 특권의 효과가 감소했다.[16]

90%가 넘는 당나라 관리가 현직 관료의 추천을 통해 제국의 관료로 편입되었고, 그 현직 관리들 역시 과거 시험을 치르지 않고 공직에 진출한 귀족 가문 출신이었다.[17] 귀족 가문은 토지를 기반으로 지방 권력을 장악하고, 사회적 네트워크를 구축했을 뿐 아니라 제국에 봉사하고자 하는 헌신적 자세를 취했다. 그야말로 중앙과 지방을 연결하는 데 적임자였던 것이다. 당나라 황제는 수도 이외의 지역에까지 행정적 통제를 확대하기 위해서는 조정의 권세 있는 가문들의 개인 네트워크가 필요했다.

이 상황을 귀족 가문의 입장에서 다시 생각해보자. 앞서 언급했듯이 당나라 이전에 존재했던 귀족 엘리트들은 한때 제국의 조정을 부패했다고 경멸하면서 중앙 정치와 거리를 두었다. 반면, 당나라 귀족 가문들은 자신의 후손을 되도록 많이 국가 관료제 안으로 밀어넣고자 했다. 사실 이들이 정부 관직을 추구한 데에는 경제적 동기가 있었다. 귀족들은 나름 독립적인 경제 기반으로 토지를 소유하고 있었지만 위신, 권력, 부의 자원 측면에서는 국가에 비해 취약했다. 많은 가문이 자신들의 자원을 집중해 다음 세대가 가문의 이름을 확고하게 이어나가기를 희망했다. 사회적 지위가 추락하지 않고 귀족 계층 안에서 자신의 입지를 확고히 해나가기 위해서는 국가의 도움이 필요했다.

봉건 유럽과 조기 근대 유럽의 경우, 권력자들이 특권을 후손에게 넘겨주는 전형적인 방식은 장자 상속이었다. 그에 비해 당나라 귀족 가문 대부분은 가장이 죽은 뒤 유산을 여러 아들에게 나누어 주었다. 따라서 토지 자산은 지속적으로 분산될 수 있었다. 엄청나게 부유한 집안이라도 세대를 거듭하다 보면 결국 재산은 흩어지고 말 것이었다. 오래도록 자신들의 부를 지켜내기 위해서는 다른 소득원을 찾아내야만 했는데, 그것이 바로 제국의 공직을 맡는 일이었다.

거대 가문들이 고위 관직을 도맡고자 한다는 것은 자신의 정치적 위상을 황제의 손에 맡긴다는 것, 그리고 그러한 상대적 약자의 처지를 감수한다는 것을 뜻한다. 귀족 가문 간에 경쟁이 존재하는 한, 특정 가문이 공직을 세습하는 것은 저절로 되는 일이 아니었다. 각 세대가 얼마나 성공적으로 중요한 관직을 확보하고, 또 국가 행정체계 내에서 승진을 거듭할 수 있느냐에 많은 것이 달려 있었다. 동시에 귀족들은 과거 시험 과정에서 자신들이 누리는 특권을 활용해서 관료제를 귀족 집단의 이해관계가 관철되는 요새로 만들 수도 있었다.

계층화된 사회에서 통치층은 그 아래 계층들을 사회의 기존 위치에 고착시키고자 하는 이해관계가 일치하기 마련이다. 하위 계층은 공적인 승진이나 사회적 위신을 귀족과 똑같이 누릴 수 있는 기회를 박탈당했다. 상대적으로 적은 수의 귀족층은 사회적 자원의 큰 몫을 향유하였다. 당나라 황제들은 이러한 불균형을 제도화하기 위해 제국 전역에 걸쳐 포괄적인 귀족 족보 작성을 후원하고 발행하였다. 예컨대 638년 당 태종이 후원한 족보에는 293개의 성姓과 1,651개의 가계가 기록되어 있었다.

당나라 질서의 쇠퇴

안녹산安祿山은 이민족인 튀르크족과 소그드 계통 사람이다. 절도사節度使의 직책을 맡아 국경 수비를 맡고 있던 안녹산은 반란(755~763)을 일으켰는데, 역사가들은 공통적으로 이 안녹산의 반란을 계기로 당나라가 쇠퇴 단계에 진입했다고 본다. 귀족의 영향에 국한해서 말하자면, 9세기 후반 황소黃巢의 난이 귀족 가문에는 좀 더 파괴적이었다.[18] 당나라는 이러한 궤멸적 반란 이후 완전히 회복하지 못했고, 앞서 논했던 당나라 질서의 근간이 무너져갔다. 예컨대 당나라를 지탱하고 있던 중앙과 지방의 연계 및 한족과 다른 민족의 연계는 환관과 무인 들이 권력을 잡자 끊어지고 말았다.

도대체 무슨 일이 일어났는지 복기해보자. 당나라 초기의 중앙정부는 지방에 권력 기반을 두고서 중앙과 지방사회의 핵심 연결고리 역할을 할 수 있었던 귀족 가문 출신들로 채워졌다. 군사를 지휘하는 절도사는 원래 정규 관료제 외부에 존재하는 특별 파견 담당관에 불과하였다. 8세기에 조정의 행정적 통제 기능이 약화되자, 조정은 국경 방어를 보다 효율적으로 수행하기 위하여 절도사를 공식적으로 제도화하였다. 한편, 국경에 군사적 기반을 가진 적수가 중앙 조정에 들어오는 것을 사전에 막고자 이임보李林甫 (683~753)가 한족을 핵심 군사 요직에서 쫓아내는 데 특별 임무를 맡았다.[19] 747년에 이임보는 오직 비중국계 전문 군인만 절도사가 될 수 있다는 명령을 내렸다. 그러나 이는 의도하지 않은 결과로 이어졌다. 한족과 비한족의 공생, 중앙과 지방의 공생이 해체되고 만 것이다. 조정은 군사적 기반이 없는 한족의 영향권에 들어와 있는 반면, 국경의 절도사들은 조정의 간섭에서 해방되었다. 그 결과 절도사들은 점점 더 많은 독립적 군사 권력을 누리게 됨으로써 실질적으로 독립적인 지방 통치자가 되었다. 다른 한편, 중앙 정부는 환관들이 좌지우지하게 되었다. 조정은 이처럼 군사를 동원하고 통치를 실현하는 능력을 상실한 반면, 절도사들은 조정의 권위에 도전할 수 있는 힘을 키워나갔다. 절도사들은 자기 마음대로 징수한 세금으로 군사력을 강화하였다. 돌이켜보건대 이러한 상황은 당나라가 쇠퇴하는 데 중요한 일보를 내딛은 것이었다.

장기적인 관점에서 보면 이러한 변화는 진시황이 본격화한 국가주의적 비전statist vision의 종말을 의미했다. 의미심장한 변화는 세금 수취에 관한 정부의 직접적 통제력을 상실한 것이었다. 안녹산의 난 이전에는 중앙정부가 균전제를 통해 그럭저럭 세금을 수취하는 데 성공하였다. 꾸준한 세금 수입의 흐름을 확보하는 한편, 가족이 경영할 만한 크기의 국유지를 기혼자들에게 주기적으로 재분배함으로써 그들이 노동 가능한 생애 주기 동안 국가에 노동력을 제공하게끔 하는 것이 균전제의 주된 목적이었다. 그러기 위해서 국가는 호구 대장臺帳을 정기적으로 편찬하여, 노동 인구 현황을 파악하였다. 결혼한 부부가 더는 세금을 내지 않거나 노동력을 제공하지 못하게 되었을 때는 토지를 국가에 반납해야만 했다. 즉, 그들의 토지는 어디까지나 국유였다. 이러한 균전제가 효과적으로 작동하려면 국가의 적극적인 행정력이 살아 있어야 한다.

그런데 안녹산의 난은 바로 이 시스템을 파괴하였다. 정부는 개별 경작자들의 토지 점유 현황에 관한 기록을 유지하기가 점점 더 어려워졌고, 사람들은 경작하던 토지가 국유지임에도 불구하고 사고팔았다. 정부에서는 토지 겸병을 금지했지만, 토지를 사들일 수 있는 경제력과 인적 동원력을 가진 권세 있는 가문들이 결국 지방사회를 지배하였다.

중앙정부의 세수 기반이 급격히 축소되면서 이제 세금을 걷

중국정치사상사

| 피란 가는 당 현종 | 튀르크족과 소그드인의 피를 물려받은 안녹산은 번관으로, 현종의 신임을 얻어 절도사 직책을 맡아 국경을 방어했다. 국경방비군 3분의 1의 병력을 장악하고 있던 그는 현종과의 사이를 이간질하는 양국충을 제거한다는 명목으로 반란을 일으켰으나 살해당함으로써 실패한다. 이 난을 계기로 당나라는 쇠퇴하기 시작한다. 그림은 명나라 화가 구영(仇英, 1494?~1552)이 그린 〈촉천가려도(蜀川佳麗圖)〉의 일부이다. 미국 워싱턴 D.C. 프리어 갤러리 소장.

는 일을 지역의 절도사들에게 의존해야만 했다. 이러한 변화는 정치적으로 중앙정부와 백성 개개인의 관계가 절도사들에 의해 매개됨을 의미하였다. 앞서 언급했듯이 절도사들은 자신들의 관할 지역에서 제멋대로 세금을 거두어서 자기 군대를 유지하는 비용으로 충당하였다. 그렇게 힘을 키운 절도사들은 결국 거둔 세금을 중앙정부에 넘겨주기를 거부하였다. 중앙정부가 지속적으로 권력을 잃어가던 907년, 절도사인 주전충朱全忠(852~912)이 당나라 마지막 황제를 살해한다.

정치 이데올로기로서 수동적 순응성

당나라 정치체는 성층화成層化된 피라미드였다. 최정상에는 최고의 권력을 누리는 황제가 자리하고, 다른 사회 구성원은 그의 신민으로서 서로 다른 법적 지위를 부여받았다. 각 개인은 그 정치체의 일부분이었고, 각 부분의 총합이 정치체였다. 통합된 전체로서 정치체는 그것을 이루는 부분들이 차지할 위치, 그리고 부분들이 서로 간에 맺을 외적인 관계를 정의하였다. 각 행위자는 엄격한 사회적 규칙에 맞추어 행동해야만 했다. 즉, 사회적 규칙의 근원이 행위자의 마음속이 아니라 외적인 권위에 있었다. 따라서 사회적 순응성은 자발적이고 선제적으로 규칙을 지키는 것이 아니라 외적으로 존재하는 규칙을 수동적으로 따르는 형태를 띠게 되었다. 특히 통치자의 관점에서 보면 수동적 순응성은 신민들이 현 상태를 받아들이고 현상 유지를 선호하며 이미 정의된 선을 넘지 않음을 의미한다.

완연히 성층화되고 차별적인 사회에서 순응성은 서로 간에 침범하지 않기 위한 장막이자 각 계층을 구분하는 경계로 작용한다. 즉, 일반 신민들의 순응성이란 행위자가 자신의 처지를 받아들인 동시에 보다 큰 집단의 구성원으로 자신을 편입해나가는 능력인 셈이다. 그러한 순응성은 정치적 무질서의 근원이 될 수도 있는 소요, 폭력, 방종을 방지할 수 있다는 점에서 사회 통합적 기능을 한다. 요컨대 당나라 정치체의 안정성이란 개개인들이 얼마나 순응적이고 수동적으로 '행위behave'할 수 있느냐에 달려 있었다.

당나라에서는 개개인을 사회적 존재로 보는 동시에 인간 욕망에 대해 부정적 태도를 취하는 경향이 지배적이었다. 그러한 경향이야말로 당나라 문화에 특징적인 수동적 순응성을 집약적으로 나타낸다. 당나라 정치체 안에서 사람들은 다른 사회적 존재와의 네트워크에 불가피하게 얽혀 있는 존재이다. 사회적 존재로서 주된 관심은 그 관계망 안에서 어떻게 처신해나갈 것인가 하는 것이었다. 세계로부터 소외되어 있다는 감각, 세계에 대해 비판의 날을 유지하고 있다는 감각은 보통 그 시절에는 환영받지 못했다. 누군가 사회적 세계에 동화되는 데 실패하면 그는 뭔가 제대로 된 상태에 있지 않다는 인상을 주었던 것이다.

이러한 비전에 따르면 통제되지 않는 욕망, 열정, 유혹 들이야말로 사회적 존재가 되는 데 장애물이었다. 그래서 어엿한 사회적 존재가 되기 위해서는 자신의 욕망, 유혹, 열정을 버리거나 억제하는 일이 필요했다. 그러나 보통 사람들은 결코 완전히 욕망을 없앨 수 있을 것으로 기대되지 않았다. 그들을 둘러싼 외부 사물들에 의해 촉발되는 유혹에 흔들릴 것이라고 전제되었다. 결과적으로 사람들은 흔들리는 유약한 자신과 끊임없이 싸워야 했고, 그 과정을 통해 사회에 재적응해나갔다. 책임 있는 사회적 행위자가 되기 위해서는 가능한 한 욕망을 제거해서 반反사회적인 유혹에 휘둘리지 말아야 했다. 이것이 바로 황간皇侃이 욕망으로 가득했던 신정申棖에 대해 언급한『논어』구절에 다음과 같은 주석을 단 이유이다.

공자께서 말씀하셨다. "나는 아직 강직한 사람을 보지 못했다."
누군가 대답했다. "신정이요."
공자께서 말씀하셨다. "정은 욕심이 많다, 어찌 강직할 수 있겠는가?"[20]

황간이 말했다. "강한 사람은 본성상 희구하는 것이 없다. 신정은 본성에 정욕情慾이 많다. 정욕이 많은 사람은 반드시 타인에게 (자신이 원하는 것을) 구한다. 타인에게 구하면 이 강함을 얻을 수 없다."[21]

황간의 주석에서 주목할 점은 강직함이라는 덕성이 개인의 의지력 수련에서 사유되지 않고, 사람들의 상호 관계 차원에서 정의되고 있다는 사실이다. 사람으로 하여금 타인에게서 무엇인가를 원하게끔 추동한다는 점에서, 그리하여 인간 상호 관계에 존재하는 어떤 평형을 깨트릴 수 있다는 점에서 욕망은 나쁜 것이다. 누군가의 의지력이 강하지 않은데도 가지고 있는 자원보다 욕망이 더 많다면, 그에게는 두 가지 선택지가 있다. 욕망을 버리거나, 아니면 욕망을 실현하기 위해 자원을 더 확보하거나. 황간은 첫 번째 선택지를 제시하는 것으로 보인다. 그의 생각에 따르면, 욕망의 제거가 강직함의 덕성을 가져야만 하는 통치자에게 중요하다. 자신의 욕망을 실현하기 위하여 타인의 조력을 구하게 되면, 통치자는 그 타인의 서비스에 의존하게 될 것이고, 그러다 보면 강직함의 능력을 잃게 될 것이다. 마키아벨리Machiavelli(1469~1527)가 주장한 바대로, 통치자가 다른 자원에 의존해야만 하는 상태가 되면 그는 충분히 강력할 수 없는 법이다.

무위의 이상

군주 귀감서魁鑑書 장르the mirror-of-princes genre에서 고전이라고 할 수 있는 『정관정요貞觀政要』는 당 태종과 신하들 간의 대화를 기록하고 있다. 『정관정요』는 앞에서 언급했던 황간의 견해에 공명하는 내용을 담고 있다.[22] 비록 당 태종은 여러 차례 전쟁을 벌이기는 했지만, 『정관정요』에는 욕망을 경계하고 무위無爲를 선호하는 내용이 가득하다. 무위 사상은 당나라 통치자의 초월적인 지위와 불가분의 관계가 있다. 『정관정요』에서 통치자의 무위란 피통치자와 떨어져 있을 수 있는 능력을 의미한다. 황제의 업무란 조정의 정치에 개입하는 것이 아니라 사적인 욕망을 버림으로써 자신을 수양하는 일이다. 『정관정요』는 그러한 무위야말로 국가에 질서를 가져다준다고 약속한다.

　무위의 이상은 왕통王通(584~617)의 『중설中說』에서도 발견할 수 있다. 『중설』에서는 이렇게 말한다. "천하의 꾀와 지혜를 겸할 수 있으면 이理가 얻어진다. 내가 무엇을 굳이 하리오? 나 자신을 공손히 해서 남면할 뿐이다."[23] 여기서 "내가 무엇을 굳이 하리오? 나 자신을 공손히 해서 남면할 뿐이다"라는 문장은『논어』의 "무위의 다스림을 이룬 이는 순임금이로다. 그가 무엇을 했는가? 자신을 공손히 하고 바르게 남면했을 뿐이다"[24]에서 따온 것으로, 남면한다는 것은 통치자의 자세와 방향을 뜻한다.『중설』의 이 구절은 다수의 부분으로 이루어진 통일된 전체라는 중세적 비전을 함축적으로 나타내고 있다. 이 텍스트에서 '이理'의 의미에 대해 생각해보자.

첫째, 객관적으로 '이'는 어떤 사물 전체의 핵심을 지칭한다. 그리고 여기서 전체란 모든 부분의 합이다. '이'를 발견한다는 것은 어떤 사물을 구성하는 각기 다른 부분들 간의 필연적인 연관을 판별한다는 뜻이다. 둘째, '이'는 다른 의미로 사용될 수도 있다. 주관적으로 '이'는 사물의 핵심을 알 수 있게끔 해주는 마음의 어떤 역량을 가리킨다. 여기서 사물의 핵심이란 어떤 사물을 구성하는 부분들이 모여 이루어내는 전체성integrity이다. 그러므로 '이'는 앎의 원천인 동시에 인간이 의지력을 발휘하여 자신을 자신이 아는 바와 파장을 맞추는 능력, 즉 사물의 핵심에 자신을 조응하게끔 만드는 그 어떤 것이다.

왕통의 언명은 '이'란 복수의 부분이 합해져 전체를 이룰 때 실현된다는 점을 명확히 하고 있다. 그리고 통치자는 그 '이'를 실현하기 위해 무위의 태도를 취해야 한다. 이는 정치적으로 말해 통치자가 통합된 위계적인 전체의 어느 한 측면을 억압하거나

바꾸려 들지 말고 각 부분을 그 전체 내의 합당한 자리에 위치시킬 책임을 가진다는 것이다. 6장에서 우리는 송나라의 사士들이 이와 같은 '이'에 대한 견해(즉, 송대 이전에 존재한 '이'에 대한 견해)와 결별한다는 사실을 목격하게 될 것이다.

귀족

귀족들을 위한 합당한 자리는 상류층이다. 당나라 정치 시스템은 상류층을 포용하고, 그들에게 특별한 역할을 부여하였다. 당나라 귀족의 특권은 다른 사회 구성원에 비해 문화적으로 우월하다는 생각에 기초해 있었다. 물론 당시에는 문화적 교육을 제공하는 제국 전역에 걸친 공립학교 체계 같은 것은 없었다. 당나라 귀족들은 가정교육을 통해 문화적 특성을 습득했다. 따라서 귀족들의 문화적 특성은 곧 대를 이어온 가족의 특성이었으며, 귀족 사회의 광범위한 문화적 관습을 반영하였다. 문화적 유대를 통해 귀족들끼리 모였고, 외부의 사람들이 자신들의 높은 신분을 섣불리 침범하려 드는 것에 거부감을 표시하였다.

'당시唐詩'는 당나라 귀족들 간의 사회적 교류와 세련된 대화의 주된 형식으로 떠오르면서 귀족들 간의 문화적 응집력을 보여주는 데 한몫했다. '당시'를 정의하는 주된 특징 중 하나는 계기성occasional character이다.[25] '당시'를 짓는 일은 고독한 상태에서 스스로에게 말을 거는 외로운 작업이 아니라, 적절한 계기를 맞아 현실 혹은 상상 속의 사람에게 건네는 일종의 반응response이다. 다시 말해 당나라 때 시詩란 깊숙한 사적 감정을 표현하는 수단이라기보다는 효과적인 공적 연설을 위한 형식에 가까웠다.

공적인 자리에 참여하는 사람들은 사회적 교류를 위한 대화 기술과 상대의 세련된 발화를 이해할 수 있는 지식을 갖추고 싶어 했다. '당시'는 그러한 기대를 공유한 사람들끼리 나누는 우아한 언어 게임의 일종이었다. 특히 능숙한 언어유희, 엄격하게 조율된 형식, 대상에 대한 공들인 묘사 등이 중요하였다. 암묵적으로든 명시적으로든 시를 쓰는 사람은 과연 정교한 언어 규칙에 맞추어 창작할 수 있는가의 여부로 평가받았다. 따라서 문화적 교육 혜택을 받을 수 있는 귀족 가문 출신일수록 좋은 평가를 받을 가능성이 높았다.

관료를 선발하기 위한 과거 시험에서 시는 필수 과목이었다. 과거 시험에 붙기 위해서 응시자들은 문장에 요구되는 엄격한 형식을 따라야만 했다. 그렇기에 시를 짓고 이해하는 일은 귀족 신분을 알아볼 수 있는 표지가 되었다. 이러한 언어 게임 저변에도 순응성의 측면이 있다고 할 수 있다. '당시'에 능숙해진다는 것은 곧 관용구들을 숙달하여 기존 엘리트와 소통할 수 있다는 것을 의미하였기 때문이다. 이런 식으로 귀족 가문은 자신들보다 낮은 계층의 사람들에 대해 문화적 헤게모니를 창출하고 유지하였다. 그 헤게모니는 귀족들의 폐쇄적인 집단 정체성을 발전시키는 데 공헌하였다. 『논어』에서 이야기한 것처럼 "군자는 문文으로써 벗을 모은다".[26]

불교

사회적 피라미드의 정점에는 고급 문화에 접근할 수 있는 집단이 있었다. 그리고 사회적 피라미드의 맨 아래에는 농촌 마을의 분절된 문화 속에서 사는 뭇 대중이 있었다. 이 두 층을 연결하는 접착제는 불교(그리고 도교)였다. 불교는 3세기와 4세기 사이의 남북조시대에 중앙아시아에서 중국으로 유입되었다. 외국에서 전래되었지만 불교는 중국에서 지속적으로 성장하였다.[27] 불교의 영향력이 커지다 보니 중원이 아니라 인도가 중화라는 인식마저 생겨났다.[28] "북진北辰이 서북에 있으므로 천축天竺이 중앙을 차지한다는 것을 알 수 있다."[29] 이러한 인식은 적어도 승려들의 세계에서는 부분적으로나마 오래 지속되었던 듯하다.[30]

화이華夷의 구별은 '의義'에 있다. 계숭[31]의 정치론은 한 가지 특징이 있는데 논점마다 반드시 유가의 경전이나 공맹의 말을 인용한다는 점이다. 화이 문제에 관해서도 그는 "저 사람의 창으로 저 사람의 방패를 무너뜨렸다." 계숭은 이렇게 지적한다. "요즘 부처는 서방의 성인이니 그 법이 이夷에 합당하고 중국에는 맞지 않는다고 말들 하는데 이것은 선대 유자들은 생각지도 못한 일이다. 성인이란 큰 도가 있는 사람을 지칭하는 말이다. 큰 도가 있는 사람을 어떻게 성인이라 부르지 않을 수 있겠으며, 성인의 도가 있는데 어떻게 실천할 수 없는 장소가 따로 있겠는가? 그 사람이 이夷에서 낳았기 때문이라면 순임금은 동이 사람이고 문왕은 서이 사람임에도 그 도가 이어지며 중국에 소개되고 실천되었는데 그 사람이 이에서 낳았다고 하여 그들의 도를 거부할 수 있단 말인가?"[32] 그는 한 걸음 더 나아가 "부처가 난 곳은 이夷가 아니"[33]라고 주장한다.[34]

불교의 세속적 성공은 칼과 주교장主教杖, crosier, 즉 세속 권력과 성직 권력의 관계 문제를 야기하였다. 아래 인용문에 나타난바, 이른바 삼파론三破論 등이 두 힘 간의 긴장과 타협 양상을

보여준다.[35]

제1파란 국가에 들어와 국가를 파괴한다는 것이다. 헛된 말로 거짓을 떠벌리고 쓸데없는 건물 공사에 많은 낭비를 함으로써 백성을 괴롭힌다. 그래서 국고가 비고 백성이 가난해진다. 국가를 돕지 않고 인구가 줄어든다. 게다가 누에를 치지 않으면서 옷을 입고, 농사를 짓지 않으면서 밥을 먹는다. 이로 인해 국가가 멸망하고 사람이 멸종된다. … 제2파는 가정에 들어와 가정을 파괴한다는 것이다. 부자가 서로 다른 것을 섬기게 만들고, 형제가 서로 다른 규범을 지키게 만든다. 부모를 저버리고 효도가 끊기게 된다. 근심하는 바와 즐기는 바가 서로 달라지고, 노래하는 바와 우는 바가 같지 않게 된다. 골육의 사이가 원수가 되고 친척을 영원히 저버리게 된다. 교화가 어그러지고 순종하지 않게 되어 높은 하늘의 응보가 없어지게 된다. 오역五逆의 불효도 이보다 잘못이 심하지는 않을 것이다. … 제3파는 자기 몸에 들어와 몸을 파괴한다는 것이다. 사람의 몸이 첫째, 상하는 병을 얻게 되고, 둘째, 문명의 수식을 버리는 고통을 가지게 되고, 셋째, 불효라는 잘못을 저지르게 되고, 넷째, 인간의 재생산을 끊어버리는 죄를 범하게 되고, 다섯째, 몸을 상해가며 가르침을 좇는다는 어리석음을 범하게 된다. 불효를 배우다니 도대체 무슨 말인가![36]

모름지기 출가한 사람들은 은거하면서 자신의 뜻을 추구하고,

풍속을 바꾸어 도에 통달하고자 한다. … 깊은 물에 빠진 동족을 구제하여 그들을 거듭되는 시간의 흐름에서 뽑아내어 구제하고자 하는 것이다. 삼승三乘의 법에 두루 통달하고 인간 세상과 하늘의 길을 넓히고자 한다. 그러므로 안으로는 중요한 윤리를 해치지만 그렇다고 효도에 어긋나는 것은 아니고, 밖으로는 공손하게 군주를 받들어 모시지는 않지만, 그렇다고 공경을 잃어버리는 것은 아니다.[37]

공자의 경전 또한 출세해서 도를 행하여 부모를 드러내는 것이 효행이라고 했다. 하필 가정으로 돌아갈 필요가 있는가! … 불교 역시 승려는 여름과 겨울에는 인연을 따라 도를 닦고 봄과 가을에는 가정으로 돌아가 부모를 모시고 봉양하는 것을 허용한다. 그래서 목련目蓮은 구걸해서 모친을 먹였고, 여래如來는 관을 지고 장례에 임했다. 이 이치는 서로 통하니 불교만 없애야 한다는 것은 타당하지 않다.[38]

노자는 군주를 천지와 더불어 삼대三大라고 간주했다. 그렇게 중시한 이유는 군주가 삶을 돕고 운을 통하게 한다는 데 있다. 어찌 그저 성인이 군주의 자리에 있다는 것만으로 천지와 같은 반열에 두었겠는가! 천지의 큰 덕은 생生이라고 하는데, 생을 통하게 하고 만물을 다스리는 일은 군주에게 있다. 신기神器를 존중하므로 그에 대한 예도 높여야 하는 것이다. 어찌 사회정치적인 예의 의의가 그저 군주의 권위를 높이는 데 있을 뿐이겠는

| **혜원** | 4~5세기에 활약한 혜원은 불교 성직자들은 보다 높은 종교적인 소명에 자신을 바친 사람들이므로 왕에게 꼭 절을 할 필요는 없지만 일반 불교도만큼은 세속 권력에 대한 존경의 표시로 왕에게 절을 해야 한다고 인정하였다. 즉, 인간에게는 두 가지 독립된 영역 혹은 목표가 있다고 제시한 것이다. 하나는 불교적 수양을 통해 달성할 수 있는 영혼의 구원이고, 다른 하나는 세속의 통치자를 통해 달성할 수 있는 세속 세계의 질서이다. 도판은 《만소당죽장화전(晚笑堂竹莊畵傳)》에 실린 혜원의 이미지이다.

가! 사문이 생존하는 것도 날마다 군주의 통치와 명령에 의존하는 것이다. 어찌 군주의 덕을 보면서 예의를 버릴 수 있겠는가![39]

이 사안을 가장 인상적으로 제기한 인물이 혜원慧遠(334~416)이었다. 그는 유명한 「사문불경왕자론沙門不敬王者論」이라는 텍스트를 저술하였다. 그에 따르면, 불교 성직자들은 보다 높은 종교적인 소명에 자신을 바친 사람들이므로 왕에게 꼭 절을 할 필요가 없다. 이와 동시에 그는 일반 불교도만큼은 세속 권력에 대한 존경의 표시로서 왕에게 절을 해야 한다고 인정하였다. 이것은 흥미로운 협상이라고 할 수 있다. 세속 권력과 성직 권력이 하나의 권위로 궁극적으로 통합되어야 한다고 주장하는 것도 아니고, 세속 권력과 성직 권력 간에 하나의 위계가 있다고 주장하는 것도 아니다. 그 대신 인간에게 두 가지 독립된 영역 혹은 목표가 있다고 제시한 것이다. 하나는 불교적 수양을 통해 달성할 수 있는 영혼의 구원이고, 다른 하나는 세속의 통치자를 통해 달성할 수 있는 세속 세계의 질서이다.

그러나 수와 당 같은 통일 왕조가 성립되면서 상황이 바뀌었다. 황제들은 불교를 적극적으로 후원하였는데, 신민들이 불교를 믿게 되면 자신들의 통치를 거부감 없이 지지하리라고 기대했다. 당나라 때 정치권력은 불교를 국가의 일부로 만드는 데 성공하는 듯이 보였다. 예컨대 승가僧伽, samgha 제도를 살펴보라. 당나라 시기 승가의 지도자는 평신도 관리들과 사원 감독 책임을 띤 명목상 승려들로 이루어진 조직을 이끌었는데, 그는 독자적인 종교 조직의 수장이 아니라 황제가 임명한 사람이었다.[40]

중세 유럽에서 다수의 교황과 황제 사이에 벌어졌던 엄청난 쟁투 같은 사건은 발생하지 않았다. 일부 황제들은 전륜성왕轉輪聖王, चक्रवर्ति cakravartin, 'wheel-turning' king 혹은 때때로 불타佛陀라는 신성한 지위를 획득하는 데까지 나아가기도 했다. 그 경우에 한 해 승려들은 황제에게 절을 해야 했다.[41] 이러한 양상은 독자적인 법률, 엄격한 위계를 갖춘 헌신적인 공무 요원, 세금에서 자유로운 경제 기반을 갖추고 국가와 경쟁 관계에 있었던 서구 교회와는 뚜렷한 대조를 이룬다. 물론 서구에도 동방정교회나 샤를마뉴 Charlemagne(742?~814) 황제, 영국 성공회의 성립, 북유럽 국가와

| 1세기경 인도에서 제작된 전륜성왕 조각 | 불교에서 전륜성왕은 정법(正法)으로 온 세계를 통솔하는 인도 신화 속의 임금을 말한다. 여래의 32상(相)을 갖추고 칠보(七寶)를 가지고 있으며 하늘에서 금, 은, 동, 철의 네 윤보(輪寶)를 얻어 이를 굴리면서 사방을 위엄으로 굴복시키는 세속 세계의 주인을 일컫는다. 수나라와 당나라 황제들은 불교를 적극적으로 후원하였는데, 일부는 자신을 전륜성왕이라 칭하기도 하였다. 프랑스 파리 기메박물관 소장.

루터교의 관계 같은 몇몇 예외는 있다.

6세기 중반 불교는 중국 전역에 성공적으로 이식된다. 1차 사료에 따르면, 당시 200만 명의 불교 승려와 비구니가 3만여 곳의 사원에서 살고 있었다.[42] 불교 사원은 귀족뿐 아니라 하층민들에게도 예식, 축제, 숙소, 약국, 병원, 공공 목욕탕 등 다양한 공적 서비스를 제공하였다. 불교 사원은 반쯤 공적 도시 공간으로서 번영하였다. 그러니 불교가 과연 어떻게 귀족 사회에 공헌하였는지, 혹은 어떻게 귀족 사회와 공존할 수 있었는지를 물어볼 만하다. 이는 불교 철학에 관련된 질문이 아니라 불교가 다양한 계층의 당나라 사람들에게 어떤 의미가 있었는지를 묻는 일이다.

당나라는 불교와 귀족 사회가 공존할 수 있는 여건이 갖추어져 있었다. 첫째, 코즈모폴리턴의 정치적 정체성으로 인해 당나라는 불교 같은 외래 종교에 개방적이었다. 둘째, 당나라의 질서가 쇠락하기 전에는 불교 사원에 면세 혜택을 주어도 될 만큼 세수가 충분했다. 셋째, 불교의 가르침은 당나라 귀족 문화(의 어떤 측면)를 지지하는 것으로 해석될 여지가 있었다. 이에 대해 부연하자면, 불교도들은 모든 존재는 결국 덧없다는 통찰에 기반해서 존재의 근본적인 공空을 주장하였다. 이것이 불교의 진정한 가르침인지의 여부는 차치하고, 그러한 주장은 세속사와 관련하여 수동적인 태도를 고무하는 것으로 해석될 수 있다. 누군가 수동적일 경우, 그는 기존 상태the status quo의 암묵적 지지자에 가깝다. 적극적으로 새로운 삶을 찾아 나서지 않고, 주어진 세계에서 주어진 자리에 머물러 자신에게 합당한 덕성을 실천하면서 살아가게끔 되는 것이다. 이러한 일련의 여건들이 흔들릴 경우, 불교와 당나라의 정치질서는 설 곳을 잃게 될 것이었다. 바로 그러한 점을 보여준 이가 한유韓愈(768~824)였다.

한유와 고문운동

샤오궁취안은 한유를 전제정치를 옹호한 대표적 사상가로 보았다.[43] 류쩌화의 견해도 별반 다르지 않다.

관념으로든 현실에서든 국가와 신민은 군주의 사유물이거나 부속물이라고 본 한유는 우민정책의 시행을 주장했다. 그는 「본정

本政」이라는 글에서 이렇게 주장한다. "옛날 천하의 군주가 된 사람은 교화를 하고도 그 교화의 도에 대해서는 알려주지 않았다. 폐단을 만나면 바꾸었지만 그 바꿈의 도에 대해서는 알려주지 않았다. 이렇게 함으로써 정치적 효과를 얻었으며 백성들은 순박해졌다."[44][45]

그러나 내가 보기에 중국정치사상사에서 차지한 한유의 위상은 다른 곳에 있다. 일단 한유는 자신이 처한 시대 상황을 비판하고, 고대 세계로 돌아가기를 원하는 듯이 보인다. 그러나 이는 구질서로 돌아가고자 하는 감상적인 욕망에 의해 추동된 것이 아니라, 고대의 '정신'을 모델로 채택하고자 하는 열망에 의해 추동된 것이었다. 한유는 고대 세계에 대한 새로운 태도를 발전시키면서 당나라 문화와 고대 문화 간의 분열을 보여주고자 애썼다. 한유는 현재를 고대 세계와 완전히 단절된 시대로 간주하였다. 과거를 제대로 배우는 길은 지금껏 계승되어온 행태와 실천을 모방하는 것이 아니라, 고대인들이 자신이 처한 상황에 어떻게 대응했는지를 이해하는 것이었다. 고대인들의 이상적 대응 방식은 후대에 계승되지 못했는데, 그것을 이제 와서 새삼 복구해야 한다고 보았다. 그러한 점에서 한유의 고대의 이상에 대한 호소는 당면한 현실에 대한 급진적인 비판일 수 있었다. 이러한 한유의 역사관을 통해 새로운 역사적 거리감이 창출되었고, '중국'의 중세라고 이름할 만한 어떤 것이 생성되었다.

유럽 르네상스 인문주의자들이 그러했던 것처럼, 한유는 고대의 황금기는 도교와 불교 같은 이단에 의해 어두워지고 말았다고 주장하였다. 중국의 도교와 불교는 중국 역사에서 중세 유럽의 반계몽적 스콜라주의 같은 역할을 한 셈이었다. 불교가 성행한 시기를 외국의 야만성이 판을 친 막간극으로 보고 배척했다는 점에서 한유의 역사서술은 애국주의적 요소를 가지고 있었다. 한유는 외국 혐오의 관점에서 불교를 배척했는데, 이러한 사실은 한유가 당나라의 정치적 정체성이 기반하고 있는 코즈모폴리턴 중국성 자체에 이의를 제기했다는 함의를 갖는다.

한유가 보기에 중국의 '중세'는 구체적으로 무엇이 잘못되었을까? 한유의 진단을 그의 유명한 에세이『원도原道, *Exploring the Foundation of the Way*』에서 발견할 수 있다. 후대 지식인들은 한유의『원도』야말로 송나라의 지적 부흥의 전조라고 찬양하였다. 다음 장에서 살펴보겠지만, 송나라 때는 실로 화려한 도덕철학과 정치철학이 만개하였다. 그러한 지적 부흥은 한유 같은 선구자에 의해 예시되었다는 것이 기존 견해였다. 그러나 한유가 제시한 것은 대답이라기보다는 문제였다. 한유의 전방위적 진단에 따르면, 당나라 제국이 고질적으로 기대에 못 미치는 성취를 보여온 원인 중 하나는 수동적인 순응성이다. 수동적인 순응성은 만연한 불교의 위세와 점증하는 도교의 영향에 기인한다. 불교와 도교의 교의상의 차이doctrinal differences는 한유에게 크게 문제되지 않는다.

한유가 보기에 불교와 도교는 인간의 건강한 욕망을 제대로 다루지 못하고 있다는 점에서 둘 다 그릇되었다. 한유가 이해하

| **한유** | 전제정치를 옹호한 당나라의 대표적 사상가인 한유는 고대의 황금기는 도교와 불교 같은 이단에 의해 어두워지고 말았다고 주장한다. 불교가 성행한 시기를 외국의 야만성이 판을 친 막간극으로 보고 배격했다는 점에서 애국주의적 요소를 가지고 있다. 한유는 외국 혐오의 관점에서 불교를 배척했는데, 이는 곧 당나라의 정치적 정체성이 기반하고 있는 코즈모폴리턴 중국성 자체에 이의를 제기한 것과 다름없다.

는 바대로 말하자면, 현실을 덧없는 것으로 간주하는 불교 교리는 현실에 집착하는 어떤 욕망도 결국 허망함으로 귀결될 것이라는 함의를 갖는다. 세속적인 영광보다 무병장수를 선호하는 도교 교리는 사람들을 사회정치적 세계에 대해 냉담하게 만들 것이었다. 그처럼 욕망을 경계하다 보면, 풍요로을 수도 있는 인생을 여러 방식으로 훼손하게 된다. 그런 태도로 인해 사람들은 현실을 그 자체로 의미 있게 받아들이지 못하고, 현실을 변혁하고자 하는 희망 또한 헛수고라고 믿게 된다.

결국 불교와 도교의 가르침은 세계를 허약하게 만드는 결과를 가져온다. 반면, 불교가 중국에 유입되기 이전에 살았던 고대 중국의 성인은 정반대의 가치를 옹호하였다. 고대 중국의 성인들은 이상적인 질서를 창출하는 데 결코 욕망이 걸림돌이 된다고 보지 않았다. 욕망과 집착 없이 번영할 수 있다고 믿는 것은 어불성설이다. 욕망은 인간의 적극적 행동을 추동하기에 정당하다. 욕망을 가진 사람들은 인간의 욕망을 건설적인 방식으로 충족할 문명제도를 창출하기 위해 함께 행동할 수 있다.

그렇다면 어떤 제도적 구성이 당나라 제국에 필요한가? 흥미롭게도 한유는 구체적인 제도적 청사진을 제공하지 않고, 글쓰기 방식을 혁신하자고 제안하였다. 고문古文이야말로 당나라 때 팽배한 '당시唐詩' 스타일에 대한 대안이었다.[46] 한유의 제안은 글쓰기 방식이야말로 보다 넓은 문화적·정치적 환경과 관련된 징후적 사안이라는 믿음에 근거했다. 성공적일 경우 글쓰기 방식의 변화는 글 쓰는 사람의 주관을 변화시키게 될 것이고, 변화된 주관은 세계를 변화시킬 수 있을 것이었다.

고문 스타일의 산문을 작성하기 위해서는 글 쓰는 사람이 관용구, 구조적인 대구, 수사적인 언어, 정교한 비유 같은 기존 글쓰기 관습에 대한 순응을 멈추어야 한다. 기존 스타일에 자신을 수동적으로 맞추지 않기 위해서이다. 새로운 글쓰기의 근본적인 목적은, 아마도 고대 성인들이 그러했던 것처럼, 글 쓰는 사람이 스스로 생각하는 습관을 발전시키는 데 있었다. 책임감을 갖고 스스로 생각하는 이는 사회적 규범을 그저 받아들이지 않고, 시대와 불화하거나 시대를 뛰어넘는 일을 서슴지 않으며, 그러한 과정을 통해 자아를 형성self-fashioning하게 될 것이었다. 오직 독립적인 정신을 가진 사람들만이 예상하지 못한, 신선한, 그러면서 섬세한 산문을 쓸 수 있다. 자신을 책임 있는 사유 행위자re-sponsible thinking agents로 변화시킬 수 있는 사람만이 세계the world at large를 변혁할 책임을 감당할 수 있을 것이다. 한유가 남긴 『원도』는 바로 그러한 고문 스타일의 전형이었다.

『앵앵전』

한유의 제안이 당시에 얼마나 신선하게 들릴 수 있었는가를 음미하기 위하여 원진元稹이 지은 『앵앵전鶯鶯傳』을 살펴보자.[47] 『앵앵전』은 과거 시험을 준비하는 젊은 서생과 위신 높은 집안의 딸 간의 연애, 그러나 결국 실패하고 만 연애사를 다룬 짧은 이야기이다. 이야기는 남자 주인공인 장생長生에 대한 소개로 시작된다.

장생은 22세의 총각으로, 좋은 덕성을 갖추고 있으며 불미스러운 일에는 결코 연루되어본 적이 없는 인물이다. 그런 장생이 위험하기 짝이 없는 반란 현장에서 한 가족을 구하게 된다. 그 가족의 어머니는 장생에게 감사의 표시로 집으로 초대하고, 장생은 그 집 딸인 앵앵鶯鶯을 보자마자 사랑에 빠진다. 그때까지 장생은 여자와 불미스러운 일에 빠지는 것을 한번도 생각해본 적이 없었으나, 그만 욕망에 사로잡히고 만 것이다. 그 집 하녀는 장생에게 앵앵과 혼인하라고 권고하지만, 장생은 자신은 합당한 약혼을 할 때까지 기다릴 수 없노라고 하녀에게 말한다. 그러고는 앵앵에게 한밤중에 만나자는 전갈과 함께 시 한 편을 써서 그 집 하녀 편에 보낸다. 앵앵 역시 결국 욕망에 굴복하고 결혼 전이라 할지라도 장생과 잠자리를 같이하기로 결심한다.

그들은 한 달 동안 매일 밤을 함께 보낸다. 그러나 귀족 사회에서 품위 있게 행동해야 한다는 압력이 너무 강했기에, 그들의 관계는 오래 지속되지 못한다. 장생은 과거 시험을 치르기 위해 길을 떠난다. 첫 번째 시험에서 실패한 장생은 앵앵과의 관계를 정리하고 수도에 남기로 결심한다. 장생과의 급작스러운 결별로 앵앵은 마음의 상처를 입었으나 사회에서 요구하는 규범 때문에 두 사람이 여생을 함께할 수 없다는 사실을 이해한다. 그리하여 두 사람은 연애사에 종지부를 찍고 각자 새로운 상대와 결혼한다.

『앵앵전』의 화자는 다음과 같은 발언으로 이야기를 마무리한다. "당시 사람들 대부분은 장생이 과실을 잘 수습한 사람이라고 찬미하였다. 나는 친구들이 모였을 때면 항상 이 이야기를 하는데, 이 일을 알고서 잘못을 반복하게 하지 않기 위해서이다."[48] 결론 부분에서 화자는 이 사안이 아름다운 여인에게 반해버린 젊은이의 사적인 문제에 불과한 것이 아니고, 나라 전체를 망하게 할 수도 있는 중대 사안이라고 강조한다.

이야기 전반에 걸쳐 주인공들은 질서 있는 상태에서 시작했다가, 질서 붕괴 상태로 나아갔다가, 다시 질서를 복구한다. 애초에 질서의 붕괴를 초래했던 것은 열정 혹은 욕망이었다. 결말에 가서 (무분별했던) 열정을 포기할 때에야 비로소 질서가 복구된다. 열정에 대한 포기는 장생이 기존의 사회 규범을 지키는 생활로 되돌아갔을 때에야 가능하다. 즉, 원진은 무분별한 열정에 대해 경고하기 위해 이야기의 결말을 이와 같이 구성한 것 같다. "이 일을 알고서 잘못을 반복하게 하지 않기 위해서이다."[49] 이 교훈적인 결론은 당나라 말기의 독자들이 장생과 앵앵의 결별은 합당하며, 심지어 동정을 얻을 만한 처신이라고 간주할 수 있음을 암시한다.

그런데 우리가 『앵앵전』이 저술된 당시의 역사적 맥락을 살펴보면, 이 이야기가 젊은이의 성적 충동과 사회적 습속에 대한 보편적 교훈극 이상의 것임을 알게 된다. 앵앵의 연애사가 발생한 정원貞元 연간(785~804)은 당나라 질서가 붕괴하던 시절에 해당한다.[50] 이러한 점에서 저자가 이야기 초반에 장생과 앵앵의 만남이 이루어지는 무대 장치로 위험한 반란을 언급한 것은 우연이 아니다. 그것은 당나라 후반의 사회·정치질서의 위기를 상징할 수 있다.[51]

따라서 연애사 발생 이전의 장생은 당나라 귀족 사회의 질서를 체현하고 있는 인물로 해석할 수 있다. "견고하게 자신의 개인적 원칙을 고수했고 어떤 불미스러운 일에도 연루되기를 거절했기 때문이다."[52] 그런데 장생은 앵앵을 만나자 갑작스럽게 아름다운 여성의 매력에 매혹된 나머지 올바른 행동을 해낼 지주를 잃게 되고, 그가 체현하고 있던 당나라 문화는 허물어진다. 장생이 과거 시험에 실패한다는 사실, 그리고 장생과 앵앵이 부부로서 함께할 수 없다는 사실은 당나라 문화가 높은 도덕적 기준을 유지하는 데 실패했을 때 맞닥뜨리게 될 결과에 대한 저자의 경고로 해석될 수 있다.

이 시점에서 우리가 던져야 할 중요한 질문은 이것이다. 그렇다면 장생은 어떻게 곤경에서 빠져나왔는가? 이야기의 결말이 암시하듯이 질서를 회복하는 방법은 당사자들이 자신들의 사랑이 실수였다는 것을 인정하고 자신들에게 주어진 원래의 사회적 역할로 되돌아가는 것이다. 결말에 이르러 남자 주인공은 자신이 가진 부유浮遊하는 욕망을 만족시키는 대신, 무엇이 사회에 최선인가를 고민하는 인물로 느닷없이 탈바꿈한다. 이 로맨틱하지 않은 결말은 당나라 귀족 문화를 재긍정하는 것으로 귀결된다. 가문의 명예와 명성을 유지하기 위해 합당한 겉모습을 유지하는 일이 개인의 열정을 따르는 일보다 더 중요하다고 이 이야기는 말하고 있기 때문이다.

보다 구체적으로, 원진은 독자들이 장생이라는 캐릭터가 이야기 전반에 걸쳐 어떻게 변화하는지를 알아차리고 공감하기를 원했을 것이다. 이야기 초반에 장생은 덕망 있고 침착한 사람이었다. 장생이 자신의 실수를 성공적으로 교정할 수 있었다는 사실에 대한 동시대 사람들의 (일견) 긍정적 평가는 이러한 해석을 지지한다. 장생은 앵앵과 사랑에 빠진 뒤에 품위를 잃지만, 잃어버린 덕성을 다시 찾기 위해 자신의 정부情婦를 떠난다. 이러한 변천은 당시에 합당하다고 받아들여지던 사회적 행동에 대한 관념과 매우 긴밀하게 연결되어 있다.[53]

더 흥미로운 것은 개인 간의 그리고 개인과 사회 간의 긴장

| **『앵앵전』을 각색한 『서상기』의 삽화** | 『앵앵전』은 시대를 달리하며 여러 판본으로 각색되었는데, 특히 원나라 때 왕실보(王實甫)가 『서상기(西廂記)』로 각색하면서 잡극으로 대중의 인기를 끈다. 도판은 명나라 때 화가인 진홍수(陳洪綬, 1598~1652)가 그린 『서상기』의 삽화 중 일부이다.

이 어떻게 『앵앵전』에서 전개되고 있는가이다. 피터 볼Peter Bol이 주장했듯이, 장생과 앵앵은 서로 간에 열정을 불러일으키는 사물事物로 묘사된다. 따라서 원진은 이 『앵앵전』의 갈등을 인지 주체와 인지되는 사물 간의 문제적 관계the problematic relationship between perceiving self and perceived things로 간주한다고 할 수 있다.[54] 사물이 자아를 침범하고 영향을 미치게 되면서 열정은 발생한다. 사람들은 (『앵앵전』에 나온 대로 하자면 아름다운 여성 혹은 재능 있는 남자 같은) 사물들이 자아를 침범하고 영향을 미치기 전에는 "비어 있고, 의도가 없고, 자의식이 없는" 상태에 머물러 있다. 피

터 볼이 주장했듯이, "감정/열정이 일어나는 순간은 곧 사람들이 실체적으로 존재할 수 있고, 의식적인 상태가 될 수 있고, 의도할 수 있는 사람이 될 수 있는 자신의 능력을 실현할 기회이다". 다시 말해 그들의 연애사는 자신들이 전에는 의식하지 못했던 자아의 차원을 깨달을 수 있는 계기이다.

그러나 『앵앵전』에서 그 새로운 깨달음은 주인공들을 어디로도 데려가주지 못한다. 질서를 복구하는 힘은 자기 자신의 내적 주체성their own internal subjectivity에서 오는 것이 아니라 외부에 존재하는 사회적 규범으로 복귀하는 데서 온다. 사회적 규범의 근원과 사회질서를 유지하는 능력은 궁극적으로 외부 세계에 존재하지, 자아 내부에 존재하지 않는다. 그들은 규범과 외부 세계의 강제적 압력 없이는 자신을 둘러싼 사물들의 포로가 되는

| **원진** | 원진은 『앵앵전』을 통해 실패로 끝난 남녀의 연애사를 들려준다. 역사적 맥락에서 살펴보면, 이 소설은 질서 있는 상태에서 시작한 두 남녀가 질서 붕괴 상태로 나아갔다가 결국 다시 질서를 복구하는데, 이것은 매우 바람직하고 정당한 결말이라는 메시지를 담고 있다.

일을 피할 수 없다. 이러한 의미에서 『앵앵전』은 당시 당나라 국가의 이해관계를 반영하고 있다.[55]

이것 또한 『앵앵전』에서 그려지고 있는 자아가 결코 영웅적이지 않은 이유이기도 하다. 물론 장생은 동시대인에게 사회정치적 통합의 이해관계를 앞세워서 열정을 통어統御하는 데 성공한 사람으로 칭찬받는다. 그러나 다음 단락은 장생이 자기 확신이 없어서 겁쟁이로 그려지기조차 한다는 점을 보여준다. "나의 덕행은 괴이하고 상서롭지 못한 일을 이겨낼 수 없다. 단지 나의 감정을 극복하고, 그녀와의 관계를 단절할 뿐이다."[56] 즉, 장생이 외물外物이 불러일으키는 열정에 승리를 거두게 된 것은 장생 자신의 덕성이 아니라 외부적 자원에 의존한 결과였다.

『앵앵전』의 마지막 부분은 외적인 사회 규범을 필연적으로 요청할 수밖에 없는 인간의 나약함을 우리에게 드러내준다. 영웅적인 자아 없이는(스스로 상황과 자신을 통어할 수 없는) 사람은 육욕을 철저히 제어해야 하고, 관능적인 유혹이 혹시라도 요새 안에 들어앉은 자신의 가슴에 이르지 못하도록 막아야 하고, 사회적으로 요구되는 고매한 위신을 유지해야만 한다. 그렇게 함으로써 욕망으로 인해 기존 질서에 던져졌던 위협이 상쇄된다. 이것이 바로 귀족 가문의 자제였던 장생이 마음속에 되새긴 교훈이자 우리가 당나라 질서를 규정하는 핵심 특질로서 토론해온 바에 조응하는 것이다.

사람 대 자아

폴 클레버 모노드Paul Kleber Monod가 발전시킨, 사람person과 자아self의 구분은 당나라 정치문화와 이후 왕조의 정치문화의 차이를 이해하는 데 유용하다. 모노드에 따르면, 사람과 자아는 겹치기는 하지만 사뭇 다른 범주이다.[57] 그의 용례에서 사람은 공적인 역할부터 가족 간의 관습적인 관계에 이르기까지 넓은 의미에서의 사회적 정체성을 지칭하는 반면, 자아는 보다 내적으로 집중된 도덕적 정체성을 가리킨다.

당나라 시기에는 대체로 '사람'이라는 범주가 가장 중요했다고 할 수 있다. 사회적 존재로서 사람이 해야 할 일은 도덕적·내적 실체를 발전시키는 것이라기보다는 외부에 존재하는 기준에 순응하는 것이었다. 윤리적 행위란 내적인 도덕 기준을 준수하는 일이라기보다 외적인 코드에 맞춰 행동하는 일이었다. 이는 외부로 드러난 행위가 자신의 사회적 배경을 나타내게끔 되는 당나라 문화와 잘 들어맞는다. 『앵앵전』에서 장생이라는 캐릭터는, 공적인 페르소나persona와 그 페르소나를 유지하려고 하는 당나라 신민의 불안한 마음과 계산을 전형적으로 드러낸다. 장생 역시 여느 사람과 마찬가지로 자기 자신의 사회적 생존에 관심이 있다. 그는 혹시나 자신이 사회에서 고립되고, 끈이 끊어져 부유하게 될까 두려워했다.

장생은 자신의 로맨스는 거의 실현될 수 없는 소망이자 기껏 사람들을 자극하거나 흔들어놓을 수 있는 요망한 것에 불과하다고 결론 내린다. 그러한 장생을 '이기적selfish' 혹은 '자기 본위적egoistic'이라고 부르는 것은 그에게 아픈 비판이 되기 어렵다. 그는 자신의 개별성과 자기만의 프로젝트를 던져버릴 정도로 자아를 사회화했기 때문이다. 아이러니하게도 그의 이러한 '이기적' 행동은 당나라 사회 전체의 공적 이해에 부합하는, 사회적 차원에서 협조적인 행동으로 보일 수 있다. 사회가 장생을 정의하지, 그 역은 성립하지 않는다. 모노드의 용어를 빌리자면, 그러는 한 장생은 '사람'을 나타내지 '자아'를 나타내지 않는다.

다음 장들에서 살펴보겠지만, 도학道學은 당나라 귀족 문화에 대한 강력한 대안으로 등장한다.[58] 도학은 '사람'이 아니라 자아의 정당성을 인정하면서 내성內省, introspection에 지대한 관심을 가진다. 내성의 목표는 자기 안에 있는 도덕적 자아를 판별하고 실현하는 것이다. 그러한 내적 자아에 대한 강조가 세계를 다스리는 방법을 설명하는 정치 이론으로 어떻게 이어질 수 있는가? 이것이 바로 이어지는 6장의 테마이다.

6

형이상학 공화국

5대10국

907~960

요(거란)

북한北漢
(951~979)

전촉前蜀
(907~925)

시안

뤄양

후주後周 (951~960)

(5대: 후량後唐→후당後唐→
후진後晉→후한後漢→후주)

후촉後蜀
(934~965)

형남荊南
(907~963)

토번
(티베트)

청두

대리

오吳
(902~937)

항저우

오월吳越
(907~978)

남당南唐
(937~975)

민閩
(909~945)

초楚
(907~951)

남한南漢
(917~971)

광저우

대월

남중국해

도학道學은 지난 1,000년 동안 중국에서 가장 영향력 있는 정치사
상 사조였다. 그런데 피터 볼이 지적했듯이, 여전히 많은 사람이
도학을 전제국가를 위한 이데올로기, 그리고 정체된 사회와 지
배 계급의 자기 이익을 위한 이데올로기로 간주한다.[1] 이러한 지
배적인 견해에 반대하여 이 장에서는 도학이 황제의 권위를 일견
받아들였음에도 불구하고 특별한 종류의 공화적 비전republican
vision으로 이해될 수 있음을 주장하고자 한다.[2] 수동적 순응성의
이데올로기에 정신이 침윤된 당나라 신민들과는 달리 도학자들
은 정치적으로 상당히 활성화된 계층이었다. 비록 중앙의 정치
공간에서는 눈에 덜 띄이기는 했지만, 지방에서는 상대적으로 풍
요로운 공공 생활civic life을 꾸려나갔다. 사회적으로는 출신 가문
이나 가계가 덜 중시되었다는 점에서 반反귀족주의적인 존재들
이기도 하였다. 결과적으로 도학자들이 활약한 시대에 '시민성'

은 순수한 귀족정의 경우보다 더 널리 확산되었다. 도학자들은 지적인 권위가 국가가 옳다고 선포하는 정통state orthodoxy에 달려 있다고 보지 않았다. 다시 말해 국가가 주장하는 바를 그저 수동적으로 받아들이는 태도를 취하지 않았다. 도학자들은 지적인 훈련을 강조하였으나, 그것은 국가 같은 외부적인 힘에 의한 훈련보다는 스스로 훈련하는 것이 바람직하다는 의미였다.

도학자들이 가졌던 정치적 비전의 복합성을 음미하기 위해 우리는 그들의 사회정치적 배경과 세계관이 오늘날과 얼마나 달랐는지를 알아야만 한다. 그들의 사회정치적 이상은 상대적으로 작은 도시국가에서 민주주의를 실현하거나, 세속적이고 안정된 삶에 단순히 만족하고자 하는 것이 아니었다. 그들은 아주 넓은 제국 안에서 형이상학적으로 규정된 좋은 삶을 꿈꾸었다. 나는 이러한 도학자들의 사회정치적 이상을 '형이상학 공화국the meta-physical republic'이라는 개념을 통해 포착할 수 있다고 믿는다. 형이상학 공화국 개념은 정치적 삶에 두 층위가 있다고 전제한다. 한 층위에서 도학자들은 군주 중심의 관료국가의 신민이었다. 또 다른 층위에서 도학자들은 그 역시 공공 영역이기는 하되 경험적인 현실을 넘어서는 형이상학적 영역을 향유했다. 정치적 삶에 대한 이러한 복합적인 견해는 도학자들의 삶에 깃든 일견 모순적인 지점을 설명해준다. 도학자들은 자신들이 정치적으로 매우 중요한 존재라고 확신하는 동시에 세속적 성공을 위해 정부의 관리가 되는 일에 대해서는 유독 유보적이었다. 이러한 도학자들의 독특한 정치관은 어느 날 갑자기 생겨난 것이 아니었다. 북송 때 혁신적인 사상으로 시작하여, 왕안석의 사상이나 소식의 사상 같은 동시대의 다양한 경쟁자와 경합하다가, 남송대에 이르러 전에 없는 영향력을 구가하였다. 그 역정의 정치사상적 함의를 지금부터 검토해보기로 하자.

북송의 성립과 새로운 정치적 환경

907년 절도사였던 주전충이 당나라의 마지막 소년 황제를 죽임으로써 당 왕조는 공식적으로 막을 내렸다. 이후 등장한 정치체들이 맞이한 지정학적 조건은 당나라 때의 지정학적 조건과 매우 달랐다. 당나라가 해체되면서 당의 영토는 5대10국으로 갈라졌다. 960년에 이르러 송이라는 통일 왕조가 성립했지만 송의 영토는 그 이전 통일 왕조들에 비해 훨씬 작았다. 전성기 때조차 오늘날 중화인민공화국 영토의 4분의 1이 약간 넘는 정도였으며, 요遼, the Khitan, 서하西夏, the Tangut, 남조南詔(나중에는 대리국大理國으로 합해짐), 금金나라 같은 압도적인 군사력을 가진 정치체들에 둘러싸여 있었다. 소식 같은 북송 지식인들은 중국이 오랑캐들을 군사적으로 정복하는 일은 물론 문화적으로 흡수하는 일조차 포기해야 한다고 생각했던 것 같다.[3] 심지어 금나라의 장중가張仲軻는 당시 중국 주변의 형세를 이렇게 밝혔다. "본 왕조의 영토가 비록 크기는 하지만 천하에는 네 명의 주인이 있습니다. 남쪽으로는 송이 있고, 동쪽으로는 고려가 있고, 서쪽으로는 하가 있습니다. 만약 이것들을 하나로 할 수 있으면 금나라가 진정으로 큰 것입니다."[4] 모리스 로사비Morris Rossabi는 중국이 중심이라는 우월의식을 버리고 동등자로서 여러 국가 리그에 속하게 되었다는 의미에서 송나라를 '동등자 속의 중국China among equals'이라고 불렀다.[5]

　게다가 1126년에는 금나라가 송나라를 침입하였다. 그다음 해에는 송나라 조정이 중원의 수도인 개봉開封(카이펑)을 포기하고 회하淮河 남쪽으로 도망가야만 했다. 주희朱熹(1130~1200)와 진량陳良(1143~1194) 같은 일부 남송 지식인은 중원을 회복하자고 요구한 반면, 상당수 남송 지식인은 군사적인 행동 대신 외국 정권과의 상호 우호적인 관계를 선호하였다. 비한족 계열들에 의해 통치된 북중국과 한족 중국인에 의해 통치된 남중국 간의 분열은 몽골이 남송을 정복한 1279년까지 지속되었다. 몽골에 의해 멸망하기 전까지 송나라는 국경에서 외국과 경합하면서 상대적인 지위를 계속 협상해나가야만 했다. 사실, 송나라의 상황은 복수 국가 시스템에서 '동등자 속'이라는 표현이 암시하는 것보다 훨씬 더 열악했다. 1142년 고종 황제는 송나라가 금나라의 제후국임을 인정하면서 자신이 금나라 통치자의 신하라고 자칭하기까지 했다. 이처럼 적대적인 국제 관계 속에서 중국이 중앙아시아의 영향에 전보다 훨씬 덜 개방적이 된 것은 이해할 만한 일이다. 코즈모폴리턴적 풍조의 퇴조는 중국 지식인들에게 중국의 정체성에 관하여 새삼 깊이 생각해볼 계기가 되었다.

요(거란)

서하(탕구트)

토번
(티베트)

황허강

카이펑(개봉)

황해

화이허강

북송北宋

양쯔강

항저우

대리

취안저우

춘장강

광저우

대월

남중국해

| 북송(960~1127) |

북송 엘리트의 등장

엘리트를 지칭하는 용어로 가장 많이 사용된 중국어는 '사士'이다. 서양 학자들은 문맥에 따라서 이를 'literati', 'gentry' 혹은 'scholar-officials' 등으로 번역한다. 다른 나라에 비해 중국이 예외적으로 장수한 현상을 설명하기 위해 학자들은 오랫동안 살아남은 이 지배 엘리트에 주목해왔다. 왕조의 부침에도 불구하고 중국 사회가 전과 유사한 형태로 재통합할 수 있었던 것은 바로 이 엘리트가 존재했기 때문이다. 중국 엘리트의 성격을 두고 여러 차례 논쟁이 벌어졌다.[6] 논쟁은 몇 가지 기본적인 테마를 중심으로 벌어졌는데, 그 공통분모는 과연 어느 정도로 중국 엘리트를 시간과 지역을 초월해서 일관성 있는 집단으로 간주할 수 있는가 하는 것과, 엘리트와 국가의 관계였다.

초기 연구들은 이 엘리트 집단이 장기간에 걸쳐 매우 일관되게 유지되어왔다고 간주하였다. 예컨대 페이샤오퉁은 20세기 지방 엘리트와 전통 지방 엘리트 간의 연속성을 강조하였다.[7] 볼프람 에버하르트Wolfram Eberhard는 한나라 전기 역사에서 엘리트의 기원을 발견하였다.[8] 반면, 장중리張仲禮, Chung-li Chang와 핑티 호Ping-ti Ho, 何炳棣 같은 학자들은 사士 계층 안에서의 활발한 사회적 이동성social mobility을 강조하였다.[9] 그들은 경쟁이 치열했던 과거 시험을 근거로 중국 사회 특유의 이동성을 설명하였다. 특히 경쟁이 심해서 두 세대 이상 과거 합격을 보장할 수 없었다는 사실에 주목하였다. 과거 시험 제도를 중시했다는 점에서 이 학자들

| 송나라 태조 | 중국 5대10국시대의 장군이었던 조광윤(趙匡胤, 927~976)은 개봉(카이펑)을 수도로 삼고 송나라(960~1279)를 세운 후 초대 황제로 등극한다. 이후 중국 북방을 정벌해 영토를 넓혔으며, 인재를 선발하기 위해 과거 시험을 직접 주관하였다. 송나라는 금나라의 침공으로 개봉에서 쫓겨나 양쯔강 이남으로 남하하게 되는데, 이를 기점으로 앞선 시기를 북송(960~1127), 이후 시기를 남송(1127~1279)이라 부른다. 타이완 타이베이 국립고궁박물원 소장.

의 관점은 중국을 주로 관료 사회로 보아온 이론가들과 공명한다고 할 수 있다.[10] 중국공산당 정권을 영속적인 관료 정치문화의 관점에서 이해하는 학자들은 그 정치문화의 기원을 전근대 시기 관료제와 엘리트에서 찾았다.

또 일군의 학자들은 전통시대 중국 엘리트를 공직과 관련된 준準관료층이라기보다는 부富에 기초한 사회 계층으로 이해하였다. 마르크스주의 역사서술은 사회적 지배social domination를 설명할 때 경제적 토대를 앞세우면서 국가를 보조적 위치로 밀어놓곤 했는데, 대부분의 중국 마르크스주의 역사가들 역시 그러한 경제 결정론적 관점을 지지한다. 마오쩌둥의 유명한 『호남농민운동고찰보고湖南農民運動考察報告』역시 그러한 견해를 반영한다. 그리고 '향신지배론鄕紳支配論'을 연구 패러다임으로 받아들이는 일본 학자들 또한 지방사회에서 엘리트들이 지방관과의 협조 속에서 견지한 경제적·정치적 지배에 주목하였다.[11]

이 분야에 관한 최근의 연구들은 초기 연구들이 보여준 일률적 접근에 도전하고, 역사적 발전에 따른 중국 엘리트의 다양성을 고려하기 시작하였다. 그러한 학술 담론들에서 북송의 의미는 다음과 같다. 북송의 성립을 기점으로 중세 귀족은 과거 시험을 통해 입신하는 새로운 유형의 엘리트로 교체되었다. 다음 글들은 당시 역사적 상황을 보여준다.

그(송 태조)의 재위 20여 년 앞뒤로 등제한 사람이 만 명에 가까웠다. 진종 함평咸平 3년(1000) 진사로 합격한 사람이 409명이고 여러 과를 합하면 1,100여 명에 이르렀다.[12] 과거라는 정도 외에도 은음恩蔭[13] 제도가 있었다. 송 태조는 임자任子[14]와 은음의 범위를 확대하여 조신들을 구슬렸다. 북송 때는 한 세대가 관음을 입어 수 대의 자손에 미치는가 하면 혼인으로 인한 친척들과 문객 모두 은음으로 관직을 수여받기도 했다. 어떤 때는 한 번의 경사로 하사받은 은음관이 1,000여 명을 헤아릴 때도 있었다. 결국 "광범한 추천 및 소집, 넘치는 은음, 잡류의 혼합, 직무 없는 다수의 사록관祠祿官[15] 등이 해가 갈수록 증가하여 한도가 어디까지인지를 모를 정도였다."[16] 합격자가 넘쳤을 뿐만 아니라 대우 또한 좋아져서 "한번 벼슬길에 오르면 흐르는 물처럼 자리를 옮겨다니고" "공무원 체계에 들어서기만 하면 봉급이 그에 따라왔다."[17] 북송은 기구를 함부로 설치하여 관리들이 크게 늘고 녹봉 또한 우대했으므로 몇십 년 만에 녹봉을 받는 방대한 계층이 형성되었다.[18]

송나라 태종의 시기로 접어들면 의도적으로 관리 선발의 범위를 확장시켜 방대한 선비 계층을 형성하게 된다. 송나라 태종 즉위 초에는 관리 선발이 매년 30명에서 109명으로까지 확대되었다. 뿐만 아니라 "연속해서 다섯 번 과거를 실시하여, 모두 801명을 선발하다自是連放五榜, 通取八百餘一人" 등 '당나라 이후로 가장 많은 선발自唐以來未有也'이었다.[19] 태평흥국太平興國(송나라 태종太宗의 첫 번째 연호, 976~984년) 2년에 설거정薛居正 등이 "관리 선발이 너무 많아 인재 등용이 점검 없이 너무 빨리 이루어진다言取人太多, 用人太驟"고 말하였지만, "황제는 문교를 장려하고 무력을 억제하고자 하였기에 듣지 않았다上意方興文敎, 抑武事, 弗聽."[20, 21]

송나라 초기 황제들의 이러한 인력 충원은 다음과 같은 베버의 발언을 염두에 두면 충분히 이해할 만한 일이다. "당연히 군주는 자신에게만 전적으로 헌신하는 것을 일차적인 본업으로 삼는 보좌 인력을 창출해야만 했다. 그가 이런 보좌 인력을 어디에서 충원했는가의 문제는 새롭게 등장한 왕조의 정치 조직이 어떤 구조를 갖게 될지, 전체적으로 어떤 문화적 특징을 갖게 될지에 근본적인 영향을 미쳤다."[22] 실제로 북송은 과거제를 확대해 새로운 인력을 충원함으로써 북송의 정치문화를 일신했다.

송나라 황제 주변에는 권위를 족보에서 끌고 오는 당나라 귀족 같은 잠재적 경쟁자가 없었다. 그래서 과거 시험을 통해 자신에게 충성하는 엘리트들을 끌어모을 수 있었을 것이다. 이런 이유로, 학자들은 종종 송나라 황제들을 독재자로 묘사하였다. 송나라 황제들이 과거 시험으로 관리를 많이 선발함에 따라, 송나라 관료제는 당나라 관료제에 비해 규모가 커졌다. 공직 사회가 많은 수의 엘리트를 흡수할 수 있게 됨에 따라, 북송대의 관료들은 자신의 후손들 역시 자신들과 같은 관직 경력을 이어갈 수 있으리라고 기대하였다. 이러한 관료제 확대를 추진한 대표적인 정책이 왕안석의 신법新法이었다. 왕안석의 신법은 황제와 조정을 권위의 중심으로 간주하고 국가 관료제의 확대를 도모했다는 점에서, 국가주의적이고 중앙집권적 비전이라고 할 수 있다. 그러면 기존 국가-사회 관계를 일신하고자 한 왕안석의 신법에 대해 좀 더 자세히 살펴보기로 하자.

왕안석의 신법

송나라는 건국 직후부터 북쪽과 서쪽 국경에 출현한 거란과 서하(탕구트) 등 강력한 비중국계 국가들과 맞서야 했다. 이러한 국제 정치적 상황은 송나라에 엄청난 재정 압박을 가하였다. 송나라는 국경 수비에 비용이 많이 들었을 뿐만 아니라 거란 및 서하와의 전쟁 비용, 또 전쟁에서 이기지 못했을 경우 배상금까지 감당해야만 했다. "1065년, 국방 지출은 정부의 연례 현금 수입의 83%를 차지하였다."[23] 마침내 신종神宗(1048~1085) 황제 치하(1067~1085)에서 왕안석은 북쪽 국경에서의 전쟁 비용을 감당하

| 신종 황제 | 북송의 제6대 황제 신종은 즉위하자마자 왕안석을 등용해 세금 수입의 감소 등을 해결하기 위한 국정 개혁에 나섰다. 왕안석은 이에 힘입어 부국강병을 목표로 영세 농민을 보호하고 대상인과 대지주의 세력 확대를 억제하는 신법을 제정해 반포했다. 타이완 타이베이 국립고궁박물원 소장.

기 위하여 신법이라는 거대한 개혁을 실시하였다. 북송 조정의 당쟁에 휘말려 부침이 있기는 했지만 신법은 적어도 1086년까지 상당한 영향력을 발휘하였다.

　왕안석의 신법에 따르면, 국가는 지방의 경제에 개입하여 세금 수입 증대에 앞장서야 한다. 왕안석은 중앙정부가 직접 임명한 관리들이 지방사회를 장악할 수 있도록 관료제를 개혁하고자 하였다. 그는 도대제거차마사都大提擧茶馬司, the Tea and Horse Agency 같은 새로운 기구를 설치해 국가 관료제를 확대했을 뿐 아니라 서리층을 포함한 모든 관리의 급료를 현금으로 지급하고자 하였다. 당시의 관리들은 도덕성이나 문학적 소양보다는 재정財政 분야를 다룰 수 있는 전문 지식을 갖추어야 했다. 이러한 신법의 조치를 통해 국가의 하부구조가 강화되었고, 그에 힘입어 국가는 전에 비해 훨씬 더 적극적으로 지방사회를 장악해나갔다.

이뿐만 아니라 왕안석은 자신이 추진하는 개혁을 지적으로 정당화하기 위해 전국에 학교 시스템을 만들어 『삼경신의三經新義』등 새로운 경전 해석을 제공하였다. 또한 그는 자신의 경전 해석을 과거 시험의 새로운 기초로 삼았다. "사士들이 경전 과목 시험을 볼 때면 반드시 왕안석의 학설을 으뜸으로 삼아야 했다. 약간이라도 다르면 합격할 수 없었다."[24] 이러한 일련의 조치를 통해 왕안석은 자신의 정책을 충성스럽게 실천할, 이데올로기적으로 통일된 관료 엘리트를 주조해내려고 한 것이다.

왕안석은 개인의 도덕성보다는 중앙정부의 조직적 역량을 이상적 정치질서의 궁극적 열쇠로 간주했다.[25] 이러한 구상을 바탕으로 마련된 신법에는 도덕성 주체의 문제가 본격적으로 등장할 여지가 별로 없었다. 그의 정치 구상에서 상정하고 있는 정치 주체는 도덕적 완전성을 기대하기 어려운, 물질적 조건에 의해 도덕성이 좌지우지되는 일반 사람들이었고, 그 점은 왕안석의 유명한 「만언서萬言書」에 명시적으로 밝혀져 있다. 요컨대 왕안석의 사상에서 정치 주체의 내적 발전이 이상적 정치질서의 확립과 '직결'된다고 보는 사유를 찾기 어렵다.[26] 왕안석은 도덕성에 대한 철학적 담론보다는 지방 관리의 급료 현실화나 관료 수의 증대 같은 제도적 문제에 더 많은 관심을 기울였다.

이것이 곧 왕안석이 인간 본성과 관련하여 어떠한 이론적 논의도 하지 않았다는 것을 뜻하는 것은 아니다. 실제로 왕안석은

| **왕안석** | 왕안석은 정치 주체의 수양을 이상적 정치질서의 주된 동력으로 보지 않았다. 그는 물질적 조건에 의해 도덕성이 좌지우지되는 일반 사람들을 정치 주체로 삼았다. 따라서 도덕성에 대한 철학적 담론보다는 지방 관리의 급료 현실화나 관료 수의 증대 같은 제도적 문제에 더 많은 관심을 기울였다.

인간 본성에 대한 에세이를 남기기도 하였다. 그런데 왕안석에게 인간 본성은 그 자체로서 선악을 운위할 수 없는 것이며, 현상적으로 다양한 결과를 낳을 수 있는 가능태일 뿐이었다. 이러한 관점에 입각하여 왕안석은 인간 본성을 선과 악으로 정의하고자 하는 맹자와 순자를 모두 비판했다.[27] 선도 아니고 악도 아닌 가능태로서의 인간 본성을 특정한 현실태로서 구현할 수 있는 힘은 인간 내부에서 비롯하기보다는 외부에서 부여된다. 이 점에서 왕안석은 도덕의 외부 기원설을 애써 반대한 맹자와 대척점에 서 있다고 볼 수 있다. 인간 본성을 바람직한 방향으로 현실화하는 외부 기제라고 할 수 있는 입법legislation은 일반인의 몫이 아니라 성인의 몫이며, 성인은 당대의 필요성에 맞추어 법제를 완비할 책임을 갖는다.[28] 왕안석은 자신이야말로 그러한 제도 개혁을 감행할 수 있는 성인이라고 자부하였다.[29]

367

요컨대 왕안석은 가소성可塑性을 강조한 인간 본성론과 입법화의 필연성을 이론적 축으로 하여, 신법이라는 거대한 프로젝트를 입안하고 집행하였다. 앞으로 다룰 도학과 비교했을 때 왕안석 사상의 특징은 주체의 수양이 이상적 정치질서의 주된 동력이 아니라는 점이다. 이 점은 도학이 해석한 수신제가치국평천하修身齊家治國平天下의 논리에서 보이는 개별 주체와 광범한 정치질서 간의 연결고리가 부정된다는 데서 극명하게 나타난다. 청묘법青苗法 같은 정책에서 드러나듯이, 왕안석에게 평천하의 과제는 국가의 부를 늘려서 중앙정부가 백성의 생업을 직접 책임지는 종류의 것이지 개인 수양의 문제가 아니었다.[30] 그에게 개인의 도덕 수양과 평천하는 원칙적으로 별도의 사안이었으며, 평천하를 위해서는 중앙정부에 입사하는 것이 유일하게 정당한 통로라고 생각하였다. 왕안석이 보기에 지식인이란 모름지기 관리가 되지 못하면 조용히 개인의 수신에 힘쓸 일이지 다른 정치적 자아실현 방법은 없는 것이었다. "이른바 유儒란 임금에게 등용되면 임금의 근심을 함께하고, 백성을 먹이는 문제에서는 백성의 근심을 함께하고, 재야에 있어 등용되지 않으면 수신修身에 힘쓸 뿐이다."[31]

신법의 구체적 제도 개혁의 주요 내용은 다음과 같다.

균수법均輸法: 공급지에서 소비지로 이동하는 지역 물류에 정부가 개입하여 일반 상인의 이익을 억제하고 재정 지출을 줄일 뿐 아니라 이익을 거두고자 하는 제도.

농전수리법農田水利法: 황무지를 개간하고 수리시설을 정비하기 위하여 정부가 자금을 대어 관련 공사를 진작하는 제도.

청묘법靑苗法: 춘궁기에 농민에게 곡식과 돈을 빌려주고 수확기 인 가을에 높은 이자를 받는 지주와 고리대금업자의 과도 한 수익을 억제하고자 정부가 직접 농민에게 낮은 이자로 곡식과 돈을 빌려주는 제도.

모역법募役法: 백성을 노역에 동원하는 과정에서 생기는 문제를 해결하기 위하여 금전으로 대리인을 고용하여 부릴 수 있 게 하는 제도.

방전균세법方田均稅法: 조세를 공정하게 부과하기 위하여 토지의 명의를 분명히 하고 토지를 정확하게 측량하는 제도.

시역법市易法: 시장에서 대상인의 중소상인 착취와 불공정 거래 를 막기 위해 정부가 직접 중소상인의 재고를 사들였다가 후일 물가 조절을 위해 저가로 판매하는 등의 역할을 하는 제도.

장병법將兵法: 군대의 주둔지가 자주 바뀌어 장수와 병사 간의 관 계가 공고해지지 못하는 순환 주둔제의 문제를 혁파하기 위하여 각 부대의 관할 구역을 설정하여 군사력을 강화하 고자 하는 제도.

보갑법保甲法: 성인 남자를 10호戶 단위로 조직한 뒤 무기를 지급 하고 일정한 군사 훈련을 시켜 평화 시에는 치안 업무를 담 당하게 하고 전시에는 전투를 담당하게 하는 제도.

보마법保馬法: 정부가 직접 나서서 당시 중요한 전쟁 물자였던 말 을 민간에서 사육하도록 한 뒤 전시에 징발하여 군마軍馬로 이용하는 제도.

면행법免行法: 정부에 물자를 공급하는 도시의 상공업자 조합에
소속되지 않은 상공업자를 규제하고 소속된 상공업자에게
금전으로 수납하게 한 제도.

군기감軍器監: 병기의 품질을 진작하기 위해 병기 제조업을 정부
에서 관리하는 제도.

창법倉法: 정부 소속 창고의 서리들에게 수수료 수취를 금지하고
대신 급료를 지불하는 제도.

　　개입주의적 국가intrusive state 통치를 옹호했다는 점에서 왕
안석을 국가주의자라고 부르는 것은 타당하다. 농민들은 국가의
개입 없이는 지방 유력자들의 손아귀에서 빠져나올 수 없을 뿐
아니라 세금도 제대로 낼 수 없는 형편이었다. 왕안석은 지방의
유력 지주 가문들을 국가의 경쟁자로 간주하였다. 1127년 북송이
몰락하자 남송 지식인들은 앞다투어 북송 몰락의 원인을 찾아 나
섰다. 한때 도학자들 중에서도 상당수가 신법에 찬성했지만, 이
제 많은 사람이 신법을 명백히 실패한 정책으로 보기 시작했다.
이러한 정황은 왕안석을 북송 몰락의 주범으로 몰아세우는 구실
로 작용하였다. 비판자들은 신법을 북송 멸망의 치욕적 순간과
연관지어 신법의 평판을 떨어뜨렸다.[32]

왕안석의 반대편에 선 소식

신법과 왕안석의 정치사상이 북송대를 풍미한 것은 사실이지만, 북송대에는 왕안석 외에도 왕안석과 경쟁할 만한 대안적인 비전을 제시한 중요 사상가가 최소한 세 명 더 있었다. 도학의 이론을 정초한 정이程頤(1033~1107), 소식蘇軾(1036~1101), 사마광司馬光(1019~1086)이 바로 그들이다.[33] 북송대에 시작되었지만 남송대에 한층 더 영향력을 갖게 된 도학은 남송대의 정치적 배경 아래에서 논하기로 하고, 여기서는 왕안석의 경쟁자였던 소식의 비전에 대해 살펴본다. 특히 중국 문학사에서 가장 유명한 작품이라고 해도 과언이 아닌 소식의 「적벽부赤壁賦」[34]를 정치사상 텍스트로서 꼼꼼히 해석하고, 이를 바탕으로 소식의 정치사상의 일단을 조명하고자 한다.

송나라 정치사를 연구하는 학자들은 소식을 왕안석의 신법에 적극적으로 반대한 정치인으로 여기고 있으며,[35] 문학사 연구자들은 소식을 송대 고문古文 전통의 핵심적인 문인으로 연구해 왔다.[36] 반면, 사상사의 맥락에서 소식을 연구한 사례는 많지 않고,[37] 정치사상이라는 특화된 측면을 고려한 연구는 더욱 드물다.[38] 소식의 대표적인 작품이라고 할 수 있는 「적벽부」 역시 정치적 유배 시절의 작품이라는 점만 거론될 뿐, 소식의 정치사상의 구현물로서는 거의 연구된 바 없다. 이와 같은 정황에서 나는 「적벽부」를 단순히 인생의 유한함을 논한 문학작품을 넘어 소식 자신의 정치사상을 구현한 텍스트로서 해석하고자 한다.[39]

| **소식** | 소동파로 더 잘 알려져 있는 소식은 왕안석의 신법에 대한 중요한 정치적 반대자로, 신법을 쓰면 쓸수록 혼란과 멸망에 이르게 된다고 주장했다. 「적벽부」는 단순히 인생의 유한함을 논한 문학작품을 넘어 소식의 정치사상을 극명하게 드러내고 있는 텍스트이다. 도판은 원나라 화가 조맹부(趙孟頫, 1254~1322)가 그린 그림이다. 타이완 타이베이 국립고궁박물원 소장.

소식은 왕안석의 신법에 대한 중요한 정치적 반대자로, "신법은 작게 쓰면 작게 실패하고, 크게 쓰면 크게 실패한다. 쓰면 쓸수록 혼란과 멸망에 이르게 된다"고 말할 정도로 극단적인 비판을 서슴지 않았다.[40] 아울러 사마광, 정이, 소식 같은 신법 비판자들은 자신들의 비판을 정책적 차원에 국한하지 않고 그러한 정책적 비판의 사상적 기초를 이룰 수 있는 대안적인 비전을 제시하였다.[41] 송대 정치사와 사상사 연구자들에게 광범하게 인지되고 있는 이러한 사실에도 불구하고, 소식의 대표적인 작품인 「적

벽부」는 그와 같은 정치사상적 맥락에서 해석된 적이 없는 것으로 보인다. 그러나 내가 보기에 「적벽부」라는 텍스트는 짧은 글임에도 불구하고, 소식의 정치사상 그리고 나아가 북송 시기 사상계의 핵심 쟁점으로 들어가는 입구가 될 수 있다.

소식은 그의 나이 46세 때인 1082년에 「적벽부」를 썼다. 1082년은 소식이 황주黃州로 폄관貶官된 지 3년째 되는 해이다. 그가 황주로 폄관된 정황은 다음과 같다. 1079년 호주湖州의 지사知事로 재임할 당시 소식은 조정을 비방하는 내용의 시를 썼다는 죄목으로 체포되었다. 왕안석의 추종자로서 권좌에 오른 이정李定과 서단舒亶 등이 소식의 시구에서 신법에 대한 비판을 찾아냈다며 조정을 기롱欺弄한 죄명을 덮어씌운 것이다. 소식은 사형 위기에 처했는데, 동생의 상소 덕분에 황주단련부사黃州團練副使로 좌천되는 데 그친다. 이에 황주로 내려온 소식은 초당을 짓고 자신을 동파거사東坡居士로 칭하고, 「적벽부」를 비롯한 일련의 작품을 쓴다.

「적벽부」를 둘러싼 이러한 정황 때문에 연구자들은 「적벽부」를 정치에 대한 환멸을 담은 텍스트로 해석해왔다. 즉, 「적벽부」를 실의에 빠진 정치인의 정서가 담긴 글로 간주한 것이다.[42] 반면, 「적벽부」를 둘러싼 정치적 맥락을 아예 소거하고 작품 자체의 명시적 어휘에 치중하여 "삶의 유한성에 대한 자각과 자연의 무한함에 대한 예찬"으로 해석하는 이른바 '탈정치적' 해석이 있다.[43] 첫 번째와 두 번째의 경우를 결합한 해석도 있다. 이를테면 정치에 환멸을 느낀 소식이 정치 이외의 영역에서 새로운 삶의 의미를 발견하게 되었다는 해석이다. "소식은 당쟁으로 혁신당에 몰려 사형당할 뻔했다가 황주로 유배되었다. 이러한 역경 속에서 그는 자연에서 안위받고 새로운 삶의 의미를 찾아가는 마음을 이 작품에서 표현해냈다."[44] 그러나 소식은 「적벽부」를 지은 이후에도 기회가 주어지면 정치에 종사하였다.

셋째, 「적벽부」를 정치 세계에 대한 환멸이나 탈정치적 지향을 담은 텍스트가 아니라 적극적 정치의식을 담은 텍스트로 해석하는 경우이다. 예컨대 주징화朱靖華는 소식이 자연의 비유를 통해 당시 정국에 대한 자신의 입장을 담았다고 본다.[45] 그는 「적벽부」의 각 구절이 당시 정국의 구체적인 정황과 인물을 암시한다고 해석한다. 그 연장선에서 심지어 「적벽부」 본문에 나와 있는 '변화'와 '불변'에 대한 논의조차 당시 정국을 좌지우지하던 이른바 소인小人의 행태에 대한 전략적 대처술의 표현으로 해석하기까지 한다. 그러나 「적벽부」를 그처럼 직접적인 지시성을 가진 텍스트로 해석하는 것은 여러모로 무리가 따른다. 특히 각 구절이 어떤 구체적 상황을 지칭한다고 보고 일대일 대응을 시도하는 것은 일정한 추상 수준에서 이루어지는 논의의 함축성을 말살할 수 있다.

넷째, 유교·불교·도교 사상과의 영향 관계에서 작품을 이해하는 경우이다. 「적벽부」 텍스트를 정치 세계에 대한 환멸의 표출로 해석하든 정치 세계를 떠나 자연에서 안위를 찾는 것으로 해석하든 간에 해석 각도와 주목하는 부분에 따라 논자들은 「적벽부」에서 유교적·불교적·도가적 요소를 다양하게 읽어낸 바 있다.[46] 그러나 앞으로 논하겠지만, 나는 소식의 「적벽부」를 일정한 사조에 귀속되는 것을 거부하는 텍스트로 본다.

「적벽부」를 학파적 영향 관계로 환원하거나 탈정치적 텍스트로 간주한 접근법들은 「적벽부」에 담긴 정치사상의 층위를 조명하지 못한다. 나는 「적벽부」를 소식이 자신의 정치사상을 피력한 텍스트로 해석하고자 한다.

「적벽부」의 독해

「적벽부」를 독해할 때 먼저 상기해야 할 것은 「적벽부」가 고문 전통에 기반한 텍스트라는 사실이다. 고문 전통이 나름의 문학적 양식임에도 불구하고 특정한 '주장'을 제시하는 경향이 있음을 감안한다면, 「적벽부」역시 일련의 문제에 대한 답을 주장하는 텍스트로 재구성해볼 여지가 있다. 실로 「적벽부」는 도입부가 끝나자마자 본격적인 문제 제기로 들어간다. 손님[47]이 연주하는 피리 소리가 듣는 이를 슬프게 하기에 「적벽부」의 화자(소식)는 묻는다. "그대는 왜 그런가?"(왜 그리 슬프게 연주하시는가?)[48] 이에 손님은 그 이유를 이렇게 설명한다.

'달이 밝아 별이 희미한데 까마귀와 까치가 남쪽으로 날아간다.' 이것은 조조의 시가 아닌가? 서쪽 하구夏口를 바라보고 동쪽 무창武昌을 바라보니, 산천이 서로 얽혀 울창하고 푸르다. 이곳은 조조가 주에게 곤욕을 치렀던 곳이 아닌가. 형주를 막 격

| 「**적벽부**」 | 신법을 반대하다 황주단련부사로 좌천된 소식은 황주로 내려와 초당을 짓고 자신을 동파거사로 칭하며 「적벽부」(1082)를 썼다. 내용은 적벽강에 배를 띄우고 손님과 술잔을 기울이며 적벽대전을 회상하면서 자연의 아름다움과 인생의 허무함을 노래한 것이다. 대체로 정치 세계에 대한 환멸이나 탈정치적 지향을 담은 텍스트로 해석되고 있지만 실제로는 소식의 정치사상을 피력한 텍스트이다. 23.9×258cm, 타이완 타이베이 국립고궁박물원 소장.

파하고, 강릉으로 내려와 흐름을 따라 동쪽으로 진군할 때 배들은 천 리에 걸쳐 꼬리를 물고 깃발은 창공을 덮었다. 술을 걸러 강가에 나가 창을 비껴들고 시를 읊조릴 때, 조조는 정녕 일세의 영웅이었다. 그런데, 지금 그는 어디에 있는가? 하물며 그대와 나는 강에서 낚시하고 나무하며, 물고기 새우와 짝하고 고라니와 사슴과 벗하고, 일엽편주를 타고 술동이를 들어 서로에게 권하는 처지로서. 천지에 하루살이가 깃들어 있는 것이요, 넓은

赤壁賦
壬戌之秋七月既望蘇子與
客泛舟游于赤壁之下清風
徐來水波不興
誦明月之詩
歌窈窕之章
少焉月出於東山之上徘徊
於斗牛之間白露橫江水
光接天縱一葦之所如凌
万頃之茫然浩浩乎如馮虛
御風而不知其所止飄飄乎
如遺世獨立羽化而登僊
於是飲酒樂甚扣舷而
歌之歌曰桂棹兮蘭槳
擊空明兮泝流光渺渺兮
余懷望美人兮天一方客有
吹洞簫者倚歌而和之其

之間而又何羨乎且夫天地
之間物各有主苟非吾之
所有雖一毫而莫取惟
江上之清風与山間之明
月耳得之而為聲目遇
之而成色取之無禁用
之不竭是造物者之無盡藏
也而吾与子之所共食客喜
而笑洗盞更酌肴核
既盡杯盤狼籍相与枕
藉乎舟中不知東方之既
白

바다에 낟알 하나에 불과할 뿐. 우리 인생이 잠깐임을 슬퍼하고
장강이 무궁함을 부러워하네.[49]

이처럼 손님은 인생의 유한함과 덧없음을 슬퍼한다. 그런데
인간의 보편적 조건에서 유래한 듯이 보이는 유한함과 덧없음을
'적벽赤壁'[50]을 배경으로 환기하는 이유는 무엇인가? 우리는 적벽
이 『삼국지연의』에서 정치적 쟁패의 상징적 장소로 묘사되고 있
음을 알고 있다. 그렇다면 「적벽부」는 유한한 인생의 문제를 하
필 인간의 정치적 열망이 극적으로 충돌했던 상징적 장소를 배경
으로 제기하고, 그리고 조조 같은 영웅들이 지금 어디 있느냐고

반문하여 정치적 영광glory이 인생의 유한함과 덧없음에 대한 해결책이 될 수 없음을 말하고자 하는 것으로 보인다.[51] 즉, 고전적 정치철학 논의에서 정치 활동에 부여하곤 했던 영광의 의미가 이곳에서는 명시적으로 거부되고 있다.[52] 정치적 영광이 답이 될 수 없다고 할 때, 인생의 유한함과 덧없음을 어찌할 것인가?

이 문제는 유사한 시기에 저술된 것으로 알려진 소식의 「적벽회고赤壁懷古」[53]에서도 제기된 바 있다. 조조 대신 주유를 등장시킨 것이 다를 뿐, 「적벽회고」에서도 마찬가지로 소식은 적벽을 배경으로 한 인간의 정치적 열망의 소산을 반추한다. 그리고 다음과 같은 말로 「적벽회고」를 끝맺는다. "내 머리는 그만 일찍 세어버렸으니, 인생은 꿈과 같다. 강가의 달에 술 한 잔 올리네.[早生華髮, 人生如夢, 一尊還酹江月.]" 즉, 소재를 공유함에도 불구하고 「적벽부」와 「적벽회고」에는 근본적인 차이가 있다. 「적벽회고」는 문제 제기에 그치는 반면, 「적벽부」는 동일한 문제를 제기하되 그 문제에 대한 답을 제시한다.

「적벽부」에서는 손님이 먼저 답을 제시한다. 그는 인생의 유한함과 무상함이라는 문제에 마주하여 "날아다니는 신선을 끼고서 노닐며, 밝은 달을 품고서 길게 마치려" 한다. 즉, 인생의 유한함과 덧없음이라는 문제에 대하여 손님이 애초에 생각한 답은 이른바 신선의 길이다. 이러한 입장은 범박하게 말해 도가적 혹은 노장적 해결책이라고 할 수 있다.[54] 이처럼 손님의 입장 자체가 인생의 유한함과 덧없음이라는 문제 제기에 그치는 것이 아니라, 그 문제에 대한 '도가적' 해결책 자체를 천명하고 있다고 해석하는 것은,[55] 그 뒤에 이어지는 소식의 대안을 도가적 해결책이라고 오해하지 않기 위하여 중요하다. 즉, 소식은 손님이 제기한 인생의 유한함과 무상함이라는 문제에 대해 도가적 해결책을 제시한 것이 아니라, 손님 스스로 제시한 도가적 해결책에 대한 대안을 제시한 것이라고 할 수 있다.

손님이 "하지만 갑작스레 얻을 수 없음을 알고서 슬픈 바람(피리 소리)에 여운을 맡겨보네"[56]라고 이어 말하며, 신선이 되는 길의 한계를 시인하자 소식은 곧바로 위로가 될 만한 대안을 제시한다. 손님이 제시했던 도가적 해결책이 인간의 조건 자체를 초월하고자 하는 것이었다면 (그래서 갑작스레 얻을 수 없음을 깨닫고서 좌절감을 느끼게 되는 것이었다면) 소식의 대안은 사뭇 '현세적'으로 보인다.

내가 말했다. "손님도 물과 달에 대해서 아시는가? (물의 경우) 가는 것은 이와 같지만 일찍이 아예 가버린 적은 없다. (달의 경우) 차고 기우는 것이 저와 같지만 끝내 사라지거나 더 커진 적은 없다. 무릇 변화의 관점에서 보면, 천지가 한순간도 가만히 있은 적이 없고, 불변의 관점에서 보자면 만물과 나는 모두 다함이 없다. 그러니 달리 무엇을 부러워하리오?"[57]

이 「적벽부」의 핵심 구절을 해석한 대다수가 소식이 무상한 현상 속에서 무상하지 않은 어떠한 경지를 발견하는 성취를 이루었다고 보며, 그것이 「적벽부」의 핵심이라고 주장한다. 그리고 한 걸음 더 나아가 무상함을 극복한 그 어떤 초월적이고 항상적인 경지의 사상적 기초를 다양하게 해명하였다. 예컨대 첸중수錢鍾書는 이 구절에 나타난 변화 속의 불변 사상을 『주역』에 나타난 변화에 대한 사상과 연결하였고,[58] 동기창董其昌(1555~1636)은 이 부분이 승조僧肇(374~414)의 『조론肇論』의 논의와 관련 있다고 언급하였다.[59] 또한 로널드 이건Ronald C. Egan은 『능엄경』 사상과의 관련을 지적하였고,[60] 중라이인鍾來因은 『장자莊子』의 「제물론齊物論」, 「덕충부德充符」, 「추수秋水」에서 유래한 사상이라고 해석하였다.[61]

그러나 텍스트를 보다 충실히 독해해보면, 소식이 사물의 무상한 차원을 기각하고 보다 항구적인 경지만을 인정하고 있는 것은 아니다. 텍스트의 어느 부분에서도 이른바 변화를 보는 관점은 기각되지 않고 있으며, 불변을 보는 관점과 더불어 병렬적으로 처리되고 있다. 그렇다면 소식은 사물이 근본적으로 항상恒常됨을 말한다기보다는 사물이란 반드시 무상한 것도 아니고 항상된 것도 아님을 말하고 있다고 할 수 있다. 즉, 사물은 '관점에 따라' 불변의 본질로서 그 모습을 드러내기도 하고, 불변의 본질을 논할 수 없을 만큼 변화하는 것으로 보이기도 하는 그 어떤 것이다. 많은 논자에게 「적벽부」가 마치 항상된 경지를 찬양하는 것처럼 보이는 까닭은, 현재 화자에게 설정된 맥락에서 사물의 항상된 차원을 볼 수 있는 관점이 요청된다는 제언 때문에 그러하다. 목전의 맥락에서 그러한 관점이 요청된다는 것이 곧 사물의 본질이 궁극적으로 그러하다는 것을 의미하는 것은 아니다. 그렇다면 관건은 무상함을 초월한 항상된 경지 그 자체가 아니라(물론, 인생의 무상함과 덧없음이라는 목전의 문제에 마주해서는 그러한 경지를 볼 수 있는 관점이 중요하지만), 관점에 따라 이렇게 볼 수도 있고 저렇게 볼 수도 있다는 사실 자체이다. 불변을 포착하는 관점은 덧없음의 문제에 봉착한 경우에 활용될 수 있는 관점일 뿐이지, 그것이 오롯이 사물의 진실을 포착하는 '유일한' 관점은 아니다.

이러한 해석이 타당하다면, 세계의 본질은 무상한 변화를 넘어선 항구성에 있음을 주장한 텍스트로서 「적벽부」를 분석해온 기존 논의들은 「적벽부」의 메시지를 오해했을 가능성이 높다. 항구성 역시 무상함만큼이나 '관점'의 소산이며, 항구성과 무상함 그 어느 것도 세상의 본질은 아니다. 그 모든 것이 바라보는 주체의 관점에 연동되어 드러나는 세계의 양상일 뿐이다. 그렇다면 보다 중요한 문제는 세계의 본질적인 차원이 무엇이냐는 것이라기보다는, 관점을 바꿀 수 있는 혹은 선택할 수 있는 주체의 성립 여부이다. 보다 깊은 차원에서 「적벽부」의 핵심은 변화 혹은 불변의 문제라기보다는 주체와 사물의 관계를 설정하는 관점의 문제이자 그러한 관점을 가능케 하는 주체의 문제이다. 이러한 나의 해석은 「적벽부」의 다음 구절에서도 확인할 수 있다.

무릇 천지간의 사물은 각기 주인이 있다. 진정 나의 소유가 아니라면 터럭 하나라도 취해서는 안 된다. 오직 강 위의 맑은 바람과 산속의 밝은 달은 귀가 취하면 소리가 되고, 눈이 마주하면 풍경이 된다. 그것들은 취하여도 금함이 없고 써도 다함이

없다. 이것이야말로 조물주의 무진장(고갈되지 않는 창고)이니,
나와 그대가 함께 '즐길' 바이다.[62]

　　바로 앞에서 거론한 변화 혹은 불변의 문제는 이 부분에 이
르러서는 돌연 사라지고, 소식은 또 다른 복수의 차원을 병치하
고 있음을 주목해야 한다. 위 글에서 과연 소식은 각기 주인이 있
는 세계보다 조물주의 무진장인 세계를 보다 본질적인 차원으로
여긴 것일까? 만약 그렇다면 「적벽부」는 '삶의 유한성에 대한 자
각과 자연의 무한함에 대한 예찬'을 목적으로 쓴 글일 것이다. 그
러나 내가 보기에 이 구절에서는 '각기 주인이 있는 세계'는 비본
질적 세계로서 기각되고 있기보다는 조물주의 무진장인 세계와
병렬적으로 성립하고 있다. 후자의 세계는 단지 함께 즐길 대상
으로 강조되고 있는 것이지 전자의 세계를 부정하고 있다고 믿을
만한 근거는 없다.

　　이처럼 병렬하는 두 세계는 각기 다른 '관점'을 요구한다. '각
기 주인이 있는 세계'에 대해서는 자신의 것이 아니라면 터럭만
큼도 취해서는 안 된다는 관점이 필요하고, 조물주의 무진장인
세계에 대해서는 제한 없이 즐길 관점이 필요하다.[63] 물론, 인생
의 무상함과 덧없음을 마주해서는 후자의 관점을 환기하는 것이
중요하지만, 그렇다고 해서 전자의 관점이 필요한 세계가 부정되
는 것은 아니다. 이처럼 두 세계가 모두 긍정될 경우, 보다 궁극
적인 차원에서 중요한 것은 그러한 관점의 변화 혹은 복수의 관
점을 운용할 수 있는 주체의 성립이다.

그렇다면 "무릇 천지간의 사물은 각기 주인이 있다. 진정 나의 소유가 아니라면 터럭 하나라도 취해서는 안 된다"는 구절은 무슨 뜻인가? 소식의 글에서 불교의 영향을 주목하는 학자들은[64] 이 구절을 대상에 집착하지 말라는 식의 불교적 주장으로 해석하고 싶을지도 모른다. 그러나 곧바로 뒤이어 이 현상 세계의 감각적 아름다움의 향유, 그것에 기초한 삶을 긍정한다는 사실에 주목할 필요가 있다. 따라서 「적벽부」를 도가 사상의 표현이라고 해석하기에 무리가 따르는 것과 마찬가지로, 「적벽부」에 담긴 사상을 불교적이라고 해석하는 것도 무리가 있다.

"무릇 천지간의 사물은 각기 주인이 있다. 진정 나의 소유가 아니라면 터럭 하나라도 취해서는 안 된다"는 구절을 해석하는 또 하나의 시각은 위계적 정치질서의 영역을 나타낸다고 보는 것이다. 이 해석에 따르면, 어떤 물건은 황제에게 속하고, 어떤 물건은 신하에게 속하는 등 경계가 분명한 질서를 의미한다는 것이다.[65] 또 이 구절은 기존의 위계적 정치질서를 존중하는 소식의 '유가적' 면모를 나타낸다. 위계적 정치질서에 대한 존중이 이른바 '유가'의 전유물인지는 차치하고라도, 이 구절이 과연 위계적인 질서를 의미하고 있는지조차 분명하지 않다. 경계를 넘어선 침탈을 경고하고 있을 뿐, 그 경계가 '위계적'이라고 추론할 만한 근거가 텍스트에서 발견되지 않는다. 따라서 나는 이 구절을 '도가적'이거나 '불교적'이나 '유교적'이라고 해석하는 시도는 모두 해당 맥락에서 벗어난다고 판단한다.

"무릇 천지간의 사물은 각기 주인이 있다. 진정 나의 소유가

| **〈적벽도〉** | 소식의 「적벽부」는 역대 화가들의 단골 그림 소재 중 하나였다. 이 그림은 금나라에서 활동한 문인화가 무원직(武元直)이 그린 〈적벽도(赤壁圖)〉의 일부이다. 무원직은 실제로 적벽을 유람한 후 그림을 그린 것으로 유명하다. 남송에서 도학이 유행한 것과 달리 금나라에서는 소동파의 학문이 자못 유행하였다. 타이완 타이베이 국립고궁박물원 소장.

| 〈후적벽부도〉 | 소동파는 「적벽부」를 짓고서 3개월 뒤에 「후적벽부(後赤壁賦)」를 지었다. 그림은 원나라에서 활동한 화가 오진(吳鎭, 1280~1354)이 그린 〈후적벽부도(後赤壁賦圖)〉이다. 타이완 타이베이 국립고궁박물원 소장. 오진은 황공망(黃公望), 예찬(倪瓚), 왕몽(王蒙)과 더불어 '원사대가(元四大家)'로 칭송받는 화가이다.

아니라면 터럭 하나라도 취해서는 안 된다"는 구절이 기초하고 있는 텍스트의 맥락은 "강 위의 맑은 바람과 산속의 밝은 달"의 세계와 그 밖의 세계의 이분법이다. 그리고 소식이 생산과 소비라는 '경제적' 차원에서 사고할 때 그러한 이분법이 성립한다. 소식이 보기에, "강 위의 맑은 바람과 산속의 밝은 달"이라는 (인위적 경제활동 영역에 포섭되지 않은) 자연계는 무한 공급과 무한 소비라는 기적적인 경제 법칙이 작동하는 공간이다. "강 위의 맑은 바람과 산속의 밝은 달"의 세계는 인간에게(혹은 감각기관을 가진 뭇 존재에게) '무진장'한 감각 소여所與를 제공하고, 인간은 자신의 감각기관을 통해 그 감각 소여를 받아서 한없는 자연 현상을 소비하고 누리게 된다. 인간이 그러한 감각적 향유로 자연계가 고갈되는 것도 아니고, 그 차원에 국한되는 한 분배와 권력의 문제가 제기되는 것도 아니다. 필요한 것이 있다면 그것이 무한한 쾌락의 자원이 될 수 있다는 자각일 뿐이다.

소식이 인간의 자연 현상 향유를 일종의 자원 공급과 소비의 차원에서 보고 있다는 해석은 「적벽부」 판본의 교감 결과를 보면 더욱 확실해진다. '즐기다'라는 뜻으로 번역하고 있는 '적適' 자가 '식食' 자로 사용된 사례가 다양한 판본에 남아 있다. 여기서 식食은 단순한 '즐김'이 아니라 감각기관에 들어오는 다양한 소여를 '소비하고 향유한다'는 뜻을 담고 있다.[66] 이처럼 공급과 소비의 메커니즘을 전제하는 '경제적' 함의를 담고 있는 구절이라면 그에 대구가 되는 구절의 의미 또한 병렬적으로 해석할 필요가 있다.

"강 위의 맑은 바람과 산속의 밝은 달"의 세계와 대별되는 또 다른 세계는 어떠한가? 그 세계는 소식이 보기에, "각기 주인이 있"어서 "나의 소유가 아니라면 터럭 하나라도 취해서는 안"되는 곳이다. 이러한 강한 천명의 의미는, 당시 신법파들의 정책을 전제로 했을 때 비로소 음미될 수 있다. 알려진 바와 같이, 왕안석은 신법을 통해 적극적이고 중앙집권화된 국가를 건설하고자 하였고, 기존 중앙정부의 통제 영역에 완전히 포섭되지 않았던 지방사회에 대한 책임을 중시하였다. 그에 따른 비용을 충당하기 위하여 왕안석의 신법은, 해석자에 따라서 '중상주의mer-chantilism'로 해석할 수 있을 정도로,[67] 자원과 부의 제로섬zero-sum 관계를 전제로 하는 경제관에서 탈피하여 국부를 증대하고자 다양한 제도를 만들어냈다. 청묘법을 비롯한 신법의 다양한 정책은, 기존 중앙정부 관할권 밖에 있던 각종 이윤 발생 영역을 중앙정부가 전유하고자 하는 시도라는 특징을 가지고 있다. 제로섬적 경제질서를 염두에 두는 이들에게는[68] 이것이 곧 지방사회 영역에서 발생하고 소비되어야 할 이윤을 국가가 뺏어가는 것으로 받아들여질 수도 있다.[69]

반면, 이른바 "강 위의 맑은 바람과 산속의 밝은 달"의 세계는 제로섬의 세계가 아니다. 그 세계는 무한 공급과 소비가 가능한 세계이다. 따라서 그 세계를 향유하자는 발언은, 왕안석을 비롯한 신법가들이 엄연히 주인이 있는 세계의 것을 국가의 이름으로 탐식하고자 하는 데 대한 비판을 함축한다. 이와 같은 「적벽부」 해석은 사마광 등과 더불어 북송 시기에 왕안석의 정치적 경

쟁자였던 소식의 정치적 입지와도 조화를 이룬다.[70]

이렇게 보았을 때, 소식이 구상하는 이상적인 정치질서는[71] 이른바 정치경제가 작동하는 영역에서는 각자의 주인됨을 보장하며(즉, 국가의 역할을 제한하고, 지방사회의 자율성을 상당 부분 보장하며),[72] 동시에 삶을 구성하는 영역에는 그러한 정치경제의 영역의 원리가 작동하지 않는 영역이 있음을 인정하는(즉, 국가 주도의 현실 정치 논리에 포섭되지 않는 삶의 영역이 있음을 인정하는) 것이다. 소식 같은 정치질서를 추구하는 이들은 자신들의 삶을 전적으로 국가 중심의 획일적 질서에 종속되도록 내버려두지는 않을 것이다. 대신 중앙집권화된 국가에 포섭되지 않는 삶의 다양한 측면이 존재함을 깨닫고, 그러한 삶을 향유하기 위하여 주체적으로 관점을 운용하며 자신의 삶을 창의적으로 구성하고 음미할 것이다. 그렇다면 적지 않은 삶의 문제들이 국가의 일률적 해결책에 의존하기보다는 국가 밖의 개인적이고, 미시적이고, 맥락 의존적인 창의적인 해결책을 따를 가능성이 크다. 요컨대「적벽부」는 삶의 다차원성과 국가의 비개입을 전제하는 정치질서를 천명하고 있다고 하겠다. 그리고 그러한 정치질서를 살아낼 주체는 관점의 이동을 통해 삶의 다차원성에 조응해나간다고 할 수 있다.

소식 사상에서 주체의 의미

관점의 이동이란 이동을 가능하게 하는 삶의 다차원성과 관점을 바꿀 수 있는 주체의 역량을 전제로 한다. 「적벽부」의 논의 맥락에서는 여러 차원의 존재란 곧 삶이 정치적 차원으로만 환원되지 않는다는 것을 의미한다. 이 점은 당나라 말기의 정치문화와 정치질서에 대한 대안으로 등장한 북송 시기 정치질서 속의 소식을 대비했을 때 분명해진다. 특히 당나라 중기 정치적 격변기를 살았던 두보杜甫(712~770)의 경우는 강렬한 정치적 관심과 아울러 소식과 마찬가지로 유배당한 경험을 공유하고 있다는 점에서 흥미로운 비교 대상이 된다.[73]

　두보의 시 세계는 당대의 다른 이들에 비해 중앙 정치에 대한 강한 관심에 의해 지배되고 있으며, 심지어 중앙 정치 세계에 대한 소외의 정서 또한 그에 대한 강한 관심을 전제로 하고 있다. 이러한 점을 염두에 두고 유배 시절 두보의 세계를 보여주는 대표적 작품 중 하나인 「추야오수秋野五首」[74]와 소식의 「동파팔수東坡八首」를 비교해보자. 「추야오수」의 경우, 첫 수와 두 번째 수는 유배 온 자신이 새로운 환경에서 농부가 되어가는 과정을 그린다. 세 번째 수에 이르러 중앙의 문명과 대조되는 자신의 한미한 생활을 대비하여 자탄하는 경지에 이르고[掉頭紗帽側, 曝背竹書光], 네 번째 수에서는 중앙으로부터 소외된 자신의 처지를 극화하고 있다[飛霜任青女, 賜被隔南宮]. 그리하여 궁극적으로는 자신의 아들이 중앙의 표준어가 아닌 야만인의 말을 구사하며, 중앙정부의 일원이 될 수 없음을 한탄하는 것으로 마무리된다[兒童解蠻語, 不必作參軍]. 요컨대 자신의 유배 시기를 그리고 있는 두보의 경우, 마지막 부분까지 강조한 것은 중앙 정치에 대한 관심과 긴장, 그리고 좌절

이다. 이에 비해「동파팔수」는 여덟 수 전체에 걸쳐 정치 세계와 관련 없이 가능한 자족적 세계를 그리고 있다.

　　이러한 차이를 만들어낸 요인은 무엇일까? 먼저, 두보에게 삶의 의미를 보장하는 세계는 궁극적으로 중앙 정치 세계이다. 심지어 그가 중앙 정치 세계에서 소외되었을 때조차도 그의 삶의 의미는 그 정치 세계와의 (부정적 관련일망정) 관련 속에서 정의된다. 당나라 정치문화 일반을 반영하고 있는 이러한 점은 세속을 배경으로 한 두보 작품에서 널리 발견되는 비탄의 정서를 설명해준다. 반면, 소식의 경우 정치에 대한 명징한 관심과는 별개로 유배 시기에 그 나름의 자족적 의미의 세계를 구축하였다. 그러한 자족적 세계를 향유할 수 있는 것은 관점의 이동에 따라 의미가 다른 삶의 차원이 인정되는 동시에, 주체가 달리 펼쳐지는 삶의 차원으로 관점을 전환할 수 있는 능력을 갖추고 있기 때문이다. 소식이 설정하는 주체는 정치 세계로 환원되지 않는 주체이며, 그 주체는 맥락에 따라 자신을 정치 주체로 때로는 비정치 주체로 전환할 수 있다.

"어디에 간들 즐겁지 않으랴[吾安往而不樂]"로 요약될 수 있는 유배에 대한 소식의 입장은 실제로 그러한 언명을 포함하고 있는 「초연대기超然臺記」에서 일정한 이론화가 이루어진다. 소식에 따르면, 자신이 어디에서건(예컨대 유배지에서도) 즐거울 수 있는 비결은 "사물의 밖에서 노닐기 때문[遊於物之外]"이다. 그리고 사물의 밖에서 노닌다는 생각에 대한 구체적인 부연은 「보회당기寶繪堂記」에서 찾을 수 있다.

군자는 사물에 뜻을 깃들여도 되지만 사물에 뜻을 머무르게 해서는 안 된다. 사물에 뜻을 깃들이면 미물이라도 즐거움이 되고, 우물尤物이라도 병통이 될 수 없다. 사물에 뜻을 머물게 하면, 미물이라도 병통이 될 수 있고, 우물이라고 할지라도 즐거움이 될 수 없다.[75]

여기서 핵심은 사물에 뜻을 깃들이는[寓] 일과 사물에 뜻을 머무르게[留] 하는 일의 차이이다. 사물에 뜻을 깃들이는 일은 곧 해당 사물에 자신의 관심과 마음을 쏟는 일로, 이러한 과정 없이는 해당 사물에 무관심한 상태, 즉 완전한 적멸의 상태이므로 어떠한 즐거움도 성립할 수 없다. 반면 뜻을 해당 사물에 머무르게 한다는 것은 해당 사물에 집착하여 그 사물을 떠날 수 없게 되는 것이니, 이것은 집착이 유발하는 고통의 근원이 된다. 사물에 뜻을 머무르게 하지 않고 다만 깃들이는 데서 그칠 수 있다면, (소식이 보기에) 남는 것은 고통 없는 즐거움이라고 할 수 있다. 그것이 가능한 것은, 사물에 뜻을 두었다가도 거두어들일 수 있는—그러한 관점의 교체를 해낼 수 있는—주체가 성립되어 있기 때문이다. 정치를 대상으로 할 경우, 그러한 주체는 정치 세계에 일정한 관심을 두되, 그 세계에 환원되지 않을 수 있는 존재이다.

이러한 소식의 주체 이론은 다음 두 구절을 음미했을 때 좀 더 분명하게 정리된다. 관점을 달리하여 세계의 다른 양상을 본다는 것은 관점만큼이나 다양한 세계의 국면이 존재한다는 것을 인정하는 것이다. 이것은 하나의 관점으로서 전체를 파악한다는 일이 무망無望함을 말해준다. 그런데 소식의 다음 글은 하나의 관점으로 전체를 파악하는 것이 불가능함에도 불구하고, 개별 주체가 전체와 관계 맺는 일은 가능한 것임을 암시하고 있다.

태어나면서부터 눈이 먼 사람은 해를 알지 못하므로 눈이 보이는 이에게 해에 대해 물었다. 어떤 이가 해의 모습은 동으로 만든 둥근 쟁반과 같다고 말해주었다. 이에 쟁반을 두드려 그 소리를 들었다. 그리고서 다른 때에 종소리를 듣자 그것을 해라고 여겼다. 또 어떤 이가 해의 빛은 촛불과 같다고 말해주었다. 이에 초를 만져보고 그 형태를 알았다. 그리고서 다른 때에 피리를 더듬어보고 그것을 해라고 여겼다. 해는 종과 피리와는 매우 다른데도 소경은 그 다름을 알지 못하였다. 그것은 그가 해를 본 적이 없고, 다른 사람에게 해에 대해 물었기 때문이었다. 도道를 보기 어려움은 해보다 심하다. 사람들이 도에 통달하지 못하는 것이 소경과 다를 바 없다. 도에 통달한 사람은 정교한 비유로서 잘 안내하지만, 쟁반이나 촛불의 경우보다 나을 것이 없다. 쟁반에서 종에 이르기까지, 촛불에서 피리에 이르기까지 모습을 바꾸어가니 어찌 전모를 파악할 수 있으리오! 그러므로 세상에서 도를 논하는 사람들은 각자가 본 것에 기초해서 이름 짓고, 보지 못한 바에 대해 억측하니 그것은 모두 도를 잘못 구한 것이다. 그렇다면 도는 끝내 구할 수 없는 것인가? 나는 도는 치致할 수 있을 뿐, 구할 수는 없다고 생각한다. 치致란 무엇인가? 손무가 말하기를, 전쟁을 잘하는 사람은 다른 사람을 치致하지 다른 사람에게 치致함을 당하지 않는다. 자하가 말하기를, 뭇 장인들은 작업장에서 일을 이루고, 군자는 배움을 통해 도를 치致한다. 구하지 않고 저절로 이르는 것이 치致이다.[76]

이 글이 포함되어 있는 소식의 「일유日喩」는 획일적 경학에 의해 인재를 선발하는 세태에 대한 비판으로 마무리되고 있다.[77] 그리고 린위탕林語堂에 따르면, 이 글은 왕안석의 『삼경신의三經新義』에 대한 비판으로 볼 수 있다.[78] 왕안석은 고대 경전 연구를 통해 올바른 '도'를 얻었다고 자임하고, 그 내용을 『삼경신의』라는 자신의 경전 주석에 담았다. 그리고 앞서 언급한 바 있듯이 그와 같은 경전 해석을 관리를 선발하는 과거 시험의 새로운 기초로 삼았다. 그렇다면 앞의 글은 '도'라는 것이 그렇게 지식의 대상으로서 명료하게 발견되고, 정리되고, 관리 선발의 기준이 될 수 있다는 사고에 대하여 의문을 제기한다고 할 수 있다. 그리고 '도'를 대신해 설명에 동원되는 매개체 또한 '도'의 전모를 왜곡할 뿐이다. 그렇다고 쟁반, 종, 촛불, 피리 같은 것들이 해의 실체(그러한 것이 있다면)와 전혀 무관하지는 않다. 다만 그러한 것들은 해의 특정 측면을 알려주는 매개물일 뿐이다.

그렇다면 해의 전모에 가닿는 것은 아예 불가능할까? 흥미로운 것은, 소식이 일견 상대주의적으로 보이는 입장을 견지함에도 불구하고, 그 전체성에 대한 접근 가능성[旣]을 부인하지 않는다는 사실이다. 다만 그 전체성은, 왕안석이 전제하는 식으로—고대의 경전을 통해 전체에 대한 청사진을 얻고, 그것을 다시 시험 과목화할 수 있으며, 국가에서 그 청사진을 통제할 수 있다는—확보될 수 있는 것은 아니라는 점을 분명히 한다. 그런 식으로 해의 전모를 장악하려는 시도는 소위 '도를 구하려'는 것이다. 소식이 보기에 그런 식으로는 결코 해의 전모에 가 닿을 수 없다. 소식은 해의 전모를 특정 관점에서 장악하고자 하는 시도의 불가능성을 강조하는 동시에, 그 전모에 가 닿을 수 있는 대안적인 방법을 제시한다.

그 첫 번째 요건이 자신의 주체를 잃지 말아야 한다는 것이다. 도를 구하지 말고 도가 자신에게 이르게 해야 한다는 언명은, 앞서 논한 바 있는 사물에 뜻을 깃들여도 되지만 뜻을 사물에 머무르게 해서는 안 된다는 주장과 공명한다. 즉, 대상에 환원되지 않는 자신을 유지하고 있을 때 역설적으로 그러한 도의 전모에 접근할 수 있다.

대상과 관계를 맺되 대상으로 환원되지 않는 주체를 주장한다는 것은 우리에게 무엇인가 불변하는 주체가 고정적으로 존재한다는 뜻일까? 다음의 언명은 주체가 대상으로 환원되지 않는다 하더라도 그것이 곧 변치 않는 주체의 설정을 의미하는 것은 아님을 잘 보여준다.

나는 항상 존재한 적은 없으며, 사물에 따라 존재한다. 그러므로 풍요롭다. 만약 이미 존재하고 있다면, 그 풍요로움에 경계가 있을 것이다.[79]

소식이 보기에 세계나 그 세계를 사는 주체나 모두 고정적인 어떤 것으로 존재하지 않는다. 양자는 모두 유동적 흐름 속에 있다. 따라서 곧 논의하게 될 도학과는 달리, 발견하고 실현해야 할 완전한 주체(성선론의 근거)나 모든 상황에 공히 적용될 수 있는 규범적 기준을 인정하지 않는다. 따라서 중요한 것은 보편적 규범의 발견이라기보다는 맥락과 동학dynamics이며, 그러한 역동적 흐름에 직관적으로 반응할 수 있는 주체의 능력이다.[80]

이렇게 볼 때 소식 비전의 특징은 왕안석이 주도한 신법이라는 거대한 (반대자들이 보기에) 획일적 국가 팽창주의에 반대하여, 개인의 주체를 강조하였다는 점과 삶의 영역을 국가가 관장하는 영역으로 전부 환원하지 않고자 했다는 점에 있다. 그런데 이와 같은 점들이 보다 많은 지식인의 호응을 얻게 되는 것은 북송 때가 아니라 남송 때이다. 그리고 가장 강력하게 부응한 집단은 다름 아닌 도학자들이었다. 도학자들은 국가의 팽창에 대하여 경계심을 가지고, 국가보다는 개별 주체의 정치적 잠재력에 더 주목했다는 점에서 소식과 입장을 같이하였으나, 소식에 비해 훨씬 더 윤리적 완전주의에 경도되었다. 그러한 남송의 정치사상에 대해 지금부터 살펴보기로 하자.

남송의 성립과 중국 정체성

1127년 남송의 성립은 새로운 왕조 창건보다 더 중대한 정치적·사회적 함의를 가졌다고 할 수 있다. 첫째, 중국은 적어도 후한 시기부터 남쪽으로 계속 확장해왔지만 이 남송 시기야말로 중국이 남쪽으로 확장해온 역사에서 분수령에 해당한다. 742년에 중국 인구의 40%가 남중국 양쯔강 유역 벼농사 지역에 살았다면, 980년에는 62%가 그 지역에서 살았다.[81] 결과적으로 옛날에는 문화적 벽지 혹은 유배지로 간주되었던 남쪽 지역이 인구가 집중되고 중국의 경제적·문화적 중심지로 떠오른 것이었다. 그와 같은 위상은 이후로도 크게 달라지지 않았다. 이제 북쪽의 중원 지역은 중국문화의 전형으로서의 지위를 잃게 되었다고 말해도 무리는 아닐 듯하다.

비슷한 맥락에서 남송의 성립은 중국성에 대하여 재고해볼

몽골

서하(탕구트)

금(여진)

토번
(티베트)

황허강

카이펑

화이허강

황해

항저우

남송南宋

대리

광저우

남중국해

| 남송(1127~1279) |

새로운 계기가 되었다. 송나라 때 정치 지도political geography라는 면에서 보면, 남송은 주변적이다. 그러므로 한족이 자신들을 '중화'의 담지자라고 간주하는 한 북쪽 중원에 있는 전통적인 정치 심장부로 돌아가기를 염원했을 것이다. 적어도 겉으로 보아서는, 많은 사람이 북중국 수복에 대한 야심을 공개적으로 천명하였다. 그러나 실제로는 조정 대신 다수가 남쪽에 머물러 있기를 원하였다. 금나라 군대가 명백하게 더 강했기 때문일 뿐 아니라, 남쪽으로 이주해온 뒤 후속 세대들이 남중국에서 자라나면서 이미 남쪽 환경에 익숙해졌기 때문이기도 하였다. 결국 사람들은 남쪽 지역이 '중국'을 위한 임시 터전 이상의 공간이 되어야만 한다는 것을 깨달았다. 이러한 맥락에서 보면, 이른바 야만인들이 더 많은 땅을 차지했다고 해서 중화의 지위를 누릴 수 있는 것은 아니라고 본 남송 지식인들의 생각도 충분히 이해할 만하다. 이제 중국성이라는 것도 지역적 조건과는 독립적으로, 다시 말해 보다 문화적인 차원에서 재정의되어야 했다.

　　중국의 정체성을 새롭게 사유해야만 하는 이 상황과 민족주의의 발흥은 어떤 관계가 있는가? 거자오광과 미야자키 이치사다 같은 학자들은 송나라 때가 바로 원原민족주의적 기풍proto-nationalistic ethos이 발전한 시기라고 주장하였다.[82] 특히 거자오광은 당시에 만만치 않은 이웃 나라가 송나라를 에워싸고 있던 상황이 남송으로 하여금 새로운 민족의식을 발전시키도록 부추겼으며, 그것이 '중국'의 근대 민족의식의 먼 기원을 이룬다고 주장하였다.[83]

한 걸음 더 나아가 거자오광은 베네딕트 앤더슨Benedict An-
derson의 '상상의 공동체imagined community' 개념을 중국 정체성
에 적용할 수 없다고 주장하였다.[84] 거자오광이 보기에 중국 정체
성은 개개인이 커뮤니케이션 네트워크의 도움을 빌려 '구성'되는
것이 아니고, 그 자체로 본체론적 지위ontological status of its own를
갖고 있다. 이러한 견해로 인해 거자오광은 '누가' 중국성을 구
성하는지에 대해 질문하지 않는다. 그는 중국을 '상상의 공동체'
에 반대되는 '진짜 공동체real community'라고 정의한다.[85] 희한하
게도 거자오광은 중국을 상상의 공동체로 보면, 그것은 곧 중국
이 취약한 공동체라는 함의를 갖는다고 생각한다.[86] 나는 중국 민
족주의의 기원을 추적하는 일이나 베네딕트 앤더슨식 상상의 공
동체의 기능적 등가물을 찾는 데는 별 관심이 없다. 그보다는 당
대의 맥락에서 송나라 지식인들이 집단 정체성을 어떻게 생각했
는가에 관심이 있다. 그러기 위해서는 정치적 정체성은 개개인에
의해 '구성되는' 것임을 상기할 필요가 있다. 새로운 정치적 환경
아래 남송 지식인들은 정치적 귀속감을 새로이 창출하고자 했는
데, 그러한 지식인들의 노력을 탐구하고자 할 때 특히 '구성주의
적' 관점이 적절하다. 그전 중국 지식인들과 달리 남송 지식인들
은 문화적 자원을 지역성 같은 여타 정체성 자원과 명백히 분리
하였다.

　　남송 지식인들이 이른바 '야만족'들에게 격렬한 적의를 가졌
다는 사실은 당나라 코즈모폴리턴 모델의 큰 변화를 의미한다.
그렇다고 해서 남송 지식인들이 자신들의 정체성을 거자오광이

거론한 것처럼 민족적 차원에서 접근했다고 생각하면 안 된다. 한족이 대거 남쪽으로 이주했다고 할지라도 여전히 많은 한족이 비한족 사람이 다스리는 북중국에서 살고 있었음에 주목할 필요가 있다. 1202년 금나라 장종章宗(완안경完顔璟, 1168~1208)은 남송황제가 아니라 금나라 통치자들이야말로 북송의 정당한 후계자라고 주장했다. 많은 증거에 따르면, 그때쯤 금나라는 이미 북중국 사람들에게 이방인처럼 보이지 않았다. 북중국을 잘 다스리기 위해 많은 한족 학자-관료들이 금나라의 여진족에게 협조하였다.[87]

그뿐 아니라 일반 사람들 대다수가 금나라를 중국의 합당한 일부로 기꺼이 받아들인 것으로 보인다. 극적인 예를 들자면, 남송 재상이었던 한탁주韓侂冑(1152~1207)는 16만 대군을 이끌고 금나라로 쳐들어가서 13만 명가량의 금나라 군대와 대적하면, 금나라 영토에 살고 있던 한족들이 금나라보다는 자기편을 들어줄 것으로 예상하였다. 그러나 정반대의 일이 벌어졌다. 금나라 군대에 이미 한족 병사들이 여진족보다도 많을 뿐 아니라, 7만여 명의 남송 병사들이 오히려 금나라로 이탈하였다. 비슷한 맥락에서 1206년에도 북중국인들이 금나라에 맞서 봉기하지 않자, 남송 장군들은 몹시 실망한 바 있다.[88]

당시 원原중국 민족proto-Chinese nation의 존재 여부는 분명하지 않지만 남송의 정치적 정체성이 점점 지역이나 민족성보다는 문화에 기반했음은 분명하다. 많은 송나라 지식인이 보기에 의상, 머리 모양, 가치, 언어 등 금나라 통치자들의 문화는 남쪽의 한족 중국인들의 문화와 뚜렷하게 달랐다. 그 문화적 차이야말로 금나라 여진족이 중국인이 될 자격이 없고, 문화적으로 열등한 족속으로 취급받아야 할 이유였다. 그러나 정치적 정체성을 문화적으로 재정의하는 것은 잠재적으로 민족적 정의ethnic definition와 긴장 관계에 있다. 이른바 '야만족' 문화가 한족 중국인의 문화와 상당히 다른 상태로 남아 있기를 그친다면 어찌 되는가? 다시 말해 야만족이 계몽되어 한족과 정말 문화적으로 비슷해지면 어찌 되는가? 이론상 인간은 가변적이다. 따라서 문화적 동화 역시 언제고 있을 수 있는 일이다. 물론 당시 남송 지식인들은 여진족이 그렇게 변모할 것이라고는 생각하지 않았지만, 이론적으로는 얼마든지 가능한 일이었다. 당장은 아니라고 해도 언젠가 오랑캐가 한족 중국인의 문화적 특성을 전유할 수도 있는 것이다. 중국문화를 숙달했다는 이유로 유목민이 중국인임을 자처할 순간이 올 수도 있는 것이다. 바로 그러한 사례를 10장에서 다루게 될 것이다.

남송 엘리트의 등장

남송을 기점으로 해서 다시 한번 엘리트 성분상 광대한 변화가 일어났다. 로버트 하트웰Robert M. Hartwell 및 그와 지향을 같이하는 학자들은, 남송의 엘리트들은 전국을 무대로 활동했던 북송의 엘리트에 비해 뚜렷이 다른 행동 패턴을 보였다고 주장했다.[89] 북송 엘리트들과 달리, 남송 엘리트들은 거주지 및 혼인동맹이라는 점에서 볼 때 지방에서 활동한 점이 두드러진다는 것이다.[90] 이러한 지방 활동으로의 전회의 중요한 배경은 재능 있는 개인의 수와 관직의 수 간의 불균형이었다. 자신들의 후손들에게 관직을 남겨주려는 엘리트들의 노력은 제한된 관료제와 인구 증가에 의해 좌절되었다. 관직과 품계의 정원이 늘어나지 않는 가운데 인구만 늘어났으니, 과거 시험에 합격하기가 점점 더 어려워졌다.[91] 극소수 합격자만이 관리가 될 수 있었으므로, 시험에 합격하지 못한 많은 지식인이 정치적 에너지를 발산할 출구를 잃게 되었다. 이 고학력 낙오자들은 중앙 조정이 아니라 지방에서 활로를 찾았다.

다시 말해 남송을 기점으로 국가 중심의 정치적·제도적 개혁주의state-centered political and institutional reformism에서 지방의 자발적 활동주의local voluntary activism로 의식의 전환이 일어났다. 관리 후보군과 관직 사이의 불균형은 남송 이후에도 지속되었기 때문에, 엘리트의 다수가 지방에서 활로를 찾는 현상은 왕조가 바뀌어도 꾸준히 이어졌다. 한 연구에 따르면, 과거 시험 하위 단계 합격자의 수는 1400년도에 4만 명가량이었다가 1700년에는 60만 명 정도가 되었다. 한 세기가 더 지나서는 100만 명을 크게 상회했다.[92]

관직을 얻지 못한 엘리트들이 정치적 에너지를 지방사회에 쏟기로 마음먹은 것은 국가의 입장에서도 환영할 만한 일이었다. 국가는 충분한 수의 지방 관리를 보유하고 있지 못했으므로, 폭넓은 준準정부적 업무를 대신 집행해줄 엘리트들이 필요했다. 여기서 말하는 준정부적 업무란 빈민구제 같은 지방 차원의 공적 프로젝트 운영, 관개 시스템 정비, 토지 개간, 학교 설립, 국가가 후원하는 예식 참관, 법정 소송에 이르지 않도록 갈등 중재, 자경단自警團 지도 등을 포함한다. 가장 중요하게는, 지방 엘리트의 도움 없이는 세금 수취와 지역 방어 시스템이 제대로 작동할 수 없었다. 이러한 현상이 19세기 후반까지 지속되었다는 점을 감안할 때, 후기 중국 제국 시스템은 지방 엘리트의 이해관계를 고려하지 않고는 설명할 수 없다.

그렇다고 해서 남송 엘리트의 성격에 대해 논란의 여지가 없는 것은 아니다. 논란의 핵심은 이것이다. 남송 엘리트는 어느 정도로 자신을 국가와 동일시하였는가, 혹은 중앙 중심적인 세계관을 가지고 있었는가? 기존 연구자들은 대체로 두 가지 입장으로 나뉘어 있다. 한편으로는, 이른바 지방으로의 전회 담론에 적극적으로 공감하는 영미권 학자들이 있다. 이들에 따르면, 북송의 멸망을 계기로 중앙 중심적 정치문화가 쇠퇴하고, 남송 엘리트들 대부분이 지방사회에서 자신의 입지를 공고히 하기 위해 노력하였다. 변화는 단지 겉으로 드러난 행태에만 있지 않았다. 로버트 하임스나 피터 볼 같은 학자들이 지적했듯이, 도학의 융성과 더불어 지방 엘리트의 자아 정체성에도 큰 변화가 나타났다. 다수의 지식인이 중앙 조정을 윤리적·정치적 권위의 궁극적 원천으로 대하지 않기 시작한 것이다. 비슷한 맥락에서 일군의 일본 학자들도 친족 네트워크, 경제적 교환, 문화적 헤게모니 등을 통해 매개되는 지방사회 구조를 탐구하였다.[93]

이와 같은 연구가 축적되자, 적지 않은 학자들이 국가와의 관계를 통해 지방 엘리트를 이해해온 장중리-핑티 호 테제를 폐기하고, 시기와 지역에 따라 달라지는 지방 지배의 다양성과 변이에 주목하였다. 후기 중국 제국의 지방사회는 국가에 의존하기보다는 예禮에 기초한, 주체적인self-reliant 공동체인 경우가 많았음이 밝혀졌다. 그러한 공동체에서 리더십을 발휘한 지방 엘리트들이 국가 공무원보다 반드시 위계상 하위에 있었다고 보기는 어렵다.

반면, 위잉스余英時 같은 학자들은 남송 시기 정치적 태도와 이데올로기적 양상이 북송과 크게 다를 바 없었다고 주장하였다.[94] 2권으로 이루어진 송나라 지성사에서, 위잉스는 얼마나 많은 남송 사士들이 국가 공직에 관여했고 또 관여하기를 열망했는지를 역설하였다. 이는 남송 때 지방으로의 전회가 일어났다는 영어권 및 일본어권 학자들의 연구를 논박한 것이었다. 위잉스에 따르면, 남송 엘리트들이 갈수록 지방사회에 관심을 가진 것은 사실이지만, 그럼에도 변함없이 황제와 조정을 권위의 궁극으로 간주했다.

이러한 견해는 후기 중국 제국의 지방사회 엘리트의 성격을 주장해온 학자들의 견해와 정면으로 충돌한다. 실제로 위잉스의 연구 이전에, 중국의 지방사회 엘리트의 성격에 주목한 한 학자는 이렇게 말한 적이 있다. "자신의 촌락이나 마을에 긴밀히 연결되어 있었고, 보다 넓은 지역으로 나아갈수록 유대감은 줄어들었다. 역사적·경제적·친족적 단체들이 강력한 지방주의를 자신의 자아상self-image에 주입하였다. 보다 큰 단위의 지역에 대해서는 상대적으로 소속감과 관심이 약한 반면, 지방인으로서 자기 고향의 번영과 안정을 자신의 역할을 추동하는 주된 원동력으로 삼았다."[95]

　중국 엘리트의 대다수가 지방 자발주의에 연루되어 있던 것은 경험적으로 입증 가능한 사실이다. 그러나 과연 그들이 자신들을 지방적 맥락에서 생각했는지, 아니면 국가적 맥락에서 생각했는지는 좀 더 따져볼 필요가 있다. 다음에서 나는 후기 중국 제국 엘리트의 대다수가 중앙정부의 권위와는 상당히 독립적으로 활동했으며, 국가에 의존하지 않고도 이데올로기적 정당성과 정치적 권위를 창출해낼 수 있었다고 생각한다. 그들이 국가에 의존하지 않았다는 것이 국가가 아닌 지방의 이해관계에 굴복했다는 뜻은 아니다. 내가 보기에 도학자들이 공공선이라고 간주했던 것은 국가의 권위나 지방의 이해관계로 환원되는 것이 아니었다. 그렇다면 도학자들이 생각한 공공선의 정체는 도대체 무엇이었을까?

　먼저 중앙과 지방의 이분법을 초월하는 사례를 몇 가지 살펴보자. 첫째, 도학을 존숭했던 지방 서원書院들을 생각해보자. 도학자들은 서원 안에 사당을 짓고 자신들이 존경할 가치가 있다고 여겼던 현자들을 기리고 제사 지냈다. 남송을 기점으로, 제사 대상에 자신의 도덕성을 지키느라 관직에 나아가지 않은 인물까지 포함되었다는 점이 주목된다.[96] 게다가 그들은 연고지에서만이 아니라 중국 전역에서 기려졌다. 즉, 그 인물들과 직접적인 연결고리가 없는 지역의 주민들도 그들을 위한 사당을 짓고 제사를 지낸 것이다. 이러한 현상은 제사의 대상이 된 현자들이 정부에 봉사했거나, 혹은 지역사회에 봉사했다는 사실로 환원되지 않는 어떤 중요한 가치를 체현하고 있었음을 보여준다. 그 현자들은 자신들의 충성심을 황제를 향해서뿐 아니라 타 지역의 동지들에게까지 수평적으로 발산한 이들이었다.

둘째, 도학자들은 공공연하게 위기지학為己之學, learning for the sake of oneself에 헌신하였다. 위기지학의 목표는 도덕적인 자아 수양을 통해 성인이 되는 것이었다. 그 점에서 도학자들의 과업은 오직 과거 시험 합격을 위해 공부하는 범상한 학인들의 과업과는 명시적으로 구별되었다.[97] 비록 정학正學(바른 배움)과 거업擧業(과거 시험 공부)을 병행하는 경우도 있었지만, 도학자들은 적어도 겉으로는 꾸준히 위기지학의 이상을 견지하였다. 이 공부 과정에서 도학자들이 국가의 이해관계에 반해서 지방의 이해관계를 추구한 것이 아님에 주목할 필요가 있다. 그들이 추구했던 것은 국가의 이해관계도 지역의 이해관계도 아닌 자아의 완성이었다. 위기지학의 이념에 의하면, 조정의 고관들만 위대해질 수 있는 배타적 특권the exclusive privilege to be great을 가지는 것이 아니었다. 인간의 위대함을 결정짓는 궁극적인 지표는 이론적으로 누구에게나 열려 있는 도덕적 완성이었다.

셋째, 엘리트 대다수가 지방사회에서 활동했다고 할지라도 그들이 국가의 권위에 명시적으로 도전한 것은 아니었다. 국가 권위에 직접 도전하는 대신에, 그들은 차라리 관직 경력을 덜 중시하는 쪽을 택했다. 관직 경력만큼이나 지방사회에서의 헌신과 공헌을 높게 평가하였다. 적어도 겉으로는 그랬다. 그들에게 조정에서 높은 관리가 되는 것은 선택 가능한 여러 경로 중 하나였을 뿐이었다. 도학의 대표적 이론가인 주희를 예로 들어보자. 그는 조정에서보다는 지방관으로서 더 기꺼이 많은 봉사를 하였다. 주희에게 지방에서 활동한다는 것은 성공적인 정치 경력을 쌓지 못해서 마지못해 선택한 길이 아니었다.

이러한 사례들은 (도학에 관계하는) 대다수 지방 엘리트들이 근본적으로 지역적 필요에 부응하며 살아가는, 상당히 협애한 지평을 가진, 단순한 지방사회 유지들이 아니었을 가능성을 시사한다. 남송 이래로 엘리트들이 중앙정부에서 관직을 추구하는 것 말고 다른 삶의 방식을 찾아서 대거 지방사회로 이동했음에도 불구하고, 그들이 중앙정부와 지방사회 사이 어딘가에서 그 어느

| **주희** | 도학의 대표적 이론가인 남송의 사상가 주희는 주돈이, 정호, 정이의 사상을 이어받아 성리학을 집대성했으며, 주자(朱子), 주부자(朱夫子)로도 불린다. 19세에 진사에 합격한 이후 65세에 중앙 관직으로 진출하기까지 지방의 관리직을 두루 거치며 성실히 임무를 수행하는 동시에 학문에 정진하였다. 도판은 《만소당죽장화전》에 실린 주희의 이미지이다.

쪽과도 자신을 완전히 동일시하지 않으면서 존재했을 가능성이 있다. 사실, 지방 유지는 남송이나 후기 중국 제국 시기 이전부터 꾸준히 존재해왔다. 그렇다면 후기 중국 제국 시기의 지방 엘리트가 그 이전에 존재한 지방 유지와 결정적으로 구별되는 점은 무엇인가? 일견 지방적으로 보이는 활동에 부여한 의미significance가 바로 그것이다. 그 의미를 음미하기 위해 우리는 그들의 활동을 지탱했던 도학의 철학적 내용을 검토해야 한다.

도학의 자아관

중국 지성사에 관심 있는 사람들에게 당·송의 지적 변천은 그 무엇보다도 일단 불교의 쇠퇴, 그리고 지배적인 정치사상 조류로서 도학의 등장이다. 형성 단계에서부터 도학은 완연히 다른 식으로 사물을 바라보았고, 이에 대해 당대의 많은 사람이 동요하였다. 북송 때만 해도 생경하던 사고체계인 도학은 남송대에 이르자 엘리트들 사이에서 튼튼하게 뿌리내렸다. 이후 도학이 중국 사회에 폭넓게 받아들여지면서, 통치 엘리트 및 그 밖의 사회구성원들에게 두루 영향을 미쳤다. 다른 무엇보다 우선, 도학은 과거 시험의 일부가 되었다. 당시 엘리트들은 대개 과거 시험의 가장 아래 단계 정도는 통과하려고 노력하였기에, 적어도 그 정도만큼은 엘리트들이 도학을 받아들이거나 도학의 언어를 숙달했다고 추정해 볼 수 있다.

이론상 도학은 왕안석이 제시한 것과는 확연하게 다른 정치적 주체성new political subjectivity을 제시하였다. 앞서 언급했듯이, 왕안석은 인간 본성을 선과 악으로만 말할 수 없다고 생각하였다.[98] 반면, 도학자들은 선하게 될 수 있는 능력이 모든 사람에게 내재해 있다고 주장했다. 이러한 입장은 맹자의 성선론이 연상되지만, 도학의 성선론은 맹자의 성선론과는 사뭇 다르다. 인간이 선함의 씨앗이라기보다는 충분히 발달한 성인됨fully fledged sage-hood을 지닌 존재로 보았다는 점에서 그러하다. 도학의 인성론이 갖는 구체적 함의로는 다음과 같은 것들이 있다.

첫째, 다른 입장들에 비해 도학의 인성론은 인간 본성에 대한 '절대적' 이론을 제시한다. 인간 본성은 선과 악의 혼합이라고 본 양웅揚雄(B.C. 53~A.D. 18), 본성은 사람마다 다르다고 본 왕충王充(27~97?), 본성을 세 등급으로 나누는 성삼품설性三品說을 주장한 순열荀悅(148~209) 및 한유韓愈와는 다른 것이다. 그러한 입장들은 사람들이 자신의 기질에 따라 우연적으로 정의될 여지가 있다. 그에 반해 도학은 여러 가지 인간의 성향 중에서 도덕적 성향을 꼭 집어서 그것을 '본성'이라고 정의한다. 이는 우리가 인간으로서 어떤 존재인지에 대해 절대적인 이해를 주장하고, 우리에게 자아의 정체성과 관련한 강렬한 체험을 선사한다.

둘째, 인간 본성이 생래적으로 선하다고 주장하는 것은 인간이 가진 도덕적·정신적 자원에 대한 높은 평가를 동반하는 것이다. "그러므로 본성상 유능한 사람은 본성에 따르도록 해주고, 본성상 무능한 사람은 강제할 수가 없다. 각기 분수를 지키면 모든

만물이 죽지 않는다"[99]라고 한 성현영成玄英(608~669)의 태도와는 크게 다르다. 인간의 도덕적 완전성moral perfectability에 대한 긍정적 전망은 개개인에게 새로운 힘을 부여한다. 우리의 본성이 하늘에서 왔으며, 인간의 단결된 노력을 통해 그 본성이 실현될 수 있다는 생각은 사람을 고무하고 북돋운다. 그러나 치러야 할 대가도 있다. 도덕적 완전성이라는 생각에는 엄청난 책임이 따른다. 거의 무한한 극기self-mastery 과정이 필요한 것이다.

이러한 인성론에 기반하여 도학은 무엇보다도 개인 도덕personal morality을 강조하였다. 여기서 개인 도덕의 강조란 법적 제도나 문학적 활동보다 도덕을 강조한다는 것을 의미할 뿐 아니라, 사회 도덕social morality보다는 각 개개인의 도덕성을 강조함을 의미한다. 그렇다고 우리가 도학에서 법적 제도나 문학에 대한 관심을 발견할 수 없다는 것은 아니다. 도학자들이 사회 도덕을 무시하고서 개개인의 도덕만을 강조한다는 말도 아니다. 그보다는 도학은 법적 제도, 문학, 사회 도덕에 관하여 매우 독특한 견해, 즉 그 모든 사안에서 개인 도덕을 전면에 내세우는 독특한 견해를 가졌다는 것을 의미한다. 예컨대 도학자들은 사회 도덕은 개인 도덕에 초점을 맞추었을 때에야 가장 잘 성취될 수 있다고 믿었지, 그 역이 가능하다고 믿지 않았다. 마찬가지 맥락에서, 문학의 궁극적인 장점은 화려한 언어와 음악적 리듬에 의해 달성되는 풍미에 있기보다는 개인 도덕을 구현하는 역량에 있다고 보았다.

물론, 개인 도덕에 대한 관심이라고 해서 그 선례가 중국 사상사에 없었던 것은 아니다. 그러나 도학이 개인 도덕의 중요성을 재천명한 것은 그 나름 독특한 지적 맥락에서 이루어졌고, 그리하여 독특한 성질이 있었다. 도학의 입장이 가진 독특성은 왕안석의 정치적 개혁에 대해 도학이 보인 비판적인 태도에서 가장 잘 이해할 수 있다. 앞에서 언급했듯이, 왕안석은 중앙정부의 개혁 정책을 통해 사회를 개조하려는 급진적인 생각을 품고 있었다. 특히 신법은 대규모의 전국적인 제도가 가져올 혜택에 호소하였다. 북송이 몰락했을 때, 많은 지식인이 왕안석의 정책이 가져온 괴멸적인 효과에 그 원인을 돌렸다. 광범한 제도 개혁에 대한 열정이 식으면서 지식인들이 개인 도덕을 전면에 내세우게 된 것은 꽤 이해할 만한 일이다. 도학이라고 해서 제도적 차원의 행동을 완전히 배제한 것은 아니었지만, 남송 시기에 급진적인 정치 개혁에서 벗어나 개인 도덕의 갱신 쪽으로 관심이 옮겨가는 현상이 있었던 것은 사실이다. 이것이 이른바 도학운동이다.

개인 도덕에 대한 도학의 관심과 더불어 부상한 것이 바로 내성introspection에 대한 강조와 마음 상태the regulation of one's mental state에 대한 규율이다. 그러나 도학을 단순한 내적 세계로의 전회라고 간주하거나, 자아의 영역을 넘어서는 보다 넓은 세계에 대한 책임을 포기한 것으로 간주해서는 안 된다. 형성기부터 줄곧 도학자들은 세계를 바로 다스리고자 하는 열망에 의해 추동되었다. 따라서 도학자들은 개인 도덕이야말로 보다 근본적인, 궁극적으로 보다 효과적인 사회 갱신 방법이라고 생각한 것이다.

인간이 최고의 도덕적 탁월성에 이를 수 있는 존재라고 주장하는 것은 곧 인간이 그러한 목표를 달성하는 과정에서 마주하는 어떤 장애물도 극복할 능력이 있음을 뜻한다. 관건은 개개인이 자신의 내면에서 그러한 능력을 발견하고 실현하는 데 있다. 그럴 수만 있다면 외부의 도움이나 감시는 필요 없다. 인간은 자신의 의지력으로 자신의 삶을 통어하고, 자기 성품을 가다듬고, 마침내 성인이 될 수 있다. 요컨대 도학은 외적 강제 프로젝트가 아니라 자발적인 주체 만들기 프로젝트이다.

이처럼 도학자들은 자아가 가진 변혁적 잠재력the transformative potential of the self에 대해 큰 기대를 품는다. 그 점에서 도학은 전기 중국 제국 시기의 상식과는 크게 다르다. 전기 중국 제국 시기 지식인들의 관습적 견해에 따르면, 인간 일반은 자아와 세계의 근본적인 변혁을 감당할 만한 영웅적 존재가 아니다. 재능과 성품은 태어날 때부터 사람마다 다르게 정해져 있고, 그것에 의해 사람이 할 수 있는 역할 역시 한정되어 있다. 그리고 인간의 불미스러운 부분은 변혁되기보다는 억압되어야 할 것으로 생각되었다. 앞에서 당나라 문화를 논할 때 살펴보았던 것처럼, 당시 사람들이 바람직한 정치질서를 위해 필요하다고 믿었던 것은 탁월한 내적 상태의 실현이 아니라 외적 규범에 대한 순응이었다. 그러한 견해의 대표적인 사례를 유소劉邵(168?~249?)의 『인물지人物志』에서 찾을 수 있다. "교육은 타고난 경향성을 강화할 수는 있으나 근본적으로 바꿀 수는 없다."[100] 간단히 말해 전기 중국 제국 시기 정치적 행위자의 주된 목표는 자아 변혁보다는 외적인 행태를 관리하는 것이었다.

도학이 제시한 새로운 주체성은 도학의 욕망관에서 매우 잘 드러난다. 인간 본성을 사유할 때, 도학은 인간 본성의 순후하고, 완전히 선한, 원래 상태를 지칭하는 본연지성本然之性, original nature과 태어나는 순간 작동하기 시작해서 악에 물들 수도 있는 기질지성氣質之性, physical nature을 구분하였다. 도학자들에 따르면, 인간은 기질지성에 관계된 욕망과 싸워서 도덕적인 본연지성을 회복해야만 한다. 이런 식으로 도학은 인간 본성의 본원적 선함에 대한 믿음을 포기하지 않은 채 인간 주체에 연루된 악의 존재를 설명하였다.[101] 이를 두고 사람들은 종종 도학자들이 욕망에 대해 청교도puritan적 태도를 취한다고 말한다. "리학은 인간의 모든 욕망을 부정하는 경향이 있다. 정주는 천리와 인욕이 철저히 어긋나 물과 불처럼 서로 용납할 수 없다고 생각했다."[102] 그러나 도학은 욕망 그 자체를 악으로 간주하지는 않는다. 오히려 욕망은 자연스러운 것이며, 없을 수 없는 것이라고 인정한다. 물론 욕망으로 인해 악을 행하게 될 수 있다는 것은 알고 있다. 그러한 경향을 제어하지 않고는 도덕적으로 완전한 성인이 되기 어렵다는 것도 잘 알고 있다.

도학의 이상은 유혹이나 욕망의 완전한 부재가 아니라 기호 inclination와 의무duty의 간극이 사라지는 경지이다. 다시 말해 규제와 절제가 더는 필요하지 않을 때까지 자기 수양을 거듭하는 것이 도학자들의 과제이다. 인생이 도대체 살 만한 가치가 있으려면 욕망이 없을 수 없으며, 충분히 자아 수양이 된 사람은 합당한 욕망을 가질 수 있다. 도학이 추구하는 성인이란 일부 불교도들이 주장하는 것처럼 욕망을 제거한 존재가 아니라, 욕망의 수인囚人이 되지 않는 존재이다.

부분과 전체

모든 사상은 새로운 이론적 문제들을 배태하기 마련이다. 사회적 책임을 일견 좁아 보이는 자아의 제한된 영역 안으로 밀어넣고 나자 도학자들은 새로운 이론적 문제에 봉착하였다. 즉, 개인 도덕에 몰두하는 일이 어떻게 보다 넓은 세계를 포기하는 일이나 자아에 탐닉하는 일이 아니라 사회적 책임을 다하는 일이 될 수 있는가?

　도학 특유의 통일성unity 관념이 이 이론적 과제를 담당하였다. '이理, pattern/principle'가 세계의 통일성에 대한 도학의 믿음을 대표한다. 실로 '이'에 대한 도학의 믿음이야말로 도학을 이전 중국정치사상들과 구분해주는 매우 중요한 특질이다. 도학자들은 우주가 모든 레벨에서 '이'에 의해 구조화되고 통일되어 있다고 보았다. 이 통합된 세계상 속에서 인간 세계와 자연 세계는 근본적인 구분이 없고, 인간은 사물과 사건 저변에 놓여 있는 이 '이'를 알아차릴 수 있는 존재이다. 도학자들이 생각한 '이'란 그 다양한 표현 양상에도 불구하고 하나로 통일되어 존재하는 총체적인 패턴이었다. 이러한 생각은 '이일분수理一分殊, there is one principle but its particularizations are diverse' 개념에 집약되어 있다.

　'이'에 대한 이러한 독특한 이해는 개인 도덕과 관련하여 의미심장한 결과를 낳는다. 첫째, 자아의 영역에서 '이'는 인간 본성을 의미한다. 인간은 동일한 도덕적 본성에 의해 통일되어 있기에 세계를 관통하는 '이'와 연결된다. '이'와 인간 본성의 일치 관념을 표현하기 위해 도학자들은 자주 성즉리性卽理, [human] nature is the principle라는 명제를 사용하였다. 이 명제에 비추어볼 때, 도학은 인간의 공통성에 초점을 맞춘 흥미로운 철학적 인류학을 표방한다. 물론 도학자들 역시 인간이 즉각적인 차원에서 다 다르다는 것을 잘 알고 있지만, 심층에서는 모두 같다고 본다. 인간이라면 모두 동일한 도덕적 본성을 갖는다. 그러기에 도학자들은 인간이라면 누구나 도덕적으로 완전한 성인이 될 수 있다고 믿었다.

　이런 관점에서 볼 때, 인간은 결코 독특한 개개인에 불과한 것이 아니다. 보편적인 인간 본성이라는 생각 자체가, 인간은 언제 어디서나 동일한 본질적 목표를 추구하게끔 되어 있다고 전제한다. 인간의 공통성에 대한 이러한 견해는 사회의 공유 가치의 본체론적 기초ontological foundation for shared value in society에 대한 도학자들의 믿음을 반영한다. 즉, 우리가 즉각적인 레벨에서는 다르다고 할지라도 우리는 같은 도덕적 본성을 타고났으므로 궁극적으로 추구하는 가치가 같다. 이로써 개인 도덕은 공공 도덕public morality과 동의어가 된다.

　이상의 논의는 도학자들이 개인을 어떻게 바라보고 있는지를 보여준다. 그들은 개인을 전체의 부분에 불과한 고독한 에고ego라고 생각하는 것이 아니라, 전체를 대표할 수 있는 존재라고 생각한다. 다시 말해 '이'의 관점에서 개인을 바라볼 경우, 개인은 인간 전체와 맞먹는 존재이다. 도학자들이 생각하는 '이'는 단지 서로 연결되었다는 의미에서의 패턴이 아니라 모든 사물이 우주의 핵심을 담고 있다는 의미에서의 패턴이다. 도학의 통일성은 복수의 부분들을 연결한 끝에 비로소 만들어지는 종류의 통일성이 아니라, 개개 사물이 우주 전체의 본질을 담고 있다는 의미에서의 통일성이다.

　우리가 다양한 강물에 비친 달의 비유를 사용한다면, 강물에 비친 달은 하늘에 뜬 달의 부분적 구현이 아닌 것과 같다. 하늘의 보름달이 100개가 넘는 강물에 비친다고 하더라도, 비친 이미지

| **여러 곳에 동시에 비친 달** |《로쿠주요슈메이쇼즈에(六十余州名所図會)》우키요에 연작 중 하나이다. 우타가와 히로시게(歌川廣重)가 1853년에서 1856년에 걸쳐 제작한 목판화로, 일본 68개 지방과 수도인 에도를 묘사하고 있다. 이 그림의 목적이 도학의 형이상학을 표현하는 데 있었던 것은 아닐 것이다. 그러나 그중에 '시나노 사라시나타고토쓰키 교다이산 (信濃 更科田每月 鏡臺山, 사라시나 밭에 비친 달)'이라는 그림이 도학의 형이상학을 연상시키 듯 여러 곳에 동시에 비친 달을 보여준다.

는 모두 온전한 보름달이지 그 보름달이 나누어진 부분적인 재현 representation은 아니라는 말이다. 요컨대 한 사물은 그 자체로 소우주microcosmos이지 우주의 한 조각에 불과한 것이 아니다. 마찬가지로, 인간 본성은 천지의 통합된 운행 과정 패턴의 일부가 아니라 패턴 그 자체이다. 중국 불교 교리에도 자아와 우주가 근본적으로 동일하다는 관념이 있기에 도학의 형이상학과 불교의 형이상학에는 상당한 유사성이 있다고 할 수 있다. 필립 아이반호에 따르면 도학자들의 이러한 '이'에 대한 견해는 불교 도입 이전 시기의 '이'에 대한 견해와 근본적으로 다르다.[103]

이러한 자아와 세계의 합일 관념은 부분(자아)과 전체(세계) 간의 관계라는 난제를 해결한다. 그리고 도학자들로 하여금 자아를 바로잡는 일이 곧 사회적 책임을 이행하는 근본적인 방법이라고 주장할 수 있게끔 해준다. 이제 자아는 독립적이고, 부분적이고, 혹은 고립된 에고가 아니라, 어떤 의미에서는 만물 전체가 걸려 있는 존재인 것이다. 천지를 통해 만물에 본구本具적으로 부여된 규범적인 원리[理]가 인간 본성과 같다는 점에서, 세계는 자아와 하나의 연속체를 형성한다. 한 걸음 더 나아가 자아는 우주의 그저 일부가 아니라 그 자체로 하나의 소우주이다. 자아에 존재하는 인간 본성이란 것이 '이'의 부분적 실현이 아니라 전체로서의 '이'라는 점에서 그러하다.

이러한 생각의 핵심적인 함의는 다음과 같다. 세계 전체를 전유할 수 있는 가능성이 자아의 구조 자체에 내장되어 있다. 자신의 진정한 존재(인간 본성)를 실현한다는 것은 곧 세계의 천리天理

를 실현하는 것을 의미한다. 자아는 세계 전체를 변혁할 수 있는 엄청난 힘을 가진 도덕적 행위자로서 재정의된 것이다. 그리하여 도학자들은 일견 제한되어 보이는 개별 자아의 영역을 넘어서 보다 큰 세계에 대해 주장할 수 있었다.

도학자의 「불인인지심」 장 해석

이상의 내용을 통사적 맥락에 위치시키기 위하여, 도학자의 「불인인지심」 장 해석을 잠시 검토해보겠다. 인간 본성이 기본적으로 선하다고 보는 점에서는 맹자나 도학자들이나 큰 차이가 없다. 그러나 그들이 지지하는 성선론의 정치적 함의는 다르다. 이 점을 강조하기 위하여 도학의 대표적 이론가인 주희는 『맹자』에 나오는 유명한 사고실험thought-experiment인 「불인인지심」 장에 대해 독특한 주석을 달았다(『맹자』의 「불인인지심」 장 해석에 대해서는 3장을 보라). 주희가 단 주석의 특이점은 우물에 빠지려는 아이에게 측은지심을 느끼는 통치자의 역할을 단지 군주만이 아니라 모든 인간이 할 수 있다는 식으로 「불인인지심」 장을 재해석한다는 사실이다. 아래에서 다시 한번 『맹자』의 「불인인지심」 장 원문을 인용한 뒤, 『사서집주四書集註』에 실려 있는 주희의 주석을 덧붙이도록 하겠다.

맹자가 말했다. "사람은 모두 남에 대해 차마 어쩌지 못하는 마음을 가지고 있다. 선왕은 남에 대해 차마 어쩌지 못하는 마음을 가졌기에, 남에게 차마 어쩌지 못하는 정치를 베풀었다. 남에 대해 차마 어쩌지 못하는 마음을 가지고서 남에게 차마 어쩌지 못하는 정치를 베풀면, 천하의 다스림을 손바닥 위에서 운용할 수 있다. 사람은 모두 남에 대해 차마 어쩌지 못하는 마음을 가지고 있다고 한 까닭은 다음과 같다. 가령 사람이 어린이가 우물에 빠지려는 것을 갑자기 보았다면 모두 깜짝 놀라고 측은히 여기는 마음을 가진다. 이것은 그 어린아이의 부모와 교제를 맺으려고 그러는 것도 아니고, 마을 친구들에게 좋은 평판을 얻으려고 그러는 것도 아니고, (구해내지 않았다고 비난하는) 소리를 듣기 싫어서도 아니다. 이로부터 보건대, 측은해하는 마음이 없으면 사람이 아니고, (선하지 않은 일을) 부끄러워하고 미워하는 마음이 없으면 사람이 아니고, 사양하는 마음이 없으면 사람이 아니고, 옳고 그름을 가리는 마음이 없으면 사람이 아니다. 측은해하는 마음은 인仁의 단서이고, 부끄러워하고 미워하는 마음은 의義의 단서이고, 사양하는 마음은 예禮의 단서이고, 옳고 그름을 가리는 마음은 지智의 단서이다. 사람이 사단四端을 가지고 있는 것은 사지四肢를 가지고 있는 것과 같다. 이 네 가지 단서를 가지고 있으면서 (인의예지를) 스스로 행할 수 없다고 말하는 이는 자신을 해치는 사람이다. 자신의 군주가 행할 수 없다고 하는 이는 자신의 군주를 해치는 사람이다. 사단을 가지고 있는 이가 그것을 확충할 줄 알면, 그것은 마치 불이 막 타오르고, 샘이 막 솟는 것과 같을 것이다. 만약 확충할 수 있으면 사해를 다 보전하기 충분할 것이고, 만약 확충할 수 없으면 부모도 섬길 수 없을 것이다."[104]

다음은 맹자의 「불인인지심」장에 대한 주희의 주석이다.

• 하늘은 사물을 생겨나게 하는 것으로 자신의 마음을 삼는다. 그리하여 생겨난 사물은 천지가 사물을 생겨나게 한 그 마음을 각기 얻어서 자신의 마음으로 삼는다. 그리하여 사람은 모두 남에 대해 차마 어쩌지 못하는 마음을 갖는다.

• 이 구절은 다음 내용을 말한 것이다. 대중은 비록 남에 대해 차마 어쩌지 못하는 마음을 가지고 있으나 사물에 연루된 욕심이 그 마음을 해쳐서, 그 마음을 보존하는 이가 드물다. 그러므로 찰식해내서 정사의 맥락에 적용해내지 못한다. 오직 성인만이 이 마음을 온전히 체현하여 (외부 세계와) 만남이 이루어지는 데마다 (그 마음으로) 응한다. 그러므로 성인은 행하는 바가 남에게 차마 어쩌지 못하는 정치가 아님이 없다.

• 출怵은 음이 출黜이고. 내內는 납納이라고 읽는다. 요要는 평성平聲이고. 오惡는 거성去聲이다. 아래도 마찬가지다.

• 사乍는 홀忽과 같다. 출척怵惕은 놀라서 동요하는 모습이다. 측惻은 상상傷이 절실한 것이고, 은隱은 병통痛이 깊은 것이다. 이것이 곧 이른바 남에 대해 차마 어쩌지 못하는 마음이다. 납內은 결結의 뜻이고, 요要는 구求의 뜻이고, 성聲은 명名의 뜻이다. 언뜻 보았을 때 곧 이 마음이 생겼으니 보는 데 따라서 생겨난 것

이지 (언급한) 세 가지로 말미암아 그러는 것이 아니라는 말이다. 정이는 "가슴속 가득한 것이 측은해하는 마음이다"라고 말하였다. 사량좌는 "사람은 모름지기 그 참된 마음을 깨달아야한다. 어린아이가 우물에 빠지려는 모습을 언뜻 보았을 때 마음이 놀라 동요하니 그것이 바로 참된 마음이다. 그것은 생각해서얻어지는 것이 아니요, 애써서 딱 들어맞는 것이 아니라 천리가저절로 그러한 것이다. 교제를 맺거나 좋은 평판을 얻거나 비난하는 소리가 싫어서 그런다면 그것은 이기적인 욕심이 작동한것이다."

- 오惡는 거성去聲이다. 아래도 마찬가지다.

- 수羞는 자신의 좋지 못한 것을 부끄러워하는 것이다. 오惡는다른 사람의 좋지 못한 것을 미워하는 것이다. 사辭는 풀어서 자기에게서 떠나게 하는 것이다. 양讓은 미루어 다른 사람에게 주는 것이다. 시是는 그 좋음을 알아서 옳다고 여기는 것이다. 비非는 그 나쁨을 알아서 그르다고 여기는 것이다. 사람의 마음이라고 하는 것은 이 네 가지를 벗어나지 않는다. 그래서 측은해하는 마음을 논함으로써 나머지를 모두 헤아렸다. 사람이 이 마음이 없다면 사람이라고 할 수 없다고 하여, 반드시 사람이라면그 마음을 가지고 있음을 밝혔다.

- 측은惻隱·수오羞惡·사양辭讓·시비是非는 정情이다. 인仁·의義·예禮·지智는 성性이다. 심心은 성性과 정情을 통괄하는 것이다. 단端은 실마리다. 정情이 발發하는 것으로 성性의 본연을 볼 수 있는것은 사물이 속에 있는데 그 실마리가 밖으로 드러나 있는 것과

같다.

- 사체四體란 사지四肢를 말하며 사람이라면 꼭 가지고 있는 것이다. 할 수 없다고 스스로 말하는 사람은 사물에 연루된 욕망이 가리고 있을 뿐이다.

- 확擴은 발음이 확廓이다. 확擴은 미루어 넓힌다는 뜻이다. 충充은 채운다는 뜻이다. 사단四端이 나에게 있어 곳곳마다 발현한다. 모두 이에 기반하여 미루어 넓혀서 자신이 가진 본연의 그릇을 채울 수 있음을 안다면, 날로 새로워져 장차 스스로 그만둘 수 없는 상태가 될 것이다. 이로부터 말미암아 마침내 채울 수 있으면, 사해가 비록 멀다고 해도 나의 범위 안에 있을 것이니 보전하기 어려운 것이 없다. 만약 채울 수 없으면, 비록 아주 가까운 일이라도 해낼 수 없을 것이다.

- 이 장에서 논한 바의 사람의 성과 정, 마음의 체와 용은 본연히 온전히 갖추어져 있어, 각기 조리가 있음이 이와 같다. 배우는 이가 이에 자신을 돌이켜보아 묵묵히 깨닫고 확충하면, 하늘이 나에게 준 바를 다하지 않음이 없을 것이다.

- 정이가 말했다. "사람은 모두 이 마음을 가지고 있다. 그런데 오직 군자만이 그것을 확충할 수 있다. 그럴 수 없는 이는 스스로를 버리는 것이다. 그러나 그 채우고 안 채움 또한 자신에게 달려 있을 뿐이다." 또 말했다. "사단에서 신信을 언급하지 않은 것은, 성심誠心을 가지고 사단이 있게 되면, 신信은 그 가운데 있는 것이다." 나 주희의 생각은 이렇다. 사단에 대해 신信은 오행에서 토土와 같다. 토土는 정해진 위치, 완성된 이름, 전담하는

기운이 없지만, 수水·화火·금金·목木이 그에 기대어 생겨나지 않음이 없다. 그러므로 토土는 사행에 존재하지 않음이 없고, 사계절에 대해서는 (각 계절에) 기대어 왕성하니, 그 이치 또한 이와 같다.[105]

송나라 이전에는 맹자보다 순자, 불교, 도교 등이 더 영향력이 있었다는 사실을 도학자들도 잘 알고 있었다. 그러기에 도학자들은 자신들이야말로 그간 상대적으로 홀대받아온 맹자의 사상을 부활시켰다고 믿었다. 그렇다면 개인 도덕과 평천하平天下의 관계에 대한 도학의 생각이 맹자의 생각과 완전히 같은가? 비록 위의 인용문은 그것이 『맹자』의 「불인인지심」 장의 주석이라는 점에서 맹자가 부여한 본의에 대한 해설의 형식을 띠고 있지만, 그 안에서 개인 도덕을 평천하에 연결하는 방식에 의미심장한 변화가 일어나고 있다.

가장 흥미로운 점은, 위에서 인용한 주희의 주석에서 정치의 주체는 더 이상 군주만이 아니라 인간 일반으로 설정되고 있다는 것이다. 선왕先王에 대한 언급으로 시작되는 문장을 해설하면서 주희는 그 문장의 주어를 일반 사람들로 바꾸어놓았다. 여기서 "성인"은 꼭 군주이어야 하는 것이 아니라 하늘이 부여한 도덕적 본성을 실현할 수 있는 사람 모두이다. 앞서 언급했듯이 도학자들은 그러한 도덕 본성은 모든 사람이 원칙적으로 다 소유하고 있고, 따라서 모든 사람이 도덕적으로 완벽해질 수 있다고 보았다.

이 단락에서 문장의 주체가 군주에서 일반인으로 바뀜에 따라「불인인지심」장의 함의가 정치적인 것에서 도덕적인 것으로 변했다고 생각할 수도 있다. 군주의 행위는 그 자체로 정치적인 데 비해 일반인은 반드시 정치에 연루되지는 않는다는 통념에 지배받는다면, 그와 같은 해석이 가능하다. 그러나 주희는「불인인지심」장의 정치적 함의에 대해 다음과 같은 표현을 추가함으로써 분명히 한다. "정사의 맥락政事之間." 주어의 교체를 통해, (수양만 제대로 되어 있다면) 어떠한 개별 자아도, 군주의 선善과 서비스의 수동적 소비자가 아니라 정치의 능동적 주체가 될 수 있다는 메시지가 담기게 된다.

그렇지만「불인인지심」장 주석의 핵심 질문─개인 도덕은 어떻게 하여 전체로서의 세계의 질서를 확보하는 기제가 될 수 있는가─은 여전히 사라지지 않고 남는다. 한 걸음 더 나아가 그 질문은 어떤 점에서 한층 더 대답하기 어려워졌다고 할 수 있다. 왜냐하면 개인 도덕에서 개인은 이제 정치 위계의 정점에 있는 군주만 지칭하는 것이 아니라, 일반인 중 누군가를 의미할 수도 있게 되었기 때문이다. 일반인 한 명이 어떻게 전체로서의 세계의 정치적 안녕을 담보할 수 있단 말인가? 주희의 대답은 다음 언명에서 찾을 수 있다. "이로부터 말미암아 마침내 채울 수 있으면, 사해가 비록 멀다고 해도 나의 범위 안에 있을 것이니 보전하기 어려운 것이 없다."[106] 이 언명이 말하는 바와 같이 개별 자아가 세계보다 크거나 세계와 동연同延이라면, 적어도 부분─전체의 문제의식에 관한 한, 개인 도덕이야말로 세계의 질서를 이룩하는 주된 방법이라고 주장할 수 있을 것이다. 그러나 세계가 어떻게 개별 자아의 영역 내에 들어온다고 사유할 수 있는가? 앞에서 논했듯이, 이러한 이론적 과제에 대응한 것이 바로 이理 개념에 깃든 자아와 세계의 합일 관념이다.[107]

담약수와 증패의 대화

그런데 이것이 곧 제도적 권력을 갖지 않은 일반 사람이 자기가 원하는 대로 천하를 변혁할 수 있다는 말은 아니다. 이 점을 이해하기 위해서 명나라 중기의 도학자인 담약수湛若水(1466~1560)와 그의 동시대인인 증패曾佩(증원산曾元山)의 대화를 경청해보자.

증원산이 물었다. "중화성정中和性情의 덕德에 관한 한, 배움의 도정에 있는 사람學者과 성인聖人은 매한가지입니다. 그것을 실현[致]하면 천지가 제자리를 잡고 만물이 화육化育합니다. 학문을 통해 이러한 경지에 도달하면 상하와 천지의 '함께 어우러진 조화로운 작용[同流造化]'이 내게 있게 됩니다. 이러한 최고의 결과[極功的效驗]야 단지 이理의 차원에서 말한 것입니다. 오로지 사事만 가지고 말한 것이 아닙니다. 만약 사의 차원에서 말한다면, 위육位育(천지가 제자리를 잡고 만물이 화육함)의 경지를 어찌 배움의 도정에 있는 사람이 이룰 수 있겠습니까? 반드시 성인이 천자의 지위에 있은 뒤에야 가능합니다. 하지만 그래도 이루어지지 않는 경우가 있습니다. 예를 들어 요순 같은 성인도 9년 수해와 6년 가뭄을 겪었습니다. (이理의 차원에서 말한다면) 어떤 위육의 결과인들 얻지 못하겠습니까?"

(담약수의 대답) "원산은 나의 저작 「고본중용측古本中庸測」을 보지 못하였는가? 이 장의 해석은 자못 자세히 해야 한다. 중화에 도달하는 것으로 말할 것 같으면, 사람이 애초에 하늘에서 받은 것은 성인과 같다. 그러나 반드시 계구戒懼와 신독愼獨의 노력을 더해야만 비로소 이 본체를 회복할 수 있다. 이연평李延平과 주희의 이론은 이처럼 극도로 체계가 있었는데 나중에 가서 잊어버리고 말았다. 안타깝게도, 주희가 이처럼 후회하며 한스럽게 생각하였으면 왜 『중용집주中庸集註』에서 이 이론을 따르지 않았는지 나는 모르겠다. 이미 계구와 신독을 통해 중화를 길러 회복하였으면, 천하天下의 대본大本과 달도達道가 중화中和를 실현[致]하여 지극한 것이다. 다시 어디에 실현[致到]하리오? 치致란 『춘추春秋』에서 말하는 '치녀致女(딸을 보낸다)',[108] 그리고 『의례儀禮』에서 말하는 '주인치작어빈主人致爵於賓(손님에게 잔을 건넨다)'[109]이라고 할 때의 치致의 뜻이다. 여기에서 저기로 도달한다는 뜻이다. 수도修道의 가르침은 가家, 국國, 천하天下의 영역에 베풀어지는 것이고, 중화는 가, 국, 천하의 영역에서 실현[致]되는 것이다. 천하를 가득 채워 모든 것이 화기和氣로 가득 찼으니, 천지가 어찌 제자리를 잡지 않을 수 있고, 만물이 어찌 화육하지 않을 수 있겠는가? 무릇 사람과 천지만물은 체體를 이룬다. 공자는 중화의 지극함을 이룬 사람이지만 위육을 이루지 못한 사람이다. 공자는 국가를 얻지 못했고, 그것을 이룰 땅이 없

었다. (『논어』에서 말하듯이[110]) 공자께서 나라를 얻으셨다면, 그것은 이른바 '세워주면 곧 서고, 이끌어주면 곧 이끌어주는 대로 가고, 편안케 해주면 다가오고, 움직이게 하면 곧 화목해져서', 천지가 위육되었을 것이다. 옛 이론에서는 나의 기氣가 순順하면, 천지의 기 또한 순하다고 운운하였다. 이는 정교政教를 사용하지 않고, 스스로 불교와 도교의 청정清淨과 자정自定의 이론에 빠져놓고서도 깨닫지 못하는 것이다. 9년 수해와 6년 가뭄이라는 것도 한때의 정교가 미치지 못한 바에 불과하다. 사흉四兇[111]과 서완庶頑[112] 같은 부류는 이른바 요순堯舜이라 해도 골치 아파했던 자들이다."[113]

역사적 연구와 무관하게 철학적 연구에만 전념하는 학자라면, 이 인용문이 담고 있는 개인 수양을 위한 방법론이나 중화中和, 이理 같은 개념들 간의 상관관계에 주목할지 모른다. 그러나 본 장의 맥락에서 주목되는 것은 이러한 철학적 대화가 시사하는 엘리트의 정치적 정체성이다. 일단 증원산의 질문 자체가 의미심장하다. 그가 제기하는 문제는, 단지 성인이 될 수 있는가, 혹은 성인이 되기가 왜 어려운가 하는 윤리적 문제에 그치지 않는다. 증원산은 우선 성선설에 기반한 도학의 이론대로, 모든 이가 자아 수양을 통해 성인이 될 수 있고, 그 성인됨을 통해 이른바 자아-세계의 합일[上下與天地同流造化在我]을 이룰 수 있음을 천명한다. 동시에 그는 그러한 성인이 된다고 한들 그것이 '현상적인 차원에서' 치국治國과 평천하平天下에 반드시 연결되지 않을 수 있으리라는 가능성을 염두에 두고 있다. 이러한 생각은 당시의 논쟁 지형을 반영한 것이다. 당시에는 도학적 자아 수양과 그를 통한 자아-세계의 합일 의식이 곧 치국평천하로 직결될 수 있다고 믿는 엘리트층이 존재했고, 증원산은 이를 의식했던 것이다.

그와 같은 생각은 이理와 사事라는 철학적 개념의 관계를 재정의함으로써 제기된다. 즉, 자아-세계의 합일이 곧 치국평천하로 직결될 수 있다고 믿는 이들은 '이'와 '사'가 불가분의 관계에 있다는 이론에 서 있다. 이에 비해 증원산은 '이'와 '사'를 분리함으로써 그와 같은 이론을 재고한다. '이'의 차원에서 개인이 성인이 될 수 있고 그것이 이른바 우주가 제대로 작동하는[天地化育] 체험을 가질 수 있음이 인정되지만, 그것은 실제 세계[事]의 다스림과는 별도의 것이라는 것이다. 이러한 언명은 관직이 없는 지방 엘리트의 경우, 형이상학적 차원에서 천하 전체의 온전한 작동 상태를 전유할 수 있을지는 몰라도, 실제 사회정치적 현실에 미칠 수 있는 통치력의 한계는 분명히 존재함을 시사한다. 다시 말해 보다 현실적인 영향을 미치기 위해서는 관직에 참여할 필요가 있다는 의제가 암묵적으로 설정된다.

이러한 질의에 대답하면서 담약수는, '이'와 '사'가 불가분의 관계에 있다고 한 불교의 이론을 환기라도 하는 듯, 불교와 노장의 무리들처럼 사회적 책임을 방기한 이들이 존재한다고 지적한다(물론 비판 대상이 된 이론가들은 자신들이 불교와 노장이 아니라 사회적 책임을 다하는 엘리트라고 믿을 것이다). 이때 담약수의 비판 대상은 관직을 매개로 한 국가 통치체제에 참여하는 것을 경시하는 이들이다.[114] 당시에 그와 같은 입장을 취한 미입사未入仕 지식인은 상당한 존재감을 가지고 있었다(양명학파가 그 대표적인 예인데, 그에 대해서는 9장에서 다룰 것이다). 담약수의 판단에 따르면, 그들의 사상적 뿌리는 주희의『중용장구中庸章句』로까지 소급된다. 주희의『중용장구』와 그 해석을 따르는 이들은 개인의 도덕적 완성을 너무 강조한 나머지, 정부를 매개로 한 통치 행위를 중시하지 않는다.

담약수는 관료제의 역할을 긍정하기 위하여 우선 대안적인 중용 해석을 제시하고, 그에 따라 특정 개념을 재구성한다. 즉, 담약수는 주희가 주로 심리적 차원에서 체험되는 '실현'의 의미로 사용한 '치致' 개념을 실질적 행위를 의미하도록 재정의한다. 그리고 그것을『춘추春秋』와『의례儀禮』의 전거를 통해 뒷받침한다. 심리적 범위를 넘어서는 적극적 실천 없이 치국과 평천하는 달성될 수 없으며, 그러한 적극적 실천 행위는 관직을 통해 비로소 가능하다. 증원산이 설정한 의제에 따르자면, 관직이 없는 지방의 엘리트 역시 이理의 차원에서 천하를 전유할 수 있지만, 그렇다고 그것이 사事의 차원에서 정부의 역할을 완전히 대신할 수는 없는 것이다. 치국평천하에서 관료제 역할을 적극적으로 인정한다는 점에서 왕양명 및 당시 경쟁하던 다른 지식인의 견해와 담약수의 견해는 확연히 다르다.

한층 흥미로운 점은 이와 같은 입장 차이가 중화中和, 치致, 이理, 사事 같은 철학적 개념에 대한 논쟁을 경유하여 드러난다는 사실이다. 나중에 살펴볼 왕양명 같은 사상가는 마음이 곧 '이'[心

卽理]이며, 마음이 가닿는 곳이 곧 '사'이므로, '이'와 '사'는 구분되지 않는다고 생각한다.[115] 그와 같은 구도에서는 정부가 관장하는 관료제가 특별한 위치를 차지하기 어렵다. 반면, '이'와 '사'를 구분하는 (증원산 같은) 이들에게는, '이'의 차원에서 지방의 엘리트는 지방성을 뛰어넘어 세계를 전유할 수 있지만, '사'의 차원에서는 중앙정부의 적극적 통치가 필요하다. 그리고 그 '사'의 세계는, 요순 같은 성인이라고 할지라도 그 완전함을 보장할 수 없는 불완전한 세계이며, 그것이 어떤 의미에서 '현실 정치'의 세계이다. 그 현실 정치의 세계에서는 사흉四兇과 서완庶頑처럼 통치가 용이하지 않는 존재들이 판치고 있다.

이처럼 사상사의 자료를 통해 살펴볼 경우, 도학에 침윤된 엘리트층은 국가가 부여하는 혜택에 의해 의식이 결정되는 존재라고 보기 어렵다. 그보다는 사물의 근본적인 질서마저 재정의하는 심도 있는 철학적 사유를 수행하고 그 속에서 국가의 역할을 재고하는 존재들이다. 그러한 심층적인 자아를 가진 존재들이 후기 중국 제국의 엘리트였다면, 그들의 정체성을 국가 종속적이라고 하거나 권력과 맺는 이해관계 속에서만 이해하는 것은 충분하지 않다.

일련의 사회경제사학자들이 주장하는 대로, 만약 국가가 지배층의 정체성에서 결정적이라면, 관료층이 비관료층에 대해 분명한 위계상의 우위를 점하는 것이 자연스러울 것이다. 그러나 담약수의 선배 도학자인 오여필吳與弼(1391~1469), 진헌장陳獻章(1428~1500) 같은 사례는 관직과의 관련성 때문이 아니라 관직을 거부함으로써 권위와 영향력을 획득한 도학자들이 상당했음을 예증한다.[116] 그리고 명·청 시기 도학자들은 (적어도 겉으로는) 관직을 목표로 하는 거업擧業에 대하여 부정적 인식을 공유하고 있었다. 이들의 관점에서 보자면, 새삼 정당화가 필요한 것은 국가기구에 참여하는 것이지 그로부터의 이탈이 아니다.[117] 담약수처럼 관료로서 오랜 경력을 쌓은 사람조차도 국가에 종속적이었다기보다는 국가를 보다 큰 차원의 질서 실현을 위한 하위 범주로 사유했음을 앞에서 검토한 사료에서 볼 수 있다. 이러한 사유 방식은 도학을 사유의 언어로 삼는 이들에게 공통된 것이다.

국가가 부여하는 이해관계로만 정의될 수 없는 이러한 주체의 핵심은 바로 세계와 자신을 끊임없이 해석하는 존재이다. 그러한 해석에는 국가의 성격을 정의하고 규범적인 판단을 하는 일까지 포함된다. 명·청시대에 도학은 특히 사물의 근본 질서를 상상하고, 재구성하고, 그 속에서 자신들의 활동을 재해석할 수 있는 언어를 풍부하게 제공하였다. 이 점에 주목해본다면, 명·청시대 지배 엘리트는 이전의 지배 엘리트에 비해 훨씬 더 '철학적인' 존재였을 가능성이 크다. 즉, 그들이 이전 지배층과 구별되는 지점은 국가에서 받은 혜택의 양적인 차이뿐 아니라 그들이 가진 의식의 심층에 있다.

그 심층에 접근해보면, 우리는 지방사회론자들이 흔히 사용해왔던 '지방 엘리트'라는 표현에 대해서도 얼마간 유보적이게 된다. 기존 연구자들은 지방 엘리트들의 의식을, 기본적으로 지방에 국한한 것으로 보며, 그것이 특정 계기를 통해 비로소 그 이

生先吳齋康

| **오여필(왼쪽)과 진헌장(오른쪽)** | 이 둘은 명나라의 유학자로 관료의 길을 걷지 않고 거부함으로써 도학자의 권위와 영향력을 획득한 예라 하겠다.

상의 것이 되었다고 생각하곤 했다.[118] 이를테면 필립 쿤은 강충원江忠源의 사례를 논하면서 이렇게 말한 바 있다. "강충원은 뚜렷한 지방적인 관점을 가지고 있었다. 그것은 자신의 고향에서 시작해 고향이 속해 있는 성省을 거쳐 비로소 제국 전체의 일로 나아가는 것이었다."[119] 이른바 지방 엘리트들의 활동 무대가 '지방'이었던 것은 맞다. 그리고 (외부자의 시선에서는) 저차원의 이해관계 추구나 자원 배분이나 갈등 조정 같은 활동에 종사한 것도 맞다. 그러나 그러한 순간에조차 지배 엘리트들이 자신들의 행동에 특정한 의미를 부여하고 있었을 가능성을 감안해야 한다. 그들의 활동이 지방에 국한된 협소한 활동으로 보일 수는 있어도 당

사자의 해석 속에서는 그렇지 않을 수 있다. 도학의 언어 세계 안에 있는 한, 그 활동을 통해 그들이 목표한 것은 세계를 관통하는 이치[理]의 실현이었고, 그 이치는 양적인 의미의 부분-전체 관계로 환원되지 않는 소우주-대우주 관계에 있는 개념이다. 특히 도학자들이 열광한 이일분수 개념은 부분을 통해 전체를 전유하는 특징이 있다.[120] 이렇게 본다면 지방 엘리트들의 활동은 지방적이되, 그 의미는 지방에 국한되지 않았다고 할 수 있다.[121] 더욱 흥미로운 점은, 관직을 중시하지 않은 이들은 국가라는 중앙권력을 경유하지 않고도 어떤 전체성에 나아갈 수 있다고[參天地化育] 믿었다는 사실이다.[122] 증원산과 담약수의 대화가 보여주듯이, 이들은 그러한 전체성 속에서 수단적으로 국가 혹은 관료제에 협조를 할 수도 있었고, 간혹 긴장 관계를 형성할 수도 있었던 것이다.

형이상학 공화국

지금까지 살펴본 바에 따르면, 후기 중국 제국의 엘리트 상당수는 두 층위로 이루어진 세계에서 정치적 삶을 영위했던 복합적인 정치적 동물로 보인다. 먼저 황제를 정점으로 하는 위계적인 정치질서(이른바 현상 세계physical/phenomenal, 事)가 있다. 이 차원에서는 정치적인 결정을 하는 권위의 형식적인 배분이 황제의 자리에 집중되어 있다. 질서를 유지하기 위하여 모든 사람이 행정 기계의 톱니바퀴 같은 기능적인 역할을 하는 것이다. 이 차원에서는 전체란 부분의 합이다. 각자에게 주어진 합당한 자리에서 하나라도 이탈하면 이 통합 시스템은 무질서에 빠질 수 있다. 이 차원에서 본다면, 세계를 다스리고자 하는 사람들에게 중앙정부의 요직을 차지하는 일은 매우 중요하다. 그 요직을 차지해야만 위계적 구조에 의해 정의된 강력한 제도적 힘을 행사할 수 있기 때문이다. 마찬가지 맥락에서, 이 차원에 국한한다면 관료들은 제국의 정부에 직접적으로 정치적인 책임을 지기만 하면 된다.

또 다른 층위로는 형이상학적 세계가 있다. 도학의 이념을 받아들여 자아 수양이 잘된 사람들은 세계의 심층까지 본다. 그들은 사물이 어떻게 형이상학적 원리에 의해 지탱되는지를 볼 수 있다. 이 형이상학적 차원에서는 부분과 전체의 관계가 다르다. 전체를 전유할 수 있다. 보통 사람들도 천하를 총체로서 사유하고 전유한다. 그러한 전유를 가능케 하는 것은 개별자들 간의 '외적인' 관계가 아니라 그들의 '내적인' 본성이다. 도학은 관직을 보유하고 있든 없든 간에 모든 사람이 성인聖人이 됨으로써 형이상학적 영역에 접속할 수 있다고 약속한다. 이것은 "벼슬아치로 하여금 사람의 스승이 되게 한[以吏爲師]" 진시황의 입장과 크게 다르다.[123]

형이상학적 영역의 관점에서 볼 때, 도학자들이 몰두한 지방 활동의 의미는 반드시 '지방적'이지는 않다. 명확하게 지방적인 양상을 한 제도를 입안하고 활용할 때조차도, 도학자들은 협애한 지평을 가지고 작은 마을에서 지방적 수요에 부응해가며 살아가는 존재에 불과했던 것이 아니다. 그들은 우주적 차원의 목적의식을 가지고 국가 권력에서 독립적이며 (적어도 담론상으로는) 그에 비견할 만한 도덕적 권위를 향유하였다. 이상적으로 말해 도학 이론 덕택에 도학자들은 현실[事]에서 중앙 정계에 진출하지 않더라도 자신이 변방으로 밀려나 있다는 왜소한 느낌을 갖지 않아도 되었던 것이다. 이렇게 보았을 때, 도학은 두 가지 상반되어 보이는 활동, 즉 '인간의 공통성이라는 맥락에서 사유하는 동시에 사회적 위계라는 맥락에서 행동하기'와 '지방적 차원에서 행동하는 동시에 글로벌하게, 혹은 우주적으로 사유하기'를 결합한다는 점에서 특이하다. 이제부터 이 특이한 성질들을 형이상학 공화국이라는 이름 아래 개념화해보도록 하겠다.

형이상학 공화국이라는 용어를 통해 내가 의미하고자 하는 것은 다음과 같은 결합체이다. 형이상학적 레벨에서만큼은 구성원들이 상호 동등하게 연결되어 있고, 그리하여 자신이 귀속된 세계에 동등하게 참여할 잠재력을 갖춘 공동체를 말한다. 현상계에는 여전히 계층화된 사회 요소들이 남아 있음에도 불구하고, 개개인은 형이상학 공화국 안에서(만) 누구나 형이상학적 원리와 도덕성을 실현하는 시민이 된다. 다시 말해 비록 제국의 위계적 구조 속에서는 특수한 개체들로서 서로 상이한 존재에 불과할지라도, 형이상학의 차원에서만큼은 보편자와 관계를 맺는 존재가 될 수 있다. 형이상학 공화국의 시민들은 공통된 인간성을 실현하는 성인이 되고자 배움에 종사하는 이들의 펠로우십fellowship이다. 이 형이상학 공화국과 괴리된다면, 현상계 속의 정치체는 보편적이 될 수 없고, 따라서 우주적 질서를 구현할 수도 없다.

이러한 독특한 세계관을 통해 도학자들은 평천하의 능동적인 참여자가 되기 위해 반드시 관료적 제국의 정치적 중심the political center of the bureaucratic empire에 있어야만 한다는 생각을 버릴 수 있었다.

이와 같은 형이상학 공화국 비전은 당나라 귀족 사회 비전과는 뚜렷이 다르다. 당나라 귀족 사회 비전에서는 개개인이 오직 황제가 보장하는 위계적인 질서 속에서만 자신의 위치를 찾을 수 있었다. 이와 달리 도학은 모든 사람이 본래 평등하다는 급진적인 생각을 통해 위대한 조상을 자랑해대는 골수 세습 귀족제를 거부하고 훨씬 더 평등적인 대안을 제시한 것이다. 도학에 따르면, 진정한 의미의 고귀함이란 오직 탁월한 사람됨이라는 면에서만 운위할 수 있다. 아무리 대단한 가문의 이름을 승계했다고 할지라도 공동체를 위한 봉사 과정에서 진정한 인간 본성을 실현하는 데 이르지 않는다면, 그에게 진정한 고귀함이 있다고 할 수는 없다. 이러한 주장의 함의는 다음과 같다. 고귀함의 질은 개인적 성취의 문제이지 어떤 가계에 귀속되는 사안이 아니며, 만약 어떤 사람을 교육의 기회에서 체계적으로 배제한다면 그것은 인간 본성에 대한 위반이다.

그런데 동시에 상기해야 할 것이 있다. 형이상학적 차원에서의 평등에 더하여 사회적 평등을 성취하기 위해서는 공통된 인간 본성이라는 전제 이상의 것이 필요하다는 사실이다. 이것이 바로 성인이 되기 위한 배움聖人之學, learning to be a sage의 구체적 내용이 중요한 이유이다. 그 배움의 실제 과정을 어떻게 정의하느냐에 따라 누가 실제로 성인이 될 수 있는지가 결정된다. 예컨대 성인이 되기 위한 배움에 독서가 필수 조건이라면 문맹자는 아무래도 주변부화되고, 이른바 시민의 자격은 고전을 배울 기회를 누릴 수 있는 사람들에게만 한정될 가능성이 높다. 그리하여 남송이래로 성인지학聖人之學의 구체적 내용은 끊임없는 논란의 대상이 되어왔다. 공통된 인간성이라는 전제에 기반해서 실제 '시민'의 범위를 어디까지 확대할 것인가의 문제는 뒷세대가 고민해야할 숙제가 되었다. 예컨대 왕양명과 그의 추종자들은 성인이 되는 배움에서 독서의 역할을 축소하고, 도학이 가진 공화적 성격을 논리적 극단까지 밀어붙였다. 그 결과 도학은 하위 계층에게까지 퍼져나가게 되었다(이 사안은 9장에서 토론할 것이다).

도학적 집단행동의 논리

물론 도학자들도 후기 중국 제국의 냉엄한 현실을 잘 알고 있었다. 물리적/현상적 실제에서, 그들의 정치체는 제왕이 없는 공화국이 아니었다. 시민이 동료 시민과 더불어 모두에게 관계된 공적인 결정을 내리는 종류의 공화국이 아니었던 것이다. 그들의 정치체는 형태상 군주제로서, 상위의 권위에서 내려오는 정치적 결정에 의해 여러 사람의 명운이 좌우되었다. 황제는 자신만이 천하의 유일한 주권자임을 지속적으로 표명하였다. 황제의 권위가 사람들의 시민적 역량과 충돌할 때는, 황제는 엘리트들과 협의하는 정도의 배려를 하면 되었다. 엘리트는 엘리트들대로 황제의 권위를 근본적으로 훼손하지 않는다는 전제하에 공공의 의견을 폭넓게 청취하였다. 도학자들의 관점에서 보면, 정치 세계란 위계적 관료제와 형이상학 공화국의 파트너십partnership이었다.

관건은 이러한 복합적 세계관이 과연 실제 정치 과정에서 어떤 역할을 할 수 있느냐는 것이다. 과연 도학자들은 공적인 이해관계가 얽혀 있는 문제들에 대해 얼마나 지속적인 담론적 실천을 수행할 수 있었을까? 앞에서 논했듯이, 도학자들은 지리적·신분적 네트워크에 국한되지 않는 상징적이고 횡적인 네트워크를 조직하기 시작했다. 도학자들의 형이상학적인 세계관은 제국의 조정으로 환원되지 않는 수평적인 관계가 작동할 수 있도록 해준 것이다. 동시에 오늘날 보기에 도학자들이 상당히 급진적이지 않았던 것도 사실이었다. 도학자들은 관리들의 그릇된 통치에 대해서는 비판적이되 황제의 권위에 대해서는 거의 도전하지 않았다. 황제의 권위에 정면으로 도전하지 않는 선에서 자신들을 조직화했던 것이다.[124]

바로 이 지점에서 다음과 같은 질문을 던지고 싶은 유혹을 느낀다. 전 시대에 비해 진일보한 준準시민의식과 실천에도 불구하고, 왜 후기 중국 제국 엘리트들은 쟁의적이고 (그리고 대의적인) 민주주의를 발전시키지 않았는가? 왜 엘리트들은 군주와 심각한 긴장을 빚거나 갈등을 유발하는 지점으로 감히 나아가지 않았는가? 이런 식의 질문은 유럽 중심적 역사서술 방식을 중국사에 강요하는 일인지도 모른다. 아마도 보다 중국 역사에 근거를 둔 질문 구성 방식은 다음과 같을 것이다. 남송 이래로 중국 엘리트들은 평등한 형이상학 세계관과 불평등한 사회정치적 구조 간의 명백한 모순을 어떻게 유지했는가? 이 질문은 다음과 같은 좀 더 대담한 질문과 간접적으로 연결되어 있다. 왜 중국 제국은 근대 민주 공화국을 발전시킨 유럽 부르주아와 유사한, 정치적으로 충분히 능동적인 계급(의식)을 발전시키지 않았는가?

이와 같은 질문을 남송 이래 중국 엘리트의 집단적 선택에 대한 질문으로 바꾸어보면 보다 나은 역사적 이해를 얻을 수 있을지 모른다. 앞서 이야기했다시피, 북송 때 과거 시험 합격자 수가 증대되면서 과거 시험은 제국의 관료제에 인원을 공급할 주된 방식으로서 귀족적 음서제도를 성공적으로 대체하였다. 그러나 남송 때부터 제국의 관료제 규모가 관리 후보자 수의 증가를 따라잡지 못하면서 엘리트들은 점차 자신들의 인생 전략을 바꾸었다. 예컨대 전국적인 레벨의 엘리트가 되려고 하기보다는 자기네 고향의 엘리트 집안과 통혼을 통해 해당 지방사회에서 자신들의 입지를 공고히 하였다. 즉, 엘리트들 다수가 중앙의 정치적 공간에 효과적으로 진입할 수 없게 됨에 따라 하향 사회이동을 면하기 위하여 자신들의 고향을 후원하고 지배하기 시작했던 것이다. 이러한 정치문화는 북송 시기 중앙 조정을 지배하던 상류 문화와는 분명히 다르다. 북송 엘리트들은 대체로 지방을 중앙의 종속물쯤으로 보았다.

이러한 역사적 배경을 염두에 두면서 다음과 같은 질문을 던져보자. 지방에 대한 엘리트의 관심, 그리고 그에 수반된 형이상학적 공화국의 발달은 어떤 의미의 정치적 선택이었을까? 관료로서 출세할 수 있는 확률이 극히 희박해졌을 때 엘리트들은 어떻게 행동하게 되는가? 일반적으로 말해 자신의 핵심 이해관계가 직접 위협받을 때마다 누군가 택할 수 있는 선택지는 퇴장exit 혹은 항의voice,[125] 두 가지다. 자신이 불만을 갖는 사태에서 떠나는 것, 이것이 퇴장 옵션이다. 그 불만족스러운 상황의 책임자에게 직접 불만을 표시하고 개혁을 요구하는 것, 이것이 항의 옵션이다. 항의는 퇴장의 반대이다. 합리적인 행위자로서 그는 이 중에서 가능한 한 가장 비용이 적게 드는 옵션을 선호할 것이다.

자, 그럼 이제 남송 엘리트가 처했을 전형적인 상황을 상상해보자. 그들에게 퇴장 옵션이란 제국의 관료제 내에 자리를 (상대적으로 수월하게) 얻을 수 있는 다른 나라로 떠나버리는 것이다. 항의 옵션은 자신들이 관직을 확보하고자 제국의 관료제를 근본적으로 뜯어고치라고 요구하는 것이다. 문제는 두 옵션 다 많은 비용이 든다는 것이다. 퇴장 옵션은 종종 불법적이며, 심각한 처벌 대상이 된다. 게다가 남송 엘리트가 중국이라는 나라를 떠나버리는 것은 상상할 수 없다. 중국을 떠난다는 것은 곧 '중화'라는 정체성을 포기하고 야만국의 신민이 된다는 것이다. 그렇다면 남은 옵션은 어떤 식으로든 자신의 목소리가 들리도록 불만을 표시하는 것이다. 퇴장 옵션에 비해 항의 옵션은, 희미하게 투덜거리는 일부터 집단적인 항의를 하거나 공적 여론을 불러일으키는 것을 거쳐 폭력적인 항의에 이르기까지, 광범한 종류의 행위를 포괄한다. 그에 대응하여, 통치자는 여러 해결책을 제시할 수도 있다. 강한 항의 옵션은 보통 매우 높은 비용이 발생하기 때문에, 불만은 대개 부드러운 항의 옵션의 형태를 띨 가능성이 높다.

그러나 충분히 발전한 공화국으로의 이행은 예외적인 수준의 정치적 박력과 의지를 지닌 급진적인 비판자들을 요청한다. 특히 공화국을 추구한다는 것은 반란으로 간주될 공산이 크다. 자기 나라를 떠나거나 자기 나라의 정치적 질서를 근본적으로 뜯어고치는 일에는 엄청난 시간과 에너지가 든다. 그 시간과 에너지는 개인이 그로부터 얻을 수 있으리라 예상되는 혜택을 훨씬 상회할 가능성이 높다. 간단히 말해 급진적인 항의 옵션은 퇴장 옵션만큼이나 많은 비용이 든다. 그러므로 국가 관료가 되는 일을 대체할 만한 그럭저럭 만족스러운 대안이 있다면, 엘리트는 그 대안을 선택하고자 할 것이다. 만약 그러한 대체물이 없다면, 국가와 엘리트는 자칫 시스템 전체의 붕괴를 초래할 수도 있는 혁명적 결단을 내려야 할지도 모른다. 그것은 매우 고통스러운 과정이 될 것이다.

좋은 의미로든 나쁜 의미로든, 중국의 영토는 광대했다. 즉, 엘리트의 정치적 야심을 위해 사용될 수도 있는 지방이라는 광대한 미답지vast uncharted local areas to exploit가 존재했던 것이다. 국가 관료제의 규모가 작았음에도 불구하고 영토가 광대했다는 조건을 고려해보면, 중국 엘리트들이 지방으로의 전회를 상당히 쓸 만한 옵션으로 간주했으리라고 이해할 수 있다. 즉, 그처럼 광대한 지방이 있는 한 중앙정부의 기득권에 대항하여 싸움을 벌이는 것보다는 지방으로 가서 자신들의 정치적 야심을 해결하는 것이 나을 수 있다. 물론 그러한 선택이 타협으로 보일 수도 있을 것이다. 그러나 영웅적인 형이상학적 함의를 가진 지방 엘리트가 되는 것은 관료 지위를 얻는 데 실패한 식자층 낙오자가 되는 것보다는 낫다. 동시에 무엇보다 정치적 중앙과 지방 영역 간의 엄청난 물리적 거리로 인해 지방 엘리트들이 자신들의 의견을 중앙에 신속하게 반영한다는 것은 매우 어렵다. 이러한 정황은 자칫 충분히 발전한 공화국의 형성을 추동할 수도 있는 소중한 피드백 메커니즘이 결여되어 있었다는 말이기도 하다. 과거 시험 합격자의 지역별 할당 인원이라는 것이 있었지만, 의회와 유사한 대의 제도는 제국 시기 전체에 걸쳐 존재했던 적이 없다.

이렇게 볼 때, 지역으로의 전회는 용어의 엄밀한 뜻에서 퇴장 옵션도 아니고 항의 옵션도 아니다. 그 두 옵션이 초래할 극히 비싼 비용은 엘리트들이 집단적으로 그 옵션들을 선택할 개연성을 확연히 줄여버린다. 급진적인 옵션은 건설적이라기보다는 파괴적인 결과를 가져올 것이기 때문에 배제된다. 이렇게 볼 때 후기 중국 제국 엘리트들은 아마도 다음과 같은 이유에서 대의민주주의를 보장하는 정교하게 입안된 사회적 과정이나 충분히 발전된 공화국을 발전시키지 않은 것이다. 왜? 그럴 필요가 없었으므로.

만약 그들이 자신들의 정치적 야심을 다른 곳(지방사회)에서 배출할 수 없었다면, 그들은 국가에 대해 급진적인 비판자가 될 최대치의 인센티브를 가졌을 것이다. 그러지 않고는 국가가 자신들의 필요에 주의를 기울여주게끔 할 방법이 없었다는 전제하에서 말이다. 다시 말해 달리 갈 곳이 없었다면, 그들은 정치의 근본적 구조를 개선하라고 통치자에게 압력을 가했을 것이다. 그들은 국가가 자신들의 정치적 야심에 부응하도록 모든 종류의 잠재적인 영향을 최대치로 행사할 동기를 가졌을 것이다. 퇴장 옵션이 부재한 상태에서 운이 좋다면 그들은 근본적인 사회적·정치적 변화를 얻어낼 수 있었을지도 모른다.

그러나 그들은 갈 곳이 있었다. 바로 지방사회라는 옵션이 있었던 것이다. 당시 중국은 혹시 혁명적인 힘으로 전화될 수도 있는 어떤 에너지를 다른 곳으로 우회하게 할 수 있는 상당한 자산을 가지고 있었던 셈이다. 그 결과 중국은 상당히 오랫동안 광대한 영토와 인구를 적은 비용으로 유지할 수 있었다. 즉, 상대적으로 적은 비용을 들여가며 강대국의 면모를 유지할 수 있었고, 이는 동아시아 국제 관계에서 헤게모니를 잡는 데 압도적으로 유리하였다. 그런데 이러한 통치 자산이 근대 민주 공화국 아래에서는 부채가 될 수도 있다.

급진적인 항의가 초래할 혼란보다는 지방사회에 가서 엘리트 노릇을 하기를 선호한 이러한 형세는 후기 중국 제국 전 시기에 걸쳐 지속되었다. 9장에서 논의하겠지만, 제국은 광대한 거버넌스governance 체제 안에서 엘리트에게 건설적인 반대자the role of constructive dissenter의 역할을 부여한 셈이었다. 같은 팀의 일원으로서 거버넌스에 참여한다는 조건하에 건설적인 반대자들은 비판적 견해를 표현한다. 즉, 건설적인 반대자가 된다는 것은 급진적인 입장을 취할 가능성을 사전에 포기한다는 말과 같다. 정치 시스템 전체를 재구조화하겠다는 시도 같은 것은 배제되고, 대신 협동적인 게임을 수행하게끔 학습하게 되는 것이다. 보다 큰 공동체 안에 중앙과 지방이 서로 얽히게 되는 이러한 상황에서 유래하는 가장 흥미로운 귀결 중의 하나는, 중앙정부와 급진적인 긴장을 불사할 수 있는 대의제도 개념의 부재the absence of conceptions of representative institutions였다. 비슷한 맥락에서 이 후기 중국 제국의 정치체제는, 시민들이 자신들의 다양한 개인성에 따라 정치 공동체에 참여하는 아리스토텔레스적 폴리스Aristotelian polis 같은 것과도 거리가 멀었다.

The Greater Integrated World

7

혼일천하

원나라
1271~1368

태평양

고려

베이징(대도)

항저우

광저우

대월

참파

원元

카라코룸

뱅골만

라싸

오고타이 칸국

인도

차가타이 칸국

델리

사마르칸트

킵차크 칸국

아랄해

일 칸국

아라비아

아라비아해

카잔

바그다드

카이로

지중해

카예프

비잔티움 제국

흑해

13세기 초 몽골족은 자신들의 고향인 초원에서 뛰쳐나와 사정 없이 전진했고, 마침내 유라시아 대륙의 대부분을 정복하였다. 그 결과 중국은 물론 그 주변 국가들까지 몽골 제국에 포섭되었다. 몽골은 먼저 북쪽 대도大都(지금의 베이징)에 도읍하여 원元나라(1271~1368)를 수립한 데 이어 1279년에 남송南宋을 정복하였다. 비한족계 민족이 중국의 남과 북을 모두 정복한 최초의 일이었다. 13~14세기 몽골 제국은 이전 요遼나라와 금金나라 같은 '정복 왕조'보다 훨씬 더 광대하였다. 몽골에 정복당하지 않은 중국 땅은 없었으므로 이제 중국의 정체성을 지역적인 자원에 기대어 수립하기는 어려워졌다.

　원나라는 관습적으로 중국 왕조로 간주되어왔다. 그러나 원나라의 정체성은 이른바 중국 땅을 넘어서 훨씬 광대한 몽골 제국 전체를 체계적으로 고려하지 않고서는 설명할 수 없다. 몽골 제국의 리더였던 몽케 칸Möngke Khan, 蒙哥(1208~1259)의 죽음 이후 왕위 계승 투쟁을 거치면서 제국은 넷으로 나뉘었다. 그중 하나가 원나라였다. 그렇다고 해서 원나라가 몽골 제국의 나머지 부분과 아무런 관련 없이 홀로 존재한 정치적 실체였다는 것은 아니다. 원나라로 알려진 정치체는 단순히 또 하나의 중국 왕조라기보다 그보다 훨씬 큰 세계 제국의 중국 부분이었다. 요컨대 몽골이 중국으로 흡수된 것이 아니라 중국이 몽골 제국으로 흡수된 것이었다.

근래의 원에 관한 학술 연구 경향은 유럽 중심적이거나 중국 중심적인 관점에서 탈피해 16세기 이후 유럽의 팽창 이전에 존재했던 세계체계를 밝혀내는 유라시아적 관점을 추구하고 있다. 예컨대 일본의 역사학자 스기야마 마사아키杉山正明에 따르면, 송나라 이후 중국사는 중앙유라시아 역사와 떨어뜨려 설명할 수 없으며, 몽골 제국은 세계통합에 관한 한 유럽 해양 세력 팽창만큼이나 중요한 요인이었다.[1] 비교적 최근에는 지배적인 중국 관점에 반대하여 김호동이 원나라를 중국 왕조라기보다는 몽골 제국의 일부로 보아야 한다고 제안하였다.[2] 쿠빌라이 칸Khubilai Khan, 忽必烈(1215~1294)이 기원전 221년 진나라 이래 중국을 지배해온 역대 왕가 계보 속에 자신을 편입시키는 왕조사 프로젝트(요사, 금사, 송사 등 왕조사 편찬 논의 및 심의)를 후원했다고 할지라도 그러한 사실은 변함없다는 것이다. 요컨대 원나라는 혼일천하混一天下, the Greater Integrated World의 일부였던 것이다.

비록 원나라가 송나라와는 확연히 다른 문화 전통에 기반했

| **칭기즈 칸과 쿠빌라이 칸** | 몽골 제국을 건설한 칭기즈 칸(왼쪽)과 원나라를 세운 쿠빌라이 칸(오른쪽). 원나라의 몽골인들은 중국 문인을 적극 후원하거나 혹은 스스로를 중국화하고자 시도하지 않았다. 그보다 더 큰 전체 관념을 만들어 그 안에 중국성을 포괄하고자 했다. 두 초상화 모두 타이완 타이베이 국립고궁박물원에 소장되어 있다.

다고 하더라도 원나라의 몽골인들은 원래 있던 중국 문인들을 적극적으로 후원하거나, 혹은 스스로를 '중국화'하려고 시도하지 않았다. 그 대신 보다 큰 전체 관념을 만들어내어 그 안에 중국성을 포괄하고자 하였다. 쿠빌라이는 원나라의 창건을 선포하면서 중국과 유목인들 간의 해묵은 구분을 지우고, 기존의 천자 개념보다는 포괄적인 일통一統, unification 개념을 활용하였다.[3] 비슷한 맥락에서 쿠빌라이와 그의 조력자들은 몽골 지배 아래 각 민족을 구분함으로써, 유기적인 통일성을 창출하려는 노력을 하지 않았다. 그들은 원나라 사람들을 네 가지 범주로 나누었다. 몽골인, 색목인色目人(중앙아시아의 다양한 종족들), 한인漢人(당시 북부 지역

| 〈태평풍회도〉 | 원나라 때 화가 주옥(朱玉, 1293~1365)이 그린 〈태평풍회도(太平風會圖)〉의 일부이다. 〈태평풍회도〉는 보통 사람들을 소재로 한 드문 그림 중 하나이다. 400명이 넘는 사람을 묘사하고 있는데, 그들의 모습을 통해서 다양한 직군이 존재하였음을 확인할 수 있다. 어느 거리를 묘사하고 있는 것으로 볼 수도 있고, 배경이 생략되어 있고 사람들만 강조되어 있는 것을 감안할 때 일종의 그림 매뉴얼 역할을 한 것으로 볼 수도 있다. 미국 시카고 아트 인스티튜트 소장.

중국인들, 즉 금나라 치하에 있던 한족, 여진족, 거란족, 고려인 등), 그리고 남인南人(강남 지역 한족들). 게다가 개개의 호구를 각기 다른 직역에 배속했다. 다민족 국가에서 사람들은 자신들이 속한 집단 외에 다른 집단과는 분리된 삶을 살아가게끔 되었다.[4] 중앙아시아 역사를 연구하는 니콜라 디 코스모에 따르면, 원나라가 중국을 통합한 방식은 "근본적으로 결함이 있었다. 제도화된 구분으로 인해 민족 간 조화를 이루기 어려웠다."[5]

이러한 상황에서 중국인은 자신들의 정치적 정체성에 대해 재고할 필요를 느꼈다. 한족들은 몽골 세계 제국의 일부로서 하위에 자리하고 있는 현실과 본인들이 원래 가지고 있던 중화의식을 어떻게든 화해시켜야만 했다. 이러한 시도는 실천적인 차원과 이론적인 차원을 모두 가지고 있었다. 원나라 시기에 일부 문인은 망한 송나라에 여전히 충성을 유지했고, 또 다른 이들은 몽골 정부에 봉사했다. 그들은 자신들의 선택이 무엇이었든 간에 그 선택을 정당화할 필요가 있었다. 금나라 경우와 비교해보자면 훨씬 더 적은 비율의 중국 문인들이 원나라 과거 시험에 합격했다.[6] 이러한 집단행동 패턴은 약화된 정치적 소속감을 반영하는 것이었다.

이처럼 중국 문인들의 정치적 소속감이 약화되었음을 인정한다면 기존 원 전제주의Yuan despotism 테제는 수정되어야 한다. 중국 전제주의의 기원을 탐색한 프레더릭 모우트Frederick W. Mote는 후기 중국 제국의 전제주의late imperial despotism의 원인을 자신이 '몽골 야만화Mongol brutalization'라고 부른 현상에서 찾은 바 있다. 모우트에 따르면, 원나라 황제 권력은 독재 권력에 대한 입헌적 제어constitutional checks를 용납하지 않았다.[7] 그런데 몽골 칸이 자신들의 신하에 대해 무제한적인 권력을 행사한 것이 사실이라고 할지라도, 황제의 권력이 지역 혹은 지방 단위에까지 확실하게 미치지 못한 것 역시 사실이다. 지방 통치와 관련하여 몽골 통치자가 행한 것은 세금을 걷기 위해 군현 단위 위에 성급省級 시스템the system of province을 도입한 것 정도에 불과했다. 나중에 원나라를 쓰러뜨린 주원장은, 원나라 황제의 문제는 과도한 권력이 아니라 약한 권력에 있다고 말했다.[8] 당시 정치사상의 역할에 관해서는 샤오궁취안이 다음과 같이 말한 적이 있다.

> 또 약 백 년(1279~1368)간 계속된 몽고의 중국 지배를 지적해야 할 것이다. 백성들은 모두 이민족에 의한 불공정하고 가혹한 지배를 감수해야 했다. 유가의 이른바 인의와 예약, 법가의 이른바 임금과 국가를 존중하는 것과 법령을 밝게 지키는 것, 도가의 이른바 흰 것을 알면서 검은 것을 지키는 것과 자연에 따라 인위의 보탬이 없는 것 등의 중국 고유의 이론과 치술이 민족의 자존을 보존함에 있어서 부족하다는 것이 이와 같은 역사적 사실(몽고의 지배와 그 후 서구의 침략)에 의하여 증명되었다.[9]

이 장에서 나는 샤오궁취안과 모우트 같은 학자들의 연구를 지탱해온 민족주의적 중국 정체성 관념, 강한 국가 권력, 그리고 상응하는 정치사상의 역할을 모두 재고해보고자 한다. 특히 몽골의 정복을 감안할 때 그간 전근대 시기 중국적 세계질서의 핵심적인 특징으로 여겨온 중화주의sinocentrism에 기반한 중국의 정체성을 재검토할 것이다. 중화주의 사상과 역사적 현실 간의 관계를 탐색하는 것은 중국의 국제 정치사상의 복합성을 조명할 수 있다는 점에서 그 자체로 흥미롭다. 중국인들이 몽골 통치라는 심각한 이민족의 도전에 직면해서 문명의 중심이라는 자아상self-image을 어떻게 재형성하였는지 궁금하다. 이 문제를 탐구할 때 나는 광범한 문학 및 예술 자료를 정치사상 텍스트로 채택하였다. 그렇게 함으로써 외교문서 이외의 자료에서도 국제 정치사상을 발굴할 수 있음을 보여줄 수 있기 바란다.

조공체제

상당히 최근까지만 해도 다수의 역사가와 사회과학자는 중화주의적 조공체제朝貢體制, the sinocentric tributary system의 개념을 가지고 동아시아의 전통적 대외 관계를 설명해왔다. 조공체제 모델에서 통일된 중국 제국은 단일하면서도 세계에서 가장 주요한 문명의 축으로서 정중앙에 자리한다. 중화주의적 사상이 정확히 언제부터 시작되었는지 꼬집어 말하기는 어렵지만, 영향력을 주변에 발산하는 중심 문명이 존재하고, 그 중심에서 멀어질수록 영향력이 희미해진다는 의식은 주周나라 초기까지 소급할 수 있다.[10] 그러나 중화주의 사상에 기반한 조공체제가 본격적으로 형성되는 것은 한나라 때에 이르러서이다.

『중국의 세계질서*The Chinese World Order*』(1968)에서 존 페어뱅크John King Fairbank와 그의 동료들은 조공체제에 대한 학술적인 정리를 제공하였다. 페어뱅크식 해석틀은 문화적으로 우월한 중국과 '야만' 세계 간의 이분법에 기반한 전통적인 문화주의를 인정하고 있다. 게다가 중국의 대외 관계 영역은 국가들이 권력과 한정된 재화를 쟁취하려고 필연적으로 경쟁하는 무정부적 영역이 아니라고 본다. 페어뱅크는 야만족들이 계몽적 중국문화에 노출된 이후에는 필연적으로 그 문명에 이끌리게 된다는 전통적인 관념을 받아들였다.

그에 따르면, 조공국들은 자신들의 조공품과 토산품을 중국 조정에 규칙적으로 바침으로써 중국이 상국上國임을 확인한다. 그 답례로 중국 황제는 외국 통치자에게 선물을 하사하고 선별적으로 조공무역을 허락한다. 그러기에 조공 사절들은 중국에 올 때 일정 정도 추가 상품을 가지고 왔다. 근대적인 국제질서에 중국이 편입되기 이전, 이러한 방식은 중국과 (모두는 아니지만) 많은 주변국 간에 상당히 안정적인 관계를 만들어냈다고 페어뱅크는 주장하였다. 이러한 관계가 얼마나 안정적이었는지 중화권中華圈의 통합 방식을 통해 알아보기로 하자.

첫째, 정치적 통합은 어떠했을까? 일정 정도 정치적 통합이 이루어졌다고 해도, 그 수준은 제각각이었다고 할 수 있다. 산업혁명 이전 단계에서 광대한 지역을 통치한다는 것이 얼마나 어려울지 우리는 상상하기 어렵다. 이러한 상식에서 뚜렷한 예외가 원나라이다. 이웃 나라들이 자기네 나라 국내 문제에 관한 한 하고 싶은 대로 하도록 대체로 내버려둔 것이 명나라 방식이었다면, 원나라는 각 지역을 볼모로 삼을 수 있는 상대적으로 강력한 정치구조를 발전시켰다. 광대한 영역을 통제하기 위하여 원나라는 자신들의 행정관을 저 멀리 고려에까지 파견하였고, 이웃 나라의 왕세자를 인질로 잡아두었으며, 이전 왕조들과는 비교할 수 없을 정도로 훨씬 효과적인 운송체계를 구축했다. 이러한 상황은 중국을 상국으로 받드는 한 위성국들이 독자적인 지위와 정치적인 독립을 누렸을 것이라고 보는 관습적인 견해와 충돌한다. 주변국들은 진정으로 신하 국가가 되었던 것이다. 아마도 정치적 통합에 관한 한 원나라는 '비정상적인deviant' 사례에 해당할지 모른다. 이후 '중국' 왕조들은 이웃 나라들에 더 느슨한 통제를 유지하였기 때문이다.

둘째, 경제적 통합은 어떠했을까? 정치적 통합이 충분히 강력하지 않았다고 해도, 그런 상황이 상품 유통을 방해하지는 않았다. 강력한 정치적 통합이 부재하였음에도 불구하고, 혹은 강력한 정치적 통합이 부재하였기에 경제적 행위자들은 이동의 자유를 더 많이 누렸고, 그러한 상황은 부를 집적할 기회를 늘렸다. 그렇다면 경제적 통합은 얼마나 강력했을까? 하마시타 다케시濱下武志는 경제적인 면에서 통합된 일련의 아시아 해양 무역권의 윤곽을 제시하며, 중국 중심의 아시아 세계 경제가 별도로 존재하였고, 그것이 근대 시기까지 지속적으로 번영해온 경제적 통합 네트워크를 만들어냈다고 주장하였다.[11] 하마시타 다케시에 따르면, 이 중첩되는 무역/조공 영역은 통일적이고 유기적이고 구조적인 시스템이었다. 중국과 그 주변 위성국들이 조공무역 관계라는 지속적인 연결고리를 형성했다는 점에서 그것은 통일된 시스템이었다. 중국과 그 주변 위성국들이 그 시스템을 유지하기를 열망하였고 그 결과 서로 일관되게 연결되어 있었다는 점에서 그것은 유기적 시스템이었다. 그 나름의 규칙이 해당 지역을 지배했다는 점에서 그것은 구조적 시스템이었다. 실제로 후기 중국 제국의 제도와 법령은 지정학적 중요성에 의해 주변국들을 범주화하고, 조공 사절의 방문 지역 및 일정에 대한 여러 합의를 정의하고 있었다.

셋째, 문화적 통합은 어떠했을까? 중국의 대외 관계는 중국의 힘을 정당화하는 상징체계에 크게 의존하고 있었다. 다른 방식으로 대외 관계를 유지할 기술적인 방법이나 의지가 거의 없었기 때문이다. 주변국들이 자신들의 이해관계를 추구하는 과정에서 중국의 이해관계를 침해하는지 아닌지 꾸준히 감시할 인력을 멀리까지 파견하기는 어려웠다. 그리하여 해당 지역권 내에서 중국의 지배권을 주장하는 주된 방식은 문화였다. 이른바 중화권이란 지역적으로 정의되는 만큼이나 문화적으로 구성되는 것이었다. 국제 관계 행태의 제반 영역에 두루 미친다고 전제되는 관습, 믿음, 기대의 복합적 네트워크에 따라서 국제질서가 형성되고 평가되었다. 예禮의 차원에서 권위에 복종하는 것을 사례로 들어보자. 해당 지역의 모든 사람은 중국 황제 앞에서 순종하는 자세로 조아리는 예식을 취해야만 했다. 게다가 명나라 때와 마찬가지로 청나라 시기 조선 왕은 매해 청나라에 제국의 달력을 요청해야만 했다. 달력은 해당 지역 사람들이 제국의 시간질서에 맞춰 일상을 운용하도록 하는 핵심적인 도구였다. 달력의 공유는 문화의 공유를 상징하고, 중국 황제가 시공을 통제하는 최고 존엄임을 인정하는 일이었다.

중국과 조공국들은 겉으로는 문화를 공유한다고 말해도, 속으로는 각자 이해관계를 계산하기 바빴다. 비록 조공국들은 중국 황제에게 존경을 표해야 하고, 국왕이 되기 위해서는 중국 황제의 임명장인 고명誥命과 인신印信을 받아야만 했으나, 그렇다고 해서 그것이 조공국 내의 국내적 권위를 포기해야만 했다는 의미는 아니다. 중국 황제의 승인은 조공국 통치자의 위신을 높였을 뿐만 아니라 조공국 내에서 다른 경쟁자와 다툴 때 자신의 정당성을 내세울 수 있는 근거가 되기도 하였다. 게다가 조공국의 지위를 유지함으로써 중국에 기대어 자신들의 국경을 종종 적은 비용으로 보호할 수 있었다.

중국 통치자의 관점에서 보면, 이런 식의 조공 관계는 언젠가 갑자기 위험스러운 적국으로 변할지도 모르는 대상을 상대적으로 값싼 비용을 치르면서 지속적으로 관리하고 통제할 수 있는 방식이었다. 중국 정부는 안정적인 조공 관계를 수립하기 위하여 조공국 권력자 중에서 특정인이 정치적 경쟁에서 승리하도록 후원하기도 하였다. 조공체제는 후원後援 정치의 일종이었던 셈이다. 중국 정부는 주변 국가들을 통제하기 위하여 이 조공 관계 수립 여부를 활용하기도 하였다. 예컨대 청나라는 국경 이슈에 동의할 경우 정기적인 조공무역 관계에 넣어주겠다고 중가르 Jungar(지금의 신장웨이우얼자치구)의 통치자 갈단 체렝Galdan Tseren을 회유한 바 있다.[12]

비록 페어뱅크 도식이 여전히 많은 교과서와 사회과학 문헌을 지배하고 있기는 하지만, 새로운 역사 연구들이 꾸준히 페어뱅크 도식에 도전하였다. 역사가들이 꼼꼼히 살펴보니 실제 상황은 조공체제 도식과는 사뭇 달랐던 것이다. 첫째, 중국은 통일 제국이라는 중화주의적 신념과는 달리 실제로 그러한 통일 제국이 존재한 시기는 중국 전체 역사의 절반도 되지 않았다. 중화질서를 논하면서 이성규는 다음과 같이 말한 바 있다.

사실상 사타沙陀 부족이 건국한 것이나 다름없는 후당後唐(923~936), 후진後晉(936~946), 후한後漢(947~950)은 차치하더라도 250년 이상 화북 지방을 북방 이민족이 정복 지배한 남북조시대, 요遼, 금金, 몽고蒙古가 화북 또는 중국 전체를 지배한 남송에서 원에 이르는 약 240년간, 청조 지배 약 270년을 모두 합하면 진秦의 통일(B.C. 221) 이후 신해혁명(1911)에 이르는 약 2,100년 중 화이華夷의 위치가 전도된 기간은 대체로 1/3에 해당된다.[13]

특히 한족의 왕조인 당나라의 쇠락 이후 다시 한족이 집권한 명나라가 온전히 성립하기까지 약 500년 동안은, 한족이 이민족의 압도적 영향권 아래 놓이면서 중화질서 관념은 재고될 수밖에 없는 처지에 있었던 것으로 보인다.

둘째, 통일 제국이 존재한 시기에조차도 왕조들이 이웃 나라들과 조공체제를 유지할 만한 힘을 항상 가지고 있었던 것은 아니다. 예컨대 앞 장에서 살펴본 바와 같이, 당나라 말부터 원나라 초까지 동아시아의 지정학적 판도는 다극적 양상을 띠었고, 지속적인 헤게모니 다툼이 일어났다. 조공체제가 작동한 것은 진나라에서 명나라까지의 1,800년 동안 600~700년 이상이 되지 못했다고 추산된다.[14] 그리고 이른바 조공무역은 중국 전체의 대외 무역량의 매우 작은 부분밖에 설명하지 못한다.

청나라에 이르면, 조공체제 문제는 훨씬 더 복잡해진다. 니시지마 사다오西嶋定生 같은 조공체제 학설 지지자들에 따르면, 아시아 국가들 대부분이 조공국이 된 청나라 때야말로 조공체제가 절정에 이른 시기이다.[15] 그러나 새로운 세대의 청나라 연구자들은 조공체제의 개념으로는 청나라의 복잡한 대외 관계를 이해하기 어렵다는 사실을 보여주었다. 후마 스스무夫馬進와 이와이 시게키岩井茂樹 역시 기존 조공체제론은 매우 빈약한 증거에 기초한 잘못된 일반화라고 주장하였다.[16] 후마 스스무는 청나라 시기 조공 관계란 조선, 베트남, 류큐琉球와의 관계에 불과했음을 지적하였다. 류큐의 경우는 상당히 복잡하다. 한편으로는 청나라와 형식적인 조공 관계를 유지하면서 또 다른 한편으로는 1609년 이후 일본과도 정교한 조공 관계를 맺어왔기 때문이다.

상당히 같은 이야기를 명나라에 대해서도 할 수 있다. 이와이 시게키는 조공과 무관한 호시互市, mutual trade라는 무역이 16세기 중반 이후부터 발전했음을 증명하였다. 요컨대 이른바 조공체제에 기반한 '중국의 세계질서'는 동아시아 역사의 많은 부분을 설명하는 데 부적합하다. 게다가 역사가들은 중국과 이웃 나라 간의 국경 통제는 종종 동등한 주권국가 모델에 기반하여 수행되었음을 보여주었다. 중국을 둘러싼 나라들의 경험을 고려한다면, 동아시아 지역에서 일어난 일들은 중국문화에 자발적으로 동화되고자 한 결과라기보다는 냉엄하고 복잡한 현실 정치의 결과물이라고 할 수 있다.

이처럼 진전된 경험적 연구들은 종종 우리에게 전통적 동아시아 국제질서가 '무엇이 아니었는지'에 대해 알려주지만, 그것이 '무엇이었는지'에 대해서는 잘 알려주지 않는다(그것이 무엇이었는지에 대해 좀 더 알기 위해서는 개념화가 필요하다). 그리하여 일부 학자들은 청나라의 대외 관계를 이해하는 데 유용한 대안적 개념화를 시도하였다.

예컨대 조공체제라는 범주하에 중국의 복잡한 대외 관계를 싸잡는 대신, 마크 맨콜Mark Mancall은 '해양의 초승달the Maritime Crescent'과 '내륙 아시아 초승달the Inner Asian Crescent'을 구별하기를 선호한다.[17] 모테기 도시오茂木敏夫는 맨콜의 통찰을 동심원 모델로 발전시켰고, 그의 동심원 모델은 중화주의에 기초한 통일된 참고체계를 제공한다.[18] 가타오카 가즈타다片岡一忠는 유목민의 칸국 모델과 중국 왕국 모델로 이루어지는 이원 모델을 대안으로 제시하였다.[19] 전자는 군사 영역에서 작동하고 후자는 경제 영역에서 작동한다고 주장하였다. 스기야마 기요히코杉山清彦는 모테

기 도시오의 동심원 모델을 비판하고 청나라 팔기제도八旗制度에 기반한 새로운 해석틀을 제안하였다.[20]

이러한 접근법들은 각자 그 나름의 장점을 가지고 있지만 그중 어느 것도 전적으로 만족스럽지는 않다. 그 이유는 두 가지다. 첫째, 중국의 이웃 나라들은 중국의 중심성을 각기 다른 정도로 받아들였다. 사실 동쪽 국경에 있는 이른바 '중국화된' 나라들과 북서쪽 국경의 유목민들은 중국에 대한 경험이 많이 다르다. 예컨대 러시아의 경우를 살펴보자. 조공체제에 대한 관습적인 견해에 따르면, 조공국들이 조공 사절을 정기적으로 보냈을 뿐 상주하는 사절을 제국 시기 중국에 두지는 않았다. 즉, 유럽에서 15세기 말에 상주 외국 사절 제도가 생긴다는 점을 감안할 때, 조공체제하의 중국 외교는 유럽에 비해 덜 제도화되었다는 것이다. 그러나 러시아 사절이 거의 200년 동안 베이징에 상주한 사실은 조공체제에 대한 그러한 관습적인 견해를 재고하게끔 한다. 러시아 사절의 경우는 명나라와 다른 만주식 제국 모델 the Manchu models of an international empire을 고려해야만 비로소 설명될 수 있다.[21]

둘째, 단일한 개념만으로 아주 오랜 시간에 걸친 대외 관계를 설명하기는 어렵다. 예컨대 송나라 시기에는 주변국들이 종종 분명히 위성국가가 아니라 완전한 독립국가로서 자기 자신의 국내 정치 및 독립적 외교정책을 실현하고 있었다. 원나라 시기에는 주변국 대부분이 몽골의 행정 네트워크의 일부로 포함되었다. 명나라 시기에는 조선 같은 주변국들은 국제 관계에서는 상당히 의존적이되 내정은 자치적自治的인 양상을 보였다. 이러한 복잡한 상황으로 인해 중국 대외 관계를 보다 이론적으로 섬세하게 이해해야 할 필요가 있다.

언뜻 보기에는 전근대 중국의 세계질서에 어떤 '구조'가 존재하는 것처럼 보일지도 모른다. 중화中華/이적夷狄 이원체가 갖는 상호 결정적 관계the mutually determining relationship of the China/barbarian binary, 전통적인 중화 중심주의의 지도적 체제the guiding framework of traditional sinocentrism 등은 구조적 분석이 타당해 보이는 근거들이다. 이 분야의 몇몇 학자는 비인격적이고 비주관적인 관점impersonal and non-subjective viewpoint을 적용하여 관련 법규 구조를 분석함으로써 중국과 주변국들의 관계 패턴을 재구성하였다. 구조적 분석가들은 구조가 정치 행위자들의 행동 방식을 형성하고 추동할 것이라고 가정하곤 한다. 그러나 구조적 분석은 중요한 측면을 드러내는 동시에, 그 밖의 것에 대해서는 감추거나 제외한다. 구조에만 집중해서는 그 오랜 중국 역사에 나타난 다양성을 충분하고 적절히 이해하기 어렵다. 이웃 나라들이 중국의 중심성을 받아들여온 방식 자체가 크게 변화해왔다는 것도 제대로 음미하기 어렵다.

그러므로 나는 구조적 분석의 중요성을 염두에 두되 유연한 행위자 기반 이론에 대해서도 신중하고자 한다. 행위자에 초점을 맞춘다고 해서 행위자가 구조적 힘과 분리되어 작동한다고 주장하려는 것은 아니다. 그보다는 구조와 행위자 간의 상호 작용 안에는 충분히 복잡한 과정이 있으므로 그 의미를 충실히 살피는 연구가 필요하다는 것을 강조할 뿐이다. 특히 중화질서처럼 상징적으로 매개된 관계들은 가소성可塑性이 커서, 매우 다양한 방식으로 조종되고 해석될 수 있다. 이것이 아래 논의가 해당 국가 내에 다른 처지에 놓인 정치 행위자들—왕족에서 하급 관리까지—에 초점을 맞추는 이유이다.

나는 결국 나의 접근법을 충분히 구현하기 위하여 하나의 사례를 집중적으로 논할 것이다. 몽골 지배하인 13세기 후반, 마치원馬致遠(1255~1321)이 저술한 희곡『한궁추漢宮秋』[22]를 면밀하게 독해함으로써 우리는 당시 정치 행위자들이 중화주의의 지배적인 전제와 관습들을 다양하게 일신해나갔음을 알 수 있을 것이다. 때로 그들은 지배적인 정치사상을 뒤집어엎는 지점에 이르기도 하였다.

몽골 지배에 대한 여러 반응[23]

앞서 언급했듯이, 중국 역사에서 중화질서가 현실적으로 구현된 시간은 절반에 지나지 않으며, 특히 당나라의 쇠락 이후 명나라가 온전히 성립하기까지 약 500년간 중화질서는 환상에 불과하다. 우선, 당나라가 쇠망한 뒤 송나라가 성립하기까지 약 반세기에 걸쳐 이른바 5대10국이라 불리는 분열기가 존재했다. 분열기를 종식하고 성립한 송나라 이후의 동아시아 국제 정치질서는 이전과 매우 다르다. 북방 지역을 장악하고 있던 거란에 송은 매년 재물을 제공하였고, 남송은 여진에 신하의 예를 취하였다.

이렇게 볼 때 원나라가 성립하기까지 동아시아에는 다극체제가 존재하였거나, 혹은 매우 유동적인 힘의 균형이 있었다고 보아야 한다. 그리고 원 왕조 시기에는 이민족에 의한 지배가 이루어지면서 중화 사상이 기초하고 있던 문화적 탁월성과 지배력의 결합이라는 사고는 재고될 수밖에 없었다. 그에 대해 각기 다른 사람들이 저마다의 방식으로 반응하였다. 마치원의 입장이 어디에 있었는가를 음미하기 위한 가장 좋은 방법은 그의 입장을 다른 정치 행위자들의 입장과 비교하는 것이다. 여기서는 몽골 지배기의 정치 행위자인 야율초재耶律楚材(1189~1243), 조창운趙蒼雲(13세기 후반~14세기 초반), 조맹부趙孟頫(1254~1322)와 함께 마치원의 입장을 비교해보자.[24]

야율초재의 제안

칭기즈 칸Chinggis Khan, 成吉思汗(1162?~1227)과 그의 후계자 우구데이 칸Ogedei Khan(오고타이Ogotai, 窩闊台, 1186~1241) 집권기(1229~1241)에 야율초재는 정력적이고 영향력 있는 조언자이자 정책 입안자로서 활동하였다. 야율초재는 기존 유목민 사회를 다스리는 일과 중국 같은 정주형 정치체를 다스리는 일이 얼마나 다른지 몽골 통치자들에게 설명하였다. 세습에 기초해 인재를 등용하고 느닷없이 정복지를 약탈하는 방식은 더 이상 통할 수 없다고 역설하였다. 야율초재는 과거 시험과 세금 수취를 대안으로 제시하였다. 야율초재의 제안을 받아들여 몽골 통치자들은 원나라에 문치文治체제를 수립하였다(과거 시험 제도는 원나라 후기에 채택된다).[25] 한족 중심의 역사관을 가진 학자들은 이와 같은 변화가 곧 야만적인 몽골족이 우월한 한족의 문화에 압도된 결과라고 설명하곤 하지만, 몽골족이 자신의 이해관계를 극대화하려 했다는 합리적 선택의 관점에서 설명하는 것이 더 설득력이 있다.

원래 몽골족은 가축을 먹일 충분한 목초와 물을 찾아 이동했다. 그러다가 간혹 정복 사업을 위해 연합을 결성하곤 했다. 그 연합은 최고 지도자로 옹립된 이의 카리스마적 권위에 기초해서 형성되었고, 최고 지도자는 자신을 따르는 전사들에게 전리품을 나누어 줄 수 있어야 했다.[26] 전쟁에서 크게 패배할 경우, 나누어 줄 전리품이 없으므로, 연합은 와해될 가능성이 컸다. 이처럼 유목민 부족 연합은 통치자와 부하들 간의 개인적인 유대에 기초하고 있었으므로, 몽골은 무력 면에서는 강력했으나 제도적으로는 불안정하였다. 중국의 중원처럼 인구가 많은 정주 지역으로 들어갔을 때, 그러한 연합은 심각한 도전에 직면하게 된다. 무력에 의존하는 지도자들은 그간 자신들의 정복 방식으로는 이미 정복된 제국 전체를 감독할 수는 없다.

주지하다시피 몽골의 원나라는 유목민 종족 집단에서 정주형 관료 제국으로 변화를 겪었다. 이 변화를 미국의 경제학자 맨슈어 올슨Mancur Olson이 제시한 합리적 선택 이론의 관점에서 살펴보자.[27] 올슨에 따르면, 주민 입장에서는 유랑하는 산적 떼보다 한 지역을 독점하고 함께 사는 산적 떼가 더 낫다.[28] 정주 산적 떼는 유랑 산적 떼와는 달리 지역 주민들을 함부로 죽이거나 초토화하거나 시도 때도 없이 못살게 굴기보다는 안전을 보장해주고 보호의 대가를 뜯어갈 뿐이다. 그들이 유랑 산적 떼보다 착해서라기보다는 그렇게 해야 자기 몫이 늘어나기 때문에 그러는 것이다. 또 더 오랫동안 대가를 요구할 수 있으니까 그러는 것뿐이다. 주민들이 황금알을 낳는 거위라면, 살려두고서 오래 황금알을 얻는 것이 낫기 때문이다. 심지어 주민들이 잘살고 번영하는 편이 좋다. 번영해야 더 많이 요구할 수 있으니까. 그래서 정주 산적 떼는 주민들의 번영을 위해 공공재를 투자하는 일도 마다하지 않는다. 올슨은 정주 산적 떼가 약탈자라기보다는 가축을 보호하는 관리자에 더 가깝다고 주장하였다.[29]

올슨이 보기에 이런 독점 산적 떼는 우리가 아는 국가와 유사점이 있다. 독점적 정주 산적 떼처럼 근대국가도 국경 내의 폭력을 독점하고 전면적인 권력을 행사한다. 국가가 제공하는 국방 및 치안은 정주 산적 떼가 제공하는 안전에 해당하고, 국가가 걷는 세금은 산적 떼가 걷는 보호 대가에 해당한다. 국민의 입장에서는 외국의 침략을 받는 것보다는 세금을 내고 국방을 맡기는 게 덜 손해 보는 일이다. 세금을 내고 남은 돈은 자기가 가질 수도 있다. 물론 국가는 자신을 산적으로 여기지는 않는다. 각종 정치 이데올로기를 통해 자신을 산적이 아닌 것처럼 치장한다. 올슨의 논리에 따르면, 그들의 미사여구는 이데올로기일 뿐 정주

| **야율초재** | 야율초재는 칭기즈 칸과 우구데이 칸의 집권 동안 조언자이자 정책 입안자로 활발하게 활동하였다. 그는 세습에 기초해서 인재를 등용하고 느닷없이 정복지를 약탈하는 방식은 더 이상 통할 수 없다고 역설하면서 과거 시험과 세금 수취를 대안으로 제시하였다. 그의 제안을 받아들인 몽골 통치자들은 원나라에 문치체제를 수립하였다. 《고신도》에 실린 그림으로, 국립중앙박물관 및 영국 런던 브리티시뮤지엄(대영박물관) 소장.

산적 떼보다 국가가 더 좋은 '의도'를 가진 것은 아니다. 다만 그들은 모두 합리적인 이윤 추구자일 뿐이다.

이런 관점에서 보면, 몽골족이든 한족이든 이기적 동기에 의해 행동할 뿐이다. 『열자列子』에서는 이렇게 말했다. "천지의 만물은 우리와 함께 살아가는 부류들이다. 생물의 부류에는 귀천이 없다. 단지 지력 차이에 따라서 서로를 제압하고 잡아먹을 뿐이다. 서로를 위하여 태어나는 것은 아니다."[30] 그런데도 사회 전체로 보면 정주 산적 떼가 사회에 상대적으로 더 이득을 가져다준다. 물론 현실의 정주 산적 떼나 국가가 합리적으로 행동할 것이라는 보장이 있는 것은 아니라 해도. 이렇게 보면, 몽골족이 기존 중국의 제도를 받아들였다고 해서 더 선해진 것은 아니다. 다만 변화된 조건에 맞추어 합리적으로 행동했을 뿐이다. 우구데이 칸은 야율초재에게 말했다. "그대가 짐의 주변을 떠나지 않으니 국가 재정을 충족할 수 있다. 남국의 신하 가운데 그대만 한 사람이 또 있을까?"[31]

합리적인 제안을 하더라도 통치자가 늘 그 제안을 받아들이는 것은 아니다. 한족을 불신했던 몽골족은 야율초재의 배경 때문에 그의 제안들을 받아들인 면이 있다. 야율초재는 민족적으로 볼 때 요나라 창건자에게로 거슬러 올라가는 거란의 종실 후예다. 여진족에 의해 멸망한 왕조의 후예라는 특이한 정체성 때문에 몽골족 지도자들이 그를 신뢰할 수 있었을 것이다. 야율초재가 다양한 민족 집단 간에 중개자로서 활동했다는 점을 감안할 때, 그의 제안이 성공한 것은 다양한 집단 간의 공통분모를 찾아내는 그의 능력에 기인한 것이기도 하였다.

주지하다시피 중국은 농사짓는 토지에 세금을 매겨온 행정 전통과 과거 시험을 통해 인재를 등용해온 역사를 가지고 있다. 몽골이 그러한 제도를 받아들였다고 해서 그것을 꼭 '중국화'라고 해석할 수는 없다. 야율초재의 제안이 궁극적으로 정당화된 것은 그것이 중국식이어서가 아니라 조세 대상인 사람이나 농토를 말살하지 않으면서 정주형 농업 사회의 부를 착취할 수 있는 보다 나은 방식이었기 때문이다. 올슨이 주장했듯이, 세금을 걷는 것은 제멋대로 공물을 걷거나 압류하는 것보다 더 합리적인 착취 방법이다. 마찬가지로 과거 시험을 통해 인재를 선발해서 쓰는 것이 인적 자원을 활용하는 보다 합리적인 방법인 것이다.

그 밖에 몽골족이 기존 중국의 세금 제도에 적응한 일을 단순한 중국화의 관점에서가 아니라 마르크스주의적 경제결정론의 관점에서도 설명할 수 있다.

오직 약탈만이 중요하다는 관념만큼 지금까지 역사에 있어 익숙한 것은 없다. 야만인은 로마 제국을 약탈했으며 사람들은 이 사실을 가지고 고대 세계에서 봉건제로의 이행을 설명한다. 그러나 야만인에 의한 약탈에서 중요한 점은, 근대 인민의 경우에 일어나는 것처럼 침입받은 민족이 산업생산력을 발전시켰는지 아니면 침입받는 민족의 생산력이 주로 단순히 자신의 연합과 자치 단체에 근거하는지의 여부이다. 약탈은 더 나아가 약탈당한 대상을 통해 제약된다. 지폐로 이루어진 은행가의 재산은 약탈자가 약탈당한 나라의 생산 조건과 교류 조건에 복종하지 않는 한, 절대 약탈당할 수 없다. 근대 산업국가의 전체 산업자본 역시 마찬가지다. 최종 결론 삼아 말하자면 어디에서도 약탈은 곧 끝나며, 더는 약탈할 것이 없을 때, 사람들은 생산을 시작해야만 한다. 이처럼 생산이 아주 곧바로 등장해야 한다는 사실에서 다음과 같은 사실이 도출된다. 정착하는 정복자가 채택하는 자치 단체의 형태는 기존의 생산력의 발전 단계에 상응해야만 하거나 만일 처음부터 그러한 경우가 아니라면 생산력에 따라 변해야만 한다. 또한 민족 이동 이후의 시대에 어디에서나 눈에 띄는 사실이지만, 노예가 한때 주인이었고, 정복자는 피정복자에게서 언어, 교양 그리고 관습을 재빨리 수용했다는 사실이 여기에서 설명된다. 봉건제는 독일에서 완성된 채 전달된 것이 절대 아니다. 봉건제의 기원은 정복자의 측면에서 본다면 정복을 하는 동안 군대의 전투 조직에 있었다. 이 전투 조직이 정복 이후에 피정복 국가 안에서 이미 발견된 생산력의 영향을 받아 비로소 본래 봉건제로 발전한 것이다. 이러한 형식이 얼마만큼 생산력을 통해 조건 지어졌는지는, 고대 로마의 여운을 회생하려는 시도가(칼 대제 등등) 난파했다는 사실이 보여준다.[32]

이와 같은 마르크스의 분석을 원나라에 적용해보면, 몽골족은 장기적 약탈을 위해서 한족의 생산과 교류 조건에 복종하지 않을 수 없었다고 할 수 있다. "이 전투 조직이 정복 이후에 피정복 국가 안에서 이미 발견된 생산력의 영향을 받아 비로소 본래 봉건제로 발전"했다는 마르크스의 언명은 국가 같은 상부구조가 경제적 생산력이라는 토대에 의해 결정된다는 전형적인 경제결정론적 시각을 담고 있다. 그리고 "노예가 한때 주인이었고, 정복자는 피정복자에게서 언어, 교양 그리고 관습을 재빨리 수용했다는 사실"이라는 언명은 마르크스가 헤겔의 주인-노예 변증법을 약탈의 논리에도 적용하고 있음을 드러낸다.[33] 이런 마르크스의 관점을 감안한다면, 이른바 한족의 문화가 '우수해서' 몽골족이 '중국화'되었다기보다는, 약탈이라는 과정 자체가 약탈자로 하여금 피약탈자의 조건에 적응하도록 강제한다고 할 수 있다.

조창운과 조맹부

몽골족의 정복에 대해 두 가지 대조되는 송나라 황족의 반응이 있다. 바로 조창운의 반응과 조맹부의 반응이다. 두 사람 모두 자신의 체험에 바탕하여 독특한 예술품을 창작하였다. 둘 다 망해버린 왕조의 황족으로, 처음에는 왕조의 몰락에 깊은 좌절감을 느꼈을 것으로 일단 추론해볼 수 있다.

조창운은 철두철미한 은자隱者가 됨으로써 자신의 좌절을 표출하였다. 예술 말고는 딱히 관심을 보인 영역도 없다. 결혼을 하지도, 관리가 되지도 않았다. 기존 질서로부터 철저히 자신을 분리하고, 공적 영역 외부에서 예술가로만 활동하였다. 그것은 위험천만한 정치 환경에서 조창운이 취할 수 있었던 나름의 대응 방식이었다. 심미적 쾌락을 추구한다는 것은 권력을 잃어버린 황족에게 주어진 위로와 휴식 같은 것일 수 있다.

널리 알려진 조창운의 그림 〈유신완조입천태산도劉晨阮肇入天台山圖, *Liu Chen and Ruan Zhao Entering the Tiantai Mountains*〉는 『유명록幽明錄, *the Records of This World and the Netherworld*』에 나오는 한나라 때 유신劉晨과 완조阮肇의 전설을 묘사한 것이다. 천태산天台山에 유신과 완조가 약초를 캐러 갔다가 아름다운 두 여인을 만났는데, 여인들이 두 사람을 자기네 집으로 초대해 호화로운 잔치를 베푼다. 유신과 완조는 그곳에서 좋은 대접을 받으며 지내다가 어느 날 고향이 그리워져 집으로 돌아가야겠다고 마음먹는다. 집으로 돌아가자 그들은 자신들이 떠나온 이래로 7세대가 지나

갔으며, 둘만 남겨져 있다는 것을 깨닫는다.

이 이야기는 어두운 현실에 대한 조창운의 불만과 좌절감과 실향민 의식을 반영한다고 해석해도 큰 무리가 없을 것이다. 이 그림에서 끌어낼 수 있는 한 가지 메시지는 몽골 지배 시기 같은 (한족이 보기에) 난세에는 정부 관직에서 멀리 떨어져 있는 게 좋다는 것이다.

또 한 명의 송나라 황족인 조맹부는 조창운과 정반대의 길을 간다. 1286년 조맹부가 몽골 정부에서 고위직을 맡기로 결정하자 많은 사람이 깜짝 놀랐다. 이에 조맹부는 공적인 실천과 개인적인 실존 사이에 긴 상황을 묘사하는 몇 점의 그림을 그렸다. 그 그림들은 조맹부가 몽골 정권 아래에서 고위직 관리가 되는 문제를 일종의 딜레마, 즉 은자로서 삶을 살아가는 것과 공적인 실천을 하며 살아가는 것 사이의 딜레마로 간주했음을 암시한다. 이 참여와 무관심 간의 변증법은 그의 그림 〈이양도二羊圖〉에 잘 드러나 있다.

〈이양도〉는 조맹부가 정부의 일에 적극적으로 참여하는 쪽을 선택함으로써 딜레마를 해결했음을 보여준다고 해석되어왔다. 그러한 해석을 이해하려면 한나라 때 활동한 두 장군 소무蘇武(B.C. 140~B.C. 60)와 이릉李陵(?~B.C. 74)에 대한 일화를 알아야 한다. 소무는 흉노에 충성하기를 거부하고 양치기로 살아간 반면, 이릉은 흉노의 신하로 봉사했다. 따라서 〈이양도〉에 그려진 양은 소무를, 염소는 이릉을 상징한다. 동시에 이 두 동물은 조맹부의 정체성의 두 측면을 나타낸다. 양은 조맹부가 관직을 맡지

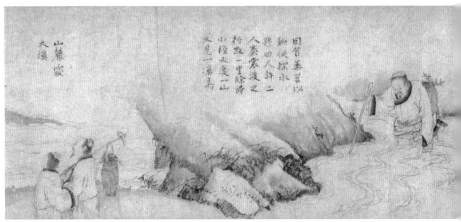

| 〈유신완조입천태산도〉 | 멸망한 송나라 황족이었던 조창운은 한나라 때 유신과 완조의 전설을 그림으로 묘사했다. 당시 어두운 현실에 대한 불만과 좌절, 실향민 의식 등의 소외감을 표현하고 있다. 전체 22.5×564cm, 미국 뉴욕 메트로폴리탄미술관 소장.

劉晨阮肇剡縣人也不世業儒
九留意於醫苦蘿跂有霞表
之氣味漢明帝永平十五年二
人携鋤筐往天台山採藥序

入山既深迷導業方蘿筐少憩
捨筐迷失來踰且粮換俱書
二人相顧方粮相失措徨舉

可二人以手把水飲之且各漾其
手面偶見蔓菁從山腹出次又有
一杯流出中有胡麻飯屑二人相
顧曰去人家不遠笑

巖氣淸樹
山兄螺聲
瞑中晚矣

溪澗見二女顏色絕妙世所未有便
逕手喚劉阮姓名似有前文二女遂
請二女喜笑而語曰郎來何晚也意味
如慣香氣氣人相恬相慎雖始合桼之
惘情經數武未有如此之婉妍也二
人始驚為婚女之方僻藏為人而滯
不之惟焉

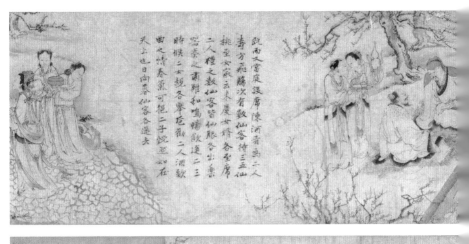

既而文賔庭設席陳酒青為二人
壽方飛腾次有數仙客持三五仙
桃至女榮玉未庭女將各至席
二人禮之數仙客皆仙脈各出票
窈窕之蕭雅和鳴暢歡遠二三
晤候二女鼓各彝危歌二人酒歌
曲之將春氣可憫二子鋭然如在
天上也日向春仙客各遂去

二子出洞已行至大道田青惟桃花燦
爛山邑惟青而已凡至家鄉並無相
識郷里雖異乃聞得七代子孫傳工祖
入山不还不知今何在

劉阮洞中遇仙人
天和樹色靄蒼蒼霞童荒涇
珞洲范雲實滿山無鳥雀水
擗江涧有篁黄珀沙涧裡乳
坤别紅樹枝邊日月長頗淨荒
間有人出兔令仙犬吠劉郎
仙人送劉阮出洞
慇勤相送出天台仙境那能郤
再来靈液既歸須強飲玉書無
事莫頻前花當洞口應長在水
别人間宫不迴惆悵溪頭從此別
碧山明月照蒼苔
宋芭

諸蘺離會相快意作作徑之秋是六衡甲三
昧者神昌有题中躍其後千之作東西南此人
丕年一重臨此木戲其在斯乎
道行識

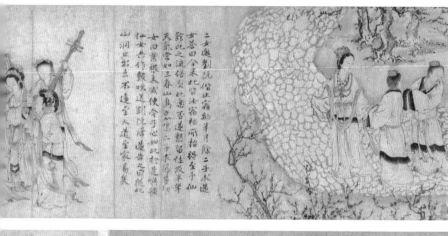

二女遂邀劉阮偕止宿紹半月餘臨二子求還
女答曰今來此皆宿福所招牽至于仙
館此之流信宿此來若遂慇懃佳發半年
天氣常如三春草如三月末木落鳥啼
女曰業緣未滅便令子如此是唯揮
仙女共作頗喷送劉阮歸遷當不德此
山洞口斯志不達至人造室家為矣

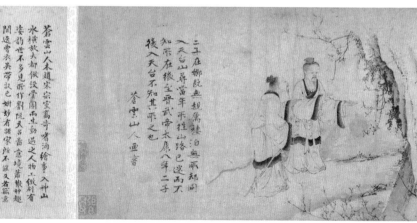

蒼雲山人本趙宋宗室高奇省酒繪事入神山
水横絕大都做没骨菌而生動過之人物工織別有
婆韻世不多見所作劉院天台意境蕭散神趣
閱遙當次央帶故已妍妙有諸家所不及又善臨摹
劉院木非為高有子庭人云德妹六幅妙茶仁意此
墨妙覺雲山儼然西園補在展款名不知年在亮堂栩浪

二子在鄉既血舅弟屬婁泊血孫郎間
入天台尋當年乘性山路已迷不不
知所在後至晉武帝太原八年二子
後入天台不知其所之也

蒼雲山人畫書

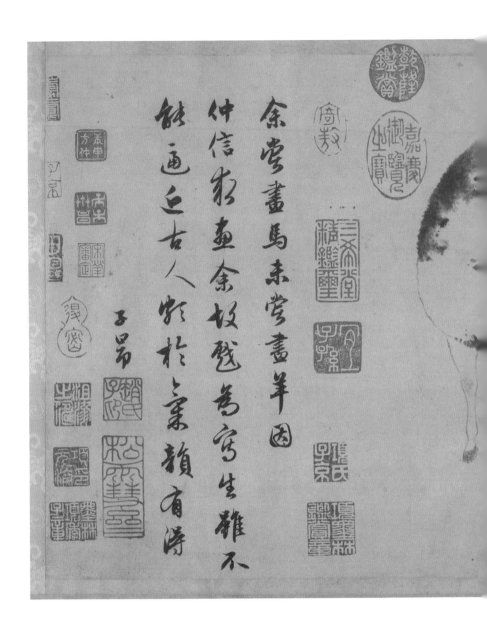

余嘗畫馬未嘗畫羊因
仲信求畫余故戲爲寫生雖不
能逼古人然於气韻頗有得
子昂

| ⟨이양도⟩ | 송나라 황족 조맹부는 조창운과는 달리 새로운 왕조에 적극적으로 참여하는 길을 선택한다. 한나라 때의 소무와 이릉의 일화를 그린 ⟨이양도⟩는 몰락한 왕조의 사람이면서 새로운 왕조의 관직을 맡은 자신의 딜레마적인 상황을 표현한 것으로 널리 알려져 있다. 25.2×48.4cm, 미국 워싱턴 D.C. 프리어 갤러리 소장.

子昂常畫馬仲
信亦畫羊三百
舉粲富一隻惟
具良直雲至亦
妙援莩有誰方
疏乳畜卉翁伊
人家妻長
甲辰新正月
滌翁

| **조맹부** | 조맹부는 원나라 시기의 문인화가이자 관료로 활동하며 한족의 문화를 이어갔다. 조맹부의 초상이 들어간 이 두루마리 족자 그림은 조맹부가 대덕 2년(1298)에 그리고 쓴 자화상과 시를 청대 왕공(汪恭)이란 잘 알려지지 않은 화가가 모사한 것이다. 63.8×30.8cm, 미국 뉴욕 메트로폴리탄미술관 소장.

않았을 때의 모습을 상징하고, 염소는 몽골족의 신하로 일할 때의 모습을 상징한다.[34]

마치원의 중화질서 재해석

『한궁추』는 원나라, 즉 몽골 지배 당시 쓰인 텍스트인데, 그렇다고 이 작품이 원대의 중화질서관을 대표한다고 할 수는 없다. 앞서 논했듯이 중화질서 관념은 역사적 맥락에 따라 다양하게 변용되어왔다. 각 개인마다 다른 중화질서 관념을 가졌을 가능성을 배제할 수 없다. 그러한 맥락에서 1250년대 중반에 출생하여 1320년대 초반에 죽은 것으로 알려진 『한궁추』의 저자 마치원의 정체성에 대해 살펴볼 필요가 있다.

　마치원이라는 인물이 흥미로운 점은, 당대 지식인의 정치적 선택지였던 원나라 정권에 적극적으로 협력할 것인가 아니면 은둔자로서 지낼 것인가 하는 이분법적 선택지를 따르지 않고 중간자의 위치를 유지한 것으로 보인다는 데 있다.[35] 학자들은 대체로 그가 저장성浙江省에서 비교적 지위가 낮은 벼슬을 지냈으며, 40세를 전후하여 벼슬을 그만두고 창작에 전념했다는 점에 동의한다. 이러한 일생은 마치원이 시종일관 이민족 정권에 봉사한 입신출세 지향형 인간도 아니고, 애당초 이민족 정권에 영합하기를 거부한 철저한 은둔자도 아니라는 사실을 나타내는 듯이 보인다. 또한 그가 한족이었다는 점에서 민족 문제에 어느 정도 비판

| **마치원** | 『한궁추』의 저자 마치원은 이민족 정권에 봉사한 입신출세 지향형 인간도 아니고, 이민족 정권에 영합하기를 거부한 철저한 은둔자도 아닌 중간자였다. 그는 말단 관직을 사직하고 한나라 때 흉노에게 시집간 왕소군을 주인공으로 한 『한궁추』를 집필했다. 사진은 중국 베이징 마치원의 옛집에 세워진 동상이다.

적인 의식을 가졌을 가능성과, 고급 관료가 아니었다는 사실에서 계급 혹은 신분 문제에 대해 비판적인 감수성을 가졌을 가능성을 생각해볼 수 있다. 그가 말년에 은둔 지역으로 남방을 택하기는 하지만 이민족과의 교류 경험이 상대적으로 더 축적된 북방(베이징) 지역 출신이었다는 사실을 고려하면 이민족 지배라는 것이 미증유의 체험도 아니었을 것이다. 요컨대 마치원은 현실을 완전히 부정할 수도, 현실에 완전히 영합할 수도 없는 사람이었다.

그는 몽골 행정부의 미관말직에 있던 중국 사람들 중 한 명이었다. 그는 몽골 행정부에서 미관말직을 맡는 것 정도는 큰 타협이 아니라고 생각했을 수 있다. 혹은 관직에서 뭔가 이룰 수 있는 가능성은 애당초 별로 높지 않다고 느꼈을 수도 있다. 그러한 상황에서 모든 선택지는 종종 모호하기 마련이다. 조창운과 비교했을 때 마치원은 이민족 왕조에서 자신의 자리를 전혀 발견할 수 없었던 송대 황족 출신은 아니었다. 다른 한편으로 야율초재와 비교하자면, 이민족 정권의 완전한 신뢰를 얻기는 어려운 한족 출신이었다. 조창운처럼 송 왕조의 최고위층 지배 엘리트도 아닌 데다가 이민족 정권의 고위층에도 오를 수 없었던 마치원의 처지는 당대 정치에 대한 그의 태도에 영향을 끼쳤다고 볼 수 있지 않을까?[36] 과연 마치원은 이민족 지배라는 정치적 환경에서 기존 중화질서 관념을 어떻게 변용했을까?

마치원은 결국 자신의 관직을 사직하고 보다 많은 청중을 위해 극본을 쓰는 나름 공적인 역할을 하기로 마음먹는다. 그의 극본 『한궁추』는 정치적 무관심이나 냉소주의를 설파하지 않는다. 대신에 섬세하고 특별한 정치적 메시지를 전한다. 그 메시지에 대해 좀 더 자세히 논의해볼 가치가 있다. 『한궁추』를 이해하기 위해서는, 조맹부의 그림처럼, 한나라의 강력한 라이벌이었던 흉노가 몽골족의 비유로 기능한다는 점을 알아야 한다. 『한궁추』는 흉노족의 통치자인 선우가 한나라를 공격하려는 즈음부터 이야기를 전개하기 시작한다. 이런 식의 시작은 독자에게 한나라의 첫 번째 황제(한고조 유방)가 기원전 201년에 경험한 평성에서의 혹독한 패배를 상기시킨다(4장을 참조할 것). 그 당시 한나라 황제는 치욕스러운 평화조약에 서명해야 했고, 흉노는 공주를 상납받는 대가로 한나라를 침공하지 않겠다고 약속하였다.

왕소군 이야기

『한궁추』의 소재인 왕소군王昭君 이야기는 이와 같은 역사적 맥락을 염두에 두고 이해해야 한다. 왕소군은 중국 역사상 대표적인 미인으로 알려져 있으며 황제와의 로맨스로 인구에 회자되었지만 실제 역사서에 기록된 바는 매우 소략하다. 왕소군은 전한前漢 원제元帝(재위 B.C. 49~B.C. 33)의 후궁으로 이름은 장牆, 자는 소군昭君이다. 그녀가 동아시아의 국제 정치적 함의를 가지게 된 것은 그녀에 대한 최초의 기록인 『한서漢書』의 「원제본기元帝本紀」와 「흉노열전匈奴列傳」에서 모두 정부가 화친정책의 일환으로 그녀를 흉노에게 출가케 하여 중국과 변방 이민족 간의 평화를 유지하는 것으로 적고 있기 때문이다. 그 덕분에 비련의 여인이라는 이미지가 만들어졌지만 최초의 기록에서는 그런 면모를 찾아볼 수 없다.

이후의 여러 가지 기록을 통해 전해온 왕소군 이야기는[37] 판본의 장르, 시기, 지역에 따라 상당히 다르게 개작되었다. 따라서 어느 것이 진짜 왕소군 이야기인가 하는 질문은 큰 의미가 없다.[38] 창작과 해석의 역사에서 그중 마치원의 『한궁추』가 유명하다. 다만 이 텍스트는 기존 사료와 해석사를 바탕으로 한 일종의 창작물이기 때문에 곧 당시 상황을 직접적으로 반영한 역사적 사료로 간주할 수는 없다.

마치원에 의해 창작된 왕소군 이야기, 즉 『한궁추』의 줄거리는 몇 가지 측면에서 이전의 왕소군 이야기들과 다르다. 『한궁추』는 『한서』에 나온 기록대로 한나라 조정이 무기력하고 군대가 약해서 생긴 중국의 위기 상황에서부터 이야기를 시작한다. 중국의 통치 엘리트들은 리더십을 가질 만한 문화적 혹은 도덕적 정당성이 거의 없는 것으로 그려진다. 한나라 고관으로 나오는 모연수毛延壽가 그 좋은 예이다. 황제의 총애를 얻기 위해 그는 황제의 처소를 아름다운 여인으로 가득 채우겠다고 약속하고 초상화를 보여주고 마음에 드는 여인을 고르라고 한다. 왕소군은 지극히 아름다웠으나 너무 가난하여 모연수에게 뇌물을 줄 수 없었다. 이에 앙심을 품은 모연수는 왕소군을 일부러 못나게 그린 초상화를 만든다. 그 결과 황제가 왕소군이 연주하는 피리 소리를 우연히 듣기 전까지는 왕소군은 황제를 알현할 기회를 전혀 얻지 못한다. 일단 황제와 왕소군이 만나게 되자 두 사람은 사랑에 빠진다. 황제의 진노를 두려워한 나머지 모연수는 흉노족에게로 도망친다. 그리고 왕소군을 똑같이 그린 초상화를 호한야선우呼韓邪單于에게 보여주고, 호한야선우보고 왕소군을 요구하라고 부추긴다. 초상화 속 미녀에게 마음이 홀린 호한야선우는 왕소군을 부인으로 삼겠다고 황제에게 그녀를 보내라고 요구한다. 만약 황제가 왕소군을 보내지 않는다면 혼인동맹의 전통에 따라 호한야선우는 한나라를 침공할 것이다.

황제는 처음에 왕소군을 보내는 것을 주저했으나 야만족의 요구에 부응하지 않을 도리가 없었다. 이때 왕소군이 의연히 흉노로 가겠다고 자원한다. 개인적인 로맨스를 넘어서는 것이 곧 황제에 대한 충성임을 공개적으로 드러내면서 왕소군은 용기 있게 자신의 운명을 향해 걸어간다. 호한야선우와 결혼하기 위해

낯선 땅으로 가다가 왕소군은 오랑캐 땅과 한나라 땅을 가르는 국경 지역에서 강물에 몸을 던져 자결한다. 그녀의 영웅적인 자살은 왕소군을 선우의 아이를 낳은 사람으로 묘사하는 역사적 기록과는 분명한 차이가 있다. 왕소군의 자결 소식을 접한 호한야 선우는 후회하면서 한나라를 침공하는 대신 모연수를 처형한다. 왕소군의 자결 덕분에 흉노와 한나라는 평화를 이루고, 정의는 실현된다.

이와 같은 이야기가 이전 작품들과 뚜렷이 대비되는 점은 다음과 같다. 첫째, 『한서』의 「흉노열전」에 기록되어 있는 일종의 근친상간적 모티브는 『한궁추』에서는 사라지고 없다.[39] 둘째, 왕소군을 최초로 언급하는 『한서』나 『금조琴操』[40]에는 왕소군의 가족, 왕소군과 황제의 관계, 화공畵工 모연수에 대한 언급이 없다. 화공의 등장이 명시된 것은 『서경잡기西京雜記』[41]이다. 마치원은 『한궁추』에서 화공 모연수를 악인 관료로 바꾸어놓았다.[42] 셋째, 왕소군의 출신에 대한 것으로, 『한서』에는 왕소군이 가난에 찌든 집안이 아니라 좋은 집안 출신[良家子][43]으로 나오는데, 이는 마치원이 왕소군을 하층민으로 설정한 것과 대비를 이룬다. 넷째, 자신의 운명을 결정하는 과정에서 왕소군이 취하는 자세와 동기에 큰 차이가 있다. 『후한서後漢書』에서는 『한서』와 달리 왕소군이 여러 해 임금을 만나지 못해 슬픔과 원망에 찬 나머지 본인이 오랑캐 땅으로 가기를 청한다. 둔황에서 발견된 변문變文본 왕소군 이야기에 따르면, 흉노족에게 시집온 이후 왕소군은 자신의 처지를 비관하여 죽어가는 인물로 나온다. 두 경우 모두 왕소군의 죽음

은 충절과는 관계가 없다.[44]

『한궁추』에 담긴 정치사상

이와 같은『한궁추』의 특성을 염두에 두면서 그 안에 담겨 있는 정치사상을 분석해보자. 첫째, 황제에 초점을 맞추어 텍스트를 분석할 경우, 황제의 사적인 연애와 공적인 정치 간의 갈등으로『한궁추』의 주제를 파악할 수도 있다. 그러나 이 경우는 사적인 연애의 실패담과 이 이야기의 대미에서 보이는 해피엔딩이 부조화를 이루게 된다. 둘째,『한궁추』의 주제를 "나라를 외족에게 빼앗긴 울분을 토하면서, 원제를 빌려 중국 통치차들의 무능을 꾸짖고 있"다고 해석할 경우,[45] 실제로 주인공인 왕소군을 이야기의 핵심으로 다룰 수 없다는 난점이 있다. 그리고『한궁추』가 단순히 지배층에 대한 비판으로 일관한다고 보기도 어려운데, 이러한 분석은 이민족의 침략을 막아내고 평화를 되찾게 되는 결말을 충분히 설명할 수 없기 때문이다. 셋째, 왕소군을 해석의 중심에 놓되 그녀의 나라에 대한 충성심과 원제에 대한 지조를 강조하는 데 그칠 경우[46] 이 텍스트의 국제 정치적 함의는 실종된다.

그렇다면 어떤 점에 주목했을 때『한궁추』는 국제 정치적 함의를 지닌 텍스트로 현현하는가? 실로 마치원이『한궁추』를 쓰기 이전에는 왕소군의 운명 자체는 국제 정치와 직접적인 관련이 없었다고 할 수 있다.『한서』의 왕소군 관련 기록은 평화를 유지하기 위해 왕소군을 타국으로 보내는 이야기이기는 하지만, 그녀의 행보를 국제 정치 상황을 좌지우지하는 것으로 그리고 있지는 않다. 『금조』에서 처음으로 왕소군이 음독자살하는 것으로 나오는데, 자살 이유는 국제 정치상의 갈등 때문이 아니라, 흉노의 우두머리 호한야선우의 사망 뒤 그의 아들에게 출가하게 되는 자신의 처지를 비관해서이다. 또 『서경잡기』에서는 화공에게 뇌물을 주지 않아 왕을 모시지 못하는 것으로 설정된다는 점에서 왕소군에게 전에 없던 도덕성이 부여되긴 하지만, 이 경우도 국제 관계 이슈와는 관련이 없다.

　이에 비해 마치원은 국제 관계가 사안의 핵심이 되게끔 왕소군 이야기를 재구성한다. 왕소군이 조국을 떠나야 하는 것도 흉노와의 외교 관계 때문이며, 그 외교 문제를 해소하는 것도 다름 아닌 왕소군의 죽음 덕분이다. 특히 주목할 것은 『한궁추』에서는 한나라의 국력이 쇠약하여 왕소군이 불가피하게 떠나는 것으로 설정되어 있다는 점이다. 이러한 한나라와 흉노의 역학 관계는 한나라의 국력이 흉노보다 강하기도 하고 약하기도 했던 실제 역사, 그리고 『한서』의 기록과 다르다. 왕소군 이야기를 다룬 자료 중에서 흉노가 한나라보다 강성한 것으로 기록한 사례로 석숭石崇의 『왕소군사王昭君辭』가 있는데, 이는 석숭이 생존했던 사마씨 시대에 북방의 5호五胡가 강성한 상황을 반영한 것이라고 한다. 이렇게 본다면, 석숭의 경우와 마찬가지로, 마치원이 흉노를 한나라보다 강한 존재로 설정한 것은 당시 중국이 이민족에게 침탈된 상황을 반영한 것이라고 할 수 있다.[47] 즉, 마치원의 『한궁추』

중국정치사상사

1 王嬙

2

3

4 王昭君

| 왕소군의 다양한 이미지 | 마치원은 『한궁추』를 통해 그전까지 잘 알려지지 않았던 왕소군을 미천한 출신의 여인에서 도덕적 영웅으로 이미지를 탈바꿈시켰다. 당시 『한궁추』가 극으로 공연되었을 때 일반 피지배층인 관객들은 왕소군과 동일시하며 자신이 국제적 위기를 타파해내는 주인공이 되는 느낌을 공유했을 것이다. 그림 1은 청대 육창(陸昶)이 편집한 《역조명원시사(歷朝名媛詩詞)》에 실린 왕소군 이미지이며, 그림 2는 일본 에도시대 구스미 모리카게(久隅守景)가 그린 왕소군 이미지로, 일본 도쿄 국립박물관 소장품이다. 그림 3은 명대 화가 구영이 궁중 비빈의 일상생활을 묘사한 〈한궁춘효도(漢宮春曉圖)〉에 실린 왕소군 그림으로, 타이완 타이베이 국립고궁박물원 소장품이다. 그림 4는 청대 문인 안희원(顔希源)이 편사(編寫)한 『백미신영도전(百美新詠圖傳)』에 실린 왕소군 이미지이다.

는 비록 한나라를 배경으로 하고 있지만, 한나라의 역사적 상황 자체에 대한 것이 아니라 당대의 비유로 읽힌다.

이처럼 『한궁추』가 당대 국제 관계에 관한 생각을 담은 텍스트가 되었을 때, 가장 주목할 만한 점은 중화질서 관념의 지속, 그리고 그것의 기묘한 변형이다. 사욕과 침략에 골몰하던 흉노가 극의 대미에 이르러 도덕적 존재로 변화하는 모습은, 중화질서가 전제하고 있는 덕에 의해 자발적으로 교화되는 전형적인 예이다. 그러나 흥미로운 것은 그러한 '오랑캐'의 자발적 도덕성을 끌어내는 주체가 군주 혹은 통치 엘리트가 아니라 왕소군이라는 미천한 신분의 여성이라는 점이다.

마치원이 왕소군 해석사에서 이루어낸 중대한 변화는 다름아닌 왕소군을 미천한 신분의 여인에서 도덕적 영웅으로 만들었다는 사실이다. 『한서』와 『후한서』에는 왕소군은 흉노에게 시집가서 문제없이 잘 산 것처럼 기록되어 있다. 특히 『후한서』 「남흉노열전」에서는 왕을 모실 수 있는 기회가 주어지지 않으므로 스스로 자청하여 흉노로 떠나는 것으로 되어 있을 정도이다. 왕의 총애를 받지 못한 자신의 안위를 도모하기 위해 타국으로 떠나는 모습에서는 특별한 도덕성이 발견되지 않는다. 그에 비해 『한궁추』에서 왕소군이 "이미 폐하의 두터운 은혜 입었사오니 마땅히 한목숨 바쳐 폐하께 보답해야 할 줄 아옵니다. 천첩, 기꺼이 번국과 화친하는 데 나서겠나이다!"[48]라고 말했을 때, 왕소군의 행위는 누군가의 명령으로 이루어지는 타율적 행위가 아니라 자발적이고 자기 의식적인 도덕 행위이다. 이것은 흉노족에 기대어 안위를 도모한 과거의 왕소군 이미지를 전적으로 뒤집은 것이라고 할 수 있다.

게다가 그 왕소군이 양갓집 처녀에서 천민으로 바뀌어 있다는 점을 상기한다면,[49] 『한궁추』가 극으로 공연되었을 때 잠재 관객층인 일반 피지배층은 왕소군과 자신을 동일시하며 자신이 국제적 위기를 타파해내는 주인공이 되는 느낌을 공유했으리라고 상상할 수 있다. 특히 잡극雜劇 형식은 읽기 위해서이기도 하지만 실제 공연이 가능했다는 점에서, 마치원은 적극적으로 자신의 청중을 지배층뿐 아니라 피지배층 일반으로 확대했다고 할 수 있다.[50] 왕소군의 신분이 천민으로 설정되고, 피지배층이 왕소군에게 공감함으로써 생겨나는 정치적 의미는 무엇인가? 그것은 바로 우리가 도덕적이 되면 이민족도 도덕적이 될 것이라는 중화질서의 관념은 유지하되 그 질서의 주체만 기존 지배층에서 피지배층으로 바뀌게 됨을 의미한다. 이것은 지배적 위치를 차지하고 있던 기존 국제 정치사상을 절묘하게 재전유한 사례라고 할 수 있다.

그렇다면 기존 한족 지배층은 어떻게 되는가? 중화질서의 주체가 한족 지배층에서 천민인 피지배층으로 전치轉置됨에 따라 『한궁추』는 기존 한족 엘리트에 대한 비판 기능을 수행하게 된다. 그 점을 가장 명시적으로 보강한 것은 『서경잡기』에서 화공으로 등장한 바 있는 모연수를 『한궁추』에서는 의전을 맡은 대신인 중대부中大夫로 설정했다는 사실이다. 흉노족에 기대어 안위를 도모하는 몫을 관료인 모연수에게 할당함으로써, 비도덕적인 지배층 대 도덕적인 피지배층의 대조를 한껏 도드라지게 한 것이다. 그리고 이민족은 지배층이 아니라 도덕적인 피지배층에 의해 교화된다.

이와 같은 중화질서 관념의 재조정은 『한궁추』의 서두에서 제기한 질문에 대한 답이라고 할 수 있다. 극의 서두에서 호한야 선우는 말한다. "문왕도 일찍이 우리를 피하여 동쪽으로 몸을 옮겼고."[51] 여기서 문왕은 주나라 문왕이 아니라 주나라의 시조인 고공단보古公亶父를 가리킨다. 고공단보는 오랑캐의 위세를 피해서 기산岐山 아래로 거처를 옮긴 인물이면서 여자를 사랑함에도 불구하고 국정을 소홀히 하지 않았던 인물로 알려져 있다.[52] 이렇게 볼 때, 위의 구절은 이민족이 득세한 현실에서 고공단보처럼 덕을 발휘할 정치적 리더가 중국에 있는가 하는 질문으로 해석될 수 있다.

이 질문에 대한 관습적인 대답은 극 중간에 나온다. 물론 기존 중화질서 관념에 기초하여, 원제는 이렇게 말한다. "짐이 제위를 이은 이래로 사해가 태평하고 팔방이 평안한 것도 짐이 덕이 있어서가 아니라 뭇 문무 대신들이 도운 덕택이노라."[53] 그러나 이처럼 겸손의 외피를 씌운 기존 중화질서 관념은 흉노의 호한야 선우가 "국서를 한나라 천자에게 전하되 왕소군을 주면 평화적으로 화친하겠다고 해야겠다. 만약 주지 않겠다고 버티다가는 당장 남쪽으로 쳐들어가 그 강산조차 보전키 어렵게 될걸?"[54]이라고 말했을 때 와해되고 만다. 그리하여 원제는 "내가 무슨 놈의 대한大漢 제국의 황제란 말인가!"[55]라며 스스로 중화질서의 붕괴를 자인하게 된다.

이러한 상황에서 상서가 하는 다음과 같은 말은 덕치에 기반한 중화질서의 한계와 무력의 한계, 조지프 나이Joseph Nye의 표현을 빌리자면 소프트 파워soft power의 한계와 하드 파워hard power의 한계를 동시에 드러내고 있다.[56] "폐하, 우리 쪽은 병력이나 무장이 튼튼하지 못한 데다가 그와 대적할 만한 용맹한 장수도 없으니 혹 잘못된다면 어찌하겠나이까? 원컨대 폐하께서는 사사로운 은혜를 그녀에게서 거두시고 이 한나라의 억조창생의 목숨을 구하소서."[57]

만약 원제가 자신의 힘으로 평천하를 다시 이루었다면 그것은 기존 중화질서 관념으로의 복귀일 것이며, 반대로 흉노족이 무력으로 한나라를 유린하고 말았다면 중화질서 관념의 와해를 의미했을 것이다. 그러나 왕소군의 영웅적인 행동으로 한나라와 흉노 간의 국제 관계가 다시 평화를 찾게 되었을 때, 중화질서 관념은 유지되는 동시에 기존의 구성은 심오한 변용을 일으키게 된다. 즉, 중화질서의 북극성 자리를, 어떤 의미에서는, 황제나 지배층이 아닌 천한 집안 소생의 여성인 왕소군이 차지하게 되는 것이다. 그와 같은 전복은 원제가 "여러 문무백관은 의논을 하고 대책을 내어 번병을 물리쳐서 소군을 보내 번국과 화친하는 일이 없도록 하시오! 보아하니 소군이 연약하고 선량하다고 업신여기나 본데. … 만약 이런 식이라면 앞으로는 문무백관도 필요 없이 차라리 미인의 힘을 빌려 천하를 평정하는 게 더 낫겠소!"[58]라고 외쳤을 때 이미 암시된 것이다.

한족의 기존 통치 엘리트가 비판받으며 왕소군이라는 천한 집안 출신 여성이 그 자리를 대신하는 구도는, 원나라 조정으로서도 충분히 용인할 만한 것이다. 게다가『한궁추』의 마무리 장면에서 보이듯, 마치원은 몽골족을 자신의 결정에 책임을 지는 인간적 행위자로 간주한다. 이는 폭력과 탐욕으로 가득 찬 짐승 같은 존재, 그리하여 문명국 사람들이 어찌해볼 수 없는 상대로 몽골족을 보는 관점과 대조된다. 몽골족을 자신들과 다름없이 멀쩡한 동료 인간으로 인정함으로써 마치원은『한궁추』이야기를 맹자의 정치사상을 반영하게끔 구성한다. 이처럼 마치원이 자신의 생각을 담는 매체로 희곡을 택하면서, 원나라 치세하에서 미관말직이나마 벼슬을 했던 자신의 정치적 경력에 걸맞게, 피지배층과 이민족 정부 모두에 다가갈 만한 메시지를 만들었다고 할 수 있다.

그렇다면 왕소군과 호한야선우의 관계는 어떤 의미를 가지는가? 흥미롭게도 호한야선우는 왕소군에 의해 교화되는 피동적인 인물인 동시에 자신의 측은지심을 발견하는 군주의 존재로 설정함으로써 자신의 정치적 위치를 보장받고 있다. 극의 대미에 나오는 다음과 같은 발언을 보라.

아! 애석하고 애석하도다! 소군은 번국에 들어가지 않겠다고 강에 몸을 던져 죽어버렸구나! 말자 말자 말아! 이곳 강가에 묻어주고 '푸른 무덤[靑冢]'이라 칭하리라. 생각해보니 사람도 죽어버렸는데, 공연히 한나라 조정과 이 같은 원한까지 지게 된 것도 죄다 모연수 그놈이 사주한 일이렷다? 용사들아, 모연수를 잡아다가 한나라로 압송하여 처리케 하라. … 이런 간사한 역적은 남겨놓으면 화근만 될 것이니 아예 한나라에 보내 없애버리고, 전처럼 숙질 관계로 돌아가 양국이 오래도록 존속하도록 하는 것이 낫겠다![59]

호한야선우가 도덕의 궁극적 기초인 측은지심에 휩싸이는 모습에서 앞서 인용한 『맹자』의 「불인인지심」 장이 연상된다. 이것이 『맹자』 「불인인지심」 장에 담긴 정치사상의 절묘한 재해석이 될 수 있는 이유는 측은지심을 느끼는 주체와 대상이 교묘히 환치되어 있기 때문이다. 측은지심의 주체는 더 이상 한족의 군주가 아니라 이민족의 우두머리이며, 이민족의 우두머리에게 측은지심을 불러일으키는 주체는 우물에 빠지려는 아이가 아니라 자신의 결단으로 강물에 몸을 던지는 여자이다. 측은지심이라는 것이 위계를 전제로 한 정서라는 점에서 여전히 흉노족 우두머리의 정치적 위치는 보장받고 있다.

그러나 왕소군은 『맹자』 「불인인지심」 장에 나오는 아이와 달리 피동적인 위치에 있지 않다. 그녀는 적극적인 자기 결단으로 (이민족과 한족의) 통치자의 도덕심을 자극하는 에너지원으로 스스로를 변화시키고 있다. 하드 파워가 열세인 나라 출신의, 하드 파워가 절대 부족한 존재로서의 여성이, 실질적으로 자신의 유일한 파워인 소프트 파워를 극대화해서 정치적 문제를 해소하는 행동이라고 할 수 있다. 바로 여기서 기존 중화질서 관념을 지지해오던 사상적 기초가 절묘하게 재해석되고 있음을 본다. 『맹자』「불인인지심」장과 기존 중화질서 관념에서의 (한족) 군주는 이민족의 군주로, 측은지심의 대상에 불과했던 아이는 측은지심을 적극적으로 불러일으키는 존재로 변한다. 왕소군은 측은지심의 대상이라는 점에서는 여전히 군주의 하위에 위치하지만, 측은지심이라는 도덕의 원천을 불러일으켜 군주의 교화를 달성한다는 점에서는 군주보다 우위에 있다고 할 수 있다. 요컨대 호한야선우는 왕소군의 죽음으로 인해 측은지심을 느꼈을 때, 역설적으로 평민에 의해 교화된 군주가 된다.[60]

현대적인 관점에서 보면 왕소군은 놀라울 정도로 부자유한 존재, 통치자에 대한 수직적 충성의 이데올로기적 희생양에 불과할지 모른다. 당시 작동하던 사회적, 이데올로기적 시스템에 의해 제약된 행동 범위 안에서 왕소군은 자신의 길을 선택할 수밖에 없었다. 그건 사실이다. 그러나 그렇다고 해서 왕소군을 이 과정에서 수동적인 행위자에 불과했다고 보는 것은 큰 오류이다. 무엇보다도 왕소군은 대의를 위해 한나라 수도를 떠나기로 자원하였다. 그렇다면 이전 판본들과 비교해보았을 때, 『한궁추』에 묘사된 왕소군의 자살은 억압과 굴종의 표시가 아니라 의도적인 결단의 표시이다. 『한궁추』에서 왕소군은 망신당할까 봐 혹은 잘못했다고 형벌을 받을까 봐 행동한 것이 아니라 고귀하고 선한 것, 그 가치에 대한 사랑에 의해 동기를 부여받고 행동한 것이다. 왕소군은 극도의 도덕성을 공적으로 현시顯示한 것이었다.

또 다른 이론에 따르면 도덕적 행위자는 어떤 합리성의 원칙에 따라서 계산을 할 수도 있는 존재지만, 왕소군은 냉정하게 비용-편익 계산에 임하는 전략적으로 합리적인 개인으로 그려지지 않는다. 공동체 전체의 안녕을 고려하는 규범적인 관심이 왕소군의 행동을 추동한다. 규범에 구애받지 않고 협애한 자기 이해를 가차 없이 추구하는 데 골몰하는 인물로서 왕소군을 묘사한 것이 없었던 것도 아니다. 그러한 것은『한궁추』이전의 왕소군에 대한 묘사들에서 찾을 수 있다. 동시에 왕소군이 극도로 제한된 상황에서 그나마 가장 좋은 전략적 선택을 한 것 또한 사실이다. 그렇다면 왕소군은 일관된 선호, 합당한 근거가 있는 믿음, 전략적인 고려를 두루 갖춘 정치적 행위자인 것이다. 왕소군은 자신이 통제할 수 없는 외적인 힘에 의해 단순히 강제된 것도 아니고, 어떤 제약도 느끼지 않는 주체성의 순수한 순간을 만끽했던 것도 아니다. 우리는 왕소군의 행동에서 구조적인 압력과 행위자의 전략이 상호 작용하는 것을 볼 수 있다. 이러한 왕소군의 모습은 5장에서 다룬 앵앵의 모습과 극명한 대조를 이룬다.『앵앵전』은 아름다운 여성이 나라를 망하게 할 수 있는 원인이 될 수 있다고 암시한 바 있다.

　군사적으로 약체인 나라의 여성으로서 왕소군은 의존적이며, 사회적으로 열등한 위치에 있었음은 여전히 부인할 수 없는 사실이다. 왕소군은 군사적으로 훨씬 우월했던 '야만족'과 협상에 응할 수밖에 없었다. 그 협상은 결코 평등한 차원에서 수행되지 않았다. 그녀가 할 수 있었던 것이란 어떤 상징적 자원을 동원하는 것뿐이었다. 이 이야기를 압도적 군사력을 지닌 몽골의 지배 아래 있던 중국에 대입할 수 있다. 왕소군의 캐릭터를 통해 드러난바, 저자 마치원은 도덕적 설득을 선호했다고 할 수 있는데, 여기서 도덕적 설득이란 제임스 스콧의 표현을 빌려 약자의 무기였다고 해석할 수 있다.[61] 당시 중국은 제대로 사용할 수 있는 충분한 하드 파워를 가지고 있지 못했다. 이 맥락에서 소프트 파워란 약자의 무기이지만, 그것 없이는 불가능하거나 개연성이 높지 않았을 어떤 협상을 가능하게 한다.

앞서 『맹자』 「불인인지심」 장의 토론에서 언급했듯이, 맹자가 중심이 되는 동아시아 지적 전통에서 이 측은지심은 단순히 상대를 불쌍하게 여기는 정서에 불과한 것이 아니다. 그것은 우리가 이성적 판단력의 영역이라고 흔히 생각하는 시비지심 같은 영역을 궁극적으로 정초하는 본원적인 도덕의 세계이다. 그리하여 왕소군이 불러일으킨 측은지심은 호한야선우를 목전의 국제 정치적 위기에 대한 바른 시비지심-판단으로까지 이끈다.

"생각해보니 사람도 죽어버렸는데, 공연히 한나라 조정과 이같은 원한까지 지게 된 것도 죄다 모연수 그놈이 사주한 일이렷다? … 전처럼 숙질 관계로 돌아가 양국이 오래도록 존속하도록 하는 것이 낫겠다!" 즉, 그가 느끼는 측은지심은 곧 모연수의 처형 및 국제 관계가 어떠해야 한다는 바른 판단으로 이어지는 것이다. 그리고 그 바른 판단이란 어떤 정서적 충일함에서 초탈한 경지에서 이루어지는 법리적 판단 같은 것이 아니라, 도덕적 정서의 충일함이 인도하는 판단이라는 점에서 오늘날 우리가 쉽게 생각할 수 있는 정치적 판단력과는 일정한 차이가 있다. 이렇게 해서 회복되는 동아시아 국제질서의 정당성은, 무력에 의해 관철되는 강제적 질서나 어떤 이해관계의 조정과 타협의 산물이라기보다는, 측은지심에 기초한 소프트 파워에 의해 궁극적으로 확보된다고 하겠다.

중화질서의 면면은 아주 다양하다. 중화질서가 전제하고 있는 '중국'이라는 실체의 내용도 다양하고, 그 중화질서가 역사 속에서 각 주체들에 의해 변용되어온 모습 또한 다양하다. 때로 중화질서는 존재하는 현실의 반영일 수도 있겠으나, 종종 "'천하天下'의 귀의歸依는 천명天命을 받은 가장 중요한 증거였던 만큼 수명천자受命天子를 자임하는 '화華'의 천자에게 '이夷'의 신속臣屬은 단순한 허영심의 충족이 아니라 지배의 정당성을 제고하는 데 불가결한 요건"이기도 하였을 것이다.[62] 그리고 심지어 한족의 우월적 위치가 상실된 정복 왕조 시기에도 이민족은 이민족대로 자신의 지배 정당성을 보증한 논리로 사용하기도 하였고—자신이 문화의 우월성을 담보하는 한 지배자의 자격이 있다는[63]—한족은 한족대로 저항의 논리로 사용한 것이기도 하다.[64]

마치원의 『한궁추』를 통해 살펴본 중화질서의 경우는, 피지배 계층이 이른바 중화질서의 정점에 서서 한족 지배층에게는 비판을, 이민족 정권에는 교화의 기능을 수행하고 있기조차 하다. 나는 이것이 중화질서 관념이 오랜 역사 동안 다양한 변용을 거쳐왔으며, 그 과정에서 관념의 주체에 따라서 다양한 해석이 가능하다는 것을 보여주는 중요한 사례라고 본다. 이민족 정부와 무력한 자국 지배층에 공히 거리를 두면서 구상한 마치원의 새로운 비전 속에서 왕소군 같은 인물이 영웅적인 정치적 역할을 할 수 있는 것은 덕이라는 이름의 소프트 파워 전통이 있기에 가능했다. 실로 하드 파워가 아닌 다른 종류의 파워가 권력 담론의 중심에 섰을 때, 하드 파워의 경우에서와는 다른 이가 보다 권력에 접근하거나 부상하게 된다고 할 수 있다. 즉, 소프트 파워는 권력에 대한 접근성을 다른 방식으로 열어놓는다.

　물론 『한궁추』에서 보이는 사상이 얼마나 현실 적합성을 가진 것인지는 제기해볼 만한 또 다른 질문이라고 할 수 있다. 마치원이 결국 은둔하였다는 사실은 하드 파워에 의해 지지되지 않는 소프트 파워의 비현실성을 증거하는 것인지도 모른다. 그렇다고 하더라도, 마치원이 자기 생각의 잠정적 청중으로서 원나라 조정을 포함했다면, 이것은 하드 파워의 역학이 이미 돌이킬 수 없을 정도로 결정 난 상황 속에서, 약자의 위치에 선 주체가 하드 파워의 강자를 제어하기 위해 선택한 비전이었다고 할 수 있을 것이다. 원나라 정권의 입장에서도, 무력이 궁극적으로 효율적인 지배를 가져오지 못한다는 것을 깨달았다면, 마치원이 제시하는 비전은 한족 지배층을 끝내 주변부화한다는 점에서 받아들일 만한 것이다. 이러한 암묵적인 협상을 가능케 하는 것이 하드 파워가 가질 수 없는 소프트 파워만의 특징일 것이다.[65]

Autocracy

8

독재

명나라

1368~1644

일본

태평양

만주족

오이라트족

조선

베이징

난징

항저우

광저우

명明

시안

청두

대월

몽골

위구르족

탕구트족

투루판

둔황

미얀

몽골 통치의 말년은 엄청난 혼란과 많은 반란으로 얼룩졌다. 주원장朱元璋(1328~1398)은 원래 반란군의 일개 병사에 불과했으나 점차 신분이 상승하여 1368년에는 명나라를 창건하는 데 이른다. 그는 1127년 북송이 망한 뒤 240년 만에 다시 중국을 통일한 한족 통치자였다. 주원장은 중화와 이적의 이분법에 따라 노골적으로 몽골을 비방하고, 자신의 집권을 정당화하였다. "옛날부터 제왕이 천하를 다스려서 중국은 안에 거하여 이적을 제어하고, 이적은 밖에 거하여 중국을 받들었다. 이적이 중국에 거하여 천하를 다스린다는 말은 들어본 적이 없다."[1]

　주원장은 명나라 창건 과정에서 중국성의 세 가지 원천(민족, 공간, 문화)을 모두 상당히 성공적으로 동원하는 데 성공했다고 믿었던 것 같다. 즉, 주원장은 마침내 명나라가 물리적인 국경, 공통된 문화, 민족이 완전히 일치된 '중국' 혹은 '한漢' 왕조임

| 다양한 주원장의 초상 | 명 태조 주원장은 북송 멸망 이후 240년 만에 다시 중국을 통일한 한족 통치자로, 그는 중화와 이적의 이분법을 내세워 몽골을 비방함으로써 자신의 집권을 정당화했으며, 황제의 자의적 권력을 행사한 전제적인 통치 스타일로도 유명하다. 현존하는 주원장의 초상화는 여러 판본이 있는데, 1번은 전형적인 군주의 얼굴이지만 그 외는 주걱턱에 얼굴이 얽은 추남으로 그려져 있는데 주원장의 실제 모습과 닮았다고 한다. 1~4번 타이완 타이베이 국립고궁박물원 소장, 5번 개인 소장, 6번 중국 베이징 국립고궁박물원 소장.

을 명백히 하였다. 다음은 주원장이 쓴 「유중원격論中原檄」의 일부이다.

옛날부터 제왕이 천하를 다스려서 중국은 안에 거하여 이적을 제어하고, 이적은 밖에 거하여 중국을 받들었다. 이적이 중국에 거하여 천하를 다스린다는 말은 들어본 적이 없다. 송 왕조가 기울어 남쪽 땅으로 옮김에 따라 원이 북쪽 오랑캐로서 중국에 들어와 주인 노릇을 하였다. 사해의 안쪽이 굴복하여 신하로 복종하지 않음이 없었다. 이 어찌 사람의 힘에 의한 것이겠는가. 실로 곧 하늘이 준 것이다. 당시 군주가 명석하고 신하가 선량하여 천하의 질서를 잡을 만했다. 그러나 달인과 지사 들은 아래위가 뒤바뀐 현실에 탄식을 금치 못했다. 게다가 이후 원의 신하들은 조상의 교훈을 존중하지 않고 강상을 파괴하였다. … 원의 후예들은 탐욕으로 거칠어져 군신의 도를 잃는 데 이르렀다. 게다가 재상은 권력을 전횡하고, 헌대憲臺는 원한을 보복하기에 바빴고, 하급 관리들은 악독한 학대를 일삼았다. 이에 인심이 이반하고 천하에 무장봉기가 일어났다. … 천운이 순환해서 중원의 기氣가 융성해졌다. 수많은 사람 가운데서 마땅히 성인이 나타날 때이다. 오랑캐를 몰아내고, 중화를 회복하고, 기강을 확립하고, 인민을 구제할 때이다. … 나는 삼가 천명을 받들어, 감히 내 자신을 편안하게 하는 데 그칠 수가 없다. 이제 군대를 보내어 오랑캐의 무리를 북방으로 쫓아냄으로써 인민을 도탄에서 구제하고 한족의 국가 권위를 부활코자 한다. 인민들은 이를 모르고 도리어 나를 원수로 여기고 가족을 이끌고 북쪽으로 도망가다가 위험에 빠지는 일이 있을까 우려하여, 먼저 깨우쳐 알린다. 군대가 도달하더라도 인민은 피하지 말라. 추호도 범하지 말라고 내 엄숙하게 명하였으니, 나에게 귀의하는 자는 중화에서 영원히 편안할 것이요, 나를 등지는 자는 오랑캐 땅에 스스로 숨어 지낼 것이다. 하늘은 반드시 우리 중국 사람에게

명하여 우리 중국의 인민을 평안케 하리니, 오랑캐가 어찌 다스릴 수 있겠는가.[2]

민족 구성, 영토 크기, 문화 등 모든 방면에서 명나라는 앞선 원나라와 상당히 달랐다. 우선, 명나라는 여러 민족 간의 정치적 구별에 기초했던 원나라의 다민족 정책을 명시적으로 포기하였다. 명나라는 중국 외부의 몽골족과 중앙아시아인과 경계를 분명히 하는 한편, 중국 내부에 거주하던 몽골족과 중앙아시아인들을 흡수하여 동화하는 정책을 취하였다. 학자들은 명나라 인구 구성이 실제로 어느 정도로 한족 중심이었는지에 대하여 아직 합의에 이르지 못하고 있다. 그러나 명나라 통치자들이 민족적 동일성의 기초 위에 명나라 정치체를 수립하고 싶어 했고, 배타적인 국내 질서를 수호하고자 했음은 주지의 사실이다. 적어도 통치 엘리트의 민족성에 관한 한 명나라는 전체 중국 역사에서 마지막 한족 왕조였다.

명나라는 여러 면에서 배타성을 추구하였다. 첫째, 명나라의 영토는 당나라, 원나라, 청나라의 영토보다 훨씬 작았다. 비록 명나라 군대가 몽골족을 중원 바깥으로 몰아내기는 했지만, '중국인'들은 결코 그들을 완전히 내쫓는 데 성공하지 못했다. 다양한 몽골 연합체가 국경을 끊임없이 위협했고, 명나라 역사 전체에 걸쳐 국경 지역은 결코 평화롭지 않았다. 예컨대 1449년 명나라 군대는 토목보土木堡(지금의 허베이성 화이라이현)에서 크게 패배했다(토목의 변). 이때 몽골족 연합체 중 하나인 오이라트the Oirats가

황제 정통제(영종)를 납치하기까지 했다. 토목보에서의 대패 이후, 명나라는 점차 방어적인 대외 관계 정책으로 전환했고, 그 결과 명나라의 해외 접촉은 줄어들었다. 오늘날 우리가 알고 있는 만리장성은 진나라 때 완공된 것이 아니라 명나라 통치자들이 외부 세력의 침입을 두려워하여 요새를 추가로 축조하면서 확장한 것이다.[3] 만리장성은 명나라 정치체가 천명한 자족적이고 폐쇄적인 대외 정책의 산물이다.

둘째, 명나라 통치자들은 외국과 교류를 금지함으로써 바다를 통한 위협을 관리할 수 있다고 생각하였다. 15세기 전반, 명나라 스스로 시행한 해금海禁 정책은 세계 각국과 중국을 격리하고, 국가가 독점하는 조공무역을 무역의 유일한 경로로 만들고자 한 것이었다. 명나라 창건자 주원장은 자신이 내세운 농본주의 정책

| **청나라 말기의 만리장성 모습** | 토목의 변 이후 명나라 조정은 방어적인 대외 관계 정책으로 전환하였는데, 오늘날 만리장성은 진나라 때 완공된 것이 아니라 명나라 통치자들이 외부 세력을 방어하기 위해 요새를 추가로 축조해 확장한 것이다. 사진은 허버트 폰팅(Herbert George Ponting, 1870~1935)이 1907년에 찍은 것으로, 청나라 말기 만리장성 모습이다.

에 걸맞게 직역職役과 지리적 이동에 관해 매우 엄격한 규정을 적용하였다. 그에 따르면, 각 개인은 자신의 직업 활동 내역을 국가에 등록해야만 했다.[4]

셋째, 명나라 통치자들은 한족 중국문화와 유목민 문화의 차

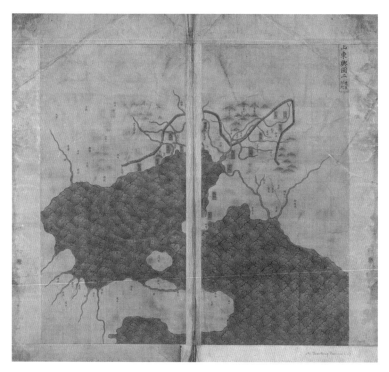

| 〈대명여지도〉에 그려진 명대 만리장성(랴오둥 지역) | 명나라 학자 이묵(李默, ?~1556)이 제작한 〈대명여지도(大明輿地圖)〉에 그려진 명대의 만리장성이다. 한국에서는 정치적으로 민감한 사안이라 명대 랴오둥(遼東) 변경의 방어시설을 '만리장성'의 일부로 간주하지 않았다.

이를 강조해온 도학을 자신들의 정권을 공고히 하기 위한 이데올로기로 삼았다. 이러한 사례들은 명나라의 창건 비전이 민족, 공간, 문화의 세 측면에서 모두 협소하게 정의되었음을 보여준다. 상대적으로 폐쇄적인 정치 환경에서 명나라 창건자 주원장은 자신에게 권력을 집중하였고, 그 권력을 피치자들을 통치하는 데 여지없이 휘둘렀다. 따라서 많은 학자가 명나라야말로 독재의 전형이며, 독재 또한 중국 정치의 항구적인 특징 중 하나라고 주장하였다. 이러한 주장의 타당성을 검토하려면 먼저 중국 제국사에

나타난 황제권의 궤적을 살펴봐야 한다.

중국사 속의 황제권

중국 대륙 학계에서 흔히 통용되는 중국사 속의 황제권에 대한 입장은 다음과 같다.

> 황제라는 호칭의 사용은 황권전제주의의 성립을 나타내는 것이고, 군현제의 선택은 중앙집권제 국가의 출현을 상징하는 것이기 때문이다. 이른바 황권전제라는 것은 국가의 중추 권력에 있어서 황제와, 승상을 대표로 하는 군신 사이의 분권 형식을 말한다. 이 형식에서 황권은 기본적으로 어떠한 제약도 받지 않는다. 진 왕조 이래로 황권전제는 더욱 강화되었는데, 한漢에서 송宋까지의 시기에는 황권이 재상 권력을 압도했고, 명明 이후에는 황제가 승상의 권력도 겸하면서 국가의 원수와 정부의 수뇌가 합치됨에 따라 황권전제가 최고의 극성시대를 이루었다.[5]

그러나 중국 역사를 좀 더 꼼꼼히 살펴보면 상황은 간단하지 않다. 거자오광은 『고문상서古文尚書』에 나오는 "여일인予一人(余一人: 나 한 사람)"이라는 표현에 주목하여, 상나라 때 이미 왕이란 곧 '하나'라는 사상이 나타났고, 이후 그런 의식은 꾸준히 답습되었다고 본다.[6] 그렇다고 해서 군주권의 강도가 역사적으로 동일했던 것은 아니다. 다른 학자들에 따르면, 춘추시대 이전에는 제약이 많았지만, 전국시대를 거치면서 군주권이 비약적으로 성장하였다. 이를테면 샤오궁취안은 이렇게 말한다.

중국에서 춘추 이전에는 임금이 전제를 하지 않았다. 군권의 운용에는 확실히 일정한 제한이 있었다. 귀족·세경과 대신·거실 등은 군권에 대하여 직접적인 제약을 가했다. 민심의 향배, 천명의 여탈與奪, 귀신의 상벌 및 복서卜筮의 길흉 등은 간접적인 제약이었다. 유·묵·음양 등의 학자들이 주장한 천명과 민귀의 이론은 모두 군권을 은연중에 제약하는 기능을 지녔다. 법가는 비록 위와 같은 것들을 모두 배격하고 있지만, '법이란 군신이 모두 지키는 것'이라는 그 이상으로 말하면, 역시 군권에 대한 일종의 제한을 잊지 않고 있었다. 한대에 주장된 오행과 재이의 이론은 실은 고학을 계승한 것이며, 그 의도가 군권을 제한하려는 것이었음을 전적으로 부인하기는 어려울 것이다.[7]

전기 중국 제국 시기 황제들은 종종 최고의 권력을 누렸는데, 그렇다고 해서 그 권력이 충분히 제도화된 것은 아니었다. 그 뚜렷한 예가 사면赦免이다. 사면은 송나라 이후 시기보다 전기 중국 제국 시기에 빈번하였다. 이를테면 당나라 때에는 174회에 달하는 전全 제국적 차원의 사면이 있었다.[8] 사면이 항상 무법적으로 혹은 정규 행정 과정을 무시하고서 이루어진 것은 아니었다. 그러나 사면 행위는 대체로 황제가 종종 관료들의 반대에도 불구하고 예측하기 어려운 권위를 행사했다는 사실을 보여준다. 이론적으로 황제의 권위는 하늘에 기초해 있었다. 그러나 실질적으로는 9세기 이후 환관들이 종종 황제의 양위讓位를 이끌어내었다. 황제는 조정에서 자신의 의지를 관철하고자 환관들에게 상당히 의지하였다.[9] 아무리 대단하고 심지어 신적인 존재였다고 할지라도 전기 중국 제국 시기 황제들은 종종 취약한 처지에 몰렸다. 귀족 경쟁자나 환관 들이 황제를 권좌에서 끌어내리곤 했기 때문에 충분히 안정적인 권력을 누리지 못한 것이다.

그렇다면 송나라 시기의 황제들은 어떠한가? 학자들의 주장에 따르면 송나라 황제들은 조정을 귀족이 아닌 황제에게 의존해야만 하는 처지에 있는 한미한 출신들로 채웠다. 이것이 바로 일부 역사가가 송나라가 유례없을 정도로 독재적이었다고 생각하는 이유 중 하나이다.[10] 송나라 초기에 이루어진 다음과 같은 조치들을 보면 그러한 생각은 일리가 있다.

송나라 태조와 태종은 금군禁軍과 절도사의 병권을 빼앗았다. 구체적으로는 금군의 통수권을 셋으로 나누고 마馬, 보步, 전전殿前의 '삼아三衙'를 분별하여 통령하도록 했다. 그리고 지방 재정권도 삭탈하고 사법 대권도 회수했으며, 관리의 임면권을 중앙에 집중하였다.[11] 오늘날 국가론의 관점에서 볼 때 가장 인상적인 것은 관료제의 재편이다. 그 구체적인 내용은 다음을 참조할 수 있다.

권력을 분해하여 상호가 견제하도록 하고 엄밀하게 관리 감독

하는 것이 송대 관제의 큰 특색이다. 구체적인 방법은 주로 두 가지였다. 첫째는 기구를 증설하여 관직을 많이 만들고 사무 권한을 분화시키는 것이었고, 둘째는 직職과 관官을 분리시키는 것이었다. 중앙이든 지방이든 정치, 재정, 군사 삼권을 일률적으로 분리했다. 중앙에는 재상, 추밀사樞密使, 삼사사三司使가 정권, 군권, 재정권을 나누어 장악했다. 지방 1급 로路에는 안무사按撫使, 전운사轉運使, 형옥사刑獄使, 제거상평사提擧常平使를 설치하여 정무, 재정, 형정, 군정의 권력을 나누어 관장하고 네 감사監司 간 상호 통괄 및 예속을 못하도록 했다. 동일한 권력을 나누어 몇 개의 관직이 함께 장악하도록 했다. 이를테면 주州에 지주知州와 통판通判을 설치하고 통판은 황제가 직접 지명하여 파견했는데 '감주監州'라 호칭했다. 지방 문서는 반드시 지주와 통판이 연계 서명을 해야 효력이 발생할 수 있었다. 관과 직 또한 분리했다. 태조가 흠정한 관제는 이러했다. "관이 있고, 직이 있고, 차견差遣이 있다. 관은 머무는 곳에 따라 녹봉을 받고 지위 순서를 정한다. 직은 학문을 통해 선발하되 별도로 차견의 신분으로 내외 사무를 처리한다."[12] '관'과 '직'은 모두 이름뿐인 직함이었으며 오직 '차견'만이 실제 직무를 수행했다. 관과 직이 다르고, 명과 실이 분리되어 있어서 본래의 관은 본래의 직을 처리하지 않았다. "관에 있으면서 그 직무를 모르는 사람이 열에 여덟아홉이었다."[13] '차견'은 임명 후 인사이동이 빈번했기 때문에 관료들이 특정 지역이나 특정 권력을 장기적으로 장악하기가 매우 어려웠다.[14]

이렇게 볼 때 송나라 때 황제를 견제할 만한 잘 조직된 강한 귀족 계급이 없었던 것은 분명하다. 그렇다고 해서 통치가 독단적이고 무제한적인 황제 권력에 의존했음을 의미하지는 않는다. 오히려 정반대라고 할 수 있다. 1040년 장방평張方平(1007~1091)은 송나라 인종仁宗(재위 1022~1063) 황제에게 과감하게도 이렇게 말했다. "이 나라를 황제께서 혼자 다스릴 수는 없습니다. 관리들과 함께 다스려야 합니다."[15] 일부 송나라 사대부는 자신을 황제의 완전한 국정 파트너로 간주하면서 황제에게 정치적인 덕성을 배양하라고 요구하였다. 이는 합당한 통치를 수행하기 위해서 황제가 권력의 자의적인 행사를 자제해야만 했음을 의미한다. 송나라 사대부들은 황제의 의지와는 독립적으로 집단을 이루고 자신들의 정치적 견해를 표출할 수 있었다.[16] 그들의 견해는 일관되고 정합적인 원칙으로 응결되어, 조정에서 준입헌적인 역할을 수행하였다. 사대부 개인들은 황제와 신하들이 국정의 원칙으로 공유하고 있는 국시國是, the principle of state governance에 어긋나지 않도록 행동해야 했다.[17]

송나라 황제들은 정책에 대한 최종 재가권裁可權을 가졌듯이, 신하들을 임명할 때도 최종적인 판단을 했지만, 상당한 행정적 권위를 고위 관료들에게 위임하였다. 이는 중국 특유의 현상이 아니라 관료제에 기초한 정치체 일반에서 볼 수 있는 현상이다. "전문 관료층은 특권적 신분 계층에 대한 군주의 승리를 가능하게 했다. 그러나 다른 한편으로는 절대군주가 신분 계층에 대해 승리를 거두자마자 군주는 자신의 절대적 지배권을 서서히 전

문 관료층에게 넘겨주기 시작했다.”[18] 이러한 정황은 이후 청나라 황제 건륭제乾隆帝의 분노를 불러일으킬 정도였다. “왕안석의 항의서에 송나라 신종神宗이 공손히 사과하는데, 이것이 무슨 정치 체인가! 왕안석이 진짜 올바른 사람이라 하더라도 안 될 일인데, 하물며 옳지 않은 사람임에랴!”[19]

명나라 초기에 상호 협의하는 집단통치체제에서 명백한 독재체제로 변화가 일어났다. 특히 황제와 신하 간의 힘의 균형에 변화가 생긴 것이다. 첫째, 일중독자였던 명나라 창건자 주원장은 많은 일을 자기 손으로 직접 해결하려 들었고, 자신의 적수가 될 가능성이 있는 사람은 신속하게 탄압했다. 그 적절한 예가 황제의 자의적 권력 행사를 막는 역할을 해온 승상제도의 폐지였다. 층층으로 둘러싼 관료들로 인해 고립되지 않고자 명나라 황제들은 환관들로 구성된 유사 관료제를 발전시켰고, 환관들은 황제들에게 벗이 되어주는 동시에 메시지 전달이나 감찰 같은 실질적인 서비스를 제공하였다.[20]

또한 주원장은 제국 신민들을 정치권력에 순응하도록 만들기 위해 초급학교에서 고급학교에 이르는 전국 단위의 공립학교 체제를 만들었다. 다시 말해 정권은 백성들의 심성을 자신들의 입맛대로 형성하는 데 관심을 두었고, 성공할 경우 백성들은 충직한 신민 노릇을 할 것이었다. 이 밖에도 주원장의 전제적인 통치 스타일을 드러내는 많은 에피소드가 있다. 예컨대 주원장은 『맹자』에서 통치자의 권위를 잠재적으로 훼손할 수 있는 단락들을 없애버리라고 명령하였다.[21] 고관대작들조차 종종 곤장을 맞았다. 이러한 이유들로 인해 많은 현대 학자와 명나라 후기의 지식인은 주원장을 명·청 시기 전제주의의 시발점으로 간주하였다.[22]

명나라 전제주의에 대한 접근법

일찍이 중국 전제주의에 관한 표준적인 연구는 카를 비트포겔의 『동양 전제주의*Oriental Despotism*』(1957)였다. 비트포겔의 주장은 대략 이렇다. 중국의 농업과 자연환경은 대규모 관개 시스템을 요구하였고, 관개 시스템을 유지하기 위해서는 고도의 협업이 필요하였다. 그러한 협업은 통치자의 무시무시한 권력에 의해 가능하였다. 중국 정치 전통에 대한 이러한 엄혹한 평가는 1950~60년대를 풍미하였던 냉전 시기 중국학sinology이 채택한 이데올로기적 입장이라고 이해할 수 있다. 비트포겔은 동양 전제주의의 주장을 어느 특정 왕조에만 적용하는 것이 아니라 중국 역사 전체에 적용하고자 하였다. 즉, 전제주의를 특정 황제의 통치 스타일에 귀속한 것이 아니라 중국이 처한 항구적인 자연조건에 귀속하였다.

많은 사회과학자가 한동안 동양 전제주의의 틀 안에서 작업하였지만, 역사학자들은 그러한 일반적인 틀에서 벗어나 특정한 영역과 문제 들을 다루는 보다 다변화되고 섬세한 연구로 나아갔다.[23] 주목할 만한 사례가 프레더릭 모우트의 명나라 전제주의 연구이다.[24] 모우트는 전제주의 가설을 중국사 전체에 적용하지 않은 대신 중국 전제주의의 기원을 송나라로 잡았다. 모우트의 평가에 따르면, 명나라는 중국사에서 전제주의가 정점에 달한 시기이다. 그리고 명나라 전제주의는 그가 몽골 야만화Mongol brutalization라고 부른 현상에 그 원인이 있다. 모우트에 따르면, 원나라 황제권은 한나라 황제권과는 질적으로 다르다. 몽골족은 기존 중국의 체제에 깃들어 있던 황제권을 제약하는 각종 장치를 많이 파괴해버렸으므로, 원나라 황제권은 입헌적인 제약에서 자유로웠다. 예를 들면, 몽골족 칸들은 관료들과 불편한 동거 관계에 갇혀 있지 않고, 자신들의 지배 대상에게 제한 없는 권력을 휘둘렀다. 이러한 취지의 몽골족에 의한 야만화 테제는 왜 전제주의적 실천이 명나라 말기보다는 명나라 초기에 나타나는지를 설명해줄 수 있다. 좋든 싫든 원나라 유제遺制가 명나라 후기보다는 초기 통치자들에게 더 남아 있었기 때문이다.

모우트의 접근과 거리를 두는 학자가 에드워드 파머Edward Farmer이다.[25] 파머는 명나라 전제주의를 탈인격화하고 만개한 전제적 통치제도의 발전에 초점을 맞춘다. 파머가 보기에 명나라 전제주의는 개인의 통치 스타일보다는 제국의 제도가 갖는 성격에 기인한다. 관건은 주원장의 무시무시한 성품이 아니라 명나라 초기 통치자들이 권력을 집중하기 위해 도입한 제도들인 것이다. 개인의 의지보다는 제도화된 체제를 강조한다는 점에서 에드워드 파머의 관점은 황종희黃宗羲(1610~1695)의 관점을 떠올리게 한다. 황종희는 명나라 초기 승상제도 폐지가 곧 황제에게 권력이 과도하게 집중되는 결과를 낳았다고 보았다.[26]

티모시 브룩Timothy Brook이 보기에 모우트와 파머의 접근은 문제가 있다.[27] 몽골 칸들이 전제적인 실천의 레퍼토리를 후대 황제들에게 남겨놓기는 했지만, 명나라 초기 황제들이 수동적으로 명나라를 만들지는 않았다는 것이다. 그 황제들은 기존 습속을 바꾸는 데 과감했고, 새로운 출발을 할 수 있었다. 다시 말해 왜 명나라 초기 황제들이 여러 갈림길에서 전제주의의 길을 선택했는지 설명할 필요가 있다. 에드워드 파머처럼 제국의 제도에 초점을 맞춘다고 해서 충분히 만족스러운 답을 얻을 수 있는 것도 아니다. 명나라 창건자는 명나라 법제에 자신이 구속된다고 생각

한 적이 없기 때문이다. 간단히 말해 명나라 전제주의는 오로지 제도화 과정만도 아니고, 물려받은 개인 통치 스타일의 결과만도 아니다. 대신 티모시 브룩은 명나라 조정 정치를 비극적인 결함을 가진 대상이라기보다는 협상의 결과라는 맥락에서 생각해보자고 제안한다. 이 제안에 따르면 명나라 역사의 복합적인 면을 설명할 수 있다. 명나라 정치에서는 권력이 전제적으로 행사된 사례뿐 아니라 협상과 집단적인 결정의 사례 또한 발견된다.

만약 폭넓은 범위의 역사적 사건들을 포괄하는 후기 중국 제국 정치의 어떤 일반적 조직 원리를 발견하고 싶다면 어떻게 해야 할까? 그럴 경우 후기 중국 제국의 정치 행위자들이 집단적으로 고려하였던 참고체제를 알아내야 할 것이다. 그러한 참고체제를 포착할 수만 있다면 다양한 역사적 사례를 설명하기에 용이할 것이다. 바로 이러한 맥락에서 공유된 정치 이데올로기라는 이슈를 다루어볼 필요가 있다. 막스 베버, 슈무엘 아이젠슈타트, 윌리엄 시어도어 드 배리Wm. Theodore de Bary 같은 학자들은 중국 정치를 설명할 때 '유교'를 중요한 독립변수로 간주하였다. 그러나 존 다디스John W. Dardess는 '유교'를 일반화된 특징으로 요약하는 것을 넘어서 명나라 초기 정치와 '유교' 사상의 관계에 대해 보다 구체적인 연구를 수행하였다.[28] 존 다디스는 특히 명나라 창건자가 새로운 왕조의 기초를 다지는 데 많은 사대부를 영입한 점에 주목하였다. 저장성 진화金華 지역 유학자들은 명나라 초기 독재에 이데올로기의 기초를 제공하였고, 새로운 왕조가 정당성을 얻는 데 핵심적인 역할을 하였다. 즉, 명나라의 독재는 군주와 사대부 간에 이루어진 연합에 기초해 있었다.

존 다디스의 견해가 옳든 그르든 간에 명나라 초기 통치자들이 도학을 국가 정통으로 받아들인 것은 사실이다. 이후 도학은 국가 정통의 지위를 꾸준히 유지한다. 명나라 창건자 주원장은 1370년에 과거제도를 처음 실시했다가 곧 중단했다가, 1382년에 과거제도 부활을 선포하고 1384년에 제도를 확립하였다. 이 과정에서 주원장은 《사서四書》에 대한 주희의 주석을 관학의 커리큘럼으로 채택하였다. 명나라 초기쯤이면 도학이 관학으로 자리매김한 지 이미 100년이 넘은 때라고 할 수 있지만, 도학의 공적 위치가 완전히 제도화된 것은 명나라 초기였다고 할 수 있다.[29]

홍무洪武(1368~1398) 원년 3월에는 과거를 시행하여 사土를 모집하라는 조령을 내렸고, 10월에는 국자학國子學 제도를 결정하

| **중국의 과거 시험** | 명나라 창건자 주원장은 1384년 과거제도를 확립한 후 과거 시험을 치지 않고는 공직에 나올 수 없도록 했다. 또한 《사서》에 대한 주희의 주석을 관학의 커리큘럼으로 채택함으로써 중국 엘리트들은 과거 시험에 합격하기 위해 주희의 도학을 공부할 수밖에 없었다. 도판은 명대에 중국 송나라 수도 개봉(카이펑)에서 치러진 궁전 시험 장면을 그린 것이다. 작자 미상.

였으며, 11월에는 공자의 56세손 공희학孔希學을 연성공衍聖公으로 봉하였다. 1년 후에는 군郡과 현縣에 학교學校를 설립하도록 조령을 내렸고, 홍무 3년(1370)에는 경사京師(수도)와 각 행성行省에서 대규모 향시鄕試를 개최하였다.[30] 이 모든 것이 빠르게 제도화하였다.[31]

명나라 창건자는 과거 시험 이외에 공직에 나오는 길을 원칙적으로 봉쇄하였다. 그 결과 중국의 엘리트들은 과거 시험에 합격하기 위해서 주희의 도학을 공부해야만 했다. 그렇다면 명나라 통치 스타일과 도학의 관계를 고려하는 것은 당연한 일이 아닐까?

대안적인 접근

우리는 전근대 중국에서 군주제 이외의 정부 형태를 발견할 수 없다. 세습 군주제가 (거의) 유일하게 타당한 정부 형태였다. '천자'라는 유일자로서 황제는 그렇지 않았다면 분권화되고 말았을 정치체제의 정점을 차지하였다. 대부분의 사람들과 마찬가지로 도학자들은 황제에 대한 충성을 중요한 정치적 덕성으로 인정하였다. 사람들이 군주제를 널리 수용하고, 충성을 핵심 덕성으로 받아들이면서 황제는 '급진적인' 비판에서 제외된 셈이었다. 이러한 상황에서는 황제가 제도적 권력을 휘두르고자 할 때 무엇을 어떻게 해야 할지를 알면 자연스레 독재로 이어지게 되는 법이다. 황제가 무슨 일을 어떻게 해야 할지를 모르면 독재가 퇴조한다. 그런데 제대로 작동하지 않은 군주제가 곧 민주정은 아니라는 점을 지적할 필요가 있다. 군주제가 잘 작동하지 않을 때, 신하는 충성 조항으로 인해 일정 수준 이상의 비판을 하기 어렵고, 그러다 보니 결국에는 기껏 관직을 떠나는 쪽을 선택하는 것으로 마무리된다. 결과적으로 무능한 황제가 지배할 때는—이것이 대부분의 경우 사실이다—나쁜 통치가 펼쳐진다. 상황이 악화될 경우 왕조는 몰락한다.

그렇다면 정치 행위자는 제국의 정치에 깃든 이런 내재적인 문제를 어떻게 해결하는가? 한 가지 선택지는 정치적 위계상 정점에 있는 황제가 성인聖人이 되는 것이다. 그럴 수만 있다면 황제의 생각과 행동이 입헌적인 체제에 의해 견제되지 않아도 정치의 결과가 나쁘지 않을 것이다. 왜냐하면 황제가 성인이기에 바른 판단을 내리거나, 황제의 성인 자질이 바른 판단을 내리는 데 긍정적으로 작동할 것이기 때문이다. 이러한 것은 자비로운 혹은 계몽된 독재일지 모르나 여전히 독재이다. 제국의 운명이 황제 1인의 계몽된 판단에 의존하고 있다는 의미에서 그러하다. 다른 선택지는 정치의 양태를 독재에서 민주정으로 바꾸는 것이다. 그러나 여러 가지 이유로 후기 중국 제국 시기의 사람들은 황제 지위 자체를 재고할 상황에 있지 못했던 것이 사실이다(6장 참조). 역사가 흐르고 나서 돌이켜보면, 이 두 번째 선택지는 서양의 민주주의 사상이 도입될 때까지 기다려야 했다는 것이 판명되었다.

그리하여 후기 중국 제국의 사상가들은 첫 번째 선택지를 고수하였다. 이것이 바로 20세기 초까지 성왕聖王에 대한 담론이 팽배했던 이유이다. 동시에 후기 중국 제국의 엘리트들은 성인이 된다는 것이 실제로 얼마나 달성하기 어려운 목표인지를 의식하고 있었던 것 같다. 현실에서 성인 황제의 출현은 개연성이 높은 기대라기보다는 희망 사항에 가깝다. 그리하여 이 엘리트들의 정치사상은 단순히 독재를 정당화하는 것보다는 훨씬 더 복합적인 어떤 것이 되어야만 했다.

이 복합성을 음미하기 위해서 우리는 개념을 정교하게 사용할 필요가 있다. 전제주의despotism와 독재autocracy 두 개념 다 중국 정치를 설명하는 데 두루 적용되어왔다. 두 용어는 쓰임이 불안정하고 종잡을 수 없는 면이 있기 때문에 두 용어의 용례에 대해 보편적인 합의를 기대할 수는 없다. 대신에 두 용어에 대한 나의 작업적 정의working definition를 제시하고자 한다. 내가 제시하는 작업적 정의에 따르면, 이 두 용어의 뜻은 확연히 달라서 중국 정치의 특징을 이해하는 데 도움을 줄 것이다.[32] 가장 기본적인 뜻에서 볼 때, 독재는 한 사람에 의한 통치, 즉 정치권력이 한 사람의 손에 주어져 있다는 것을 뜻한다. 이제부터 나는 '독재'라는 용어를 이 기본적인 뜻에 따라 사용하고자 한다. 물론 독재라는 말은 많은 이에게 불쾌한 느낌을 주지만, 이러한 기본적인 뜻으로 사용할 때, '독재'란 말은 그 자체로는 칭찬하는 뜻도 비난하는 뜻도 담고 있지 않다.

반면, 나는 '전제주의'라는 용어를 부정적인 의미로 사용하고자 한다. 나의 용례에서 전제주의란 한 사람에 의한 폭력적인 권력 남용을 함의한다.[33] 이런 식으로 정의했을 경우 '인자한 전제주의benevolent despotism' 같은 표현은 형용모순이 된다. 그러나 '인자한 독재' 같은 표현은 논리적으로는 일관된다. 만약 어떤 사람이 성인이어서 그가 완벽한 도덕성으로 다스리는 경우를 상상해보자. 그러한 통치는 일종의 독재로 분류될 수 있지만, 나의 작업적 정의에 따르면 전제주의는 아니다. 이러한 틀에서 보자면, 만약 누군가 어떤 이유로든 전제주의를 옹호한다면, 그는 왜 한 사람에 의해 행사되는 폭력적인 권력 남용이 법률 혹은 도덕성에 의한 권력 남용 제한보다 나은지를 설명해야만 한다. 만약 누군가 독재를 옹호한다면, 그는 한 사람에 의한 권력 집중 혹은 리더십이 여러 사람에게 권력이 분산된 경우들보다 어떻게 더 나은지를 보여줄 필요가 있다.

도학은 다른 어떤 정치 형태보다 군주제를 선호했으니, 어느 정도 중국에서 독재의 성장과 지속을 위한 이데올로기적 기초를 제공했다는 혐의에서 자유롭지 못하다. 아마도 이러한 이유로 중국의 정치 전통을 연구하는 많은 학자는 특정한 유형의 정치 리더십—독재가 국가를 사유화하고 절대권력에 대한 믿음을 만들어내는 정치 리더십—의 이미지를 재생산해왔다. 이러한 이미지가 빚어내는 귀결은 다음과 같다. 순응적인 신민들이 통치자에게 저항할 수 있을 정도로 강력하고, 제도화된 행위자로서 자신을 조직화하는 데 실패한다. 이러한 종류의 이미지는 앞서 정의한 독재보다는 전제주의에 더 가깝다. 그러나 도학은 결코 권력의 전제주의적 행사를 옹호한 적이 없다. 동시에 군주제를 공화정으로 대신하는 대안적·정치적 프로그램을 제시한 적도 없다. 도학의 관점에서는 (문제가 있으므로) 새삼 정당화될 필요가 있는 것은 한 번도 인준한 적이 없는 폭력적인 권력 남용일 뿐, 한 사람 혹은 소수에 의한 권력 집중 그 자체는 아니다.

이 지점에서 아리스토텔레스의 주장을 상기할 필요가 있다. 아리스토텔레스에 따르면, 한 특정 집단 혹은 특정인의 선the good이 전체의 선the good과 같은 것으로 다루어지면, 그것은 전제주의적despotic이다. 전제주의 정부란 보편the universal에 대해서 특수the particular가 전횡을 일삼고, 그리하여 전횡력을 가진 이들이 타락해버린 정부이다.[34] 이런 식으로 정의된 전제주의는 원칙적으로 어떤 집단에 의해서도 행사될 수 있다. 민주정에서조차 전제주의적 통치가 가능하다. 만약 다수가 보편적인 선보다 특수한 선을 추구한다면, 그것은 전제주의로 흐른다. 마찬가지 논리로 (민주정이 아니라) 1인 통치일지라도 반드시 전제주의로 흐르라는 법은 없다. 만약 그 1인이 추구하는 선이 전체의 선이라면 그의 통치는 전제주의가 아니다. 이렇게 본다면 전제주의적 형태의 민주정도 가능하고, 비非전제주의적 형태의 독재도 가능하다. 특정 집단 혹은 개인이 전체의 선을 추구하느냐 여부에 따라 정치 형태가 달라질 뿐이다.

이런 식의 사고방식은 왜 아리스토텔레스가 종종 민주정에 대해 부정적인 태도를 보였는지를 설명할 수 있다. 아리스토텔레스가 민주정이라는 말을 통해 의미한 것은 단순히 권력에 많은 사람이 폭넓게 참여하는 형태만이 아니라, 권력이 넓게 배분되기는 하지만 전제주의적으로 행사되는 경우였다. 아리스토텔레스의 비전에서 민주정은 전체의 이해관계보다는 상대적으로 가난하고 특권이 없는 이들의 이해관계를 선호하는 경향을 드러낸다. 요컨대 관건은 정치 과정에 참여하는 숫자가 아니라, 과연 그 참여자들이 공동선과 자신을 완전히 동일시해낼 수 있느냐 여부이다. 정치권력을 정당화하는 것은 공통된 보편선을 실현하고자 하는 관심이다. 도학의 언어로 말하자면, 공동선과 자신을 완전히 동일시해내는 사람이 바로 성인인 것이다. 성인이 된다는 것은 가능하기는 하지만 실제 달성하기 어려운 목표인 한, 다수가 아니라 소수의 사람(예컨대 황제와 핵심 경세가들)이 실제로 성인다움을 실현할 것이라고 가정하는 것이 더 현실적일 것이다. 모든 사람이 성인이 될 수 있는 잠재력이야 갖고 있겠지만 말이다. 이런 식으로 하여 우리는 도학자들이 왜 군주제가 긍정적이라고 인정했는지를 좀 더 이해할 수 있게 된다.

그러나 중국 군주제에서는 최고의 정치권력이 신의 가호와 더불어 한 명의 특정 황제에게 주어지고, 그것이 다시 그다음 황제에게로 세습된다는 문제가 있다. 세습권이 있다고 해서, 권력을 세습한 황제가 자신의 이해관계를 공동선과 동일시하리라는 보장은 없다. 다시 말해 세습은 정치적 권위의 궁극적인 원천이 될 수 없다. 황제는 자신의 권위를 오로지 세습 사실 자체에서만 도출할 수는 없다. 황제의 권력이 경쟁하는 정치적인 힘 및 권력의 원천과 협상의 산물일 수밖에 없는 한, 우리는 중국정치사상이 전제주의를 지지했다고 말할 수 없다. 도학의 등장과 더불어 권위의 궁극적 원천이 무엇인지, 어떻게 하면 황제는 그 궁극적 원천과 관계를 맺을 수 있는지에 대한 새로운 생각이 자라났다. 예컨대 이와 관련된 핵심 원전을 검토해보자. 이 원전을 읽다 보면 중국의 정치사상 전통이 매우 복합적이라는 사실이 드러날 것이다.

왕손가가 물었다. "방구석 귀신에게 잘 보이는 것보다는 차라리 부뚜막신에게 잘 보이는 것이 낫다는 것은 무슨 말인가요?" 공자께서 말씀하셨다. "그렇지 않다. 하늘에 죄를 지으면 빌 데도 없다."[35]

『논어』의 이 구절에 대한 전통적인 주석은 종교적 권위 및 종교적 권위와 정치권력의 관계가 고대에서 남송대에 이르기까지 어떻게 변화했는지를 드러낸다. 명백히 겉으로 드러난 바 이 구절은 초자연적 존재와 영험한 도움을 찾는 인간 사이의 의뢰인-고객 관계cliental relationship를 다루고 있다. 부뚜막신이 나은가 아니면 방구석 귀신이 나은가에 대한 논쟁이 벌어지자 공자는 하늘[天]을 대안으로 제시한다. 그런데 공자의 하늘은 사람들이 정기적인 제사를 바치지 않는다고 인간을 비참하게 만드는 종류의 인격신이 아니다. 공자에게 하늘이란 인간의 통제 영역을 벗어난 힘이 존재한다는 인식, 그리고 인간은 그런 힘에 의해 좌우되기도 한다는 인식을 이론적으로 재현한 것에 가깝다. 어쨌거나 공자의 간명한 답변은 추가적인 해석을 위한 공간을 열어주었다. 이후 주석가들 사이에는 이 구절에서 말하는 '하늘'이 일종의 비유라는 데 폭넓은 합의가 존재해왔다. 그런데 과연 하늘이 무엇을 비유하는가에 대해서는 송나라 이전과 이후 주석이 크게 다르다. 한나라 때 경학자 공안국孔安國은 여기서 하늘은 군주를 뜻한다고 해석한다. 이와 달리 남송대의 경학자 주희는 여기서 하늘은 이理를 뜻한다고 해석한다. 다시 말해 도학은 궁극적 지위를 군주에서 '이'로 대체한 것이다.

『근사록』의 해석

이 대체의 함의를 음미하기 위하여 주희의 『근사록近思錄』 구절을 하나 검토해보자. 『근사록』은 도학의 교과서 같은 것으로, 동아시아에서 널리 통용되었다.[36]

'사물이 있으면 그 법칙이 있다.' 아버지는 자애로움에 머무르고, 자식은 효에 머무르고, 군주는 인에 머무르고, 신하는 공경함에 머무른다. 만물과 모든 일은 각기 그에 합당한 위치가 있다. 그 합당한 위치를 얻으면 편안하고, 그 합당한 위치를 잃으면 어긋난다. 성인이 천하를 순조로이 다스려지게끔 할 수 있었던 것은 사물을 위해서 법칙을 만들었기 때문이 아니다. 사물들이 각기 합당한 위치에 머물게 했을 뿐이다.[37]

이 구절이 군주와 신하, 아버지와 자식의 관계 같은 불변의 위계적 관계를 강조한 것이라고 해석하는 사람이 있을지 모른다. 그러한 관계는 법칙과도 같은 성격을 가지고 있으니 그 법칙을 준수해야 한다고 운운하면서 말이다. 마치 군주의 절대적 권력이 법칙의 이미지를 통해 보장되는 것처럼 해석한다. 만약 이러한 관습적인 이해가 타당하다면 이 구절에서는 그 어떤 전복적인 요소도 찾을 수 없을 것이다. 반복적으로 사용하고 있는 "머무른다"라는 표현은 그러한 느낌을 강화한다. 그런데 만약 그러한 느낌이 일종의 연막에 불과하다면 어떻게 할 것인가? 저자가 그 연막 뒤에 잠재적으로 위험한 정치적 메시지를 심어놓았다면? 앞 인용문을 좀 더 꼼꼼히 읽어보면, 군주의 정치권력에 명백하게 도전하지 않으면서도 군주를 성인의 지위 아래에 놓고 있음을 알 수 있다.

이 구절은 어떻게 정치질서를 확보할 것인가("어떻게 천하를 순조롭게 다스릴까")의 문제를 제기하고, 그에 대한 답을 제시한다. 첫째, 그 바람직한 질서는 사물의 합당한 상태라는 보다 큰 비전의 일부로 제시된다. 이 점은 "만물과 모든 일은 각기 그에 합당한 위치가 있다" 같은 표현에서 드러난다. 그리고 사물의 최선 상태the best possible state of things를 토론하는 데 먼저 사물의 단위 및 그 단위 간의 관계를 정의한다. 보다 구체적으로, 세계질서의 근간을 정의할 기본 단위를 '법칙-성인-사물' 이 세 가지로 정의한다. 여기서 흥미로운 점은 군주가 다른 기본 단위의 상위에 있거나 혹은 별도의 독립 단위로 취급되지 않는다는 사실이다. 군주는 그저 사물의 하나로 간주되고, 아버지나 자식이나 신하 등 여타의 행위자와 같은 차원에 놓인다. 이것은 도학이 비록 부자, 군신 등 사회적으로 존재하는 현실적 위계 관계를 받아들이고 있음에도 불구하고 그것으로 환원되지 않는 별도의 차원을 설정하고 있음을 보여준다.

둘째, 법칙이란 누군가의 창조의 대상이 아니라는 점에서, 그것은 모든 사람의 우위에 존재한다. 따라서 군주보다도 상위에 존재한다. 사물은 그 법칙을 따라야 한다는 점에서, 법칙은 군주나 기타 사물을 제어하는 기능을 갖고 있다. 요컨대 군주는 법칙을 좌지우지할 수 있는 입법자가 아니라 법칙의 적용을 받아야 할 대상에 불과하다.

셋째, 인용문의 후반부에서 '성인됨'이라는 또 하나의 중요한 차원이 도입되고 있다. 성인이 된다는 것은 통치자와 피치자 같은 기존 정치적 범주 아래 포섭되거나 환원되는 사안이 아니다. 앞 인용문의 첫 부분에서 아버지, 자식, 신하 등의 사례를 거론할 때는 완전히 침묵하고 있던 사안이다. 인용문 후반부는 누가 과연 이 세계를 다스리는 데 진정으로 책임이 있는지를 다루고 있는데, 성인은 바로 이 지점에 가서야 논의의 중심이 된다. 그렇게 함으로써 앞 인용문은 일단 성인됨과 일반적 정치권력을 분리한다.

이론적으로 보면 정치권력자가 아니어도 누구나 성인이 될 수 있다. 진정으로 유의미한 위계는 군주와 신하 간의 위계가 아니라 성인과 비非성인 간의 위계이다. 사회의 정치적 행위자들이 '머물러야 할 곳'에서 벗어나는 일이 종종 있으므로 합당한 사물의 상태를 실현하는 데 성인의 역할은 핵심적으로 중요하다. 그것이 바로 세상에 성인이 필요한 이유이다. 정치적 행위자들에게 법칙[則](則은 종종 理와 동의어이다)에 따라서 가이드를 제공하는 것이 성인이 해야 할 일이다. 이 법칙은 인간의 의지로 창조되는 어떤 것이 아니다. 군주는 법칙 같은 원리를 부여하는 존재가 아니라, 오히려 그러한 원리에 제약을 받는 존재이다. 성인은 그 법칙에 보다 더 잘 다가갈 수 있다는 점에서 군주보다 우월하다.

사물이 머물러야 할 곳에 머무르는 상태가 바로 존재의 진정한 상태이다. 그것이야말로 사물의 궁극적인 모습이라는 의미에서 그러하다. 동시에 그러한 상태는 곧 가치이기도 하다. 사물들이 그러한 상태에 종종 미치지 못하므로 그 상태에 이르도록 애써야만 한다는 의미에서 그러하다. 예컨대 도덕적 본성은 그것이 우리의 진정한 상태라는 의미에서는 '존재'이지만, 우리가 그 본성을 실현하는 데 종종 실패한다는 의미에서는 '가치'이기도 한 것이다.

도학의 비전에서, 우리가 가치에 미치지 못하는 이유는 그 가치가 우리 존재에 뿌리박고 있지 않기 때문이 아니라, 우리가 어떤 연유로 우리의 진정한 존재를 도외시하고 그 높은 가치에 맞추어 살지 않기 때문이다. 다시 말해 도학은 도덕 가치를 존재의 상태에서 도출해내지 계약 같은 인간의 발명에서 도출해내지는 않는다. 도학은 가치가 실재real한다고 믿기 때문에 규범성normativity은 자아실현의 형식을 띠게 된다. 다시 말해 우리가 그러자는 계약서에 서명을 했기 때문에 도덕적이어야 하는 것도, 도덕이 사회에 이익을 가져오기 때문에 도덕적이어야 하는 것도 아니다. 우리가 도덕적인 존재이기 때문에 도덕적이어야 한다는 것이다.

이것은 규범성의 문제에 관한 흥미로운 대답이다. 누군가 이러한 규범성의 원천을 받아들이기만 한다면, 그는 자연스럽게 (충분히 바람직하지 못한) 현 상태the immediate state와 (자신이 될 수 있는) 궁극적이고 진정한 상태the ultimate and thus true state의 간극을 메우고자 동기 부여될 것이다. 그 간극을 메우는 일이 아무리

치열한 노력을 요구해도, 사람은 그러한 과정에서 의미와 만족을 찾을 수 있다. 진정한 상태에 이를 수 있다면, 그는 진정한 도덕적 행위자가 될 수 있다. 그는 자아의 진실한 목소리the authenticity of the self를 억압하지 하지 않고도 세계의 전체성the wholeness of the world을 의식하고 공公, impartiality의 행로를 따라갈 수 있게 되는 것이다. 그와 같은 체험 속에서 사람은 진정한 자아는 협애한 이기적인 에고ego가 아니라 세계와 합일된 에고임을 깨달을 수 있다. 이것이야말로 진짜 현실이다. 세계의 안녕은 이 진짜 현실을 의식하고 그 의식을 행동에 옮김으로써 달성될 수 있다. 마찬가지 논리로, 사회의 근본 문제는 그러한 의식의 부재, 그리고 그 의식을 실천에 옮기지 못하는 데 있다.

실천의 영역에서 보자면 그 누구보다 엘리트가 성인이 될 책임이 있는 것 같다. 사회의 나머지 구성원들은 성인이 되는 수양 과정에서 필요한 지적·문화적·물질적 자원을 결여하기 쉽기 때문이다. 그러므로 엘리트들은 자신들을 사회정치적 질서의 수호자로 간주하고, 합당하게 머무를 곳에 머무르라고 사람들에게 요구하는 데 분주하다. 심지어 군주도 예외일 수 없다. 이 성인을 지망하는 엘리트들은 오로지 황가皇家에서 태어났다는 이유만으로 권좌를 계승하는 군주의 변덕과 예상치 못한 문제들을 제어해야 한다. 통치자에게 엄격한 도덕의 중요성을 역설하고 권력자에게 간언을 해야 한다. 그래야만 정치체는 단지 세습 통치자에 의해서만 다스려지는 것이 아니라 성인에 의해서도 다스려지게 된다. 만약 엘리트가 그러한 자기 역할을 제대로 해낸다면, 비록 세습 군주제일망정 이상적인 통치가 이루어지리라고 도학자들은 기대한다.

이러한 구도에서는 합당한 정치질서의 구현 여부가 사회의 다른 구성원들보다 공공선을 잘 이해하고 있다고 주장하는 엘리트들에게 달려 있게 된다. 통치자가 가져야 할 중요한 덕성 중 하나는 도덕적인 엘리트 조언자에게 귀를 기울이는 능력이다. 군주와 도덕적 조언자의 관계를 제도화한 것이 이른바 경연經筵이다. 경연에서는 도학자, 신하, 군주가 도덕적 원칙에 비추어 경전과 시사 문제를 토론한다.[38] 경연은 대체로 군주가 배우는 장이다. 당시 집권하고 있는 군주의 성향과 상황에 따라 경연 제도가 유명무실해지거나 제대로 기능하였던 적도 있다. 어쨌거나 경연 제도는 도학이 조정에서 자신의 가르침을 실현할 수 있는 핵심적인 기회였다고 할 수 있다.

왕정상의 군주론

군주의 최고 권력을 이론적으로 확실히 지지한 정치 이론을 찾으려면 도학보다는 오히려 도학의 비판자로 활동한 왕정상王廷相(1474~1544)에게 시선을 돌려야 한다. 왕정상은 명나라 중기의 사대부이자 철학자이자 군사 전략가이자 음악 이론가이다. 명대의 전칠자前七子 중 한 사람으로 꼽히는 문학가이기도 하다.[39] 비록 왕정상의 정치사상은 분명하게 군주제를 정당화하였지만, 중국 역사가들에게 주목을 받지 못한 인물이었다. 적어도 중국 마르크스주의 학자들이 왕정상을 이른바 '유물론 철학자'로 재발견하기 전까지는.

도학과 왕정상의 사상은 후기 중국 제국의 지적 스펙트럼에서 두 가지 상반된 비전을 대표한다. 왕정상의 사상과 도학은 많은 핵심 이슈에서 날카롭게 대립하는데, 개인 도덕과 제도적 구성의 역할을 논할 때 특히 그러하다. 독재라는 이슈에 관해서 비교 분석하고자 할 때도 이 두 사상의 공통점과 차이점은 선명한 대비를 이룬다. 도학의 경우와 달리 왕정상은 통치자를 중심으로 정치질서를 구상한다. 그의 비전에서 통치자는 권위의 궁극적 원천이다. 결과적으로 군주가 질서를 부과할 수 있는 존재로 여겨지다 보니 상징 권력의 축이 사대부에서 군주에게로 이동한 셈이다. 다음 구절은 왕정상이 보다 넓은 사물의 질서라는 프레임the frame of the larger order of things 안에서 그와 같은 정치 이론을 어떻게 전개해나갔는지 보여준다.

원기元氣가 변화하여 만물이 된다. 만물은 각기 원기를 받아서 태어난다. 잘나기도 하고 못나기도 하고 치우치기도 하고 온전하기도 하고 사람이 되기도 하고 사물이 되기도 하고 크기도 하고 작기도 하다. 만물이 다 다르기 때문에 각기 태극의 한 기를 가졌다고 해야 되지 각기 하나의 태극을 가졌다고 하면 안 된다. 태극이란 원리가 원융되어 있는 전체 상태를 지칭한다. 만물은 각기 그 태극의 한 가지를 갖춘 것에 불과하다.[40]

이 인용문에서 무엇보다 '이理' 개념의 행방에 주목해야 한다. 도학의 비전을 구축하는 데 핵심적인 역할을 했던 '이'는 여기서 '기氣, vital energy' 개념으로 대치되었다. 후기 중국 제국의 지성계를 이해하는 데 이 개념 변화의 중요성은 아무리 강조해도 지나치지 않다. '이'와 '기'는 현실을 구상하는 각각 다른 방식을 나타내며, 그 결과 다른 종류의 정치 이론을 낳는다. '이'에 비교했을 때 '기'는 훨씬 더 양量에 의해 사유되는 실체이다. '기'는 에테르ether 같은 것이다. 태초에 존재했던 기가 만물의 형태로 전개될 때, 만물은 기 전체 양의 부분을 각기 부여받는다. 어떤 존

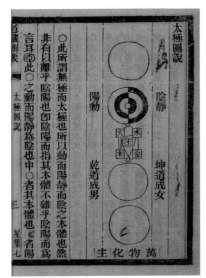

| **태극도** | 북송 때 사상가인 주돈이(周敦頤, 1017~1073)의 『태극도설(太極圖說)』 이래, 도학자들은 즐겨 '태극도(太極圖)'를 철학적 담론의 주제로 삼아왔다. 도학자들의 태극도 이해를 비판한 왕정상의 태극도는 전하지 않는다. 그림은 『중간도장집요(重刊道藏輯要)』에 실린 주돈이의 태극도(〈주렴계선생태극도(周濂溪先生太極圖)〉)(왼쪽)와 명나라 때 풍수서의 일종인 『양택진결(陽宅眞訣)』에 실려 있는 태극팔괘도(오른쪽)이다.

재의 수명이 다하면 그 존재를 이루고 있던 기는 흩어지고, 엷은 상태로 돌아간다. 이러한 구도에서 우주의 어떤 것도 자신에게 애초에 주어졌던 제약을 초월하여 전체 우주를 전유할 수 없다. 모든 것은 그저 자기 몫의 기를 소유하고 있는 상태에 불과하기 때문에 그러하다. 즉, 개별 자아는 결코 이 세계를 통째로 포함할 수 없다. 자아의 영역 안에 세계를 전유하겠다는 도학의 형이상학적 열망은 애당초 이론적으로 불가능하다. 이제 왕정상의 정치사상을 보다 온전히 음미하기 위해 그의 세계관을 좀 더 자세히 설명해보자.

첫째, 왕정상은 우주에 포괄적인 통일적 구조가 존재한다고 믿지 않았다. 왕정상은 말하기를, "하나의 '이'가 어찌 만 가지 일에 응할 수 있겠는가? 만 가지 일에는 만 가지 일의 '이'가 있다."[41] 왕정상이 ('이'에 의해 가능해지는) 세계의 통일성을 부인하였다는 것이 곧 세계 내의 어떤 질서도 부인하였다는 것은 아니다. 왕정상이 부정한 것은 전 세계를 통괄하는 포괄적 통일성의 사상이다. 다시 말해 왕정상은 도학의 '이' 개념에 담긴 총괄의 열망totalizing aspiration을 거부한 것이다.

둘째, 세계를 통시적으로 살펴보더라도 우리는 관철되고 있는 통일성을 찾을 수 없다. 세계는 지속적으로 변화한다. 왕정상은 말한다. "아아, 세상의 세勢는 변하여 돌아갈 수 없는 도道이다."[42] "도에는 정해진 소재가 없다."[43] 이와 같은 언명은 변화하는 하나의 도가 있다고 말하는 것처럼 들린다. 그런데 실제로 변화하는 도라는 생각은 해당 시기에 따른 복수의 도가 있다는 말과 다름없다.

셋째, 왕정상이 통일성을 해체하고자 한 것은 그가 인간 본성에 대한 도학의 이론을 거부했다는 점에서도 두드러진다. 왕정상에 따르면, 인간 본성에는 모두가 공유하고 있는 선함 같은 것은 없다.[44] 그러나 한편으로, 왕정상이 그렇다고 인간 본성은 악하다고 규정하지 않았다는 사실에도 주목해야 한다. 왕정상에 따르면, 선과 악으로 흐를 수 있는 원석 같은 경향성들이 인간 본성에는 혼재되어 있다. 각 인간의 본성은 그 사람의 생래적 여건에 따라 다르다. 이러한 점은 인간에 대한 왕정상의 철학적 사유의 가장 중요한 함의가 인간의 도덕적 본성이라는 점을 해체한 데 있는 것이 아니라, 도덕적 본성이라는 개념하에 지탱되어온 인간의 공통성이라는 사상을 거부한 데 있다는 것을 보여준다.[45]

왕정상의 인간관에 대한 함의는 다음과 같이 요약할 수 있다. 첫째, 도학의 성선설에 담겨 있는 (현재는 문제가 있어도 도덕적 완벽성에 도달할 수 있다는) 궁극적 낙관성에 대한 포기. 둘째, 도덕적 본성이라는 사상 아래 유지되던 인간의 공통성에 대한 전제 부정. 그리하여 적어도 인간 본성의 차원에서는 공유 가치의 기초가 없다. 셋째, 왕정상은 본래적 인간성이라는 전제를 받아들이지 않기 때문에 배움/수양의 과정은 더 이상 자아실현의 과정이 아니다. 따라서 왕정상이 그리는 전망 속에서 도덕적 행위의 주체는 규범성의 내적 근원을 가지고 있지 않다. 대신에 왕정상의 비전에서 인간이란, 양성養成과 교육을 기다리는, 다양한 질質의 원자재와도 같은 것이다.

　　이와 같은 점들을 종합해보면, 이러한 구도에서는 도학의 기획이 더 이상 지탱될 수 없음이 분명해진다. 도학의 비전에 집착하는 대신, 왕정상은 (그가 생각하기에) 세계의 실질적 모습을 인정해야 한다고 제안한다. 복수의 '이'의 세계, 즉 개인들과 집단들이 동일한 도덕적·규범적 필요를 인지하고 있지 않는 복잡한 세계에 우리는 살고 있다는 것을 인정해야 한다. 왕정상은 통일성을 주조로 하는 세계관을 해체함으로써 정치사상의 근본 질문을 새삼 다시 열어놓은 것이다. 세계에 내재하는 통괄적 원리를 인정하지 않을 때, 개인 상호 간의 혹은 개인과 세계 간의 관계를 형성하고 조율해야 하는 원리는 어떠한 것이어야 하는가? 전체로서의 집단의 질서가 형성되는 과정은 어떠한 것인가? 왕정상이 집단적 삶에 대한 책임 있는 사려를 포기하지 않는 한, '전체'에 대한 이러한 관심 자체를 기각하고, 이기적 개인 간의 해결될 수 없는 갈등 상황이나 극단적 상대주의 상태를 방임하기는 어려울 것이다. 그래서 왕정상은 「불인인지심」 장 해석에서 이렇게 말한 것이다. "교敎(가르침)를 통해 도道를 지키고, 법法을 통해 선善을 추구하여 사람 마음의 욕심이 판치지 않게 하는 것 역시 '폐蔽(가려짐)'라는 면에서 논할 수 있는 것이다. 그래서 말하기를, 인의중정仁義中正을 성인이 정해서 '교敎'를 확립하고 세상을 지탱한다. 그리고 사람이 타고난 선악의 본성도 그것을 기준으로 삼는다고 한 것이다."[46]

이 구절은 도학의 프로젝트를 대신할 만한 왕정상 나름의 대안적 비전을 담고 있다. 가르침[敎]뿐 아니라 '법法'을 강조한다는 것은, 공동체의 안녕을 이룩하고 유지하는 데 외재적 제도의 역할이 증대하고, 개인 도덕의 역할은 그에 상응하여 감소함을 뜻한다. 특별히 주목할 점은 왕정상은 형벌을 통치의 근본적인 방법의 하나로 간주한다는 것이다. 이것은 도학의 비전 내에서, 도덕적 장려와 훈계에 비해 이론상 상대적으로 경시되어온 형벌의 위상을 재정의한 것이다.[47] 그와 같은 외재적 제도의 구속력에 대한 강조는 왕정상의 인성론을 기억하면 이해할 만한 것이다.[48]

그러나 왕정상의 새로운 비전은 형법제도에만 국한되는 것이 아니다. "인의중정을 성인이 정해서 '교'를 확립하고 세상을 지탱한다. 그리고 사람이 타고난 선악의 본성도 그것을 기준으로 삼는다" 같은 발언은 실로 왕정상이 도덕의 의미를 재정의하고 있음을 보여준다. 도학의 근본 전제에 어긋나게, 왕정상은 도덕이란 외부적으로 창출되는 것이지 내적으로 발생되는 것이 아니라고 생각한다. 이런 면에서 보자면, 도덕은 제도적 구성의 반대편에 있는 대응물이라기보다는 제도적 구성의 일부라고 할 수 있다.

> 본성에는 선함도 있고 선하지 않음도 있다. 도에는 옳음도 있고 그름도 있다. 각자 본성대로만 행한다면 세상을 다스릴 수 없다. 그래서 성인이 우려한 끝에 도를 닦아(수선하여) 가르침을 세워, 백성들을 위해 준칙을 만들었다.[49]

이 구절은 왕정상의 비전에서 어떻게 하여 인간 본성이 외재적 규범을 요청하게 되는지를 보여준다. 첫째, 본성은 선과 악을 모두 가지고 있다. 둘째, 그 선과 악은 원석과 같은 경향성 이상의 것이 아니다. 그러한 다양한 경향성이 삶에 질서를 부여할 수 있는 도덕적 범주에 상응하는 어떤 것이 되려면, 성인이 그것들을 제대로 갖추어 구체적인 도덕적 개념들로 가공해내야만 한다.

이러한 식으로 사유된 도덕규범은 자아실현의 기제이거나 인간 본성의 자연스러운 발로가 아니라 성인에 의해 만들어져야만 하는 어떤 것이다. 성인이 그 원석 같은 경향성들을 도덕적 언어로 정의하기 전에는, 사람들은 어떤 경향성이 선이고 어떤 경향성이 악인지 알 수 없다. 성인은 공동의 삶에 질서를 가져오는 데 어떠한 특징이 유용한지를 판별해내고, 그것에 기초하여 선을 정의한다. 그래서 왕정상은 거듭 말한다. "성인이 본성 중에 선한 것을 취해서 가르침을 수립한 뒤에야 비로소 선악의 준칙이 마련된다."[50] 이러한 비전 안에서는 도덕적 인간이 된다는 것은 일단 규범의 발명을 먼저 기다려야 하는 일이다.

그렇다면 그 모든 책임을 지는 성인이란 도대체 무엇인가? 왕정상의 성인관은 도학의 성인관과는 매우 다르다. 다음의 두 언명을 비교해보자. 동시대를 살았던 도학 이론가 담약수湛若水(1466~1560)는 이렇게 말했다. "성인이란 세상(사람들)이 공유하는 마음을 보아 그것을 하나로 연결할 수 있다. 이 세상을 다스리는 정치란 그 마음을 극진히 발휘함으로써 하는 것이다."[51] 반면, 왕정상은 성인은 더 이상 영원한, 원래부터 있는, 모든 이가 공유하고 있는, 모호하지 않은 원리나 마음을 추구하지 않는다. 왕정상식 성인의 주된 덕목은 세계의 복잡성—사람들이 각기 다양한 이해와 한계를 가지고 존재하며 상황은 항상 변하는 그러한 세계의 복잡성—에 대처하는 능력이다. 그처럼 비통일적 세계에서 공동의 삶을 위해 불가결한 공유 규범을 만들어내는 것은 벅차고도 끝없는 과제라고 할 수 있다.[52]

이리하여 왕정상의 성인은 분절된 부분들을 종합적으로 조율하여, 혼돈 속에서 그나마 가능한 질서를 이루고자 하는 인물이다. 그러나 이러한 비전에서 통일적 질서란 성인이 발견하여 실현해야 하는 본래 존재하는 내재적 질서가 아니라, 성인이 수리가 필요한 부분들을 조절해가면서 창조해내야 하는 유類의 질서이다. 왕안석이 즐겨 사용한 비유를 들어 말한다면, 강들은 곧장 바다로 흐르는 것이 아니다. 바다에 이르기까지 그 강들은 이리저리 휘고, 굽이를 돌아가며 흘러간다. 규범을 책임져야 하는 리더의 입장에 서 있는 이는 갈등하는 견해들을 지속적으로 듣고 비교하고, 신축성을 가지고 협상하며, 변화하는 상황에서 그나마 가능한 최선의 길이 무엇인지 판별해내야 한다. 왕정상에 따르면, 오직 어떤 소수의 사람만이 그러한 어려운 책무를 수행할 자격이 있다. 그런 점에서 성인됨의 보편성을 부정한다.[53]

요컨대 사물의 질서, 인간, 그리고 통치 방법에 대한 왕정상의 견해는 도학과 완연히 다르다. 세계는 통일성과 규범적 차원을 결여하고 있다. 현실은 그 자체로는 가치를 결여하고 있다. 가치는 외부에서 부과되는 것이다. 왕정상의 성인은 현실에 가치를 부과하는 권위적인 입법자이다. 왕정상이 보기에 도덕적이 된다는 것은, 자아실현의 문제가 아니라 입법자가 부과한 의무를 이행하는 문제이다. 그러한 의미의 의무는 도학에서 주장하는 자아실현과 다르다. 우리가 자아실현을 추구할 때, 가치가 우리에게 발휘하는 힘은 매혹적이고 자발적일 수 있다. 우리가 그것을 부여된 의무로 이해할 때, 그것은 강제적이다. 이러한 점에서 왕정상의 비전이 일으킨 변화를 내면 도덕에서 법이라는 외재 규범으로의 이행이라고 할 수 있다.

왕정상의 「불인인지심」장 해석

이러한 왕정상의 사상을 좀 더 깊이 음미하기 위해서, 우리가 앞서 주희의 『맹자』「불인인지심」장 해석을 살펴보았듯이, 왕정상의 『맹자』 「불인인지심」 장 해석을 살펴보기로 하자.

"어린아이가 우물에 빠지려는 것을 보면 두렵고 측은한 마음이 들게 되는데, 이것은 어떠한 마음인가?"

"인仁한 마음의 스스로 그러함이지요."

"그러면 자신의 아들과 이웃 사람의 아들이 우물에 빠지려 하는데, 두렵고 측은한 마음은 어느 쪽이 더 절실한가?"

"(자기) 아들 쪽이지요."

"구하려는 마음은 어느 쪽이 더 급한가?"

"(자기) 아들 쪽이지요."

"그렇다면 이웃 사람의 아들을 그만큼 무시하게 되는 것이 아닌가?"

"아버지의 아들에 대한 사랑은 천성天性이고, 이웃은 그보다는 느슨한 대상입니다."

"그와 같은 말에 근거해보면, 이웃 사람의 자식이 곤경에 처한 것을 두렵고 측은하게 여기는 마음[怵惕之仁]이 부자지간의 사랑에 가려진 셈인데도 사람들이 그것을 악惡이라고 여기지 않는 것은 왜인가? 바로 가린 것이야말로 성인이 세상을 다스리는 도[治世之道]이기 때문에 악이라고 부르지 못하는 것이다. 각기 가려진 면을 비교해보자면, 양쪽 다 매한가지이다. 교敎(가르침)를 통해 도道를 지키고, 법法을 통해 선善을 추구하여 사람 마음의 욕심이 판치지 않게 하는 것 역시 '폐蔽(가려짐)'라는 면에서 논할 수 있는 것이다. 그래서 말하기를, 인의중정仁義中正을 성인이 정해서 '교教'를 확립하고 세상을 지탱한다. 그리고 사람이 타고난 선악의 본성도 그것을 기준을 삼는다고 한 것이다.[54]

이 대화는 왕정상이 『맹자』의 「불인인지심」 장을 절묘하게 재구성한 것이다. 이 재구성이 절묘한 이유는, 『맹자』 자체의 논리를 동원해서 맹자, 더 정확히는 도학의 『맹자』 해석을 비판하고 있다는 점이다. 널리 알려진 바와 같이, 묵자는 자신의 겸애 사상을 통해 인간은 자신의 가족이든 먼 타인이든 가리지 않고 똑같은 보살핌을 베풀 수 있어야 한다고 주장하였다. 이에 대한 맹자의 반론의 핵심은, 인간은 자신에게 더 가까운 친족에게 보다 강한 유대감을 느끼기 때문에 인간에게는 그렇게 무차별적 도덕성을 기대할 수 없다는 것이다. 이것은 도덕의 기초를 측은지심 같은 '정서'에 두는 그의 입장과 연결되어 있다. 실로 정서는 가까운 곳에서 강하며 멀어지면 약하게 되어 있다. 이러한 정서적 강도의 차이를 인정한다고 하더라도 맹자가 자신이 주장하는 도덕의 보편적 적용 가능성을 부정한 것은 아니다. 맹자의 측은지심은, 자신의 가장 가까운 사람—이를테면 가족—에서 인류 일반에까지 적용되는 포괄적인 개념이며, 가족과 인류 일반 간의 간극은 점진적 자아 수양을 통해 궁극적으로 메워질 수 있다고 보았다.

앞의 인용문에서 왕정상은 맹자의 묵자 비판에서 나타난 점을 절묘하게 「불인인지심」 장의 상황에 적용한다. 주희에 의해 확립된 「불인인지심」 장의 도학적 해석에 대한 왕정상의 비판은 다음과 같은 질문으로 요약될 수 있다. 맹자의 묵자 비판에서 보이듯이, 인간의 자연스러운 본성으로 따지자면 자기 아이에 대한 사랑이 더 자연스럽고 극진한 법이다. 그렇다면 이웃의 아이와 자신의 아이가 동시에 우물에 빠지려 하는 상황에서는 다들 앞다투어 자신의 아이를 구하려고 하지 않겠는가? 그렇다면 남의 아이를 제쳐두고 자신의 아이를 구하려는 그러한 자연스러운 마음이 과연 공동체를 유지하는 데 공헌하는 정서라고 할 수 있을까? 우리의 일차적인 도덕 감정(예컨대 가족을 향한 감정)과 사회정의의 감각은 상호 충돌한다. 도학자라면 이러한 어려운 경우에서조차 도덕 감정과 사회정의를 화해시킬 테지만, 왕정상은 도덕 감정과 사회정의 간에는 화해할 수 없는 긴장이 있다고 본다. 우리는 둘 중 하나를 선택해야만 한다. 날것으로의 도덕 감정이 항상 사회정의와 일치하지는 않는다.

왕정상이 맹자의 측은지심 자체를 부정적인 것으로 간주했다고는 볼 수 없다. 그것이 정치 공동체를 유지하는 데 불가결한 '성인의 치세지도治世之道'라는 점은 앞 예문에서 분명히 인정된다. 즉, 가족을 넘어서 공동체의 여타 구성원에 대한 일정한 도덕적 태도 없이는 정치 공동체의 유지가 불가능하다는 것은 왕정상역시 동의하는 바이다(맹자가「불인인지심」장에서 굳이 우물에 빠지려는 아이를 이웃의 아이로 설정한 것은 나름의 이유가 있다고 보는 것이다). 다만, 왕정상이 비판하는 대목은 공동체 구성원에 대한 도덕적 태도가 '자연스럽고' '즉각적인' 인간 본성의 발로라는 견해에 대해서이다.

「불인인지심」장에 대한 주희의 해석에 따르면, 개인에서 시작하여 그보다 넓은 사회에 이르기까지 세계는 일정하게 통일되어 있으므로, 부모-자식 간에 존재하는 극히 개인적인 정서가 세계 일반에까지 적용 가능한 공동체 운영 원리가 될 수 있다. 그러나 왕정상은 자신의 아이와 이웃의 아이가 동시에 우물에 빠지려 하는 상황을 환기함으로써 인간의 공동체라는 것이 개인에서 세계 일반에 이르기까지 통합된 모습을 가지고 있는 것이 아니라, 공동체의 구성원들이 얼마나 상호 화해 불가능한 긴장 상태에 빠질 수 있는지를 환기하고 있다. 즉각적으로 발현되는 (자식에 대한) 측은지심 등은 그와 같은 긴장에 찬 정치 공동체의 통합을 위한 기제가 될 수 없다.

다시 말해 모든 사물에 대한 본능적인 측은지심이 보편적으로 적용 가능한 도덕 원리가 된다는 생각은 신화에 불과하다. 우리는 같은 가족 구성원이 아니다. 세계는 여러 층위의 공동체로 구성되어 있으며, 각기 다른 원리가 각 층위의 공동체를 지배한다. 우리가 공동체에 연루된 복수의 층위에 관계하고 있다는 사실은 불가피하게 긴장을 불러일으킨다. 이 긴장을 해소하고 사회적으로 작동 가능한 규범을 만들어내기 위해서는 이웃의 아이를 향한 측은지심—즉, 보다 더 공적인 측은지심—이 자기 자식에 대한 사랑보다 더 사회적으로 적실한 규범으로 간주될 수 있다. 이것이 반드시 자기 자식 대신에 이웃의 아이를 구제해야 한다는 뜻은 아니다. 그보다는 차라리 자기 자신의 아이를 향해서보다는 이웃의 아이를 향해 측은지심을 느끼도록 사회 규범이 수립되어야 함을 의미한다. 도학은 그 두 가지 측은지심이 같은 종류의 것이라고 주장할 터이지만, 왕정상은 그 두 가지 측은지심은 다른 종류의 것이며, 따라서 보다 잘 분별해야만 한다고 본다.

정치질서를 창출하는 일은 인간의 삶 속에서 여러 갈등 요소를 판별하는 일, 그 요소들 간의 긴장을 해결하는 도덕적 가치를 구성하는 일, 그러한 가치에 기반한 가르침을 만드는 일, 그 가르침을 심어주는 일 등을 포함한다. 이러한 구도에서 규범은 도덕적 삶이 자아실현이라는 믿음과 결별한다. 왕정상은 '가려짐(폐)'이라는 말을 통해 인간 본성에 대한 일정한 외부적 개입에 의해서만 공동체 유지의 원리가 확보될 수 있음을 말한다. 도학자들은 도덕적인 행동을 하도록 내적으로 이끌리기에 우리가 궁극적으로 도덕적 행위를 선택한다고 주장하는 반면, 왕정상은 후천적으로 습득한 습관이나 교육을 통해 내면화한 규범으로 인해 도덕적 행동을 수행하게 된다고 주장한다. 그러면 누가 애당초 그 사회적 가치들을 산출하고, 그 가치에 기반하여 가르침을 만들 책임이 있는가? 인용문의 마지막 부분이 말하듯이, 그러한 외부적 개입의 주체는 성왕聖王이다.

9

시민사회 혹은 정체?

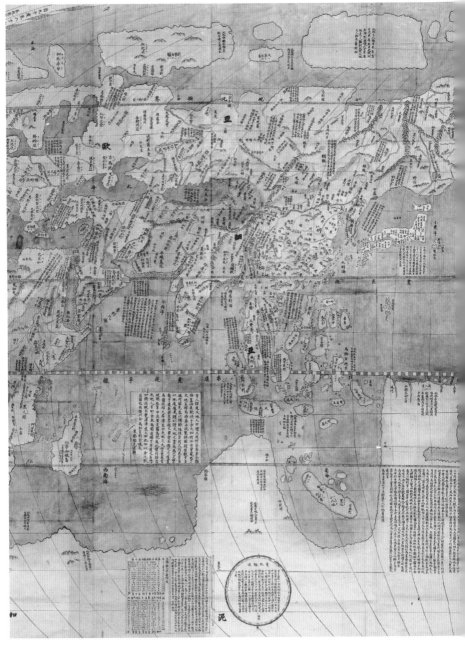

| **〈곤여만국전도〉** | 예수회 이탈리아인 신부 마테오 리치(Matteo Ricci)와 명나라 학자 이지조(李之藻)가 목판으로
어 펴낸 〈곤여만국전도(坤輿萬國全圖)〉(1602)는 가로 533cm, 세로 170cm로, 아시아, 유럽, 아프리카, 남북아메리
카 등이 그려져 있으며, 각지의 민족과 산물을 소개하고 있다. 목판 지도는 조선과 일본 등 주변국으로도 퍼져나갔는
데, 해당 도판은 일본에 전해져 채색된 복사본의 일부(아시아 부분)이다. 일본 도호쿠대학 도서관 소장.

진시황의 관점에서 보자면 중국 국가는 꾸준히 쇠퇴해온 것처럼 보인다. 진시황은 대규모의 도로 건설, 도량형 통일 등 국가의 기반 권력을 강화하는 데 매진했다. 『한서漢書』에서 "발 딛는 곳마다 길이 곧게 뻗어 있지 않는 곳이 없었다"고 말할 정도였다.[1] 그러나 원나라가 멸망하고 나서는 중국 중앙정부는 더 이상 도로와 관영 금융기구 같은 제국 차원의 기반 시설을 건설하는 데 전면적이고 적극적인 관심을 기울이지 않았다. 청나라 후기에 이르면 국가가 앞장서 건설했던 도로들 다수가 사라졌고, 도량형의 통일성도 더는 유지되지 않았다.

그렇다고 중국 제국이 산산조각 난 것은 아니었다. 사람들은 나름대로 삶을 영위해나갔다. 수운체계는 쇠퇴한 육상 교통을 보완했고, 그 결과 장거리 무역이 번성했다. 균전제가 작동을 멈추자 사람들은 정기적으로 토지를 재분배하는 국가의 역할에 의존하는 대신 친족 연결망, 평신도 단체, 지주 같은 다른 사회적 힘에 의지하였다. 일견 혼란스러워 보이는 도량형에도 불구하고 후기 중국 제국 시기 전반에 걸쳐, 세출입 시 필요한 도량형 제정 노력이 있었다. 특히 18세기에는 물가가 일정 수준에서 안정되었다. 민간 금융기구 덕분에 청나라 정부와 상인들은 지역을 넘어서 금융 거래를 할 수 있었다.[2] 요컨대 광범한 자율적 사회 영역의 발전이 국가 기반 권력의 약화를 상쇄하였다.

영어권 학계의 중국 시민사회 논쟁

광활한 중국 제국을 통치하는 과정에서 사회적 힘은 시간이 갈수록 그 존재감을 뚜렷이 했다. 그 사회적 힘의 역할을 체계적으로 이해하기 위하여 학자들은 사회과학적 틀, 그중에서도 시민사회 civil society 개념을 활용하고자 했다. 이를테면 다음과 같은 질문을 던졌다. "중국에는 어떤 시민사회가 있었는가?" 그리하여 후기 중국 제국의 비국가적 통치의 다양한 형태를 설명하고자 시민사회 혹은 공공 영역public realm 담론이 한때 활발했다. 논객들은 중국 사회가 일반적으로 원자화되고, 고립되어 있었으며, 국가에 복종적이어서 시민사회라고 불릴 만한 집단행동이 부재했다는 기존 견해를 전면적으로 혹은 부분적으로 반박하였다.

　유럽사의 체험에서 유래한 개념을 중국사에 적용하고자 했던 이 시도는 그 개념화의 적실성과 관련해 많은 논란을 일으켰다. 서양에서 시민사회 개념의 역사적 뿌리는 정치적 영역과 사회적 영역을 구분하는 18세기 이후의 습관에 닿아 있다.[3] 국가의 힘을 다양한 방식으로 제어하려는 사회적 과정의 일부로서 시민사회가 고려되는 경우가 많았다. 입헌주의를 통한 군주의 권력 제어, 시장 원리를 통한 국가의 제어, 공공 영역에서의 공적 의견 표출을 통한 국가의 제어 등이 그 예이다.[4] 즉, 우리에게 친숙한 시민사회 개념에 반영된 국가-사회 관계는 대개 긴장 관계에 있다(이러한 부류의 시민사회 등장은 절대주의 국가의 성립기라기보다는 절대주의 이래의 국가, 즉 강한 국가의 존재에 대한 대응으로서 나타난 것이다). 공론장public sphere 개념을 주창한 대표적 학자인 위르겐 하버마스Jürgen Habermas 역시 애초에 단순히 국가와 독립된 집단을 지칭하려 했던 것은 아니었다. 공론장을 논할 때 하버마스의 관심은 국가와 (국가에 자신의 경제적 기반을 의존하지 않는) 부르주아가 긴장 관계를 이루는 특정한 국가-사회 관계의 맥락에 있었다.[5]

만약 중국사에서 시민사회의 존재를 증명해낸다면 그것은 기존에 전제되던 국가의 '전제성'에 대한 효과적인 반론이라 할 수 있다. 시민사회란 곧 권위주의적 통치를 하는 국가에 대한 저항의 거점으로 이해되곤 했기 때문이다. 그래서 시민사회와 국가의 긴장 관계는 건강한 것으로 간주되는 경우가 대부분이었다.[6] 동시에 시민사회의 존재를 증명하려는 시도 자체가 억압적 국가를 전제한다는 점에서 시민사회에 관한 발상은 여전히 전제주의 국가론에 기반한다고 할 수 있다.

그런데 후기 중국 제국 시기에 대한 경험적 연구의 상당수는 이른바 준準시민사회들이 국가에 저항하기보다는 국가가 방치하는 영역을 보완하는 활동에 종사하였음을 보여주었다. 서구의 근대국가와는 달리 공식적 관료제의 확대를 동반하지 않은 후기 중국 제국은 늘어나는 인구에 조응하는 공적 서비스를 '사회'에 이관할 수밖에 없었다. 공적 서비스를 제공하는 과정에서 신사층을 비롯한 지방 엘리트층은 유럽의 경우보다 훨씬 상호 협조적인 국가-사회의 관계를 형성했다. 그러한 현상을 두고 일군의 학자들이 시민사회 혹은 공론장 개념을 적용하려 하자 빈 웡Bin Wong 같은 학자들은 냉소적인 반응을 보였다.[7] 그러나 그들과 달리 하나의 어휘로서의 '시민사회'는 애초에 국가와 사회의 갈등 관계를 반드시 전제하고 태동된 것은 아니었다고 지적하는 학자들도 있었다.[8] 그들에 따르면 시민사회가 하나의 개념으로 정착되는 데는 국가와 사회의 갈등 관계가 큰 맥락을 이룬 것은 사실이지만, 심지어 서구에서조차 국가와 사회가 양극적 긴장 관계에 있었던 적은 매우 드물었다고 주장하였다.

요컨대 신사층을 비롯한 엘리트층을 국가 관료의 연장선에서 볼 때는 그들의 반관反官적 행동을 설명하기 어렵고, (시민)사회적 존재로 볼 때는 그들의 친관親官적 행동을 설명하기 어렵다는 난점이 있다. 그리고 그 중간자적 입장에서 본다는 것은[9] 반관적 행동과 친관적 행동을 모두 융통성 있게 포괄한다는 장점이 있지만, 사실 일정한 패턴을 찾아내려는 시도를 포기하는 것을 의미할 수 있다. 그리고 심지어 행태적으로 관官에 협조할 때조차 그 행태가 관을 대표하는 국가를 가치의 궁극으로 보아서 협조한 것인지, 아니면 그보다 상위의 가치를 실현하기 위한 수단으로 협조한 것인지의 문제는 여전히 남는다고 할 수 있다.

시민사회의 정의를 한껏 확장하면 중국 역사에 존재했던 무수히 많은 사례에 시민사회 개념을 적용할 수 있다. 중국 국가가 가진 제한된 사회 침투력은 종교 조직, 문인 집단, 비정통적인 비밀결사 등 다양한 자율적인 결사체가 활동할 공간을 허용하였다. 이러한 조직체들과 국가의 관계는 시대에 따라 다양한 변천을 거듭했다. 대표적인 예를 들면, 사원과 정원庭園은 다양한 사람이 상대적으로 자유롭게 교유할 수 있었던 공간으로서 일종의 공공 영역으로 기능하였다.[10] 조정에서 소외된 문인들은 종종 조정의 중심성을 부정하고, 동지들끼리 다양한 형태의 네트워크를 발전시켰다. 결사체 활동을 하는 이들은 국가 공무원직을 거부하고 제국의 독점적 중심성을 부인하며 대안적인 라이프 스타일을 추구하기도 하였다. 이러한 이들의 활동만으로도 헤겔적인 클리셰─중국 국가는 총괄적all-encompassing이었다─를 논박하기에 충분하다. 그러나 일견 명백해 보이는 그들의 자율성에도 불구하고, 과연 그들이 '시민사회'라고 불릴 만한 충분한 지적·조직적·경제적 자원을 가지고 있었는지는 좀 더 따져보아야 한다.

앞서 5장에서 당나라 귀족 문화를 논할 때 살펴본 것처럼, 중국 역사에서 국가가 다양한 종교를 자신의 영향권 안으로 끌어들이는 데 상당히 성공적이었음을 지적할 수 있다. 만약 종교적 권위가 정치권력에 종속되었다면, 그들이 비非순응성이라는 의

| **〈졸정원도영〉** | 졸정원(拙政園)은 중국 장쑤성 남동부 타이후호(太湖) 동쪽에 있는 호반 도시인 쑤저우(蘇州) 지역에 있는 유명한 정원으로, 유네스코 세계문화유산으로 선정되었다. 1510년 명나라 때 왕헌신(王獻臣, 1500~1535)이 옛 절터에 졸정원이라는 개인 정원을 만들었다. 당시 저명한 화가 문징명(文徵明)은 졸정원 건축에 깊이 관여하였고, 1535년에는 그림과 시로 구성된 31점의 〈졸정원도영(拙政園圖詠)〉을 남겼다. 그로부터 16년 후 다시 8경의 그림과 시를 추가했는데, 도판은 바로 그 추가된 8경 중 일부이다. '졸정원'이라는 이름은 서진(西晉)의 학자 반악(潘岳)의 「한거부(閑居賦)」에 나오는 표현을 따온 것으로, '졸정'이란 못난이의 정치라는 의미이다. 중앙정치와 거리를 두되 정치로부터 완전히 자유롭지는 않은 이의 심사가 '졸정원'이라는 이름에 드러나 있다. 미국 뉴욕 메트로폴리탄미술관 소장.

미에서의 정치성을 가지고 있다고 하기 어렵다. 세계에 순응하는 경향을 가진 중국 문인들이 기존 질서에 대해 심각한 비판을 가할 수 있는 초월적 지렛대를 가지고 있지 않았다는 막스 베버의 유명한 주장이 떠오른다.[11] 그러나 반대의 예도 존재한다. 후한시대에 청의清議, pure critique로 알려진 사람들과 위진시대에 청담清談, pure conversation으로 알려진 이들은 확고한 정치적 자의식을 가지고 있었다.[12] 그들은 죽음을 무릅쓰고 환관이 지배하는 조정과 맞섰고, 지배 권력에 저항하는 반대 세력으로 기능하였다.

하지만 '시민사회'라고 불릴 만큼 충분한 조직적 역량을 보여주었는지에 대해서는 의문이 남는다. 그들의 정치적 불만은 현실 정치에 대한 비판으로 그치지 않고, 정치 자체에 대한 불신을 은둔의 방식으로 표방하는 경우가 많았다. 은둔자들은 통상적 정치 영역 외부에 존재하는 초연한 삶의 탁월성을 주장하는 경향이 있었다. 고매한 초연함을 지나치게 추구하면, 그러한 활동을 공公, public이라는 점에서 정당화하기 어렵다. 비슷한 맥락에서 청담을 실천한 이들 역시 자기 비전의 탁월성을 정치적 차원이라기보다는 심미적 차원에서 정당화하였다. 그들은 조정을 부와 권력만을 좇는 속된 이들의 집합소로 간주하였다.[13]

막스 베버는 중국에는 현실을 급진적으로 변혁하는 초월적 힘이 부재하다고 주장했지만, 신베버주의 사회학자 슈무엘 아이젠슈타트는 중국문화에 이른바 현세적 초월주의this-worldly transcendentalism라는 힘이 존재한다며 베버의 테제를 수정하였다.[14] 그러한 아이젠슈타트조차도 정치적 중심과 경쟁할 수 있는 별개의 문화적 혹은 종교적 중심은 중국에 존재하지 않았다고 인정하였다. 즉, 중국 문인들은 자신들의 독특한 지적 자원 속에 전복적일 수 있는 잠재력을 가지고 있었지만 그러한 초월적 잠재력을 실현할 수 있는 조직은 없었다는 것이다. 아이젠슈타트에 따르면, 비록 많은 사회적 분야나 공간이 광범위한 자율성을 누리고 있었지만, 국가의 이데올로기적 중심성과 제도적 힘은 그다지 도전받지 않았다. 만약 그러한 평가가 옳다면, 중국 전통은 서유럽 전통과는 선명한 대조를 이룬다고 해도 과언이 아니다. 서유럽 전통에서는 가톨릭교회와 부르주아 조직이 다양한 방식으로 공적 권위를 놓고 국가와 근본적으로 경쟁하였다. 그들은 자칫 조직되지 못할 수도 있는 사람들을 조직해낼 능력을 갖추고 있었다.

이러한 맥락에서 자주 연구된 중국의 사례가 사립 서원書院이다. 전국에 흩어져 있던 서원은 중앙정부의 권위에서 벗어나 자율적으로 작동하면서 지방의 정치 활동에 종사하는 엘리트들을 수평적으로 엮는 역할을 하였다.[15] 이는 중앙의 권위에 복종하고 봉사하는 데 그치는 수직적 충성과는 대조를 이룬다. 그런데 서원이 과연 국가의 허가 아래 활동하였는지, 아니면 순수하게 홀로 선 자율적인 실체였는지는 신중하게 토론해볼 문제이다. 서원은 종종 황제의 조정으로부터 정기적인 경제적 지원을 받기도 하고, 또 과거 시험 준비를 위한 공간으로 기능했다는 점을 감안할 때, 논의는 매우 복잡하다. 서원이 정치적 파벌의 온상으로 여겨지자 조정은 서원을 탄압하기도 했다.[16] 반면 서원이 정부의 메시지를 퍼뜨리는 매개체로 기능할 때는 조정에서 힘껏 지원하기도 했다.[17] 많은 사람이 종종 이 제도적 힘들 간의 함수 관계 혹은 심각한 긴장을 읽어낸다. 그런데 도학의 기반 권력은 기독교가 누렸던 엄청난 제도적 네트워크와는 비교하기 어렵다. 그러므로 중국사에서 엘리트들과 국가의 단순하고도 강력한 대결을 기대하는 것은 무리이다. 엘리트들과 군주는 파트너십을 형성하는 경우가 훨씬 더 많았다.

명나라는 개국 당시에 설정했던 틀 안에 머물지 않았다. 명나라 사회는 통제할 수 없는 미래를 향해 나아갔다. 명대 중기 이래 시장경제의 꾸준한 성장은 경제사가들이 중국의 두 번째 상업혁명이라고 부를 정도로 대단한 것이었다. 농업과 출판에서의 기술 발전으로 전례 없이 많은 농산품과 지식 상품을 생산하게 되었다. 사람들이 상품을 팔기 위해 먼 거리를 여행하게 되면서 생산자와 소비자의 경제적 세계는 극적으로 확대되었다. 새로운 부의 원천으로 인해 엘리트들은 국가에 덜 의존하게 되었고, 문화생활을 즐길 수 있는 여유가 생겼다. 일반적으로 도학자들은 사적 경제에 국가가 개입하는 것에 반대하였다.[18]

명나라는 토지세를 은납화銀納化함으로써 시장 네트워크가 확대되고 경제성장이 가속화되었다. 16세기 후반부터는 일본과 페루에서 꾸준히 유입된 은銀이 명나라 경제를 자극하였다. 경제적 번영의 결과로 중국 인구는 250년 동안 두 배 넘게 증가하였다. 인구 변화, 고도로 발달한 상업사회, 대규모의 도시-상인 계층은 명나라 초기 정부가 구상했던 근본적으로 보수적인 비전이 더 이상 유지될 수 없다는 분명한 증표였다. 그럼에도 후기 중국

| **중국의 은화폐** | 후기 중국 제국 시기에는 은이 화폐로 유통되었다. 명나라 때 쓰인 금이나 은으로 만들어진 말발굽 모양의 화폐를 원보(元寶)라 일컫는데, 20세기 이전까지 쓰였다. 사진은 은으로 된 원보로, 중국 베이징 루쉰박물관(魯迅博物館)에 소장되어 있다.

제국 시기에 중국 상인들이 국가에 감히 도전할 수 없었다는 것 역시 사실이다. 그들은 엘리트 문화를 적극적으로 수용하고 정부에 협력하였다. 이 모든 복잡한 사정이 중국 시민사회 논쟁의 배경을 이룬다.

중국 시민사회론의 반론들

학자들은 중국 역사에서 시민사회가 단명했으며, 제도적으로 미성숙했다고 종종 주장해왔다. 쑨원孫文(1866~1925)이 원자화된 중국 사회를 한탄하며 중국 사람들을 일러 모래 한 줌 같다고 말한 것은 유명하다. 쑨원의 진단에 동감하는 이들은 형태 없는 대중사회를 어엿한 시민사회로 변모시키기 위해 분투하였다. 그들이 보기에 20세기 후반에 이르도록 국가의 영향권 밖에서 정치적 활동을 하는 정교한 집단을 발견하기 어렵다는 것은 우연이 아니었다. 예컨대 중국 대륙과 타이완은 20세기 후반에 이르러

| **쑨원** | 반청주의자로 신해혁명(1911)을 이끈 혁명가이자 중국국민당을 창립한 정치가이다. 삼민(민족·민권·민생)주의 사상을 주창한 그는 원자화된 중국 사회를 한탄하며 중국 사람들을 일러 모래 한 줌 같다고 말했다. 사진은 1924년 광저우에 군사학교를 세울 당시의 모습이다.

서야 여당과 독립적인 정치 정당이 처음으로 합법화되었다.

이런 기존 견해에 반대하는 일군의 학자들이 있었다. 그들은 근대 세계를 향한 역사적 도정이 나라마다 다르다는 것을 인정하는 동시에, 조기 근대 유럽과 중국의 상황이 일정한 유사점을 가지고 있음을 보여주고자 하였다. 그들의 연구에 따르면, 수공업 길드나 상업 길드 같은 수평적으로 조직화된 결사체, 교육받은 엘리트층의 자발적이며 비정부적 공동체 활동이 모두 의미심장하게 증가해왔다. 예컨대 명나라 말기와 청나라 시기에 도시 중심에서 활동한 신사층-관리자들은 국가로부터 상당한 수준의 자율성을 확보해내는 데 성공하였다. 윌리엄 로우William Rowe의 한 커우漢口에 대한 연구가 대표적인 예이다.[19] 윌리엄 로우는 국가로부터의 정치적 자율성, 도시 의식, 공적 행정의 합리화 같은 조기 근대적 특징이 후기 중국 제국에서도 나타났다고 주장하였다. 그러면 그러한 특징들을 어떻게 개념화했는가? 윌리엄 로우는 청나라 후기와 공화국 초기(즉, 19세기와 20세기 초)에 나타난 사회적 연합이 유럽 시민사회와 유사한 공공 영역이라고 간주하고, 후기 중국 제국을 조기 근대라고 고쳐 불렀다. 물론 윌리엄 로우 역시 중국사와 유럽사가 세세한 부분까지 일치한다고 주장한 것은 아니었다. 그는 중간 단계의 일반화middle-level generalizations를 시도했다.

얼핏 시민사회가 연상되는 활동들이 제국의 명령체계 외부에서 이루어졌고, 활동가들이 실질적인 수준의 자율성을 누린 것은 사실이다. 그러나 유럽과의 유사점은 부분적인 데 불과하다. 이상하게도 그러한 활동을 한 이들은 국가의 라이벌이 아니었고, 통상적인 행정력이 미치지 못하는 영역에서 국가의 활동을 보완했다는 점에서 국가를 강화하는 존재였다고 할 수 있다. 이러한 맥락에서 빈 웡이나 프레더릭 웨이크만Frederic Wakeman 같은 학자들은 중국 시민사회론을 비판한다.[20] 물론 그들도 다양한 결사체와 기관 들의 존재를 인정하였지만, 결사체에 국가로부터의 자율성이라는 특징을 부여하는 데는 주저하였다. 결사체들의 조직수준이 파편적이어서 위르겐 하버마스가 공론장이라고 부른 것에 미치지 못했다고 강조했다. 이러한 윌리엄 로우의 비판자들에

9 시민사회 혹은 정체?

따르면, 1600~1900년 동안 국가와 사회(특히 양쯔강 삼각주 지역)의 관계를 대표하는 제국과 지방 엘리트들 사이에는 긴장보다는 정치적 타협이 존재하였다.

사정이 이러하다면, 유럽의 경험에서 배태되어 나온 개념 장치들을 아예 내다 버려야만 할까? 윌리엄 시어도어 드 배리는 그렇게 생각하지 않는다. 그는 단지 중국의 경우를 과장하는 오류를 범하지 않으면 된다고 말한다. 후기 중국 제국 시기와 공화국 시기에, 공적 영역에 관련하여 유력한 가능성들이 존재하기는 했지만, 그 가능성들은 당시의 혼란을 제압하기 위해 동원된 권위적이고 전체주의적인 조치들을 극복할 정도로 강하지는 않았다. 강한 권위주의적 리더십을 보여주었다는 점에서는 쑨원이나 마오쩌둥이나 매한가지였다. 요컨대 권위주의적 정부에 저항할 만한 효과적인 정치적 지반이 없었기 때문에 시민사회 혹은 공공 영역과 유사한 활동들은 아무래도 불리한 여건 속에 있었다. 이것이 바로 드 배리가 중국의 현대 정치에 대하여 그다지 낙관적이지 않는 이유이다.[21]

그렇다고 해서 또한 드 배리가 '시민사회'의 부재를 강조하는 전통적인 입장으로 회귀했다는 말은 아니다. 사실 그는 서양의 자유주의와 똑같지는 않더라도 그에 상응하는 후기 중국 제국의 '자유주의 전통'을 재구성하기까지 하였다.[22] 그럼에도 조직화된 정치 활동보다는 중국 역사에 출현한 예언자적인 개혁가들의 존재에 초점을 맞추었다.[23] 드 배리는 공적 이해관계를 위하여 소리 높여 발언하고 국가에 맞선 개인들을 논한다. 그리하여 그가 선호하는 용어는 시민사회라기보다는 시민성civility이다.[24] 동시에 고결한 개인들의 카리스마 넘치는 힘이 기존 질서를 변혁하는 일은 물론 국가의 제도화된 폭력에 맞서는 것 역시 역부족이었음을 인정한다.

드 배리가 송대의 조직화된 사회운동을 '시민사회'라고 명명할 때 그는 시민사회라는 용어를 중국의 역사적 맥락에 맞추어 재정의한다. 즉, 그는 '시민사회'를 억압적인 국가에 반대되는 것으로 정의하는 것이 아니라, 오래된 귀족제에 의한 통치와 그 뒤를 이은 군벌정치에 대조되는 것으로 정의한다.[25] 무력통치에 반대되는 것으로서 시민성을 강조하면 국가-사회 관계에 대한 이슈는 실종된다. 물론 드 배리는 주희가 지방의 자발주의 발전에 헌신했음을 알고 있다. 그러나 드 배리가 도학자들의 지방 자발주의를 설명할 때는 '시민사회'라는 용어를 사용하지 않는다.[26] 그러한 활동은 "기껏해야 인자한 후견주의benevolent paternalism를 나타낼 뿐, 예언자적 역할이나 예언자적 목소리의 증거가 될 수는 없다."[27] 비슷한 취지에서, 토머스 메츠거Thomas Metzger는 우리의 관심을 지방에서 중앙으로 돌린다.[28] 메츠거에 따르면, 중국의 전통은 유럽과는 상당히 다르다. 대다수의 중국 엘리트들이 중앙에서 활동하기를 희망했고, 중앙의 정치적 부패에 보다 민감했기 때문에, 중국 시민사회의 특징 중 하나는 하향식 접근top-down approach이다. 다시 말해 중국의 시민사회 운동은 자율적인 풀뿌리 공동체와는 거리가 멀었다는 것이다. 개혁적 의지를 가진 후기 중국 제국의 정치 행위자들은 중앙 권위의 연장선에서 이른바 시민사회 활동을 수행하였던 것이다. 메츠거에 따르면, 현대 중국 대륙과 타이완에서도 이와 같은 전통이 여전히 지속되고 있다. 중국인과 타이완인 대부분이 전통문화에 의해 형성된 지평과 습관을 유지하고 있기 때문에 그들은 상향식 접근bottom-up approach 을 채택하지 않는다.

결사체에서 친족 조직으로

이러한 담론 지형을 돌이켜보면, 학자들은 결국 중국의 경험과 유럽의 개념 간의 일치점을 찾는 데 실패하고, 이론적 교착 상태에 빠진 것으로 보인다. 메츠거의 시민사회 개념화를 보면, '시민사회'라는 것이 서유럽의 시민사회와는 매우 다른 정치 현상을 포괄할 수 있을 정도로 아주 포괄적인 범주가 되었다. 이러한 맥락에서 벤저민 엘먼Benjamin A. Elman이 논쟁에 개입한 지점을 이해할 수 있다. 그는 시민사회 개념의 적용 가능성에 대해 회의하면서 보다 역사적인 차원에서 당시 중국 정치문화를 이해하고자 시도한다. 엘먼에 따르면, 하버마스의 공론장 및 시민사회 개념을 중국에 적용할 것인가를 두고 벌인 논쟁은 우리에게 해결책보다는 문젯거리를 던져주었다.[29] 엘먼은 후기 중국 제국 지식인들이 친족 조직을 '공적公的'이라고 간주했다는 사실에 주목한다. 즉, 시민사회나 공적 영역과의 유사성은 비친족 자발적 결사체가 아니라 오히려 친족 조직에서 발견된다. 다시 말해 국가와 개인 사이의 공공 영역을 검토하고자 하면, 현대적 관심에 비추어 사료를 시대착오적으로 해석하기를 멈추고 친족 조직을 주목해야 한다는 것이다. 실제로 후기 중국 제국에서 사람들의 삶은 친족 간의 유대를 중심으로 구축된 사회 구조에 긴박되어 있었던 것으로 보인다. 예를 들어, 안후이성安徽省의 경우 몇몇 가문이 명나라 초기에서 20세기에 이르는 400~500년 동안 지역 정치를 장악하다시피 하였다.[30]

하지만 친족 간 유대의 공적 성격은 결코 중국만의 특성이 아니라 초기 국가들의 공통된 특징이었다.[31] 게다가 중국 역사에서 친족 조직들이 항상 그러한 공적 성격을 띠고 있었던 것도 아니다. 친족 조직의 성격은 중국 역사 전반에 걸쳐 변화해왔다. 중국 친족 조직의 공적 성격은 남송 시기에 일어난 '지방으로의 전회'로까지 소급할 수 있다. 그 당시 엘리트들은 전국에 걸친 유력 가문과의 혼인동맹 경향을 바꾸어 고향에서의 혼인동맹을 선호하기 시작하였다. 송나라 이전에는 사적인 친족 간 유대와 보다 큰 공적인 질서 간에 눈에 띄는 긴장이 존재하였다. 통치자가 전쟁을 수행하기 위하여 사회의 행위자들로부터 자원을 수취할 때, 중국 국가의 힘과 친족 조직의 힘 간에는 역관계가 존재하였다. 즉, 발전 도상에 있던 중국 국가에 대해 친족 조직들이 종종 압력을 가하였다. 전국시대에 전쟁 기계로서 국가가 기능하면서 세금과 성인 남자의 병역을 제공하는 호구의 수를 최대화하기 시작했다. 그 결과 가족 구조도 바뀌었다. 주나라 초기의 오래된 세습적 모델은 강한 국가의 압력 아래 점차 붕괴하였다. 그런 현상이 적어도 진나라 말기까지 지속되었다.

전국시대 혼란기에서 살아남은 엘리트 가문들은 진나라에 대항하여 반란을 일으켰다. 진나라가 멸망한 이후 그들은 점차 부와 권력을 축적하여 지역에서 상당한 영향력을 발휘하였다. 비록 강력한 한무제가 가족 연합에 기초한 지역주의의 폐단을 뿌리 뽑고자 시도하였으나, 그의 사후에 국가의 힘은 상당히 분산되기 시작하였다. 동한東漢 시기에 이르자 다시금 거대 가문들이 종족 구조를 확대 발전시켰고, 복수의 호구들이 연합해 가족을 이루었다. 그러나 강력한 가문들조차 소규모 토지 소유를 단일한 대규모 장원 소유로 변화시키려고 하지는 않았다. 당시 지배적인 농업 형태는 거의 원예 수준의 농경이었기 때문이다. 그리하여 자신들의 토지를 고스란히 유지하기 위하여 장자 상속제를 발전시키는 대신, 재산을 아들들에게 나누어 주고 공통된 성씨 아래 연합하였다.

『음부陰符, *The Hidden Tally of Duke Tai*』라는 한나라의 철학 텍스트는 전기 중국 제국 시기에 지배적이었던 관점, 즉 국가와 가족의 관계를 갈등적 관점으로 보고 있다.[32] 이 텍스트에는 강력한 가문들은 과도하게 사적인 부를 축적하고 서로 혼인동맹을 추진함으로써 힘을 키우고, 결국 국가를 붕괴할 수도 있다는 명시적인 경고가 담겨 있다. 그 경고는 당시 유력 가문들이 가문 간의 연대와 경제적 부를 정치적인 권력으로 내세우던 현실을 반영한 것이다. 유력 가문들은 자기 지역에서 이루어지는 종교적 제사 및 자선사업 같은 공동체 활동을 후원함으로써 자신들의 지역적 권력을 창출하고 공고히 하였다. 그들이 더 많이 베풀면 베풀 수록, 지방민을 더욱 수월하게 동원할 수 있었다. 지방에 거주하고 있기는 했지만, 유력 가문들은 자신들의 경제적·문화적·조직적 자산으로 수천 명의 사람을 동원할 수 있었다. 게다가 혼인동맹을 활용하여 반역 같은 집단행동을 하기도 했다. 남북조 시기의 나라들과 당나라에서는 재산을 자식들에게 폭넓게 나누어 주게끔 했는데, 이는 핵가족을 사회의 기본 단위로 삼고자 했던 하나의 시도였다. 균전제 역시 유력 가문의 도움 없이 농민들이 자신들의 토지를 직접 확보할 수 있게끔 하려는 마지막 체계적 시도 중 하나였다고 하겠다.

당나라 균전제의 몰락과 북송시대의 신법의 실패 이후 동성同姓의 친족 간 유대가 중국 농촌 사회의 특징이었다고 해도 과언이 아니다. 학자들에 따르면, 동성의 친족 간 유대는 (특히 남중국) 지역 사회에서 준정치적 기능을 수행함으로써 전반적인 정치질서를 뒷받침하였다. 이 맥락에서 학자들이 지칭하는 친족의 대상은 부모와 자식들(조부모가 포함될 때도 있다)로 이루어진 핵가족이 아니라 조상을 공유하는 훨씬 큰 부계父系 친족 집단이다. 이러한 대단위 친족 집단은 자신들의 구성원에 대한 기록을 잘 관리했다. 그 기록에 따르면, 친족 집단 구성원은 몇백 명, 때로 몇천 명에 이르렀으며, 섬세하게 구별한 위계적 질서에 따라 각자 지켜야 할 '예의 정체성ritual identity'을 부여받았다.

친족 조직은 자신들의 공통 조상을 어디까지 소급할 것인가를 결정할 수 있었기에 친족 집단의 잠재적 크기를 신축적으로 변화시킬 수 있었고, 일단 포함된 구성원들에게는 상호 부조를 제공하였다. 친족 구성원 자격이 신축적이었다는 점을 감안하면, 겉으로는 한 핏줄 같아도 친족 집단 구성원들을 묶어주는 원리는 생물학적 통일성이었다고 하기는 어렵다. 친족이란 결국 특정 목적에 봉사하는 기능을 하기 위해 인간이 만든 고안물에 더 가까웠던 것이다. 유력 가문들은 가문 전체를 위해 농토와 곡식 창고를 소유하거나 운영하고, 친족 내 젊은이들을 위해 학교를 세우고, 선산과 사당을 만들고, 공유 재산을 축적하기도 하였다. 그 공유 재산은 큰 투자를 하기 위한 자본금 역할을 하기도 하였다.[33] 이러한 일련의 사업들은 친족을 하나의 집단으로 강화하는 데 일조하였다.

후기 중국 제국의 통치자와 지식인 들은 중국 사회의 기본 세포인 가족을 공고히 해야 한다고 강력하게 주장하였다. 무엇보다 도학은 가족을 새로운 이론적 기초 위에 올려놓았다. 도학자들은 가족이야말로 정치 공동체의 기원이자 본질이라고 믿었다. 특히 주희의 『가례家禮』는 명나라 중기부터 널리 통용되기 시작하였고, 이상적 가족의 청사진을 제시하였다. 주희는 부계the patrilineal descent line의 중요성과 종법宗法에 의해 결속하는 지방 공동체를 강조하였다. 주희가 부계 가족을 명시적으로 옹호한 것은 유목민들의 (도학자들이 보기에) '야만적' 습속에 대한 대응으로 해석될 수도 있다. 그러나 주희의 『가례』와는 달리, 유목민들의 가족에서는 남성과 여성이 리더십을 종종 공유하였다.

주희의 비전에서 가족은 단지 정부의 도구 혹은 협상의 대상

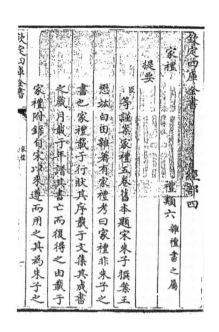

| 『가례』 | 『가례(家禮)』는 송나라 때 주희가 가정에서 지켜야 할 예의범절, 관혼상제(冠婚喪祭)의 예법에 관해 상술한 책으로, 우리나라에는 고려 말 주자학과 함께 들어왔다. 『주자가례(朱子家禮)』, 『문공가례(文公家禮)』라고도 불린다.

이 아니었다. 가족이야말로 좋은 정부의 모델이었다. 국가보다는 가족이 권위의 원천으로 여겨지면서 준정치적 기능을 수행하는 정치적 단위로서 국가의 역할을 부분적으로 대신하게 되었다. 전기 중국 제국 왕조(한나라 및 당나라) 때와는 달리 복수의 가족이 연대한다고 해서 그것이 꼭 국가와 긴장을 일으키는 일이거나, 혹은 조정에서 봉사하는 일에 어긋나는 일은 아니었다. 도학자들은 친족 집단을 제한된 이해관계를 넘어서는 공동선의 구현체로 간주하였다. 다시 말해 도학자들이 생각한 부계 가족은, 공적 영역에서 경쟁자의 이해관계를 희생시키며 사적인 이해관계를 추구하는 카르텔과는 다르다. 편파적이라는 혐의에서 자유롭지 못한 카르텔과 달리 도학이 구상하는 가족은 공적 질서를 강화하고 성숙시키는 존재이다. 이런 식의 구상은 국가와 가족의 정치적

상호 의존을 강화하였다.

사회과학 문헌에서 중국 사회의 역사적 성격은 종종 유럽과 비교되어왔다. 중국 사회에서 신뢰 관계는 친족 집단 내로 제한됨에 따라 일반화된 도덕과는 성격이 전혀 다른 것으로 묘사되어왔다. 그러한 묘사와 평가는 유럽의 경험을 반영하고 있다. 유럽의 경우, 친족에 기반한 조직 형태에서 국가 차원의 조직으로 변천한 것이야말로 근대적 정치 발전이라고 종종 이해되어왔다. 로런스 스톤Lawrence Stone은 이렇게 말한 바 있다. "근대국가는 씨족clan, 친족kinship, 좋은 영주lordship, 상위 계급 간의 의뢰인-고객 관계의 가치에 대한 자연스러운 적enemy이다. 근대쯤 되는 사회적·정치적 레벨에 이르게 되면 그러한 것들은 충성을 우선적으로 요구하는 국가에 직접적인 위협이 되기 때문이다."[34] 다시 말해 많은 유럽 근대국가는 자칫 갈등에 빠지기 쉬운 친족 집단들을 위해 공동선을 대신 구현해주는 존재이다. 그러한 근대국가가 없다면 복수의 친족 집단은 각자 자신의 사적인 이해관계를 추구하다가 갈등에 빠지고 말 것이다.

한 사회과학자는 이러한 역사적인 경험을 배경으로 하여 국가를 "개별 호구 및 친족 집단과는 구분되는 강제력 집행 조직"이자 "상당한 정도의 영토 안에서 다른 모든 조직에 일정한 측면에서 분명한 우선성을 행사하는 조직"이라고 정의한 바 있다.[35] 유럽의 통치자들은 세금과 군대를 징발할 때 종종 바로 그러한 자원을 쥐고 있는 친족 집단의 저항에 직면하곤 했으므로, 이처럼 국가-가족 관계를 긴장 관계로 보는 것도 무리는 아니다.

범박하게 말해 이러한 주희의 친족 중심 사상은 왕안석의 국가주의가 실패한 데 대한 대응으로 이해할 수 있다. 친족이라는 사회의 기초를 강화함으로써 손상된 사회 및 국가 체계를 복구하고자 했던 것이다. 친족 연결망이야말로 국가가 퇴조했을 때 정치 공동체를 연결하는 내적인 접착제라고 제시한 것이다. 남송 같은 불안정한 정치 현실에서는 특히 친족 집단이 중요했다. 의지할 곳 없는 사람들은 친족 집단 내에서 살아갈 방도를 찾았다. 도학자들이 보기에 친족 조직이야말로 바람직한 제도적 구성과 전망에 결정적이었다.

이렇게 볼 때, 국가와 사회를 영원한 갈등 관계에 매여 있는 이분화된 존재로 간주하는 근본적으로 양극적인 방식으로는 후기 중국 제국의 정치체를 제대로 개념화하기 어렵다. 국가 관료제와 외부 결사체의 관계, 그리고 국가와 친족 조직의 관계는 갈등 관계보다는 협조 관계로 이해되어야 한다. 일반적으로 후기 중국 제국은 지방질서에 직접 개입하기보다는 기존 사회적 힘들에 의존하며 통치에 임하였다. 이러한 상황을 자율적인 시민사회가 성장한 끝에 국가가 위축되었다고 이해하면 안 된다. 그러한 의존 현상은 국가 기능의 보강이자 유포 작용이었다고 할 수 있다. 관료제 외부의 매우 다양한 조직이 준국가 기능을 수행했던 것이다.

서양의 담론 전통에서 발전된 시민사회 개념을 사용해서 중국 후기 제국 시기의 결사체를 서둘러 개념화하는 대신 대안적인 접근법을 취할 필요가 있다. 갈등에 기초한 국가-사회 모델을 폐기하고 친족 관계를 공적인 통치의 중요한 일부로 고려하는 접근법이 필요하다. 후기 중국 제국의 질서를 이해할 대안적인 접근법을『대학大學』의 팔조목八條目, the Eight Steps에서 찾을 수 있다. 팔조목은 보다 큰 유기적인 전체의 관점에서 개인, 가족, 국가의 위상을 정의한다.

팔조목에 대한 접근법들

팔조목이란 무엇인가? 동아시아의 고전『대학』의 서두는 선 혹은 동심원이 연상되는 여덟 단계를 제시한다. 그 단계는 인간의 자아 수양과 통치의 프로그램을 담고 있다. 보다 구체적으로 팔조목은 ①격물格物, investigating things, ②치지致知, extending knowledge or learning, ③성의誠意, making one's intentions sincere, ④정심正心, rectifying one's mind, ⑤수신修身, cultivating one's person, ⑥제가齊家, regulating the family, ⑦치국治國, ordering the state, ⑧평천하平天下, bringing peace to All-Under-Heaven로 이루어져 있다. 동아시아에서 이 팔조목은 세상을 어떻게 다스려야 하느냐에 대한 심오한 진술 중 하나로 간주되어왔다.

　그런데 팔조목의 정확한 성격은 그다지 명백하지 않다. 팔조목이 제시하는 것은 대체로 현실의 반영일까? 아니면 이상 혹은 규범 이론일까? 팔조목은 현실과 이상 모두 다일지도 모른다. 정치사상가들은 종종 자신이 처한 실제 상황에서 시작해서 이론을 만들곤 하기 때문이다. 어느 쪽이 맞든 간에, 팔조목이 한때 실제 존재했던 상황을 묘사한 것인지 아니면 규범적 이상을 처방한 것인지 확언하기 어렵다. 나는 팔조목을 현실의 직접적 반영이나 이상적인 비전으로 혼동하지 말고, 후기 중국 제국 시기 정치 담론의 형식적인 조건으로 간주하자고 제안한다.

뚜웨이밍杜維明, Wei-ming Tu은 팔조목에 영감을 받아 규범적인 정치 이론을 수립하고자 시도했다.[36] 특히 그는 팔조목에 개진된 인간의 자아 수양과 통치 프로그램 간의 연속성을 보다 정확하게 서술하고자 했다. 지금까지의 맥락에서 볼 때 특이한 점은 시민사회 혹은 공론장의 개념은 제쳐두고, 신뢰 공동체fiduciary community를 전면에 내세웠다는 점이다. 뚜웨이밍의 규범적인 비전 속에서는 도덕적 자아, 신뢰 공동체, 잘 다스려진 나라, 평화로운 세계가 조화롭게 질서를 이루는 일련의 동심원을 형성한다. 즉, 잘 수양된 자아는 도덕적 행위자가 되고, 나아가 조화로운 가족을 형성하게 되고, 마침내 보다 잘 다스려진 국가와 세계를 만들게 된다.

뚜웨이밍은 팔조목을 이루는 각각의 단위를 설명할 때 『대학』에 있는 범주인 '본말本末, roots and branches'의 이분법을 사용한다. 본本과 말末이라는 개념 장치는 상호 갈등하는 관계를 나타내는 것이 아니라, 뿌리와 가지처럼 유기적 관계를 의미한다. 뚜웨이밍이 본말 범주를 사용하는 한 국가와 사회 간의 제도화된 갈등을 보장하는 공론장을 일부러 만들어낼 필요는 없다. 대신에 상대적으로 작은 동심원이 보다 큰 동심원의 뿌리[本]로 작동한다. 잘 수양된 도덕적 자아는 신뢰 공동체의 뿌리[本]를 이루고,

신뢰 공동체는 수양된 자아의 가지[末]를 형성한다. 요컨대 마음에서 보다 큰 전체로 뻗어나가는 자아 수양의 연장선에서 정치질서를 구상하는 것이다.

드 배리는 뚜웨이밍의 비전을 신뢰 공동체에 대한 정확한 '유가적' 해석이라고 일단 수용하는 동시에 다음과 같은 점을 지적한다.[37] 비록 가족[家]에서 국가[國]에 이르는 단계 사이에 공동체community라는 말을 뚜웨이밍이 추가하기는 했지만 『대학』의 팔조목에는 사실 그 공동체에 해당하는 말이 빠져 있다는 것이다. 왜 그러한 말이 결여되어 있는가? 그러한 현상은 후기 중국 제국의 정치질서에 관하여 우리에게 무엇을 말해주는가? 드 배리에 따르면, 그러한 결여는 중국이 가족과 국가를 매개할 중요한 하부구조를 결여하고 있음을 의미한다. 이러한 드 배리의 주장은 팔조목이 후기 중국 제국의 사회정치적 구성체를 반영하고 있음을 전제하고 있다. 다시 말해 드 배리는 『대학』이라는 텍스트에 세계라는 사회적 존재가 깃들어 있다고 전제하는 것 같다.

이 사안에 대한 나의 견해는 다음과 같다. 텍스트가 세계의 영향을 받는 방식보다는 세계가 텍스트의 영향을 받는 방식에 대해 좀 더 민감하게 이해할 필요가 있다. 현실과 규범 이론의 관계를 보다 더 잘 이해하기 위하여 우리는 팔조목을 직접적인 현실 반영이나 반대로 현실과 동떨어진 철학적 이론이 아니라 담론의 형식적인 조건으로 간주해야 한다. 즉, 우리는 팔조목을 후기 중국 제국 지식인 대다수가 공유했던, 그것을 통해 자신들의 생각을 좀 더 명료하게 표현할 수 있었던, 공통된 언어 자원 혹은 지적인 활용 도구로 간주할 필요가 있다. 이러한 관점을 취하게 되면, 후기 제국 시기에 광범하게 존재했던 국가 통제 너머의 영역에도 불구하고 팔조목에 왜 시민사회 혹은 공론장 같은 것이 부재하는지를 설명할 수 있다.

팔조목 내용을 담고 있는 『대학』이 예에 대한 글을 집대성한 『예기』의 일부로 처음 편입된 것은 한나라 때이다. 그 당시에는 후기 중국 제국 시기에 비견할 만한 정도로 '공론장' 같은 것이 발달하지 않았다. 그렇다면 다음 질문은 왜 후기 제국 시기 중국 사상가들은 변화한 제도적 환경에 발맞추어 팔조목을 이루는 단위들에 변화를 주려고 들지 않았는가 하는 것이다. 언어를 창조적으로 전유하는 현상을 숙고함으로써 이 질문에 대답할 수 있다. 철학적 사변은 담론의 일정한 형식적 조건에 의존하기 마련이다. 그렇다고 해서 사유 주체들이 그 과정에서 수동적인 행위자 역할을 하는 것은 아니다. 비록 언어는 정치적인 발화를 상당이 제약하지만, 생각을 구속하는 동시에 생각이 활용할 자원이기도 하다. 포콕이 주장했듯이, 언어는 다양하고 서로 반대되는 명제의 발화를 촉진할 수 있을 정도로 다각적인 구조를 가지고 있다.[38]

송나라 때부터 『대학』은 《사서》의 일부로 자리 잡았나. 이후 『대학』은 중국정치사상의 패러다임으로 기능하며 시대를 초월하는 권위를 누려왔다. 특히 팔조목은 변화에 놀라울 정도로 강력한 탄성을 가진 언어로 판명되었다. 팔조목은 정치사상가들로 하여금 자신들의 정치적 비전을 팔조목이라는 구조화된 틀에 맞게 개념화하도록 추동하였다. 두 가지 예로 『대학연의大學衍義』와 『대

9 시민사회 혹은 정체?

학연의보大學衍義補』를 들 수 있다. 정치 행위의 정당성에 대한 논란은 종종 어떻게 단어와 개념 들을 해석하고 적용할 것인가를 두고 벌이는 논쟁의 양상을 띠었다. 그것은 논쟁 당사자들이 이미 확립되어 있는 지적 기초 위에 자신의 주장을 쌓아나가고, 기존의 언어 규칙에 따라 자신들의 용어를 선택했기 때문이다. 이 과정에서 팔조목의 간명성은 오히려 풍부한 해석을 불러왔다. 그 결과 많은 해석이 여러 갈래로 뻗어나갔는데, 왕양명의 사상을 논의할 때 그 구체적인 양상을 보게 될 것이다.

정치 언어와 도식으로서 팔조목

왕양명의 정치사상을 검토하기 전에 도식으로서 팔조목의 특징을 살펴보자. 첫째, 인간의 '자아 수양'과 그보다 훨씬 더 큰 사안인 '통치' 사이에 연속성을 설정했다는 데 팔조목의 특징이 있다. 개인의 자아 수양과 통치 간의 정확한 관계가 무엇이냐에 대해서는 사상가마다 의견이 다르다. 어떤 이는 평천하의 '근원'이 국가 관료제의 정점에 위치한 황제의 자아 수양이라고 주장한다. 또 어떤 사람은 보통 사람들이 타인들을 돕는 영향력을 창출해가는 동심원적 과정으로 평천하를 이해한다. 팔조목을 일종의 디딤돌 이론으로 이해할 수도 있다. 예컨대 가장 사적인 양심의 배양이 그다음 단계의 작동을 가능하게 하는 디딤돌이 되고, 그다음 단계는 또 그다음 단계의 작동을 가능하게 만드는 디딤돌이 되어,

결국에는 평천하에 이르는 과정을 구상하는 식이다.

둘째, 팔조목은 독특한 총괄형 비전이다. 통치의 이론적 범위는 국가-사회 관계를 넘어서 개별 존재의 가장 사적인 영역과 온 천하를 다 포괄한다. 해외의 다른 민족까지 제국의 통제에 순응시키는 포괄적 세계 제국의 이미지를 보여준다.

셋째, 팔조목은 천하를 모든 것이 포괄되는 조화로운 협동 구조로 본다. 즉, 천하란 복수의 부분들이 조화롭게 응집하는 집단적 존재를 말한다. 그런 점에서 갈등을 전제하는 국가-사회 관계와 구별된다. 천하를 구성하는 단위들이 서로 갈등하기보다는 공생하는 것으로 상상되는 만큼, 분절된 힘들의 균형이나 긴장보다는 거대한 하나의 전체가 정치 세계를 표상한다. 이러한 비전에서는 통치자가 계약적 관계에 호소하기보다는 통일성에 호소함으로써 사람들의 충성을 불러일으킨다. 게다가 천하는 단순히 제도적 현실이 아니라 윤리적인 현실이기도 하다. 팔조목의 비전은 각 부분이 여타 영역 혹은 전체에 영향을 끼친다고 상정함으로써 자신의 즉각적 영향권을 넘어서는 범위까지 책임을 지도록 만든다. 그것이 개인이든 가족이든 국가든 간에 자신의 무질서한 상태를 끊임없이 극복하도록 요청받는다. 자신의 상태가 자기만의 사안에 그치지 않고 다른 영역에도 영향을 준다고 생각되기 때문이다. 팔조목은 정치 세계를 상호 분리된 부분들이 자신들의 의지를 관철하기 위해 경합하는 장이 아니라 상호 영향을 끼치는 장으로 본다. 요컨대 팔조목은 제국을 도덕적 유기체로 상상하는 데 적절한 언어이다.

팔조목의 언어를 통해 우리는 국가-사회 관계를 새롭게 볼 수 있다. 특히, 국가-사회 간의 권력이란 관습적인 관점에 따른 설명으로 알 수 있는 것보다 훨씬 더 복합적이다. 관습적인 관점에 따르면, 중앙정부는 사회에 권력을 행사하는 주된 정치 행위자이다. 따라서 국가의 권력은 중앙정부 혹은 강력한 군주의 손에 권력이 효과적으로 집중될 때 가장 강하다. 즉, 통치자는 지방에 있는 집단들에 권력을 덜 양보하면 할수록 더 많은 힘을 갖게 된다. 마찬가지 논리에서 지방에 있는 집단들 역시 중앙정부에 양보하면 자신들의 권력이 위협받는다고 생각하게 된다.

이러한 관습적인 관점을 채택하는 학자들은 일반적으로 중앙에 있는 국가기관에 관심을 기울인 나머지 지방의 통치 하부구조는 단지 중앙정부의 도구에 불과한 것으로 간주하는 경향이 있다. 전국시대 국가 형성 과정, 조기 근대 유럽사, 청나라 초반의 영토 팽창 같은 역사적 사례에는 이러한 도식적 설명이 잘 들어맞는다. 그러한 역사 과정에서는 탁월함을 추구하는 군주가 자신의 라이벌과 경쟁에서 이기기 위해 세금 수입을 늘리고 군대를 확장하려 든다. 이 맥락에서 전형적인 권력 형태는 강제이다. 명시적인 혹은 묵시적인 위협을 통해 일이 이루어진다. 권력이 중앙에 집중되어 있다가 다른 여러 영역으로 뻗어나간다고 간주해야 통치자의 정치적 행동을 이해할 수 있다. 권력은 집중될수록 어디론가 투사되기 용이하다. 이런 구도에서는 통치자에 대한 견제와 균형이 필요하다.

반면, 후기 중국 제국에 대하여 지금까지 해온 분석대로라면, 중앙의 제도에 집착하지 말고 그보다 더 큰 전체를 고려해야 한다. 유기적 비전에서는 중앙정부가 사회로부터 자원을 징발할 능력을 얼마나 갖고 있느냐 혹은 사회가 정부의 운신 폭을 제한할 수 있는 능력을 얼마나 갖고 있느냐로 국가의 힘을 측정하지 않는다. 유기적 비전에서 중요한 것은 국가가 얼마나 사회에 뿌리내리고 있느냐이다. 국가가 사회에 뿌리를 제대로 내리고 있으면 조공국들 틈에서 제국의 위상을 어엿이 유지하기 위해 국가-사회 시너지를 한껏 발휘할 수 있다. 이렇게 보면, 후기 중국 제국의 국가는 약한 존재가 아니다.

　권력은 이제 상호 의존 관계의 구조에 뿌리내리고 있는 것으로 상상된다. 그리고 그 상호 의존 관계는 복수의 단위를 가로지르는 연대, 공유된 생각과 규범, 조밀한 사회적 네트워크, 각종 연결 구조 등의 기초 위에서 작동한다. 권력의 집중도가 떨어질지라도 국가 권력은 널리 공유되고 있다는 이유로 여전히 강하다고 간주할 수 있다. 권력이 공유될 때 통치자와 피통치자는 권력을 자기 것으로 간주한다. 따라서 권력을 보다 용이하게 지방 집단에 넘겨줄 수 있으며, 그 역도 마찬가지다. 권력을 지방 행위자들에게 양여할 때조차도 통치자는 자신의 권력이 위협받는다고 느낄 필요가 없다. 지방 행위자들 역시 자신들이 중앙 관료제에 들어가지 못한다고 해서 소외감을 느끼지는 않을 것이다. 동시에 중앙정부에 반대하는 집단행동을 조직할 만한 역량은 결코 권장되지 않는다. 반정부적 집단행동은 정치체의 유기적 짜임을 훼손하는 일로 여겨지기 때문이다. 그래서 결사체나 중간 매개 단체들은 제국적인 비전을 수행하는 정치적 행위자로 포섭된다.

이렇게 볼 때 권력이 한편으로는 강제적인 양태를 띠지만, 다른 한편으로는 뭔가를 해낼 수 있게 하는 그리고 협조적인 모습을 띠는 것도 놀라운 일이 아니다. 유기적인 권력관이 비유기적 권력관으로 바뀌지 않는 한, 불평분자들이 대규모의 집단 항거운동을 조직할 가능성은 거의 없다. 유기적 비전에서는 국가와 사회를 가르는 선이 어디에 그어져야 하는지에 대한 관심이 높지 않다. 그보다는 백성들을 잘 다스리기 위해서 공적 기관과 사적 기관이 협조해야 하는 방식에 대해 더 관심이 높다.

이러한 정치적 비전이 효과적으로 작동하려면, 유기적인 짜임 혹은 유기적인 짜임이라는 이미지를 유지하는 것이 중요하다. 다시 말해 국가는 사회와 유리되어 있기보다 사회에 뿌리내리고 있는 것으로 보이는 것이 좋다. 국가의 힘이란 단지 강제적이고 자원을 수취하는 능력만이 아니라 그러한 능력을 당연하게 여기게 만드는 능력, 다시 말해 유기적 비전을 피치자들에게 설득시키는 능력까지를 포함한다. 그러므로 통치자는 보다 많은 백성이 보다 큰 상호 협조적 시스템에 참여하는 방식을 끊임없이 발명해야 한다. 그 시스템에서는 시스템을 구성하는 인자들이 규범적인 헌신을 공유함으로써 서로 연결되어 있어야 한다. 통치자가 유기적인 사회 현실 혹은 이상을 구축하는 데 실패하면, 그것은 국가의 힘을 크게 훼손할 것이다. 이것이 바로 상징적인 권력을 펼치는 주된 방법으로서 교육이 중국 후기 제국의 통치에서 매우 중요했던 이유 중 하나이다.

사회의 짜임을 만들어나갈 때, 사회의 유기적 이미지가 교육을 통해 행위자들의 심성에 더 잘 각인되고 재생산될수록 높은 수준의 잠재적인 사회적 조화를 기대할 수 있다. 그러할 경우에만 비로소 기존 정치질서가 자의적인 것(즉 가능한 여러 질서 중에서 하나에 불과한 것)이 아니라 자명하고 자연스럽고 마땅한 것으로 받아들여질 것이다. 이로 미루어 보아 국가의 힘은 결국 백성에게 자발적 복종을 이끌어내는 능력이라 할 수 있다. 정치질서를 유기적으로 바라볼 때, 강제는 자충수이다. 강제에 의존하면 할수록 관계는 덜 유기적이게 된다. 다시 말해 통치자는 강제력을 휘두를수록 스스로 자신이 휘두른 강제력의 희생양이 된다.

팔조목이 일종의 정치 언어인 한, 정치 행위자들은 그 언어를 자신의 목적에 맞추어 전유할 수 있다. 그 언어가 후기 중국 제국의 정치 담론을 제한하기도 했지만, 우리는 정치 행위자들이 그 언어를 전유한 복수의 결과물들에서 긴장과 불안정을 읽어낼 수도 있다. 그 언어가 수 세기에 걸쳐 매우 다양한 지적인 맥락에서 사용되었기 때문이다. 지면의 제약으로 인해 여기서는 두 가지 대조적인 전유 결과물을 살펴보기로 하겠다.

군주를 위한 귀감서

첫째, 하향식 유기체top-down organism를 생각해볼 수 있다. 하향식 유기체 비전에서는 통치자는 컨트롤타워의 역할을 하거나, 살아 있는 유기체에 피를 순환시키는 역할을 한다. 이렇게 위에서 아래로 영향을 미치는 식의 논리는 군주 귀감서 대부분에 전형적으로 나타난다. 군주 귀감서는 어떻게 개별 통치자가 도덕적으로 통합된 공동체를 만들고 유지할 수 있는지를 설명한다. 군주 귀감서에서는 유기체적 유비를 많이 사용하는데, 그 유비는 이데올로기적이고 조직적으로 가족, 국가, 자아가 하나의 안정된 몸을 이루는 상호 의존적 상태의 이미지를 제공한다.[39]

　　대표적인 사례는 사지四肢, four limbs가 어떻게 몸통에 연결되어 있는지를 묘사하는 유비이다. 이 경우 대개 군주는 정체政體, body politic의 머리를 나타낸다. 그리고 위계에 따라 해당 정체의 구성원들은 배belly 또는 사지의 역할을 맡는다. 군주 귀감서는 사지가 머리에 협조해야 함을 종종 강조한다. 즉, 사지는 머리에 대항하는 자세를 취하기보다는 사회적 통합을 진흥하는 역할을 해야 한다는 것이다. 물론 머리 역시 멋대로 굴어서는 안 된다. 머리와 사지는 모두 몸 전체의 양호한 상태를 유지해야 한다는 자연스러운 의무를 갖는다.[40] 머리에 결함이 있을 때는 몸의 나머지 부분이 그 결함이 몸 전체로 뻗어나가지 않도록 노력해야 한다. 머리(군주)의 결함을 보완하는 주된 방법은 정체의 나머지 부분(신하)이 간언諫言을 하는 것이지 집단적 저항을 하는 것이 아니다. 이러한 하향식 관점에서 보면, 각 부분의 도덕적 완성은 목적이라기보다는 수단의 성격을 띤다. 궁극적인 목적은 각 부분 간에 완전한 조화를 이루어내는 것이다.

　　유럽의 지적 전통의 경우와 마찬가지로 중국에도 군주 귀감

| 정체의 시각화 | 정체(政體, body politic)를 시각화하고자 한 시도는 동서양에서 공통적으로 발견된다. 왼쪽 그림은 유명한 정치사상가 토머스 홉스가 쓴 『리바이어던(Leviathan)』의 표지를 장식한 그림으로, 왕의 머리와 수많은 시민으로 이루어진 정체의 모습을 보여주고 있다. 오른쪽 그림은 일본 원로원 의관 가이에다 노부요시(海江田信義, 1832~1906)가 그린 '인체배당도'이다. 가이에다는 빈대학 유학 시절 로렌츠 폰 슈타인(Lorenz von Stein, 1815~1890)의 강의를 듣고 인체의 각 부위에 국가기관을 그려 넣은 일종의 정체 그림을 남겼다. 가이에다 그림에 대한 해설로는 김태진의 논문 「국가라는 신체에서 전통과 근대는 어떻게 만나는가 – 가이에다 노부요시의 인체 그림을 중심으로」(『일본비평』 Vol. 19, pp. 97-127, 2018)를 참조할 수 있다.

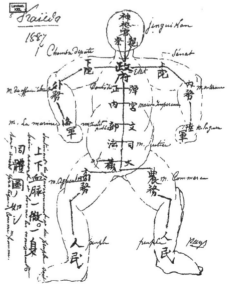

서 장르가 있고, 거기에서 정체에 대한 많은 유비를 발견할 수 있다. 그중『정관정요』에서『대학연의』에 이르는 많은 저작이 통치하는 아버지라는 정치적 상징을 채택하고, 몸의 비유를 공들여 발전시켰다. 독재자로 알려진 명나라 창건자 주원장과 그의 조언자들조차도 유기적 유비를 사용하였다.[41] 주원장의 참모인 송렴朱濂(1310~1381)은 주원장에게『대학연의』를 추천하였고, 주원장은 그 조언을 기꺼이 받아들였다. "송렴이『대학연의』를 추천하자 (주원장은) 크게 써서 궁궐의 양쪽 회랑 벽에 게시하라고 분부하였다. 얼마 뒤 서쪽 회랑에 행차하여, 여러 대신이 모두 있는 앞에서『대학연의』중에서 사마천이 황로에 대해 이야기한 바를 지목하여 송렴에게 강론하라고 명하였다."[42] 그리고 주원장은 자신을 벌집을 지배하는 왕벌에 빗대기도 하였다. 벌집의 비유가 전하는 뜻은 다음과 같다. 이상적인 신민은 일을 열심히 하고, 상호 연결된 거대한 유기적 시스템의 일부로서 자신에게 합당한 위치를 잡고서 잘 정의된 역할에 집중하는 존재이다. 이것이 물론 주원장이 인자한 통치자였다는 말은 아니다. 자신의 통치권이 위협받을 조짐이 보일 때는 거침없이 국가기구가 가진 폭력 수단에 의존하였다. 그는 따끔한 침을 가진 왕벌이었다.

대부분의 중국 황제에게 정체란 사적인 이해관계를 가진 고립된 조각들이 균형을 이루고 있는 것이 아니라, 모든 것이 내재적 관계로 연결된 정치 시스템이었다. 따라서 이론상 황제의 통치술이란 잠재적인 이해관계를 조정·지휘하는 것이 아니었다. 통치술의 핵심은 구성원들을 조화와 믿음에 기초한 신뢰 공동체에 통합하는 것이다. 사회적 짜임의 유기적 성격이 유지되는 한 사회를 과도하게 규제할 필요는 없었기에 국가의 개입 영역은 제한되었다. 겉으로 드러난바 통치의 확실한 목적은 어떤 일이 발생하지 않도록 통제하는 것이라기보다 에너지의 순환이 자연스럽게 이루어지는 체제를 창출하는 것이었다. 이런 정체에서 군주의 꿈이란 백성들이 완벽한 통일성을 이루는 몸의 일부로 자신들을 생각하고 협조적 행동을 수행하는 데 골몰하는 것이었다.

보통 사람을 위한 귀감서: 왕양명의 정치사상[43]

정체를 묘사하는 수사법의 향연 뒤에는 물론 유기적 국가-사회 관계에 대한 훨씬 더 복합적인 이론화 시도가 존재해왔다. 적지 않은 사상가들이 팔조목의 언어와 유기적 정체의 이미지를 활용해서 독특하고 정교한 정치사상을 전개했다. 이 장의 나머지 부분에서는, 그중에서도 동아시아 전역에 폭넓은 영향을 끼친 왕양명의 정치사상을 살펴보고자 한다. 그보다 선행하는 군주 귀감서 저자들과 달리 왕양명은 자신의 청중을 군주나 엘리트에 국한하지 않고 보통 사람들에까지 확장하였다. 왕양명의 비전에서는 사람들이 자신의 도덕 감각을 군주에게 수직적으로 발산하는 데 그치지 않고, 동급의 사람들에게 수평적으로도 발산하는 모습을 보인다.

　인간의 본성은 동일하다는 도학의 입장을 왕양명은 그 논리적 극단까지 밀어붙였다. 왕양명은 특히 마음[心]과 도덕 본성

[性]을 일치시킨 것으로 유명한데, 이는 자아가 갖는 잠재적 선함 the potential goodness of the self과 현재 작동하는 자아the actual state of the self 간의 구분을 없앰으로써 자기 충족적 도덕 행위자the self-sufficient moral agent 개념을 수립한 것이었다. 왕양명의 비전에서는 "거리에 가득한 사람들이 다 성인이었다".⁴⁴ 모든 사람이 성인인 이유는 사람이라면 모두 타고난 도덕 감각과 의지력을 통해 즉각적으로 자신을 윤리적인 인간으로 변모시킬 수 있기 때문이다. 왕양명에 따르면, 사람은 모든 상황에서 도덕적으로 판단할 수 있는 직관을 타고나기 때문에 올바른 행동이 무엇인지 일일이 규정한 도덕 교과서 같은 것은 필요 없다. 심지어 경전 공부마저도 필수적이지 않다. 이러한 입장의 연장선에서 양명학자들은 공자의 권위에 도전했다.⁴⁵ 이런 부류의 자기 충족적 도덕 행위자 개념은 분명히 사람을 고무하는 면이 있다. 동시에 다음과 같은 문제가 있을 수 있다. 인간 세계의 규범성은 현실과 이상의 긴장에 근거를 두고 있다. 그 긴장이라는 것은 이상과 현실의 두 영역 간 섬세한 거리에서 발생한다. 만약 그 거리가 너무 가까워서 이상과 현실이 질적으로 다르지 않다면 규범적 긴장은 유지되지 않을 것이다. 현실이 열망할 어떤 것도 남아 있지 않을 것이므로. 규범적 긴장은 부재하게 된다. 따라서 도덕의 엄격성 같은 것은 성립하기 어렵다. 이것이 바로 왕양명을 비판하는 이들이 왕양명 사상은 결국 자의성과 주관성의 과다를 초래하게 된다고 주장한 이유이다.⁴⁶

그러나 왕양명의 비전에서 규범적 긴장이 완전히 소거된 것

| 왕양명 | 명대의 대표적인 철학자로 본명은 수인(守仁), 양명(陽明)은 호이다. 주자학과 구별되는 양명학을 창시했다. 주자학과 양명학 간의 논쟁은 『대학』 팔조목 중 격물과 치지를 어떻게 해석하는가에 대한 차이에서 비롯되었다. 양명학은 특히 지행합일을 주장하는데, 이는 본래 상태에서는 '지'가 반드시 그리고 자동적으로 '행'으로 이어지게 된다는 것을 의미한다.

은 아니다. 양명학에서 '마음의 본체mind in itself'는 도덕적 판단을 위한 완벽한 능력을 가지고 있는 마음의 원래 상태를 나타낸다. 반면, '인심人心'은 이기심에 의해 '어두워진obscure' 나머지 원래 가지고 있는 도덕적 역량을 실현하지 못하는 마음의 상태를

나타낸다. 보통 사람들의 마음 상태는 대개 '인심'의 수준에 머물러 있어서 마음의 본체를 회복하고자 노력해야 한다. 마음의 본체와 인심 간의 구분을 왕양명이 유지하는 한, 진정한 이슈는 규범적 이상을 상정하고 있느냐가 아니라, 어떻게 상정하고 있느냐이다. 그와 관련된 개념화 과정에서 가장 중요한 것은, 왕양명이 규범적 이상을 마음의 작동과 독립적으로 생각하지 않는다는 사실이다. 즉, 규범적 이상과 현실 사이에는 본체론적 차이가 없다. 마음의 본체이든 인심이든 결국 우리 의식의 어떤 상태를 나타내는 것이기 때문이다.

마음의 본체와 인심 간의 유일한 차이는 마음이 이기심에 의해 흐려져 있느냐 여부이다. 다시 말해 반드시 경전 공부를 하지 않아도 이기심만 제거할 수만 있다면 삶의 각 국면이 갖는 본질적인 도덕적 성격을 직관적으로 파악[良知]할 수 있다. 왕양명은 도덕적인 앎을 개인 양심의 진동과 동일시한다. 귀족 가문에 태어나지 않아도 누구나 성인이 될 수 있으며, 심지어 귀족적이 되지 않아도 성인이 될 수 있다고 주장한 셈이었다. 성인됨의 기준은 더 이상 태생이나 위계가 아니라 마음의 이기적 경향성이 갖는 협애함을 넘어섰느냐 여부일 뿐이다. 결과적으로 왕양명 추종자의 상당수는 교육을 거의 받지 않은 사람들이었다.

마음속 이기적 욕심을 제거하는 데 오롯이 집중한다는 점에서 왕양명의 입장은 일견 '내재주의적internalist'으로 보일 수 있고, 그런 면에서 외부 세계와 어떤 적실성을 맺는지에 대해 의문이 제기될 수 있다. 그렇다면 어떤 근거에서 왕양명은 자신의 사상이 마음에 초점을 맞추고 있음에도 불구하고 동시에 외부 세계 the external world를 포기하고 있지 않다고 주장할 수 있었는가? 대답은 외부 세계의 재정의에 있다. 왕양명은 마음의 바깥에는 아무 것도 없다는 취지로 들릴 정도로 외부 세계를 다시 정의하였다.

왕양명의 '외부 세계' 재정의

일반적으로 인간은 인식 주체로서 존재하고, 세계는 마음 외부의 인식 객체로서 존재한다고 생각한다. 하지만 이에 대해 왕양명은 "천하에 또 마음 외부의 일이 있는가?"[47]라고 수사의문문을 던진다. 그가 이렇게 물었을 때, 세계란 마음속에 있는 것이라고 주장하는 것처럼 들린다. 그래서 그의 제자는 세계는 마음의 외부에 있지 않느냐고 질문한다.

> 구천九川이 의문을 품고 물었다. "사물[物]은 외부에 있는 것입니다. 어찌하여 몸, 마음, 뜻, 앎과 하나의 일일 수 있습니까?" 선생이 대답하시기를, "귀, 눈, 입, 코, 사지는 몸이다. 그러나 마음이 없다면 어떻게 보고 듣고 말하고 움직일 수 있겠는가? 한 편, 마음이 보고 듣고 말하고 움직이고 싶더라도 귀, 눈, 입, 코, 사지가 없으면 할 수 없다. 그러므로 마음이 없으면 몸도 없고, 몸이 없으면 마음도 없다. 다만 공간을 채운 것을 일러 몸이라고 부르고, 그것을 주관하는 것을 마음이라고 부르고, 마음이

발하여 움직이는 것을 뜻[意]이라 부르고, 뜻의 영명한 측면을 지知라 부르고, 뜻이 가닿는 곳을 일러 사물[物]이라고 부른다. 이 모든 것은 단지 하나의 일일 뿐이다. 뜻은 허공에 걸려 있었던 적이 없고, 반드시 사물에 연결되어 있다.[48]

왕양명은 제자의 질문에 답하며 매우 흥미로운 세계관을 제시한다. 왕양명에 따르면, 외부 세계란 마음과 독립되어 저 너머에 존재하는 어떤 것이 아니라 "뜻이 닿는 곳"이 바로 외부 세계이다. 외부 세계에 대한 이러한 재정의는 우리가 세계에 대해 알수 있는 모든 것은 경험에 의해 매개된다는 통찰에 근거하고 있다. 그 경험은 우리의 감각기관에 의해 가능하다. 그러한 감각기관의 활동은 우리의 마음과 연결되어 있다. 따라서 우리가 생에서 마주하는 모든 것은 필연적으로 마음과 연결되어 있다. 이렇게 이해된 세계는 더 이상 마음의 외부에 독립적으로 존재하는 실체가 아니라 마음과 불가분리不可分離 상태에 있는 그 어떤 것이다.

이에 따르면, 외부 세계란 언제나 자아와 일정한 관계에서만 존재하는 것으로 이해된다. 혹은 외부 세계란 마음의 작용 없이는 그 존재가 성립할 수 없는 어떤 것이라는 주장처럼 들리기도 한다. 이 특이한 외부 세계관을 이해하기 위해 적지 않은 학자들이 서양철학의 전통에서 유사한 혹은 같은 입장을 찾으려고 시도해왔다. 예컨대 중국의 마르크스주의자들은 왕양명을 유물주의에 반대되는 유심론자(관념론자)로 규정했다. 그리고 일군의 서양학자들은 왕양명의 세계관을 조지 버클리George Berkeley(1685~1753)의 세계관에 비유했다.[49] 그 밖에 현상학적 사유와의 유사성을 지적한 학자들도 있다.[50] 과연 이러한 개념화는 얼마나 타당한 것일까?

이 문제를 토론하기 위해 먼저 왕양명과 그의 제자와의 문답을 살펴보자.

한 친구가 바위 가운데 있는 꽃나무를 가리키며 물었다. "세상에 마음 밖의 사물은 없다고 선생님께서는 말씀하셨는데, 이 꽃나무를 예로 들어보기로 하지요. 깊은 산속에서 저 꽃은 저절로 피고 집니다. 나의 마음과 무슨 상관이 있단 말입니까?" 선생께서 말씀하시기를, "네가 이 꽃을 아직 보지 않았을 때, 이 꽃은 네 마음과 함께 '적寂(고요함)'의 경지에 귀속되어 있었다. 네가 이 꽃을 보자, 이 꽃의 색깔은 일시에 분명하게 드러났다. 이로써 이 꽃은 마음의 밖에 있지 않음을 알 수 있다."[51]

여기서 핵심 문장은 "네가 이 꽃을 아직 보지 않았을 때, 이 꽃은 네 마음과 함께 적寂(고요함)의 경지에 귀속되어 있었다[未看此花時, 此花與汝心同歸於寂]"이다. 이 문장 해석의 관건은 '적'을 '존재하지 않음'으로 해석하는 것이 바람직한가 하는 문제이다. 그런데 한문에서 '적'은 어떤 실체의 '존재하지 않음'을 의미하지 않는다. 한문 용례에서 '적'은 활동의 부재不在로 인한 고요한 상태를 의미한다.[52] 그러므로 X가 '적'의 상태에 있다는 문장은 X가 존재하지 않는다가 아니라 X가 비활동/비활성 상태에 있다고 해석되

어야 한다. 다시 말해 세계의 존재 자체를 부정한 것은 아니라고 할 수 있다.[53]

　핵심 문장을 보다 분명하게 이해하려면 '동同' 자에 주목해야 한다. 여기서 '동'은 꽃과 마음이 같은 상태에 있음을 가리킨다. 양자가 같은 상태에 있다면 우리는 그 시점에서 마음의 상태를 따져봄으로써 그 순간 꽃의 상태에 대해 이해할 수 있다. 꽃을 아직 보고 있지 않을 때 마음이 (의식을 가능케 하는 신체의 기관이든 의식이라는 기능 자체든) 존재하지 않는다고 생각하는 것은 (적어도 왕양명의 관점에서) 불합리하다. 꽃을 보고 있지 않을 때 마음은 존재하지 않는 것이 아니라 그와 관련된 활동 상태에 있지 않을 뿐이다. 마찬가지로 우리가 꽃에 주의를 기울이지 않았을 때 그 꽃은 (존재하지 않는 것이 아니라) 우리 삶의 영역에서 활동/활성 상태에 있지 않는 것일 뿐이다. 여기서 문제가 되는 것은 어떤 실체의 존재 여부가 아니라 활동의 존재 여부이다. 이러한 해석이 타당하다면, 왕양명이 관심을 가졌던 것은 세계의 존재 여부가 아니라—그것은 서양 근대 인식론의 질문일 것이다—일상에서 우리가 세계와 맺고 있는 관계와 그 삶의 결을 적절히 이해하기 위해 어떤 관점을 가져야 하는가 하는 문제였다고 할 수 있다. 왕양명이 수사의문문으로 "천하에 또 마음 외부의 일이 있는가?"라고 물었을 때, 그가 전하고자 했던 메시지는 우리 삶 '속'의 모든 것, 즉 '세계'는 삶의 차원에서 활성화된 상태in an activated state로 존재한다는 것, 바로 그것이야말로 우리가 세계에 대해 생각할 때 염두에 두어야 할 점이라는 것이다.

그렇다면 조지 버클리가 그러했듯이, 이 세상에 존재하는 것은 마음과 상념뿐이라고 생각하면 잘못이다. 왕양명은 우리의 경험적 믿음의 기초가 되는 관찰적 증거를 제공하는 세계의 존재, 즉 마음과 독립적인 세계의 존재를 부정한 것이 아니다. 왕양명은, 의식이라는 것이야말로 우리의 생활 세계the life-world에 의미를 부여하는 존재 조건 그 자체이므로, 오직 의식을 가진 존재에게만이 생활 세계라고 부를 만한 것이 가능하다고 주장하였다. 우리 삶 속에서 의미는 의식의 외부에 있는 세계에 속한다기보다는 의식에 속하는 것이다. 여기서 이슈가 되는 것은 어떤 '실체'가 존재하느냐 여부가 아니라, 우리가 세계와 맺는 관계를 적절히 이해할 수 있게끔 해주는 관점을 성립시키는 '활동'이 존재하느냐 여부이다.

그 관점이라는 것은 존 설John R. Searle이 제기한 1인칭 본체론first-person ontology으로 가장 잘 개념화될 수 있다.[54] 존 설의 1인칭 본체론에 따르면, 정신 활동은 인간 주체에 의해 경험될 때만이 존재한다는 것이다. 1인칭 본체론은 3인칭 본체론third-person ontology에 반대하여 성립된 입장이다. 3인칭 본체론은 경험하는 행위자와는 독립적인 존재 양태를 지칭한다.

그렇다면 1인칭 본체론 차원의 세계란 어떤 것이며, 그것은 3인칭 본체론 차원의 세계와는 어떻게 다를까? 미셸 드 세르토 Michel de Certeau의 '스페이스space'와 '플레이스place'의 구분을 주목하면 두 세계의 차이를 좀 더 쉽게 이해할 수 있다.

플레이스place, lieu란 각 요소들이 일정한 질서에 의해 배열되어 동일한 시간대에 공존하는 상태를 말한다. 따라서 플레이스는 복수의 것이 동일한 위치에 존재하는 가능성을 배제한다. 플레이스에 적용되는 법칙이란 플레이스 속의 각 요소들이 자신을 정의하는 합당한 위치에 병치된다는 것이다. 그러므로 플레이스란 여러 위치가 동시적으로 어떤 배치를 이루는 상태를 의미한다. 이렇게 볼 때, 플레이스 개념 안에는 안정성의 뜻이 함축되어 있다.

스페이스space는 방향성과 속도, 시간이라는 변수들을 감안할 때 생겨나는 개념이다. 그래서 스페이스는 유동적인 요소들의 교차점들로 구성된다. 스페이스는 어떤 의미에서 그 안에서 전개되는 운동들의 종합적 효과에 의해 실현된다. … 플레이스와의 관련 속에서 말하자면, 스페이스는 발화된(발음된) 단어와 같다고 할 수 있다. 사전적인 어떤 단어가 실제로 사용될 때를 보라. 그것은 상황의 애매성 속에 들어가 다른 여러 관습에 의존하는 어떤 용어로 변하며, 현재(혹은 그 어떤 시간대)라는 순간의 행위로 자리매김하며, 뒤따르는 여러 문맥이 야기하는 여러 변화의 제약을 받게 된다. 스페이스는 플레이스와는 정반대로, 정의된 '합당함'이 주는 안정성이 없다.

간단히 말하자면, 스페이스는 실행된 플레이스이다. 도시계획에 따라 지정학적으로 정의된 거리는 보행자들에 의해 스페이스로 전환된다.[55]

미셸 드 세르토가 지적하듯이, 우리는 세계와 우리의 관계를 지도와 지도를 읽는 이의 관계 혹은 거리와 거리를 걷는 이의 관계에 대비해볼 수 있다. 인간의 의식과 활동을 고려하지 않는 이들은 세계를 마치 하나의 지도처럼 보면서 그 세계의 이치를 탐구하고자 할 것이다. 그러한 이들의 사고방식에서 전제되는 '세계'는 '스페이스'라기보다는 '플레이스'이다. 그들은 대개 세계를 저 너머에 정적으로 존재하는 어떤 것으로 간주하고, 그에 대한 항목화된 지식을 생산하려 들 것이다. 그러한 세계는 '플레이스'를 바라보고 있는 이의 눈을 위한 것이지 '스페이스'를 걷고 있는 이의 발을 위한 것은 아니다. 그러나 왕양명은 세계에 대한 재정의를 통해 우리에게 세계를 '플레이스'가 아닌 '스페이스'로 이해할 것을 권한다. 우리가 '뜻이 닿는 곳'이라는 왕양명의 정의를 받아들인다면, 우리 삶 속의 세계는 '경험된 세계'로서 드러나는 것이다. 다시 말해 세계란 조용하고, 비활성의, 비어 있는 어떤 곳이 아니라 활성화되어 시시각각 움직이고 있는 곳이다. 미셸 드 세르토의 표현을 빌리자면, 우리는 그러한 세계 속에서 끊임없이 움직이고 있는 보행자들인 셈이다.[56] 적어도 왕양명이 보기에 그것이야말로 제대로 된 인간과 세계에 대한 이해이다.

삶은 움직임 없이 가만히 바라보는 정적인 행위보다는 먹고, 침대에 눕고, 말하는 일상 속에 존재한다. 보다 정확히 말하자면, 우리는 가만히 있는 순간에조차 움직이고 있다고 말할 수 있다. 왜냐하면 우리는 끊임없이 무엇인가를 경험하고 있기 때문이다. 우리의 움직임을 통해 우리는 지속적으로 매 순간 세계를 활성화하고 있는 것이다. 이러한 점에서 볼 때 '보행'은 우리가 세계 속에 존재하는 실제적인 방식에 대한 매우 적절한 메타포이다. 한국어의 '나그네 길', 그리고 영어의 'passage, travel, voyage, journey'처럼 '삶'을 비유하는 말들은 우리 삶의 경험에 깔려 있는 운동성과 관련 있는 것이다. 이러한 의미에서 미셸 드 세르토의 '플레이스/스페이스' 구분은 외부 세계에 대한 왕양명의 새로운 개념, 그리고 왕양명의 사상과 기존 주류 세계관의 차이를 이해하는 데 유용하다.

마음과 세계의 관계를 왕양명처럼 재구성하면, 마음과 세계는 동연同延, coextensive의 것이 된다. 왕양명에 따르면 인간의 삶에서 마음과 외부 세계를 정확히 구별할 수 없다. 세계는 마음의 작용이 향하는 곳 이상이 아니기 때문이다.[57] 이러한 마음과 세계의 관계 재구성을 통해 자아와 세계는 처음부터 완전히 접속하는 관계에 놓이게 된다. 세계의 모든 영역이 곧 자아의 영역인 것이다. 세계에 대한 우리의 접근이 다른 것에 의해 매개되지 않고, 자아의 범위를 벗어나서 존재하는 (생활) 세계가 없다고 본다는 점에서, 세계와 우리의 거리가 짧아졌다고도 말할 수 있을 것이다.

지행합일

이러한 왕양명의 기본 입장을 염두에 두면서 그 유명한 지행합일론知行合一論을 검토해보자.[58] 지행합일론은 왕양명 사상 중에서 가장 널리 알려진 부분이라고 할 수 있다. 지행합일이라는 말도 일상의 대화에서 접할 수 있을 정도로 익숙한 개념이다. 하지만 널리 알려져 있다는 사실이 곧 정확히 이해되고 있다는 것을 의미하지는 않는다. 중용의 본뜻이 산술적인 의미의 '중간'과 관련이 없듯이 일상에서 사용되는 지행합일의 의미도 이 개념을 처음으로 제시한 왕양명의 본뜻을 정확히 반영하고 있다고 보기 어렵다. 왕양명의 지행합일 개념은 앞에서 논한 자아와 세계에 대한 독특한 철학적 견해 위에서 비로소 이해 가능하다.

앎[知]과 행위[行]는 도덕적 문제에 대한 지식과 그러한 지식이 요청하는 행위와의 관계에 대한 문제이다. 양자 간의 관계에 대한 가장 일반적인 입장은 (도덕적 문제에 대해) 지식을 획득하였다면 그러한 지식이 요청하는 바를 실천에 옮기도록 최선을 다해야 한다는 것이다. 이른바 유학 전통에서 이러한 입장이 주류라고 할 수 있다.[59] 왕양명의 지행합일 개념을 토론할 때 먼저 유의해야 할 것은, 왕양명은 그러한 전통적이고 친숙한 입장을 반복하지 않았다는 점이다. 오히려 그러한 입장은 바로 왕양명이 반박하고자 했던 것이라고 할 수 있다. 따라서 누군가 가지고 있는 지식을 실천에 옮기라고 다그치면서 왕양명의 지행합일론을 운운한다면 그것은 왕양명의 의도를 곡해하는 것이다.

앎이 실천으로 옮겨져야 할 필요성을 강조함에도 불구하고, 아니 바로 그 강조 속에서, 우리에게 친숙한 도덕적 앎과 행위에 대한 전통적 입장은 두 가지 가능성을 전제한다. 첫째, 앎의 획득에 관한 전제이다. 우리는 상응하는 행위 없이 (혹은 상응하는 행위 이전에) 도덕적 문제에 대한 앎을 가질 수 있다. 둘째, 앎이 행동에 미치는 규정력 혹은 앎에서 행동으로 이어지는 과정에 관한 전제이다. 우리는 무엇이 도덕적 행위인지를 알고 있음에도 여전히 그러한 행위를 하는 데 실패할 수 있다. 다시 말해 앎이 곧 그에 해당하는 행위를 보장하는 것은 아니다. 바로 이 첫 번째와 두 번째의 가능성 때문에 전통적인 입장은 앎과 행동이 합일되어 있지 않다는 점을 인정한다. 그리고 분리된다는 점을 인정하기에, 그러한 분리를 극복하여 합일을 이루기를 촉구하는 것이다.

그러나 왕양명은 바로 이 두 가지 분리 가능성을 부정한다. 그 부정이 왕양명의 지행합일론의 핵심을 이룬다. 지행합일이란 곧 두 가지 분리 가능성이 배제되어 있다는 뜻이다. 그러면 왕양명이 어떻게 두 가지 분리 가능성을 부정했는지 살펴보자. 왕양명에 따르면 첫째, 우리는 오직 동시적인 행위를 통해서만 앎을 획득할 수 있다.

> 또 아픔을 안다고 할 경우도 반드시 자기가 이미 아픔을 겪어야만 비로소 아픔을 안다고 할 수 있으며, 추위를 안다는 것은 반드시 자기가 이미 추위를 겪은 것이고, 배고픔을 안다는 것은 반드시 자기가 이미 배고픔을 겪은 것이니, 앎과 행위를 어떻게 분리시킬 수 있겠는가?[60]

위 예문에서 (도덕적) 앎은 관련된 행위를 통해서만 얻어진다고 주장하기 위해 왕양명은 추위, 배고픔, 아픔 같은 경험에 도덕적 앎의 획득을 비유하고 있다. 그는 (도덕적) 앎을 얻기 위한 다른 어떤 통로도 배제한다. 도덕적 삶을 위한 지식을 다른 경로로도 이를테면 학교 교육으로 획득할 수 있다고 믿는 많은 사람에게 이것은 확실히 특이한 사고이다.

둘째, 왕양명에 따르면, 우리는 무엇이 도덕적 행동인지를 알고 있으면 반드시 그러한 행동을 하는 데 성공한다. 다시 말해 앎이 멀쩡한데 그릇된 행동을 하는 경우는 없다. "아직까지 알면서도 행하지 않는 사람은 없었다. 알면서도 행하지 않는 것은 다만 아직 알지 못한 것이다."[61] 즉, 누군가 비도덕적 행위를 한다면 그것은 실천적 노력이 부족해서가 아니라 제대로 알지 못하기 때문이다. 앞 예문이 보여주듯이, 실천적 노력이 부족해서 비도덕적 행위를 하는 경우는 전혀 없다. 나아가 앞으로 논의되겠지만, 왕양명에 따르면, 앎을 얻은 '뒤에' 그것을 실천에 옮기기란 불가능하다. 앎은 동시적이라고 할 만큼 즉각적으로 행동으로 전환된다. 지와 행은 철두철미하게 이미 합일되어 있기 때문이다.

요컨대 우리는 지와 행을 합일하고자 시도할 수 없다. 왜냐하면 지와 행은 이미 합일되어 있으므로. 물론 왕양명도 다음과 같은 주장을 잘 알고 있다. "예컨대 이제 부모에게는 마땅히 효도해야 하고 형에게는 마땅히 공손해야 한다는 것을 다 알고 있는데도 효도하지 못하고 공손하지 못하는 경우가 있습니다. 이것은 바로 앎과 행위가 분명히 두 가지 일임을 보여줍니다."[62] 이에 대한 왕양명의 대답은 이렇다. "그것은 이미 사욕에 의해 (앎과 행위가) 막혀 끊어진 것이지, 앎과 행위의 본래 상태는 아니다."[63] 다시 말해 본래 상태에서 앎은 반드시 그리고 자동적으로 행위로 이어지게 되어 있다. 멀쩡한 앎을 얻었어도 행위에 이르지 못하는 것을 자연스러운 인간 현실로 생각하거나, 행위를 거치지 않고도 앎을 얻을 수 있다고 보는 많은 사람에게, 이와 같은 사고는 매우 특이하게 들릴 것이다.

왕양명의 지행합일론이 특이한 만큼 왜 왕양명은 그러한 특이한 사유를 당연한 어떤 것으로 제시할 수 있었을까 하는 의문이 생긴다. 다시 말해 왕양명의 지행합일론을 이해하기 위해 왕양명이 지와 행이 합일되어 있다고 주장했음을 밝히는 것만으로는, 혹은 그의 사상이 이전의 지행관과 다르다고 말하는 것만으로는 충분하지 않다. 그의 사상이 특이한 만큼 그것은 이해 가능한 어떤 것으로 해명될 필요가 있으며, 그러한 해명은 지행합일 개념을 떠받치고 있는 주요 개념을 이해함으로써 비로소 가능하다.[64]

왕양명의 양지론

먼저 왕양명의 지행합일론에서 말하는 '앎'이란 우리가 관습적으로 머리에 떠올리는 '지식'이 아닐 수 있다는 것을 깨달아야 한다. 왕양명이 자신의 지행합일론에서 '앎'이라는 말을 통해 의미한 바는, 저 앞에 펼쳐진 세계로부터 어떤 정보를 습득하는 것이 아니다.[65] 지행합일에 대한 왕양명의 여러 언급에서 확인할 수 있듯이, 그가 '앎'을 통해 의미했던 바는 어떤 주어진 상황에서 어떻게 도덕적으로 처신/행동하는가에 대한 지식이었다. 그렇다면 주어진 상황에서 어떻게 도덕적으로 처신/행동하는가에 대한 지식은 도대체 어디에서 오는가? 이 질문은 바로 우리를 왕양명의 독특한 철학적 인류학, 그중에서도 그의 유명한 '양지론良知論'으로 이끈다.[66]

왕양명에 따르면, 인간은 도덕적 행동에 대한 앎을 본디부터 가지고 있다. 그 앎을 바로 양지良知라고 부른다.[67] 양지론은 왕양명이 도학의 기본 전제 중의 하나인 성선설을 극단까지 추구한 결과이다. 왕양명에 따르면, 인간은 단순히 도덕적이 될 수 있는 잠재태를 가지고 있다기보다는 그 자체로 이미 도덕적으로 완전하다. 마찬가지 맥락에서 인간은 어떻게 해야 도덕적으로 처신해야 하는지를 알 수 있는 잠재태를 가지고 있다기보다는 이미 완전히 알고 있다. 이러한 사유 방식에 따르면 현실의 부도덕함은 인간의 도덕성이 충분히 개발되지 않아서라기보다는, 본래의 모습이 어떤 이질적인 요인(왕양명 따르면 이기적 욕심)에 의해 방해받고 있는 상황으로 이해된다. 왕양명의 비유를 따르면 태양은 이미 완전한 상태에 있고, 태양이 비추지 않는 것은 다만 구름(이기적 욕심)에 가려져 있기 때문이다. 따라서 도덕의 실현은 도덕심의 배양이나 훈육의 결과가 아니라 이기심에 의해 가려진 완전한 본성을 '발견'하는 일이다.[68] 왕양명과 그의 제자 간의 다음 대화는 이러한 사고방식을 압축적으로 표현하고 있다.

우중于中이 말했다. "양지는 사물과 관련되어 생겨나는 욕망에 의해 가려질 수 있을 뿐입니다. 그렇다 하더라도 양심은 안에 있으니 결코 잃어버릴 수 없습니다. 그것은 마치 구름이 태양은 가릴 수 있으나, 태양은 결코 없어질 수 없는 것과 같습니다." 선생(왕양명)께서 말씀하시기를, "우중은 정말 똑똑하다. 다른 이들은 그와 같이 분명하게 알지 못했다."[69]

왕양명이 지행합일론에서 의미한 바의 '앎'이란 바로 본래 존재하는 완전한 도덕적 앎, 즉 양지라는 것이 다음 예문을 통해 확인된다. "'옳고 그름을 가리는 마음은 사람이라면 모두 가지고 있다.'[70] 이것이 바로 이른바 양지이다. 누가 양지를 가지고 있지 않겠는가? 다만 그것을 발휘하지 못하는 것일 뿐이다. … 이래서 바로 지와 행이 하나라고 하는 것이다."[71]

양지 개념은 지행 관계에서 흥미로운 함의를 가진다. 즉, 우리가 도덕적 삶을 위해 필요한 모든 지식을 본디부터 소유하고 있다면 우리는 도덕적 지식을 획득하기 위해 전혀 시간을 소비할 필요가 없다. 좀 더 정확히 말하자면, 우리는 도덕적 지식을 '획득'할 수조차 없다. 우리는 처음부터 그러한 지식을 가지고 있기 때문이다. 이렇게 본다면, 도덕적 행위를 하기 위해 우리가 미리 어떤 지식을 획득해야 한다고 주장하는 것은 난센스이다. 이러한 구도에서 '알게 된다'는 것은(우리가 지식을 얻는 과정이라고 관습적으로 생각하는 것은) 부재하던 어떤 것을 외부에서 획득하여 알게 된다는 의미가 아니라 이미 가지고 있는 지식, 즉 본구적 지식의 작용을 구체적 삶의 계기 속에서 '경험'하는 것에 불과하다. 왕양명은 이렇게 말한다. "배워서 얻는다는 것은 마음에서 얻음을 뜻하지, 없던 것이 밖에서 들어온다는 것은 아니다."[72]

이로부터 우리는 언뜻 이상해 보이는 왕양명의 생각—우리는 오직 동시적인 행위를 통해서만이 앎을 획득할 수 있다—을 이해할 수 있게 된다. 앎의 본구성을 감안할 때, 앎의 '획득'에서 필요한 것은 그 앎을 가능하게 하기 위한 장기간에 걸친 정보의 누적이나 추론이 아니라, 방아쇠를 당기는 것과 같은 계기가 필요할 뿐이다. 왕양명에게서 '행위'는 바로 그러한 방아쇠 역할을 한다. 아픔과 추위가 우리 피부의 통점과 냉점을 작동시키듯이, '행위'는 우리 마음의 본구적 지식을 작동시키는 (그리하여 경험시키는) 과정으로 이해된다. 요컨대 안다는 것은 본구적 지식을 경험하는 것이고, 그 경험을 위해서는 '행위'라는 방아쇠가 필요하다(아래서 살펴보겠지만 '행위'란 '상황에 부딪힘'에서 시작된다). 어떠한 일을 해봄으로써 비로소 우리는 본구적 도덕감이 우리 내부에서 작동하는 것을 느낀다는 점에서, 왕양명은 이렇게 말한다. "세상에 어찌 행위하지 않고 배우는 자가 있겠는가?"[73]

유사한 맥락에서 강조되는 것은 양지의 직관적 성격이다. "달리 뭐 생각할 필요가 있겠는가?"[74]라고 왕양명이 말했을 때, 그는 양지가 마치 통점이나 냉점이 작용하듯 즉각적으로 작용하는 우리 마음의 기능임을 강조한 것이다. 우리는 양지의 작용을 위해 어떤 의도적인 추론이나 생각에 매달릴 필요가 없다. 한 걸음 더 나아가 우리는 의도적인 추론이나 생각에 매달려서는 안

된다. "희로애락의 본체는 그 자체로서 중화中和[75]의 상태를 이루고 있다. 거기에 조금이라도 자신의 의도적 생각을 보태면 지나치거나 모자란[過不及] 상태가 되고, 그것은 곧 사사로움의 상태다."[76] 좋은 생각이든 나쁜 생각이든 생각 자체는 양지의 직관적인 정확함을 방해할 뿐이다. "그 생각이란 꼭 이기적인 생각만 그러하다는 것이 아니다. 좋은 생각이라고 해도 조금도 보태서는 안 된다. 그것은 마치 눈에 금이나 옥(같이 좋은 것)을 넣어도 눈을 뜰 수 없게 되는 상황에 이르는 것과 마찬가지이다."[77]

왕양명이 양지의 직관적이고 즉각적인 성격에 주목했다는 점은 그가 양지를 논할 때 거울과 저울의 비유를 즐겨 사용했다는 점에서도 드러난다.[78] 거울과 저울은 우리에게 해당 물체에 대한 지식을 아무런 사전 고려나 배움의 과정 없이 즉각적으로 전달해주는 특성이 있다. 요컨대 양지는 항목화될 수 있는 도덕적 지식이 아니라 일종의 직관적 감수성이다. 다음 비유가 그러한 점을 잘 설명해준다.

무릇 구체적이고 개별적인 사항들과 변화하는 상황에 대해서 양지는 네모나거나 둥글거나 길거나 짧은 모양에 대한 걸음쇠나 곱자, 크고 작은 자의 관계와 같다. 구체적이고 개별적인 사항들과 변화하는 상황에 대해 미리 (규범을) 정해놓을 수 없는 것은, 마치 네모나거나 둥글거나 길거나 짧은 모양을 이루 다 헤아릴 수 없는 것과 같다.[79]

이 인용문은 양지란 어떤 상황에서 어떻게 행동해야 하는가를 무수한 경우의 수에 따라 정리한 고정된 백과전서적 지식이 아니라, 변화하는 상황(즉, '방아쇠'를 당기는 것 같은 상황)에 탄력적이고 역동적인 '반응'을 보일 줄 아는 '감수성'의 형태로 존재하기 때문에 상황이 아무리 변화해도 대응할 수 있다는 점을 강조하고 있다. 또 한편, 걸음쇠와 척도의 비유는 도덕적 판단이 아무리 상황에 따라 탄력적이라고 한들 무원칙한 것은 아님을 환기한다.

왕양명의 행위 이론

이제 '행위[行]'에 대해 좀 더 살펴보자. 왕양명은 도덕적 행위에 대해 무엇을 옳은 행위라고 인식한 뒤 그러한 행위를 하고자 의욕을 가진 다음에 수행하는 것으로 생각하지 않았다. 왕양명은 어떤 상황에 대한 진정한 인지는 자동적이고 즉각적으로 그와 관련된 행위로 전환된다고 생각하였다. 상황의 인지에 따른 자동적이고 즉각적인 행위라는 점을 강조한다는 점을 생각할 때, 왕양명 이론에서 '행위'란 우리가 관습적으로 염두에 두는 유의 '행동'과 그 함의가 일치하지 않는다. 왕양명에게 '행위'란 주어진 상황에 '부딪혀 반응함responses'을 의미하였다. 따라서 '행위'는 상식적으로 '행동'이라고 분류되지 않는 '생각함' 같은 것도 포함하게 된다.

묻기를, "예전 유학자들은 모두 배우고, 묻고, 생각하고, 판별하는 것[學問思辯]은 앎[知]에 속하고, 성실한 행동[篤行]은 행위[行]에 속한다고 생각해왔습니다. 그러니 앎과 행위는 분명히 두 가지 다른 일이었던 것입니다. 그런데 선생님께서는 홀로 지행합일을 말씀하시니 의문이 없을 수 없습니다."

왕양명이 대답하기를, "이 점에 대해서는 내가 누차 이야기한 바 있다. 무릇 행위라고 하는 것은 실제로 어떤 것을 하는 것일 뿐이다. 만약 실제로 배우고, 묻고, 생각하고, 판별하는 것에 행위적 에너지가 소모된다면, 그 경우에는 배우고, 묻고, 생각하고, 판별하는 것이 곧 행위인 것이다."[80]

다시 말해 만약 어떤 상황에 부딪혀 반응하는 것으로서 누군가 '생각하고' 있다면, 그것 역시 하나의 '행위'이다. 특히 왕양명은 행위를 진공 속의 행위라기보다는 주어진 상황에 대한 반응이라고 간주한다. 이 점은 왕양명이 색, 냄새, 맛 등에 대한 반응을 행위의 예로 거론하고 있는 데서 분명히 드러난다. '행위'가 주어진 상황에 대한 반응 일반을 의미한다면, 우리는 우리 삶에서 '행위[行]'를 회피할 도리가 없다. 우리는 언제나 일정한 '상황'에서 존재하기 때문이다.

그렇다면 왜 왕양명은 행위를 보통의 의미가 아닌, '주어진 상황에 부딪혀 반응함'으로 이해하는가? 이 점을 보다 잘 이해하기 위해서, 우리는 외부 세계에 대한 왕양명의 독특한 정의를 다시 한번 상기할 필요가 있다. 1인칭 본체론의 관점에서 보면, 세계는 누군가의 인지 속에서 전개되는 시간성 있는 운동들의 조화로 나타난다. 만약 우리가 왕양명이 物을 事로서 간주하고, 사를 뜻이 닿는 곳이라고 한 바를 받아들인다면, 우리 삶 속의 실제 세계는 경험된 세계로서 나타난다. 다시 말해 세계는 휴지 상태에서 움직이지 않고 있는 텅 빈 어떤 것이 아니라, 활성화되고 깨어 있는 어떤 것이다.

자아와 세계에 대한 왕양명의 이러한 독특한 견해를 바탕으로 하면, 앞에서 제기되었던 왕양명의 지행합일론의 비상식적 요소들이 보다 잘 이해될 수 있다.

첫째, 오직 동시적인 '행위'를 통해서만 '앎'을 얻을 수 있다. 이것은 인간이 모두 본래적이며 충족적인 도덕적 지식/감수성을 가지고 있다는 전제를 감안할 때 보다 이해 가능한 주장이 된다. '앎'은 이미 본구적으로 존재하므로 '앎'을 얻기 위해 시간을 소비할 필요는 없다. 우리가 도덕적 지식을 얻는 과정처럼 보이는 것은 사실 이미 가지고 있는 본구적 지식을 활성화/작동시키는 과정이다. 본구적 지식(양지)은 반응해야 할 어떤 상황에 부딪혔을 때, 즉 '행위'가 시작될 때 작동된다.

둘째, '앎'은 필연적이고 자동적으로 '행위'로 이어진다. 이 점을 이해하기 위해서는 먼저 왕양명에게 '앎'이란 주어진 상황에 어떻게 반응하는지를 아는 것임을, 그리고 '행위'란 주어진 상황에 부딪혀 반응하는 것을 의미했음을 상기할 필요가 있다. 우리는 상황이라는 형태로 우리 앞에 나타나는 '세계'에 늘 반응한다. 인생을 살면서 우리는 매 순간 '걷고'—앞서 거론한 보행자의 비유를 쓰자면―있기 때문이다. '행위'란 더 이상 세계에 대해 지식을 형성한 다음 이어지는 어떤 작동으로 이해되지 않는다. 왕양명에게 '행위'란 삶의 근본적이고 불가피한 형식이다. 우리는 모든 상황에서 어떻게 (도덕적으로) 행동/대처해야 할지 직관적으로 알고 있다는 점, 그리고 삶에서 매 순간 '행동'(반응)하지 않을 수 없는 운명이라는 왕양명의 이론적 전제를 받아들인다면, '앎'은 필연적으로 '행위'로 이어지게끔 되어 있다는 그의 주장을 좀 더 잘 이해할 수 있다.

그럼 이제 왕양명의 지와 행 개념, 그리고 지행 개념의 근저에 있는 자아와 세계에 대한 왕양명의 독특한 견해를 바탕으로, 어떤 도덕적 주체가 '앎'을 가지고 '행위'하는 구체적인 상황을 상상해보자. 먼저 왕양명이 즐겨 사용한 설명법을 보자.

아름다운 여색을 보는 것은 앎에 속하고, 아름다운 여색을 좋아하는 것은 행위에 속한다. 아름다운 여색을 보았을 때 이미 저절로 좋아하게 되는 것이지, (아름다운 여색을) 쳐다본 뒤에 또 하나의 마음을 내어서 좋아하는 것은 아니다. 악취를 맡는 것은 앎에 속하고, 악취를 싫어하는 것은 행위에 속한다. 악취를 맡았을 때 이미 저절로 싫어하게 되는 것이지 (악취를) 맡은 뒤에 따로 마음을 내어서 싫어하는 것은 아니다.[81]

어떤 냄새나는 상황에 마주쳐야, 즉 '행위'가 이루어져야 비로소 후각이 작동하여 그 상황에 대한(좋은 냄새인지 나쁜 냄새인지) '앎'이 생기듯이, 처신에 대한 판단이 필요한 어떤 상황과 마주쳐야 비로소 양지가 직관적으로 작동하여 그 상황에 대한 '앎'이 생긴다. 악취와 마주치면 바로 싫어하는 어떤 반응이 이루어지듯, 어떤 나쁜 상황과 마주치면 곧바로 도덕적으로 분개하는 행위를 하게 된다. 이러한 과정은 엄밀히 따져보면 선후를 세밀하게 나누어볼 수 있겠으나,[82] 상황 속에서 시시각각 부딪히며 살아간다는 왕양명의 세계관을 감안할 때, 그것은 기본적으로 합일되어 있는 한 가지 사건이다.

　어떤 이의 '앎'과 '행위'가 합일되지 않아 보이는 것은 그가 아직 타고난 도덕적 지식을 작동시키지 않았기 때문이다. 그것은 '앎'과 '행위'의 관계가 본래 그러한 것이 아니라, 그가 이기적 욕망에 의해 현혹/미망에 빠졌기 때문이다. 왕양명은 말하기를, "예컨대 코가 막힌 사람은 비록 악취가 나는 것을 앞에서 보더라도 코로 냄새를 맡지 못하기 때문에 그것을 몹시 싫어하지 않는데, 이것은 아직 냄새를 알지 못한 것이다."[83] 즉, 악취에 제대로 반응을 못하는 것이 코의 본래 모습이라고 할 수 없듯이 도덕적 반응을 제대로 못하는 것이 양지의 본래 모습이라고 할 수 없다. 코가 막히듯 양지는 이기심에 의해 막힐 수 있다.

　왕양명에 따르면, 우리는 그에게 왜 알면서 행동하지 않느냐고 다그칠 일이 아니다. 그는 알면서 행동하지 않는 것이 아니라, 그가 본래 가진 도덕적 지식/감수성을 작동시키지 않은 상태일 뿐이다. 우리가 그에게 할 말은 안 것을 빨리 행동에 옮기라는 것이 아니라, 도덕적 감수성을 빨리 작동시키라는 권고일 것이다.

그러기 위해 그는 시간을 내서 학교에 다니거나 할 필요도 없다. 그 감수성/지식은 본구적인 것이므로 따로 배울 필요가 없고, 오직 이기적 욕망만 제거한다면 그는 그 감수성을 바로 되찾을 수 있다. 감수성을 되찾는다면, 매 순간 반응으로 이루어지는 역동적인 삶의 결을 생각할 때, 그 감수성은 바로 도덕적 행위로 이어질 것이다. 그래서 왕양명은 말한다. "아직 알면서도 행하지 않는 사람은 없었다. 알면서도 행하지 않는 것은 다만 아직 알지 못한 것이다."[84]

왕양명 사상과 전제국가론의 관계

이러한 왕양명의 사상은 왕양명 당대의 현실에 비추어 어떠한 함의가 있을까? 첫째, 왕양명의 외부 세계에 대한 재정의가 갖는 중요한 함의는, 자아와 독립적으로 존재하는 어떤 것(으로서의 외부 세계)을 탐구할 필요 자체를 배제했다는 점이다. 이러한 구도에서는 마음을 다루는 것이 곧 외부 세계를 다루는 것이 된다. 그래서 왕양명은, "마음은 천지만물의 주인이다. 마음이 곧 하늘이다. 마음을 이야기하면, 곧 천지만물이 다 거론되는 것이다"[85]라고 말했다. 외부 세계에서 내면으로의 이러한 전회는 명나라 중기의 지적 상황에 비추어볼 때 잘 이해될 수 있다. 도학에서 공부란 지식을 위한 지식으로서의 외부 세계 탐구가 아니라 자아 수양을 위한 것이었다. 그런데 도학이 과거 시험 과목이 되면서 자아 수양과는 무관한 지식 탐구로 변질되고 말았다. 왕양명은 우리 삶에서 세계란 늘 자아와의 관련 속에서만 존재한다는 점을 환기함으로써, 당시 엘리트들이 도외시하던 내면적 자아 수양의 의미를 회복하고자 했다.

둘째, 왕양명이 새로이 설정한 마음과 세계의 관계는 기존의 도학과는 다른 방식으로 마음과 세계를 동연으로 만드는 효과를 가진다. 왕양명에 따르면, 우리 삶에서 세계란 '뜻이 가닿는 곳' 이상이 아니므로, 세계는 마음속에서 경험된 세계일 뿐이며, 따라서 (우리 삶의 차원에서) 자아와 세계는 동연이다. 이러한 마음과 세계의 새로운 관계는 자아와 세계를 부분 대 전체가 아니라 전체 대 전체로 만나게 한다. 이러한 변화를 재확인할 수 있는 것이 바로 『대학』의 팔조목에 대한 왕양명의 해석이다. 주지하는 바와 같이 『대학』은 자아에서 사회적 현실에 이르는 각 단계를 개인의 도덕에서 세계평화에 이르는 도정으로 보면서 선형적/동심원적으로 연결되어 있다고 말한다.[86] 그런데 왕양명은 이 팔조목의 선형적/동심원적 구조를 부정한다. 왕양명은 말한다. "격물치지에서 평천하에 이르는 『대학』의 팔조목은 단지 개인의 밝은 덕을 밝히는 문제로 환원된다."[87] 왕양명에게 마음과 세계는 아무런 솔기 없이 연결되어 있는 것과 같으므로, 세계의 어떤 영역도 곧 자아의 영역이다. 자아의 영역을 넘어서는 세계의 영역은 없다. 세계의 어떤 영역도 매개 없이 자아와 만난다는 점에서 세계와 자아의 거리는 극적으로 가깝다고 할 수 있다.

자아와 세계는 동연이므로, 자아와 세계의 관계에서 흔히 생각하기 쉬운 부분과 전체 간의 긴장 같은 것은 없다. 이러한 사유 속에서는 아무도 세계의 변방에 있지 않다. 이러한 맥락에서, 왕양명의 많은 제자가 거의 유일한 출세 방법이던 공무원 시험(과거 시험)을 거부했다는 점은 의미심장하다. 그들은 활동적이고 적극적인 사회정치적 주체가 되기 위해서는 정치 중심에 있어야 한다는 생각 자체를 거부한 것이다. 그들은 비록 지방에서 활동하더라도 세계를 전유하고 있다고 믿었으므로, 세계 전체와 만나고 있는 도덕적 주체들임을 자임했던 것이다. 마찬가지 맥락에서 우리는 명나라 중·후기에 지식인들의 지방사회에서의 활동이 두드러졌으며,[88] 왕양명 사상의 청중 상당수가 일반 대중이었으며,[89] 지방사회의 자율적 풀뿌리 공동체라고 할 수 있는 향약鄕約의 부활을 도모하였다는 사실[90]을 설명할 수 있다.

"세계 전체와 만나고 있는 도덕적 주체", 바로 이 점을 재확인했다는 점에서 왕양명은 송대 이래 많은 도학자의 열망을 계승했다고 할 수 있다. 도학은 사대부 개인의 도덕을 통해 세계의 구원을 꿈꾸는 사유체계이다. 일개인의 도덕이 세계 전체를 책임질 수 있다고 생각하는 것이 어떻게 가능한가? 그것은 도학의 형이상학 속에서 개인은 개인 이상의 어떤 것이기 때문에 가능하다. 우리가 왕양명의 자아-세계 이해에서 볼 수 있듯이, 도학의 전통에서 개인은 개인에 불과한 것이 아니라, 개인이 곧 세계이다. 따라서 그들의 정신세계에서 개인의 도덕은 단순히 개인 내부의 사건을 넘어 세계 전체의 명운을 좌우하는 사건이 된다. 그래서 왕양명은—많은 선배 도학자가 믿어왔지만 자신의 시대에 이르러 도전받던―사상을 다시 한번 힘주어 재천명한다. "세상 일이 비록 무수히 변할지라도 내가 그것들에 반응하는 양식은 희로애락이 네 가지를 벗어나지 않는다. 이것이 배움의 요체이며, 세상 다스리는 일도 바로 그 가운데 있다."[91]

끝으로, 왕양명이 성공적인 장군이기도 했음을 반드시 기억해야 한다. 장군 왕양명은 중국 남쪽 지역에서 일어난 이민족 반란을 성공적으로 진압한 바 있다. 일견, 도덕적 통치의 자기 충족성the self-sufficiency of moral governance을 믿었던 왕양명이 국가의 강제력 행사에 일조했다는 것은 모순적일 수도 있다. 그러나 지방에 무장한 반란 세력이 존재했다는 사실, 그리고 그들을 진압하기 위해 군사 정벌이 필요했다는 사실은 모두 당시 국가가 지방의 갈등을 조정할 능력이 충분하지 않았던 상황을 반영한다.[92] 왕양명은 정벌 이후 해당 지역의 질서를 복구하기 위해 향약에 의존했다. 향약은 인간 본성, 자기 충족적 공동체 생활을 하라는 도덕적 권고 같은 이슈에 대한 왕양명 특유의 견해를 잘 반영하고 있다.[93] 국가의 정식 관료제보다는 향약을 선호했다는 것은 명나라 중기 국가의 통치 범위에 한계가 있었음을 보여준다. 명나라는 사회 말단의 무법지대에까지 힘을 쓰지 못했던 것이다. 이런 점을 감안한다면, 중국 마르크스주의 역사가들처럼 왕양명을 권위주의, 독재체제, 전제국가의 이데올로그로 간주하는 것은 무리가 있다.[94] 왕양명 사상의 배경을 이룬 것은 통치력을 지방까지 충분히 확장할 능력이 없었던, 상대적으로 약한 국가, 즉 16세기 이후의 명나라였다.

Empire

10

제국

청나라
1636~1912

러시아

헤이룽장

지린

일본

태평양

조선

베이징 ◉

내몽골

외몽골

상하이

우한

황허강

양쯔강

주장강

광저우

청두

청淸

윈난

대월(월남)

버마

신장

시짱

티베트

부탄

네팔

명나라가 북서쪽 변방의 몽골족과 안정적인 방어협정을 맺기 위해 부심하는 동안, 17세기 초 만주족이 강력한 제국으로 등장하였다. 1644년 마침내 명나라가 망하고 만주족이 중국을 정복하였다. 청淸나라(1636~1912)는 매우 다양한 민족을 포괄한 훨씬 더 광대한 제국이라는 점에서 이전 왕조들과는 달랐다. 우리가 '제국'을 광대한 스케일과 다양한 민족 구성이라고 정의한다면, 중국은 청나라 이전부터 오랫동안 제국이었다. 특히 당나라와 원나라는 제국적인 면모를 갖추고 있었다. 청나라는 그 이상은 아닐지 몰라도 바로 전의 명나라에 비한다면, 훨씬 더 제국다웠다고 하겠다. 놀라울 정도로 국경이 확장된 청나라는 명나라보다 두 배나 더 큰 영토를 갖게 되었고, 명나라에는 포함되지 않던 다양한 민족도 신민으로 다스리게 되었다. 이를테면 티베트, 위구르 무슬림, 버마, 몽골, 타이 사람들을 예로 들 수 있다.

| 〈아옥석지모탕구도〉 | 건륭제는 많은 고관과 무사의 초상화를 제작하라고 명했는데, 그림은 밀라노 공국의 예수회 선교사이자 화가로 청나라 강희, 옹정, 건륭 세 황제의 조정에서 활동한 주세페 카스틸리오네(Giuseppe Castiglione, 1688~1766, 중국명 낭세녕郞世寧)가 그린 〈아옥석지모탕구도(阿玉錫持矛蕩寇圖)〉이다. 몽골 출신 아유시(阿玉錫)가 몽골 지역의 오이라트 출신의 부족 연합체인 중가르와의 전투에서 뛰어난 군공(軍功)을 세운 일을 기리기 위해 그린 것이다. 타이완 타이베이 국립고궁박물원 소장.

| 〈마상작진도〉 | 주세페 카스틸리오네가 그린 〈마상작진도(瑪瑺斫陣圖)〉의 일부이다. 청나라의 중앙아시아 정벌에서 큰 공을 세운 만주족 장군 마상(瑪瑺)이 중가르와의 전투에서 적진 깊숙이 들어갔다가 부상한 모습을 묘사한 것으로, 1759년 작품으로 알려져 있다. 타이완 타이베이 국립고궁박물원 소장.

| 〈건륭두등시위점음보상〉 | 건륭제의 명으로 그려진 초상화로, 그림 상단에 한문과 만주어로 쓰인 시가 있는데, 중앙아시아 원정에서 용맹을 떨친 무사 점음보(占音保)의 용맹을 찬양하고 있다. 〈건륭두등시위점음보상(乾隆頭等侍衛占音保像)〉은 원래 자금성에 걸려 있었으나 지금은 미국 뉴욕 메트로폴리탄미술관이 소장하고 있다. 188.6×95.1cm, 1760년도 작품으로 화가가 누군지는 알려져 있지 않다.

일찍이 루시앙 파이Lucian W. Pye(1921~2008)가 말했듯이, 정치 공동체 안에서 의심 없이 받아들여지던 집단적 자아의 정의가 새로운 역사적 조건하에서 더 이상 받아들여질 수 없게 되면, 정체성의 위기가 발생할 수밖에 없다. 청나라의 등장 역시 그러한 도전을 야기했다.[1] 지배 엘리트들은 새삼 자신들이 누구이며, 자신들은 여타의 정치 공동체와 어떻게 다른지를 재정의해야만 했다. 질문을 하나 던져보자. 어떻게 청나라 통치자들은 다른 정치체들과 집단들을 보다 포괄적인 실체 속에 포함할 수 있게끔 집단 정체성을 재발명했을까? 그 포괄적인 실체는 피치자들에게 권위를 행사하는 동시에 피치자들을 포용할 수 있는 어떤 것이어야만 했다. 관계된 질문을 하나 더 해보자. 한족 지식인들은 다양한 피치자들을 통합된 전체에 끌어들이려는 청나라 통치자의 시도에 어떻게 반응하였을까? 이러한 질문들에 적절히 대답하기 위해서는 청나라에 대한 관습적인 이해를 재고해야만 한다.

청나라 전제국가론 재고

과거의 연구들은 청나라가 명나라의 표준적인 행태를 지속했다는 전제 아래 청나라를 독재적이고, 관료적이며, 잘 통합된 강력한 국가로 종종 이해했다.[2] 그러나 여러 가지 이유로 그러한 이해를 재고해야만 한다. 비록 청나라가 영토를 확대하고, 다양한 민족에게 자신의 의지를 관철할 수 있는 전례 없는 능력을 가지고 있었지만, 청나라 전全 시기에 걸쳐서 과연 어느 정도로 그러한 능력이 유지되었는지는 논란의 여지가 있다. 일단 17세기 후반까지 옛 명나라 장군 3인에게 분봉된 영지fiefdom가 존재하였다. 평서왕平西王으로 봉해진 오삼계吳三桂(1612~1678)의 영지 윈난雲南과 구이저우貴州, 평남왕平南王으로 봉해진 상가희尚可喜(1604~1676)의 영지 광둥廣東, 정남왕靖南王으로 봉해진 경계무耿繼茂(?~1671)의 영지 푸젠福建. 명나라에 등을 돌리고 청나라 편을 든 이 세 장군의 위세는 대단하였다. 그들의 영지는 청나라 관료 행정체계에 통합되지 않고 상당히 독자적인 행정권을 행사했다. 게다가 그들은 자신의 권위와 권력을 세습하려고까지 들었다.

그뿐만 아니다. 이민족 통치는 만주 통치 엘리트와 한족 엘리트 간에 균열을 가져왔고, 그 균열은 갈수록 확산되었다. 비록 청나라 조정에서 정부가 지방사회에 침투하기 위한 방법의 일환으로 과거 시험을 통해 한족 엘리트를 선발하기는 했지만, 지방 엘리트와 중앙 관료 사이의 동맹은 이전과 같지 않지 않았다. 명나라와 청나라의 건국 엘리트들이 각기 다른 방식으로 기존 엘리트들과 권력을 협상한 것을 그 예로 들 수 있다.

명나라의 경우 엘리트들의 토지를 제한적이나마 몰수 및 재분배하였다. 청나라는 베이징 일대에서 토지 몰수 및 분배를 시도했지만, 다른 지역에서 기존 소유권을 존중해 한족 지주들이 반란 과정에서 상실했던 소유권을 다시 찾도록 해주었다.[3] 요컨대 통일 제국 청나라의 정치질서는 다민족 간 타협에 위태롭게 의존하고 있었고, 만약 그들이 배신한다면 청나라는 흔들릴 수밖에 없었다.

| **평남왕 상가희** | 오삼계, 상가희, 경계무 이 세 장군은 명나라에 등을 돌리고 청나라 편에 서서 개국 공신 역할을 하여 각각 윈난 지역의 평서왕, 광둥 지역의 평남왕, 푸젠 지역의 정남왕에 봉해졌다. 이들은 각 영지에 번부(藩府)를 설치하여 청나라 관료 행정체계에 통합되지 않은 독자적 행정권을 행사했으며, 권력을 세습하였다. 1671년 경계무가 죽자 그의 아들 경정충(耿精忠)이 정남왕을 계승했다. 이어 상가희가 아들 상지신(尙之信)에게 벼슬을 세습하고 고향인 랴오닝(遼東)으로 돌아가겠다고 청하자, 강희제가 이를 기회로 번의 철회를 명하였다. 이에 불복한 오삼계가 반란을 일으켰으며, 상지신과 경정충이 가담했는데, 이를 '삼번의 난(1673~1681)'이라 한다. 한때 전국 각지의 반청 세력이 동조하여 크게 일어났으나 오삼계가 병사하면서 동력을 잃기 시작해 1681년 강희제에 의해 모두 토벌되었다. 이로써 청나라 정부에 의한 중국 지배권이 확립되었다. 상가희 초상은 네덜란드 여행자가 1665년에 그린 것으로, 네덜란드 헤이그 평화의 궁 소장.

옹정제雍正帝(1678~1735, 재위 1723~1735)가 관료가 점점 줄어드는 현상을 역전시켜서 국가의 자원 수취 능력을 증대해보려고 한 것은 사실이다. 그러나 1745년 건륭제乾隆帝(1711~1799, 재위 1735~1795)는 토지세를 상당히 낮춤으로써 자신의 아버지가 견지했던 개입주의적 정책들을 종식하였다. 이는 제국적 확대를 추구하는 과정에서 등장한 전쟁 기계 같은 국가에서 (우리가 앞

장에서 토론했던) 이른바 유기적 국가(로 주장되는 것)로의 변환을 의미하였다.

청나라 중앙정부는 국가의 세수가 점점 줄어드는 것을 방관하고, 제국의 부의 많은 부분을 그저 파악되지 않은 상태로 방치했다. 게다가 18세기에는 인구가 급격히 증가했다. "인구 추정치는 다음과 같다. 1700년 인구는 약 1억 1,000만 명으로 한 세기 전 명나라 인구와 비슷한 수준이었다. 그러다가 1800년경에는 3억 명 혹은 그 이상에 이르렀고, 1850년경 태평천국운동 발발 시에는 4억 5,000만 명 정도까지 증가했다."[4] 그러나 이러한 인구 증가에 상응하는 국가 관료제의 확대는 없었다. 따라서 청나라의 지배는 이전 왕조의 지배에 비해 훨씬 덜 직접적이고 관리 지향적이었다. 따라서 청나라는 국가 권력을 행사하고, 사회질서를 유지하고, 공적인 목표를 위해 사람들을 동원하는 데 상대적으로 취약했다.

청나라가 백련교도의 난(1794~1804), 아편전쟁(1840~1842), 태평천국의 난(1851~1864)을 상대해야 했을 때, 그 취약성을 여지없이 드러냈다. 지방 신사들은 자기방어를 위해 민병대를 조직해야만 했다. 태평천국의 난에서 벗어난 이후 제국은 한층 더 분권화되었다. 청나라가 강하고 중앙집권적이고 통일된 리더십을 결여했기 때문에 지방의 지도자들은 세금, 입법, 군사 등 여러 방면에서 지방 나름의 해결책을 찾아야 했다. 이러한 상황에서 청나라는 일본 및 다른 서양 제국주의 국가들과 경쟁해야만 했고, 결국 계속되는 외국의 도전에 무력한 존재로 판명되었다. 청나라는 여러 조약을 통해 제국주의 국가들에 치욕적인 양보를 했고, 결국에는 군벌들이 통치하는 몇 개의 조각으로 분해되어갔다.

지성사 면에서 볼 때 청나라에서 유행한 대안적인 지적 탐구 양식은 고증학考證學, evidential learning이었다. 고증학은 분절된 사실의 경험적인 기반을 탐구하는 데 초점을 두었다. 그러한 지적인 스타일은 전체를 관통하는 이理가 없기에 세계는 근본적으로 지리支離한 상태에 있다는 인식에 기반하고 있었다. 그러한 인식을 전제할 때 적합한 학學이란 근본적인 통일성을 찾아 나서는 활동이 아니라, 지리한 실제fragmented realities를 이해하고, 필요하다면 그에 질서를 부여하는 것일 것이다. 만약 세계가 통일되어 있다면 왜 굳이 분절된 세부 사항들을 일일이 다룰 필요가 있겠는가? 세계가 근본적으로 균열되어 있다고 보았기에 균열된 부분들 간에 지속 가능한 관계를 (발견하기보다는) 만들고, 그리하여 현실을 제대로 다룰 수 있도록 하는 비전을 창출해야만 했다. 그것이 바로 학자와 지식인 들에게 맡겨진 일이었다.

전체를 통틀어서 볼 때 청나라 시기 등장한 새로운 정치적 정체성, 분권화된 사회 구조에 대한 상상, 도학의 대안이 될 수 있는 지적 탐구 방식의 구상 등은 공통점이 있었다. 그것은 바로 자칫 지리한 상태로 머무를 수도 있었던 현실에서 질서를 창출하고자 하는 노력들이었다는 점이다. 다음에서는 다양한 민족으로 이루어진 기층 사회와 어느 정도 동떨어져 있던 청나라 통치자의 정치적 정체성은 어떻게 구성되었는지 알아보겠다. 그리고 고증학 유행을 따랐던 상당수의 한족 엘리트들이 국가로부터 사회가 소외되는 현상에 어떻게 대응했는지를 살펴보겠다. 주지하다시피, 결국에는 만주족에 반대하는 흐름이 한족 내의 중요한 특징으로 자리 잡게 된다.

청나라 통치자들의 정치적 정체성

역사학자들은 청나라의 정체성이라는 문제를 오랫동안 '중국화/한화 담론sinicization discourse'을 통해 접근해왔다. 이른바 중국화 담론에 따르면, 이민족 지배자들 대부분은 중국을 정복한 뒤에 중국의 통치 스타일을 채택하고 결국에는 실질적으로 중국화되었다. 예컨대 송나라 때 이민족 정권들에 대해 류쩌화는 이렇게 말했다.

> 시간이 지남에 따라 통치 사상에 있어서도 모두 본 민족의 제도를 실시하고 야만적 통치를 행하던 것으로부터 지역 상황에 맞추고 정책을 조정하여 한제漢制를 실시하고 차츰 한화하는 과정을 거쳤다. 요, 서하, 금의 치국 방략을 크게 개괄하자면 겸용과 포괄, 풍습에 따른 통치, 점진 한화라 할 수 있다.[5]

이와 마찬가지로, 청나라와 관련해서도 중국화/한화 담론 지지자들은 이렇게 주장한다. 만주족 통치자들은 이전 중국 왕조들이 계승해온 여러 문화적 유산을 숙지하고, 이른바 중국문화의 후원자가 되었으며, 그 과정에서 스스로 중국인이 되었다.[6] 그리고 그러한 문화적 후원을 통해 청나라는 명나라와 정반대의 왕조가 아니라 일정 수준에서 연속되는 존재들임을 증명하였고, 그 과정에서 청나라 통치자들은 통치의 정당성을 획득하였다. 이들이 주장하는 바와 같이, 만주족 통치자들이 17세기에 명나라를 정복한 이후 한족 지식인과 그들 문화의 후원자 노릇을 한 것은 사실이다.[7] 예를 들어, 강희제康熙帝(1654~1722, 재위 1662~1722)가 쓴 '유교' 도덕에 대한 요약이 강희제 연간, 그리고 이후에도 한동안 과거 시험을 위한 필수 텍스트가 되기도 하였다.[8]

게다가 옹정제의 『대의각미록大義覺迷錄』은 중국화/한화 담론의 주장을 확인하는 것처럼 보인다. 예컨대 이런 구절을 보라. "저 역적들의 뜻은, 우리는 그저 만주 땅의 임금일 뿐인데 중국에 들어와서 통치자가 되었다는 것이다. 이 땅 저 땅 하고 망령되이 구분하는 것은 지독한 비방이자 사기일 따름이다."[9] 특히 사람들이 예외 없이 충효를 실천한다고 강조하는 대목에 이르러서는 옹정제가 정체성 구성 요인 중에서 특히 문화적 원천에 기대는 것으로 보인다.[10] 즉, 『대의각미록』은 옹정제가 중국성의 문화적 핵심에 해당하는 어떤 지속적인 특질 혹은 습속의 차원에서 청나라 통치를 정당화하고 있음을 보여준다. 그러나 좀 더 면밀하게 살펴보면 『대의각미록』의 함의는 그렇게 간단하지 않다.

만주 사료를 중시하는 새로운 청나라 연구는 상당한 설득력을 가지고 청나라에 대한 대안적 이미지를 제공하였다. 그에 따르면, 청나라는 명나라와 비슷한 또 하나의 중국 왕조라기보다는 급작스럽게 확대된 영토, 전보다 더 이질적인 피치자, 한층 더 다양화된 지방 습속 같은 특징을 가진 정체였다고 보는 것이 더 정확하다.[11] 국가 정체성과 구성원의 성격에 관한 한 청나라는 확고한 공통 기반이 아니라 상당히 이질적인 기반 위에 서 있었다는 것이다. 만약 '중화' 관념이 고정적인 것이라면, 그 관념으로 그와 같은 청나라 정체성의 다양한 측면을 포용할 수 없을 것이다. 다른 한편, 청나라는 여전히 자신들이 '중국'임을 주장하려면 '중화'라는 상징이 필요하였다. 청나라가 제국 안에 많은 문화적 다양성을 조화롭게 편성해내야만 할 처지에 있었다고 할 때 '중화' 관념에는 어떤 변화가 일어나는가?

다음은 청나라 통치자들이 점점 더 복잡해져만 가는 정치적 상황을 헤쳐나간 방식의 예들이다.[12] 첫째, 청나라는 다중수도체제를 유지하였다. 수도를 둘 이상 두는 시스템은 거란족의 요나라, 여진족의 금나라, 몽골족의 원나라 같은 비한족계 정복 왕조들의 선례를 따른 것이다. 둘째, 조정에서 행해지는 예식은 여러 가지 믿음체계를 혼합한 것이었다. 그 예식들은 청나라 통치자들이 한족에게는 이른바 '유교', 만주족에게는 샤머니즘, 몽골족과 티베트 사람들에게는 티베트 불교, 위구르어를 사용하는 중앙아시아 무슬림에게는 이슬람교를 후원하였다는 사실을 반영한다. 셋째, 청나라 황제들은 다국어 사용자였다. 특히 건륭제는 중국어, 만주어, 몽골어, 그리고 때로 티베트어와 위구르어를 공부하였고, 다국어 사전을 만들라고 분부하였다. 당시 청나라 비석에는 다국어가 새겨져 있다. 일례로 승덕承德(지금의 청더) 피서산장

避暑山莊의 입구 여정문麗正門 편액은 다섯 개 언어로 새겨져 있다. 넷째, 티베트, 위구르, 그리고 유럽에서 온 예수회 선교사까지 모두 조정의 관료로 채용하였다. 그러한 정책을 통해 건륭제는 청나라 통치가 코즈모폴리턴적임을 드러냈다.

이러한 다민족적·다문화적 실천은 청나라 정치체와 통치자들의 정체성과 관련되었다. 청나라는 이전에 존재한 매우 다양한 정치체와 계보적 관계를 맺고자 하였다. 만주족이 '청'이라는 이른바 중국식 왕조 이름을 채택하고, 명나라 모델에 따라 관료들을 선발하여, 자신들을 명나라의 후계자로 정의했음을 우리는 알고 있다. 그러나 그게 전부는 아니다. 청나라 황제들은 자신들의 비한족 유산을 자랑스러워하였고, 자신들을 다양한 신민을 고루 공정하게 대하는 만주족 통치자로서 묘사하였다.

예컨대 건륭제는 중국 예술과 문학을 후원하는 동시에 만주의 유산을 찬양하였다. 게다가 청나라 통치자들은 금나라 역사와 제도적 선례를 계승하고자 하였다. 이를테면 금나라의 선례를 따라 귀족의 특권과 영향을 제약하는 공격적인 국가 프로그램을 운영했다. 몽골과 계보적 연결 역시 청나라 황제들에게 중요하였다. 청나라 초기 황제들은 칭기즈 칸을 시작으로 이후 몽골 정권을 거쳐 만주족에게 내려온 통치권을 자신들이 이어받았다고 선포하였다.[13] 또 이에 못지않게 중요한 사실은 만주족의 정체성 자체가 혈연에 따른 계보라든가 '모국어'—중국어든 만주어든 간에—의 사용 여부에 달려 있지 않았다는 점이다.[14] 만주족의 정체성은 '전통적'인 것이 아니라 1630년대에 청나라 제국의 성립과 동시에 창출된 것이었다.

청나라 건국 황제 홍타이지崇德帝(1592~1643, 재위 1626~1643)는 여진족의 정체성 및 그 밖의 북동쪽 여러 부족의 정체성을 아울러 완전히 새로운 만주족이라는 정체성을 만들어냈다. 민족적 차원에서 청나라가 성립하기 이전에는 만주족이라는 것은 존재하지 않았다.[15] 즉, 비한족계 민족이 전통적인 중국 땅을 지배하게 된 것은 부인할 수 없는 사실이었다. 게다가 만주족이라는 비한족계 통치층은 기존의 이민족 통치층에 비해 동질성과 전

| **홍타이지 초상들** | 홍타이지는 청(1636~1912)의 제2대 황제 태종(재위 1626~1643)으로, 국호를 '금(金)'에서 '대청(大淸)'으로 개칭하면서 건국 황제가 되었으며, 연호를 숭덕(崇德)이라 하였다. 태조 누르하치(奴兒哈赤)의 여덟 번째 아들로, 왕위에 오르자마자 1627년 조선을 공격하여 형제 관계를 맺었으며, 몽골 등을 복속하고 나라의 기틀을 세웠다. 1636년 병자년 말에 다시 조선을 공격하여 군신 관계를 맺었다. 홍타이지는 여진족의 정체성을 넘어서는 새로운 만주족의 정체성을 만들어냈다. 왼쪽 도판은 조복상으로 사후에 그려진 것으로 추정되며(중국 베이징 국립고궁박물원 소장), 오른쪽 도판은 평상복 차림을 한 홍타이지 초상이다(미국 워싱턴 D.C. 아서 M. 새클러 갤러리 소장).

10 제국

633

통성이 낮은 편이었다.

청나라 정체성에 대한 이러한 새로운 이해는 앞서 언급한 『대의각미록』의 취지에 대해서도 다시 생각하게 한다. 얼핏 보기에 『대의각미록』은 이른바 문화적 접근을 통해 중국성을 이해하는 입장, 즉 문화의 힘으로 이민족 통치자들을 중국화해왔다는 중국화/한화 담론의 입맛에 맞는 언명으로 가득 차 있는 것으로 보인다. 그렇지만 이제 우리는 청나라가 보여준 한족 중심 문화에 대한 후원이 청나라의 다면적인 정체성의 일부분에 불과하다는 것을 알고 있다. 그러므로 '중국화/한화'란 청나라 통치자가 필요에 따라 썼던 페르소나에 더 가깝다고 보는 것이 합리적이다.[16] 페르소나는 가면이다. 외부와 내부가 만나는 곳이다. 『대의각미록』은 외부를 향한 가면일 뿐이고, 그 가면의 이면을 보기 위해서는 명시적인 이데올로기를 액면 그대로 받아들이기보다는 다른 접근법을 취해야 한다.

『대의각미록』 같은 형식적이고 공식적인 자료만으로는 청나라 통치자들이 역할 수행자role-player로서 가졌던 자의식을 충분히 재구성할 수 없다. 다민족·다문화 제국이었던 청나라를 지탱했던 닻, 청나라 황제들이 동일시하고 싶었던 그 닻은 외부에 공개적으로 드러내고 선포할 수 있는 종류의 것이 아니었다. 그래서 더욱 섬세하고 복합적인 해석이 필요하다. 이것이 바로 공식적인 궁정 초상화나 선언문보다는 비공식적 초상화 같은 사료에 주의를 기울여야 하는 이유이다.

옹정제의 비공식 초상화

그럼 먼저 비공식 옹정제 초상화 연작의 일부를 살펴보자. 13점의 비공식 초상화 연작에서 옹정제는 끊임없이 다른 민족의 옷을 입고 그에 걸맞은 역할을 연기하고 있다. 페르시안 무사, 튀르크계 왕자, 도가의 술사, 티베트 승려, 심지어는 서양식 가발을 쓰고 유럽인의 복장을 한 모습도 있다. 이 그림들을 세계에 소개한 우홍巫鴻에 따르면, 옹정제 이전의 어떤 중국 황제도 이런 식으로 자신을 표상한 적이 없다.[17] 이블린 로스키Evelyn S. Rawski는 건륭제와 옹정제 같은 청나라 통치자들에 대해 이렇게 주장하였다. "다양한 민족을 다스리면서, 그들은 다른 문화적 외양을 '걸쳤고' 자신들을 다른 문화적 틀 속에서 묘사하였다. 그렇게 함으로써 그들은 제국을 통합하는 중심으로서 행동할 수 있었다."[18] 사정이 이러할 때, 떨쳐버릴 수 없는 궁금증은 제국의 통치자로서 진짜 옹정제는 누구냐는 것이다. 여러 민족 중에서 누구와 가장 동일시했을까?

사실 이런 의문은 옹정제보다는 건륭제와 관련해 더 많이 제기되어왔다. 옹정제 못지않게 건륭제도 많은 페르소나를 가지고 있었다. "건륭제는 자신의 다민족 청중으로 이루어진 제국의 다양한 신민들 마음에 들기 위하여 여러 의상을 통해 다양한 정체성을 표방하였다. 그런데 만주족, 티베트 보살, 유교적 사대부 등의 여러 정체성 중에서 어느 것이 건륭제의 진정한 혹은 주된 정체성인지에 대해서는 아직 합의된 것이 없다."[19] 중국화 담론을

│ 옹정제의 비공식 초상화 │ 《윤진행락도(胤禛行樂圖)》 화첩에는 다양한 의상을 입고 있는 13점의 옹정제 초상화가 수록되어 있다. 가야금을 연주하거나 책, 붓, 벼루와 함께 그려진 한족 유학자, 몽골족의 귀족, 동굴에서 명상하는 티베트의 라마승, 무굴제국의 전사, 도가의 술사, 심지어 유럽인의 복장에 서양식 가발을 쓰고 호랑이를 물리치는 모습까지 다양한 페르소나를 연출하고 있다. 이 그림들의 표현 방식은 당시 유럽에서 유행했던 분장무도회의 영향을 받은 것으로 보인다. 중국 베이징 국립고궁박물원 소장.

지지하는 이들은 청나라 통치자의 진정한 정체성은 한족이라고 주장할 것이다. 그 청나라 통치자들이 중국화되었기 때문이다. 그러나 청나라 통치자들이 만주족 및 그 밖의 다른 집단의 정체성을 진지하게 보유하고 있었다는 증거도 많다. 이를테면 청나라 황실의 성씨인 '아이신 지오로愛新覺羅, Aisin Gioro'의 북동쪽 기원을 강조하는 이들은 청나라 황제들의 정체성은 만주족이라고 주장할 것이다.

그러나 청나라 정책의 특징은 문화적 구분이다. 청나라 통치자들은 같은 정책을 모든 신민에게 동일하게 적용하지 않았다. 민족마다 고유의 전통에 맞추어 다른 규정을 채택하고 적용했던 것이다. 다시 말해 한족이든 만주족이든 어느 정체성도 통합 원리로 기능하지 않았고, 청나라 통치자들은 분리된 문화적 정체성들을 온존하고자 하였다. 통합 원리는 특정 종교적·민족적 세계관에 의존하여 형성될 수는 없었다. 패멀라 카일 크로슬리Pamela Kyle Crossley가 청나라 황제들의 보편성을 강조한 것은 매우 타당하다고 하겠다.[20]

그렇다면 청나라를 중국이라고 정의한 이 통치자들이 택한 통합 메커니즘은 무엇이었을까? 영토가 확대되고 훨씬 다양한 민족을 포괄하게 되면서 다원적인 제국이 된 마당에, 과연 무엇이 통합 메커니즘으로 기능할 수 있었는가? 만약 앞에서 언급한 옹정제의 비공식 초상화 연작처럼 통합 메커니즘의 핵심이 현란한 변주 혹은 변형 그 자체라면 청나라 통치자의 진짜 정체성이 무엇이냐라는 질문은 잘못된 것이다. 그보다 나은 질문은, 무엇이 그러한 변주 혹은 변형을 가능하게 했느냐이다. 만약 누군가 중국화/한화 담론의 주장을 옹호한다면, 이런 질문은 적절하지 않을 것이다. 이민족 지도자가 중국화/한화되었다고 믿는다면 페르소나와 페르소나 뒤의 진정한 자아의 간극은 없을 것이기 때문이다.

그러나 우리가 이 중국화/한화 담론 혹은 철저한 만주 정체성 담론에 대해 유보적이라고 할 때, 청나라의 다문화적이고 다민족적인 성격은 질문을 유발한다—어떤 이론으로 인해 청나라는 자신의 제국을 분열시키지 않으면서 매우 다른 신민들을 통치할 수 있었는가? 청나라 영토의 광대함, 보편성의 천명, 청나라 리더십의 포용성을 강조하는 것만으로는 충분하지 않다. 그렇다면 추가로 질문할 수밖에 없다. 무엇이 청나라 통치자가 그토록 다양한 가면을 쓸 수 있게 해주었는가? 무엇이 그토록 많은 가면을 유지하도록 해주었는가?

건륭제의 비공식 초상화

추가 질문에 대답하기 위해서는 건륭제의 비공식 초상화인 〈시일시이도是一是二圖〉를 살펴볼 필요가 있다.

만약 이블린 로스키가 시사한 것처럼[21] 다양한 옹정제 초상화가 건륭제 시기에 만개할 다민족적·다문화적 정책을 예시하는 것이었다면, 지금까지 논의한 바에 비추어 〈시일시이도〉를 논의하는 것도 합당할 것이다.[22] 이 그림은 건륭제가 자신을 어떻게 생각했는가라는 주제와 관련하여 매우 유명하다. 이 그림은 건륭제가 오른쪽 뒤 자신의 초상화가 걸려 있는 쪽으로 고개를 돌리고 있는 모습을 묘사하였다. 옹정제가 자신의 비공식 초상화에 아무런 글귀도 적어 넣지 않은 반면, 건륭제는 〈시일시이도〉에 16자로 이루어진 흥미로운 시를 적어 넣었다.

是一是二　하나인가 둘인가
不卽不離　붙은 것도 아니고 떨어진 것도 아니고
儒可墨可　'유'도 되고 '묵'도 되고
何慮何思　무엇을 염려하고 무엇을 생각하랴.

이 시의 가장 명백한 메시지는 건륭제가 자의식을 드러내고 있다는 점이다. 건륭제는 정복한 다양한 신민의 페르소나를 쓰고 있다는 것을 강하게 의식하고 있다. 그렇다면 이런 상황에서 페르소나를 쓰는 행위의 저변에 깔려 있는 생각은 무엇인가? 이에 대해 미술사학자 우훙은 자기 신비화self-mystification라고 주장한다.[23] 이어서 우훙은 시에 담긴 자기 신비화의 메시지는 한비자의 사상과 공명한다고 주장한다. 한비자는 흔히 중국 전제주의의 대표적인 이론가로 알려진 인물이다.

그림에 적혀 있는 시가 한비자의 사상을 담고 있는 것처럼 보이기도 한다. 실제로 한비자는, 통치자는 신비한 상태에 머물러 있어야 한다고 주장한 바 있다. 그러나 한비자 사상의 맥락은

| 건륭제의 비공식 초상화 〈시일시이도〉 | 한족 복장을 한 건륭제가 의자에 앉아 다양한 황실 컬렉션을 감상하는 그림으로, 뒤쪽 산수화 병풍에는 건륭제의 초상화가 걸려 있다. 이 그림의 독특한 구도가 마음에 들었던 건륭제는 정관붕(丁觀鵬) 등 궁중화가에게 유사한 그림 5점을 더 그리도록 했다. 미술사학자 우훙은 이 그림에는 건륭제의 자기 신비화 의도가 들어 있다고 주장한다. 중국 베이징 국립고궁박물원 소장.

다민족적·다문화적 신민들을 상대하는 법에 대한 것이 아니라, 군주가 관료들에게 조종당하지 않고 어떻게 관료들을 통제할 것인가 하는 것이었음에 유의해야 한다. 이른바 법가적인 정치체가 비인격적 기준을 구현하려면 통치자의 신비화가 필요하다. 만약 통치자의 마음을 꿰뚫어 볼 수 있다면, 관료들은 그것을 이용해 각종 이기심과 언변을 휘두르려 들 것이다. 관료제를 책임 있게 운용하려면, 통치자는 자신의 선호를 숨길 필요가 있다. 그렇지 않으면, 관리들은 말을 바꾸어가면서 통치자의 환심을 사려고 할 것이다.

요컨대 한비자의 비전에서는 통치자가 자기 자신이 아니라 자기 신민에게 신비한 존재여야 한다. 한비자의 목표는, 통치자를 국가 통치 조직 외부의 초월적 존재로 자리매김하기보다는 국가 통치 조직 내부에 위치시킴으로써 독자적으로 행동하거나 개인적인 이해관계를 추구하는 것을 제한하는 데 있었다. 그러나 "무엇을 염려하고 무엇을 생각하랴"는 표현이 함의하는 바대로라면, 건륭제는 통치자 자신이 그 어떤 자기 재현self-representation에도 집착하지 말아야 한다고 생각하고 있다. 통치자는 자기 자신에게조차 신비한 상태에 머물러 있어야 한다는 것이다.

비슷한 맥락에서, 건륭제 즉위 후 얼마 안 되어 〈평안춘신도 平安春信圖〉에 적은 글귀에서 "홀연히 이 방에 들어간 사람, 그가 누구인지 누가 알리오"[24]라고 말하였다. 미술사학자 우훙에 따르면, 건륭제가 늙었을 때 그는 다음과 같은 말을 덧붙였다. "이 방에 들어가는 백발노인, 이 사람이 누구인지 모르겠네."[25] 이와 같은 글귀들은 황제 자신이 구현하는 자기 신비성과 관련하여 상당한 자의식을 가지고 있었음을 말해준다. 그는 '의식적으로' 신비스럽다. 심지어 자기 자신에게조차도. 그러므로 한비자의 사상은 이 글귀에 담긴 청나라 황제의 생각을 이해하는 데 도움이 되지 않는다. 사실 그림 속 글귀의 어떤 표현도 한비자 텍스트를 인용하거나 암시하고 있지 않다. 크리스티나 클뢰튼Kristina Kleutghen은 우훙의 해석에 대해 분명한 대안은 제시하지 않은 채 글귀에

寫真世寧擅我少
年時入室瞻然者不
知此是誰
壬寅暮春御題

| **〈평안춘신도〉** | 밀라노 공국의 예수회 선교사이자 청나라에서 궁정화가로 활동한 주세페 카스틸리오네가 그린 그림으로, 청나라 제5대 황제인 옹정제와 그의 넷째 아들이자 제6대 황제인 건륭제가 한족의 복장을 하고 있다. 황제의 가족이 함께 등장하는 그림은 정치적인 의도를 담고 있는데, 부자지간인 옹정제와 긴밀한 관계를 통해 건륭제는 자신의 정당성을 최대한 드러내고자 했다. 중국 베이징 국립고궁박물원 소장.

담긴 전거典據를 해명하고자 시도하였다.[26] 나는 그에 동의하지 않기에 클렙튼이 제시한 전거들을 재검토하고 대안적인 해석을 제공하고자 한다.

〈시일시이도〉의 시에서 인용하고 있는 전거들은 우홍이나 클렙튼이 제시하고 있는 것보다 더 복합적이다. 첫째, '유儒'와 '묵墨'이 들어 있는 구절을 살펴보자. 클렙튼은 여기에서 '유'는 학자를, 그리고 '묵'은 먹을 의미한다고 주장한다. '묵'을 묵자가 아니라 먹으로 해석하는 근거는 건륭제가 통치술에서 묵자 사상을 채택하지 않았다는 사실이다. 그러나 학자와 먹이라는 해석은 이 시가 다루고 있는 이원성을 제대로 포착하지 못한다. 일찍이 '유'와 '묵'은 전국시대 유가와 묵가의 대비 이래로 서로 대조되는 이원성을 나타내는 용어로 정착된 바 있다. 그러한 용례는 일찍이 『장자』나 『한비자』 같은 고대 사상가의 텍스트에서도 찾을 수 있으며, 이후 그런 대조를 나타내는 표현으로 줄곧 사용되어왔다.[27] 그렇다고 할 때, 건륭제는 유/묵 같은 이미 충분히 확정된 이원성의 타당성조차도 의문시될 수 있음을 주장하고자 그와 같은 표현을 사용했을 가능성이 높다.

한 걸음 더 나아가 건륭제의 통치 스타일 면에서 이 표현의 의미를 고려해본다면, 다음과 같은 방식으로 추론하는 것이 합리적이라고 생각한다. 일단 여기서 '유'란 가족을 사회적 윤리의 근본적인 원천으로 간주하며, 가족을 넘어 다른 사회 구성원으로 향해 갈수록 관심은 희박해진다고 보는 사람을 말한다. 실제로 건륭제는 효의 덕목을 매우 진지하게 고려한 것으로 잘 알려져 있다.[28] 그다음으로 여기서 '묵'이란 가족 혹은 자신의 협소한 집단을 선호하는 것은 사회를 파괴하는 일이며, 겸애兼愛, im-partial care야말로 국가의 안녕과 질서를 최대화한다고 보는 사람을 말한다. 실제로 청나라 황제들은 각기 다른 신민들을 편애 없이 대하는 국제적인 제국의 통치자로서 자신을 묘사하였다. '유'와 '묵', 이 두 가지 중 어느 한 길로 자신의 비전이 환원될 수 없음을 주장하고자 건륭제는 '부즉불리不即不离'라는 불교적 표현을 사용하였다. 이 표현은 『원각경圓覺經』에서 유래한 것이며 일종의 통일성을 지지하는 내용을 담고 있다.[29]

마지막으로 '하려하사何慮何思'의 유래는 『주역周易』 「계사繫辭」이다.[30] 클렙튼은 건륭제가 비이원성non-duality에 대한 믿음이 중국 지적 전통에 고유하다는 점을 보여주기 위하여 이 구절을 사용했다고 주장하였다.[31] 그 근거는 「계사」가 공자의 저작으로 간주되어왔다는 것이다. 그러나 「계사」가 과연 유가에 속하는 저작인지, 과연 '하려하사'가 무슨 함의를 담고 있는지의 문제는 그렇게 간단하지 않다. 특히 공자가 「계사」를 지었다는 견해는 송나라 이래로 종종 의문시되어왔다.

그렇다면 비이원성에 대한 믿음이 공자 이래로 지속되어왔다는 것을 증명하기 위하여 건륭제가 여러 전거 중 「계사」를 골랐다고 주장하는 것은 설득력이 떨어진다. 사실, '하려하사'에 담긴 생각은 『장자』 「천지」에도 나오는 것으로, 이른바 도가 학설과 공명한다.[32] 이러한 이유에서 나는 〈시일시이도〉의 핵심 메시지가 불교의 비이원성 교설이라는 패트리샤 버거Patricia Berger의 주

장도 설득력이 없다고 생각한다.[33]

　내가 보기에 더 설득력 있는 해석은 다음과 같다. 이 시가 갖는 주된 함의, 적어도 겉으로 드러난 바의 주된 함의는 '통일성'이다. 이 시의 4행 모두 기존의 이분법적 구분을 논박하고 있다. 통일성을 얻기 위한 방법은 특정 도덕적·종교적 세계관에 헌신하는 일을 피하는 것이다. 이 짧은 시에서 왜 일부러 네 가지나 되는 사상 유파를 거론하고 있는지는 바로 이러한 맥락을 고려할 때 비로소 이해할 수 있다. 이 시의 메시지가 무엇이든, 그것이 어떤 특정 사상의 관점에 배타적으로 속하는 것이 아님을 저자는 보여주고자 했던 것이다.

　통치술에 관련된 함의를 생각해보자면, 통치자는 어느 하나의 도덕적, 문화적 혹은 민족적 세계관에 헌신해서는 안 되는 것이다. 또 달리 말하면, 통치자는 그 세계관들과 거리를 유지할 수 없다면 특정 세계관이 아닌 그 모든 세계관에 헌신해야만 하는 것이다. 그러한 목표를 실현할 수 있는 방법은 잠정적 상태를 유지하는 것이다. 잠정적 상태란 안식하는 장소가 아니라 지속적인 과정을 나타낸다. 잠정적 상태를 유지한다는 것은 즉흥성과 변용성을 발휘하는 데 핵심적이다. 변용성을 활용하여 통치자는 다양한 신민에게 보다 효과적으로 다가갈 수 있게 된다.

　어떤 특정 내용에도 고정되지 않고 변용 가능성을 열어놓는 이러한 차원을 누군가는 공空, emptiness이라고 부르고 싶어 할지도 모른다. 이러한 '공'이 불교에서 말하는 '공'과 얼마나 비슷한 것인지는 지금 우리의 관심사가 아니다. 굳이 말하자면, 여기서 말하는 '공'은 불교에서 말하는 사물의 근본 상태로서의 '공' 같은 것이 아니다. 이 '공'은 맥락에 따라 바뀌어가며 어떤 내용이 채워지길 기다리는 빈 용기容器와도 같은 것이다. '중국'이라는 정체성도 비어 있지만, 그 비어 있음은 끊임없이 다른 내용으로 채워진다는 점에서 비어 있지 않은 것이기도 하다. 이러한 동학을 통해 청나라는 점점 더 다원화되는 중국을 통치할 수 있었다. 이 비어 있음 혹은 잠정적 상태를 통해 청나라 통치자들은 자신들에게 요청되는 그 무엇으로 변용되고자 했던 것이다.

청나라의 통일성

그렇다면 '중국' 제국의 통일성을 얻을 수 있는, 상상과 경쟁이 가능한 방식으로는 무엇이 있을까? 청나라가 다민족적 연합 같은 것에 기초해 있다고 할 때, 어떤 특정 문화를 다양한 민족에게 강요하는 것은 불가능하다. 사실, 만주족은 중국화/한화된 것도 아니고, 만주족 문화를 한족에게 강요한 것도 아니었다. 그보다는 만주족 문화를 보존하려고 시도하였다. 만약 만주족이 특정 문화를 이식하려 들었다고 할지라도, 그러한 시도는 상당한 정도의 문화적 동일성을 창출하고 유지하기 위하여 사회적 자원에 대한 국가 행정의 개입을 요청했을 것이다. 그런데 그러한 정도의 국가 권력은 청나라로서는 상상할 수 없는 것이었다. 청나라 제국 영토는 명나라의 두 배였다. 그리고 청나라 중기의 급격한 인구 증가에도 불구하고, 청나라는 지방관 수를 거의 늘리지 않았다. 아마도 청나라가 자기 나름의 문화, 구체적인 역사, 집단 정체성을 가진 여러 신민에게 세세히 개입한다는 것은 현실적으로 불가능했을 공산이 크다.

따라서 만약 독재 혹은 전제주의란 말이 강한 국가의 힘을 의미한다면, 그러한 말을 사용하여 청나라 통치와 황제권을 규정하는 것은 설득력이 없다. 그들이 텅 빈 정체성의 관점을 채택했다는 것은 오히려 매우 이질적인 상황에서 자신들의 신민에게 맞추고자 한, 그리하여 신민들에게 그나마 받아들여지고자 애썼다는 사실을 반영한다. 그런데 받아들여지고자 하는 열망이 자기 정체성에 대한 생각을 억누르고 결국 자신들을 중국화/한화의 길로 내몰았던 것은 아닌 듯싶다. 청나라 통치자들은 (적어도 18세기에 통치했던 '위대한' 세 황제의 마음속에서는) 받아들여지고자 하는 노력 속에서도 자기 자신의 만주 정체성을 보존하였다. 동시에 그들은 텅 빈 중국성을 발전시켰고, 그 텅 빈 중국성은 통치자들이 제국 내의 다른 여러 집단과 보다 조화롭게 공존할 수 있게 만들었다. 이러한 이유에서 만주족이 가진 복수의 정체성을 일종의 정치적 정신분열이라고 묘사하는 것은 중국화/한화 담론만큼이나 문제가 있다고 생각한다.[34]

만주족 정체성을 표방한 뒤 다시 1년여 만에 (한화론자가 보기에) 중국 스타일의 왕조 건립을 선포한다는 것은 이상해 보일 수 있다. 그러나 청나라 통치자들은 서로 갈등하는 정치적인 요구를 동시에 주장할 수도 있는 다양한 집단을 눈앞에 두고 있었으며, 그러한 상황에 처한 자신에 대한 충분한 자의식을 가지고 있었던 것으로 보인다. 그들은 자신을 지속적으로 변모시킴으로써 신민들의 여러 문화를 후원하기로 마음먹었다고 보는 것이 설득력 있다. 다시 말해 청나라 통치자들은 일부러 복수의 가면 혹은 페르소나를 구축했던 것이다. 각각의 가면은 다양한 시청자에게 나름대로 중국성으로 보였을 것이다. 그러나 가면의 이면에 존재하는 것, 가면을 지탱하는 것은 시청자 어느 한 집단의 문화로 환원될 수 없다. 우리가 발견하는 것은 처음부터 끝까지 가면일 뿐이다. 가면 이면에, 그 가면과는 구별되는 정체성을 가진 어떤 이가 존재하는 것이 아니다. 가면의 뒷면은 비어 있다.

청대 지적 운동, 고증학

고증학은 청대에 유행한 지적 운동 중 하나이다. 고증학은 텍스트 비평과 백과사전적 연구를 포함하는 광범한 경험 연구에 초점을 맞추었다. 경험적인 증거에 기반하여 의미를 포착할 수 있다고 믿으면서 고증학자들은 차근차근 백과사전적 지식을 쌓아 갔으며, 텍스트 표현 그대로의 뜻, 그와 관련된 여러 세부 사항과 주석에 각별한 주의를 기울였다. 연구 대상인 텍스트에 도덕적 가르침이 있다고 하더라도, 고증학의 주류는 도덕적 자아 수양에 대한 관심과는 별개로 해당 텍스트의 뜻풀이에 중점을 기울였다. 이러한 고증학적 방법을 적용한 프로젝트 중에 널리 알려진 것이

| 《사고전서》 | 청 건륭제의 명으로 1773년부터 1782년 걸쳐 편찬된 《사고전서(四庫全書)》는 주요 전적을 경(經), 사(史), 자(子), 집(集)의 4부로 나누었는데, 그 수가 3,503종, 7만 9,337권에 이른다. 사진은 문연각본(文淵閣本) 《사고전서》의 일부로, 타이완 타이베이 국립고궁박물원 소장.

바로 건륭제의 명령으로 진행된 대규모 서적 정리 작업인 《사고전서四庫全書》[35] 편찬이다.

고증학자들은 고증학을 도학과 대비하곤 했기 때문에, 양자를 몇 가지 중요한 측면에서 비교해보는 것이 이해하는 데 도움이 될 것이다. 첫째, 양자의 인식론이 다르다. 고증학의 인식론은 지식을 얻기 위해 철저히 경험적인 접근을 해야 함을 강조한다. 고증학자들은 사변적인 추론에 대해 상당히 경멸하면서 우주론적 통일성을 운운하는 거대 담론을 멀리하고, 구체적인 사실을 축적해야 함을 강조했으며, 튼실한 텍스트 해석을 위하여 엄격한 서지학적 연구를 수행하였다.

둘째, 인식론적 차이는 고전에 대한 서로 다른 접근법을 가져왔다. 도학은 고대의 성인들이 지금 시대 사람들에게 인간 본성이나 우주의 원리같이 시대를 초월하는 보편적인 가르침을 남겨주었다고 보는 반면, 고증학자들은 고대의 성인과 지금 시대 사람들 사이에 놓여 있는 시대와 언어의 차이에 대해 민감하다. 그래서 고증학은 고전에 대한 보다 정확한 지식을 얻기 위하여 문헌학적 기술을 가지고 고전에 접근한다. 즉, 고증학자들은 종종 마음에서 외부 세계로 관심을 돌리는데, 그 외부 세계에 대한 탐구가 자아에 어떤 적실성이 있는지를 꼭 묻지는 않는다. 그러므로 도학자들은 종종 고증학이 인간이 어떻게 살아야 하는지 같은 중요한 문제에는 그다지 관심을 기울이지 않고 하찮은 탐구에만 매달린다고 비판한다. 그러한 이유로 고증학은 수준이 떨어지는 배움 혹은 속된 지적 탐구라고까지 격하한다.

물론 주자학자들도 격물格物이라는 이름으로 외부 세계의 탐구가 갖는 중요성을 강조하기는 했다. 그러나 양자 간의 차이가 중요하다. 도학자들은 외부 세계에 대한 지식과 자아에 대한 지식의 조응을 전제하고, 외부 세계에 대한 지식 탐구 과정은 언제나 자아실현의 과정을 동반해야 한다고 주장하였다. 이와는 대조적으로 고증학은 외부 세계에 대한 지식과 자아에 대한 지식의 조응이라는 전제를 기각하였다.

셋째, 고증학은 도道라고 부르든 이理라고 부르든 간에 어떤 지식의 보편적 대상이 있다는 생각, 배움의 과정에서 지향해야 할 어떤 대상이 있다는 생각을 버리지 않았다. 동시에 고증학은 '이'가 가진 통일성을 훨씬 덜 강조하였다. 외부 세계에 대한 지식을 추구할 때 고증학자들이 흔히 가졌던 전제는 '이'가 하나가 아니라 많다는 생각이었다.[36] 외부 세계에 있는 개개 사물이 각각 '이'를 가지고 있다는 생각은 비통합적 세계상disintegrated world-picture을 전제로 한다. 그러한 비통합적 세계상은 백과사전적 배움을 지지한다. 백과사전적 지식이란 상호 연결되지 않은 지식을 끝없이 추구하는 일과 관련되어 있기 때문이다. 하지만 세계에 대한 우리의 인식은 백과사전적 지식을 그러모은다고 해서 완전한 지점에 도달하는 것은 아니다. 박학博學은 온전한 의미에서의 전체whole에 도달하지 못하고, 그렇게 모은 지식의 합계sum에 도달할 뿐이다. 사실을 나열할 뿐 그 사실을 체계적으로 통합하지는 않는다.

그리하여 도학자들은 외부 세계에 대한 경험적 사실의 단순한 누적만으로는 방대한 외부 세계를 다 설명할 수 없다고 불평한다. 무한히 외부 지식을 축적하는 일은 지리支離한 성격을 가지고 있으므로, 자아의 영역에 세계를 전유하고자 하는 도학 특유의 열망에 어긋난다. 세계가 분열되어 있으므로 세계 전체를 전유할 수 없을 뿐 아니라, 자아가 세계와의 유의미한 연결점을 상실하고 있기에 자아는 세계 전체를 전유할 수 없다. 그 결과 고증학적인 경험 연구에서는 개별 자아가 평천하가 걸려 있는 중요한 존재로 정의되지 않는다. 한정된 차원에 갇혀 있는 이기적 자아를 초월하여 세계 전체와 통합될 수 있는 고양된 자아를 실현하는 프로젝트는 고증학의 상상력 속에서는 불가능하다. 요컨대 도학의 정치 프로젝트 자체가 성립되지 않는다.

이렇게 보았을 때, 고증학에 연루된 인식론적 변화는 도학의 인식론뿐 아니라 도학 프로젝트 전체에 심각한 위협을 가한다고 할 수 있다. 고증학이 도학이 바탕으로 삼고 있는 본체론적 전제 ontological premise를 백안시하기 때문이다. 도학자가 된다는 것은 통일성에 대해 심각하게 헌신한다는 것을 의미한다. 자아와 세계를 일관cohere하는 통일성에 대한 믿음 없이는, 지방에서의 자발주의를 중앙정부에서의 관직 활동만큼이나 이론적으로 중시하는 도학의 프로젝트가 유지될 수 없다. 도학자들은 국가-사회의 영역을 거대한 우주적-신학적 유기적 몸great cosmo-theological organic body 어딘가에 자리 잡게 함으로써 독특한 유기적 정치관을 발전시켰다. 이에 비해 고증학자들은 좋은 통치라는 것이 그러한 우주적-신학적 체제 안에 깃들 수 있음을 믿지 않는다. 자연계의 질서에 관한 한, 고증학은 도학을 특징짓는 통일성의 관념과 근본적으로 결별한다. 그리고 개인, 국가, 사회 간에 새로운 관계가 수립되기를 요청한다.

이렇다고 할 때, 통일성을 결여한 세계관은 사실적인 지식의 누적을 정당화할 수는 있어도, 개개인이 이 세계를 살아나가는 과정에서 참조해야 할 지배적인 패러다임으로서는 오히려 분열 혹은 다중성만을 제시하는 것 같다. 그러나 다중성만으로는 특정 부분들이 무정부적으로 흩어져버릴 수 있기에, 결국 질서를 부식시키는 원심력을 막을 지적인 기초의 역할을 할 수 없다. 고증학이 이러한 이론적 도전에 적절히 대응하지 않고는 일정 규모 이상의 공동체를 위한 정치 이론의 원천이 될 수 없고, 단지 의고擬古주의

나 골동품 기호에 지나지 않게 될 것이다. 이것이 바로 우리가 고증학의 지도자 중 한 사람인 고염무顧炎武(1613~1682)를 고려해야 하는 맥락이다. 고염무가 고증학, 분권적인 통치, 확장된 자기 이익self-interest 관념을 옹호한 것은 우연이 아니다. 그것들은 당시 불만족스러운 현상 유지 상태에서 벗어나고자 할 때 고려해야 할 방향들을 나타내고 있었다.

좋은 통치와 지방의 독자성

고염무는 명나라 말기의 제도와 정치 현상에 대해 가열한 비판을 가하고 각 지역 소속 엘리트들에 의한 지방 통치를 대안으로서 제시하였다.[37] 고염무의 개혁 구상의 얼개는 다음과 같다.

중앙에서 지방에 이르기까지의 권력 분할 구도

1) 군현은 중앙 권력을 분할

2) 향정鄕亭은 군현 권력을 분할

3) 친족이 친족 무리를 통치

권력 분할 구도를 위한 구체안

1) 영장令長의 직위 격상: 7품 지현知縣을 5품 현령으로 격상. 현령이 3년의 시험 기간과 12년의 관찰 기간을 성공적으로 완수하면 종신직화하고, 적절할 경우 심지어 세습 가능. 시험 관찰 기간 동안 업적에 의해 고과를 받으며, 수시 파면 가능.

2) 다수의 현을 조직하여 하나의 군郡 형성: 군의 태수의 임기는 3년

3) 어사御史 파견: 지역을 순시하되, 임기는 1년

4) 향리鄕里 통치: 향鄕과 정亭의 행정 조직을 완비하여 군현 권력의 집중을 통제

5) 고대 종족宗族 제도 복원: 수령들의 전횡 방지책

고염무의 정치사상을 담은 핵심 텍스트는「군현론郡縣論」이다. 고염무가 보기에 청나라의 문제는 두 가지, 즉 중앙정부의 무능과 지방 서리층의 타락이었다. 그는 중앙정부나 지방 서리층 모두 각자 나름의 방식대로 무책임하다고 보았다. 그에 따르면 중앙정부는 사회에 침투할 파워를 결여하고 있거나, 천하가 통일된 전체라는 픽션을 부과할 능력을 결여하고 있다. 지방 서리층

은 협소한 시야와 이기적인 욕망에서 벗어나지 못한 채 일을 처리한다. 고염무의 대안은 이렇다. 지방 엘리트 중에서 지도자급의 인물을 그의 고향을 포함한 보다 큰 지역의 지방관으로 임명하고, 그에게 종신 재직권을 부여한다. 그리고 그가 통치를 잘해낼 경우 그 재직권을 세습하는 것도 허용한다. 그렇게 하면 청나라의 두 가지 문제가 효과적으로 해결되리라고 고염무는 믿었다.

첫째, 지도자급 지방 엘리트가 지방 행정을 떠맡는 일은 중앙정부의 파워가 상실되고 있는 상황에 대한 불가피한 조치였다. 이 조치를 통해 일괄적으로 전국적인 행정을 관장해야 하는 중앙정부의 부담을 줄일 수 있다. 둘째, 기존 회피제回避制에 따르면, 지방관은 자기 고향 지역에 파견될 수 없다. 그처럼 중앙에서 임명한 외부인이 와서 지방을 다스리는 경우에 비해 지도자급 지방 엘리트가 종신직을 통해 자신이 속한 지역을 다스리게 되면, 훨씬 더 헌신적이고 책임 있게 행정에 임할 것으로 기대된다. 그들이 그렇게 열심히 하는 것은 다 자신의 이기심 혹은 이해관계 때문이라고 할 수도 있다. 설령 그렇다고 하더라도 그 엘리트들은 지방 행정을 좀먹어온 기생충 같은 서리들보다는 훨씬 더 '계몽되고' 장기적인 안목을 가진 이들일 것이라고 고염무는 생각했다.

나라가 잘 다스려지기 위해서는 지방의 욕망과 이해관계에 좀 더 합당한 주의를 기울일 필요가 있다고 인정하는 일은 마치 애덤 스미스Adam Smith의 보이지 않는 손invisible hand을 연상시킬 수도 있다. 개별적인 욕망이 결국에는 정치체 전체의 물질적 개선으로 이어질 수 있다고 본다는 점에서 그러하다. 그런데 고염 무의 제안은 자신의 가족을 돌보는 것이 사람들의 자연스러운 성 향이라고 본 공자의 생각을 재해석한 것이다. 고염무의 「군현론」 은 이렇게 말한다. "천하 사람들은 자기네 가족만 생각하고 자기 자식만 위한다. 그것이 인지상정이다."[38] 고염무와 도학자들은 모 두 자신들이 공자의 가르침을 계승했다고 주장했지만, 부분[私]과 전체[公]를 연결하는 문제에서 고염무는 도학적 사고방식과 결별 한다. "천하의 사私를 모아서 천하의 공公을 이룬다. 이것이 왕정 을 실현하는 방법이다."[39] 이기심을 정상적인 인간 조건으로 보 고, 공적인 이해public interests를 이기적 이해관계의 합슴의 관점에 서 생각했다는 점에서 고염무는 도학자들과 크게 다르다. 게다가 고염무는 중앙과 지방의 이분법을 초월하는 우주적 통일성을 더 는 믿지 않았다.

시간이 흘러 전례 없는 서양의 위협, 그리고 국제적인 경쟁 을 앞세우는 새로운 시대를 맞았는데도, 청 제국은 여전히 무능 한 통치 엘리트와 만주 황족 들의 손에 좌지우지되고 있었다. 결 과적으로 중국은 외국의 침탈에 취약해져갔다. 지방을 다스리는 공식적인 통치체제가 무너지자 지방 엘리트들의 권세가 강해졌 다. 지방 엘리트들은 민병대를 조직하고, 재판에 관여하고, 지방 세금과 상업세를 수취하고, 공적 성격을 띤 건설에 개입하였다. 지방 엘리트들의 권세가 높아지면서 지식인들은 지방에 상당한 자율성을 부여한 고염무의 분권적 정치체에 대한 구상을 부활시 키고 재해석하였다.[40]

지식인들은 정치적 리더십을 재활성화하고, 사람들의 에너지를 북돋고, 약육강식의 국제 환경에서 경쟁할 수 있도록 중국을 강하게 만드는 데 제대로 기능하지 않는 중앙집권보다 지역의 자치가 더 효과적이라고 믿게 된 것이다. 그들은 단지 지방의 일에 대한 결정 권한을 중앙정부에서 뺏거나, 중앙에서 임명된 관료 대신 해당 지역 혹은 해당 지역과 가까운 출신을 등용하고자 하는 데 그치지 않고, 지방 스스로 좀 더 적극적으로 새로운 일을 개척하고자 했다. 그리하여 지역 행정에 관한 한 봉건제도가 연상되는 개혁을 추진하였는데, 이는 일본 지식인 겸 활동가들이 오래된 분권화된 '봉건'제도를 중앙집권화된 관료 행정으로 대치하고자 했던 것과 대조를 이룬다.

　　이와 관련하여 핵심 인물은 고염무 사당 관련 협회 멤버였던 풍계분馮桂芬(1809~1874)과 1898년 무술변법戊戌變法, the Hundred Days Reform의 주역이었던 캉유웨이康有爲(1858~1927)였다. 여러 가지 방식으로 그들은 지방의 자율성을 옹호하였고, 때때로 수입된 서양의 대의민주주의 제도와 사상을 일부 받아들이기도 하였다. 그들은 상앙의 개혁 이래로 지방관들이 독립적인 경향을 강하게 가진 세습 귀족으로 변모하는 일을 막고자 도입했던 회피제를 폐지하고자 하였다.

　　한 걸음 더 나아가, 풍계분은 고염무의 사상뿐 아니라 수입된 서양의 대의민주주의 제도와 사상을 받아들여 지방의 아전과 서리는 선거를 통해 합당하게 선출되어야 하고, 정해진 임기 동안 봉사하며 자신을 뽑아준 이들에게 책임을 져야 한다고 주장

하였다. 캉유웨이는 지방의 아전과 서리를 선거로 뽑아야 한다는 풍계분의 요구에 동의하면서, 한층 더 나아가 선출된 서리와 세습 지방관 들이 서로 견제와 균형을 이루어서 통치에 임해야 한다고 주장하였다.⁴¹ 실제로 1909년 선거를 통해 핵심적인 대의기관으로서 성省급 의회가 구성되었다. "교육 수준과 재산 보유 정도에 따라 자격을 엄격히 따졌기 때문에 실제 선거에 참여할 수 있었던 성인 남성 유권자는 중국 전체 인구의 0.5%도 채 되지 않았지만, 약 200만 명이 선거에 참여하여 그전에는 꿈꿀 수 없었던 정치 참여의 맛을 보았다."⁴²

후대를 사는 사람으로서 우리는 이러한 일련의 분권화 시도

| **캉유웨이** | 청나라 말기부터 중화민국 초기에 활약한 사상가이자 정치가로, 자신의 제자인 량치차오(梁啓超)와 함께 무술변법(1898)을 이끌었다. 변법자강을 목표로 한 이 개혁운동은 3개월 후 일어난 서태후 등 반개혁파의 무술정변으로 인해 100일 만에 막을 내렸다.

가 오히려 통치의 해이를 초래했음을 알고 있다. 그 결과 청 제국은 자율적인 지역 정권으로 해체되어갔다. 당시 지식인과 활동가들은 국제적 경쟁에서 우위를 점하려면 국내 사람들의 적극적인 지원이 필요하다고 생각하였다. 결국 사람들은 강한 지방권력에서 그와 같은 강한 국력이 생겨나리라고 더는 믿지 않는 지경에 이르렀다. 그들은 대안으로 지방사회를 강력히 통제할 수 있는 정치 형태를 원했다. 다시 말해 만인의 만인에 대한 투쟁에 준하는 상황에 있던 20세기 중국이 자신에게 설정한 책무는 보다 강력하고, 중앙집권화되고, 개입적인 국가를 만드는 것이었다. 이후 중국공산당이 장악한 국가는 시민들의 삶에 개입하는 정도라는 면에서 볼 때 세계에서 가장 개입적인 국가 중 하나였다.[43] 이와 같은 강한 국가의 길은 위기감이 팽배했던 당시 유일한 선택

지가 아니라 여러 선택지 중 하나였다. 그 다양한 선택지에 대해 좀 더 자세히 살펴보자.

중국 맥락에서의 서양화

먼저 주관적인 측면에서 보면, 중국 지식인들은 당시 팽배했던 위기감으로 인해 제국주의의 침탈을 보고 이대로는 안 되겠다는 각성 아래 "중국은 변해야 하는가? 어떤 방법으로 변할 것인가?"[44]라는 문제의식을 가지게 되었다.[45]

> 오늘날 세상의 변화는 춘추시대에 없던 정도가 아니라 진·한 이래 원·명대를 통틀어서도 있어본 적이 없는 큰 변화이다.[46]

> 오늘날의 어지러움은 옛일에 비길 수 없을 정도로 심한 것이다.[47]

공산주의 중국이 성립하기 이전부터 지식인과 활동가 들은 내놓고 부강富強을 추구하였다. 사회가 해체되면 중국인 대부분이 궁지에 몰릴 상황이었기 때문이다. 20세기로 넘어갈 무렵의 역사적 조건, 그리고 정부를 효과적으로 조직하는 데 필요한 수단은 전근대 시기와는 분명히 달랐다. 중국의 정치사상 역시 그러하였다. 중국의 사상가들은 자신들이 서학西學, Western Learning이라 부른 것과 씨름하면서 자신들의 정치사상 전통을 재고해야만 했다. 특히 청일전쟁(1894~1895)에서의 패배는 그간 당연시해온 중국의 우월감을 크게 훼손하였다. 그 결과 현 상태의 중국을 어떻게 바꾸어야 하고, 그 변화를 일으키기 위한 수단은 무엇인지에 대해 다양한 의견이 표출되었다. 물론 기존 전통은 세월의 시험을 거쳐 살아남은 것이므로 새롭고 생경한 것보다 더 낫다며 그대로 온존해야 한다고 믿는 보수주의자들도 있었다. 그러나 보수적인 학자들조차도 기존 질서를 재생산하기 위해서는 서양의 사상과 제도를 빌려서 나라를 정비해야 한다고 느끼기 시작하였다.

그중 양무운동洋務運動(1861~1894)은 군수 공업을 위주로 한 기술적 측면에만 치중한 개혁으로, 서구의 군사 기술을 도입하여 안으로는 봉건체제를 보호하고 밖으로는 외세의 침탈을 방어하려는 목적을 가지고 있었다. 그러나 양무운동이 추구한 개혁은 미봉책에 불과해 중국의 진정한 부강이라는 목표를 달성할 수도, 제국주의 침탈을 저지할 수도 없었다. 제국주의 세력은 오히려 이 양무운동에 편승하여 더욱 침략을 노골화해갔다. 이 양무운동의 취약성은 바로 청일전쟁의 패배로 여지없이 드러났다. 패전 후 중국인들은 자신들이 처한 위기 상황을 다시 한번 인식하게 되었다.

밖으로부터의 재난이 심하며 해군은 궤멸되었고 중요한 요새도 장악되었으며 나라 깊숙한 곳까지 침탈당하였다. 이권은 빼앗기고 재원은 고갈되고 분할의 조짐마저 보이고 있으며 백성들

| **청일전쟁** | 1894년 동학농민운동을 진압하기 위해 조선 정부가 청나라의 무력 개입을 요청하면서 청나라와 일본 사이에 출병 문제를 놓고 일어난 전쟁으로, 실질적으로는 조선의 지배권을 둘러싼 전쟁이었다. 1895년 일본의 승리로 막을 내렸으며, 이후 청의 이홍장과 일본의 이토 히로부미(伊藤博文)가 군비 배상과 더불어 랴오둥반도와 타이완 등을 일본에 할양한다는 내용을 담은 시모노세키조약을 체결한다. 패전 이후 청나라의 일부 지식인은 자국이 처한 위기 상황을 다시금 인식하면서 구국과 개혁 운동으로 나아갔다.

은 극도로 고통을 당하고 있으니, 나라와 우리 문명과 중국인이 한꺼번에 망하게 생겼다. 이러니 오직 변법만이 이런 위기에서 구할 수 있다.[48]

청일전쟁의 패전, 굴욕적인 조약 체결, 열강에 의한 중국 분할의 위협 등은 일부 지식인을 자극하여 구국을 외치게 하였고, 그들은 공업 발전으로 중국을 위기에서 구하고자 했다. 그리하여 이루어진 자본주의의 초보적인 발전은 이후 무술변법의 경제적 기초를 제공하였다. 이 개혁 운동은 직접적으로는 양무운동에 대한 비판과 극복에서 출발했다고 할 수 있다. 무술변법 역시 거시적인 시각에서 보면 양무운동과 마찬가지로 중국 근대사의 장구한 서구 제도 및 사상 수용 과정의 한 단계일 뿐이지만, 그간의 중국 전통을 고려해볼 때 변법파가 내놓은 개혁 주장과 그 여파는 획기적이었다고 할 수 있다. 그들은 정치적으로는 민권 신장과 입헌 군주제를, 경제적으로는 상공업의 진흥을 통해 자본주의를 발전시키고자 하였다. 따라서 그들의 구체적인 개혁안도 양무운동의 표피적 개혁에 비해 국회 창설, 관제 개혁, 실업 장려, 과거 폐지, 전족 폐지 등 다방면에 걸친 것이었다.[49] 변법파는 실제적 개혁안을 제출하는 한편, 그 사상적 기초를 마련하기 위해 부심하였다. 그 사상은 그들의 정치 개혁안과 더불어 무술변법의 중요한 역사적 의의인 사상 해방의 효과를 가져왔다.[50] 그 과정은 강도 높은 논쟁을 유발했다. 그러면 양무파와 변법파의 긴장과 차이에 대해 좀 더 살펴보자.[51]

중체서용론

중체서용론中體西用論은 변법파와 대립 구도 속에서 양무파가 취한 노선이었다. 중체서용론이란 "중학위체中學爲體, 서학위용西學爲用"(중학을 체體로 삼고, 서학을 용用으로 삼는다)의 준말로, 중학中學과 서학西學의 관계를 체용體用 논리로써 규정한 술어이다. 통상 역사에서는 중체서용이란 말을 장지동張之洞(1837~1909)과 결부해 이해한다. 하지만 문헌적으로 엄밀히 따진다면 정확한 것은 아니다. 장지동의 중체서용론을 담고 있는『권학편勸學篇』을 뒤져서 찾아볼 수 있는 말은 "구학위체舊學爲體, 신학위용新學爲用"(구학을 체로 삼고 신학을 용으로 삼는다)[52]이기 때문이다. 물론 여기서 구학이란 중학을, 신학이란 서학을 말한다. 따라서 내용적으로 볼 때 장지동이 중체서용론자임은 분명하다. 한편, 우리는 중·서라는 표현 대신에 신·구라는 표현도 가능하다는 점에서 문명의 만남과 시대의 이행이라는 두 가지 계기가 교차하는 중국 근대의 특성을 읽어낼 수 있다.

사실 내용적으로 보자면 중체서용론은 일찍이 아편전쟁 시기까지 그 맹아를 소급할 수 있다. 임칙서林則徐(1785~1850), 위원魏源(1794~1857) 등이 주장한 "오랑캐를 배워서 오랑캐를 제압하자[師夷制夷]"의 목적도 엄연히 전통 중국의 체體를 보호하기 위한 것이었다는 점에서 그러하다. 이후 이러한 의미의 중체서용론은 근대 초기에 서학을 조금이나마 수용하고자 했던 사람들에게서 공히 나타나는 사고방식이었다. 예컨대 1861년 풍계분이 "중국의 윤상명교倫常名敎로써 근본을 삼고, 그 밖의 여러 나라가 부강을 이룬 방법으로 보충한다"[53]고 한 것도 크게 보면 중체서용론적인 언명에 들어갈 수 있다. 그 후 왕도王韜, 설복성薛福成, 정관응鄭觀應 등도 그와 관련한 주장을 했다.

형이상의 분야(정신적인 면)는 중국 쪽인데 그것은 도道의 측면

이 뛰어나기 때문이고, 형이하의 분야(물질적인 면)는 서양 쪽인데 그것은 기器의 측면이 뛰어나기 때문이다.[54]

기器는 서방 여러 나라에서 구해서 얻고, 도道는 마땅히 스스로 준비해야 한다. 공자의 도는 영원토록 변치 않는 것이다.[55]

지금 서방 사람들에게서 과학 기술을 배우고자 하는 목적은 그것으로 우리 요임금, 순임금, 우임금, 탕왕, 문왕, 무왕, 주공, 공자로 내려오는 도를 지키려는 것이다.[56]

중학은 본질적인 것이고, 서학은 말단적인 것이다. 중학을 핵심으로 하고, 서학은 보충하는 정도로 해야 한다.[57]

이와 같은 생각은 당시로 보아 정치적 의미를 띠었다기보다 어떤 문명이 이질 문명을 만났을 때 나타나는 일반적 양태에 가깝다고 볼 수 있다. 이런 견해들은 광의로 보아 중체서용이라는 술어를 사용하지 않았어도 중체서용론의 외연에 포함된다고 하겠다. 이러한 생각은 이홍장李鴻章(1823~1901)·증국번曾國藩(1811~1872) 등 양무파 관료에게 이어져 양무운동의 이론적 토대가 되었다.

그런데 중체서용이라는 말[中學爲體, 西學爲用]이 하나의 유행어로서 굳어진 것은 1890년대 중기에 와서인 것 같다.[58] 예컨대 1894년 4월 심육계沈毓桂(1807~1907)는『만국공보萬國公報』에 발표한「광시책匡時策」에서 "중국의 학문과 서구의 학문은 본래 각기 낫고 못한 점이 있는 것이니 중국인을 위한 방안은 마땅히 중국의 학문을 체로 하고 서학을 용으로 한다"[59]고 하였고, 또 같은 해 8월 손가내孫家鼐(1827~1909)도 "마땅히 중학으로 중심을 삼고 서학은 보조적인 것이어야 하며, 중학이 체가 되어야 하고 서학은 용이 되어야 한다. 중학에 미비한 점이 있는 경우에 한해 서학으로 보충하고, 중학에 전수되지 못한 것에 한해 서학에서 가져와 온전케 해야 한다. 중학은 서학을 포괄하지만, 서학은 중학을 능가할 수 없기 때문이다"[60]라고 주장하였다.

이것이 장지동의『권학편』(1898년에『상학보湘學報』에 연재됨)이 발표되기 2년 전의 사정이다. 그렇다면 가장 체계적으로 중체서용론을 주장했다고 일컬어지는 장지동의『권학편』은 과연 어떤 문맥에 있는 것인가? 이에 대한 이해는 무술변법 시기에 중체서용론의 위상과 그 이전 시기의 위상을 비교함으로써 얻어질 수 있다. 무술변법 시기 이전, 구체적으로 양무운동이 발흥하기까지의 중체서용론적 주장은 전향적 역할을 수행했다고 할 수 있다. 당시는 기술적 측면의 서학 수용 주장마저 관철되기 어려운 상황이었기 때문이다. 그것은 바로 중체서용론적 입장을 취하는 양무파와 그보다 보수적 입장을 취하는 완고파 간의 대립 구도였다. 대표적인 완고파인 왜인倭仁(1804~1871)의 말을 들어보자.

> 내가 듣건대 나라를 잘 다스리는 도는 예의를 숭상하는 데 있지 권모를 숭상하는 데 있지 않다. 기본적인 것을 도모하는 것은 사람의 마음에 달려 있는 것이지 기술적인 것에 달려 있는 것이 아니다. 지금 말단적인 기술을 배우고자 해서 오랑캐를 스승으로 삼는데, 오랑캐는 그 기술의 핵심적인 것은 속여서 안 가르쳐줄 것이 뻔하므로 설령 가르치는 사람이 성실하게 가르치고 배우는 사람이 성실하게 배운다고 해도 기껏해야 시원찮은 기술자밖에 더 되겠는가! 예나 지금이나 기술적인 것에 의존해서 발전했다는 얘기는 들어보지 못했다."[61]

이러한 상황을 뒷받침하는 또 다른 증거는 중체서용론적 견해를 담은 풍계분의 『교빈려항의校邠廬抗議』가 저술 당시인 1861년에 출판되지 못하고 무술변법 시기인 1898년에 와서야 간행될 수 있었다는 사실이다.[62]

이에 비해 무술변법 시기의 상황은 어떠했는가? 그때는 이미 대세가 기울어 용으로써의 서학 수용, 즉 기술적 측면에 국한한 서학 수용은 이미 보편화된 시기였다.[63] 게다가 한 걸음 더 나아가 서학에 대한 첫 수용 양식으로서 중체서용의 입장은 이미 양무파에 의해 실천되었고, 그 실천인 양무운동은 청일전쟁 패전으로 한계가 드러났다. 따라서 양무운동을 극복하는 계기에서 나온 변법운동이 성세를 구가하고 있었다. 이러한 시기에 1898년 양무파 관료 장지동이 발표한『권학편』은 실로 변법파의 논리에 대항하는 논쟁적 저서라고 할 수 있다.

『권학편』의 위상이 이렇다고 할 때, 우리는 무술변법 시기의 (장지동의) 중체서용론은 그 이전 시기의 중체서용론과는 다른 역사적 역할을 수행하고 있음을 깨닫게 된다. 중국 근대 초기에 주장된 중체서용은 이제 갓 근대 서구 문명과 접촉한 중국으로 하여금 비로소 서학 도입을 가능케 하는 방식으로서 전향적 역할을 담당했다고 평가할 수 있다. 그러나 서학의 소화가 본격적인 과제가 되어감과 동시에 그것에 의해 근대화의 도정을 시작하는 중국 근대사에 중체서용의 작용은 제한적일 수밖에 없었다. 특히 변법파가 등장하면서 기술적 측면을 넘어 민권, 의회 개선, 입헌 군주 등을 주장하는 시기의 중체서용론은 상대적으로 보수적 위상을 갖는다. 무술변법 시기에는 그 이전의 완고파 대 양무파의 구도에서 양무파 대 변법파의 구도로 바뀌었던 것이다.[64]

장지동 중체서용론의 논리

중체서용론이 취하고 있는 논리는 체·용의 논리이다. 중국 전통 사상의 중요한 범주인 체·용의 기본적인 함의는 대체로 체는 본체 또는 본질, 용은 작용 또는 현상이라는 것이다. 그런데 과연 장지동은 체·용의 엄격한 철학적 의미에 충실해서 이 범주를 사용한 것일까? 결과적으로 말하면 장지동은 철학적 의미에 충실하지 않았다. 그렇지만 범주적 의미에 비추어 중체서용론의 논리를 검토하는 것은 중체서용론의 정체를 드러내는 좋은 양식을 제공한다. 즉, 장지동이 체·용의 철학적 의미에 충실하지 않았다는 사실 자체가 중체서용론의 성격을 드러낸다.

체·용 개념이 선진시대부터 보이기는 하지만 그것이 한결 더 체계적인 범주적 의미를 획득하게 되는 것은 불교의 영향 때문이라고 한다.[65] 그리고 중국 전통 철학의 많은 범주가 그러하듯 체·용 범주 역시 세련되어진 것은 도학에 의해서라고 할 수 있다.[66] 도학이 체·용 범주에 끼친 가장 큰 공헌은 체·용의 통일성을 강조한 것이다. 정이程頤는 "지극히 은미한 것이 '이理'이고 지극히 드러나는 것이 현상이다. 체와 용은 근원이 하나이므로 그 은미함과 드러남 사이에 아무런 간격도 없다"[67] 하였으며, 주희도 "이의 측면에서 말하면 체 속에 바로 용이 있는 것이므로 근원이 하나라는 것이다. 현상의 측면에서 말하면 드러남 속에 바로 은미함이 있는 것이니 아무런 간격도 없다고 하는 것이다"[68] 하였다. 이처럼 체·용 간의 불가분적 통일성은 체·용 범주의 중요한 특성 중

하나이며, 그러한 특성을 가능하게끔 하는 조건은 체와 용이 하나의 근원으로 모인다는 사실이다.

두 번째로 우리가 확인할 수 있는 체·용 범주의 특성은 그것이 본체론적 함의와 방법론적 함의를 동시에 갖추고 있다는 점이다.[69] 본체론적 함의란 어떤 사물의 본질과 현상, 본체와 작용 같은 것을 규정하는 성질을 의미하는 것으로, 이 경우 도기道器 범주와 대동소이하다. 방법론적 함의란 이 범주로 다른 대상들 간의 관계를 규정짓는 성질을 의미하는 것으로, 이 경우 본말本末, 주보主輔 등의 범주와 대동소이하다. 체·용 범주는 이 두 가지 함의를 다 가지고 있으므로 체주용말體主用末, 체말용주體末用主 같은 논의가 필요치 않다. 이에 비해 도기 범주는 그 자체 내에 방법론적 함의는 갖지 않으므로 도체기용道體器用이니 기체도용器體道用이니 도본기말道本器末이니 하는 식으로 다른 방법론적 범주에 의해 다양하게 관계지을 수 있다. 이러한 논의를 통해 확인할 수 있는 체·용 범주의 특징은 첫째는 체·용이 분리될 수 없다는 것이고, 둘째는 체·용은 연결되어 있되 용에 대한 체의 우위성이 전제된다는 것이다. 이와 같은 체·용 범주의 특징을 고려하며 장지동의 주장을 검토해보자.

중학中學은 내면적 공부이고, 서학西學은 외면적 공부이다. 중학은 몸과 마음을 닦는 것이고, 서학은 세상일을 처리하는 것이다.[70]

오늘날 배우는 사람은 반드시 먼저 경전에 통달하여 우리 중국의 앞선 성인과 스승이 세운 가르침을 밝혀야 한다. … 그런 뒤에 서학을 선택해야지 우리의 미비점을 보충하는 역할을 할 수 있다.[71]

여기서 확인할 수 있는 점은, 첫째 장지동이 중학과 서학의 필요성을 모두 인정하고 받아들인다는 것, 둘째 받아들이되 그냥 받아들이는 것이 아니라 중학의 서학에 대한 우위를 유지하고, 중학이라는 전제에 위반하지 않는 한도 내에서만 서학을 받아들인다는 것, 셋째 이러한 틀은 역으로 중학과 서학의 내용에 대한 왜곡을 낳고 있다는 것, 즉 중학은 심신 수련만 하는 것으로, 서학은 세상일을 처리하는 기술적인 것으로 국한하고 있다. 이 세 가지 점이 범주적 표현으로 응결된 것이 바로 '중체서용'이다. 환언하면 A와 B를 연결하되 체와 용의 방법론적 함의에 힘입어 A의 B에 대한 우위를 유지하면서 연결하는 논리이다. 바로 이 점이 시대의 요구로 인해 서학을 받아들이되 제한적으로 받아들이자는 장지동의 주장에 부합한 것이다.

옌푸의 비판

그렇다면 이러한 논리적 연결이 과연 체·용 논리의 본래적인 의미에 비추어볼 때 타당한 것인가? 어떤 대상 A와 B를 두고 A체

B용의 주장을 하는 데 대해 B체 A용을 주장하는 것은 논리적 측면에서의 비판이 아니다. 그것은 논리적 형식을 문제 삼은 것이 아니라 내용을 문제 삼은 것이기 때문이다. 논리적 측면에서의 비판이 되려면 A와 B를 체·용으로 묶는 방식 자체에 반성을 제기해야 한다. 이 점에서 볼 때 장지동의 중체서용론은 표면적으로는 체·용의 불가분이라는 속성을 인지하고 그것을 이용했다고 할 수 있지만, 내용적으로 연결될 수 없는 대상을 연결함으로 해서 결국 체·용의 불가분 속성을 근본적으로 깨버렸다는 데 그 맹점이 있다. 다시 말해 체·용이란 한 단위 내에서[一原] 구별되고 연결되는 것이지, 그 자체에 체·용을 갖추고 있는 두 대상 A. B 중 A에서는 체를 B에서는 용을 추출하여 접합할 수는 없는 것이다. 중학과 서학은 각기 자기 나름의 온전한 체·용을 갖추고 있는 문명 단위로서, 내학內學·외학外學식으로 전달될 것이 아니다. 이러한 논리상의 비판은 당시에 이미 옌푸嚴復(1853~1921)에 의해 행해졌다.

> 금궤 땅에 살면서 과거를 보는 사람인 구가부가 말하기를, "체·용이라는 것은 하나의 사물을 대상으로 해서 말하는 것이다. 소의 체體가 있으면 무거운 것을 지는 용이 있는 것이고, 말의 체가 있으면 멀리까지 가는 용이 있는 것이다. 소로 체를 삼고 말로 용을 삼는다는 얘기는 들어본 적도 없다." 중학과 서학이 서로 다른 것이 마치 중국인과 서양인의 생김새가 다른 것처럼 다르다. 그러니 억지로 비슷하게 한 동아리로 묶을 수 없다. 따라

서 중학에는 중학 나름의 체와 용이 있고, 서학에는 서학 나름의 체와 용이 있다. 따라서 양자를 구별해서 봐야 진면목을 찾을 수 있지 양자를 어정쩡하게 합하면 둘 다 망치게 된다. 혹자는 양자를 합해서 하나의 사물로 간주하여 하나를 체로 삼고 다른 하나를 용으로 삼으려 하는데 벌써 그 문맥이 안 통하니 주장될 수도 없는 것이다. 그러니 어찌 그것이 주장을 넘어 제대로 실천되기를 바랄 수 있겠는가?[72]

옌푸가 지적하는바, 이러한 장지동의 논리적 한계는 절충주의로 요약된다. 신성불가침하고 불변적인 전제하에서 변화의 수용은 전면적인 변화가 아니라 절충에 지나지 않기 때문이다. 그러면 장지동의 절충주의가 담긴 핵심 텍스트 『권학편』을 좀 더 자세히 살펴보자. 『권학편』의 문제의식은 저술 동기에서 집약적으로 표현되고 있다.

> 1895년 이래로 외환은 날로 심해지는데도 사대부들은 더욱 완고한 상태로 있다. 1898년 봄에 이르러서는 평민들이 호시탐탐 기회를 노리고 그에 따라 사설邪說이 점차 번성하고 있다. 이에 『권학편』상·하권을 지어 사설을 물리치고자 한다. 이것은 바로 중국과 서구를 회통시키고, 옛 학문과 요즘 학문 간의 균형을 잡고자 하는 것이다.[73]

이렇게 볼 때 『권학편』의 저술 동기는 사설을 물리치는 것과 중학과 서학의 균형을 잡고자 하는 것 두 가지로 요약된다. 후자의 균형을 위한 논리가 바로 체·용이었고 그것의 문제점은 앞에서 살펴보았다. 여기에서 주목할 대목은 바로 "사설을 물리치고자 한다"이다. 사설이란 무엇인가? 그것은 바로 체제의 변혁까지 주장하던 변법파의 이론이다. 장지동이 옹호하고자 한 것은 바로 그가 공고히 한 중학의 내용에 집중적으로 반영되어 있다.

> 무릇 변할 수 없는 것은 윤기倫紀(윤리 관계)이지 법제法制(법이 작동하는 시스템)가 아니고 성도聖道(성인의 도)이지 기계가 아니고, 심술心術(마음의 기능)이지 공예가 아니다.[74]

오륜五倫의 요체는 온갖 행동의 근원이 되는 것이다. 따라서 수천 년을 전해 내려와도 다른 뜻이 있을 수 없다. 성인이 성인일 수 있는 까닭, 중국이 중국일 수 있는 까닭은 실로 여기에 있는 것이다. 그러므로 임금과 신하 사이의 고정적인 윤리 관계를 알면 민권의 설이 행해질 수 없고, 아버지와 자식 간의 고정적인 윤리 관계를 알면 아버지와 자식이 똑같이 죄인이니 제사를 없애자느니 하는 서양 기독교의 설이 행해질 수 없고, 남편과 아내 사이의 고정적인 윤리 관계를 알면 남녀평등의 설이 행해질 수 없다.[75]

도道의 근본이란 삼강三綱과 사유四維이다. 만일 이것들을 버린다면 법도가 행해지지 않고 큰 난리가 일어날 것이다. 만일 이것들을 잘 지켜서 잃지 않는다면 공자와 맹자가 다시 살아나도 변법을 논하는 것이 잘못되었다고 하지 않을 것이다.[76]

이와 같은 내용을 통해 알 수 있듯이 장지동이 끝내 양보할 수 없었던 것은 '강상綱常'이라는 말로 집약되는 신분질서이다.

"임금은 신하가 반드시 따라야 하는 기준이고, 아버지는 자식이 반드시 따라야 하는 기준이며, 남편은 아내가 반드시 따라야 하는 기준이다"라는 삼강은 『백호통白虎通』이 『예위禮緯』를 인용한 것이다. 동중서가 말한 '도'의 근원은 천天에서 나오므로 "천이 변치 않으니 도 또한 변치 않는다"는 말의 뜻은 거기에 근본을 두고 있다.[77]

강상에 도전하는 민권설은 참을 수 없는 사설이라고 장지동
은 말한다.

민권의 설은 백해무익한 것이다. … 우리 조정은 매우 인자하고
은택을 많이 베풀어서 가혹한 정치라고는 없는데, 뭐 하러 고생
해서 이러한 단계(프랑스 대혁명을 지칭)를 거쳐 자신과 온 세상
에 화를 끼친단 말인가! 이런 것이 바로 백해이다.[78]

요즘 중국은 진정 강대국이 아니다. 하지만 백성들이 변함없이
자신의 직분에 안거하고 있는 것은 조정의 법에 매여 있기 때문
이다. 만일 민권의 설이 유행하게 되면 어리석은 백성들이 기뻐
하게 되고, 반란자들이 들고일어나서 사방에서 큰 난리가 일어
날 것이다.[79]

아래에서 건의한 것을 위에서 백성의 이익이 되게끔 알아서 조
치하면 시끄럽게 구는 폐단이 없어질 텐데, 하필 의회라는 형식
을 취하려 드는가?[80]

사람이 모두 스스로 주인의 위치에 있게 되면 가문은 자기 가문
만 위하게 되고, 마을은 자기 마을만 위하고, 선비는 앉아서 먹
으려고만 하고, 농민은 세금을 안 내려 하고, 상인은 이익을 독
점하려 하고, 기술자는 품삯을 많이 받으려 하고, 실업자·빈민
은 폭력으로 뺏으려 하고, 자식은 아버지를 따르지 않고, 제자

는 스승을 따르지 않고, 아내는 남편을 따르지 않고, 비천한 사
람은 귀한 사람에게 복종하지 않고, 약육강식의 사회가 되어 인
류가 전멸할 때까지 이런 상태가 계속될 것이다.[81]

이러하니 장지동의 『권학편』이 당시 보수적 언설 모음인 『익
교총편翼敎叢編』에 포함된 것도 당연하다.[82]

평등을 외쳐서 삼강오상을 파괴하고, 민권을 주장해서 임금을
없애려고 한다.[83]

캉유웨이·량치차오 등의 무리가 세상을 미혹하는 수단은 민권
이니 평등이니 하는 것들이다. 만일 그들의 말대로 권력이 아
래로 이양된다면 나라는 누구와 더불어 다스릴 것인가? 백성이
스스로 주인이 되면 임금은 무엇을 할 것인가? 결국 이런 것은
세상을 어지럽히는 것이다.[84]

지금까지 양무파의 철학적 기초로서 장지동의 중체서용론을
살펴보았다. 정리하자면 중체서용론은 절충주의이며, 중체서용
론이 허용할 수 있는 서학 수용의 폭(즉, 개혁의 폭)은 체제 자체
와는 무관한 것으로 한정된다. 장지동이 청일전쟁 이전 양무파에
비해 달라진 것이라고는 서학의 수용 폭을 행정적 제도 부분까지
확장하는 것이었을 뿐, 논리 자체는 그대로 양무파를 답습하고
있었다.[85] 이에 비해 진정 청일전쟁의 실패를 교훈 삼아 체제 개

혁까지 주장한 것은 변법파였다. 이제 담사동譚詞同(1865~1898)의
도기론道器論을 통하여 변법파의 철학적 기초를 해명해보자.

담사동의 도기론

일반적으로 변법파의 이론가라고 불리는 사람들은 캉유웨이, 담
사동, 량치차오, 옌푸 등이다. 이들은 무술변법 시기에 같은 정치
적 노선을 견지했으나 각자 다양한 사상체계를 가지고 있었다.[86]
캉유웨이의 공자개제설孔子改制說과 대동大同학설, 담사동이 『인학
仁學』에서 표현한 인仁의 사상, 옌푸의 서구 과학적 방법론 등이
그것이다. 비록 변법파의 이론가들은 각자 독특한 사상 표현을
가지고 있었지만 그들이 느낀 시대의 문제와 그것에 대한 인식의

| **담사동** | 청나라 말기 사상가이자 변
법파의 이론가로, 무술변법의 중심인
물로 활약했으나 무술정변으로 체포
되어 33세의 젊은 나이에 처형되었다.
저서 『인학(仁學)』을 통해 도기론을 펼
치며 변혁의 이론적 근거로 삼았다. 도
(道)와 기(器)는 『주역』 「계사」의 "형이
상의 것을 도라고 하고, 형이하의 것을
기라고 한다"는 내용을 토대로 추상과
구체, 일반과 개별, 본체와 공용의 의미
를 지니는 범주체계로 발전하였다.

기본 구조는 같았다고 할 수 있다. 이것이 그들을 변법파로 함께 묶을 수 있는 바탕이 된다.

그렇다면 그들 사상의 기본 인식 구조는 무엇인가? 바로 담사동의 도기론道器論에 담겨 있는 명료한 범주적 표현에서 그 답을 찾을 수 있다. 담사동은 근대 이후 시대적 현상을 이해하기 위해 지속적으로 사용되어온 도구인 체용體用, 도기道器 등의 범주를 통해 당대의 상황을 전례 없이 새롭게 해석하고 있기에, 앞서 논한 중체서용론과 좋은 비교 대상이 된다. 먼저 담사동 이전 도기론의 역사적 흐름을 개괄한 다음 담사동 도기론의 논리를 구명해 보겠다.

도기론의 역사적 이해[87]

이기론이 이기 범주를 둘러싼 사유체계이듯, 도기론이란 도기 범주를 둘러싼 사유체계를 말한다. 그렇다면 도道란 무엇이고 기器란 무엇인가? 철학적 범주로 발전하기 이전까지 도는 단순히 길을 의미하고 기는 그릇을 의미하였다. 그러던 것이 춘추전국시대에 이르는 과정에서 도는 방법·원칙 등의 뜻으로, 기는 구체적 사물의 뜻으로 발전하였다. 특히 노자는 도를 구체성에서 탈피시켜 일반성의 의미를 띠게 하는 데 중요한 공헌을 하였다. 그런데 도와 기가 짝이 되는 하나의 범주체계로 확립된 것은 무엇보다도 『주역』「계사」에서라고 할 수 있다. 「계사」는 "형이상의 것을 도道라고 하고, 형이하의 것을 기器라고 한다"[88]고 하였는데, 여기서 비로소 도와 기는 추상과 구체, 일반과 개별, 본체와 공용의 의미를 지니는 범주체계로 발전하였다.

그 후 진·한에서 수·당에 이르는 동안 도와 기라는 개념 자체의 탐구에서 더 나아가 도와 기의 관계에 대해 탐구하였다. 갈홍葛洪(284~364)이 개별적인 것들을 잊고 일반적인 것으로 나아감에 의해 현玄의 본체를 얻을 수 있다고 한 것이나, 유종원柳宗元(773~819)이 도·기의 상호 통일을 말한 것이 그 좋은 예이다. 이러한 탐색은 역으로 도·기 범주 자체의 함의를 풍부히 했다.

대개의 중국 전통 사상 범주가 그러하듯 도기론 역시 송·명 시기에 체계적으로 발전한다. 장재張載(1020~1077)와 왕안석王安石 등도 도·기 문제를 다루었으나 역시 이정二程(정호程顥와 정이程頤)과 주희가 중요한 공헌을 하였다. 이정은 장재의 기 일원론적인 입장을 비판하고 이기론에 입각하여 도학의 도기론의 단초를 정립하였다. 주희는 이정의 입장을 계승하여 송·명 이학 도기론을 체계화하였다. 주희는 "형이상의 것을 도라고 하고, 형이하의 것을 기라고 한다. 도란 이치이다. 모든 사물은 각각 이치를 갖는다. 기란 구체적 형태이다. 모든 사물은 각각 형태를 갖는다. 도가 있으면 반드시 기가 있고 기가 있으면 반드시 도가 있으니, 사물에는 반드시 법칙이 있다"[89]고 하였다. 이렇게 볼 때 도는 사물의 이치·도리·규율로서 초감각적인 것을 가리키고, 기는 사물 자체로서 형질을 가진 구체적인 것을 지칭한다.

주희는 더 나아가 도와 기, 이와 기, 태극과 음양의 세 범주 체계를 동일시하여 "음양은 모두 형이하의 것이며 그것의 이치가

| **장재** | 송나라 시대의 사상가로, 횡거진(橫渠鎭) 출신이어서 횡거 (橫渠) 선생이라고도 불렸다. 유가 와 도가의 사상이 조화를 이룬 우주 의 일원적 해석을 설파하여 이정(정 호와 정이)과 주자의 학설에 영향을 미쳤다. 특히 이정은 장재의 기 일 원론적인 입장을 비판하고 이기론 에 입각하여 도학의 도기론의 단초 를 정립하였다. 《고신도》에 실린 장 재(장횡거)의 그림으로, 국립중앙 박물관 및 영국 런던 브리티시뮤지 엄(대영박물관) 소장.

도이다",[90] "태극은 형이상의 도이다. 음양은 형이하의 기이다"[91] 라고 말한다. 그러면 주희는 도와 기의 관계에 대해 어떻게 생각 하는가?

첫째, 도와 기의 불가분리성을 주장하며 나아가 사물 내에서 기와 도의 통일성을 말한다. "기가 곧 도요, 도가 곧 기임을 알아 야 한다. 도와 분리해서 기를 말해서는 안 된다",[92] "내 생각에 도 와 기는 하나이다. 기를 통해서 사람에게 드러나고 도는 그 속에 있다"[93]는 말들이 그 예이다. 둘째, 도가 체이고 기가 용임을 주장 한다. "구체적인 것의 본체가 되면서 그 구체적인 것과는 떨어져 있는 것을 도라고 한다",[94] "지극히 성誠해서 쉼이 없는 것이 도의 체인데, 바로 그것이 온갖 다양함이 하나의 근본으로 모일 수 있는 근거이다. 그리고 만물이 각자 나름대로 깃들 곳을 갖는 것이 도의 용인데, 바로 그것이 하나의 근본이 온갖 다양함으로 나타 날 수 있는 근거이다"[95]라는 말들이 그 예이다. 주희의 도·기 관계 에 대한 주장 중 첫 번째 것은 후대에도 지속적으로 계승되었다. 두 번째 것은 이를 중시한 주희 특유의 이기론을 반영한 것인데, 왕부지王夫之(1619~1692)와 담사동에 의해 비판되었다.

주자 이후 도기론은 '도불리기道不離器'의 흐름으로 전개되다 가 명말 청초의 격동기에 이르러 왕부지가 기존 도기론을 지양하 고 철저히 기에 입각한 도기론을 제시한다.

세상에는 오직 기만이 있을 뿐이다. 도란 기의 도이다. 기를 도 의 기라고는 할 수 없다.[96]

기에 의거해서만 도가 제대로 존재할 수 있다. 기에서 이탈하게 되면 도는 훼손된다.[97]

형이상의 것이란 형태가 없는 것을 말하는 것이 아니다. 형태는 이미 있는 것이다! 이미 형태가 있고 난 후에야 '형이상'이란 것 이 가능하다. … 기가 있고 난 이후에야 구체적 형태가 있게 되 고 형태가 있고 난 이후에야 (형이)'상'이란 것이 있게 된다. 형 태가 없으면 (형이)'하'가 없다는 것은 사람들이 일반적으로 할 수 있는 말이다. 그처럼 형태가 없으면 (형이)'상'이 없다는 것 도 쉽게 알 수 있는 이치이다.[98]

이와 같은 과정을 거치며 형성된 도기 범주의 의미를 살펴 보면 도는 사물의 법칙·본체 등의 의미로, 기는 구체적 사물·현상 등의 의미로 사용되어왔다. 그리고 그 도와 기의 관계를 규정하 는 문제에서 일단 도와 기가 어떻게든 '관계되어 있는' 것이라는 점은 특히 송대 이후에 완전히 정착되었고, 나아가 "어떻게 관계 짓느냐"는 점에서는 도를 중시하는 입장과 기를 중시하는 입장으 로 크게 대별된다. 전자는 주희의 입장으로 후자는 왕부지의 입 장으로 대표된다.

그러면 청말에 와서 도기론은 어떤 모습을 띠게 되는가? 청 말에는 도·기 범주 자체에 대해 본체론적 사유를 거듭한 것이 아 니라 체용·본말 등의 범주와 더불어 바로 눈앞에 다가온 서학 수

용의 문제를 해결하기 위한 사유의 도구로 활용되었다. 먼저 중국의 윤리질서를 도로, 서구 문명의 과학 기술을 기로 이해하는 데서부터 시작하였다. 예컨대 다음과 같은 왕도王韜(1828~1897)의 예문을 보자.

형이상의 분야(정신적인 면)는 중국 쪽인데 그것은 도의 측면이 뛰어나기 때문이고, 형이하의 분야(물질적인 면)는 서양 쪽인데 그것은 기의 측면이 뛰어나기 때문이다.[99]

기는 서방 국가에서 구해서 얻고, 도는 마땅히 스스로 준비해야 한다.[100]

이런 견해는 앞에서 살펴보았듯이 중체서용론의 입장에서

벗어나지 못한 것이다. 그 외에 진치陳熾·정관응鄭觀應·탕진湯震 같은 이들이 도·기 범주를 사용하여 논의를 전개했다. 그러나 한결같이 도를 중국의 윤리질서, 기를 서구의 과학 기술(혹은 제도까지)에 해당하는 말로 사용했을 뿐 그 이상의 논의에는 이르지 못하였다.[101] 그러다가 담사동에 이르러 도·기 범주를 통해 당시 중국이 처한 시대적 문제에 대한 철학적 대답을 제출하게 된다.

담사동 도기론의 논리

담사동 도기론의 골격은 왕부지의 이론을 그대로 계승했지만, 이행기라는 그의 문제의식에 의해 걸러지면서 새로운 시대적 함의를 얻게 된다. 그러면 담사동의 논리를 추적해보자.

　이른바 도라는 것은 빈말이 아니다. 반드시 체현될 대상이 있어야 자신을 드러낼 수 있는 것이다. 『주역』에서 말하기를 "형이상의 것을 도道라고 하고 형이하의 것을 기器라고 한다"고 했는데 여기서 상·하라고 말한 것이 바로 도와 기가 일체가 됨을 밝혀주는 점이다. 왕부지 선생이 그 뜻을 "도는 기의 도이다. 기가 도의 기일 수는 없다. … "고 풀이하였다.[102]

　이 예문은 도와 기의 통일성을 말하고 있다. 앞서 도기론의 역사적 이해에서 살펴보았듯이 도·기의 통일성은 새삼스러운 주장이 아니다. 그런데 주목할 것은 주희를 비롯한 많은 사람이 도를 중시하는 입장에서 도·기의 통일성을 주장한 데 반해, 왕부지와 담사동은 기를 중시하는 입장에서 도·기의 통일성을 주장한다는 점이다. 그러면 왜 기를 중시하는가? 그것은 도를 중시하는 입장과 무엇이 다른가?

> 그 도가 없으면 그 기가 없다는 것은 사람들이 대개 할 수 있는 말이다. … 그런데 그 기가 없으면 그 도가 없다는 것은 사람들이 쉽게 말하지 못하는 것이지만 진실로 옳은 말이다. 아주 오랜 옛날에는 읍揖하면서 겸손을 표시하는 예의의 도가 없었고, 요·순시대에는 제후를 정벌하고 그 백성을 위로하는 도가 없었고, 한·당시대에는 오늘날의 도가 없었고, 오늘날에는 다른 때의 도가 없는 것이 많다. 활과 화살이 없으면 활 쏘는 도도 없고, 수레와 말이 없으면 그것을 모는 도도 없다. 예악에 쓰이는 짐승·감주·옥·비단·종·경쇠·관악기·현악기 등이 없으면 예악의 도도 없다. 자식이 없으면 아버지의 도도 없고, 아우가 없으면 형의 도도 없는 것이니 있을 법한 도인데도 없는 것이 많다. 그러므로 그 기가 없으면 그 도도 없다는 명제는 참으로 옳은 말이다. 사람들이 단지 깨닫지 못하고 있을 뿐이다.[103]

즉, 기가 중시되어야 하는 이유는 바로 그 기가 변화하면 그 도도 변화한다는 역사적 의식에 의해 확보된다. 이러한 변화에 대한 통찰은 변법파에게서 공통적으로 발견된다. 이를테면 량치차오의 "변화란 옛날이나 지금이나 공통된 이치이다"[104]가 대표적인 표현이며, 이는 캉유웨이에게서도 똑같이 나타나는 입장이다. 담사동은 왕부지의 도기론을 바탕으로 자신의 입장을 제시한다.

이로써 보건대 성인의 도는 과연 빈말이 아니며 반드시 체현될 대상이 있고 나서야 드러나는 것이다. 눈과 귀의 작용이 있어야 보고 듣는 도가 있고, 마음과 생각의 작용이 있어야 인의예지의 도가 있고, 윤기倫紀의 작용이 있어야 충효우공忠孝友恭의 도가 있고, 예악과 정벌이 실행되는 일이 있어야 나라를 다스리고 세상을 평정하는 도가 있다. 그러므로 도는 용이고, 기는 체이다. 체가 확립된 이후에야 용이 행해지는 것이며 기가 있으면 도가 없을 수 없다. 배우는 사람이 잘못 생각해서 도가 체라고 여긴 이후부터 도가 어지럽고 괴리되고 흐리멍덩해졌다. 그래서 환상적인 물건으로 공허한 데 걸려 있게 되었으니 과연 이것이 도대체 뭐냐? 사람에게 아무런 도움도 되지 않고 세상에 아무것도 구제하는 것이 없으며 얻어도 이익이 없고 잃어도 손해가 없지 않은가? 그러니 혹세무민하는 이단의 것이 아니겠는가? 만약 도가 기에서 분리될 수 없다는 것을 안다면 세상의 기가 중요한 것이다. 기가 변했는데 어찌 도만 변하지 않을 수 있겠는가?[105]

여기서 나타난 담사동 도기론의 요체는 '기체도용器體道用'이라고 요약할 수 있다. 그리고 그 기체도용에서 연역되는 결론은

| **량치차오** | 청나라 말기부터 중화민국 초기에 활동한 개혁 정치가이자 사상가이다. 1896년 상하이에서 잡지 《시무보(時務報)》의 주필을 담당하면서 변법을 설명하고 선전하는 글인 「변법통의(變法通議)」를 연재했다. 이 글에서 "변화란 옛날이나 지금이나 공통된 이치이다"라며 왕부지, 담사동과 마찬가지로 기 중심의 도기론을 주장했다. 1898년 무술변법을 주도했으나 실패하자 일본으로 망명하였다. 한족이 중심이 되어 혁명을 주도하고자 했던 쑨원과 정치적으로 대립하면서 중국의 모든 소수민족이 하나로 통합되어야 한다고 주장했다. 사진은 1910년 48세 때의 모습이다.

'변도變道'이다. 즉, 기체도용이란 기가 도에 대해 우위를 유지하며 통일되어 있는 관계를 체용 범주를 통해 정식화한 것이다. 그러한 전제에서 기의 변화는 곧 도의 변화로 이어지게 된다. 반면, 중체서용론을 도기 범주를 빌려 표현한다면 기는 변할 수 있어도 도는 변할 수 없다는 것이다. 기에 대한 변화의 허용은 기술적·제도적 측면의 서학 수용을 허가하였고, 도에 대한 불변의 입장은 신분질서의 고수로 표현되었다. 이러한 양면의 절충이 체용 범주의 균열을 초래했다는 것은 앞에서 살펴본 바대로이다. 이와 달리 담사동의 도기론은 도의 불변이 전제하고 있는 '영원성'과 '무조건성'을 폐기한 것이다.

담사동의 도기론은 바로 이행기라는 시대적 맥락에 놓여 있다. "기가 변했는데 어찌 도만 변하지 않을 수 있겠는가?"에서 그 '변하는' 상황은 바로 중국 근대의 상황이며, 그러한 절박한 의식은 직접적으로는 양무운동을 비판하는 데서 출발한다.

중국이 최근 수십 년 동안 서양을 제대로 배우는 일이 있기나 했는가? 혹은 사대부 중에 제대로 익히는 사람이 한 명이라도 있었는가? 만약 서양을 제대로 배웠다면 오늘날과 같은 일(청일전쟁 패배와 이후의 상황을 일컬음)은 없었을 것이다. 당신이 말한 서양을 배우는 일이란 단지 눈에 보이는 화륜선, 전깃줄, 기차, 총, 수뢰, 방적기 등 쇠를 제련한 여러 기계일 뿐이다. 법률, 제도, 정치의 면에서 잘 갖추고자 하는 것은 꿈에서도 보지 못했으니 당신이 말한 대로이다. 이런 식으로 서양을 배우는 일은 지엽적인 것에 불과할 뿐 근본적인 것이 될 수 없다.[106]

지엽적으로 흐를 수밖에 없는 양무파의 이론적 기초는 바로 도의 불변에 대한 의식과 거기에서 파생된 절충주의이다. 이에 비해 기체도용의 도기론은 변도의 결론을 내렸고, 그 변도의 주장은 바로 변법을 가능케 하는 이론적 기초가 된다. 그렇다면 도道와 법法은 어떤 관계가 있기에 그러한 것일까?

법이란 도가 흐려져서 변한 것이다. 하·은·주대의 유가 선비들은 도를 말할 때 언제나 구체적으로 다스리는 법을 함께 말했다. 한대에만 해도 이러한 방식이 지켜져서 노자·장자와 신불해·한비자가 함께 전하였고, 『염철론鹽鐵論』 같은 저작도 유가의 대열에 있었다. 도를 말하는 사람이 법에 의거해서 말하지 않고, 법을 단지 '거친 흔적'으로 여기고 정미한 핵심[道]을 법과 따로 구하게 되면서부터 도는 그것이 실현될 기器가 없게 되었다. 이러한 도는 진정한 도가 아니다.[107]

여기서 담사동은 법과 도의 연결성을 말하고 있다. 법이란 도가 흐려져서 변한 것으로, 그 진정한 의의는 도를 구현하는 구체적 장치라는 데 있다. 이러한 도와 법의 연결성은 물론 도와 기라는 본체론적 범주의 연결성에 의해 뒷받침된다. 이처럼 도와 법이 연결되어 있는 것이라고 할 때 변법의 주장은 필연적으로 변도의 주장과 맞물리게 되고, 그러한 기초 위에서 양무파의 수준을 뛰어넘는 개혁의 폭이 가능해진다. 그러면 변도에 의해 뒷받침되는 변법의 구조는 어떠한가?

생각해보니 지난해에 당신과 함께 시사 토론을 한 적이 있었는데, 그때 당신이 세상에 횡행하는 얄팍한 유가 선비들을 나무랐다. 이에 내가 발끈하여 정색하고 말하기를 "어찌 유가의 가르침이 쓸모없다고 질책하는가? 오늘날 쓰이고 있는 것이 다만 진정한 유가의 가르침이 아닐 따름이다"라고 했다. 그러자 당신은 참 맞는 말이라고 감탄했다. 그러므로 법이 바뀌어야 한다는 것은 고법古法이 바뀌어야 함을 의미하는 것이 아니라 오늘날의 법 중에서 잘못된 것이 옳은 것을 어지럽히고 거짓된 것이 참된 것을 어지럽히는 법을 바꾸어서 옛날의 이상적인 정신으로 점점 회복되어야 함을 의미하는 것이다. 고법 중에서 참고할 만

한 것은 육경인데, 그중에서도 가장 알찬 법은 『주례周禮』에 상
세하게 나타나 있다. 주공이 바로 『주례』로 세상을 평화롭게 하
고 사방의 오랑캐를 복속시켰던 것이다. … 주공이 법을 만들
어 시행한 것이 훌륭한 것임을 알아서 공자와 맹자가 평범한 사
람의 신분으로 세상을 바쁘게 돌아다니면서 주공의 법이 없어
지는 것을 막아보려고 하였으나 끝내 성공하지 못하였다. … 그
리하여 주공의 법은 진대에 이르러 깡그리 없어지게 되었다. 게
다가 진대 이후 오늘날까지 2,000여 년간은 날로 심해지는 과
정일 뿐이어서 이제는 한대·당대의 법조차도 멀어서 다가갈 수
없게 되었다. 그러니 주공의 법 중에서 털끝만큼이라도 회복
할 수 있겠는가? 오늘날 쓰는 법은 유가의 가르침이 아닐뿐더
러 2,000여 년 동안 쌓여온 폭압스러운 진대의 몹쓸 법으로 인
해 거의 법이라는 것이 없는 지경에 이른 것이다. … 하도 오랫
동안 묵어서 되돌이킬 수 없는 이러한 상황에서 하루아침에 되
돌이키고자 하는 것은 불가능한 일이다. 정전井田제도가 회복될
수 있겠는가? 분봉分封제도가 회복될 수 있겠는가? 세록世祿제
도가 회복될 수 있겠는가? 종법宗法제도가 회복될 수 있겠는가?
모든 법률, 제도, 문물이 없어져서 전하지 않으니 후세가 본받
을 수 없다. 앞에서 예로 든 몇 가지는 주공이 법을 수립한 기본
적인 바탕이 되는 것들인데 그것들 역시 돌이킬 수 없으니 나머
지는 말할 것도 없이 꽉 막혀서 시행하기 어려운 것이다. 그러
므로 그 기器가 없으면 그 도道가 없다고 하는 것이다. … 옛 법
이 다 끊어져서 계승할 수 없으니 주공이나 공자가 다시 나타나

도 오늘날의 법을 사용하여 옛날의 훌륭한 세상을 만들 수 없음은 뻔하다. 일곱 겹의 철갑을 빈 활로 뚫을 수 없고, 큰 나무를 맨손으로 벨 수 없는 것은 다름 아니라 그 기가 없으면 그 도가 없기 때문이다. 이런 상황에서 방관하지 않고 무언가 개혁해보려고 하자면, 그 형세가 서법西法을 도입해서 우리 중국의 고법古法이 없어진 바를 보충하지 않을 수 없다. 설령 서법이 고법만 못하다고 해도 2,000여 년 동안 쌓여온 폭압스러운 진대의 몹쓸 법으로 인해 거의 법이 없는 지경에 가까운 것보다는 나을 것이다. 하물며 서법이 넓고 세밀하여 빈틈없이 훌륭한 것이『주례』에 비교해보아도 자주 합치하니, 단지 공예의 측면으로『고공기』를 보충하는 것에 그치는 것이 아니다(한대에『주례』「동관冬官」을 일실해서『고공기』로 보충하였다고 한다).[108]

이 예문에서 드러난 바에 의하면 담사동 변법 사상을 구성하는 세 가지 축은 금법今法(오늘날의 법), 고법古法(옛날의 법), 서법西法(서양의 법)이다. 물론 여기서 법은 오늘날 법률의 의미가 아니라 광의의 문물제도를 총칭한다. 담사동은 변법파로서 그릇된 금법을 개혁해야 한다고 주장한다. 그런데 개혁 방향이 금법을 개혁해서 고법의 정신으로 회귀하자는 것이다. 그렇다면 고법을 되살리자는 뜻인가? 담사동은 자신의 도기론에 의거해서 그것은 불가능하다고 말한다. 세勢가 달라졌으므로 고법은 회복되어야 할 하나의 경지로서 존재할 뿐이지 현실적 대안은 서법에서 온다. 결국 담사동 변법론의 실내용은 서법의 전폭적 수용이다.

지금까지 살펴본 담사동 도기론의 핵심은 단적으로 말해 기체도용으로 요약되는 기器 중심의 세계관이라고 할 수 있다. 그것은 사회적 맥락에서는 규범성에 대한 현실성의 우위로 나타나며, 이행기라는 역사적 맥락에서는 변화를 적극적으로 소화해낼 수 있는 사상적 기초가 된다. 그러한 사상적 기초 위에서 성립한 개혁 사상이 바로 변법론이다. 변법론의 특징인 체제 개혁의 주장은 바로 기체도용의 도기론에서 연역된 결론인 변도의 현실적 내용이다. 그러면 이러한 변법파의 사상적 기초가 기존 질서에 어떤 비판을 가능케 했는지 살펴보자.

담사동 도기론의 기존 질서 비판

무술변법 시기 초미의 쟁점이 체제 개혁 여부였으니만큼 기존 질서를 상징하는 강상에 대한 입장은 양무파와 변법파 간의 차이를 가시화해주는 부분이다. 여기서는 먼저 강상에 대한 비판이 어떤 내용을 통해 이루어지고 있는지 살펴본 뒤 그 비판의 직접적인 논리를 분석해보자. 담사동이 이른바 명교名敎를 비판하며 외친 구호는 "그물을 찢어버려라![衝決綱羅]"[109]였다. 그러면 우선 어떤 식으로 강상의 그물을 해체해나갔는지 예문을 통해 살펴보자.

　　중국 진나라 이래의 상황을 보면 임금을 높이고 신하를 비천하게 여겨서 기氣가 전혀 소통되지 않는 꽉 막힌 지경에 이르렀다.

그래서 서로 간의 거리가 하늘과 땅 사이보다 멀다. 또 성씨 간의 나뉨, 족벌의 계통, 나이 든 사람과 어린 사람의 차이, 존귀한 사람과 천한 사람의 차이가 심해서 부자 형제지간의 행동거지가 즐겁게 이루어진 적이 없다.[110]

의심할 여지없이 임금은 온 천하를 주머니 속의 자기 재산처럼 생각하고 백성 보기를 개, 말, 흙 쓰레기같이 한다.[111]

아버지와 자식 간의 명분만큼은 하늘에서 정한 것이어서 모두 혀를 오그려 붙이고 그것에 대해 감히 왈가왈부하지 못했다. 그러나 하늘에서 정했다고 하는 진정한 뜻은 육체적인 측면에 있는 것이 아니라 영혼의 측면에 있는 것이다. 자식도 아버지도 모두 하늘의 자식이다. 아버지라는 것은 사람이 마음대로 할 수 있는 것이 아니다. 아버지와 자식 간의 진정한 관계는 평등한 것이다.[112]

남자를 중시하고 여자를 경시하는 것은 극도로 폭압적이고 이치에 맞지 않는 것이다. 남자들은 첩들을 줄줄이 끼고 제멋대로 음란을 즐기면서 아무런 거리낌도 없다. 이에 반해 여자는 한 번만 음란한 짓을 해도 죽여버린다. 이러한 사고방식이 폐해를 거듭해서 급기야는 어린 여자 아기를 물에 빠뜨려 죽이는 풍습까지 생겼으니, 이런 짓은 벌·개미 같은 곤충이나 승냥이·호랑이 같은 짐승도 차마 하지 않는다.[113]

애당초 서로 원하지도 않는데 아무런 상관도 없는 사람을 억지로 맺어주어서 부부로 삼는다. 도대체 뭘 믿고 편벽된 권리를 남용해서 서로를 고생시키는가? 다름 아니라 삼강의 명목으로 그렇게 괴롭힐 수 있는 것이다.[114]

이와 같은 담사동의 강상 윤리에 대한 비판은 그의 저작 여러 곳에서 찾아볼 수 있다. 양무파인 장지동이 옹호하려 했던 강상 윤리를 변법파인 담사동은 왜 그토록 비판하려 드는 것일까? "지금 나라 안팎에서 변법을 운용하는데 오륜이 변하지 않는 한 모든 훌륭한 원칙도 실천할 터전이 없게 된다. 하물며 삼강이야 말할 나위도 없다"[115]는 데서 알 수 있듯이 강상의 개혁은 변법을 양무운동과 구별 짓는 요소이자 여타의 개혁들이 가능하게끔 하는 토대가 된다. 이러한 담사동의 주장의 기저에는 강상이 개별적인 윤리 관계에 그치는 것이 아니라 군주를 정점으로 하는 포괄적 정치질서의 일부분이라는 판단이 깔려 있다. 따라서 담사동의 강상 비판은 군주제에 대한 비판으로 집중되게 된다.

저 임금이라는 자는 삼강 위에 군림한다.[116]

온 백성에게 따돌림을 받는 백성의 적인 임금이 삼강의 명名을 즐기는 까닭은 일체의 형법제도를 그것에 근거해서 자기 편리한 대로 할 수 있기 때문이다.[117]

임금과 신하 간의 윤리의 폐해가 심해지면 그에 따라서 아버지와 자식 간, 남편과 아내 간의 윤리도 명名과 권세로써 상대편을 지배하는 것을 당연시하게 된다.[118]

2,000년 동안 특히 임금과 신하 간의 윤리가 폐단이 심했다. 그래서 사람의 도리라고는 도대체 없었다. 그런 상태로 오늘날에 이르게 되니 그 정도가 더욱 심해졌다. 임금도 눈, 귀, 손, 발 달린 것은 똑같다. 임금이라고 해서 머리가 두 개 달리고 눈이 네 개여서 보통 사람들보다 능력이 월등한 것이 아니다. 그런데 무엇을 믿고 4억 민중을 학대한단 말인가? 그것은 다름 아니라 삼강오륜이라는 글자에 힘입어서 사람들의 몸과 마음을 지배할 수 있는 것이다.[119]

처음에는 임금이니 신하니 하는 구별이 없었고 모두 똑같은 백성이었다. 사람들이 서로 다스릴 수 없고, 또 다스릴 여유도 없어서 이에 뜻을 모아 한 백성을 뽑아서 임금으로 삼았다. 뜻을 모아서 임금을 세웠으니 임금이 백성을 선택한 것이 아니라 백성이 임금을 선택한 것이다. 따라서 상하 간의 구별도 멀리 떨어져 있지 않아서 그 역시 백성이기는 매한가지였다. 그리고 백성이 있고 난 다음에 임금이 생긴 것이니 임금은 말단적인 것이고 백성이 근본적인 것이다. 세상에 말단적인 것 때문에 근본적인 것이 피해를 당해서는 안 되는 법인데, 어째서 임금 때문에 백성이 피해를 당한단 말인가? 뜻을 모아 임금을 세운 것이니 뜻을 모아 임금을 없애버릴 수도 있는 것이다. 임금이란 백성을 위해서 일을 관장하는 사람이고, 신하는 그 일을 돕는 사람이며, 세금을 걷는 것은 그 일을 하기 위한 경제적 바탕을 마련하기 위해서이다. 이처럼 일이 제대로 이루어지지 못할 때는 그 관장하는 사람을 바꾸는 것이 합당하다.[120]

이러한 비판은 무조건적으로 신성시되어온 군주를 일정한 조건의 산물로 간주함으로써 그 신성성을 해체하는 작업이라고 할 수 있다. 따라서 주희의 "어떤 일이 있기 전에 그 이치가 먼저 존재한다. 마치 임금과 신하가 있기 전에 임금과 신하 간의 이치가 먼저 존재하는 것과 같다"[121]와 같은 기존 도학자들의 군주제 수용과는 현격한 차이가 있다. 담사동에게 군주는 영원히 그 존엄이 보장되고 무조건적으로 군림할 수 있는 것이 아니라 "역사적인 조건이 형성해낸" 산물일 뿐이다. 이러한 군주제에 대한 비판은 자연히 목전의 지배자인 청조에 대한 비판으로 이어진다.

눈과 귀를 틀어막고, 손과 발에 차꼬를 채우고, 그 생각을 억누르고, 이익이 생기는 근원을 끊어버리고, 생계를 어렵게 하고, 지혜를 막아버리고, 번잡한 허례의식으로 사기를 꺾고, 선비의 재능을 위축시켰다. 그리고 저술 활동을 금해서 언론의 자유를 억압하는 등 언론 탄압이 극심했다. 게다가 이 땅에서 숭배하는 공자의 가르침을 멋대로 꾸미고 견강부회해서 사람들을 멍청하게 만들었다.[122]

홍수전洪秀全과 양수청楊秀淸이 이끄는 태평천국의 무리들은 임금과 관리들에게 괴로움을 당하다 못해 위험한 길로 뛰어든 것이니 그 심정은 진실로 불쌍히 여길 만하다.[123]

이러한 청조에 대한 비판은 청조의 대관료였던 장지동이 『권학편』에서 청조에 대한 극찬을 아끼지 않았던 점과 대조를 이룬다. 담사동의 군주제 비판은 그 방식이나 강도에서 유례없는 수준이었지만, 도기론이 도 자체를 부정하려는 것이 아니었듯 군주제 및 강상에 대한 비판도 윤리 그 자체를 부정하고자 한 것은 아니었다.

윤리라는 것은 자연의 이치가 끊임없이 이루어지고 사람의 이치가 보존될 수 있게끔 하는 것이며, 위아래 사람·주위 사람·친하고 친하지 않은 사람이 서로 관계를 맺게끔 하는 것이다. 따라서 깡그리 없앨 수 없는 것이며, 잠시라도 없을 수 없는 것이며, 한 사람도 무관할 수 없는 것이다.[124]

그렇다면 강상 윤리를 대신할 수 있는 윤리의 모습은 어떤 것인가? 그것은 오륜 중 붕우 관계에 대한 담사동의 견해에서 실마리를 찾을 수 있다.

오륜 중에서 사람이 살아가는 데 아무런 해가 없이 유익한 점만 있는 것, 정말로 털끝만큼의 고통도 없고 오직 물처럼 담박한 즐거움만 있는 것은 친구 관계뿐이다. 단지 친구를 사귐에 마구 사귀는 것이 아니라 골라 사귀는 것에 주의하면 된다. 그러면 왜 친구 관계만 이러한가? 첫째는 평등하기 때문이요, 둘째는 자유롭기 때문이요, 셋째는 제한하거나 계속 발전시켜나가거나 모두 자기 뜻대로 할 수 있기 때문이다. 총괄적으로 말하자면 자주自主의 권리를 잃지 않기 때문이다.[125]

친구 관계는 나머지 네 가지 윤리보다 귀할 뿐 아니라 그 네 가지 윤리의 중추가 된다. 나머지 네 가지 윤리를 친구 관계의 도리로 다 관철해낸다면 그 네 가지 윤리는 없어질 것이다. 이 말은 결코 터무니없는 얘기가 아니다.[126]

민주, 군민공주君民共主(입헌 군주제) 같은 것이야말로 윤리 중에서 매우 공정한 것이 아니겠는가?[127]

오늘날 사람들에게는 친숙한 이러한 주장들은 담사동 생전에 실현되지 못했다. 주지하다시피 무술변법은 실패하였고, 그 결과 담사동은 처형당했다. 1898년 무술변법이 실패하자 사람들은 이른바 개혁이라는 것에 점점 더 참을 수 없게 되었고, 개혁 대신에 쑨원의 공화혁명과 마르크스주의의 사상이 더 그럴싸하다고 느끼게 되었다. 쑨원이나 마르크스주의자나 모두 인민 전체에 의한 정부가 군주정을 대체해야 한다고 주장하였다.

마오쩌둥주의

마오쩌둥毛澤東(1893~1976)과 그의 동지들은 마르크스주의가 중국 사회의 기존 구조의 많은 부분을 바꾸리라고 믿는 동시에 중국 환경에 맞도록 마르크스주의를 변화시켜야 한다고 믿었다. 다시 말해 서양에서 수입된 비전과 중국 현실을 화해시켜야 한다고 본 점에서는 마오쩌둥도 그의 선배 개혁가들과 다르지 않았던 셈이다. 인간의 사회적 존재 여건이 인간의 의식을 결정한다고 한 마르크스의 주장에 반하여 마오쩌둥은 강한 의지를 가진 농민들이 사회적 존재 여건과 미래를 결정할 수 있다고 주장하였다. 마오쩌둥의 자발주의는 고전적인 마르크스주의와 두 가지 측면에서 크게 다르다.

첫째, 인간 사회가 물질적인 조건에 의해 정의되는 역사적 단계에 따라 진화한다고 본 사적 유물론을 수정한 것이다. 둘째, 프롤레타리아 계급이 사회를 진보시키기 위한 투쟁을 수행하기 위해 반드시 자본주의 단계를 거칠 필요는 없다고 보았다. 마오쩌둥이 마르크스주의를 재해석한 바에 따르면, 올바른 정신을 가진 중국 농민들은 역사적 단계를 거쳐서 진행되는 사회 발전의 흐름을 극적으로 단축할 수 있다. 즉, 아직 자본주의 사회에도 이르지 못하고 있다는 발전 단계상의 후진성을 극복하고, 중국이 세계 어느 나라에도 뒤지지 않는 사회주의 유토피아로 비약할 수 있다는 것이다.

이런 식으로 보면, 서양 제국주의 세력과 중국의 만남도 좀

| **마오쩌둥** | 마오쩌둥은 마르크스주의를 중국 환경에 맞게 변화시켜야 한다고 주장했는데, 이는 서양에서 수입된 비전과 중국 현실을 화해시켜야 한다고 본 앞선 개혁가들과 크게 다르지 않았다. 그는 1931년부터 중국공산당의 지도적 역할을 맡았다. 사진은 1938년 항일군정대학 정문 앞에 선 마오쩌둥의 모습이다.

더 섬세하게 해석될 수 있다. 특히 19세기 말에서 20세기로 넘어가는 시기를 (서양화된 일본을 포함한) 대체로 서양에 대한 중국의 반응이라고 간주한 페어뱅크적 해석틀the Fairbankian framework을 재고할 수 있게 된다. 페어뱅크적 해석틀은 기본적으로 중국은 정적이고 서양은 동적이라는 이분법적 전제에 기초해 있다. 따라서 페이뱅크식 역사서술에 따르면, 19세기에서 20세기로 넘어가는 시기의 지적인 긴장 역시 스스로 변화할 수 없는 보수파들과 외적 충격을 맞아 중국을 변화시키려는 개혁가들 간의 이분법적 긴장이었다. 실제로 그러한 긴장이 존재한 것은 사실이지만, 이것만으로는 당시 중국의 개혁가들을 추동한 원동력과 다양성을 충분히 설명할 수 없다.

지금까지 쟁점이 되어온 '중화' 관념을 염두에 둔다면 보다 다양한 반응을 판별할 수 있게 된다. 어떤 사람들은 전통적인 중화-이적의 구분을 그대로 유지한 채 서양을 이적으로 간주하고자 하였다. 또 어떤 사람들은 한족의 중국을 중화 그 자체로 간주하고, 만주족이든 일본이든 서양이든 할 것 없이 다른 모든 것에 반대하여 한족을 진정한 중국문화의 보유자로서 재생산하고자 하였다.

일찍이 해외에서 공부한 사람들은 중화와 이적의 이분법 자체를 폐기하고, 서양의 이미지에 맞추어 새로운 중국을 만들기를 원하였다. 중국의 정체성이라는 명목하에 서양의 사상을 포괄하고 싶었던 이들은 중국의 정체성을 재발명하고자 할 수도 있었다. 중국이 누린다고 상상해온 '중화'의 위치와 달갑지 않은 현실의 간극을 견딜 수 없되, 그럼에도 불구하고 중화와 이적의 구분을 유지하고자 하는 이들은 외국을 또 다른 '중화'라고 여길 수도 있었다.[128]

요약하자면, '중화' 관념을 매개변수intervening variable로 간주할 가치가 있다는 것이다. 자기 충족적 예언self-fulfilling prophecy으로서 '중화'는 중국 지식인들이 어떤 식으로든 새로운 질서를 찾아나가는 데 원동력으로 작용하였다. 중화 관념은 우리로 하여금 중국 고유의 사회를 서양에 의해 모든 것이 변화되어야 할 불활성의 존재가 아니라, 자신이 나아가야 할 방향에 대한 나름의 강력한 내적 감각을 가진 동적인 존재로 볼 수 있게 해준다. 이렇게 보았을 때 20세기에 전개된 중국 지성사는 서양에 대한 단순한

반응의 역사가 아니라 중국을 고유한 역사, 성격, 운명을 가진 존
재로 간주했던 중국 지식인들의 동적인 노력이 경주된 역사라 할
수 있다.

11

보다 넓은 맥락에서의 중국

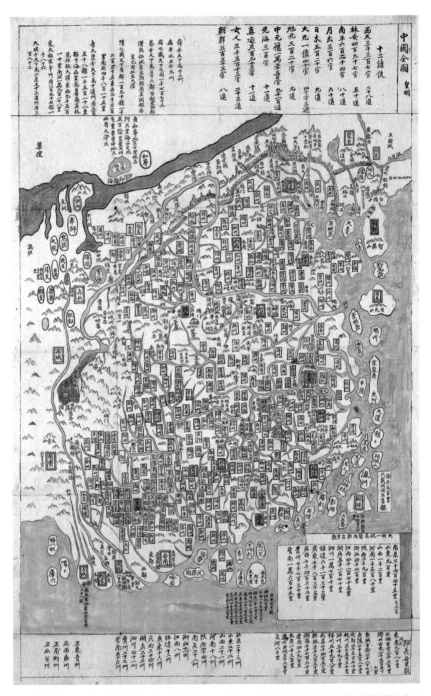

| 〈중국전도〉 | 19세기 전반에 조선에서 제작된 중국 지도로, 당시의 청나라가 아닌 명나라의 영토가 그려져 있다. 이는 만주족이 세운 청나라를 중국으로 인정하지 않고 오히려 임진왜란 때 조선을 도와준 명을 존숭하는 대명 의리의 입장이 반영된 것으로 볼 수 있다. 68.0×44.7cm, 서울역사박물관 소장.

중국의 정치사를 관통하는 단일한 이데올로기를 찾는 데 열심인 사람은 그 이데올로기에 조응하는 단일한 통일 중국이 꾸준히 존재해왔다고 믿기 쉽다. 구체적인 항목에서야 이견이 있을 수 있지만, (중국어로 저술하는) 많은 학자는 진나라 이래 중국은 다민족을 성공적으로 통합해온 전제주의적, 독재적 혹은 강력한 국가 (전제국가)였다고 생각해왔다.[1] 오랜 중국 역사를 관통하는 공통된 특징이 '전제국가'라고 생각하고, 그 점에서 중국을 다른 세계 여러 나라와 대비하기를 즐기는 것은 중국 학자들만이 아니다. 전제국가론은 중국 정치를 설명하려는 서양의 사회과학자들이 20세기 거의 내내 지지해온 마스터 내러티브master narrative이기도 했다. 그뿐 아니라 전제국가론은 중국에 대한 대중적인 이해의 핵심을 이루고 있기도 하다.

　이 책 전반에 걸쳐 나는 동질적으로 통일된, 단일한, 전제주의적 중국이라는 관념을 의문시하고, 중국정치사상을 그러한 중국을 꾸준히 지탱해온 이데올로기로 간주하는 본질주의적인 입장에 반대해왔다. 그러한 본질주의적 입장을 지탱하는 지리, 민족, 문화, 사상 간의 연결고리를 문제 삼기 위해서는 역사적인 관점을 채택해야 한다. 그래야 정치체로서의 중국이라는 사안과 변화하는 정체성이라는 사안을 분리할 수 있다. 역사적 관점에서 보면, 중국의 정치체 및 그 사상적 기초를 지탱해온 통일성이란 분절되고 갈등하는 다양한 요소 간의 깨지기 쉬운 복합적인 균형 상태이다.

명시적으로 역사적인 관점을 천명하는 이 책은, 통일성이란 그처럼 아슬아슬한 균형 상태에 불과하다는 점을 충분히 의식하면서 중국정치사상을 기술하고자 하였다. 그러한 관점에 따르면, 중국정치사상의 역사는 중국문화의 본질이 전개된 과정이 아니라, 변화하는 외부 환경의 제약과 기회에 대한 일련의 창의적인 반응이 누적된 전통이다. 나처럼 생각하는 학자들에게는, 전통이란 살아 있는 것이기에 일단 흥미로운 대상이다. 즉, 중국정치사상이 현대의 문제에 대해 어떤 적실성을 띤 나머지 그 사상의 내용이 전술 지구적 함의를 가지게끔 되어 흥미롭다기보다는, 그 사상의 담지자들이 그 전통 '안'에서 계속 의미를 창조하고 실현하기에 흥미로운 것이다.

이 장의 목적은 조기 근대에서 현대에 이르는 동안의 중국정체성과 그것이 정치사상과 맺는 관계를 조감하는 것이다. 앞으로 살펴보겠지만, 전근대 제국에서 현대의 민족국가를 거쳐 현재의 중국 정치체에 이르기까지 변천 과정은 녹록지 않았다. 정치 행위자와 사상가 들은 자신의 정체성을 만들어가기 위해 수많은 고려와 타협을 해야 했고, 중국은 자신보다 훨씬 큰 세계와 관계를 맺기 위해 분투했다. 다시 말해 중국 정체성은 여전히 근현대 중국정치사상을 탐구하는 이들이 다루어야만 하는 근본 질문에 해당한다.

조기 근대 동아시아: 쟁점화된 중심성

17세기 중반에서 20세기 초반 사이에는 대청 제국이 주변국들 상당수에 종주권을 주장하고, 그 주변국들을 '조공무역' 관계 및 유럽의 팽창 이전에 존재했던 여타 문화적·정치적 상호 관계 양식을 통해 묶었다. 그렇다고 해서 청나라의 중심성이 쟁점화되지 않았다는 것은 아니다. 청나라의 중심성은 우리가 한때 가정해온 것보다 훨씬 더 복합적인 방식으로, 그리고 훨씬 더 심각하게 쟁점화되었다. 청나라는 이전에 존재했던 왕조국가들이나 앞으로 출현할 현대 중국과는 질적으로 달랐다. 이 쟁점화된 중심성은 심오하고 불가피하게 오늘날 '중국'이라고 알고 있는 정치체의 기본 조건을 창출할 것이었다. 청나라가 강한 군사력을 보유하고 있었던 것은 사실이지만, 청나라의 문화적 중심성은 적어도 보편성이라는 차원에서는 분명히 쟁점화되었다.

'중화'의 상징이 어떻게 쟁점화되었는지를 좀 더 자세히 살피기 위해서는 중국 민족사라는 틀에 갇히지 말아야 한다. 특히 다른 동아시아 나라들에서 유통된 중화 담론은 중국성이라는 이슈에 대한 새로운 시각을 제공한다. 그 시각에 따르면, 중국성이란 특정 나라에만 귀속된 담론 영역이 아니다. 이 장에서는 생각보다 광대한 이 중화의 역사를 살펴보겠다.

중화의 상징을 만주족이 전유한 사실은 중국 내에서뿐 아니라 그 외 지역에서도 국가 정체성에 관하여 심오한 반향을 낳았다. 조선 왕조가 좋은 예이다. 조선은 한족 중심의 명나라를 축으로 한 세계질서를 누구보다 적극적으로 받아들였다. 조선 지식인 대다수는 문화적으로나 정치적으로나 명나라를 존중해오다가 1644년 청나라가 명나라를 대체하자 커다란 지적 곤경에 빠졌다. 그들에게 명·청 교체는 그저 또 하나의 왕조 변화나 동아시아 국제 정치 차원의 권력 재조정에 불과한 일이 아니었다. 문명의 중심을 다른 사람들도 아닌 '야만족'이 정복했다는 점에서, 그것은 세계관의 근본적인 변화를 초래하는 것이었다. 이 상황에 대한 조선 지식인들의 반응은 중국성에 대한 혁신적인 관점을 제공한다.

정확히 무엇이 변화했는가? 청나라 패권은 많은 것을 바꾸었다. 그중에서도 기존 한·중 관계를 정의하던 '중원 중심주의'에 깃든 한족 중심주의를 뒤흔들었다. 조선이 이 새로운 세계질서에서 이탈하면 그만이라고 생각할 수도 있겠으나, 조선에는 그런 선택지가 없었다. 막강한 군사력을 가진 청나라가 그런 종류의 저항을 용납할 리 없다. 그뿐 아니다. 조선이 당시에 처한 딜레마를 깊이 이해하기 위해서는 화華/이夷 개념이 가진 거래적이고 쌍무적인 성격을 고려할 필요가 있다. 중국 왕조들과 이웃 나라들이 조공 관계를 제도화할 때 관건은 위계적이면서도 상호 인정을 요구하는 관계를 수립하는 일이었다. 조공 사절을 수행한 예식이 그러한 점을 대변해주고 있었다. 헤겔의 주인-노예 변증법에 나오는 '인정recognition, Anerkennung' 개념을 빌려 말하자면, 자신의 정체성을 유지하기 위해서는 강자조차도 약자의 인정을 필요로 한다.

동아시아의 국제 관계 맥락에서, 이른바 변방 오랑캐의 나라가 중국을 상국上國으로 인정할 때는, 그 오랑캐 나라가 중국의 중심성을 긍정하고 인정하는 것이다. 중국 왕조는 중국 왕조대로 자신의 정체성과 자기 이해를 유지하기 위해 그 인정을 상당수의 이웃 나라에 요구하였다. 사정이 이렇다고 할 때, 조선이 오랑캐, 즉 이夷 역할을 포기하기를 원한다고 해도 그렇게 할 수 없다. 청나라는 중화로서의 자기 정체성을 유지하고자 하는 열망으로 인해 그 포기를 받아들일 수 없기 때문이다. 동시에 조선은 조선대로 청나라를 오랑캐로 간주하는 과거의 '중화' 개념을 쉽게 떨쳐버릴 수 없다. (명나라와 동일시되어온) 중화에 대한 충성은 건국 초기부터 조선의 국가 정체성의 핵심을 이루고 있었기 때문이다.

이와 같은 어려움에도 불구하고, 청나라는 공식적 외교 관계에서 더 이상 오랑캐가 아니고 엄연한 중화였다. 조선이 청나라에 비해 군사적으로 훨씬 약했기 때문에 조선 지식인들은 자신들이 처한 조공국의 지위를 물리적으로 재정의할 수 없었다. 조선은 이제 만주족 통치자에 관한 한, 중화의 일부도 아니고 이적의 일부도 아닌 '림보limbo(불확실한 상태)'에 처한 것이다. 조선 지식인들은 다음과 같은 질문에 직면했다.

"문명과 야만의 경계를 어떻게 재정의해야 하는가?" 이 질문은 우리가 다루어온 중국성이라는 이슈와 깊은 관계가 있다. 조선 후기 엘리트들은 결국 중국성에 대한 새로운 아이디어를 창출하고, 그 속에서 자신의 정체성을 만들었다. 이것이 이른바 소중화 이데올로기the 'little China' ideology 혹은 조선 중화주의라고 지칭되어온 것이다.[2]

조선 중화주의 담론

조선 중화주의는 명나라의 쇠망 이래 '중화中華'가 조선으로 계승되었다는, 조선 후기 일부 지식인들 사이에 풍미하였던 신념이다.[3] 이러한 신념이 조선 후기에 존재했다는 것은 일찍이 알려졌으나 그에 대한 해석의 역사는 한국사학계의 통사적 궤적과 거의 함께한다. 식민사학에 의해 조선 중화주의는 한국 역사에 깃든 사대주의, 타율성, 정체성停滯性을 상징하는 현상으로 지목되었다. 이후 한국사학계가 식민사학을 극복하고자 하는 노력을 경주하는 과정에서 조선 중화주의 역시 새삼 긍정적으로 재해석되었다. 그런데 근년에 이르러 그러한 긍정적 해석에 근본적인 문제 제기를 하는 움직임이 일면서 조선 중화주의는 새로운 해석상의 도전에 직면하게 됨에 따라 다양한 모색이 이루어지게 되었다.

주지하다시피 식민사학을 극복하고자 한 한국사학계의 노력은 전방위적으로 이루어져왔다. 이를테면 식민사학에 의해 망국의 원인으로 지목되어온 당쟁은 이른바 붕당정치로 재해석되었고,[4] 정체된 경제사는 자본주의 맹아론으로 대치되었다.[5] 중국 주자학의 모방에 불과한 것으로 치부되었던 조선 성리학은 중국 주자학보다 더 심화된 철학적 사유로서 재음미되었다.[6] 모화慕華주의로 폄하되었던 존명尊明의식 및 그에 연루된 사유 역시 오히려 민족의 자존을 나타내는 현상으로 재해석되었다.[7] 정옥자 등 이러한 흐름을 주도한 한국사학자들에 따르면, 조선 중화주의의 특색은 "조선이 변방의식을 완전히 탈피하고 조선 문화가 최고라는 조선 제일의식과 자존의식을 가능케 하여 조선 고유문화 창달의 원동력이" 된 데 있다.[8]

이와 같은 조선 중화주의에 대한 논란은 근년에 이르러 다음 세대 학자들에 의해 심화 및 확장되고, 때로는 근본적인 문제 제기가 이루어졌다. 조선 중화주의가 갖는 다양한 양상을 재구성하고자 하는 미시적인 연구들은 물론,[9] 쟁점을 보다 첨예하게 내세운 해석상의 논쟁도 벌어지게 되었다.[10] 계승범은 "조선 중화 사조에 대해 문화적 자부심이라거나 '주체적'이라는 단어를 써서 설명하는 추세에는 적지 않은 문제가 있다"고 생각한다.[11] 그가 보기에, "조선 중화주의는 지극히 방어적인, 그래서 당시 청淸 질서에 완전히 들어와 있던 조선의 현실을 상당 부분 배제한 상태에서 관념 세계에 구축한 이데올로기"이다.[12]

그와 같이 현실과 유리된 이데올로기를 통해 지배층은 왕조의 지배질서를 유지하였고, 아래로부터의 사회 변동과 개혁 요구를 억압하였다.[13] 조선 후기의 (일부) 지배층은 자신의 정치적 이해관계를 추구하기 위해 그처럼 국제 정치 현실에 눈감고 관념에 탐닉하였으므로, 결국 조선 패망이라는 파멸적 결과를 가져왔다. 요컨대 기존의 많은 학자가 조선 후기에 조선 중화주의를 통해 근대 민족국가의 전조가 될 만한 자주성이나 주체성을 기대한 데 비해, 계승범은 바로 그러한 자주성이나 주체성을 정면으로 부정한다.

어찌 보면 이러한 계승범의 입장은 1920년대에 이미 조선 중화주의에 대해 "심장도 창자도 없는 지나支那 사상의 노예"라고 일갈한 권덕규나 조선 중화주의의 사대성과 정체성을 강조한 식민사학자들과 그 결론이 상통하는 것으로 보일 수도 있다.[14] 실제로 계승범의 『정지된 시간』은 명시적으로 조선 후기의 역사가 '정체'되었음을 지시하고 있으며, 조선 중화주의의 타율성에 대한 비판으로 가득 차 있다. 그래서 계승범에 찬동하지 않는 일부 학자가 보기에 계승범의 입론은 "식민지 시기 이래 전통적인 유교망국론의 계승이자 정체성론의 재판에 불과하다."[15] 그렇다고 해서 권덕규, 식민사학, 계승범의 입론이 모두 같은 의도를 가지고 있다고 볼 수는 없다. 식민사학자들과는 달리 계승범은 자신이 조선 중화주의가 가진 타율성과 정체성을 비판하는 이유는 한국 스스로가 평화통일의 과제를 수행하고 보다 발전된 역사를 가져야 한다는 전향적 희망 때문임을 피력하고 있다.[16]

한편, 우경섭은 기존의 조선 중화주의 옹호론자들과 궤를 같이하되, 보다 정교한 견해를 제출하였다. "중화주의자와 민족주의자의 계승 관계를 설정하는 것이 불가능하다고 생각하지 않으며, 중화주의자들로부터 근대적 민족주의의 원류를 찾아보려 한 선학들의 문제의식을 충분히 이해한다. 그러나 그 정체성을 단언하자면 그들은 중화주의자였지 민족주의자는 아니었다고 생각한다"고 말한다.[17] 즉, 우경섭은 민족주의의 원류를 조선 중화주의에서 찾는 시도의 타당성을 부정하지는 않되, 완전한 형태의 민족주의 혹은 자국의식은 20세기 초반까지 유보하자고 제안한다. 그리고 기존 조선 중화주의 입장에서 계승범의 주장 대부분을 부정한다. 우경섭은 계승범처럼 조선 중화주의에 대해 사대적, 타율적, 비현실적, 정체적이라고 비판하는 대신 조선 중화주의가 담고 있는 "근원적인 고민, 즉 보편적 도덕법칙에 대한 동아시아 유학의 오랜 고민의" "지고지선한" "가치적 지향"을 이해해보자고 제안한다.[18]

이러한 우경섭의 입장은 조선 중화주의를 옹호한 기존 학자들에 비해 더 정교한 입론을 제시하고 있지만, 그 지향에 관한 한 최완수, 정옥자 등과 상통한다. 특히 흥미로운 것은 조선 중화주의의 평가에서 계승범과 대척점에 서 있다고 할 수 있는 정옥자와 우경섭이 조선 중화주의 연구 의의에 관한 한 계승범과 견해를 같이하고 있다는 사실이다. 그들은 모두 조선 중화주의를 환기하는 이유가 한국이 평화통일의 과제를 수행하고 보다 발전된 역사를 가져야 한다는 희망에 있다고 말한다. "조선 후기 사회에서 획득하였던 문화 중심국으로서의 위상과 그 이론적 근거였던 조선 중화주의는 상호 쟁투하는 제국주의를 극복하고 상호 평화 공존하는 새로운 세계질서 형성에 유효한 논리적 근거를 제시해주고 있다. 이를 통한 민족 정체성의 회복은 남북통일의 기초가 될 것이며 국제적 평화 공존 논리를 개발하는 데 밑거름이 될 것이다."[19] 이러한 정옥자의 입장에 대하여 우경섭은 "20세기 초반 이래 한국사 해석의 기본 관점이었던 공리주의와 부국강병의 논리를 청산하고 역사 해석에 도덕의 문제의식이 개입할 가능성을 열"고, "지난 1백년간 한국 사회가 추구했던 '근대화(세계화)'의 열풍 속에서 기형적 형상으로 내면화되었던 자화상을 극복하고, 평화 공존의 세계질서를 지향해야 할 현실적 과제를 제시했다"고 그 의미를 평가한다.[20]

중화의 국적성과 종족성에 대한 기존 입장

계승범과 우경섭의 논쟁은 '중화'의 성격에 대해 새삼 명료히 할 필요성을 제기했다는 데 큰 의의가 있다. 논쟁 과정에서 계승범과 우경섭이 가장 큰 차이를 보였던 것은 '중화'에 구체적인 국적성과 종족성을 부여할 것이냐 여부였다. 이 국적성과 종족성 사안은 조선 중화주의의 제반 특질을 판단하는 데 관건을 이룬다 (조선 중화주의 논쟁 당사자들이 '민족' 대신 '종족'이라는 용어를 사용하고 있으므로 이 논쟁의 맥락에 국한해서 '민족' 대신 '종족'이라는 용어를 사용한다). 중화가 명나라라는 특정 국가 혹은 한족이라는 특정 종족에 연루된 것일 경우, 조선 중화주의는 특정한 타 국가 혹은 타 종족의 권위에 타율적으로 의존하는 사례가 된다. 그렇지 않고, 중화가 초超국적/초종족적인 것일 경우 조선 중화주의는 그러한 타율성의 혐의를 벗게 된다.

중화의 종족성/국적성에 담겨 있는 정치적 함의를 잘 알고 있는 계승범은 이렇게 말한다.

> 일부 학자들이 말하듯이 그런 사조의 성격을 자부심이라거나 자주적·주체적이라는 말로 규정할 수 있을까? 이에 대해서는 회의적인데, 조선 중화의 기저에 명明에 대한 의리감과 주周에 대한 모화의식이 강하게 깔려 있었기 때문이다. 다른 말로, 그 자부심은 조선의 문명을 한족의 중화 문명과 동일시함으로써 발생한 자부심이었다.[21]

계승범은 중화를 논할 때 그것이 곧 '한족' 혹은 '명나라'의 중화 문명임을 거듭 밝힘으로써 그 문명과 동일시해서 갖게 되는 심리적 기제는 결코 자주적·주체적일 수 없음을 분명히 한다. 그런데 조선 중화주의를 타율적인 것으로 만드는 그 타자, 즉 명나라는 이제 멸망하고 존재하지 않는다는 데 문제가 있다. 이미 멸망한 대상에 의지한다는 것이 얼마나 '현실적이고 구체적으로' 타율적인 일이 될 수 있을까? 계승범은 이렇게 말한다.

조선 중화주의는 … 중화의 3대 기준 중에서 종족과 지리를 포
기한 채 문화에만 근거한, 그래서 '축소된' 중화의식이었다. 조
선이 중화 문명을 계승했다거나 중화 문명의 정통이 조선으로
이동했다고 말하는 순간, 종족과 지리는 자동적으로 탈각되기
때문이다. 따라서 이때의 중화론은 태생적으로 현실 정세를 부
정하면서 사변적·방어적으로 흐를 수밖에 없었다.[22]

즉, 조선 중화주의는 한족/명나라의 중화 문명을 동일시했다
는 점에서 타율적이라는 특징을 갖게 되는데, 한족/명나라가 멸
망한 조건 속에서 그러한 동일시가 이루어지므로 '사변적' 혹은
'비현실적'이라는 특징을 추가로 갖게 된다는 것이다. 타율성이
작동하는 영역이 '현실적이거나 구체적인' 차원이 아니라면, 그
타율성은 흔히 생각할 수 있는 타율성과는 다른 것이 아닐까? 혹
시 그것은 '현실적이거나 구체적인' 차원에서 작동하는 타율성에
비해 좀 더 심도 있는 이해를 요청하는 어떤 것이 아닐까? 그런
데 계승범은 그 '사변적' 혹은 '비현실적'이라는 특징을 조선 중화
주의의 부정적 성격을 심화하는 '정신분열적'[23]인 양상으로 간주
하는 듯하다.

계승범이 보기에 중화를 이루는 이른바 3요소 중에서[24] (실제
국가/종족이 정치적으로 쇠망한 상태이므로) 문화만을 고려한다는
것은 매우 이상한 현상이다.[25] 그것을 이상한 현상으로 여긴다는
것은 곧 '중화'의 본래적이고 정상적인 모습은 이른바 문화, 종족
성, 국적성이 긴밀하게 결부된 상태라는 계승범의 믿음에 기초해

있다. 그러한 믿음의 타당성을 주장하고자 할 때 그는 주로 한족 출신의 사상가들이 제출한 사료와 언명을 활용한다.[26] 그리고 그 한족 출신의 '유현儒賢'들이 중화의 국적성과 종족성을 부인할 때 조차 계승범은 종족성과 국적성을 포기하지 않는다. "중국의 유 현들이 비록 이론상으로는 이적을 교화가 가능한 같은 인간으로 인정했을지라도, 상황에 따라서는 그런 철학적 논변보다는 종족 기준을 더 (적어도 그에 못지않게) 중시했던 것이다."[27]

계승범에 반대하는 우경섭은, 논란의 핵심이 중화의 국적성 과 종족성 여부에 달려 있음을 알고 이렇게 말한다.

필자가 보기에, 조선 중화주의를 사대주의로 해석하는 주장들 의 가장 큰 문제점은 조선의 중화주의자들이 내세웠던 존주尊周 의 이념을 존명尊明과 같은 의미로 해석하는 데서 기인한다. 즉, '관념적 중화'로서의 명과 역사적 실체로서의 명을 구분해 인식 할 필요가 있다는 말이다. 앞서 언급했던 바와 같이 조선 지식 인들이 믿고자 했던 중화란 혈통과 왕조를 초월해 존재하는 문 화적 진리, 즉 도道의 담지자를 의미했다. 도라는 개념으로 집약 되는 중화의 본질은 한족의 정통 왕조라고 해서 태생적으로 소 유할 수 있는 것은 아니었다. 이러한 예는 "주자학을 광신하여 현실을 직시하지 못했던 친명사대주의자"로 평가받는 송시열조 차 명대의 정치와 문화에 대하여 그다지 호의적이지 않았다는 사실을 통해 엿볼 수 있다.[28]

| **송시열** | 조선 숙종 때의 성리학자로 당시 노론을 이끌었던 송시열은 대표적인 조선 중화주의론자였으나 명나라의 전제적 황제권, 환관제도, 양명학, 예학, 문풍 등을 배격했다. 이는 조선 중화주의자들이 중화의 개념을 특정 국가와 종족과 동일시하지 않은 것이라 볼 수 있다. 국립중앙박물관 소장.

　　우경섭이 보기에 계승범의 주장은 "당대 사료에 대한 평면적 독해 내지 근대적 국민국가의 선입견에서 비롯된 편견"[29]이다. 우경섭은 중화의 종족성과 국적성을 부정하는 주된 근거로 이른바 대표적인 조선 중화주의론자들이 명나라를 비판한 사례들을 제시한다. 이를테면 송시열宋時烈(1607~1689)이 명나라의 전제적 황제권, 환관제도, 양명학, 예학禮學, 문풍을 배격했음을 상기시킨다. 한족이 지배했던 명나라를 비판하는 한 조선 중화주의론자들이 특정 국가나 종족에 대해 동일시한 것은 아니라는 것이다. 그렇다면 우경섭이 보는 중화란 무엇인가? 그의 표현을 빌리자면, "중화란 혈통과 왕조를 초월해 존재하는 문화적 진리, 즉 도의 담지자"이다. 이렇게 중화가 해석되자, 계승범에 의해 '사변적' 혹은 '비현실적'이라고 질타되었던 특성도 새로이 해석된다. 그것

은 현실에서 "실현하기 어려운 천리天理의 세계를 상정하여 도덕 법칙의 객관성을 확보하고자 노력"하는 '가치적 지향', 즉 비현실적이고 자기기만적 행태가 아니라 고매한 이상 추구의 노력으로 거듭난다.[30]

이러한 우경섭의 입장에 대해 계승범은 무엇이라고 응답했을까? 그의 대답은 다음 발언에 함축되어 있다.

후대의 일부 역사가들이 조선 중화주의 현상을 연구하면서 그것을 최대한 객관화해서 분석하고 해석하려 하기보다는 당시 지식인들이 주장한 조선 중화주의의 내용을 상당 부분 그대로 믿고 따른다는 데 있다. 조선 후기 지식인들은 조선 중화주의를 통해 자존감을 느끼고 자부심을 느꼈을 수 있으나, 후대의 역사가가 그런 자기중심적 해석을 그대로 수용해 거의 똑같은 해석을 내린다면 문제가 된다. 왜냐하면 그것은 학자scholar의 태도라기보다는 신봉자believer 내지는 추종자follower의 태도에 가깝기 때문이다. 이런 문제는 비단 조선 중화주의만이 아니라 조선 후기 인물 연구나 사상사 연구 분야에서 심심치 않게 보이는 태도이다.[31]

즉, 계승범이 보기에 우경섭의 입장은 객관성을 유지해야 할 학자의 태도가 아니라 (종교적) 신봉자의 태도이다. 이렇듯 조선 중화주의의 해석을 둘러싼 우경섭과 계승범의 논쟁은 중화의 국적성/종족성 여부에 대한 논의에서 시작하여 조선 중화주의가 갖는 관념성/비현실성 문제를 거쳐 결국에는 역사학(특히 사상사) 방법론에 관한 문제로까지 그 범위를 확장하고 있다. 그리고 앞서 지적했듯이 이 모든 논의의 기저에는 조선 중화주의의 포폄과 현대 한국의 발전이라는 규범적인 문제의식이 도사리고 있음은 물론이다.

중화의 초국적성/초종족성

먼저 중화의 국적성/종족성 여부를 살펴보자. 조성산 등의 학자가 보여주었다시피 조선 후기 중화 담론에는 다양한 양상이 있으므로 일반화해서 이야기하기는 어렵다. 그러나 협의의 조선 중화주의[32]에 관한 한 현실의 명 왕조와 같은 뜻은 아니었다는 우경섭의 주장은 나름의 근거를 가지고 있다. 즉, 일련의 조선 중화주의자들이 실재했던 명나라의 제 양상에 대해 종종 비판적이었던 측면을 무시할 수 없다. 그리고 조선 중화주의 담론은 명나라의 쇠망 이후에 번성한 것임을 기억할 때, 현실에 존재하지 않는 대상과 맺을 수 있는 국적성/종족성의 관계는 현실의 대상과 맺는 관계와 다를 수밖에 없다. 그리고 현실의 국가로서 '중국'에 대해 말한다고 하더라도 그 당시 규범으로 존재하였던 국가 간의 관계를 근대 민족국가에 기반한 정치적 상상력 속에 존재하는 정치적 관계로 환원하기는 어렵다.

계승범은 이른바 종족, 지리, 문화의 3요소가 일치하지 않는 조선 중화주의의 경우는 이상한 사례이며 예외적이라고 주장하지만, 그러한 불일치는 종종 있었던 역사적 사실이라는 점은 앞서 언급했듯이 이성규에 의해 명료히 지적된 바 있다.[33]

사실상 사타沙陀 부족이 건국한 것이나 다름없는 후당後唐(923~936), 후진後晉(936~947), 후한後漢(947~950)은 차치하더라도 250년 이상 화북 지방을 북방 이민족이 정복 지배한 남북조시대, 요遼, 금金, 몽고蒙古가 화북 또는 중국 전체를 지배한 남송에서 원에 이르는 약 240년간, 청조 지배 약 270년을 모두 합하면 진秦의 통일(B.C. 221) 이후 신해혁명(1911)에 이르는 약 2,100년 중 화이華夷의 위치가 전도된 기간은 대체로 1/3에 해당된다.[34]

물론 춘추시대의 제하집단諸夏集團도 이미 단일한 종족 구성이 아니었지만, 이것을 중심으로 발전, 형성된 한족漢族이란 실제 역사상 동아시아 주변에서 활동한 거의 모든 종족種族의 부단한 흡수와 융합에 의해서 이루어졌다고 해도 과언이 아니며, 오늘날 중국 소수민족의 조상 중 상당 부분은 한족의 형성에 합류한 것도 사실이다.[35]

요컨대 오랜 시간 동안 이른바 문화, 종족, 지리의 차원 간에 상당한 괴리가 있어온 것이다. 이른바 문화적 차원에서 '중화'를 자처한 경우에도 국가적, 민족적, 지리적 의미의 중국에 완전히 편입되지 않은 경우가 있고, 국가로서의 중국이든 민족으로서의 중국이든 늘 영토로서의 중국을 확보하였던 것은 아니다.

이상과 같은 이유로 볼 때, 조선 중화주의에 연루되어 있는 국적성/종족성은 계승범이 주장하는 만큼은 강하지 않다고 할 수 있다. 그렇다고 그것이 우경섭이 주장하는 것처럼 "지난 수천 년간 동아시아 사회가 이룩해온 보편 문명의 정수인 유교 문화 자체를 의미"[36]하거나 "도道라는 개념으로 집약되는 중화의 본질"을 의미하는 것일까?[37] "지고지선한 신앙의 대상"[38]이자 "현실과 이상의 합치를 위해 노력했던 그들의 가치적 지향"인 것일까?[39] 조선 중화주의의 '중화'는 (강한) 종족성과 국적성을 동반하지 않는다고 하더라도, 우경섭이 주장하는 것처럼 문화나 본질로서 간주되어서는 안 됨을 이어서 논하고자 한다.

픽션으로서의 중화

내가 보기에 중화가 갖는 탈국적성, 탈종족성 혹은 관념성은 계승범이 주장하는 것처럼 당시의 국제 정치적 현실을 무시하는 데서 발생하거나, 우경섭이 주장하는 것처럼 확고히 지칭할 수 있는 유교 문화를 점유하는 것이 아니라, 정통성에 기반하고자 하는 계보적 사유 일반에서 흔히 발견될 수 있는 일종의 '플레이스홀더place-holder(구체적인 내용을 담은 것이라기보다는 해당 의미체계의 일정한 지점을 점유하는 어떤 것)'로서의 픽션이다. "중화가 중화가 되는 이유는 뭇 성현들이 이어서 내려오기 때문이다" 같은 언명은 중화에 깃든 계보적 성격을 은연중에 드러내고 있다.[40]

중화와 관련된 계보적 사유를 보다 심층적으로 논하기 위해서는 먼저 허태용의 주장을 상기할 필요가 있다. 허태용은 기존의 소중화론, 조선 중화 사상, 조선적 중화주의 같은 입론들을 비판하고, 명·청 교체기부터 17세기 말까지의 관념을 '중화 회복의식'으로 이후의 관념은 '중화 계승의식'으로 나누어 설명하자고 대안을 제시한 바 있다.[41] 그러나 계승범은 조선 중화든 중화 계승이든 권위의 원천을 타자에서 찾는다는 점에서 동일하므로 양자의 차이는 과히 중요하지 않다고 생각한다.[42] 그와 달리 중화 회복의식과 중화 계승의식의 차이에 주목하는 허태용은 그 차이의 핵심을 명나라의 회복에 대한 실제적 기대 여부로 정리한다. 즉, 중화 회복의식에서 중화 계승의식으로의 변천이란 "정치적 의미에서 명나라의 회복을 기대하기보다는 유교 문화적인 차원에서 조선을 중화의 유일한 계승자로 규정하"고자 하는 입장으로 변한 것이다.[43] 이와 같은 허태용의 입론에 따르자면, 중화의 국적성/종족성에 결정적인 변화가 생기는 지점은 바로 중화 회복의식에서 중화 계승의식으로 변천하는 순간이다. 즉, 계승범이 명나라라는 국가에 타율적으로 의존한다고 조선 중화주의를 비판한 것은 중화 회복의식의 단계에 국한해서 적용되어야 하는 것이다.

나는 '중화 회복의식'에서 '중화 계승의식'으로의 변천이라는 허태용의 구분은 '중화'의 성격을 이해하는 데 매우 중요하다고 생각한다. 다만 그 구분을 역사적으로 존재했던 현상의 경험적 구분으로 활용하기보다는 그들의 의식을 효과적으로 분류할 수 있는 분석적 개념으로 활용하고자 한다. 그러나 그처럼 분석적 개념으로서 이른바 '중화 계승의식'을 바라보았을 때, 그 계승의식의 핵심을 정치체에 대한 입장에서 '문화'에 대한 입장의 변천으로 간주하는 데 대해서는 유보적이다. 그것을 끝내 (유교) '문화'라고 부르는 데 그칠 경우, 우경섭과 마찬가지로 일종의 문화 본질주의에 빠질 우려가 있다.

명나라 쇠망 이후 조선 중화론자들이 중화의 계승을 환기할 때, 그들이 과연 어떤 본질적 내용을 가진 문화를 구체적이면서 공통적으로 지시하였을까? 그들이 '중화'라는 동일한 기표를 사용했다고 해서 그 기표가 지시하는 대상에 대해 상당한 합의를 도출해내고 있었다고 볼 근거는 희박하다. 그것은 대체로 청나라로 대표되는 어떤 타자에 대한 안티테제로서 기능할 뿐, 문화라는 이름으로 불릴 만한 구체적인 체계를 지시하고 있다고 보기는 어렵다. 게다가 이른바 조선 중화주의자들이 비판적인 태도를 보였던 구체적인 명나라의 양상—정치제도, 예학, 문풍—이야말로 (혹은 그와 같은 차원에서 찬양했던 구체적인 명나라의 양상) 문화라고 불릴 만한 사례들이다. 따라서 중화 계승의식 단계에서 계승의 대상으로서 호명되던 '중화'를 곧 그러한 구체적인 구현태具現態를 의미하는 '문화'로 지칭하는 것은 부적절하다.

그런데 조선 중화주의에서의 중화를 '문화'로 간주하는 우경섭의 입장에 대해 비판적인[44] 계승범조차 종종 중화를 내용적으로 분명히 정의될 수 있는 어떤 본질로서 바라보는 듯하다.

한편 조선 중화주의에서 중시한 문화의 실체가 무엇인가에 대해서도 구체적으로 살필 필요가 있다. … 조선 중화주의를 강조한 연구들을 보면, 대개 존주대의尊周大義나 유교 예법 등을 문화의 요체로 설명한다. … 조선 중화에서 말하는 문화의 또 다른 핵심인 유교 예법도 거의 다 주자학에서 유래한 것으로, 그 요체 가운데 하나가 바로『주자가례朱子家禮』였다. 이 또한 외부의 중화 권위에 자신을 귀속시킨 행위로, 중세의 보편적 권위에 대한 상대화 작업이라기보다는 그것의 보다 교조적인 내면화·체득화 작업이라 할 수 있다.[45]

이와 같은 언명에 따르면 중화란 유교 예법으로 환원되며, 그 유교 예법은 다시 주자학으로 환원되며, 주자학의 요체는 다시『주자가례』로 환원된다. 그러나 중화라는 기표 자체가 역사적으로 큰 진폭을 보이며 유동되어왔음은 조성산 등의 학자에 의해 충분히 밝혀진 바 있고,[46] 이른바 유교라는 것 역시 그 안에 수많은 다양성과 변화를 포함하는 전통임이 학자들에 의해 지목된 바 있다. 심지어 중화를 극도로 구체적인 사례인『주자가례』로 환원한다고 해도, 그『주자가례』가 적용자들에 의해 의미상의 큰 진폭을 보일 수 있음이 연구자들에 의해 밝혀진 바 있다.[47]

특히 명나라라는 실제가 사라진 다음에는 각자가 호명하는 '중화'의 진리값authenticity을 확증해줄 권위적 행위자로서의 기반이 사라졌다고 할 수 있다. 그러한 상황에서 호명되는 '중화'란 본질적이고 구체적인 내용을 담고 있는 어떤 것이라기보다는 넓은 해석과 (정치 이데올로기를 포함한) 다양한 활용에 열려 있는 채로 담론상에서 부유하는 이론적 거점에 가깝다. 실제로 정옥자, 계승범, 우경섭 등의 주장과 달리 조선 후기의 논자들은 '중화'에 각기 다른 내용을 부여하였다. 중화에 대해 상대주의적 입장을 취하는 이들은 물론이거니와, 황경원黃景源(1709~1787)은 중화를 예의禮義로 정의하였고,[48] 정약용丁若鏞(1762~1836)은 중화를 정치와 학문으로 각기 달리 정의한 바 있다.[49][50]

정옥자 등의 학자는 조선 중화주의가 조선의 고유문화를 낳았다고 주장해왔는데,[51] 만약 조선 중화주의가 계승한 것이 구체적인 내용을 가진 중국에서 유래된 '문화'라면, 도대체 거기서 어떤 논리를 통해 어떤 조선 '고유'의 것이 나올 수 있었는지 알 수 없다. 구체적인 내용을 가진 어떤 문화를 독점적으로 유지 계승하였다고 하여 원래 타국의 것이 내용적인 의미에서 '고유'의 것이 될 수는 없다. 중화가 내용적으로 닫힌 문화가 아니라 열려 있는 픽션일 때 비로소 자기 나름의 전유를 통해 '고유' 혹은 그 나름의 문화를 창출할 수 있을 것이다. 마찬가지로 허태용이 조선 후기에 성장한 고구려·발해 등의 고대사와 북방 영토에 대한 관심을 중화 계승의식에 연결할 때도, 그러한 논리를 설명하기 위해서는 '중화'가 문화로 이해되기보다는 픽션으로 이해되어야 더 적절하다. 마찬가지로 조성산이 당파에 따라 서로 다른 중화에 대한 견해를 보여준 것도, 중화가 갖는 픽션의 성격을 분명히 할 때 보다 더 선명히 이해될 수 있다.

이렇게 볼 때 중화는 확정되어 있는 (물리적) 실제 혹은 구현태와 동일시되지 않는다는 점에서 픽션에 가깝다.[52] 따라서 그것은 허구적인 것이지만, 그렇다고 그것이 '비현실적'인 것은 아니다. 실재와의 관련 속에서 자신의 존재를 정당화하지 않는다는 점에서 '거짓말'과도 다르다. 그리고 포스트모더니스트들이 말하는 것처럼 그 픽션의 성격으로 인해 세계의 다른 범주들이 비결정적indeterminate이 되는 것도 아니다. 오히려 이 픽션으로 인해 다른 범주들이 결정성을 얻게 된다는 점에서, 그리하여 현실 세계에서 중요한 일들이 가능하거나 가능하지 않게 될 수 있다는 점에서, 픽션은 매우 현실적인 힘을 가진 것이다. 다만 그 현실적인 힘은 사람들이 그 픽션을 기꺼이 수용할 때 생성되는 것인데, 생성된 이후에는 그 나름의 독립적 지위를 갖게 된다. 그러나 어떤 이유와 경과에 의해 그 사람들이 더 이상 그 픽션을 수용하지 않게 되면 그 힘은 사라진다. 따라서 우리는 중화와 같은 픽션을 마주했을 때, 그것이 그 자체로 현실적인지 비현실적인지를 재단하기 전에, 그것이 지속했던 동안은 해당 정치 공동체에서 현실적인 힘을 발휘했다는 점을, 그리고 그만큼 해당 공동체의 (특정) 성원들의 (특정한) 필요에 부응하고 있었음을 인정해야 한다.

이와 같은 픽션이 각별히 필요해지는 대표적인 사례가 정통성에 기반하여 계보를 형성하고자 할 때다. 이것은 서양, 중국, 조선에 걸쳐 광범하게 발견되는 양상이다. 서양의 경우, 그와 같은 양상을 가장 고전적으로 보여준 연구는 에른스트 칸토로비치 Ernst Kantorowicz의『군주의 두 신체The King's Two Bodies』(1957)이다.[53] 그는 이 기념비적 저서에서 현실의 군주가 죽고 다음 군주가 아직 계승하지 않았을 때 발생하는 정치적 공백을 이론적으로 설명하기 위하여 사멸하는 인간의 신체와는 구별되는 또 하나의 신체라는 픽션이 필요했음을 잘 보여준다. 그 픽션에 의하여 죽은 군주와 살아 있는 군주 간에 공백이 발생하지 않고 계승이 이루어지는 것이다. 즉, 현실의 몸이 죽어도 사라지지 않는 픽션이 있기에, 뒤에 남은 정치 지도자가 불멸의 픽션에 접속하여 그것을 계승할 수 있는 것이다. 하지만 불멸의 픽션은 그 자체로는 드러날 수 없기에 아룬델Arundel 백작의 시신 기념비Cadaver monument 같은 인형effigy이 픽션의 구현물로 필요하다. 이 불멸의 픽션을 둘러싼 전례가 필요하지만 그 전례가 곧 계승 대상은 아니다. 계승 대상은 전례와 같은 문화가 아니라 문화가 구현하고자 전제하고 있는 어떤 픽션이다. 마찬가지로 조선 후기 중화주의자들이 중화를 생각하며 예법을 수행할 때, 그들이 계승하는 것은 그 예법 자체가 아니라 예법이 구현하고자 하는 픽션으로서의 중화이다.

그와 같은 계보적 픽션의 모색은, 보다 범박하게 말하자면, 명나라에서 청나라의 교체뿐 아니라 상(은)나라에서 주나라로 교체하던 시기에 제기되었던 지적 과제와도 유사한 점이 있다. 상나라 집권 세력의 경우 자신들의 정치적 정당성을 특정한 초월적 존재와 자신들이 맺는 혈연적 관계에서 찾았다. 그와 같은 세계관 속에서는 자신들의 정치권력은 단순히 물리적인 힘에 의해 뒷받침되는 것이 아니라 초월적 존재와의 혈연적 관계에 의해 지지되는 것이므로, 지배가 정당할 뿐 아니라 지속되는 것이 당연

| **아룬델 백작의 시신 기념비** | 칸토로비치의 연구에 따르면 중세 통치자에게는 두 개의 몸이 있었는데, 하나는 사멸하는 몸, 다른 하나는 사멸하지 않는 몸이었다. 죽지 않는 또 하나의 몸이 있기에 후계자는 그 몸에 접속해 왕위를 계승할 수 있었다. 사진은 1435년 사망한 아룬델 제7대 백작인 존 피츠앨런(John FitzAlan)의 시신 기념비(Cadaver monument)로, 영국 잉글랜드 서식스(Sussex) 지역에 있는 아룬델성(Arundel Castle)에 보관되어 있다. 20세기 초 함부르크대학교의 미술사학 교수로 활동했던 에르빈 파노프스키(Erwin Panofsky)는 이러한 기념물을 이단 침대 기념물(the 'double-decker' monument)이라고 불렀다.

하였다. 상나라에서 주나라로의 교체는 그와 같은 인식에 심각한 지적 문제를 제기하였고, 그 문제에 대한 답으로서 등장한 것이 이른바 천명天命 사상이다.

천명 사상은 더 이상 초월적 존재와 맺는 혈통적 관계로서 정치적 정당성을 확보하지 않는다. 그 대신 천명이라는 추상화된 정당성의 원천을 대안으로 제시하고, 그와 같은 원칙에 보다 더 부합하는 종족은 누구나 정치적 정당성을 확보할 수 있게 되는 것이다. 이렇게 본다면 동아시아 사상사의 장기적 관점에서는 특정 종족으로 환원되지 않는 정치적 정당성의 기제가 이미 상·주

교체기에 탄생했다고 할 수 있다. 이후 실천의 차원에서 이른바 한족이 그러한 정치적 정당성을 지속적으로 전유하고자 한 것은 당연하다. 그러나 다른 종족들이 중원의 패권을 누리고자 할 때, 그들의 정치적 정당성 확보 역시 그렇게 추상화된 기제를 통해서 이루어졌다. 심지어 명 태조 주원장조차도 집권하였을 때 유사한 태도를 취하였다.[54]

이러한 종류의 '중화' 사례는 조선, 중국뿐 아니라 인도나 일본에서도 발견된다.[55] 따라서 이러한 사유가 명·청 교체기에만 존재했던 특수 상황이라고 이해할 필요는 없다. 명·청 교체가 충격이었던 것은 정치적 정당성이 이른바 한족에게만 귀속되어 있다는 한동안 유행하였던 잠정적 기대가 깨졌기 때문이다. 명나라가 망한 이후에 (조선에서) 중국을 상상한다는 것은, 곧 왕조를 넘어선 단위로서의 중국을 상상할 것인가 하는 이론적 문제로서 칸토로비치의 『군주의 두 신체』와 마찬가지로, 명나라와 조선을 이론적으로 연결해줄 국가의 형이상학, 즉 픽션이 필요했던 것이다.

이와 같은 사상적 배경을 염두에 둘 때, 조선 중화주의자인 김종후金鍾厚(1721~1780)가 홍대용洪大容(1731~1783)에게 보낸 편지에 담긴 다음 발언을 보다 심층적으로 이해할 수 있게 된다. "생각하는 바는 명나라 이후에 중국이 없다는 것에 있을 뿐입니다. 저는 그들이 명나라를 생각하지 않는 것을 비판하는 것이 아니라 그들이 중국을 생각하지 않는 것을 비판하는 것일 뿐입니다."[56] 이 언명에서 분명히 특정 왕조/종족으로서의 명나라와 '중국'은 개념적으로 분리되고 있다. 구체적인 왕조/문화와 분리되

| **홍대용** | 조선 영·정조 때의 실학자로, 북학파의 대표적 인물이다. 그의 저서 『담헌서(湛軒書)』에는 조선 중화주의자인 김종후와 주고받은 편지가 실려 있는데, 이를 통해 당시 지식인들이 명나라와 중국을 동일시하지 않았음을 확인할 수 있다. 홍대용은 영조 41년(1765) 겨울부터 이듬해 봄까지 연행사를 따라 청나라 수도를 다녀온 후 『을병연행록(乙丙燕行錄)』을 한글로 써서 남겼는데, 베이징에서 엄성(嚴誠)·육비(陸飛)·반정균(潘庭均) 등 청나라 학자들과 교유하면서 문답한 내용이 주를 이룬다. 도판은 연행 당시 만난 청나라 문인 엄성이 그린 홍대용의 초상으로, 엄성의 문집인 『철교전집(鐵橋全集)』에 실렸다.

어 존재하는 이 '중국'은 특정 지역으로서의 중원도 아니고, 특정 국가/종족으로서의 명나라의 문물도 아니고, 계보의 형성을 위해 요청된 플레이스 홀더로서의 픽션이다. 그리고 중화가 중국이라는 정치 공동체의 이름으로 지칭된다는 점에서, 일종의 국가의 형이상학이라고 부를 수 있다.

　(경쟁하는) 행위자들이 당대에 존재하는 다양한 문화적 자원을 활용하여 그 형이상形而上에 구체성을 부여하고 나면, 이 중국/중화는 논리적 요청물에서 한 걸음 더 나아가 사회적 사실이 된다. 행위자들이 다양한 문화적 자원을 활용하여 구체성을 부여하는 과정은 조성산과 허태용 등의 학자들에 의해 (일부) 추적된 바 있는데, 그렇게 구체화된 중화/중국의 모습은 자못 다양하였다. 그 다양성은 바로 해당 행위자들이 실현한 해석의 (넓은) 폭을 증거하고, 그 다양성 속에 어떤 공통점이 존재한다면 그것은 해당

행위자들이 사회적 설득을 위해 암묵적으로 고려해야만 했던 어떤 제한 혹은 게임의 룰을 의미할 것이다.

근대성에 대하여

앞서 논했듯이, 식민사학이 부정했던 것은 조선이 자체적으로 근대화의 길을 갈 수 있는 가능성이었으며, 이후 민족주의 사학이 증명하고자 했던 것은 조선 후기의 다양한 측면에서 발견된다고 믿었던 근대로의 가능성이었다. 자본주의 맹아론이 경제적 측면에서의 근대 가능성이었다면, 조선 중화주의는 문화적·사상적 차원에서의 근대적 자국의식의 가능성이었던 것이다. 계승범은 바로 그 지점을 비판한다.

> 다른 말로, 조선 후기 지식인들이 가졌던 문화적 자부심의 본질은 중화로부터 벗어남으로써 발생한 자존심이 아니라, 어떤 형태로든 중화와 연결을 지음으로써 생긴 자부심이었던 것이다. 이는 자존의 두 발을 여전히 중화라는 중세적 보편적 권위에 딛고 있는 형국으로, 이런 사조를 외부 권위의 주체적 자국화 현상으로 보기는 어렵다.[57]

조선의 '역사 시계'는 삼전도의 항복(1637)에 이어 명의 멸망이 있었던 1644년에서 발이 묶여 정지 … 조선 왕조의 시간이 왜 거기서 멈추어야 했는지 … 대보단은 끝없이 변하며 흐르는 시간을 억지로 붙여잡음으로써 단기적으로는 왕조의 통치질서를 유지하는 데 크게 기여했으나, 장기적으로는 동시대에 쉬지 않고 문명의 시계를 돌린 주변 국가들의 국력과 정세를 조선이 못 따라가 뒤처지게 되는 한 원인이 되기도 했다.[58]

즉, 민족주의 사학자들이 주장하였던 조선 중화주의의 근대적 자국의식은 중세적인 것으로 자리매김된다. 그런데 흥미로운 것은 그러한 비판을 할 때조차도 계승범은 근대 국민국가적 정치적 상상력 속에서 조선 후기의 자국성 여부를 평가하고 있다는 사실이다. 즉, 조선 중화주의론은 충분한 자국의식을 갖지 못하고 타율적인 의식에 머문 이데올로기라는 점에서 근대적이 아니라 중세적이다.

그런데 동시대의 현실을 무시하고 관념적으로 탐닉하게 했던 그 핵심인 '중화'의 성격이 내가 앞서 논한 바대로 픽션의 성격을 띤 것이었다면, 그것은 중세나 근대 어느 특징에도 귀속되지 않는 어떤 것이다. 에릭 푀겔린Eric Voegelin이나 카를 슈미트 Carl Schmitt는 그러한 관념성은 중세에 국한되지 않고 근대에 이어지는 것이며, 근대의 주권 개념은 그러한 중세적 기초 없이는 가능하지 않았다고 주장한 바 있다.[59] 데이비드 런시먼David Runciman은 그러한 픽션이야말로 다름 아닌 근대국가의 특성이라고 주장한다.[60] 그리고 칸토로비치의 통찰에 기대어 현대의 정치적 현상을 해석하는 클로드 르포르Claude Lefort 같은 일련의 정치 이론가들은 픽션성이야말로 오늘날 현대국가 및 정치를 논하는 데 관건이 된다고 주장한다. 즉, (중화와 같은) 픽션은 중세나 근대 같은 역사 발전사의 특정 국면에 귀속될 문제는 아닌 것이다.

그런데 일련의 한국사학자들이 그토록 조선 중화주의를 근대성 여부와 관련하여 평가하고자 하는 것은, 그들에게 근대라는 것이 단순히 설명적 언어가 아니라 그 자체로 규범적 성격을 띤 언어이기 때문이다. 즉, 누군가에게 근대는 성취되어 자부해야 할 어떤 것이고, 중세는 역사의 어떤 시점에서 극복되어야 할 어떤 것이다. 다른 누군가에게는 근대가 우리의 현대를 망쳐놓은 어떤 것이고 오히려 중세가 근대를 극복시켜줄 통찰의 보고이기도 하다. 그리고 '근대' 세계질서 편입과 아울러 쇠망의 길을 걸었던 조선의 역사는, 이후 상당수 학자들로 하여금 그 쇠망의 원인에 대한 분석에 사로잡히게 한 것으로 보인다. 역사적 연구가 과연 그러한 종류의 원인 분석이나 가치 평가에 임해야 하는지는 이 책의 범위를 벗어나는 거대한 문제이다. 그러나 만약 어떤 동기에서인가 조선 중화주의를 그러한 분석이나 평가의 담론 속에 위치시키고자 한다면, 근대성 담론을 경유해서 하는 것보다는 조선이 쇠망한 보다 구체적인 계기 속에 조선 중화주의를 위치시키는 것이 바람직하다.

즉, 조선 후기의 특정 사조, 민족주의, 근대국가, 조선의 쇠망, 제국주의 등 해당 사안의 역사적 판단에 개재介在되어야 하는 항목들 간에는 수많은 매개변수가 존재한다. 따라서 특정 요소에 대한 평가만으로 직접 조선의 쇠망 원인을 단정하기는 쉽지 않다. 보다 학술적으로 통제 가능한 담론은 제국주의가 팽배하면서 국가 간 경쟁이 첨예하고 공격적이 된 19세기 후반 이래의 국제 경쟁에서의 패퇴에 조선 쇠망의 직접적 원인이 있음을 인정하되, 그 당시 국제 경쟁 상황이 제기하였던 도전의 성격은 무엇이었고, 그 도전에 응전할 수 있었던 파워power의 원천이 어떤 것들이 있었는지를 물어야 한다. 좀 더 구체적으로는 제국주의적 경쟁을 부르는 국제질서 인식에 대한 수준 및 그에 관련된 합당한 공동체의 어젠다를 설정하고, 그것을 수행할 수 있는 자원의 동원 기제를 해당 정치 공동체가 갖고 실천했느냐의 문제이다. 그 과정에서 이른바 조선 중화주의는 긍정적 혹은 부정적 역할을 했을 수도 안 했을 수도 있는 것이다.

파워 이론

이러한 논의를 보다 정교하게 하기 위해서는 조선 중화주의 같은 특정 사조에 집중하기보다는, 조선이라는 정치 공동체가 위기에 직면했을 때 동원 가능했던 파워의 종류에 대한 체계적인 인식이 필요하다. 그러한 인식을 위하여 마이클 만Michael Mann의 논의를 참고체계로 삼을 수 있다. 마이클 만에 따르면 인간의 특징은, 가만있지 않고 목적의식을 가지고 삶에서의 만족을 높이고자 노력하며, 그러한 목적을 이루기 위하여 적절한 수단을 선택할 수 있는 존재이다.[61] 이러한 인간의 특성으로 인해 여러 가지 사태가 발생하며, 그에 따라 인간의 역사도 존재한다. 인간이 목적을 달성하기 위한 일반화된 의미에서의 수단이 곧 파워이다.[62] 파워는 타인들로 하여금 파워가 작동하지 않았으면 하지 않았을 어떤 일들을 하게 하고, 그런 과정을 통하여 소정의 목적이 달성된다.[63] 마이클 만에 따르면, 파워에는 네 가지 원천이 있다. 이 네 가지 원천은 현실에서 상호 독립적으로 작용하지 않고 서로 연결되지만, 분석적 틀로서는 유효하다.[64]

첫째, 이데올로기적 파워ideological power이다. 이것은 인간이 삶의 궁극적 의미를 발견하고 규범과 가치를 공유하고 심미적, 전례적 실천을 하고자 하는 필요성에 기초한 것이다. 인간은 세계에 대한 사실적 차원의 확실성을 완전히 획득하기 어려우므로 다양한 종류의 믿음체계에 의존하게 된다. 다양한 종교와 이즘ism이 이러한 영역에 속한다. 둘째, 경제적 파워economic power이다. 이것은 자연의 산물을 추출하고 변형하고 분배하고 소비하고자 하는 필요에 기반한 것이다. 이를테면 산업자본주의 같은 것은 근대 세계의 대표적인 경제적 파워 조직이다. 셋째, 군사적 파워military power이다. 효과적 동원이 가능할 정도로 집중적이고, 죽음을 부를 수 있을 정도로 치명적인 폭력의 사회적 조직에 근거한 것이다. 넷째, 정치적 파워political power이다. 사회적인 삶을 중앙정치에 집중하여 영토적으로 규제하는 데서 유래하는 파워이다.

이데올로기적 파워는 다른 종류의 파워 원천과 비교할 때, 군사력, 국가의 힘, 경제적인 유인과 관련지을 수 있되 그 자체로는 그러한 것들에 의존하지 않는다는 특징이 있다. 그 대신 이데올로기적 파워는 삶의 (궁극적) 의미에 대한 독점적 주장을 담고 있고 그것을 받아들이는 이를 통해서 퍼져나간다. 기억해야 할 것은, 삶의 의미에 대한 독점적 주장이 당사자에게는 '지고지선한 가치'이겠지만 바로 그 때문에 사회적으로는 파워의 원천이 된다는 점이다.[65]

임진왜란과 병자호란은 조선의 군사적 파워가 주변국에 비해 얼마나 취약했는지를 보여준 것이다. 그리고 세도정치 시기를 전후하여 드러났던 중앙과 지방의 괴리는 당시 조선의 정치적 파워가 얼마나 빈약했는지를 증거한다. 그리고 동시대 일본의 경제적 발전을 고려한다면 조선의 경제적 파워 역시 (그전 시대에 비해 성장했는지 모르나 주변국과 비교했을 때) 미약했음을 보여준다. 이른바 한족 이외의 종족들이 중원을 지배했을 때 반응을 감안한다면, 조선은 마이클 만이 거론한 네 가지 파워 원천 중에서 이데올로기적 파워만큼은 상대적으로 우위에 있었을 가능성이 높다. 만약 장기간 사정이 그러하다면, 특정 시기에 최선의 성취를 얻고자 했던 행위자 입장에서는 그나마 풍부했던 파워의 원천을 활용하는 것이 합리적인 선택이라고 할 수 있을 것이다. 조선 중화주의자들이 환기하였던 '중화'란 당시의 조건상 (과도하게) 이데올로기적 파워의 성격을 가진 것이었다고 볼 수 있다.

그리고 이 '중화'라는 이데올로기적 파워는 강한 국적성을 띠는 경향이 있는 정치적 파워나 군사적 파워에 비해 그 국적성이 낮아서 국경을 넘어 비교적 자유롭게 부유하면서 다양한 행위자들에게 전유될 수 있는 어떤 것이었다. 조선 중화주의는, 근대 민족국가의 상상력 속에서는 '타국'의 특정 계층이 '외국'에서 발달해온 특정 픽션을 자임하며 전유했다는 점이 놀라울 수도 있겠지만, 자유롭게 부유하는 픽션을 특정 행위자가 파워의 원천으로서 전유하는 비교적 일반적 현상의 한 사례라는 점에서는 그다지 특이할 것이 없다.

  그 전유를 수행한 존재의 정치적 성격에 대해서도 보다 섬세한 접근이 필요하다. 그들을 지고지선한 가치를 추구하는 존재들로 미화하기 이전에 그들에게는 이데올로기, 경제, 군사, 정치라는 네 가지 파워 원천 중에서 중화라는 당시 유효했던 이데올로기적 파워 외에는 선택지가 없었던 점을 고려해야 한다. 그 선택지를 택할 때에야 비로소 경쟁 상대에 비해 우위를 점할 수 있었다는 것을 감안한다면 그들의 행보가 전략적 차원이 부재한 순수한 도덕적 추구였다고 가정하기 어렵다. 동시에 그들이 그러한 이데올로기를 국외가 아닌 국내용으로만 활용했다는 괴리[66] 역시 곧바로 가차 없는 자기 이해관계 추구나 피지배층 억압을 위해 일으킨 '정신분열'이라고 간주하기도 어렵다. 그 선택이 전략적인 면이 있다면, 그들이 노정한 괴리나 모순은 행위자에 의해 통일적으로 '관리된' 모순일 수도 있는 가능성을 열어놓아야 한다.[67] 다시 말해 조선 중화주의는 경제, 군사, 정치 제 방면에서 약자인 행위자가 선택할 수 있는 무기weapons of the weak였을 가능성도 염두에 둘 필요가 있다.[68] 만약 그러한 경우가 사실이라면, 조선 중화주의는 동아시아 국제 현실과 완전히 분리된 국내용 자기 의식화라기보다는 동아시아 국제 현실을 의식했기에 가능했던 전략에 가깝다고 하겠다.

국가 전략으로서의 중화

국제 현실 속의 전략적 성격을 잘 파악하기 위해서는 동아시아의 다른 국가들이 추구했던 '중화'와 비교해보아야 한다. 첫째, 베트남의 경우를 살펴보자. 10세기 이전, 그리고 명나라 시절에 베트남은 종종 중국의 직접적 지배 아래 있었다. 그러나 후기 중국 제국 시기에 베트남(안남)은 대체로 자율적인 조공국의 지위를 누렸다. 그런데 흥미로운 것은 베트남 통치자는 국내에서 자신을 황제라고 불렀다는 사실이다.[69] 이 점에서 베트남은 조선과 구별된다. 19세기 후반, 프랑스의 침탈에 저항하기 위하여 베트남의 응우옌 왕조Nhà Nguyên는 내부적으로는 제국의 명칭인 황제를 사용하고 있다는 사실을 드러내지 않고, 전략적으로 청나라와의 조공 관계를 강화하고 청나라의 보호를 청했다.

일본 역시 한때 중국 조정에서 주는 인증을 통해서 자신의 국가성을 수립해나간 정치체들 중 하나였다. 즉, 조공품을 바치고 중국으로부터 적절한 왕의 칭호를 받았던 것이다. 3세기경 히미코卑彌呼 여왕이 북위 조정으로부터 그러한 칭호를 받아서 자신의 위신과 역량을 강화하고 정치적 기반을 공고히 했던 것이 그 예이다. 이러한 과정을 거쳐 7세기 전반에 이르면, 중국과의 관계

속에서 야마토국이 번성하게 된다. 이후 아시카가 요시미쓰足利義滿(1358~1408)가 중국의 조공국 지위를 잠시 받아들인 것 말고는 도쿠가와德川 정권하의 일본은 자신을 중국의 조공국으로 생각하지 않았다. 급기야 일본은 자기들이 '이夷'로 간주하는 나라들을 상대로 별도의 조공 관계를 수립하였다. 특히 명나라 멸망 이후에는 중화의 자격을 자임하였다.[70] 조선, 류큐, 네덜란드(사실은 동인도 회사에 불과했지만) 등의 나라로부터 (자신들의 시각에서) 조공 사신을 정기적으로 받고자 하였다.

그런데 일본이 나아간 방향은 청나라의 거듭된 침탈을 경험한 조선이 택할 수 있는 선택지가 아니었다. 다시 말해 조선은 청나라의 무력이 미치는 범위 내에 있었고, 도쿠가와 정권은 그렇지 않았던 것이다. 만약 조선이 청나라와 대등한 관계를 맺으려고 시도했다면, 조선의 생존 자체가 위태로워졌을 것이다. 결국 조선은 여전히 다른 어떤 것에 비추어 자신의 정체성을 정의할 필요가 있었다. 소중화를 운위할 때 앞에 붙는 '소小'는 조선이 중화 그 자체는 아니라는 사실을 말해준다. 자기 스스로 중화 그 자체가 될 수 없는 한 중화라는 타자가 필요할 수밖에 없는데, 그 중화는 점점 더 픽션화되었던 것이다. 이와 같은 상황은 소규모로나마 자신의 조공질서를 꾸려나갔던 도쿠가와 정권하의 일본 상황과는 달랐다.

중국, 베트남, 조선, 일본 등 여러 나라의 맥락에서 중화가 이처럼 독특한 양상을 띠고 있었던 것은 어떤 의미에서 18세기 동아시아의 평화에 기여하였다. 청나라, 조선, 도쿠가와 정권은 모두 이웃 나라가 중화를 자임하고, 거기에는 잠재적 갈등 요소가 있음을 알고 있었던 것 같다. 예컨대 청나라는 조선의 『승정원일기』를 열람할 권력을 갖고 있었다.[71] 그리고 쓰시마섬의 도주는 일본이 조선을 이夷로 간주하고 있다는 것을 알고 있었으나 그것을 조선에 공론화하지 않았다. 이런 행동은 외교 관계를 무난하게 끌고 가겠다는 의도에서 비롯된 것으로, 때로는 갈등을 피하기 위해 외교문서 내용까지 건드리는 일도 있었다.[72] 게다가 조선의 정치 엘리트들은 일본이 '중화'를 전유하고, 조선의 사절을 오랑캐의 일원처럼 취급한다는 것을 알고 있었다. 그러나 그들은 이것을 한·일 양국 간의 심각한 불화의 불쏘시개로 만들지 않았다. 이웃 나라가 자신을 어떻게 생각하는지를 알고 있었지만, 그 사실이 국제 관계 발전을 저해하도록 만들지 않았다는 의미에서 이러한 상황을 '의도적인 무신경'이라고 부를 수도 있다. '중화'가 복수의 층위를 가진 담론에서 작동함에 따라, 동아시아의 여러 나라는 그로 인한 갈등에 빠지지 않았다. 그 과정에서 각국은 저마다 자기 이해를 발전시키거나 간직하면서 새로운 세계질서를 향해 나아갔다.

근대 동아시아의 중화

동아시아 국가들에 새로이 다가온 세계질서는 매우 생경한 것이었다. 독립된 국가들의 세계라는 근대 유럽 모델은 그 자체로 전통 중국의 대외 관계에 대한 위협이었다. 전통 중국의 대외 관계는 중화라는 특정한 관념, 즉 외부로 확장하는 문명의 중심과 그에 끌려드는 야만족이라는 관념에 상당히 기초해 있었기 때문이다. 모든 사람이 동의하는 것은 아니지만, 근대 유럽의 국가 간 체제는 17세기의 웨스트팔리아(베스트팔렌) 평화조약Westfälischer Friede, Peace of Westphalia을 통해 제도화되었고, 나폴레옹 제국의 와해를 동반한 1815년 빈 회의로 웨스트팔리아적 국가 관계가 강화되었다고 주장해왔다. 이러한 견해에 따르면, 영토에 기반한 주권국가는 이른바 '문명국들' 간의 대외 관계에 가장 적절한 단위이며, 문명국들은 서로 간의 힘의 차이와 무관하게 상호적이고 동등한 주권이라는 법적 원칙하에 관계를 맺어야 한다. 요컨대 보편 제국은 더 이상 모든 국가의 궁극적인 소명이 아니다.

많은 국가가 동등한 주권을 향유한다는 사실에도 불구하고, 혹은 아마도 그러한 사실 때문에, 국가들은 지속적으로 심화되는 상호 경쟁에 연루되었다. 국제 경쟁에서 뒤지지 않기 위해 각국은 자강自强에 몰두하였다. 비록 이 국가들이 각기 다른 능력치를 가지고 있었을지라도, 점증하고 확대되고 강화되는 경제적 교역과 식민지 정복의 와중에 모두 앞다퉈 국력을 최대화함으로써 생존을 도모하였다. 그 이전까지만 해도 완전히 연결되어 있지 않던 지역들마저 확대되는 유럽의 세계체제 궤도 속으로 끌려들어갔다.

유럽 제국주의 국가들의 팽창이 가속화됨에 따라 중국은 전보다 더 확대되고 더 경쟁적인 영역에서 자신의 위상을 재정의해야만 했다. 다소 느슨하고 분권화된 조직을 가진 청나라가 아시아라는 상대적으로 닫힌 체제 안에 머물러 있었다면 그러한 조직은 긍정적인 효과를 가져왔을지도 모른다. 그것은 적은 비용으로 평화를 유지하는 방법, 그리고 다수의 조공국을 유지할 수 있는 방법일 수 있기 때문이다. 그러나 이러한 나라가 전 지구적인 경쟁의 장으로 들어가면, 그전까지만 해도 자산이었던 것이 부채로 변하게 된다. 더 강력하고, 더 개입적이고, 더 민활한 형태의 정치체가 생존을 위해 필요하기 때문이다. 그리하여 청나라는 어떻게 자신을 근대국가로 조직화할까 고민하는 과정에서 유럽의 민족/국민 국가 모델을 참조하였다. 동시에 중국은 유럽 제국주의 국가들의 팽창이 만든 보다 큰 정치적·경제적 네트워크 안으로 점점 더 포섭되어갔다.

외교 관계라는 면에서 보면, 1842년 난징조약과 1858년 톈진조약은 청나라를 거센 국제 경쟁의 새로운 장으로 몰아넣는 계기가 되었다. 새로운 국제질서는 한때 청나라가 뽐내던 보편적인 '중화' 관념을 위한 여지를 거의 남겨두지 않았다. 주변국들이 더 이상 청나라의 제국적 비전에 맞추어 행동하지 않았기 때문이다. 옌푸 같은 지식인들이 번역한 책들에 나타나 있었듯이, 이 새로운 세계는 국가들이 헤게모니를 쥐기 위해 전보다 훨씬 강력한 경쟁을 벌이고, 패배한 국가는 지도에서 사라지기까지 하는 그러한 세계였다.

일단 중국이 웨스트팔리아적 정치 세계 속으로 진입하자, 세계의 지도국으로서 누릴 문화적 혹은 정치적 정당성 같은 것은 남아 있지 않았다. 중국의 활동가와 지식인 들은 이제 어떻게 하면 이 치욕스러운 자리에서 떨쳐 일어나 강력하고 근대적인 민족국가로서 새로이 설 것인가 하는 문제에 집중하였다. 그들은 민족주의를 서양에 대항하여 자신들을 효과적으로 방어할 도구로 간주하였다. 민족주의는 애국적 열정을 동반하곤 하기 때문이었다. 처음에 중국 민족주의는 반만주족주의anti-Manchuism 및 한족 원原민족주의Han proto-nationalism의 형태를 띠었는데, 그것은 얻는 만큼이나 잃는 것도 있었다. 만주족에 대한 반감은 1911년에 청나라를 전복하는 데는 공헌하였을지라도 민족 분리주의가 자라나는 대가를 치러야만 하였다. 강한 한족 원민족주의는 다른 언어, 종교, 문화를 가진 민족들 간에 심각한 긴장을 불러일으켰다. 이에 중국 정부는 공통된 언어와 전통 들로 통일된 정치 공동체 안에 다양한 민족을 묶어내야 하는 과제에 다시금 직면하게 되었다.

현대 중국은 상당한 정도로 청나라와 20세기 중국의 역사적 체험을 통해 형성되었다고 해도 과언이 아니다. 무엇보다 청나라가 중앙유라시아를 정복했기 때문에 중화인민공화국PRC: People's Republic of China은 현재 누리는 것처럼 광대한 국토를 차지할 수 있었다. 그 이면으로 중화인민공화국은 종종 티베트, 위구르, 그리고 그 밖의 소수민족이라는 정치적 층위를 가지고 일정한 자치권을 누리는 집단들이 벌이는 격한 분리주의운동에 자주 직면하게 되었다.

중화인민공화국이 민족국가라는 외교적 인정을 받고 있는 반면, 자신의 정체성을 논할 때는 '중화' 관념에 호소한다는 사실은 흥미롭다. '중화'란 중국사 내내 제국적 중심성을 지칭하는 초왕조적 용어a trans-dynastic term referring to imperial centrality였기 때문이다. 중화인민공화국 측의 노력으로 그 중화라는 용어는 이제 민족국가라는 정치적 상상력과도 연관되게 되었다. 용어 자체의 긴 역사에서 볼 때 중화는 새로운 단계에 진입한 셈이다. 그만큼 중화라는 용어의 의미는 더 애매해진 셈인데, 그 애매함은 중화라는 용어의 적용 대상을 긴 시간대에 걸쳐 찾아내고자 하는 시도에 따르는 부대 효과라고 할 수 있다. 그 애매함을 무릅쓰고 중화인민공화국이 굳이 '중화'라는 용어를 채택함으로써 중화인민공화국은 과거에 존재한 왕조국가들과 일정한 관계를 맺을 수 있었고, 결과적으로 장구한 연속성 아래 자신을 위치시키는 데 성공한 것이다. 그 결과 우리는 그 긴 중화의 역사를 보며 거의 신비감이 느껴질 정도의 긴 시공간적 연속성spatiotemporal continuity을 느끼게 된다.

그런데 '중화'라는 말은 세계의 중심에 대한 상징으로서 오랫동안 사용되었으니만큼, 중국이 그저 세계에 존재하는 숱한 나라 중 하나에 불과한 것이 아니라 대단한 문명을 구현하는 소명을 가진 선도적인 존재라는 울림을 준다. 그리고 그러한 이미지는 경제적 발전, 교육적 진보, 국방 등 제 방면에 걸쳐 국민의 에너지를 동원하고 결집하는 데 효과적이다. 중화 관념은 지속적으로 많은 사람의 기대 수준을 형성하고, 그 기대를 통해 일정한 정치적 상상력을 추동해나갈 수 있다. 예컨대 중화 관념을 환기함으로써 정치 행위자들은 중국이 세계 역사에서 문명의 중심 역할을 해왔다는 생각을 고취하며, 그러한 생각은 다시 중국이 그러한 전통적인 지위에서 한동안 탈락하고 말았다는 아쉬움을 생산하고, 이어서 애국자들에게 잃어버린 중화의 옛 영광을 회복하라고 촉구할 수도 있는 것이다.

혹자는 중화인민공화국이 고대에서 현재에 이르는 중화라는 그 큰 흐름을 전유하는 것은 아주 자연스럽다고, 그것은 어느 나라가 소속감을 취하는 방식과 다를 바 없다고 대꾸할 수도 있을 것이다. 즉, 많은 전통 왕조가 중화의 역사를 자기 것으로 삼고자 했듯이, 중화인민공화국도 그저 그 이전에 존재한 왕조를 선행하는 역사로 인정할 뿐이라고 주장할 사람도 있을 것이다. 그러나 사회주의 국가로서 신중국New China과 왕조국가로서 구중국Old China 간의 선명한 구별을 통해 과거와 결별하고자 애썼던 중화인민공화국이 새삼 자신을 과거의 유산인 '중화'의 계승자로 자처하는 것은 의미심장하다. 원래 마르크스주의 이론에서는 민족 관념이 특히 중요한 위치를 점한다고 하기는 어렵다. 그래서 사람들은 종종 마르크스주의자라면 민족주의자가 아니라고 생각하기 쉽다. 그러나 베네딕트 앤더슨은 마르크스주의자는 민족주의자가 아니라는 선입견을 불식할 필요가 있음을 역설한 바 있다.[73] 베네딕트 앤더슨이 지적한 것처럼, 아시아 정치에서는 마르크스주의와 민족주의가 종종 뒤얽혀 있다. 실로 20세기에 성공적이었던 혁명들은 민족주의적 배경을 갖고 있다.

그런데 적어도 이론상으로는, 마르크스주의 내의 정치적 정체성은 우리가 어떤 과거사를 갖고 있느냐보다는 역사적 발전 법칙에 의해 어떤 방향으로 나아가는 존재이냐에 더 달려 있다. 그러한 '전향적' 마르크스주의가 호소력을 잃어가자 중화인민공화국에서는 정체성에 대한 근본적인 재성찰이 요청되고 있는 것으로 보인다. 한 가지 실행 가능한 방법은 '후향적'이 되는 것, 즉 과거에 호소하는 것이다. 공유하는 문화적 과거는 종종 집단 정체성의 기초를 제공한다. 그것이 바로 중화인민공화국이 자신을 중국사의 흐름에서나 의미 있을 네트워크 혹은 멤버십의 범주를 통해 자신을 정의하는 데 열중하는 이유인 것으로 보인다. 중화인민공화국이 당면한 문화적·정치적 정체성에 대한 고민을 해결하는 데 역사는 그 나름대로 유용해 보인다. 특히 중화 관념을 환기하는 일은 이 지구촌화하는 세계 속에서 통일 제국이라는 현실 혹은 이미지를 재창조하는 데 일조한다.

그런데 마르크스주의와는 달리, 역사는 미래를 예측하는 일을 주된 업무로 삼지 않는다. 따라서 역사는 중화인민공화국이 과거에 존재했던 중국성의 어떤 형태를 전유함에 의해 과연 어디로 나아갈지 정확하게 알려주지는 않을 것이다. 그러나 중화 관념과 관련된 이 중국의 복잡한 역사는 오늘날의 상황을 있게 한 조건, 사상, 행동을 이해하는 데 도움을 준다. 오늘날 중국이 과거로부터 이어진 매끈한 연속체라는 견해에 새삼 의문을 제기하기 위해서는 보다 넓은 역사적 관점을 채택할 필요가 있다. 조기 근대 시기 동아시아에서 중화와 관련된 여러 경쟁적 견해가 존재했다는 사실은 중국성 논자들에 의해 아직 큰 주목을 받지 못해왔지만, 그 사실은 동아시아 민족국가들이 등장한 방식에 대해 논쟁거리를 제공할 것이다. 이 사안의 중요성을 일깨우는 데 도움이 되는 한 가지 방식은 다음과 같은 가정을 해보는 것이다.

만약 중화인민공화국이 청나라를 계승하지 않고 명나라를 계승했다면 상황이 어떠했을까? 만약 중화인민공화국이 명나라를 계승했다면, 중국성의 세 가지 원천(공간적 원천, 민족적 원천, 문화적 원천)은 보다 더 잘 결합되고, 그리하여 그에 관한 의문은 덜 제기되었을 것이다. 반면, 중화인민공화국의 영토는 훨씬 더 줄어들었을 것이다(청나라의 영토는 명나라의 두 배이다). 명나라 때는 중국성을 이루는 여러 요소가 하나로 결합된 덩어리로 여겨지기 쉬웠건만, 청나라 이래로 동아시아의 국가들은 중국성을 이루는 여러 요소를 자기 이해관계에 맞게 분리하였다. 그러므로 중화인민공화국이 청나라를 계승하였을 때, 넓디넓은 영토를 누리기는 좋은 상황이었지만, 통합된 중국성의 정의를 누릴 만한 처지는 아니었다. 그렇다면 청나라의 영토 확장은 중국성의 통일적 성격을 희생한 대가로 얻어진 것이라고 해도 과언이 아니다. 이러한 점은 보다 넓은 역사적 시각으로 근대사를 바라보아야만 비로소 시야에 들어온다.

대한제국과 일본

근대사가 격변하는 와중에도 중화 관념은 그 작동을 멈추지 않았다. 특히 한국이 근대국가로 변모하는 과정에서 그러하였다. 대한

| **고종** | 제국주의 열강의 조선 침략에 맞서 조선의 고종은 책봉-조공 관계로 이루어진 동아시아 국제질서에서 벗어나 1897년 대한제국을 선포하고 초대 황제가 되었다. 이때의 명분은 청나라가 더 이상 중화를 칭할 자격이 없기 때문에 한국이 그 지위를 계승하겠다는 것이었다. 사진은 1884년 당시 고종의 모습으로, 천문학자이자 『고요한 아침의 나라 조선(*Choson, the Land of the Morning Calm*)』의 저자이기도 한 퍼시벌 로웰(Percival Lowell)이 촬영했다. 미국 보스턴 파인아트박물관 소장.

제국의 통치 엘리트가 정치 담론상에서 중화의 픽션을 살려 자신들의 현실을 구성한 것은 주목할 만한 사실이다. 이 점은 당시 국제 관계의 영역에서 분명히 보인다. 예컨대 제국주의 열강의 조선 침략에 대한 반응으로서, 조선의 제26대 왕인 고종高宗(1852~1919, 재위 1863~1907)은 한국을 제국으로 선포하고, 1897년 대한제국의 초대 황제가 된다. 당시 명분은 청나라가 중화를 칭할 자

격이 없으니, 한국이 명나라의 자리를 계승하겠다는 것이었다. 이러한 행동에 담긴 정치적 함의 중 하나는 한국이 더 이상 청나라의 조공국이 아니라는 것이었다. 즉, 여기서 '중화'란 근대 주권 국가로 발돋움하려는 한국에 입헌적 허구constitutional fiction와 비슷한 어떤 것으로 작용한 것이다. 이로써 청나라의 종주권 주장을 부정하고, 한국 스스로 웨스트팔리아 시스템에 들어가는 이데올로기적 명분을 얻었다.

일본은 어떠했는가? 20세기 전반기에 상당수의 일본 지식인들은 중국 문명의 유산과 중국이라는 특정 나라를 분리하려고 시도하였다. 그들은 '동양 문화Oriental Culture'와 '동양사Oriental History'라는 해석틀을 제시하였다. 그들이 말하는 동양 문화나 동양사는 특정 나라의 경계를 넘어서는 것이며, 특히 중국과 일본이 공유하는 것이었다.[74] 이 견해에 따르면, 동양 문화라는 것이 비록 중국에서 기원했다고 할지라도, 중국은 현재 쇠락 중이다. 일본이 그 어떤 여타 아시아 국가들보다 훨씬 더 선진적인 민족국가이기 때문에 이제 일본이 동양 문화의 리더십을 잡았다. 이것은 중국 문명이 조기에 발전했다는 사실과 근래 아시아에서 일본이 리더로서 성장했다는 사실을 조합하고 타협한 결과였다. 요컨대 일본은 새롭게 떠오르는 중화의 체현자로서 쇠락하는 중국을 대체하게끔 되었다는 말이다. 한 걸음 더 나아가 일부 일본 지식인들은 동양the Orient이 서방the Occident보다 더 우월하다고까지 주장하였다. 이는 일본이 세계의 중심이 될 운명이라는 함의를 띤 주장이었다. "서양 열강들로부터 자유롭되 일본이 주도하는 아시아 국가들의 블록"이라는 의미를 지닌 대동아공영권大東亞共榮圈 같은 일본 제국주의 프로파간다는 이러한 정치 이데올로기의 표현이었다.[75]

현대 세계의 중화

현대 중국의 정치사상가가 응답해야 하는 도전과 조건은 무엇인가? 적지 않은 사람들에게 21세기를 살아간다는 것은 경제적 상호 작용과 사회적 상호 작용이 거침없이 진행되는 지구촌 시대를 산다는 것을 뜻한다. 자본의 흐름과 새로운 기술의 발명으로 국가 간 연결은 전보다 훨씬 더 서로 긴밀해졌다. 사람들의 삶에 큰 영향을 끼치는 결정과 동학 들은 국경 안에 국한되지 않고 갈수록 국경을 넘고 있다. 국경에 기반한 정치 형태가 여전히 중요하지만 국경을 넘는 정치 행위의 중요성 또한 날로 커져가고 있다. 지구화 시대라는 이 역사의 새로운 단계는 정치 행위자들에게 지금까지 경험하지 못한 위협과 기회를 선사한다. 특히 긴밀해진 연결성connectivity이 어떻게 얼마나 엄연히 상존하고, 또 때로는 강화되기까지 하는 착근성着根性, embeddedness과 조화를 이룰 수 있을지는 좀 더 기다려보아야 한다.

중국도 예외가 아니다. 중국이 지구촌의 강자로 빠르게 성장한 사실은 21세기의 중요한 정치적 전개 중 하나이다. 중국은 시장 지향적 발전에 몸을 실으면서 점점 더 심화되는 연결성에 연루되었다. 다른 나라들과 물품과 사상을 교환하는 보다 큰 세계 속으로 통합된 것이다. 그리고 중국은 국제 정치무대에서도 점점 더 중심적인 역할을 하고 있다. 다른 한편, 중국의 마르크스주의는 점점 그 적실성을 잃어가고 있고, 그로 인하여 중국 사람들은 자신들의 전통을 새삼 되돌아보게 되었다. 근 몇십 년 동안 중국 정부는 통합된 국가라는 아이디어에 열정적으로 집착해왔다. 어떤 부분도 소외되지 않은 대체로 통합된 전체로서의 중국, 그러한 통일 국가가 수천 년 동안 존재해왔다고 믿고 싶어 한다. 그리고 많은 중국 사상가는 마르크스주의 이후 중국 사회가 굳게 발디딜 수 있는 질서가 무엇인지 궁금해하며, 그에 관한 이론을 개발하기를 희망한다. 이런 맥락에서 지금까지 주로 역사 발전의 장애로 여겨져온 중국 전통이 중국을 다시 만들 수 있는 자원처럼 보이기 시작했다.

요컨대 중국은 모순에 사로잡혀 있는 듯하다. 한편으로는 지구화에 헌신하고, 다른 한편으로는 자신의 정체성을 형성해온 구획된 역사적 과정the bounded historical process에 헌신하고 있다. 현재 중국을 추동하는 핵심 원동력 중 하나는 지금까지 지켜온 '중화'라는 정체성 표지가 강조해온 바와 같이, 어떻게 자신이 최고 존엄이라는 의식을 유지하는 동시에 어떻게 이 지구촌화된 세계의 일원으로 존재해나갈 것이냐 하는 문제의식이다. (상당수의)

중국정치사상가들이 마주한 핵심 도전이란, 이 두 가지 도전에 잘 응답할 수 있는 정치 이론을 발명하고, 그것을 통해 팍스 시니카Pax Sinica(중국이 주도하는 평화적인 질서)의 야심이 현실적인 동시에 바람직한 가능성이 되게끔 만드는 일이다. 물론 중국이 드러내놓고 군사적인 방식으로 제국적인 움직임을 보인다면, 감당하기 힘든 큰 비용을 치르게 될 것이다. 최악의 경우 지구 전체를 파괴하는 대가를 치러야 할지도 모른다. 그보다 수용 가능한 방식은 중국 문명이 세계 문명의 풍요로운 자원 중 하나로 재등장하게끔 세계질서를 구축하는 일이다.

이러한 맥락에서 제국이라는 보편적인 개념이 변화하는 사회적·경제적·정치적 조건들과 맞물려 새로운 양상으로 다시 등장하고 있다. 예컨대 적지 않은 정치사상가들이 중국이 그간 '동아시아'라는 차원이 아니라 '천하'라는 차원에서 자신의 정치적 상상력을 발휘해왔다는 사실에 주목한다. 그들이 보기에 중국의 천하 개념은 21세기 중국이 물려받은 유의미한 사상 자원이다. 새로운 세계질서를 상상하는 데 중국의 천하 개념이 시사점을 줄 수 있다는 것이다.[1]

이 책은 흔한 환원론적 설명에 매몰되지 말고 중국정치사상 전통을 보다 역사적으로 이해하자고 제안한다. 바야흐로 중국이 새로운 제국을 자임하면서 세계질서를 주도하려 드는 마당에, 그리고 그러한 작업을 정당화하기 위해 자국의 정치사상 전통을 소환하려 드는 마당에, 이른바 중국정치사상의 '역사적' 이해는 중요한 함의를 가진다. 첫째, 현대 중국이 소환하고자 하는 제국적 비전은 중국 사상 전통 내에 존재하는 많은 사상 자원 중 하나에 불과하다. 둘째, 그렇게 소환하는 시도 자체가 중국정치사상이 여전히 활력을 가지고 있으며, 동시에 매우 논쟁적인 개념적 영역임을 드러낸다.

중국정치사상 전통이 이런 식으로 새로운 활기를 띠는 현상을 잘 음미하기 위해서는, 역사적 이해뿐 아니라 자기 충족적 예언self-fulfilling prophecy 개념 역시 유익하다. '중화'는 사실의 묘사가 아니라 집단적인 지향성collective intentionality의 형식인 경우가 많다. 그 안에는 중국이 세계 문명의 중심이 될 운명을 타고났다는 압도적인 감각이 내장되어 있다. 그러한 감각은 어떤 공유된 기대shared expectations를 재생산하며, 사람들은 자신들이 스스로 창조한 그 기대를 실현하기를 원한다. 다시 말해 '중화' 이데올로기 주창자들은 어떤 공유된 기대를 추동하고, 행위자들은 바로 그 기초 위에서 행동하게 된다. 이처럼 자기 충족적 예언 개념은 중국이 제국적 울림을 가진 새로운 질서를 추구할 때 그 저변에 깔린 원동력의 많은 부분을 설명해준다. 이렇게 보았을 때, '중화'는 중국에 '중화'가 있다고 사람들이 집단적으로 믿을 때 비로소 존재하게 된다고 말할 수 있다. 마치 '사랑'이 존재한다고 행위자들이 집단적으로 믿을 때 '사랑'이 비로소 존재하게 되는 것처럼. 그리하여 자기 충족적 예언 개념은 행위자라는 이슈를 제기한다. 누가 현실이라는 이름으로 혹은 역사라는 이름으로 그와 같은 기대를 창조하고, 또 누가 그 기대를 충족할 것인가? 중국의 고전인 『중용中庸』은 이렇게 말한다.

오직 천하의 지극한 성인만이 총명과 예지를 갖추어서 세상에 군림할 수 있고, 너그러움과 온유함을 갖추어 포용할 수 있고, 강함과 굳셈을 갖추어 대사大事를 주관할 수 있고, 엄숙함과 공정함을 갖추어 공경할 수 있고, 조리 있고 세밀한 관찰력을 갖추어 사리를 분별할 수 있다. 넓고 광대함, 그윽하고 심원함이 제때에 맞게 나온다. 넓고 광대함은 하늘과 같고, 그윽하고 심원함은 연못과 같다. 모습을 드러내면 백성들이 공경하지 아니함이 없고, 말하면 백성들이 믿지 아니함이 없고, 행동하면 백성들이 기뻐하지 아니함이 없다. 그러므로 중국의 명성이 가득 차고, 오랑캐에게까지 퍼져나가 배와 수레가 닿고, 사람 힘이 통하고, 하늘이 덮고, 땅이 싣고, 해와 달이 비추고, 서리 이슬이 맺히는 곳에 혈기 있는 사람치고 존경하고 친애하지 않는 이가 없다. 그래서 "하늘을 짝한다"고 한다.[2]

1 서론

1 나는 중국정치사상 분야의 연구 현황과 당면 문제에 대해 Kim(2013)에서 자세히 다룬 바 있고, 지금 논의는 그에 기초한 것이다.

2 샤오궁취안(蕭公權, 영문명 Kung-chuan Hsiao, 1897~1981). 자(字)는 공보(恭甫), 필명은 군형(君衡). 중국 장시성(江西省) 타이허현(泰和縣) 출신이다. 중국 칭화대학(淸華大學)에서 가르쳤고, 미국 워싱턴대학에서 교수로 재직하다가 퇴임하였다. 저작으로는 『政治多元論』, 『中國政治思想史』, 『中國鄕村』, 『康有爲思想硏究』 등이 있다. 영문 저작으로는 『중국정치사상사』 외에도 *Rural China: Imperial Control in the Nineteenth Century*(University of Washington Press, 1960); *A Modern China and a New World: K'ang Yu-Wei, Reformer and Utopian, 1858-1927*(University of Washington Press, 1975) 등이 있다.

3 영문 저작 Hsiao(1979)는 1945년에 출간된 샤오궁취안의 중국어 저작의 영어 번역본이다.

4 뤼쓰몐(呂思勉, 1884~1957). 자는 성지(誠之), 필명은 노우(駑牛). 중국 장쑤성(江蘇省) 창저우부(常州府) 양후현(陽湖縣) 출신이다. 화둥사범대학(華東師範大學) 역사학과(歷史系) 교수를 역임했다. 첸무(錢穆)의 제자 옌겅왕(嚴耕望)은 현대 중국의 4대 역사학자로 뤼쓰몐과 더불어 첸무(錢穆), 천위안(陳垣), 천인커(陳寅恪)를 꼽았다. 저작으로는 『理學綱要』, 『宋代文學』, 『先秦學術槪論』, 『中國民族史』, 『中國社会史』, 『文字學四种』, 『呂著史學與史籍』, 『經子解題』 등이 있다.

5 뤼전위(呂振羽, 1900~1980). 자는 행인(行仁), 필명은 신광(晨光). 중국 후난성(湖南省) 우강현(武岡縣) 출신이다. 중국사회과학원(中國社會科學院) 역사연구소에서 마르크스주의 시각으로 연구하였다. 저작으로는 『簡明中國通史』, 『中國歷史論集』, 『殷周時代的中國社會』 등이 있다.

6 타오시성(陶希聖, 1899~1988). 중국 후베이성(湖北省) 출신으로, 베이징대학(北京大學)과 베이징사범대학(北京師範大學)에서 가르쳤다. 저작으로는 『潮流與點滴』, 『中國社會同中國革命』, 『中國社會史分析』, 『中國政治思想史』, 『論道集』, 『中國封建社會史』 등이 있다.

7 량치차오(梁啓超, 1873~1929). 근대 중국의 사상가, 개혁가, 역사학자이다. 중국 광둥성(廣東省) 신후이(新會) 출신이다. 저작으로는 『戊戌政變記』, 『新民說』,

『十五小豪傑』, 『清代学術概論』, 『墨子学案』, 『先秦政治思想史』, 『中国歷史研究法』, 『中国近三百年学術史』 등이 있다.

8 이 저작들은 모두 2000년대 들어 중국에서 재출간되었다. 呂振羽, 2008; 呂思勉, 2007; 陶希聖, 2009; 梁啓超, 2010; 陳安仁, 1932; 韓梅岑, 1943; 奏尚志, 1946.

9 朱日耀 主編, 1988, 서문; 劉澤華·葛荃, 2001, 서문.

10 謝扶雅, 1954; 薩孟武, 1969. 싸멍우의 저작(薩孟武, 1969)은 2008년에 중국 대륙에서 재출간되었다(薩孟武, 2008). 楊幼炯, 1970; 葉祖灝, 1984; 張金鑑, 1989.

11 중국정치사상에 관련된 옛 저작들을 재출간하는 데 그치지 않고 새로운 중국 정치사상사도 몇 종 출간하였다. 朱日耀, 1992; 劉惠恕, 2001; 劉澤華, 2008b; 劉澤華·葛荃, 2001; 曹德本, 2004.

12 守本順一, 1967; 岩間一雄, 1968.

13 Kung-chuan Hsiao, 1979, pp. 3-4, 15-16, 20-21.

14 이것은 19세기 말 이래 지적 풍토의 연장으로 보이는데, 그 당시 '전제'에 대한 정의에 대해서는 蕭公權, 1998, 1205쪽을 참조하기 바란다.

15 Kung-chuan Hisao, 1979, p. 19.

16 한편, 샤오궁취안의 『중국정치사상사』가 한국어로 완역되었다(蕭公權 著·崔明·孫文鎬 譯, 『中國政治思想史』, 1998, 서울대학교출판문화원). 그 밖에 한국어로 번역된 중국정치사상사로는 류쩌화 저, 장현근 역, 『중국정치사상사』(전3권), 글항아리, 2019가 있다.

17 페이샤오퉁(費孝通, 1910~2005)은 중국 장쑤성 우장(吳江) 출신이다. 중국의 인류학자이자 중국 사회과학계의 기초를 놓은 인물로 알려져 있다. 저작으로 『綠村農田』, 『中國紳士』, 『內地農村』, 『鄕土中國』, 『中華民族多元一體格局』 등이 있다.

18 중국성에 대한 이 논의는 Kim(2013)에 기초한 것이다.

19 이 책에 내가 적용하고 있는 이론적 입장에 비추어볼 때 '중국'이라고 하기보다는 '중국들'이라는 복수 표현을 사용하는 것이 좋을 것이다. 단순히 중국이라고 표기하면 시간이 흘러도 변하지 않는 본질적인 중국이 있다고 오해할 수도 있기 때문이다. 그러나 그렇게 하면 표기가 너무 번거로워질 것이므로, 간단히 '중국'이라고 표기하기로 한다. 다만, 그렇게 간단히 표기한다고 해서 중국과 관련하여 영토, 정치, 문화적 불변성을 전제하는 것이 아님을 재차 강조해두고자 한다.

20 'ethnic'을 어떻게 번역할 것인가에 대해서는 시안 존스 저, 이준정·한건수 역, 『민족주의와 고고학』, 영남문화재연구원 학술총서 2, 2008, 11쪽을 참조

하기 바란다. 그 논의를 감안하여 이 책에서는 'ethnic'을 민족(의)로 번역하였다.

예컨대 왕부지(王夫之)의 다음 언명을 보라. "하늘은 넓고 고른 하나의 '기(氣)'로 만류를 생장시킨다. 그런데 만류의 생장은 지역의 제한을 받는다. 하늘의 '기'도 그에 따라 변하고, 천명도 그에 따라 달라진다. 중국의 지형은 삼태기[箕]와 같은데, 땅을 유지하는 밧줄[坤維]이 그 뱃대끈[膺]이다. 산은 양분되어 비스듬히 이어져 있다. 하나는 북으로 하란(賀蘭)으로부터, 동으로 게석(碣石)으로 드리워졌다. 다른 하나는 남으로 민산(岷山)으로부터, 동으로 오령(五嶺)으로 드리워졌다. 가운데는 오구(奧區)로서 신고(神皐)가 된다. 변경의 오랑캐들은 옷자락처럼 둘레에 드리워져 있다. 산과 사막이 가로막아 자립한다. 지형에 따라 하늘의 '기'가 달라진다. 성정(性情)이 편하게 여기는 곳에 생리(生理)가 있게 되는 것이다. 구분을 넘어 신고에 진주하면 장점을 흠향할 수는 있다. 그러나 땅이 마땅치 않고, 하늘이 돕지 않고, 성정이 따르지 못하고, 목숨이 불안할 것이다. 그래서 탁발(拓拔)씨가 낙양으로 옮겼으나 실패했고, 완안(完顏)씨는 채읍으로 옮겼으나 멸망했다. 유린(游鱗)은 모래강변에 있고, 소호(嘯狐)는 평원에 있어야 한다. 오랑캐들은 돌아가야 마땅할 것이다!(天以洪鈞一氣生長萬族, 而地限之以其域, 天氣亦隨之而變, 天命亦隨之而殊. 中國之形如箕, 坤維其膺也, 山兩分而兩迤, 北自賀蘭, 東垂於碣石, 南自岷山, 東垂於五嶺, 而中為奧區為神皐焉. 故裔夷者, 如衣之裔垂於邊幅, 而因山阻漠以自立, 地形之異, 即天氣之分. 為其性情之所便, 即其生理之所存. 濫而進宅乎神皐焉, 非不歆其美利也, 地之所不宜, 天之所不佑, 性之所不順, 命之所.")"不安. 是故拓拔氏遷雒而敗, 完顏氏遷蔡而亡, 游鱗於沙渚, 嘯狐於平原, 將安歸哉. 待盡而已矣.)"『독통감론(讀通鑑論)』7《卷十三》(蕭公權, 1998, 1043-1044쪽). 그리고 거자오광(葛兆光)이 소개하는 석개의 다음 발언을 보라. "석개(石介)의 「중국론(中國論)」과 「괴설(怪說)」은 문명적 중심을 재건한다는 의도를 집중적으로 보여준다. 그는 '중국'과 '오랑캐'의 공간적 차이를 아주 엄격히 구별한다. "천하의 가운데 거하는 자는 중국이요, 천하의 변두리에 거하는 자는 오랑캐다.(居天地之中者曰中國, 居天地之偏者曰四夷.)" 또 '중국'과 '오랑캐'의 문명적 차이를 아주 엄격히 구별한다. 군주와 신하의 관계, 관혼상제와 같은 예약 등은 중국의 문명을 보여주며, 머리를 늘어뜨리고 문신을 하거나 가죽옷을 입고 동굴에서 사는 것은 오랑캐의 야만성을 보여준다. 만일 공간적으로 치우친 곳에 처할 뿐만 아니라 문화적으로도 혼란이 발생한다면, "그 나라는 이미 중국이 아니다". 그 때문에 공간적으로 "오랑캐는 변두리에 살고, 중국은 중앙에 살아서 서로 침해하지 않는다(四夷處四夷, 中國處中國, 各不相)". 그뿐만 아니라 지식과 사상, 그리고 신앙적인 의미에서의 경계를 다시 명확하게 하는 것은 무척이나 중요한 일이다. 그는 "중국은 중국이고 오랑캐는 오랑캐다(中國, 中國也, 四夷, 四夷也.)"라고 말한다."(거자오광, 2015, 303-304쪽)

22 대체로 현재의 허난성(河南省), 산시성(山西省), 산둥성(山東省), 허베이성(河北省) 일원을 가리킨다고 한다.

23 한족이라는 것의 실체도 복잡한 논의를 요한다. "물론 춘추시대의 諸夏集團도 이미 단일한 종족 구성이 아니었지만, 이것을 중심으로 발전, 형성된 漢族이란 실제 역사상 동아시아 주변에서 활동한 거의 모든 種族의 부단한 흡수와 융합에 의해서 이루어졌다고 해도 과언이 아니며, 오늘날 중국 소수민족의 조상 중 상당 부분은 漢族의 형성에 합류한 것도 사실이다."(이성규, 1992, 54쪽) "華와 夷의 人的 실체는 각각 '中國人'과 非'中國人'이며, 전자는 夏(華)를 중핵으로 확대 발전한 漢族이며, 후자는 역대 蠻夷戎狄으로 불리운 주변의 諸 非漢族 集團이다."(이성규, 1992, 32쪽)

24 예컨대 다음 언명을 보라. "선조를 중시하고 자손에 관심을 갖는 것은 중국인에 있어서 극히 중요한 전통적 관념이며, 심지어 가치판단에 있어 중국 사상의 근원이 된다. 전통적인 중국인은 자신의 선조와 자신과 자신의 자손 사이에 같은 피가 흐른다는 사실을 발견하고 생명이 끊임없이 흐른다는 생각을 가졌다. 그가 자신을 떠올리면 자신이 이러한 생명의 연장선상에 놓여 있음을 발견한다."(거자오광, 2013, 225쪽)

25 예컨대 캉유웨이(康有爲)의 다음 발언을 보라. "공자는 『춘추』에서 예악과 문장을 중시했다. 이른바 중국과 오랑캐를 구별하는 것은 오로지 문명과 야만을 분별하는 것일 따름이었다. 중국의 예에 합치되면 중국이라 일컫고, 중국의 예에 합치되지 않으면 오랑캐라고 일컬었던 것이다." 康有爲, 『문초』「'민족은 섞여 있고 한족 가운데도 이족이 많고 만주족도 황제를 조상으로 한다'는 것에 대한 고찰[民族難定漢族中異族而滿洲亦祖黃帝考]」(蕭公權, 1998, 1140쪽). 그리고 장빙린(章炳麟)의 다음 언명을 보라. "오늘날 금철(金鐵)주의자들(부강만을 중시하는 유신파 인물들을 지칭)은 '중국이라는 것은 지리적인 개념이다. 중화라는 것은 문화적인 개념이다. 따라서 중화라는 명사는 한 지역의 국가를 이름이 아닐 뿐 아니라, 한 혈통의 종족을 이름도 아니다. 한 문화의 이름인 것이다. 그래서 『춘추』는 동성인 노(魯)·위(衛)나 이성인 제(齊)·송(宋), 그리고 동성도 이성도 아닌 초(楚)·월(越)을 막론하고 중국이 오랑캐가 될 수도 있고 오랑캐가 중국이 될 수도 있다고 했다. 오로지 예교만 따질 뿐 친소의 구별은 없었던 것이다. 그 뒤로 수천 년을 거치면서 수천 수백의 인종이 섞였지만, 중화라는 이름은 그대로였다. 그것으로 미루어보건대 중화가 중화인 소이는 문화라는 것을 분명히 알 수 있다'라고 주장한다.(今有爲金鐵主義說者曰 : 中國云

者, 以中外別地域之遠近也. 中華云者, 以華夷別文化之高下也. 即此以言, 則中華之名詞, 不僅非一地域之國名, 亦且非一血統之種名, 乃為一文化之族名. 故春秋之義, 無論同姓之魯衛, 異姓之齊宋, 非種之楚越, 中國可以退為夷狄, 夷狄可以進為中國, 專以禮教為標準, 而無有親疏之別. 其後經數千年, 混雜數千百人種, 而其稱中華如故. 以此推之, 華之所以為華, 以文化言, 可決知也.)"章太炎, 『中華民國解』(蕭公權, 1998, 1343쪽).

26 James Leibold, 2006.

27 Ien Ang, 2013, p. 70.

28 Alan Patten, 2011, p. 735.

29 또 다른 예는 거자오광, 2013, 904쪽.

30 중국 제국에서 전제주의가 계속 강화되어왔다는 식의 견해는 중국 대륙 학계에 여전히 팽배하다. 이에 관한 중국 대륙 학술 현황에 대해서는 Yuri Pines(2012, pp. 63-68)와 劉澤華(2000)를 참고하라. 이 이슈에 관한 서양 사회과학계의 입장에 대해서는 Von Glahn(2016)을 참고할 수 있다.

31 중화인민공화국 학자들 대부분은 중국의 전근대 시기를 '봉건'이라고 부른다. 程民生, 1999, p. 161.

32 劉澤華, 2000.

33 류쩌화, 2019, 1권, 439쪽.

34 Yuri Pines, 2012, p. 54.

35 Yuri Pines, 2009, pp. 220-222, "제국 이전 시기 지식인들과 이후 시기 지식인들을 관통하는 뚜렷한 공통점 중의 하나는 그들 모두 계속 국가에 집착한다는 점이다. 제국이 (정치적 혼란기만 빼고는) 위신과 권력을 얻는 길을 굳게 독점했다는 사실에 더하여, 이러한 상황은 엘리트들의 선택을 제한하였고, 그 결과 엘리트들의 독자성을 훼손하였다"(Yuri Pines, 2009, p. 183)라는 언명에도 주목할 필요가 있다.

36 Yuri Pines, 2012, pp. 1-14, 44.

37 "프레이저는 "군주제의 출현이 인류를 야만의 상태에서 벗어나도록 하는 데 있어 기본적인 조건이었다"라고 이야기한 적이 있다."(거자오광, 2013, 207쪽) 즉, 그만큼 중국뿐 아니라 여러 지역에서 폭넓게 발견되는 현상이다.

38 Yuri Pines, 2012, p. 70. 예컨대 샤오궁취안은 이렇게 말했다. "진대(晉代)에 중국을 어지럽게 한 여러 오랑캐들로 말하면 그 문화가 모두 낮았고, 중원을 점령한 후에 문화는 자연히 "중국적인 것을 채용함으로써 오랑캐의 것을 고치게 되었던 것이다.""(蕭公權, 1998, 16쪽)

39 R. Bin Wong, 1997, p. 81.

40 Michael Mann, 1984.

41 Timothy Mitchell, 1999.

42 Benjamin A. Elman, 1984, p. xiii.

43 劉惠恕, 2001.

44 Zhengyuan Fu, 1993.

45 Kung-chuan Hsiao, 1979, p. 98.

46 S. N. Eisenstadt, 1993, pp. 153-171.

47 그 밖에 John Duncan, 2002, p. 37 참조.

48 Erasmus, 1997.

49 Lionel M. Jensen, 1998, p. 5.

50 Lionel M. Jensen, 1998, pp. 17-25.

51 류쩌화, 2019, 2권, 411-412쪽.

52 Eugen Weber, 1976.

53 劉澤華, 2000; Yuri Pines, 2012, p. 48.

54 Alan Ryan, 2012, p. 196.

55 이것이 Benjamin Elman et al.(2002)이라는 편집서를 관통하는 주제이다.

56 J. G. A. Pocock, 1980, p. 140.

57 蘇軾, 『前赤壁賦』, "蓋將自其變者而觀之, 則天地曾不能以一瞬, 自其不變者而觀之, 則物與我皆無盡也."(Stephen Owen ed., 1997, p. 294)

58 이 장에서 다룬 유형학적 접근법에 대한 논의와 사례 들에 대한 서지 정보는 Kim(2003)을 참고하기 바란다.

59 Mark Bevir, 2002, pp. 32-34.

60 거자오광, 2013, 35쪽.

61 Zhaoguang Ge, 2014, Introduction.

62 J. G. A. Pocock, 2009, p. 21.

63 J. G. A. Pocock, 1989, p. 11.

64 Jorge Luis Borges, 1999, p. 32.

65 John L. Gaddis, 2004, pp. 32-33.

66 이러한 정치관은 정치를 사회 모순과 계급 모순의 산물이라 본 류쩌화의 견해와는 상당히 다르다. 류쩌화, 2019, 3권, 674쪽 참조.

67 蕭公權, 1998, 7-8쪽.

68 天下爲公, 一人有慶.(『정관정요』 「형법」) - 인용문 원주

69 君人者, 以天下爲公.(『정관정요』 「공평」) - 인용문 원주

70 류쩌화, 2019, 3권, 128쪽.

2 계몽된 관습 공동체

1   엄격히 말해 고대 중국의 사상가들을 논한다는 것은 해당 사상가 본인의 사상을 논하는 것이 아니라 그들과 관련된 편집서에 담긴 사상을 논한다는 것을 뜻한다. 예를 들어『논어』가 얼마나 공자라는 개인의 사상을 충분히 대변하는가에 대해 의문을 가질 수 있다. 편집자가 해당 텍스트에 새로운 요소를 집어넣었는지에 대해서도 질문을 제기해볼 수 있다.『논어』같은 고대 저작을 다룰 때는 언제나 이와 같은 질문들을 염두에 두어야 한다. 중국 대륙에서 새로운 자료들이 속속 발굴되고 있는 사실을 염두에 둔다면 특히 그러하다. 그런데 이러한 이슈를 이 책에서 길게 다루지는 않는다. 이 책이 고대 중국의 사상 텍스트를 진지하게 다루는 이유는 그 텍스트들이 해당 사상가의 '진짜(authentic)' 저작이어서가 아니라, 진짜 저작이든 아니든 오랜 기간 전승되면서 어떤 대표성을 띠게 되었기 때문이다. 이런 점을 나타내기 위해서 나는 각 사상가 이름에 늘 따옴표를 붙여야 할지 모른다. 그러나 편의상 그런 따옴표 없이 진행하고자 한다. 마찬가지 이유로 나는 고대 중국 사상가들과 그들의 텍스트를 연대기 순으로 배열하고자 시도하지 않는다. 그리고 사상가의 이름과 그들 이름을 단 편집서의 이름을 호환적으로(interchangeably) 사용한다. 학자들은『논어』의 마지막 세 장(18장, 19장, 20장)을 뺀 대부분이 다음 장에서 다룰 전국시대 텍스트들보다 더 이른 시기에 이루어진 것이라고 여겨왔다.

2   류쩌화, 2019, 1권, 288쪽.

3   첸무(錢穆)의 연구에 따르면, 공자는 30세에 제자를 받기 시작하였고, 제자 3,000명 가운데 현인이 70명가량이었으며, 제자 대다수가 빈천한 집안 출신이었다. 귀족 출신은 남궁경숙(南宮敬叔)과 송나라의 사마우(司馬牛) 정도였다고 한다. 즉, 공자의 학술은 옛 귀족 문화에 기반한 것이지만 가르침의 대상은 귀족에 국한되지 않았다. 蕭公權, 1998, 82, 87, 227쪽.

4   『사기(史記)』「유림열전(儒林列傳)」에 나온 다음과 같은 진나라 말기의 상황이 진나라와 공자 계열 지식인들의 관계를 보여준다. ""노나라 유자들이 공씨(공자)의 예기(禮器)를 들고 진왕(陳王)에게 몰려갔다. 그리하여 공갑(孔甲)이 진섭(陳涉)의 박사가 되었다.(魯諸儒持孔氏之禮器往歸陳王. 於是孔甲爲陳涉博士.)" 사실 그들은 진섭의 사상적 경향에 대해 그다지 아는 바가 없었다. 그러나 그들은 진나라가 '시서를 불태우고 술사들을 매장시킨 것'에 대한 분노에다 진섭이 향후 거사를 성공할 수 있을지도 모른다는 희망을 걸어 스스로 "가서 예물을 바치고 신하가 되었던 것이다(往委質爲臣)."" (거자오광, 2013, 622쪽)

5   使大司空祠孔子.(『후한서』「광무제기」) - 인용문 원주

6   各以家法教授.(『후한서』「유림열전」) − 인용문 원주

7   會諸博士論難於前, (…) 又詔諸生雅吹擊磬, 盡日乃罷.(『후한서』「桓榮傳」) − 인용
    문 원주

8   류쩌화, 2019, 2권, 596쪽.

9   通保傳傳孝經論語尙書.(『한서』「昭帝紀」) − 인용문 원주

10 류쩌화, 2019, 2권, 709쪽.

11 왕충, 1996, 205쪽. "傳書言 孔子當泗水之葬, 泗水爲之卻流, 此言孔子之德, 能
    使水卻, 不湍其墓也. 世人信之. 是故儒者稱論, 皆言孔子之後當封, 以泗水卻流
    爲證. 如原省之, 殆虛言也."(본문의 인용문은 내가 새로 번역했다.)

12 蕭公權, 1998, 2-3쪽.

13 주지하다시피 문화 전반에 걸쳐 혁신을 추구하였던 신문화운동 주창자들은
    모든 전통에서 탈피하고자 하였다. 그리하여 그들은 전통의 상징인 공자에
    게서 일련의 보수성을 찾는 데 주력하였다. 이와 같은 시도는 현대 중국의 마
    르크스주의 연구자들이 계승한 연구 태도이기도 하였다. 예컨대 류후이수(劉
    惠恕)가 『중국정치철학발전사(中國政治哲學發展史)』에서 논하고 있듯이, 주(周)
    나라 예(禮)의 회복을 주장하는 공자의 입장은 5·4운동 시기 지식인들의 공
    자 평가 이래로, 공자가 보수적 정치 태도를 가졌다고 평가하는 주된 근거
    가 되어왔다(劉惠恕, 2001, p. 73). 그리고 유물사관이 득세하던 시절 중국의 대
    표적 중국정치사상사 연구 중의 하나로 근년에 재차 간행된 뤼전위(呂振羽)
    의 『중국정치사상사(中國政治思想史)』에서도 공자를 서주(西周)시대 이래 기존
    봉건질서를 유지·옹호하고자 한 사상가로서 평가하며, 주공(周公)을 존숭하
    는 공자의 언술은 그러한 평가의 중요한 전거 중의 하나로 활용되고 있다(呂
    振羽, 2008, p. 69). 류쩌화 역시 자신의 중국정치사상사 저술에서 "예라는 측면
    에서 보면 공자는 상당히 보수적이었다"라고 말한다(류쩌화, 2019, 1권, 317쪽).
    그런데 『논어』에는 옛것을 따르겠다는 주장만 있는 것이 아니고, 공자가 시
    도한 새로운 요소를 암시하는 견해도 있다. 이를테면 군자(君子)에 대한 공자
    의 견해는 기존 것과는 질적으로 다른 것으로 주목된 바 있다. 공자의 명시
    적인 '복고(復古)' 언급에도 불구하고 발견되는 일련의 새로운 요소들을 공자
    의 보수성에 주목하는 연구자들은 어떻게 처리하는가? 양유중(楊幼炯)의 사
    례가 보여주듯이, 공자는 다소의 새로운 점에도 불구하고 자기 시대의 한계
    를 벗어나지 못했을 뿐 아니라, 옛 문물제도로 돌아가고자 한 복고주의자였
    다는 것이 가장 흔히 발견할 수 있는 평가이다(楊幼炯, 1970, p. 61). 즉, 『논어』
    에 새로운 점이 있다고 해도 그것은 여전히 복고적 한계 속에 갇혀 있다는
    것이다. 류쩌화는 조금 더 심층적인 근거를 제시한다. 공자는 새로운 요소들

을 기존 구도 내에서 소화해내고자 하는 사유 방식을 가졌으며, 이른바 중용 (中庸) 사상은 그러한 면이 가장 극명하게 드러나는 것이라고 주장한다. 일종의 평형을 추구하는 중용 사상은 아무리 새로운 요소가 들어와도 궁극적으로 그것을 보수화하는 요인이라는 것이다(劉澤華·葛荃, 2001, p. 38). 타오시성 (陶希聖) 같은 학자는, 공자가 사회의 제도와 사상의 근간을 분명히 답습했고, 거기에 새로운 해석을 추가하였을 뿐이라고 본다(陶希聖 2009, 58). 서양의 학자들도 공자의 보수성을 지적해왔다. 이를테면 그레이엄(A. C. Graham)은 중국 고대사상에 대한 자신의 저서에서 공자 부분에 'A conservative reaction: Confucius(보수적 반응)'이라는 제목을 붙였다(Graham, 1989, p. 9). 벤자민 슈워츠(Benjamin I. Schwartz) 역시 공자가 새로운 체제의 탄생 가능성보다는 주 왕조의 권위가 붕괴하는 것을 막고자 하는 데 중점을 두었다는 점을 인정한다(Schwartz, 1985, p. 111). 이러한 관점은 최근의 정치학 저서에서도 반복되고 있다(Fukuyama, 2011, p. 119).

14 물론 현대 학자 중에는 공자 혹은 공자가 제시하는 비전에 대해 충분히 혁신 적이라는 평가를 내리는 이들도 적지 않다(Hall & Ames, 1987). 그런데 공자의 비전에서 어떤 미래지향적 자원을 찾아내고자 하는 이들에게조차 과거 존숭을 명시적으로 표방하는 『논어』의 몇몇 언급만큼은 그들에게도 회피할 수 없는 과제로 남게 된다. 그리하여 공자를 미래지향적으로 해석하는 경우에도 공자의 비전이 가진 불변의 가치 혹은 새로운 현대사회에서 활용될 수 있는 맥락을 강조할 뿐, 공자 스스로가 과거에서 탈피하여 창조적 미래를 지향하였다고 주장하기는 쉽지 않았다. 철저한 혁신적 사상가로 공자를 해석한 이로는 궈모뤄(郭沫若)가 있다. "철저한 좌파 성향을 가진 중국의 탁월한 학자 궈모뤄는 최근에 출판된 저서에서, 공자를 단지 인민의 옹호자였을 뿐 아니라 무장혁명의 선동자로 묘사하였다. 그러나 공자가 무장혁명의 선동자라고 제시된 근거는 극히 박약하며, 공자가 당시의 기존 이익의 도구였다는 과거의 잘못된 비난을 씻으려는 열의가 지나친 나머지, 정반대의 극단에 빠지고 만 것이 분명하다."(크릴, 1989, 179쪽)

15 이 과정과 관련한 『논어』의 진술은 다음과 같다. 『論語』 「爲政」 23, "子張問, 十世可知也. 子曰, 殷因於夏禮, 所損益, 可知也. 周因於殷禮, 所損益, 可知也. 其 或繼周者, 雖百世, 可知也."

16 Frank R. Ankersmit, 2002, pp. 11-12.

17 팔켄하우-젠은 공자의 비전에 반영된 예제의 개혁이 일어나기 조금 전부터 주 나라 창건자들의 영웅화가 시작되었을 가능성을 언급하고 있다. Lothar von Falkenhausen, 2006, p. 156.

18 Morgan(1988)이 이러한 견해를 집약하고 있다.

19 『論語』「陽貨」 5, "公山弗擾以費畔, 召, 子欲往. 子路不說曰, 末之也已, 何必公山氏之之也. 子曰, 夫召我者, 而豈走哉. 如有用我者, 吾其爲東周乎."

20 주나라 초기가 아니라 후기에 공자가 말한 것과 같은 예의 변화가 일어났다고 하여, 그것이 곧 공자 당대 문화의 주류는 아니었다. 팔켄하우젠의 고고학적 연구에 따르면, 예컨대 인본주의와 상충되는 순장 관습은 여전히 공자의 고향인 곡부 부근에서 행해지고 있었다. 그리고 개별 제후국들은 내부 결속 및 외부와의 구별 의식을 발전시키고 있었다(Lothar von Falkenhausen, 2006, p. 181). 공자가 개별 국가들의 정체성을 의식하며 언급한 사례로는 『論語』「八佾」 9, "子曰, 夏禮, 吾能言之, 杞不足徵也. 殷禮, 吾能言之, 宋不足徵也, 文獻不足故也. 足, 則吾能徵之矣."

21 『左傳』「成公13年」, "國之大事, 在祀與戎."

22 그 밖의 지역에 존재한 문화의 대표적 사례가 홍산(紅山)문화, 량져(良渚)문화 등이다.

23 Nicola Di Cosmo, 2002, pp. 6, 102.

24 Valerie Hansen, 2015, p. 43. 주나라가 상(은)나라를 멸망시킨 정확한 연대에 대해서는 많은 논란이 있다. 이 사안에 대해서는 거자오광, 2013, 235쪽 참조.

25 거자오광은 이러한 점복 행위에 관계한 점술가들을 '제1세대 지식인'으로 간주한다. "은허의 복사에는 각 조대의 상당히 많은 '점술가'를 볼 수 있다. 이름만 남아 있는 자가 120여 명인데, 이들은 고대 중국의 제1세대 지식인임에 틀림없다. 그들은 직업적으로 이중적 기능을 담당하였다. 그들은 한편으로 제사 의식을 통해 신의 세계와 소통하며 점치는 방식으로 신의 언어를 전달했는데, 이런 사람을 '무(巫)'라고 한다. 다른 한편 그들은 인간의 바람과 인간의 행위를 기록해두었다가 신의 뜻을 증명하고 후세에 전했는데, 이런 사람을 '사(史)'라고 한다."(거자오광, 2013, 233쪽)

26 『禮記』「表記」, "殷人尊神, 率民以事神."

27 Valerie Hansen, 2015, p. 50.

28 상(은)나라 정복 과정은 복잡했다. 이에 대해서는 류쩌화, 2019, 1권, 72쪽 참조.

29 『書經』「酒誥」, "故天降喪於殷, 罔愛於殷, 惟逸. 天非虐, 惟民自速辜."

30 『詩經』「小雅·祈父之什」〈雨無正〉, "昊天疾威, 弗慮弗圖. … 若此無罪, 淪胥以鋪.(Even those free of any guilt, Fall everywhere in the abys.)"(Karlgren, 1950, #194)

31 『書經』「康誥」, "唯命不於常."

중국정치사상사

32 湯武非受命, 乃弑也. - 인용문 원주

33 冠雖敝, 必加於首; 履雖新, 必關於足. 何者, 上下之分也. 今桀紂雖失道, 然君上
    也; 湯武雖聖, 臣下也. 夫主有失行, 臣下不能正言匡過以尊天子, 反因過而誅之,
    代立踐南面, 非弑而何也? - 인용문 원주

34 不然. 夫桀紂虐亂, 天下之心皆歸湯武, 湯武與天下之心而誅桀紂, 桀紂之民不
    爲之使而歸湯武, 湯武不得已而立, 非受命爲何?(이상『史記』「儒林列傳」) - 인용
    문 원주

35 류쩌화, 2019, 2권, 554쪽.

36 Yuri Pines, 2002, p. 207.

37 Yuri Pines, 2002, pp. 59-69, 205-206.

38 아래 논의의 일부는 김영민(2009)과 김영민(2012a)에 기초했다.

39 반면 샤오궁취안은 유가, 묵가, 도가 세 학파의 배경은 은(상)나라 문화이며,
    그런 점에서 법가와 대조된다고 주장하였다. 蕭公權, 1998, 41쪽 참조.

40 『論語』「衛靈公」1, "衛靈公問陳於孔子. 孔子對曰, 俎豆之事, 則嘗聞之矣. 軍旅
    之事, 未之學也. 明日遂行."

41 『管子』「牧民」, "故刑罰繁而意不恐, 則令不行矣.(Punishments are numerous yet
    the minds of the people are not terrified, orders will not be carried out.)"(Zhong
    Guan, 1985, p. 54)

42 관중에 대한 공자의 평가에 대해서는『論語』「八佾」22, 「憲問」9, 「憲問」16,
    「憲問」17를 참조하기 바란다. 『한서(漢書)』「예문지(藝文志)」에서는『관자』를
    도가로 분류한 반면, 『수서(隋書)』는『관자』를 법가로 분류한다. 샤오궁취안
    에 따르면, 관중은 증세를 주장하지는 않았다. 蕭公權, 1998, 385쪽 참조.

43 『論語』「八佾」22, "管仲之器小哉. ⋯ 管氏而知禮, 孰不知禮."

44 『論語』「八佾」22, "敬鬼神而遠之."

45 『論語』「先進」12, "未知生, 焉知死."

46 이와 같은 자로와 공자의 대화를 재확인해주는 자료가『순자(荀子)』「유좌(宥
    坐)」에 실려 있다. "子路進問之曰, 由聞之, 爲善者天報之以福, 爲不善者天報之
    以禍. 今夫子累德積義懷美, 行之日久矣, 奚居之隱也. 孔子曰, 由不識, 吾語女.
    女以知者爲必用邪. 王子比干不見剖心乎. 女以忠者爲必用邪. 關龍逢不見刑乎.
    女以諫者爲必用邪. 吳子胥不磔姑蘇東門外乎. 夫遇不遇者, 時也, 賢不肖者, 材
    也, 君子博學深謀不遇時者多矣. 由是觀之, 不遇世者衆矣. 何獨丘也哉. 且夫芷
    蘭生於深林, 非以無人而不芳. 君子之學, 非爲通也, 爲窮而不困, 憂而意不衰也,
    知禍福終始而心不惑也. 夫賢不肖者, 材也, 爲不爲者, 人也, 遇不遇者, 時也, 死
    生者, 命也. 今有其人不遇其時, 雖賢, 其能行乎. 苟遇其時, 何難之有. 故君子博

學深謀修身端行以俟其時."

47　Ian Johnston, 2010, pp. 355, 655. 묵자라는 개인, 텍스트, 그리고 묵자학파의 역사에 대한 영어권 연구로는 Johnston(2010, Introduction)을 참조할 수 있다.

48　『墨子』「公孟」, "執無鬼而學祭禮, 是猶無客而學客禮也, 是猶無魚而為魚罟也.(To hold that there are no ghosts, yet to study sacrifices and rituals is like having no guests, but studying the ceremonies for guests. It is like there being no fish, but making a fish-net.)"(Ian Johnston, 2010, p. 687)

49　Edward Craig ed., 1998, p. 455.

50　Yuri Pines, 2002, p. 56.

51　『論語』「里仁」13, "不能以禮讓爲國, 如禮何."

52　Yuri Pines, 2002, pp. 95-104.

53　J. G. A. Pocock, 1989.

54　J. G. A. Pocock, 1989, pp. 43-44.

55　Mark E. Lewis, 2006, pp. 9, 150, 190-196.

56　Valerie Hansen, 2015, p. 32; von Glahn, 2016, p. 11.

57　Yuri Pines, 2002, p. 209.

58　이 책에서 사용하는 '미시'라는 용어는 경제학에서 말하는 거시·미시에서의 미시의 용례나 사회과학의 '합리적 행위자 모델'이나 '게임 이론' 등에서 운위되는 미시성의 용례와는 그 외연과 내포가 다르다. 물론 여기서의 용례 역시 구조보다는 행위자에 초점을 맞추지만, 그에 더하여 규모의 대소, 과잉의 정도, 섬세함의 정도를 모두 아우르는 의미를 갖는다.

59　인간의 미시적 행위를 통제하고자 한 훈육의 사례와 설명은 Foucault(1979, pp. 149-153)를 참조하라. 여기에서 인간의 조율된 미시적 행위들은 예와 동일하지만 다른 컨텍스트 속에서 집행되고 있음을 알 수 있다.

60　미셸 푸코, 2004, 293-295쪽; Foucault, 1979, pp. 188-189.

61　미셸 푸코, 2004, 267-268쪽; Foucault, 1979, p. 170.

62　"The point of application of the penalty is not the representation, but the body, time, everyday gesture and activities; the soul, too, in so far as it is the seat of habits. The body and the soul, as principles of behaviour, form the element that is now proposed for punitive intervention."(Foucault, 1979, p. 128)

63　미셸 푸코, 2004, 267-268쪽; Michel Foucault, 1979, p. 170.

64　푸코가 저항의 차원을 부정했다는 것은 아니다. Foucault(1979, p. 194)와 미

셸 푸코(2005, 109쪽)를 보라. 그러나 몸의 구체적 행위가 어떻게 저항으로 연결되는지에 대한 분석은 세르토의 영역이다. 푸코와 세르토의 관심사가 연결되어 있다는 것은 세르토가 자신의 논지를 분명히 하기 위해 푸코를 비판했던 사실에서뿐 아니라, 다음과 같은 리뷰에서도 드러나고 있다. "비록 세르토가 (명시적으로 그만큼) 많이 말하지는 않았지만, 그의 주된 관심은 '파워'이다."(Ronald Bogue, 1986, p. 368)

65 James C. Scott, 1985.

66 이상의 내용은 Scott(1985)에 기초.

67 예컨대 김동노(2004)와 미조구치 유조 외(2001)가 그렇다. 푸코의 논의를 예에 적용하기 전까지, 혹은 이후에도 상당 부분 공자의 정치사상을 예와 관련하여 논할 때, 대부분의 초점은 예가 신분사회의 공고화로 인한 정치적 의미에 맞추어져 있었다. 劉澤華·葛荃(2001, p. 31)의 경우가 그렇다. 혹은 예에 대한 중시와 형벌을 강조하는 것에 비해 교화를 중시하는 정치를 의미한다는 해석이 주를 이루었다. 예컨대 蕭公權(1998, 116쪽)의 경우가 그렇다. 그리고 예에 대한 정치사상적 해석의 역사에 대해서는 미조구치 유조 외(2001, 5-18쪽)를 참조하기 바란다.

68 미조구치 유조 외, 2003, 450쪽; Donald J. Munro, 1969, pp. 26-27.

69 "구정(九鼎)에 대한 이 같은 신화는 우리들에게 신성한 청동 예기를 장악하는 목적이 제왕의 통치를 합법화시키기 위한 것임을 말해주고 있다. 청동 예기는 명확하면서도 유력한 상징물이 되었는데 그것 자체가 재물(財物)이므로 부(富)를 상징하며 소유한 자는 능히 조상들과 교통할 수 있으므로 성대한 의식을 상징하였고 또한 금속자원의 장악을 상징하고 있다. 이는 바로 종상과의 교통에 대한 독점 및 정치권력에 대한 독점을 의미하는 것이었다."(張光直, 1990, 158쪽), "예를 통해 상제나 하늘에 있는 신령들과의 교통을 독점하고자 하는 목적을 이루었다."(張光直, 1990, 172쪽)

70 『論語』「顏淵」1, "非禮勿視, 非禮勿聽, 非禮勿言, 非禮勿動."

71 상나라에서 주나라로 넘어오면서 예의 의미에 중요한 변화가 일어났다는 사실 자체는 많은 학자의 주목을 받았다. 여기서 그들이 주목한 것은 예의 정치성이라기보다는 종교성이었다. 벤자민 슈워츠, 2004, 87쪽; 시라카와 시즈카 외, 2008, 33, 139쪽.

72 푸코가 거듭 지적했다시피 근대 규율권력의 특징은 권력의 작동에서 인격적 개체가 권력을 행사하는 당사자가 아니라는 점이다. 예컨대 앙시앵 레짐의 경우, 파워는 군주라는 개인에서 기원하지만, 파놉티콘(panopticon)으로 상징되는 규율권력에서 파워는 개인을 넘어선 그 자체 관계망에서 작동한다(Fou-

cault, 1979, p. 202). 이 점은 똑같이 현대인의 노예화 현상을 비판하더라도, 권력의 담지자로서 파워 엘리트라는 실체를 설정한 라이트 밀즈(C. Write Mills)와 푸코가 다른 점이다. 권력의 인격적 담지자를 부인했다는 점에서 푸코의 현대사회비판은 오히려 허버트 마르쿠제(Herbert Marcuse)와 유사하다(Michael Walzer, 1988, pp. 170-177).

73 예가 백성에게 부과되는 것이 아니라는 점은『예기(禮記)』의「곡례(曲禮)」에서 분명히 드러나고 있다. 그 밖의『맹자(孟子)』「등문공장구(滕文公章句)」상(上)에 대한 조기(趙岐)의 주 참조. 예를 자기 부과적이라고 했을 때 공히 그 부과의 주체와 객체가 되는 것은 공자 이후 이른바 사대부층이었다고 할 수 있다.

74 푸코식으로 말한다면, 인격적 차원을 넘어 작동하는 '권력' 그 자체가 이 모든 과정을 조율한다고 할 수 있을는지 모른다. 그리고 예를 주창하는 지배층은 권력의 논리 자체를 완전히 내면화하여 그런 주장을 한다고 여겨질지도 모른다. 그러나 고대 중국의 예 담지자들은, 예의 적절한 수행은 그것이 곧 질서의 구현으로서 완성되는 것이 아니라, 예의 수행이 피통치자의 자발적 감화를 일으켜서 정치적 질서를 확보할 수 있게 되리라고 믿었다. 이것은 권력이 지배 양식으로 객체에게 그러한 훈육을 부과한다는 식으로 예의 정치성을 규정하는 것과는 큰 차이가 있다.

75 벤자민 슈워츠, 2004, 86쪽.

76 『논어』에 나오는 '정(政)'이라는 글자는 오늘날의 시각에서 볼 때는 행정과 관련된 의미가 많다. 물론 광의의 정치에서 행정은 중요한 요소이다. 그러나 협의의 정치를 의미할 때는 '권(權)'이라는 글자가 그 의미에 가깝다.

77 이 '무위(無爲)'가 동아시아 사상사의 텍스트에서 거론되는 모든 '무위'에 대한 논의를 포괄하는 것은 아니다. 주지하다시피 이른바 도가적 무위의 맥락은 이와 매우 다르다.

78 『論語』「爲政」1, "子曰爲政以德, 譬如北辰, 居其所而衆星共之."그리고 이에 대한『주자집주(朱子集註)』참조. "爲政以德, 則無爲而天下歸之, 其象如此. 程子曰爲政以德, 然後無爲. 范氏曰爲政以德, 則不動而化. 不言而信, 無爲而成. 所守者至簡而能御煩, 所處者至靜而能制動, 所務者至寡而能服衆."

79 『論語』「子路」6, "子曰, 其身正, 不令而行. 其身不正, 雖令不從."

80 『論語』「衛靈公」5, "子曰, 無爲而治者, 其舜也與. 夫何爲哉. 恭己正南面而已矣."

81 '나례(儺禮)'란 좋은 신을 맞이하고 역귀를 몰아내는 예식을 일컫는다. 安作璋, 2004, p. 302.

82 『論語』「鄕黨」14, "鄕人儺, 朝服而立於階."

83 클리퍼드 기어츠, 2017, 237-238쪽.

84 『論語』「爲政」1, "爲政以德, 譬如北辰, 居其所而衆星共之."

85 클리퍼드 기어츠, 2017, 144쪽.

86 『孟子』「告子章句」下, "曰孔子爲魯司寇, 不用, 從而祭, 燔肉不至, 不稅冕而行. 不知者以爲爲肉也. 其知者以爲爲無禮也. 乃孔子則欲以微罪行, 不欲爲苟去. 君子之所爲, 衆人固不識也." 물론 이것이 곧 공자가 사구 벼슬을 했다는 사실, 그리고 이러한 일이 실재했다는 사실의 역사적 증거는 아니다. 이 밖에 공자와 관련된 『맹자』에 나오는 구절은 다음과 같다. "공손추가 말하였다. 백이 (伯夷)와 이윤(伊尹)은 어떻습니까? 맹자가 말하였다. (그분들은) 길을 같이하지 않는다. 합당한 군주가 아니면 섬기지 않고, 합당한 백성이 아니면 부리지 않고, 다스려지면 (벼슬에) 나아가고, 어지러워지면 (벼슬에서) 물러나는 이가 백이였다. 무엇을 섬긴들 군주가 아니고, 무엇을 부리든 백성이 아니랴? 다스려져도 나아가고, 어지러워져도 나아간 이가 이윤이었다. 벼슬할 만하면 벼슬하고, 그만둘 만하면 그만두고, 오래 있을 만하면 오래 있고, 서둘러 떠날 만하면 서둘러 떠난 이가 공자였다. 모두 옛 성인들이다. 나는 그렇게 아직 해낸 바가 없으나, 바라는 바가 있다면 공자를 배우는 것이다. 백이와 이윤이 공자에 견주어 이처럼 비등합니까? 그렇지 않다. 사람이 있은 이래로 공자 같은 이는 없었다. 그러면 세 사람 간에 같은 점은 있나요? 있다. 100리 땅을 얻어 임금 노릇을 하면, 모두 제후들의 조회를 받고 천하 통일하였을 것이다. 하나의 불의를 행하고, 한 명의 죄 없는 이를 죽여서 천하를 가지는 일이라면, 이분들 모두 하지 않았을 것이다. 이 점에서는 같다.(曰伯夷伊尹何如. 曰同道. 非其君不事, 非其民不使, 治則進, 亂則退, 伯夷也. 何事非君, 何使非民; 治亦進, 亂亦進, 伊尹也. 可以仕則仕, 可以止則止, 可以久則久, 可以速則速, 孔子也. 皆古聖人也, 吾未能有行焉. 乃所願, 則學孔子也. 伯夷伊尹於孔子, 若是班乎. 曰否. 自有生民以來, 未有孔子也. 曰然則有同與. 曰有. 得百里之地而君之, 皆能以朝諸侯有天下. 行一不義殺一不辜而得天下, 皆不爲也. 是則同.)"

87 『論語』「泰伯」8, "子曰, 興於詩, 立於禮, 成於樂."

88 이 말이 곧 후대에 이르러 공자의 비전이 제대로 실현되었음을 의미하는 것은 아니다. 그것은 다양한 형식으로 다양한 사람에 의해 재해석되고 이용되었는데, 특히 중국정치사상의 장기적 궤적과 관련하여 주목할 점은 다음 두 가지이다. 첫째, 미시성의 정치는 미시성으로 말미암아 이론적으로 부분-전체의 문제를 잉태한다는 점이다. 즉, 미시성의 정치는 미시적인 데서 출발한 정치가 어떤 경로를 통해 거시적인 효과를 성취하는가 하는 이론적 문제를 노정한다. 제도적인 차원에서 이 문제는 중앙 권력이 어떤 매개 경로를 통해 지

방사회를 통치할 것인가 하는 문제와 조응한다. 송대에서 청대에 이르는 동안 비약적인 인구 증가에도 불구하고, 정부의 대(對) 지방사회 행정기구는 비례적으로 증가하지 않은 사실은 사상적 차원에서 이러한 미시성의 정치 전통과 무관하지 않다고 나는 생각한다. 둘째는 미시성의 정치에 참여하는 이들의 정체성 문제이다. 특히, 미시성의 정치의 수혜자들이 얼마나 능동적인 정치 주체가 될 수 있는지에 대한 질문이 제기될 수 있다.

89 Herbert Fingarette, 1972, p. 61.

90 Benjamin I. Schwartz, 1985.

91 예의 어김 사례에 대한 『논어』의 구절은 『論語』 「八佾」 4, 「憲問」 21를 참조하기 바란다. 크릴에 따르면, 공자는 비교적 새로운 것이 분명한 관념을 옛것이라고 말한 경우도 있다(크릴, 1989, 166쪽).

92 『論語』 「衛靈公」 11, "顔淵問爲邦, 子曰, 行夏之時, 乘殷之輅, 服周之冕, 樂則韶舞, 放鄭聲, 遠佞人. 鄭聲淫, 佞人殆." 이 언급에 대한 주희의 주를 보면, 공자가 은나라 수레를 사용한다고 한 것은 곧 주나라 수레를 사용하지 않음을 의미했음을 알 수 있다. 『論語』 「八佾」 14, "子曰, 周監於二代. 郁郁乎文哉. 吾從周." 역대 주석가들의 풀이대로 '감(監)'에 강한 취사선택의 의미가 있다면, 주나라를 따른다는 것은 그러한 갱신의 면모를 가진 주나라를 따른다는 것이므로, 보수적 해석은 타당하지 않게 된다.

93 팔켄하우젠은 자신의 연구가 기존 사상사 서술과 모순된다는 점을 의식하고 있다. 기존 연구자들은 공자의 비전은 주나라 초기 문화의 지적 계승이라고 본다. Lothar von Falkenhausen, 2006, p. 2 참조.

94 Lothar von Falkenhausen, 2006, p. 403.

95 『論語』 「八佾」 12.

96 Hsu Cho-yun, 1978, pp. 583-584.

97 Lothar von Falkenhausen, 2006, pp. 149, 403-404. 『論語』 「八佾」 4, "林放問禮之本, 子曰, 大哉問. 禮, 與其奢也, 寧儉."

98 그리고 그 무렵 군주는 초자연적 힘에 기대어 통치를 하기보다는 스스로의 덕에 의존해야 한다는 생각이 나타났고, 군주의 종교적 권위는 인신적(personal)이기보다는 추상화되었다고 한다. 그리고 예도 종교적 경험보다는 올바른 행위의 준수에 방점이 찍히게 되었다. Lothar von Falkenhausen, 2006, p. 156 참조.

99 Lothar von Falkenhausen, 2006, p. 159.

100 이는 은(상)·주 교체기를 문화의 변혁기로 본 전통적 입장과 배치되는 것이다. 전통적 입장은 적어도 왕국유(王國維)의 은주제도론(殷周制度論)까지 소급

할 수 있다.

101 Lothar von Falkenhausen, 2006, p. 2.

102 Lothar von Falkenhausen, 2006, p. 2.

103 『論語』「述而」1, "子曰, 述而不作, 信而好古, 竊比於我老彭."

104 『論語集註』, "述, 傳舊而已. 作, 則創始也."

105 『禮記』「樂記」, "知禮樂之情者能作, 識禮樂之文者能述."

106 『禮記』「樂記」, "作者之謂聖, 述者之謂明."

107 『論語義疏』「述而」1, "述者傳於舊章也, 作者新制作禮樂也. … 夫得制作禮樂者, 必須德位兼並, 德爲聖人, 尊爲天子者也. … 孔子是有德無位, 故述而不作也."

108 『論語』「述而」20, "子曰, 我非生而知之者, 好古, 敏以求之者也."이 구절에서 는 옛것에 대한 추구를 생이지지(生而知之)와 대구로서 말하고 있다. 성인의 특성이 '生而知之'와 '作'에 있었다는 것을 감안하면, 이 구절과 '述而不作' 구 절은 함께 독해되어야 한다.

109 『論語』「先進」20, "子張問善人之道, 子曰, 不踐迹, 亦不入於室."

110 예컨대 선인(善人)의 경우, 주희는 "바탕은 아름답지만 아직 배우지 아니한 자"로 해석하고, 장재(張載)는 "인(仁)을 하려고 하나 배움에 뜻을 두지 않은 이"라고 해석한다(『論語集註』「先進」20).

111 『論語』「述而」28, "子曰, 蓋有不知而作之者, 我無是也. 多聞, 擇其善者而從之, 多見而識之, 知之次也."

112 『論語』「里仁」1, "子曰, 里仁爲美. 擇不處仁. 焉得知.";『論語』「里仁」2, "子曰, 不仁者, 不可以久處約, 不可以長處樂. 仁者安仁, 知者利仁."

113 『論語』「憲問」28, "子曰, 君子道者三, 我無能焉. 仁者不憂, 知者不惑, 勇者不 懼. 子貢曰, 夫子自道也";『論語』「子罕」29, "子曰, 知者不惑, 仁者不憂, 勇者不 懼."

114 『論語』「雍也」22, "樊遲問知, 子曰, 務民之義, 敬鬼神而遠之, 可謂知矣."

115 『論語』「公冶長」18, "子曰, 臧文仲居蔡, 山節藻梲. 何如其知也."

116 노나라 주공의 묘당을 일컫는다.

117 노나라의 읍. 공자의 아버지가 추읍의 대부였다.

118 『論語』「八佾」15, "子入大廟, 每事問. 或曰, 孰謂鄹人之子, 知禮乎. 入大廟, 每 事問. 子聞之曰, 是禮也."

119 『論語』「爲政」17, "子曰, 由誨女知之乎. 知之爲知之, 不知爲不知, 是知也."

120 『論語』「憲問」28, "子曰, 君子道者三, 我無能焉. 仁者不憂, 知者不惑, 勇者不 懼."

121 그리하여 공자는 예의 변화를 모색할 때나 예의 불변을 주장할 때나 모두 그

궁극적인 기준은 외재하는 전통이 아니라 내재하는 마음속에 있었다. 『論語』「子罕」3, 「陽貨」21.

122 『論語』「陽貨」11, "子曰, 禮云禮云, 玉帛云乎哉. 樂云樂云, 鍾鼓云乎哉."

123 『論語』「陽貨」1, "陽貨欲見孔子, 孔子不見, 歸孔子豚. 孔子時其亡也, 而往拜之, 遇諸塗. 謂孔子曰, 來. 予與爾言. 曰, 懷其寶, 而迷其邦, 可謂仁乎. 曰, 不可. 好從事, 而亟失時, 可謂知乎. 曰, 不可. 日月逝矣. 歲不我與. 孔子曰, 諾. 吾將仕矣."

124 『論語』「爲政」4, "子曰, 吾十有五而志於學, 三十而立, 四十而不惑, 五十而知天命, 六十而耳順, 七十而從心所欲, 不踰矩."

125 『論語』「堯曰」3, "子曰, 不知命, 無以爲君子也. 不知禮, 無以立也. 不知言, 無以知人也."

126 『論語』「子罕」5, "子畏於匡. 曰, 文王旣沒, 文不在玆乎. 天之將喪斯文也, 後死者, 不得與於斯文也. 天之未喪斯文也, 匡人其如予何."

127 『論語集註』「子罕」5.

128 『論語』「子張」22, "文武之道, 未墜於地, 在人. 賢者識其大者, 不賢者識其小者, 莫不有文武之道焉."

129 퀴리 비락은 공자의 감정 개념을 연구했다. 공자 사상에서 감정은 자아와 세계 간의 인터페이스로 기능한다고 주장하였다. Curie Virag, 2017, Chap. 1.

130 Yuri Pines, 2002, p. 184.

131 『論語』「公冶長」13, "子貢曰, 夫子之文章, 可得而聞也. 夫子之言性與天道, 不可得而聞也(已矣)."

132 『論語』「雍也」26, "宰我問曰, 仁者, 雖告之曰, 井有仁/人焉, 其從之也. 子曰, 何爲其然也. 君子可逝也, 不可陷也, 可欺也, 不可罔也."

133 服部宇之吉, 1911, p. 53.

134 『論語』「里仁」3, "子曰, 惟仁者, 能好人, 能惡人."

135 주지하다시피 군자는 공자가 만든 말이 아니다. 『시경(詩經)』과 『서경(書經)』에 다수의 용례가 있는데, 그 구체적인 용례에 대해서는 蕭公權(1998, 116-117쪽)을 참조하라. 샤오궁취안에 따르면 "공자가 '군자'라는 옛 명칭을 그대로 답습하여 쓴 이유는 전통적인 제도를 명시적으로 위반하지 않는 범위 안에서 그가 주장했던 정치적 개혁을 실행하려 했던 때문일 것이다".(蕭公權, 1998, 120쪽)

136 이와 직간접적으로 관련된 정황을 다음과 같은 텍스트에서 볼 수 있다. 1) 『좌전(左傳)』「소공(召公) 3년」에 실린 숙향(叔向)의 발언 "(진의 공족이던) 란(欒), 극(郤), 서(胥), 원(原), 호(狐), 속(續), 경(慶), 백(伯) 등은 조예 계급으로

떨어졌다." 2)『국어(國語)』「진어(晉語)」에 실린 주두(鑄竇)의 발언 "범씨와 중행씨는 서민들의 재난을 걱정하지 아니하고, 진나라를 전횡하려고 꾀했습니다. 지금 그의 자손이 제에서 농사를 지으려 하고 있습니다. (귀족의 특권인) 종묘에 제사를 지내던 것이 밭에서 어려운 일을 하게 된 것입니다. 사람의 이와 같은 변화가 언제 있었습니까?." 3)『좌전』「양공(襄公) 10년」에 실린 왕숙(王肅)의 가신 우두머리의 발언 "가난한 집의 사람들이 모두 높은 계급의 사람들을 업신여기게 되었다."(蕭公權, 1998, 34쪽 참조)

137 Yuri Pines, 2002, pp. 156-171, 204.

138 Hsu Cho-yun, 1965, pp. 34-52, 86-106.

139 Lothar von Falkenhausen, 2006, pp. 370-399.

140 『論語』「述而」26, "子曰, 聖人, 吾不得而見之矣, 得見君子者, 斯可矣."

141 Edmund Burke, 1877, p. 147.

142 『論語』「子罕」3, "麻冕, 禮也, 今也純, 儉, 吾從衆. 拜下, 禮也, 今拜乎上, 泰也, 雖違衆, 吾從下."

143 예의 변화 사례에 대한『논어』구절의 예는『論語』「八佾」4,「憲問」21을 참조하라.

144 『論語』「子罕」30, "子曰, 可與共學, 未可與適道, 可與適道, 未可與立, 可與立, 未可與權."

145 동아시아 사상사에서 '권(權)'과 대구를 이루는 개념은 '경(經)'이다. 그런데 경과 권의 관계에 대해서 한 가지 견해만 존재하는 것이 아니고, 이 관계를 달리 규정해온 다양한 역사가 있다. 그 일단을 보여주는 논문으로는 Wei(1986)가 있다.

146 『論語』「堯曰」3, "子曰, 不知命, 無以爲君子也. 不知禮, 無以立也. 不知言, 無以知人也." 그 밖에도『論語』「泰伯」8, "子曰, 興於詩, 立於禮, 成於樂."

147 예컨대『논어』의 다음 구절을 보라.『論語』「微子」8, "逸民, 伯夷, 叔齊, 虞仲, 夷逸, 朱張, 柳下惠, 少連. 子曰, 不降其志, 不辱其身, 伯夷叔齊與. 謂柳下惠, 少連, 降志辱身矣, 言中倫, 行中慮, 其斯而已矣. 謂虞仲, 夷逸, 隱居放言, 身中淸, 廢中權. 我則異於是, 無可無不可."

148 예컨대『논어』의 다음 구절을 보라.『論語』「子路」18, "葉公語孔子曰, 吾黨有直躬者, 其父攘羊而子證之. 孔子曰, 吾黨之直者異於是. 父爲子隱, 子爲父隱, 直在其中矣."

149 『論語』「子罕」3, "子曰, 麻冕, 禮也. 今也純, 儉, 吾從衆. 拜下, 禮也. 今拜乎上, 泰也, 雖違衆, 吾從下."

150 포콕(J. G. A. Pocock)은 공자의 비전을 설명할 때 인격적으로 충분히 수양된

사람이 발휘할 재량의 힘(the discretionary power)을 고려하지 않는다. 그러나 공자는 기존 예로부터의 이탈 없이는 바람직한 질서는 유지될 수 없는 경우가 있음을 분명히 인정한다. 관습 공동체에 관한 기계적 모델을 발전시키는 대신, 공자는 변화에 탄력적으로 대응하는 역량을 강조하였다.

151 류쩌화는 공자의 중용 사상에 대해 전형적인 절충주의라 보았다. 류쩌화, 2019, 1권, 348-350쪽 참조.

152 '봉건'이라는 말의 용례는 혼란스럽다. 어원적으로는 봉방건국(封邦建國: 邦을 나누고 國을 세운다)의 준말이다. 중국 대륙에서는 근대 이전의 정치질서 전반을 가리키기도 하고, 유럽의 'feudalism'의 번역어로 사용되기도 한다. '봉건'과 '분봉(分封)'을 구별하려는 입장도 있다. "봉건은 영역을 나누고 국을 세운다는 뜻이어서 모든 '봉건'에는 반드시 봉토가 수반되기 마련인데, 이것이 곧 봉읍(封邑) 혹은 봉국(封國)이다. 따라서 주(周)와 한(漢) 시기에 실시된 것은 비록 성격이 다소 차이 나기는 하지만 모두 봉건제에 해당된다. '분봉'의 함의는 봉건보다 다소 확장된 의미인데 봉토가 수반된 '봉건'의 의미를 포함하고, 아울러 봉토가 없는 이른바 '허봉(虛封)' 또한 함께 지칭한다."(주진학 2017, 46쪽)

153 『論語』「里仁」13, "子曰, 能以禮讓爲國乎, 何有. 不能以禮讓爲國, 如禮何."

154 『論語』「顏淵」11, "齊景公問政於孔子. 孔子對曰, 君君, 臣臣, 父父, 子子."

155 Adam Seligman et al., 2008, p. 135.

156 『論語』「雍也」17, "子曰, 誰能出不由戶. 何莫由斯道也."

157 이와 관련된 논의는 Pocock(1989, p. 46)을 참조할 수 있다.

158 Keith Knapp, 1995, pp. 209-216.

159 『論語』「子路」18, "葉公語孔子曰, 吾黨有直躬者, 其父攘羊而子證之. 孔子曰, 吾黨之直者, 異於是. 父爲子隱, 子爲父隱, 直在其中矣."

160 막스 베버, 2018, 37쪽.

161 『한비자』「오두(五蠹)」편을 보라.

162 예와 법이라는 차원에서 고대 중국 제국과 고대 로마 제국은 흥미로운 대조를 이룬다. 로마 제국의 법치에 대해 한나 아렌트(Hannah Arendt)는 다음과 같이 말한 적이 있다. "근대의 역사에서 정복이나 세계 제국 건설의 평판이 떨어지게 된 데는 그 나름의 이유가 있다. 영속성 있는 세계 제국을 설립할 수 있는 것은 국민국가와 같은 정치형태가 아니라 로마공화국과 같은 본질적으로 법에 기초한 정치형태이다. 왜냐하면 거기에는 전 제국을 담당하는 정치제도를 구체적으로 나타내는, 만인에게 똑같이 유효한 입법이라는 권위가 존재하기 때문에, 그것에 의해 정복 후에는 매우 이질적인 민족 집단도 실제로

통치될 수 있기 때문이다."(한나 아렌트 2006, 270-271쪽)

3 정치 사회

1 이와 관련된 상황을 나타내는 언급으로는 다음을 참고할 수 있다. "『사기』15 「육국표」의 기록에 따르면 현왕 5년[363 BC]에 진과 위가 싸운 석문의 전투에서 6만 명이 참수되었고, 신정왕 4년[316 BC]에 진이 조와 한을 깨뜨렸을 때 8만 명의 머리가 잘렸고, 난왕 3년[311 BC]에 진이 초의 군대를 공격했을 때 8만 명이 목을 잃었고, 다시 8년[306 BC]에 의양을 쳐 빼앗았을 때도 8만 명이 죽었다는 것이다. 이 모든 사건이 대체로 맹자가 살았던 시기에 일어난 것이다(난왕 22년에 백기가 한나라를 쳐서 24만 명의 머리를 잘랐다는데 맹자는 그때 이미 죽어서 이 사건을 알지 못했다). 죽은 자의 수가 정확하지 않을 수는 있지만, 『좌전』에 기록된 춘추시대의 전쟁과 비교한다면, 춘추시대가 이 시대보다 낫다는 느낌을 갖게 된다."(蕭公權, 1998, 154쪽)

2 許進雄, 1988, pp. 408-411.

3 이 장에서 논하는 사상가들은 사후에 자신들의 이름을 따서 편집된 텍스트의 뿌리가 되었다.

4 이런 식의 '정치 사회' 개념은 여러 저작에서 발견된다. 이를테면 Pocock(2003, p. 9)과 Ryan(2012, p. 430)을 참고할 수 있다.

5 Yuri Pines, 2009.

6 묵자는 공자보다 한 세대 뒤의 인물로 추정되어왔다. 샤오궁취안은 『회남자(淮南子)』「요약훈」에 기초하여 묵자가 이른바 유가의 영향을 받았다고 주장했는데(蕭公權, 1998, 66쪽), 정작 묵자 텍스트에서 그에 관한 증거를 찾기는 어렵다. 공자와 묵자의 후학들이 누렸던 영향력은 『여씨춘추(呂氏春秋)』「중춘기(仲春紀)·당염(當染)」의 다음 구절에서 추론할 수 있다. "공자와 묵자의 후학은 세상에 영달한 이가 많았는데, 그 수를 헤아릴 수 없을 정도였다.(孔墨之後學顯榮於天下者衆矣, 不可勝數.)"

7 『墨子』「非儒」下, "又曰, 君子循而不作. 應之曰, 古者羿作弓, 伃作甲, 奚仲作車, 巧垂作舟. 然則今之鮑函車匠, 皆君子也. 而羿伃奚仲巧垂, 皆小人邪. 且其所循, 人必或作之. 然則其所循, 皆小人道也."

8 唐文, 2004, p. 496.

9 『墨子』「耕柱」, "公孟子曰, 君子不作, 術而已. 子墨子曰, 不然.人之其不君子者, 古之善者不誅, 今也善者不作. 其次不君子者, 古之善者不遂, 己有善則作之, 欲善之自己出也. 今誅而不作, 是無所異於不好遂而作者矣. 吾以爲古之善者則誅之, 今之善者則作之,欲善之益多也."

10 『墨子』「公孟」, "公孟子曰, 君子必古言服, 然后仁. 子墨子曰, 昔者商王紂, 卿士費仲, 爲天下之暴人. 箕子微子, 爲天下之聖人. 此同言, 而或仁不仁也. 周公旦爲天下之聖人, 關叔爲天下之暴人. 此同服, 或仁或不仁. 然則不在古服與古言矣. 且子法周而未法夏也. 子之古, 非古也."

11 『墨子』「公孟」, "曰, 君子服然后行乎, 其行然后服乎. 子墨子曰, 行不在服."

12 바로 이러한 이유로 순자는 "묵자는 효용에 가려서 문(文)을 알지 못했다(墨子蔽於用而不知文)"라고 말했다.『荀子』「解蔽」.

13 예의 수행이 어떤 감수성/기질을 만들어내기도 한다고 본 공자의 입장은 다음과 같은 부분에 드러난다.『論語』「述而」9;「子罕」10;「衛靈公」10;「憲問」17;「鄕黨」6;「鄕黨」19.

14 널리 알려진 바와 같이 묵자는 유용성을 잣대로 삼아 '유가' 집단이 존숭하는 예식을 과도하고 낭비적이라고 비판하였다.『墨子』「節用」;「節葬」.

15 『墨子』「尙同」上, "古者民始生, 未有刑政之時, 蓋其語人異義. … 其人玆眾, 其所謂義者亦玆眾. … 故文交相非也. 是以內者父子兄弟作怨惡, 離散不能相和合. 天下之百姓, 皆以水火毒藥相虧害, 至有餘力, 不能以相勞, 腐臭餘財, 不以相分, 隱匿良道, 不以相教, 天下之亂, 若禽獸然. … 國君唯能壹同國之義."

16 Thomas Hobbes, 1994, p. 180.

17 Yuri Pines, 2009, p. 33.

18 『墨子』「尙同」上, "是故里長者, 里之仁人也. 里長發政里之百姓, 言曰, 聞善而不善, 必以告其鄕長. 鄕長之所是, 必皆是之. 鄕長之所非, 必皆非之. 去若不善言, 學鄕長之善言. 去若不善行, 學鄕長之善行. 則鄕何說以亂哉. 察鄕之所治者何也. 鄕長唯能壹同鄕之義. 是以鄕治也. 鄕長者, 鄕之仁人也. 鄕長發政鄕之百姓, 言曰, 聞善而不善者, 必以告國君. 國君之所是, 必皆是之. 國君之所非, 必皆非之. 去若不善言, 學國君之善言. 去若不善行, 學國君之善行. 則國何說以亂哉. 察國之所以治者何也. 國君唯能壹同國之義, 是以國治也. 國君者, 國之仁人也. 國君發政國之百姓, 言曰, 聞善而不善, 必以告天子. 天子之所是, 皆是之. 天子之所非, 皆非之. 去若不善言, 學天子之善言. 去若不善行, 學天子之善行. 則天下何說以亂哉. 察天下之所以治者何也. 天子唯能壹同天下之義, 是以天下治也."

19 『墨子』「尙同」上, "上有過則規諫之."

20 Edward, Craig ed., 1998, p. 455.

21 Ian Johnston, 2010, pp. 355, 655.

22 『荀子』「禮論」, "人生而有欲, 欲而不得, 則不能無求. 求而無度量分界, 則不能不爭, 爭則亂, 亂則窮. 先王惡其亂也, 故制禮義以分之, 以養人之欲, 給人之求. 使欲必不窮乎物, 物必不屈於欲. 兩者相持而長, 是禮之所起也."

23 한국의 독자들에게는 순자보다 맹자가 익숙하지만, 도학(道學) 흥기 이전에 순자는 맹자보다 더 영향력이 컸다고 할 수 있다. 그리고 샤쩡유(夏曾佑) 같은 학자는 순자야말로 후대의 군주 전제를 이끈 인물이라고 평가하였다. 거자오광, 2013, 471, 473쪽.

24 『荀子』「王制」, "人生不能無群, 群而無分則爭, 爭則亂, 亂則離, 離則弱, 弱則不能勝物."

25 『荀子』「王制」, "力不若牛, 走不若馬, 而牛馬爲用, 何也. 曰, 人能群, 彼不能群也."

26 『荀子』「富國」, "欲惡同物, 欲多而物寡, 寡則必爭矣."

27 蕭公權, 1998, 188쪽.

28 『荀子』「性惡」, "凡禮義者, 是生於聖人之僞, 非故生於人之性也."

29 『관자(管子)』「치국(治國)」에도 유사한 견해가 있다. "농민, 사, 상인, 공인 이 네 부류의 사람들로 하여금 각자의 능력을 교환하여 일하게 하면, 한 해가 끝났을 때 서로 간의 수입 차이가 없을 것이다. 이런 식으로 하여 백성들은 한 가지 일만 해도 균형을 얻을 수 있다.(使農士商工四民交能易作, 終歲之利, 無道相過也, 是以民作一而得均.)"

30 『荀子』「富國」, "百技所成, 所以養一人也. 而能不能兼技, 人不能兼官. 離居不相待則窮, 群而無分則爭."

31 『荀子』「王制」, "農農, 士士, 工工, 商商一也."

32 『荀子』「富國」, "君子以德, 小人以力."

33 Yuri Pines, 2009, p. 83.

34 Yuri Pines, 2009, pp. 177-180.

35 이러한 노자의 견해는 "백성들은 짐승처럼 살았다. 어린 사람이 나이 든 사람을 부리고, 나이 든 사람은 강한 사람을 두려워했다. 힘센 사람이 현명하다고 여겨졌고, 난폭하고 오만방자한 사람이 존중받았다. 밤낮으로 싸워 쉴 틈이 없었고, 모두 멸망할 지경이었다. 성인은 이러한 사태를 깊이 근심했다. 천하를 위한 대책으로는 천자를 두는 것만 한 일이 없고, 한 나라를 위한 대책으로는 군주를 두는 것만 한 일이 없었다(其民麋鹿禽獸, 少者使長, 長者畏壯, 有力者賢, 暴傲者尊, 日夜相殘, 無時休息, 以盡其類. 聖人深見此患也, 故為天下長慮, 莫如置天子也. 為一國長慮, 莫如置君也.)"와 같은 『여씨춘추』「시군(恃君)」의 내용과 대조된다. 반면 다음과 같은 『회남자』「제속훈(齊俗訓)」의 내용과 통한다. "우물을 파서 마시고, 땅을 갈아서 먹었다. … 친척이라고 해서 서로를 헐뜯거나 칭찬하지 않

았고, 친구라고 해서 서로를 원망하거나 고마워하지 않았다. 예와 의가 생기고, 재물이 귀해지자 거짓이 싹트고, 비난과 칭찬이 앞다투고, 원망과 고마움이 병행했다.(鑿井而飮, 耕田而食. … 親戚不相毀譽, 朋友不相怨德. 及至禮義之生, 貨財之貴, 而詐僞萌興, 非譽相紛, 怨德並行.)"

36 蕭公權, 1998, 627쪽.

37 『韓非子』「備內」, "醫善吮人之傷, 含人之血, 非骨肉之親也, 利所加也."

38 『韓非子』「顯學」, "今巫祝之祝人曰, 使若千秋萬歲, 千秋萬歲之聲聒耳, 而一日之壽無徵於人, 此人所以簡巫祝也."

39 『韓非子』「五蠹」, "古者 … 人民少而財有餘, 故民不爭. 是以厚賞不行, 重罰不用, 而民自治. … 今 …人民眾而貨財寡, 事力勞而供養薄 故民爭, 雖倍賞累罰而不免於亂. … 是以古之易財, 非仁也, 財多也, 今之爭奪, 非鄙也, 財寡也."

40 이에 공명하는 전거 중의 하나가 『관자』「법법(法法)」에 나오는 "법령이 군주보다 높다(令尊於君)"라는 언명이다.

41 즉, 법가적 국가(the Legalist state)는 아무 법에나 기초해서 수립될 수 없다. 에릭 L. 해리스(Eirik L. Harris)는 이 주제에 대해 개척자적인 연구를 수행했다. Eirik L. Harris(2011)를 참조하라.

42 샤오궁취안은 이른바 법가가 도가의 영향을 받았다고 주장하였다. 蕭公權, 1998, 67쪽 참조. 실제로 한비자 텍스트에는 노자와 관련된 「해로(解老)」와 「유로(喩老)」편이 있다.

43 『列子』「楊朱」, "百年壽之大齊. 得百年者, 千无一焉. 設有一者, 孩抱以逮昏老, 幾居其半矣. 夜眠之所弭, 晝覺之所遺又幾居其半矣. 痛疾哀苦, 亡失憂懼, 又幾居其半矣. 量十數年之中, 逌然而自得, 亡介焉之慮者, 亦亡一時之中爾. 則人之生也奚為哉. 奚樂哉. 為美厚爾, 為聲色爾. 而美厚復不可常猒足, 聲色不可常翫聞. 乃復為刑賞之所禁勸, 名法之所進退. 遑遑爾競一時之虛譽, 規死後之餘榮. 偶偶爾順耳目之觀聽, 惜身意之是非. 徒失當年之至樂, 不能自肆於一時. 重囚纍梏, 何以异哉."

44 『孟子』「滕文公章句」下;「盡心章句」上.

45 『列子』「楊朱」, "古之人, 損一毫利天下, 不與也. 悉天下奉一身, 不取也. 人人不損一毫, 人人不利天下, 天下治矣."

46 『孟子』「盡心章句」上, "廣土眾民, 君子欲之, 所樂不存焉. 中天下而立, 定四海之民, 君子樂之, 所性不存焉. … 君子所性, 仁義禮智, 根於心."

47 『孟子』「盡心章句」上.

48 『孟子』「滕文公章句」上, "當堯之時, 天下猶未平, 洪水橫流, 氾濫於天下. 草木暢茂, 禽獸繁殖, 五穀不登, 禽獸偪人. 獸蹄鳥跡之道, 交於中國. 堯獨憂之, 舉舜

중국정치사상사

而敷治焉."

49 『孟子』「滕文公章句」上, "夫物之不齊, 物之情也."

50 『孟子』「滕文公章句」下, "子不通功易事, 以羨補不足, 則農有餘粟, 女有餘布. 子如通之, 則梓匠輪輿, 皆得食於子." 이와 유사한 견해가『관자』에도 보인다. 류쩌화, 2019, 1권, pp. 1082-1083 참조.

51 『孟子』「滕文公章句」下, "子何以其志爲哉. 其有功於子, 可食而食之矣. 且子食志乎, 食功乎."

52 민본 개념이 과연 근대 서양 민주주의 이론에 적실하느냐에 관한 논쟁에 대해서는 Pines(2009, pp. 187, 204-205, 210)를 참조하기 바란다.

53 蕭公權, 1998, 157-158쪽.

54 庶民者, 流俗也. 流俗者, 禽獸也.(『사해(俟解)』) - 인용문 원주

55 民者, 冥也.(『상서정의』「군진소(君陳疏)」) - 인용문 원주

56 天下愚人者多, 智人者少.(『정관정요』「사령(赦令)」) - 인용문 원주

57 故善化之養民, 猶工之爲曲鼓也. 六合之民, 猶一蔭也, 黔首之屬, 猶豆麥也, 變化云爲, 在將者耳! - 인용문 원주

58 民之生也, 猶鑠金在爐, 方圓薄厚, 隨熔制耳! - 인용문 원주

59 是故世之善惡, 俗之薄厚, 皆在於君.(『정관정요』「공평(公平)」) - 인용문 원주

60 류쩌화, 2019, 3권, 52-53쪽.

61 샤오궁취안도 맹자의 민귀(民貴) 사상과 근대의 민권 사상이 구별된다고 인정한다. 蕭公權, 1998, 161쪽 참조.

62 『孟子』「梁惠王章句」下, "不取, 必有天殃. 取之, 何如. 孟子對曰, 取之而燕民悅, 則取之."

63 맹자의 비전에서 백성은 통치자가 얼마나 잘하는지를 따져볼 수 있는 지표로서 기능하는데, 그에 관한 자세한 연구는 Tiwald(2008)를 참조할 수 있다. 통치자가 얼마나 잘 자신의 임무를 수행하느냐에 통치자의 권위가 달려 있다는 보다 이른 시기의 견해에 대해서는 Pines(2002, p. 140)를 참조할 수 있다. 그리고 맹자가 민본 사상을 펼치면서「태서(泰誓)」를 인용하여 "하늘의 봄은 우리 백성의 봄을 통해 이루어지며, 하늘의 들으심은 우리 백성의 들음을 통해 이루어진다(天視自我民視, 天聽自我民聽)"라고 말한다. 그런데「태서」는『서경』의 편명이기는 하지만 후대의 위작이라고 학자들은 본다.

64 이하「불인인지심」장에 대한 논의는 김영민(2007)에 기반해 있다.

65 『孟子』「公孫丑章句」上, "孟子曰, 人皆有不忍人之心. 先王有不忍人之心, 斯有不忍人之政矣. 以不忍人之心, 行不忍人之政, 治天下可運之掌上. 所以謂人皆有不忍人之心者, 今人乍見孺子將入於井, 皆有怵惕惻隱之心. 非所以內交於孺子之

父母也, 非所以要譽於鄉黨朋友也, 非惡其聲而然也. 由是觀之, 無惻隱之心, 非
人也. 無羞惡之心, 非人也. 無辭讓之心, 非人也. 無是非之心, 非人也. 惻隱之心,
仁之端也. 羞惡之心, 義之端也. 辭讓之心, 禮之端也. 是非之心, 智之端也. 人之
有是四端也, 猶其有四體也. 有是四端而自謂不能者, 自賊者也. 謂其君不能者,
賊其君者也. 凡有四端於我者, 知皆擴而充之矣, 若火之始然, 泉之始達. 苟能充
之, 足以保四海. 苟不充之, 不足以事父母."

66 『孟子』「盡心章句」上, "楊子取爲我, 拔一毛而利天下, 不爲也. 墨子兼愛, 摩頂
   放踵利天下, 爲之."

67 『孟子』「告子章句」下, "何必曰利."

68 어떤 판단을 내릴 때 이성과 감정을 개념적으로 확고하게 나누고자 하는 입
   장에 대해서는 Hobbes(1996, pp. 183-200)를 참고할 수 있다.

69 『孟子』「梁惠王章句」上, "詩云, 刑于寡妻, 至于兄弟, 以御于家邦. 言擧斯心, 加
   諸彼而已. 故推恩, 足以保四海, 不推恩, 無以保妻子."

70 Philip J. Ivanhoe, 2002.

71 『孟子』「告子章句」上, "孟子曰, 牛山之木嘗美矣, 以其郊於大國也, 斧斤伐之,
   可以爲美乎. 是其日夜之所息, 雨露之所潤, 非無萌蘗之生焉, 牛羊又從而牧之,
   是以若彼濯濯也. 人見其濯濯也, 以爲未嘗有材焉, 此豈山之性也哉. 雖存乎人者,
   豈無仁義之心哉, 其所以放其良心者, 亦猶斧斤之於木也, 旦旦而伐之, 可以爲美
   乎. 其日夜之所息, 平旦之氣, 其好惡與人相近也者幾希, 則其旦晝之所爲, 有梏
   亡之矣. 梏之反覆, 則其夜氣不足以存, 夜氣不足以存, 則其違禽獸不遠矣. 人見
   其禽獸也, 而以爲未嘗有才焉者, 是豈人之情也哉. 故苟得其養, 無物不長, 苟失
   其養, 無物不消."

72 이를테면 蕭公權(1998)과 풍우란(1977)을 참조하기 바란다.

73 풍우란, 1977.

74 과연 전국시대를 어느 정도로 내전 상태와 유사하게 보느냐에 대해서는 논
   란이 있을 수 있다. 다만 확실한 것은 당시의 제후국들이 일찍이 존재한 적이
   없는 통일 상태를 창조하고자 생각한 것이 아니라, 존재한 바 있던 통일된 상
   태를 복구하고자 하는 생각을 가졌다는 것이다. 물론 다시 통일을 이루는 방
   법과 통일된 이후의 상태가 어떠해야 하느냐에 대해서는 제후마다 사상가마
   다 생각이 다르다.

75 『맹자(孟子)』「양혜왕장구(梁惠王章句)」상에 다음과 같은 대화가 실려 있다.
   "왕이 묻기를, "덕이 어떠하여야 (진정한) 왕 노릇을 할 수 있습니까?" 맹자가
   대답했다. "백성들을 아끼고 보호하여 왕 노릇을 하면 막을 자가 없습니다."
   왕이 묻기를, "과인과 같은 자도 백성들을 아끼고 보호할 수 있습니까?" 맹자

가 말했다. "할 수 있습니다." 왕이 묻기를, "어떤 근거로 내가 할 수 있다는 것을 압니까?" 맹자가 말했다. "저는 호흘이 다음과 같이 말하는 것을 들었습니다.―왕께서 당 위에 앉아 계시는데, 소를 끌고 당 아래를 지나가는 이가 있었습니다. 왕께서 그것을 보시고 "소가 어디로 가는가"하고 물으셨습니다. 대답하기를, "흔종(소를 잡아 피를 기물에 바르는 제사)하려고 합니다." 왕이 말하기를, "그만둬라. 소가 무서워 떠는 모습이 마치 죄 없이 사지로 끌려가는 것 같아 차마 보지 못하겠다." 대답하기를, "그러면 흔종의 예를 폐하리까?" 왕이 말하기를 "어찌 폐할 수 있겠는가? 양으로 바꿔라."― 잘 모르겠습니다만 이런 일이 있었습니까?" 왕이 말했다. "그런 일이 있었습니다." 맹자가 말했다. "이런 마음이면 충분히 진정한 왕 노릇을 할 수 있습니다. 백성들은 모두 왕께서 소를 아끼는 마음에 그러하셨다고 보지만, 저는 왕께서 차마 보지 못하는 마음에서 그러하셨다는 것을 알고 있습니다." 왕이 말했다. "그렇습니다. 진실로 (그런) 백성들이 있습니다. 제나라가 비록 작은 나라지만 내가 어찌 소 한 마리를 아끼겠습니까? 소가 무서워 떠는 모습이 마치 죄 없이 사지로 끌려가는 것 같아 차마 보지 못해서 양으로 바꾼 것입니다." 맹자가 말했다. "왕께서는 백성들이 왕께서 (소가) 아까워서 그랬다고 여기는 것을 이상하게 여기지 마십시오. 작은 것으로 큰 것을 바꾸었으니 그들이 어찌 (진정한 속내를) 알겠습니까? 그런데 왕께서 만약 소가 죄 없이 사지로 가는 것을 가슴 아프게 여겼다면, 소 대신 양을 택한 이유는 무엇입니까?" 왕이 웃으며 말했다. "진정 무슨 마음이었을까요? 나는 그 재물을 아까워해서 양으로 바꾼 것은 아닙니다만, 백성들이 나더러 (재물을) 아까워한다고 여기는 것도 마땅합니다그려." 맹자가 말했다. "마음 상해하지 마십시오. 이것이 곧 인을 행하는 방법입니다. 소는 보고 양은 보지 못했기 때문입니다. 군자는 짐승에 대해서 그들이 살아 있는 것을 보고서는 차마 그들이 죽는 것을 견디지 못합니다. 그들의 소리를 듣고는 차마 그들의 고기를 먹지 못합니다. 그래서 군자는 주방을 멀리합니다."(曰, 德何如, 則可以王矣. 曰, 保民而王, 莫之能禦也. 曰, 若寡人者, 可以保民乎哉. 曰, 可. 何由知吾可也. 曰, 臣聞之胡齕曰, 王坐於堂上, 有牽牛而過堂下者, 王見之. 曰, 牛何之. 對曰, 將以釁鐘. 王曰, 舍之. 吾不忍其觳觫若無罪而就死地. 對曰, 然則廢釁鐘與. 曰, 何可廢也. 以羊易之. 不識有諸. 曰, 有之. 曰, 是心足以王矣. 百姓皆以王爲愛也, 臣固知王之不忍也. 王曰, 然. 誠有百姓者, 齊國雖褊小, 吾何愛一牛. 卽不忍其觳觫, 若無罪而就死地, 故以羊易之也. 曰, 王無異於百姓之以王爲愛也. 以小易大, 彼惡知之. 王若隱其無罪而就死地, 則牛羊何擇焉. 王笑曰, 是誠何心哉. 我非愛其財, 而易之以羊也, 宜乎百姓之謂我愛也. 曰, 無傷也, 是乃仁術也, 見牛未見羊也. 君子之於禽獸也, 見其生, 不忍見其死. 聞其聲, 不忍食其肉. 是以君子遠庖廚也.)"

76　『孟子』「離婁章句」上, "孟子曰, 自暴者, 不可與有言也. 自棄者, 不可與有爲也. 言非禮義, 謂之自暴也. 吾身不能居仁由義, 謂之自棄也. 仁, 人之安宅也. 義, 人之正路也. 曠安宅而弗居, 舍正路而不由, 哀哉."

77　잠재태(潛在態)의 차원에서는 인간이 평등하나, 잠재태가 실현된 상태로 따지자면 인간은 평등하지 않다. 여기서 정치적 조언자의 필요성이 성립하게 된다.

78　Judith Shklar, 1969, p. xi.

79　고자에 대해서는 『孟子』「告子章句」上; 「告子章句」下 참조.

80　『孟子』「告子章句」上, "理義之悅我心, 猶芻豢之悅我口."

81　『孟子』「盡心章句」下.

82　『孟子』「告子章句」下, "白圭曰, 吾欲二十而取一, 何如. 孟子曰, 子之道, 貉道也. 萬室之國, 一人陶, 則可乎. 曰, 不可, 器不足用也. 曰, 夫貉, 五穀不生, 惟黍生之. 無城郭宮室宗廟祭祀之禮, 無諸侯幣帛饔飧, 無百官有司, 故二十取一而足也. 今居中國, 去人倫, 無君子, 如之何其可也. 陶以寡, 且不可以爲國, 況無君子乎. 欲輕之於堯舜之道者, 大貉小貉也. 欲重之於堯舜之道者, 大桀小桀也."

83　『孟子』「告子章句」上.

84　Mark E. Lewis, 2006, p. 193.

85　거꾸로 순자는 장자를 평하여 이렇게 말한다. "장자는 하늘에 가리워 사람을 몰랐다.(莊子蔽於天而不知人.)"(『荀子』「解蔽」)

86　장자의 사상을 상대주의적으로 보는 견해로는 거자오광(2013, 390-391쪽)을 참조하기 바란다.

87　거자오광, 2013, 392쪽.

88　『莊子』「至樂」, "莊子妻死, 惠子吊之, 莊子則方箕踞鼓盆而歌. 惠子曰, 與人居, 長子老身, 死不哭亦足矣, 又鼓盆而歌, 不亦甚乎. 莊子曰, 不然. 是其始死也, 我獨何能無慨然. 察其始而本無生, 非徒無生也, 而本無形, 非徒無形也, 而本無气. 雜乎芒芴之間, 變而有氣, 氣變而有形, 形變而有生, 今又變而之死, 是相與爲春秋冬夏四時行也. 人且偃然寢於巨室, 而我噭噭然隨而哭之, 自以爲不通乎命, 故止之也."

89　『荀子』「禮論」, "生, 人之始也, 死, 人之終也. 終始俱善, 人道畢矣. 故君子敬始而慎終."

4 국가

1 진나라 이전 시기 중국 국가에 대한 논의는 Lewis(2006, pp. 136-168)에 기초하고 있다.

2 Mark E. Lewis, 2006.

3 김병준, 2013.

4 Mark E. Lewis, 1990, pp. 53-96.

5 司馬遷,『史記』「秦始皇本紀」, "丞相綰等言, 諸侯初破, 燕齊荊地遠, 不為置王, 毋以填之. 請立諸子, 唯上幸許. … 廷尉李斯議曰, 周文武所封子弟同姓甚衆, 然後屬疏遠, 相攻擊如仇讎, 諸侯更相誅伐, 周天子弗能禁止. 今海內賴陛下神靈一統, 皆為郡縣, 諸子功臣以公賦稅重賞賜之, 甚足易制. 天下無異意, 則安寧之術也. 置諸侯不便. 始皇曰, 天下共苦戰鬪不休, 以有侯王. … 廷尉議是. 分天下以為三十六郡, 郡置守尉監. … 收天下兵, 聚之咸陽. … 一法度衡石丈尺. 車同軌. 書同文字. … 徙天下豪富於咸陽十二萬戶. … 自極廟道通酈山, 作甘泉前殿. 筑甬道, 自咸陽屬之."

6 이와 관련된 상황은 蕭公權(1998, 463-464쪽)의 내용을 참조할 수 있다.

7 그렇다고 해서 진나라가 근대국가였다는 말은 아니다. 막스 베버는『소명으로서의 정치』에서 다음과 같이 말했다. "사회학적 관점에서 볼 때 다른 모든 정치적 결사체들과 마찬가지로 근대국가란, 국가만이 하는 고유 업무에 의해서가 아니라 그것이 고유하게 지니고 있는 특수한 수단을 준거로 정의될 수밖에 없는데, 그 수단이란 곧 물리적 폭력/강권력이다. … 물론 폭력/강권력이 통상적인 것은 아니며 국가가 의존하는 유일한 수단인 것도 아니다. 누구도 그렇게 말하지는 않는다. 하지만 폭력/강권력이 국가 특유의 수단인 것은 분명하다. 다른 어느 시기보다 (패전과 혁명의 소용돌이에 휘말려 있는) 오늘날은 국가와 폭력/강권력의 관계가 특히나 밀접하다. 과거에는 씨족사회를 필두로 해서 여러 결사체들이 물리적 폭력/강권력을 지극히 정상적인 수단으로 사용했다. 그에 반해 오늘날 특정한 영토 내에서—여기서 영토란 국가를 규정하는 또 다른 특징 가운데 하나인데—정당한 물리적 폭력/강권력의 독점을 (성공적으로) 관철시킨 유일한 인간 공동체는 곧 국가라고 하지 않을 수 없다. 왜냐하면 근대에 와서 국가 이외의 다른 모든 조직체나 개인은 오로지 국가가 정하는 범위 내에서만 물리적 폭력/강권력을 행사할 수 있을 뿐이기 때문이다. 국가는 폭력/강권력을 사용할 권리의 유일한 원천으로 간주되고 있는 것이다."(막스 베버, 2013, 109-110쪽) 이와 같은 베버의 언명에서 알 수 있는 것은 베버가 단순히 폭력을 누가 얼마나 사용하느냐의 사안에 의해 근대국가

의 성격이 규정되는 것이 아니라 폭력의 원천이 누구에게 귀속되어 있느냐의 사안에 의해 근대국가의 성격이 규정된다고 생각했다는 점이다. 즉, 국가 이외의 결사체가 폭력을 사용하더라도 그것이 국가가 정하는 범위에서 이루어졌다면 근대국가의 성격과 어긋나는 것은 아니다. 관건은 폭력의 유무나 사용 주체의 문제가 아니라 폭력의 원천이 어디에 있느냐는 것이다. 『사기』의 내용만 가지고는 과연 당시에 문제가 되었던 것이 '원천'인지, 아니면 단순히 폭력 사용 정도인지 판단하기 어렵다.

8 내가 이에 꼭 동의하는 것은 아니지만, 이러한 요인들 때문에 일부 학자가 진나라를 막스 베버가 정의한 근대국가로 이해하였다. 막스 베버, 2018, 37쪽 참조.

9 Valerie Hansen, 2015, p. 98.

10 전쟁에 기초해서 국가를 설명하는 이론에 관해서는 Tilly(1990) 참조.

11 A. F. P. Hulsewe, 1975, pp. A1-8, 21-27.

12 한나라 봉건제와 주나라 봉건제의 유사점과 차이점은 다음과 같다. "서주의 봉건제는 등급의 차이가 있는 분봉이었지만 한대의 봉건제는 단지 하나의 등급으로만 되어 있을 뿐이고, 제후국 아래는 군현제로 구성되었다. 각 제후국들은 3~4개에서 5~6개까지의 서로 다른 수량의 군(郡)을 가지고 있었다. … 한 초기 봉건제의 기반은 비록 군현제에 있었지만, 이론적으로 보면 분봉을 받은 제후왕과 열후 모두는 황제처럼 '토지를 갖는 작위'에 해당되기 때문에 주대 봉건제와 유사한 성질의 특권 두 가지를 향유했다. 첫째는, 스스로 이(吏)를 설치할 수 있어 관권의 임명을 직접 결정했다는 것이고, 두 번째는 부세를 거둘 수 있어 인두세와 전조(田租)를 수취했다는 것이다."(주진학, 2017, 34, 36쪽)

13 주진학, 2017, 39쪽.

14 관롱집단에 대해서는 陳寅恪(2009)를 참조할 수 있다.

15 당나라 세금제도의 세부 사항에 대해서는 Lewis(2009a)와 von Glahn(2016)을 참조할 수 있다.

16 James C. Scott, 1999.

17 Masahiko Aoki, 2013, p. 242.

18 Masahiko Aoki, 2013.

19 류쩌화, 2019, 3권, 341쪽.

20 Timothy Mitchell, 1999.

21 오금성, 2007a, 271쪽.

22 민두기 편(1984); 谷川道雄 編(1996); Grove and Daniels eds.(1984); Kama-

chi(1990) 등이 있다.

23 오금성, 2007a, 205쪽.

24 谷川道雄 編, 1996, 206쪽.

25 이 논의는 김영민(2013)에 기초하고 있다.

26 오금성 외, 2007, 349쪽.

27 이와 같은 젠트리 연구와 관련된 논쟁은 기본적으로 젠트리 그룹을 하나의 통일성을 가진 그룹으로 어떻게 이해할 수 있는가 하는 문제를 둘러싸고 진행되어왔다. 그 이해 방식에 따라 젠트리 그룹의 범위는 축소되거나 확장되기도 한다. 장중리(張仲禮)의 경우에는 젠트리는 과거 시험 및 학교제 각 단위의 대상자를 포괄한다. 즉, 생원(生員, district scholar)에서 진사(進士, metropolitan graduate)까지를 포괄하는 것이다. 이에 비해 핑티 호(Ping-ti Ho, 何炳棟)의 경우 생원은 그 이상의 과거 시험 합격자와 사회적 지위가 비교할 수 없을 만큼 낮기 때문에 젠트리에 포함될 수 없다고 주장한다. Kuhn(1970, p. 3) 참조. 그 밖에 시기별로 신사층이 누린 혜택 또한 차이가 있다.

28 중국과 서양에서의 젠트리 연구 전기 단계 현황은 Freedman(1958, pp. 53-55), Chu(1962, pp. 169-192), Chang(1955; 1962), Ho(1962, pp. 34-41) 등 참조. 젠트리에 대한 중국 학계의 마르크스주의적 입장은 대체로 젠트리를 '봉건' 지주 계급과 동일시하는 것이었다(Beattie, 1979, p. 1).

29 '국가'는 다양한 의미의 외연을 가진 용어이다. 여기서는 관료 조직을 매개로 권력을 집중하는 중앙정부 및 그 부속 권력 네트워크를 지칭한다.

30 신사층 연구가 국가론의 이해와 밀접하다는 점은, 일본 학계에서 신사층 연구의 주역 중 한 사람인 시게타 아쓰시(重田德)의 입장에서도 나타난다. 오금성(2007a, 274쪽) 참조.

31 과거제와 학교제의 결합에 대한 개략적 설명은 오금성 외(2007, 350쪽) 참조.

32 오금성, 2007b, 184쪽. 인용문의 강조 표시는 내가 한 것이다. 귀족들은 국가에서 다양한 혜택을 받았는데, 그중 대표적인 것이 면세 혜택이었다. 그렇지만 그것이 보편적이었던 것은 아니다. 영국 귀족과 젠트리는 여타 영국인보다 세금을 더 많이 냈다. Dewald(1996, p. 29) 참조.

33 예컨대 Kuhn(1970, p. 222)을 보라.

34 T'ung-tsu Chu, 1962; Philip Kuhn, 1970, pp. 4-5.

35 이 시기 인구 통계에 대한 일반적 기술로는 오금성 외(2007, 353쪽) 참조.

36 G. William Skinner ed., 1997.

37 시바 요시노부, 2008, 125쪽.

38 유럽의 경우, 귀족 반열에 진입하는 경로로는 왕에게서 지위를 사는 것, 덕망

있는 행실을 유지하는 것, 먼 곳에 갔다가 돌아와 사기 치는 것 등이 있었다. Dewald(1996, p. 33) 참조. 이러한 현상과 비교할 때 과거제도의 특성이 좀 더 분명히 드러난다.

39   Philip Kuhn, 1970, pp. 183, 224.

40   오금성 외, 2007, 181쪽. 인용문의 강조 표시는 내가 한 것이다.

41   중국, 일본, 서양을 아우르는 전제국가론의 체계적 접근으로는 足立啓二(1998)를, 그리고 중국을 대상으로 통사적 서술을 시도한 것으로는 梅原郁(2003)을 들 수 있다.

42   Karl August Wittfogel, 1957.

43   木村正雄, 1965; 谷川道雄 編, 1996, 43쪽.

44   나이토 고난(內藤湖南)에 대해서는 Fogel(1984) 참조.

45   도쿄대학에 거점을 두었던 일련의 마르크스주의 계열 학자들이 특히 그러하였다.

46   오금성, 2007b, 184쪽.

47   반론으로 활용하는 예에 대해서는 후술할 것이다.

48   이와 관련된 거시적 역사 흐름은 다음과 같다. 명대에 강남 지역은 수도의 소재지였으므로 그 규모가 방대하였다. 영락제가 베이징(北京)으로 천도하면서 강남 지역은 직례에서 남직례(南直隷: 남직례의 수도는 난징南京이었다)가 되었다. 청대에 이르러 수도가 하나가 되면서 더는 직례가 아니라 강남이라는 성이 되었다. 이 시기 양강총독(兩江總督)은 강서와 강남을 관할하였다. 그러다가 강희 연간에 강남이 장쑤(江蘇)와 안후이(安徽)로 나뉘었다. 이후에는 양강총독이 세 성(장시江西, 장쑤, 안후이)을 관할하게 되었다.

49   시바 요시노부, 2008, 125-126쪽.

50   장중례, 1993, 76-77, 84쪽.

51   이를테면 Miller(2009)가 연구한 신사층과 국가의 다양한 관계를 참조하라.

52   오금성, 2007a, 235쪽. 오금성 자신도 반관적(反官的) 성격의 다양한 활동 사례를 인지하고 있다. 오금성, 2007a, 188-189쪽 참조.

53   G. William Skinner, 1964·1965a·1965b.

54   Philip Kuhn, 1970.

55   Philip Kuhn, 1970, p. 3.

56   Hilary J. Beattie, 1979. 일찍이 필립 쿤은, 젠트리라는 용어가 사회적 인정과 권력이 행사되는 맥락을 성공적으로 포착하고 있지 못하다고 보고 대안으로서 '젠트리' 대신 '엘리트'라는 말을 제안하며, 국가 엘리트(national elite), 성급(省級) 엘리트(provincial elite), 지방 엘리트(local elite)를 구분하였다(Kuhn,

1970, p. 4). 국가 엘리트는 자신의 출신 지역을 넘어서 전국적 차원의 정치의 정점에까지 영향력과 이해관계가 닿아 있는 이를 말하고, 성급 엘리트는 자신의 이해관계와 영향력이 그보다는 제한되는 이들을 말하며, 지방 엘리트는 앞선 두 그룹의 사회적 위신(social prestige)과 이해관계에는 미치지 못하되 마을(village)과 시장(market town)에서 나름대로 상당한 영향력을 행사하는 이들을 말한다. 그러나 쿤은 자신의 저서에서 지속적으로 젠트리라는 말을 사용하였다.

57 Robert Hymes, 1987, p. 8.

58 그와 같은 도식은 오금성의 최근 저작에서도 발견된다. 오금성 외(2007, 343쪽) 참조.

59 비교적 최근의 예로는 Bol(2003, pp. 1-50) 참조.

60 Noriko Kamachi, 1990, p. 351.

61 岸本美緒, 1999.

62 岸本美緒, 1999, p. viii.

63 미시적이고 경험적인 연구 경향이 강화되는 가운데 그러한 지방사회의 동학을 개념화하려는 노력들도 있었다. 이를테면 우에다 마코토(上田信)가 '전류회로(circuits for electric current)'로 개념화하려는 것이 있다. Kamachi(1990, p. 352) 참조. 그는 그 개념을 통해 국가에 종속적이지는 않되, 여전히 국가가 가장 중요한 역할을 하는 어떤 사회를 묘사하였다.

64 일본 학계의 경우, 고대사의 경우든 명·청사의 경우든 지배층의 성격을 국가 성격과 함께 이론적으로 탐색하는 경향은 주로 1960~1970년대에 활발하였고, 1980년대 이후에는 '실태적'이고 경험적 연구를 축적하려는 쪽으로 방향을 선회하였다. 谷川道雄 編, 1996, 31, 37, 74쪽 참조.

65 谷川道雄 編(1996) 참조.

66 오금성, 2007b.

67 岸本美緒, 1999.

68 마르크스주의의 영향에서 점차 자유로워진 중국 학계에서도 이전과는 다른 사상사적 관점을 취한 저작들이 출현하기 시작하였다. 일례로 左東岭(2000)을 들 수 있다. 그러나 그러한 저작들이 본격적인 방법론적 자의식을 동반한 것은 아니었다. 방법론적 자의식을 동반한 대표적인 저자로는 거자오광이 있는데, 그의 정치사상사는 지배층의 정체성을 본격적으로 다루고 있지 않다.

69 본격적인 사상가가 아닌 지식인들조차 자신들의 문집에 이기심성론(理氣心性論)에 대한 성찰을 담고 있는 것은 징후적이다.

70 谷川道雄 編, 1996, 206쪽.

71 시기뿐 아니라 지역적으로 다른 신사층의 정체성을 통일적으로 이해할 수 있는가에 대한 의문이 제기될 수 있다는 점에서, 그리고 신사층이 향유한 국가의 혜택도 시기별로 달라졌다는 점에서, 도학은 보다 분명한 공약수로 보인다.

72 철학 연구자들은 도학의 철학적 사변을 연구하였으나, 그 철학체계 자체를 연구할 뿐 그 철학을 생산·소비하는 자의 정체성과 연결하지는 않는 경향이 종종 있다.

73 이 지점에서 '보신가(保身家)'적 행태로 일관한 '신사층' 구성원들이나 상업으로 축재하여 공명(功名)을 획득함으로써 '신사층'에 포함된 사람들도 도학에 침윤되었다고 할 수 있을까 하는 질문이 제기될 수 있다. 후기 제국 시기의 엘리트들이 도학의 영향권에 있었다는 것은 그들이 어떤 '진정한' 의미에서 도학을 내면화했다는 것이 아니다. 그것은 당시 행위자들이 도학을 내면화하든 하지 않든, 도학이 지배적인 사유체계인 한, 그 체계에 맞추어 자신을 조율하고 해석할 수밖에 없었다는 의미이다. 그러한 해석 과정에서 본인들의 정체성뿐 아니라 도학 자체도 일정한 변용 과정을 겪게 된다. 이러한 경우를 탐구한 사례로는 Lufrano(1997) 참조.

74 Nicola Di Cosmo, 2002.

75 司馬遷,『史記·列傳』「匈奴列傳」, "先帝制, 長城以北, 引弓之國, 受命單于, 長城以內, 冠帶之室, 朕亦制之."

76 Mark E. Lewis, 1999, pp. 603-604.

77 『상군서』에도 앞 장에서 논의한 바 있는 정치사회론이 있다. 상앙,『商君書』「開塞」, 2005, 172-175쪽.

78 이렇게 알려진 바와 실제 역사적 현실에 상당한 차이가 있다는 점을 동양사학자 이성규가 지적한 바 있다. 이성규, 1984, 79-89쪽 참조.

79 Wm. Theodore de Bary et al., 1999, p. 230.

80 이러한 사례로 Hui(2005)를 참고할 수 있다.

81 Pierre Rosanvallon, 2007, p. 74.

82 吉, 遇黃帝戰於阪泉之兆. - 인용문 원주

83 昔少典娶於有蟜氏, 生黃帝炎帝. 黃帝以姬水成, 炎帝以姜水成. 成而異德, 故黃帝爲姬, 炎帝爲姜, 二帝用師以相濟也. - 인용문 원주

84 류쩌화, 2019, 1권, 830-831쪽.

85 황제 관련 언술을 포함한 유명한 텍스트로는『관자(管子)』,『위료자(尉繚子)』,『갈관자(鶡冠子)』,『장자(莊子)』,『신자(愼子)』,『시자(尸子)』,『순자(荀子)』,『전국책(戰國策)』 등이 있다. 그런데 활자화되어 역사적으로 전승된 문헌이 아니라

근래 출토된 문헌에 기초해볼 때, 황제와 관련된 담론은 상당히 일찍 시작된 것으로 판단된다.

86 『한서』 권25, 「교사지(郊祀志)」, 1215쪽. 『논어』 「선진(先進)」 황간(皇侃)의 소(疏)에 인용된 범녕(范寧)의 말에 따르면, '문학(文學)'이란 "선왕의 전적에 능한 자를 말한다". 다시 말해 『시』, 『서』 등을 기본 전적으로 삼아 자신의 사상을 밝히는 문인이란 뜻이다. - 인용문 원주

87 『사기』 권118, 3093-3094쪽. 회남왕의 모반 사건을 담당한 인물은 동중서의 제자인 여보서(呂步舒)이다. 『한서』 권27, 「오행지상(五行志上)」 1333쪽에 따르면 그는 상당히 독단적인 인물로 "『춘추』로 독단하여 듣지 않았다(以春秋誼顓斷於外, 不聽)". 당시 연좌되어 죽임을 당한 이들이 수만 명에 달했다. - 인용문 원주

88 거자오광, 2013, 619-620쪽.

89 거자오광, 2013, 648쪽.

90 심지어 진시황조차도 때때로 긍정적으로 재평가되었다. 蕭公權(1998, 909-910쪽) 참조.

5 귀족 사회

1 Zhaoguang Ge, 2014, p. 48. "당나라 시대의 사상, 특히 7세기에서 8세기에 이르는 200년 동안의 유학을 중심으로 한 주류 지식 상황과 사상 형태가 일반 생활 세계에 미친 지대한 영향에 관한 부분은 대부분의 사상사나 철학사에서 공백으로 남기고 있다."(거자오광, 2013, 105쪽) "대체로 불교는 종교이며, 정치사상은 아니다. 그 소극적인 출세간(出世間)의 인생관은 노장 사상과 유사한 점이 많다. 그렇기 때문에 정치사상에 큰 공헌을 하기가 어렵다는 것은 쉽게 짐작할 수 있다."(蕭公權, 1998, 16쪽) "불법은 비(非)정치적인 염세의 종교였기 때문이다. … 정치사상에는 조금의 공헌도 없었다."(蕭公權, 1998, 689쪽)

2 Mark E. Lewis, 2009a, p. 27.

3 Mark E. Lewis, 2009b, pp. 32-51.

4 당나라 귀족과 유럽 귀족의 차이에 대한 논의는 Tackett(2014, p. 12)을 참조할 수 있다.

5 谷川道雄, 1971, pp. 14-18.

6 Mark E. Lewis, 2009b, p. 150.

7 박한제, 2015, 215쪽.

8 　당시 불교 현황에 대해서는 다음 연구를 참조할 수 있다. 단옥명(段玉明), 『중국사묘문화(中國寺廟文化)』(上海人民出版社, 1994), 손창무(孫昌武), 「당장안불사고(唐長安佛寺考)」, 『당연구(唐研究)』 제2권(北京大學出版社, 1996), 시게노이 시즈카(滋野井恬)의 『당대불교사론(唐代佛教史論)』(平樂寺書店, 1973). 프랑스 학자 후금랑(侯錦郞)의 『돈황 용흥사의 기물력(敦煌龍興寺的器物歷)』 중역문(中譯文), 경승(耿升) 역, 『프랑스 학자 돈황학 논문 선집(法國學者敦煌學論文選粹)』(北京: 中華書局, 1993). 이 연구들에 따르면, 장안 일대에만 200여 개의 불교 사원이 있었고, 승려는 수만 명에 이르렀다. 거자오광, 2015, 54쪽 참조.

9 　Mark C. Elliott, 2001. "불교가 중국에 최초로 전래된 시기는 대략 동한 명제(明帝) 때로 볼 수 있다. 그러나 이 문제는 과거부터 상당한 논쟁이 있었으며, 때로는 각종 복잡한 역사 기록으로 인하여 문제의 진위를 구별할 수 없게 만들기도 하였다. … 그러나 이러한 논쟁은 잠시 차치하기로 하겠다. 왜냐하면 역사 기록과 여러 고고학적 발굴에 의해 불교는 대체로 서기 1세기경에 이미 중국에 전래되었으며, 또한 1, 2백 년 사이에 상당히 넓은 범위까지 전파되었다는 사실이 신뢰할 만하기 때문이다."(거자오광, 2013, 825-826쪽)

10 　Mark E. Lewis, 2009b, p. 208.

11 　소그디아나(Sogdiana)는 고대 이란계 문명이며, 영토는 오늘날 타지키스탄과 우즈베키스탄 지역에 걸쳐 있었다.

12 　박한제, 2015, 54-55쪽.

13 　Wallace Johnson, 1979, pp. 23-24.

14 　Mark E. Lewis, 2009a, p. 53.

15 　막스 베버, 2013, 116-117쪽.

16 　Peter K. Bol, 1994, p. 45.

17 　Dieter Kuhn, 2009, p. 121.

18 　Nicolas Tackett, 2014, p. 26.

19 　이임보의 정치에 대해서는 Lewis(2009a, pp. 42-44)를 참조하기 바란다.

20 　『論語』「公冶長」11, "子曰, 吾未見剛者. 或對曰, 申棖. 子曰, 棖也慾, 焉得剛."

21 　"皇侃云, 剛人性無求, 而申棖性多情慾. 多情慾者必求人, 求人則不得是剛. 故云焉得剛."(皇侃, 2013, p. 109)

22 　군주 귀감서 장르에 대해서는 劉澤華(1987, pp. 154-169) 참조.

23 　『中說』「問易篇」, "并天下之謀, 兼天下之智, 而理得矣. 我何爲哉. 恭己南面而已."

24 　『論語』「衛靈公」5, "無爲而治者, 其舜也與. 夫何爲哉. 恭己正南面而已矣."

25 　Stephen Owen, 1990.

중국정치사상사

26 『論語』「顏淵」24, "曾子曰, 君子以文會友, 以友輔仁."

27 예외가 회창억불(會昌抑佛) 사건이다. 거자오광은 이렇게 말한다. "유행이 극에 달하면 반드시 쇠퇴한다고 하였듯이 10년 후, 즉 당나라 무종(武宗) 회창(會昌) 5년(845)에 억불 사건이 있었다. 그해 여름에 근거 자료에 의하면 4,600곳의 사찰과 4만여 곳의 불교의 난야(蘭若)와 초제(招提)가 훼손되었고, 26만여 명의 승려가 강압에 의해 환속하였다. 그러나 환속을 원치 않아 신앙을 견지하였던 선종 승려들은 어떤 종파를 막론하고 도피와 은닉의 방식으로 그들의 종교 활동을 지속해야만 하였다."(거자오광, 2015, 167쪽)

28 蕭公權, 1998, 686쪽.

29 『弘明集』「弘明論後序」, "北辰西北, 故知天竺居中."

30 상당수의 중국학자들은 불교 또한 중국화/한화 테제에 맞추어 설명한다. 거자오광의 다음 발언이 그 예이다. "1957년 에릭 쥐르허는 그의 초기 중국 불교사의 저작 책명을 『불교의 중국 정복(The Buddhist Conquest of China)』이라고 지었다. 'Conquest'는 '정복'으로 번역된다. 혜원의 의의(意義)를 언급하면서 에릭 쥐르허는 감탄하며 말하길, "사백 년의 역사를 경과하면서 불교는 기이하면서도 수많은 매력적인 역사를 이루었으니, 한 위대한 종교가 한 위대한 문화를 정복한 것이다"고 하였다. 그러나 1973년 진관승(陳觀勝)은 중국 불교와 사회를 이해하기 위한 교재의 서명을 지으면서 『불교의 중국화(The Chinese Transformation of Buddhism)』라고 하였다. 'Transformation'은 '전화(轉化)'로 번역된다. 내 생각도 비교적 후자에 속한다. 5세기에서 7세기의 사상사의 진척 과정을 살펴보면, 불교가 중국을 정복한 것이 아니라 중국이 불교 사상으로 하여금 변화를 일으키게 만들었다. 불교 교단과 세속 정권, 불교 계율과 사회도덕과 윤리, 불교 정신과 민족 입장 등 세 방면에서 불교는 모두 조용하게 입장의 전이를 이루었다. 다시 말해 중국과 같은 상당히 긴 역사 전통을 갖고 있는 문명 지역에서 생존하기 위해서 불교는 중국에 적응할 수밖에 없었다. 전제적인 중국 정권의 통치 아래에서 불교는 무조건적인 정권의 지고무상한 권력을 인정하고, 종교는 마땅히 황제의 권력 아래 존재해야 한다는 사실을 인정할 수밖에 없었다. 전통이 유구한 중국 윤리의 그늘 아래서 불교는 먼저 전통의 합리성을 확인하고, 이 합리성의 범위 안에서 불교의 윤리 규범을 조정한 것이다. 중국의 한족 중심의 입장이 지극히 강렬한 정세하에서, 불교는 자주 완곡하게 불교와 중국의 인연을 설명할 필요가 있었고, 각종 비교나 비유를 들어 민족정서의 강렬한 대항을 회피하였다. 그리하여 7세기에 이르면, 중국에서 불교가 사실 이미 중국 사상계에 상당히 섞여들었고, 불교의 사상도 상당히 한화(漢化)되었던 것이다."(거자오광, 2013, 936-937쪽)

31 계숭(契嵩, 1007~1072)은 중국 북송 초기의 선승이다.

32 今日佛西方聖人也, 其法宜夷而不宜中國, 斯亦先儒未之思也. 聖人者, 蓋大有道者之稱也, 豈有大有道而不得曰聖人, 亦安有聖人之道而所至不可行乎? 苟以其人所出於夷而然也, 若舜東夷之人, 文王西夷之人, 而其道相接紹行於中國, 可夷其人而拒其道?(「원교」) - 인용문 원주

33 佛之所出非夷也.(「원교」) - 인용문 원주

34 류찌화, 2019, 3권, 241쪽.

35 蕭公權, 1998, 678-680쪽.

36 "第一破曰, 入國而破國者, 誑言說僞興造無費苦尅百姓, 使國空民窮, 不助國生人減損, 況人不蠶而衣不田而食, 國滅人絶由此 … 第二破曰, 入家而破家, 使父子殊事兄弟異法, 遺棄二親孝道頓絶, 憂娛各異, 歌哭不同, 骨血生讐服屬永棄, 悖化犯順無昊天之報, 五逆不孝不復過此. … 第三破曰, 入身而破身, 人生之體, 一有毀傷之疾, 二有棄飾之苦, 三有不孝之逆, 四有絶種之罪, 五有亡體從誡, 唯學不孝何故言哉." 양(梁)의 승우(僧佑), 『홍명집(弘明集)』8에 있는 유협(劉勰), 「멸혹론(滅惑論)」이 인용한 말.

37 『弘明集』「答桓太尉書」, "凡在出家皆隱居以求其志, 變俗以達其道. … 夫然故能拯溺族於沈流, 拔幽根於重劫, 遠通三乘之津, 廣開人天之路, 是故內乖天屬之重而不違其孝, 外闕奉主之恭而不失其敬."

38 『廣弘明集』「周祖平齊召僧敍廢立抗拒事」, "孔經亦云, 立身行道以顯父母, 即是孝行. 何必還家. … 佛亦聽僧冬夏隨緣修道. 春秋歸家侍養. 故目連乞食餉母. 如來擔棺臨葬. 此理大通, 未可獨廢."

39 『廣弘明集』「桓玄與八座論道人敬事」, "老子同王侯於三大. 原其所重. 皆在於資生通運. 豈獨以聖人在位而比稱二儀哉. 將以天地之大德曰生. 通生理物. 存乎王者. 故尊其神器而禮寔惟隆. 豈是虛相崇重義存君御而已哉. 沙門之所以生生資存. 亦日用於理命. 豈有受其德而遺其禮."

40 Wm. Theodore de Bary, 2004, p. 56.

41 Mark E. Lewis, 2009b, p. 206.

42 Valerie Hansen, 2015, p. 169.

43 蕭公權, 1998, 698쪽.

44 古之君天下者, 化之不示其所以化之之道. 及其弊也, 易之不示其所以易之之道, 政以是得, 民以是淳. - 인용문 원주

45 류찌화, 2019, 3권, 364쪽.

46 고문에 대한 논의는 Bol(1992)에 실린 관련 논의를 따른다.

47 『앵앵전』에 대한 논의는 Kim(2012b, ch.2)에 기초.

48 元稹, 『鶯鶯傳』. "當時的人大多贊許張生是善於彌補過失的人. 我常在朋友聚會時, 談到這個意思, 是為了讓那些明智的人不作這樣的事."

49 Wai-yee Li, 2000, p. 187.

50 Stephen Owen, 2000, p. 173.

51 Stephen Owen, 2000, p. 174.

52 元稹, 『鶯鶯傳』. "內秉堅孤, 非禮不可入."

53 Peter K. Bol, 2000, p. 199.

54 Peter K. Bol, 2000, pp. 198-201.

55 Peter K. Bol, 2000, p. 200.

56 元稹, 『鶯鶯傳』. "我的德行難以勝過怪異不祥的東西, 只有克服自己的感情, 跟她斷絕關系."

57 Paul K. Monod, 1999, p. 18.

58 영어권 학술계에서 도학은 종종 'Neo-Confucianism'이라고 불린다.

6 형이상학 공화국

1 Peter K. Bol, 2008, p. 2. '도학(道學)'은 한국에서 '성리학' 그리고 영어권에서 'Neo-Confucianism'으로 알려진 사상체계와 외연이 상당히 겹치는데, 어느 정도로 동일한지에 대해서는 논의가 분분하다. 장광후이(姜廣輝), 「송대 도학 명칭의 연원(宋代道學定名緣起)」, 『중국철학』 제15기, 악록서사, 1992, p. 243에 따르면, '도학'이라는 말은 12세기 중반에 왕개조(王開祖)가 『유지(儒志)』편 마지막 장에서 처음으로 사용한 것이라고 한다. 영어권 학술계의 관련 논의로는 다음 글들을 참고할 수 있다. Hoyt Cleveland Tillman, 1992; Wm. Theodore de Bary, 1993; Hoyt Cleveland Tillman, 1994.

2 사실 군주의 존재는 유럽 공화주의 비전과 공존 가능하다. 예컨대 유럽 중세에서 가장 유명한 공화주의 이론가인 마르실리우스(Marsilius of Padua, 1275?~1343?)는 인민이 할 수 있는 일은 자신들을 다스릴 가장 현명한 이를 선택하는 것이라고 주장하였다. "공화국은 왕에 의해서도, 귀족에 의해서도, 인민의회에 의해서도 다스려질 수 있다. 핵심은 그 독립성이다."(Ryan, 2012, pp. 7, 196)

3 苏轼, 2000, p. 74.

4 『金史』, 「張仲軻傳」, "本朝疆土雖大, 而天下有四主, 南有宋, 東有高麗, 西有夏, 若能一之, 乃爲大耳."

5 Morris Rossabi, 1983.

6 이 논쟁의 요약은 Von Glahn(2003)에 기초한 것이다.

7 Fei Xiaotong, 1953.

8 Wolfram Eberhard, 1948, pp. 11, 72-74.

9 Chung-li Chang, 1955; Ping-ti Ho, 1962.

10 Etienne Balazs, 1964, pp. 13-27.

11 Atsushi Shigeta, 1984, pp. 335-385.

12 『문헌통고(文獻通考)』「선거(選擧) 5」. - 인용문 원주; 여기서 "그"는 송 태조(재위 960~976)가 아니라 송 태종(재위 976~997)으로 판단된다.

13 윗대에 국가에 공훈이 있는 사람들의 후예들에게 부여하는 입학과 임관의 특전. 자손이 은혜를 받고 조상의 음덕을 입는다는 의미다. - 인용문 원주

14 부형의 공적에 따라 자제가 관직을 수여받는 제도. - 인용문 원주

15 송대의 직제. 대신이 직위에서 물러나면 도교 사원을 관리한다는 명목상 직책을 주어서 우대하고 그 명분에 맞는 녹봉을 주었다. - 인용문 원주

16 "薦辟之廣, 恩蔭之濫, 雜流之猥, 祠祿之多, 日增月益, 遂至不可紀極."(『이십이사차기二十二史箚記』권25) - 인용문 원주

17 "一登仕版, 遷轉如流, … 官秩既進, 俸亦隨之."(『송회요집고』「직관」) - 인용문 원주

18 류쩌화, 2019, 3권, 471-472쪽.

19 엽몽득, 『석림연어』, 권5, 중화서국, 1984, 72쪽. 통계에 의하면 『송사』에 기록된 1,953명 중에서 55%가 평민에서 선비 계층으로 편입된 경우이다(진의언 陳義彦의 「평민의 관료 진출로 본 북송 평민 계층의 사회 유동從布衣人士論北宋布衣階層的社會流動」, 『사여언思與言』, 권9, 4호, 타이베이, 1972). 북송 시기 관료 선발은 그 수가 6만여 명에 달하고, 매년 360명에 달한다. 이는 전후기의 왕조와 비교해도 많은 수이다. 장희청(張希淸), 「북송 과거 합격자 수 연구(北宋貢擧登科人數考)」, 『국학연구(國學研究)』 제2권, 북경대학출판사, 1995 참조. - 인용문 원주

20 『속자치통감장편』, 권18, 태평흥국 2년, 394쪽. 그러나 옹희 2년에 이르러서는 송나라 태종 자신도 이러다가는 '조만간 관료의 수가 만여 명에 이를 것이어서, 더 이상 선발할 수 없다(近年籍滿萬餘人, 得無濫進者乎)'고 생각하고는 조칙을 내려 "지금 이후로 모든 과거에서는 정해진 수만을 선발하라(自今諸科竝令量定入數)"고 하였다(『속자치통감장편』, 권26, 옹희 2년, 594쪽). 하관환(何冠環)의 『송나라 초기 당쟁과 태평흥국 3년의 관리 선발(宋初朋黨與太平興國三年進士)』, 중화서국, 1994, 7쪽 참조. - 인용문 원주

21 거자오광, 2015, 297쪽.

22 막스 베버, 2013, 125쪽.

23 Valerie Hansen, 2015, p. 248.

24 『續資治通鑑長編』, "士子以經試於有司必宗其說, 少異輒不中程."

25 다음과 같은 정호(程顥)·정이(程頤)의 비판은 왕안석이 인성 문제를 소홀히 함을 직간접적으로 꼬집은 것이다. "그는 자기 자신도 다스리지 못했는데, 어찌 그러한 경지에 이를 수 있겠는가?(其身猶不能自治, 何足以及此.)"(『河南程氏遺書』, 『二程集』, p. 17) "하나의 일에 대해 말하며 반드시 둘로 나누는 것이 왕안석의 배움이다.(言乎一事, 必分爲二, 介甫之學也.)"(『河南程氏粹言』 권1, 『二程集』, p. 1170) "왕안석의 도에 대한 언설은 그저 말뿐이다. 도에 대해 말하는 대로 자신은 실천하지 못했다. 이는 자신과 도를 둘로 간주하는 것이다.(介甫之言道, 以文焉耳矣. 言道如此, 己則不能然, 是己與道爲二也.)"(『河南程氏粹言』, 『二程集』, p. 1176)

26 이와 같은 왕안석의 비전은 그의 유명한 「만언서(萬言書)」에 집약되어 있다. 그리고 그와 같은 이해는 제임스 류의 『왕안석과 개혁정책』에서 제기된 평가와 맥을 같이한다. 그 밖에 같은 흐름의 왕안석에 대한 평가의 역사에 대해서는 Meskill(1963)을 참조하라.

27 王安石, 「原性」, 1959, p. 726.

28 王安石, 「夫子賢於堯舜」, 1959, p. 711.

29 Peter K. Bol, 2008, p. 75.

30 王安石, 「大人論」, 1959, p. 706.

31 王安石, 「子貢」, 1959, p. 678, "夫所謂儒者, 用於君則憂君之憂, 食於民則患民之患, 在下而不用, 則修身而已." 이와 같은 왕안석의 입장은 우임금의 치적을 묘사할 때 민생을 책임지고자 하는 평천하의 사업을 위해 '가족을 방기했음'을 적극 긍정한 데서도 분명히 드러난다.

32 이러한 비판이 얼마나 객관적인지는 논란의 여지가 있다. 샤오궁취안은 이렇게 말한다. "그러나 왕안석이 집정한 것은 무려 9년이었다. 반대자들이 필사적으로 방해하여 끝내 폐지되고 말았지만, 공평하게 논하자면 그 업적은 실로 그렇게 비난할 수가 없다. 원풍의 세상에서는 물산이 풍부하고 인민이 편안했다."(蕭公權, 1998, 782쪽)

33 도학 이론가로서 정이의 자부심은 다음과 같은 발언에서 드러난다. "나의 배움은 전수받은 것이 있지만, '천리'이 두 글자만은 내가 몸소 깨달은 것이다.(吾學雖有授受, '天理'二字卻是自家體貼出來.)"(程顥·程頤, 王孝魚 點校, 2004, p. 424)

34 여기에서 분석 대상으로 거론되는 「적벽부」는 「전적벽부(前赤壁賦)」를 지칭한다. '전적벽부'라는 표현은 대체로 「후적벽부(後赤壁賦)」와 대별하여 사용되는데, 여기서는 「전적벽부」를 일러 간단히 「적벽부」라고 지칭하는 통례를 따

랐다.

35 송대 정치사에 깊이 연루된 소식의 생애에 대해서는 린위탕(2001); 王水照·朱剛(2004); 曾棗莊(1999, pp. 163-180) 등을 참조.

36 문학사 계열의 많은 연구서가 있다. 예컨대 劉乃昌(2004)을 비롯해 중국의 소식 연구 현황에 대해서는 중국인민대학(中國人民大學) 중문(中文)학과에서 주관하여 학원(學苑)출판사에서 2004년 이래로 펴내고 있는 『중국소식연구(中國蘇軾研究)』시리즈를 참조하기 바란다.

37 예컨대 Bol(1992)에서 소식 관련 부분을 참조하기 바란다.

38 예컨대 샤오궁취안의 중국정치사상사에서는 소식이 매우 간략히 언급되었으며, 방대한 분량의 정치철학통사인 劉惠恕(2001)에서도 소식은 다루어지지 않는다. 소식의 정치사상을 다룬 드문 예로 朱靖華(1983, pp. 13-40)가 있다.

39 다양한 해석에도 불구하고 「적벽부」에 담긴 사상의 의미를 좀 더 깊이 천착해야 한다는 주장으로는 朱靖華(1983, p. 97)를 참조하기 바란다.

40 蕭公權, 1998, 825쪽.

41 제임스 류에 따르면, 이러한 사상적 긴장 구도는 신학(新學), 삭학(朔學), 낙학(洛學), 촉학(蜀學)으로 대별된다. 자세한 내용은 제임스 류(1991, 3장)를 참조하라.

42 王更生, 2001, p. 99.

43 고등학교 교과서의 「적벽부」 해석은 이 점을 강조하고 있다(김풍기, 2000, 125쪽).

44 김학주(2005, 458쪽)와 朱靖華(1983, p. 97)에서도 그와 같은 문제점을 지적하고 있다.

45 朱靖華, 1983, pp. 106-110.

46 王更生, 2001, p. 99; 鍾來因, 1990. 소식과 불교의 관계에 대해서는 Gran(1994); 達亮(2009) 참조.

47 여기서 손님이란 양세창(楊世昌)을 가리킨다고 보는 논의에 대해서는 鍾來因(1990, p. 437) 참조. 그러나 기본적으로 자문자답이라고 보는 주장으로는 王更生(2001, p. 107)을 참조하라.

48 蘇軾, 1986, p. 6, "問客曰, 何爲其然也."

49 蘇軾, 1986, p. 6, "客曰, 月明星稀, 烏鵲南飛, 此非曹孟德之詩乎. 西望夏口, 東望武昌, 山川相繆, 鬱乎蒼蒼, 此非孟德之困於周郎者乎. 方其破荊州, 下江陵, 順流而東也, 舳艫千里, 旌旗蔽空. 釃酒臨江, 橫槊賦詩, 固一世之雄也, 而今安在哉. 況吾與子, 漁樵於江渚之上, 侶魚蝦而友麋鹿, 駕一葉之扁舟, 擧匏樽以相屬. 寄蜉蝣與天地, 渺滄海之一粟. 哀吾生之須臾, 羨長江之無窮."

50 『삼국지연의』에 나오는 적벽과 다른 곳을 적벽으로 오인했다는 설이 있는데, 관건은 소식이 이곳을 적벽으로 믿고 있었다는 사실이다. 적벽 오인설에 대해서는 김학주(2005, 458쪽)를 참조하라.

51 정치적 격랑의 한가운데 있었던 소식의 정치적 역정에 대해서는 린위탕(2001)과 王水照·朱剛(2004)을 참조하라.

52 영광에 대한 열망과 정치 활동의 관계에 대한 논의는 Strauss(1988b, pp. 42-43) 참조.

53 蘇軾, 1986, p. 6, "大江東去, 浪淘盡, 千古風流人物. 故壘西邊, 人道是三國周郎赤壁. 亂石穿空, 驚濤拍岸, 捲起千堆雪, 江山如畫, 一時多少豪傑. 遙想公瑾當年, 小喬初嫁了, 雄姿英發. 羽扇綸巾, 談笑間, 強擄灰飛煙滅. 故國神遊, 多情應笑我, 早生華髮. 人生如夢, 一尊還酹江月."

54 여기서 '노장적', '도가적'이라는 것은 나의 범주라기보다는 흔히 통용되는 용례에 기반한 것이다.

55 王更生, 2001, p. 99.

56 蘇軾, 1986, p. 6, "挾飛仙以遨遊, 抱明月而長終. 知不可乎驟得, 托遺響於悲風."

57 蘇軾, 1986, p. 6, "蘇子曰, 客亦知夫水與月乎. 逝者如斯, 而未嘗往也. 盈虛者如彼, 而卒莫消長也. 蓋將自其變者而觀之. 而天地曾不能一瞬, 自其不變者而觀之, 則物與我皆無盡也. 而又何羨乎."

58 錢鍾書, 1979, pp. 6-8.

59 동기창의 주장은 그의 『畫禪室隨筆』에 실려 있다.

60 Ronald C. Egan, 1994, p. 413.

61 鍾來因, 1990, p. 445.

62 蘇軾, 1986, p. 6, "且夫天地之間, 物各有主. 苟非吾之所有, 雖一毫而莫取. 惟江上之淸風, 與山間之明月, 耳得之而爲聲, 目遇之而成色. 取之無禁, 用之不竭. 是造物者之無盡藏也, 而吾與子之所共適."

63 유사한 주장으로는 소식의 「臨皐閑題」를 참조하라.

64 주 67 참조.

65 鍾來因, 1990, p. 443.

66 鍾來因, 1990, p. 443.

67 중상주의로 해석하는 입장으로는 Smith(1991, pp. 1024-1224)를 참조하라. 그러한 해석에 유보적인 입장으로는 Wong(1997, p. 147)을 참조하라.

68 왕안석의 신법에 대한 한 영문 저서의 제목이 *Taxing Heaven's Storehouse*인 것도 그와 같은 정황의 뉘앙스가 있다고 하겠다. 신법 반대자들이 제로섬적 경제관을 가지고 있었다는 견해는 Bol(2008, p. 29)을 참조하라.

69 「적벽부」텍스트 전면에 신법에 대한 비판을 보다 명시적으로 드러내지 않은 이유로는, 글 자체의 목적이 신법에 대한 구체적 정책 비판에 있었다기보다는, 신법의 비전과는 다른 자신만의 독특한 비전을 천명하는 데 있었다는 점, 그리고 또 당시 소식이 처한 박해 상황을 들 수 있을 것이다. 박해와 관련된 글쓰기 스타일에 대해서는 Strauss(1988a)를 참조하라. 소식이 유배를 가기 전 정계에서 활발하게 활동하던 당시의 글에는 이와 같은 신법 비판이 보다 명시적으로 드러나 있다. 예컨대 Meskill(1963, p. 21)을 참조하라.

70 북송 정치계와 사상계의 경쟁 구도와 그 속에서 소식의 위상에 대해서는 제임스 류(1991, 3장)와 Bol(1989, pp. 151-185)을 참조하라.

71 보다 구체적인 현실 정치의 비전은「적벽부」텍스트에서는 도출되지 않는다. 따라서 구체적인 정책에 기반한 소식의 현실 정치 입론은 별도의 논문을 통해 탐구될 것이다.

72 지방에서 거둔 자원들은 해당 지방에 쓰여야 한다는 소식의 논의는 Meskill(1963, pp. 22-23)을 참조하라.

73 6장에서 논한 바와 같이, 소식의 사상 전반, 그리고「적벽부」라는 텍스트는 신법파의 정치 비전에 대한 대안적 반응이라는 맥락에서 이해될 수 있다. 그런데 이 신법파의 정치 비전이나 소식의 사상은 공히 당나라의 정치질서에 대한 대안으로서 송나라 때 등장한 일련의 지적 입장 중의 하나이다. 북송 시기 사상과 문화가 당나라 후기 문화와의 긴장 속에서 이해될 수 있다는 견해로는 Bol(1992)을 참조하라.

74 "가을 들판에 하루하루 거칠어지고 잡초 무성하고, / 차가운 강물에 푸른 하늘이 일렁이네. / 야만의 땅에 배 한 척 매어놓고, / 초나라 마을에 살 집 마련했네. / 대추는 익었지만 다른 사람이 따가게 두고, / 나는 아욱밭 잡초를 매고자 하네. / 접시에 차려진 음식은 이 늙은이의 몫이지만, / 덜어서 개울 속 물고기와 나누려 하네. // 덧없는 삶의 이치를 알기는 쉽지만 / 사물 하나제 길을 벗어나게 하기가 어렵네. / 물이 깊어 물고기는 즐거워하고, / 숲이 우거져 새는 돌아올 줄 아네 / 노쇠한 나는 가난과 병을 감수하고, / 세상 영화에는 시비가 있네. / 가을바람이 자리와 지팡이에 불어와도 / 이 산의 고사리에 싫증 내지 않네. // 예약으로 나의 단점 다스리기 어렵고, / 산림은 흥취를 유장하게 만드네. / 머리를 흔들다 보니 모자가 기울고, / 등에 볕을 쬐니 보는 책 위로 햇빛이 빛나네. / 바람에 떨어진 솔방울 줍고, / 날이 차가워져 벌집 꿀통을 여네. / 드물게 붉은 꽃과 푸른 잎이 있어 / 걸음 멈추고 향기를 맡네. // 멀리 강변에 가을 모래밭이 희고, / 산맥에는 석양이 붉네. / 물속에 잠긴 물고기 비늘이 파도를 밀고, / 돌아가는 새 날개가 높은 바람을 마주

하네. / 다듬이 소리 집집마다 들리고, / 나무꾼 소리는 서로 같네. / 청녀는 서리를 날리는데, / 멀리 있어 하사하는 이불을 맡을 길 없네. // 나는 기린각에 그려질 명예를 바랐으나 / 노쇠하여 어울릴 상대 없네. / 큰 강에 가을은 쉽게 깊고, / 빈 골짜기 밤에 여러 소리 들리네. / 길은 천 겹 바위 속에 가려져 있고, / 돛에는 한 조각 구름 걸려 있네. / 아이는 오랑캐 말을 이해할 지경이 되었으니, / 참군이 될 필요는 없겠네.(秋野日疏蕪, 寒江動碧虚. 系舟蠻井絡, 卜宅楚村墟. 棗熟從人打, 葵荒欲自鋤. 盤餐老夫食, 分減及溪魚. 易識浮生理, 難教一物違. 水深魚極樂, 林茂鳥知歸. 吾老甘貧病, 榮華有是非. 秋風吹幾杖, 不厭此山薇. 禮樂攻吾短, 山林引興長. 掉頭紗帽側, 曝背竹書光. 風落收松子, 天寒割蜜房. 稀疏小紅翠, 駐屐近微香. 遠岸秋沙白, 連山晩照紅. 潛鱗輸駭浪, 歸翼會高風. 砧響家家發, 樵聲個個同. 飛霜任青女, 賜被隔南宮. 身許麒麟畫, 年衰鴛鷺群. 大江秋易盛, 空峽夜多聞. 徑隱千重石, 帆留一片雲. 兒童解蠻語, 不必作參軍.)"

75 蘇軾, 1986, p. 356, "君子可以寓意於物, 而不可以留意於物, 寓意於物, 雖微物足以爲樂, 雖尤物不足以爲病, 留意於物, 雖微物足以爲病, 雖尤物不足以爲樂."

76 蘇軾, 「日喩」, 1986, p. 1980, "生而眇者不識日, 問之有目者, 或告之曰, 日之狀如銅槃, 扣槃而得其聲, 他日聞鐘, 以爲日也. 或告之曰, 日之光如燭, 捫燭而得其形, 他日揣籥, 以爲日也. 日之與鐘籥亦遠矣, 而眇者不知其異, 以其未嘗見而求之人也. 道之難見也甚於日, 而人之未達也, 無以異於眇, 達者告之, 雖有巧譬善導, 亦無以過於槃與燭也. 自槃而之鐘, 自燭而之籥, 轉而相之, 豈有旣乎. 故世之言道者, 或卽其所見而名之, 或莫之見而意之, 皆求道之過也. 然則道卒不可求歟. 蘇子曰, 道可致而不可求, 何謂致, 孫武曰, 善戰者致人, 不致於人, 子夏曰, 百工居肆以成其事, 君子學以致其道, 莫之求而自至, 斯以爲致也歟."

77 같은 취지의 글로는 「答張文潛縣丞書」를 참조하라.

78 린위탕(2001, 277쪽)을 참조하기 바란다.

79 소식, 2004, 525쪽, "我未常有, 卽物而有, 故富. 如使已有, 則其富有畛矣."(본문의 인용문은 내가 새로 번역했다.)

80 직관에 대한 강조로는 「사당기(思堂記)」를 참조하라.

81 Valerie Hansen, 2015, p. 239.

82 葛兆光, 2004; 宮崎市定, 1991, pp. 131-241.

83 葛兆光, 2004, p. 12.

84 Benedict Anderson, 2006.

85 葛兆光, 2011, p. 32.

86 베네딕트 앤더슨은 원시적 마을보다 규모가 큰 공동체들에 구성적 접근법(constructivist approach)을 제시하였다. 즉, 어떤 집합적 총체와 동일시하고 그

에 집착하는 개인들의 의식을 경유하지 않고는 집단 정체성을 운위할 수 없다. '상상(imagination)' 개념을 거론하면 "누가 무엇을 상상하는가"라는 질문이 제기된다. 동시에 이 맥락에서 말하는 상상은 공동의 사상이다. 공동체의 규모가 커질수록 공동체 구성원을 연결하는 보다 추상적인 방법이 요청된다. 이것이 바로 베네딕트 앤더슨이 민족주의의 발흥을 설명하면서 출판자본주의(print capitalism)를 심각하게 고려하는 이유이다. 여행처럼 먼 거리를 잇는 다른 방식들과 비교해볼 때, 출판물을 읽는 일은 개개인을 연결하는 추상적인 방식을 만들어낸다. 이 대목에서 중국이라는 이름으로 알려진 나라는 면대면 공동체(face-to-face community)가 아니라는 점을 기억할 필요가 있다. 중국은 엄청난 영토에 걸쳐 있으며 많은 인구를 포괄한다. 송나라 이래로 교통수단 네트워크가 확장되고, 그것은 경제의 상업화를 위한 조건이 되었으며, 많은 출판물이 전국적으로 유통되었다. 전국 규모로 시행되는 과거 시험과 공통 커리큘럼 덕분에 사대부들은 문화적 지식을 공유하게 되었고, 그것은 결국 후기 중국 제국 시기 많은 사람이 상당히 높은 수준으로 정체성을 공유하는 데 공헌하였다. 요컨대 송나라(명나라, 청나라)는 민족국가(nation-state)는 아닐 수 있지만, 거자오광의 반대에도 불구하고 적어도 사대부에게는 확실히 상상의 공동체(imagined community)였다고 할 수 있다. 거자오광이 다음과 같이 말할 때는 '상상의 공동체'라는 개념을 오해하고 있는 것으로 보인다. "설사 이론적으로 사람들이 모두 서로를 이해할 수는 없기 때문에 하나의 국가를 해체하여 '상상의 공동체'를 다시 세울 수 있을지 몰라도 이미 동일한 구역에서 동일한 언어와 풍속, 습관을 지니고 있는 사람들에게 그들이 지닌 '전통'과 '과거'를 상상적 허구라고 단정 지어 말할 수 있는 사람은 없다."(거자오광, 2013, 185쪽)

87 여진족은 금나라를 창건한 퉁구스계 사람들로, 만주 지역에 존재하였다.

88 Valerie Hansen, 2015, pp. 304, 307.

89 Robert M. Hartwell, 1982.

90 Conrad Schirokauer and Robert P. Hymes, 1993, p. 4.

91 "과거 시험에 참가한 사람의 수가 11세기에 8만여 명이던 것이 13세기에는 약 40만 명으로 증가."(거자오광, 2015, 461쪽)

92 William T. Rowe, 2009, p. 151.

93 이 논쟁의 요약은 Von Glahn(2003)의 연구에 기초한다.

94 余英時, 2003.

95 Philip Kuhn, 1970, p. 210.

96 Valerie Hansen, 2015, p. 268.

97 '위기지학'이라는 표현은 『論語』「憲問」 24에 나온다.

98 왕안석의 인간 본성론에 대해서는 그의 「원성(原性)」을 볼 것.

99 『莊子集釋』「外物疏」, "故性之能者, 不得不由性. 性之無者, 不可强涉. 各守其分, 則物皆不喪."

100 Mark E. Lewis, 2009b, p. 40.

101 도학의 욕망관에 대해서는 Kim(2003) 참조.

102 류쩌화, 2019, 3권, 658쪽.

103 Philip J. Ivanhoe, 1990. 반면 거자오광은 다음과 같이 주장한다. "사실 '리일분수'는 송나라 시대 유자들이 만들어낸 말도 아니고, 심지어는 불교에서 전적으로 사용한 말도 아니다. 그것은 원래 고대 중국 철학자들의 마음속에 누구에게나 있었던 것이었지만, 다만 입 밖으로 꺼내지만 않았던 일종의 이념이었다. 고대 중국 사대부들이 보기에 우주의 사물은 아주 복잡하지만 그 궁극의 도리는 언제나 지극히 간단한 것이었다. 고대인들이 말하는 '일(一)', '극(極)', '대(大)' 심지어는 '무(無)'에 이르기까지 그것들은 모두 우주의 삼라만상은 아무리 복잡하고 많다 하더라도 결국에는 하나의 근본적 지점이 있음을 의미한다."(거자오광, 2015, 344쪽)

104 『孟子』「公孫丑章句」上, "孟子曰, 人皆有不忍人之心. 先王有不忍人之心, 斯有不忍人之政矣. 以不忍人之心, 行不忍人之政, 治天下可運之掌上. 所以謂人皆有不忍人之心者, 今人乍見孺子將入於井, 皆有怵惕惻隱之心. 非所以內交於孺子之父母也, 非所以要譽於鄉黨朋友也, 非惡其聲而然也. 由是觀之, 無惻隱之心, 非人也. 無羞惡之心, 非人也. 無辭讓之心, 非人也. 無是非之心, 非人也. 惻隱之心, 仁之端也. 羞惡之心, 義之端也. 辭讓之心, 禮之端也. 是非之心, 智之端也. 人之有是四端也, 猶其有四體也. 有是四端而自謂不能者, 自賊者也. 謂其君不能者, 賊其君者也. 凡有四端於我者, 知皆擴而充之矣, 若火之始然, 泉之始達. 苟能充之, 足以保四海. 苟不充之, 不足以事父母."

105 朱熹, 『四書集註』, "天地以生物爲心, 而所生之物因各得夫天地生物之心, 以爲心, 所以人皆有不忍人之心也. 言衆人雖有不忍人之心, 然物欲害之, 存焉者寡, 故不能察識而推之政事之閒. 惟聖人全體此心, 隨感而應, 故其所行無非不忍人之政也. 怵, 音黜. 內, 讀爲納. 要, 平聲. 惡, 去聲, 下同. 乍, 猶忽也. 怵惕, 驚動貌. 惻, 傷之切也. 隱, 痛之深也. 此卽所謂不忍人之心也. 內, 結. 要, 求. 聲, 名也. 言乍見之時, 便有此心, 隨見而發, 非由此三者而然也. 程子曰, 滿腔子是惻隱之心. 謝氏曰, 人須是識其眞心. 方乍見孺子入井之時, 其心怵惕, 乃眞心也. 非思而得, 非勉而中, 天理之自然也. 內交, 要譽, 惡其聲而然, 卽人欲之私矣. 惡, 去聲, 下同. 羞, 恥己之不善也. 惡, 憎人之不善也. 辭, 解使去己也. 讓, 推以與人也. 是,知其善而以爲是也. 非, 知其惡而以爲非也. 人之所以爲心, 不外乎是四者, 故因論惻隱而悉數之. 言人若無此, 則不得謂之人, 所以明其必有也. 惻隱羞惡辭讓是非, 情也. 仁義禮, 智, 性也. 心, 統性情者也. 端, 緖也. 因其情之發, 而性之本然可得而見, 猶有物在中而緖見於外也. 四體, 四肢, 人之所必有者也. 自謂不能者, 物欲蔽之耳. 擴, 音廓. 擴, 推廣之意. 充, 滿也. 四端在我, 隨處發見. 知皆卽此推廣, 而充滿其本然之量, 則其日新又新, 將有不能自已者矣. 能由此而遂充之, 則四海雖遠, 亦吾度內, 無難保者. 不能充之, 則雖事之至近而不能矣. 此章所論人之性情, 心之體用, 本然全具, 而各有條理如此. 學者於此, 反求黙識而擴充之, 則天之所以與我者, 可以無不盡矣. 程子曰, 人皆有是心, 惟君子爲能擴而充之. 不能然者, 皆自棄也. 然其充與不充, 亦在我而已矣. 又曰, 四端不言信者, 旣有誠心爲四端, 則信在其中矣. 愚按, 四端之信, 猶五行之土. 無定位, 無成名, 無專氣. 而水火金木, 無不待是以生者. 故土於四行無不在, 於四時則寄王焉, 其理亦猶是也.”

106 이러한 취지의 주희의 언급은 다음에서 또 발견된다. 朱熹(1986, p. 1294). 인용문의 강조 표시는 내가 한 것이다.

107 소식이 보기에 본성은 도학자들이 주장하는 것처럼 선악이나 사단으로 명료히 정의될 수 없는 어떤 것이다. 그래서 말하기를 “성인 또한 그러하다. 측은해하는 마음이 있되 그것을 인(仁)으로 여긴 적이 없고, 분별하는 마음이 있되 그것을 의(義)라고 여긴 적이 없다. 상황에 마주쳐 행하여, 마음이 사물에서 드러난 것이다.(聖人者亦然, 有惻隱之心, 而未嘗以爲仁也. 有分別之心, 而未嘗以爲義也. 所遇而爲之, 是心著於物也.)”(소식, 2004, 507쪽. 번역문은 내가 새로 번역했다.) 즉, 소식은 어떠한 상황에서 현현하는 도덕적 마음을 그보다 근저에 있는 어떤 형이상학적 기초로 연결하지 않는다.

108 옛 혼례에서 집행되는 예식이다. 전거는 다음과 같다.『春秋』「成公九年」, “季孫行父如宋致女.”(杜預注, 女嫁三月, 又使大夫隨加聘問, 謂之致女. 所以致成婦禮, 篤婚姻之好.)

109 구체적인 전거는『儀禮』「特牲饋食禮」, “酌, 致爵於主人. 主人拜受爵, 主婦拜送爵.”

110 『論語』「子張」25, “陳子禽謂子貢曰, 子爲恭也, 仲尼豈賢於子乎. 子貢曰, 君子一言以爲知, 一言以爲不知, 言不可不愼也. 夫子之不可及也, 猶天之不可階而升也. 夫子之得邦家者, 所謂立之斯立, 道之斯行, 綏之斯來, 動之斯和, 其生也榮, 其死也哀. 如之何其可及也.”

111 요순 시기에 존재한 것으로 알려져 있는 악명 높은 부족 수령들을 말한다. 『左傳』「文公十八年」, “舜臣堯, 賓于四門, 流四凶族, 渾敦窮奇檮杌饕餮, 投諸四

裔, 以御魑魅. 是以堯崩而天下如一, 同心戴舜以爲天子, 以其擧十六相, 去四凶也."『書·舜典』, "流共工于幽洲(州), 放驩兜于崇山, 竄三苗于三危, 殛鯀于羽山." 宋 蔡沉 集傳『春秋傳』에 기재되어 있는 내용은 조금 다르다.

112 우매하고 망령된 사람들을 말한다.『書·益稷』, "庶頑讒説, 若不在時, 侯以明之, 撻以記之."

113 『湛甘泉先生文集』卷十一「問疑續錄」, "曾(元山)佩問, 中和性情之德, 學者與聖人一也. 致之而天地位萬物育. 蓋以學問到這等去處. 上下與天地同流造化在我矣. 方是極功之效驗只以理言, 非專以事言. 如果以事言也, 是位育豈學者能得. 必聖人在天子之位而後可. 然又不然者, 如堯舜之聖而九年水六年旱, 何位育之功亦不能收耶. 元山未見吾古本中庸測乎. 解此章之義頗切. 致中和者, 人所初受於天與聖人同者也. 然必加戒懼愼獨之功, 方能復此本體. 李延平與文公説如此極有次第, 後遂忘之. 孤負此翁不知文公旣如此悔憾, 何以集註不從如此説也, 旣戒懼愼獨, 養復中和, 天下大本達道致中和極矣. 更致到何處. 蓋致者如[春秋]致女, [儀禮]主人致爵於賓之致. 自此達彼. 修道之敎, 敎於家國天下, 而中和致於家國天下. 滿天下皆和氣充塞, 天地安得不位. 萬物安得不育. 蓋人與天地萬物爲體者也. 孔子中和之極而不位育者. 夫子不得邦家, 無致之之地. 使夫子得邦家, 則立斯立, 道斯行, 綏斯來, 動斯和, 而天地位育矣. 舊説乃謂吾氣順天地之氣亦順云云. 是不用政敎而自墮於佛老淸淨自定之説而不自知. 其九年水七年旱亦是一時政敎所不及, 如四兇庶頑之類, 所謂堯舜其猶病諸者."

114 이에 대한 상세한 논의는 담약수의「二業合一訓」을 참조하라.

115 이에 대해서는 Kim(2012)을 참조하라.

116 왕양명은 관직 경험이 있으나 자신의 추종자들에게는 관직의 부정적인 면을 강조한 경우이다.

117 담약수의「二業合一訓」은 그와 같은 정당화의 한 시도이다.

118 Philip Kuhn, 1970, p. 210.

119 Philip Kuhn, 1970, p. 117.

120 이에 대해서는 Kim(2008)을 참조하라.

121 로버트 하임스는 네트워크의 면에서도 도학자들이 초지방적인 면을 가지고 있음을 시사하였다.(Robert Hymes, 1987, pp. 196, 215, 211)

122 이와 같은 이일분수 이해는 이일분수에 대한 정치적 결론이 종법제, 등급제, 군주제의 실행이라 본 류쩌화의 해석과는 크게 다르다. 류쩌화, 2019, 3권, 632쪽 참조.

123 蕭公權, 1998, 14쪽.

124 예외가 될 수 있는 경우가 동림당(東林黨)이다. 동림당의 정치운동 대해서는

Dardess(2002)를 참조할 수 있다.

125 퇴장과 항의 개념에 대해서는 Hirschman(1970)을 참조하라.

7 혼일천하

1 杉山正明, 1997.

2 김호동, 2006; 2010.

3 Timothy Brook, 2010, p. 27.

4 몽골족은 본족이 40만 명, 군대가 10만 명인 소수민족으로 중원의 주인이 되었다. 류쩌화, 2019, 3권, 912쪽 참조.

5 Nicola Di Cosmo, 1999, p. 34.

6 Valerie Hansen, 2015, p. 333.

7 F. W. Mote, 1961.

8 John W. Dardess, 1983, p. 186.

9 蕭公權, 1998, 16-17쪽.

10 물론 예외도 있다. 중국 밖에 다른 세계가 있다고 본 추연(鄒衍)의 견해는 류쩌화, 2019, 1권, 1007쪽 참조.

11 Takeshi Hamashita, 1988.

12 Peter C. Perdue, 2005, p. 250.

13 이성규, 1992, 33쪽.

14 丘凡眞, 2012, p. 91. 언급한 구범진의 논문이 이 이슈에 대한 연구사 흐름의 대략을 정리하고 있다.

15 西嶋定生, 2002, pp. 95-104.

16 夫馬進, 2008; 岩井茂樹, 2007.

17 Mark Mancall, 1984, pp. 131-158.

18 모테기 도시오, 2004.

19 片岡一忠, 2008, pp. 367-384.

20 杉山清彦, 2009. 팔기제는 청나라 때 군대를 여덟 빛깔의 기(旗)에 따라 나눈 군사제도로, 초기에는 만주족으로만 조직하였다가 몽골족과 한족으로 확대하였다. 팔기제에 관한 자세한 내용은 Elliott(2001)를 참조할 수 있다.

21 Henrietta Harrison, 2001, p. 65.

22 왕소군 이야기의 다양한 해석에 대해서는 Eoyang(1982)과 Besio(1997)를 참조하라.

23 이하 내용은 김영민(2008)에 기초한 것이다.

24 이 사례들은 하버드대학에서 이루어진 피터 볼(Peter K. Bol) 교수의 강의에서 영감을 얻은 것이다.

25 『원사(元史)』「야율초재전(耶律楚材傳)」에 따르면, 야율초재는 정복 이후에는 반드시 과거 시험을 통한 문치를 시행해야 한다고 역설하였다. "그릇을 만드는 이는 반드시 좋은 기술자를 쓰고, 수성하는 사람은 반드시 유신(儒臣)을 씁니다. 유신의 과업은 수십 년 노력 없이는 거의 성공하기 어렵습니다.(制器者必用良工, 守成者必用儒臣. 儒臣之事業, 非積數十年, 殆末易成也.)" 야율초재는 우구데이 칸의 허락을 얻어 선덕주(宣德州)의 선과사(宣科使) 유중(劉中)을 시켜 '경의(經義), 사부(詞賦), 논(論)'의 세 과목으로 나누어 과거 시험을 시행토록 하였다. 이른바 '무술선시(戊戌選試)'라 불리는 이 시험을 노예 신세가 되었던 유생들도 볼 수 있게 하였는데, 4,030명의 합격자 가운데 시험을 통해 노예 신분을 면한 사람이 4분의 1에 이르렀다고 한다.

26 베버는 이와 관련된 정치 현실에 대해 이렇게 말했다. "그(지도자)의 성공 여부는 자신의 추종자와 그에게 필요한 적위대, 밀정들, 선동가들에게 앞서 지적한 보상을 지속적으로 제공할 가능성에 달려 있다. 지도자가 처한 이런 활동 조건에서 볼 때 그가 실제로 무엇을 성취할 수 있을지의 문제는 그 자신이 아니라, 추종자들을 행동하게 하는—윤리적인 관점에서 보면 매우 저열하고 저속한—동기들에 의해 결정되는 것이다. 그런 동기들을 제어하는 일은 오로지, 지도자 자신의 인물됨과 그가 가진 대의에 대한 진심에서 우러나오는 믿음이 추종자 가운데 일부—결코 대다수를 그렇게 할 수는 없겠지만—를 고무시킬 수 있는 동안만 가능하다."(막스 베버, 2013, 222쪽)

27 Mancur Olson, 2000.

28 여러 조직이 난립하면, 그 지역이 번영하든 말든 서로 뺏어가려고 아귀다툼을 하는 데 반해, 한 조직이 독점하면 그 지역은 상대적으로 평화롭다. 이탈리아 출신의 사회학자 디에고 감베타(Diego Gambetta)는 시실리 마피아를 연구한 저서에서 일반적 절도와 폭력이 빈발하면 그 지역은 갱 조직이 독점력을 잃고 있는 증거라고 주장하였다.

29 Mancur Olson, 2000.

30 『列子』, "天地萬物, 與我並生類也. 類無貴賤. 徒以小大智力而相制迭相食. 非相為而生之."

31 『元史』「耶律楚材傳」, "汝不去朕左右, 而能使國用充足, 南國之臣, 復有如卿者乎."

32 마르크스, 2019, 133-134쪽.

33 헤겔의 주인-노예 변증법에 대해서는 Kojève(1980)를 참조할 수 있다.

34 Valerie Hansen, 2015, p. 334.

35 周貽白(1980, pp. 408-414)과 정원지(1984)는 마치원을 속세를 떠나 은일 사상을 추구한 이로 간주한다. 그러나 이런 해석은 지나치게 단순하다. 마치원의 일생에 관해서는 이홍자(2000, 101-106쪽)를 참조하라.

36 "마치원의 정서는 원대의 실의에 빠진 일부 나약한 지식인의 처지와 사상 감정을 반영"한다고 주장(張燕瑾, 1987, p. 172)하는데, 그것은 지나치게 단순화된 정리이다. 이홍자(2000, 107쪽)에서 재인용.

37 예컨대『소군사(昭君辭)』,『명군탄(明君歎)』이라는 한나라의 악부(樂府), 진나라의 석계륜(石季倫)이 지은『왕명군사병서(王明君辭幷序)』, 둔황(敦煌)에서 발굴된『명비변문(明妃變文)』등이 있다.

38 Eugene Eoyang, 1982, p. 18.

39 "그 밖에 특기할 사항은 열전에 소군이 호한야(呼韓邪) 사이에서 일남(一男)을, 호한사 전처의 소생에게 재가하여 이녀(二女)를 각각 낳았다고 적고 있는 것이다."(정원지, 1984, 5쪽)

40 동한(東漢) 채옹(蔡邕)의 작품.

41 진인(晋人) 갈홍(葛洪)의 작품.

42 Eugene Eoyang, 1982, pp. 7, 9.

43 Eugene Eoyang, 1982, p. 6.

44 Eugene Eoyang, 1982, p. 14. 이와 같은 사항 이외에 유진 오양(Eugene Eoyng)은『한궁추』가 그 이전의 왕소군 이야기들과 다른 점을 다음과 같이 정리하고 있다. (1)오랑캐에게 가기 전 원제와 왕소군이 만나는 것으로 설정하여 로맨스 강조, (2)모연수는 처형을 피해서 오랑캐 쪽으로 투항하여 음모를 꾸미는 것으로 설정됨, (3)오랑캐의 요구에 맞서 자신의 사적인 희생이 공적인 의미가 있음을 깨달은 왕소군이 고귀하고 당당하게 자신의 운명을 받아들인다는 점, (4)모연수의 처형에서 보이듯이 마지막에는 정의가 회복된다는 점(Eugene Eoyang, 1982, p. 16). 그리고 왕소군의 캐릭터를 다음과 같이 분석하고 있다. (1)신데렐라적 인물: 미천한 출신이 지위가 높은 사람의 총애를 받음, (2)자긍심 강하고 오만한 인물: 화가에게 뇌물 주기를 거부, (3)정치적 인질: 트로이의 헬렌과 같음, (4)애국 여성: 조국을 위해 자신을 희생함, (5)손상된 미녀(Eugene Eoyang, 1982, p. 5).

45 김학주, 2001, 124쪽.

46 이홍자, 2000, 118쪽.

47 曾永義, 1988, p. 242. 이홍자(2000, 118쪽)에서 재인용.

중국정치사상사

48 "妾旣蒙陛下厚恩, 當效一死, 以報陛下. 妾情愿和番."(王學奇, 1994, p. 185) 번역
   은 박성훈·문성재(1995, 60쪽) 참조. 이때 왕과 그녀는 단순한 연인 관계라기보
   다는 충성의 맥락이 존재한다. 순정과 순국이 결합되어 있다는 주장은 焦文
   彬(1990, p. 286)을 참조하라.

49 왕소군은 자신의 계급을 분명히 한다. "천첩의 부모가 성도에 있사오나, 천민
   의 호적에 올라 있는 처지이옵니다.(陛下, 妾父母在成都, 見隷民籍.)"(王學奇, 1994,
   p. 177) 번역은 박성훈·문성재(1995, 50쪽) 참조.

50 이 점은 황제의 조언자 입장에서 자신의 견해를 표명한 야율초재의 경우와
   뚜렷이 대별된다.

51 "文王曾避俺東徙."(王學奇, 1994, p. 168) 번역은 박성훈·문성재(1995, 42쪽) 참조.

52 『孟子』「梁惠王章句」下 참조.

53 "自朕嗣位以來, 四海晏然, 八方寧靜, 非朕躬有德, 皆賴衆文武扶持."(王學奇,
   1994, p. 169) 번역은 박성훈·문성재(1995, 44쪽) 참조.

54 "寫書與漢天子, 求索王昭君與俺和親. 若不肯與, 不日南侵, 江山難保."(王學奇,
   1994, p. 182) 번역은 박성훈·문성재(1995, 53쪽) 참조.

55 "我那里是大漢皇帝."(王學奇, 1994, p. 196) 번역은 박성훈·문성재(1995, 65쪽)
   참조.

56 Joseph Nye, 2004.

57 "陛下, 自這里兵甲不利, 又無猛將與他相持, 徜或疏失, 如之奈何. 望陛下割恩與
   他, 以救一國生靈之命."(王學奇, 1994, p. 184) 번역은 박성훈·문성재(1995, 57쪽)
   참조.

58 "您衆文武商量, 有策獻來, 可退番兵, 免敎昭君和番. 大抵是欺娘娘軟善. … 若如
   此, 久已后也不用文武, 只凭佳人平定天下便了."(王學奇, 1994, p. 185). 번역은 박
   성훈·문성재(1995, 59쪽) 참조.

59 "嗨. 可惜, 可惜. 昭君不肯入番, 投江而死, 罷, 罷, 罷, 就葬在此江邊, 號爲靑冢
   者. 我想來, 人也死了, 枉與漢朝結下這般仇隙, 都是毛延壽那廝搬弄出來的. 把
   都兒, 將毛延壽拿下, 解送漢朝處治. … 似這等奸邪逆賊, 留着他終是禍根, 不如
   送他去漢朝哈喇, 依還的甥舅禮兩國長存."(王學奇, 1994, p. 198) 번역은 박성훈·
   문성재(1995, 68쪽) 참조.

60 왕소군 자체는 군주가 아니기 때문에 그녀의 도덕성이 군주라는 위계의 정점
   을 경유하지 않고는 곧바로 세계 전체에 영향을 미칠 수는 없다.

61 James Scott, 1985.

62 이성규, 1992, 49쪽.

63 이성규, 2005, 88쪽. "역대 정복 왕조 제왕들의 가장 중요한 논리는 화이(華

813

夷)의 구분이 공간이나 종족의 차이가 아니라 문화적 차이, 즉 중국(3)의 유무에 있다는 것이었다."(이성규, 2005, 120쪽) 여기서 '중국(3)'이라는 것은 문화적 개념으로서의 중국을 의미한다.

64 이성규, 1992, 33쪽.

65 소프트 파워의 경우 약자의 전유 가능성이 높으므로 누가 가해자이고 누가 약자인지의 구분이 사라진다. 바로 이 지점이 보다 용이한 협상을 가능케 한다고 할 수 있다.

8 독재

1 『明太祖實錄』 권26, "自古帝王臨御天下, 中國居內以制夷狄, 夷狄居外以奉中國, 未聞以夷狄居中國, 治天下也."

2 『皇明文衡』 「諭中原檄」, "自古帝王臨御天下, 皆中國居內以製夷狄, 夷狄居外以奉中國, 未聞以夷狄居中國而製天下也. 自宋祚傾移, 元以北狄入主中國, 四海以內, 罔不臣服, 此豈人力, 實乃天授. 彼時君明臣良, 足以綱維天下, 然達人志士, 尚有冠履倒置之嘆. 自是以後, 元之臣子, 不遵祖訓, 廢壞綱常, … 及其後嗣沉荒, 失君臣之道, 又加以宰相專權, 憲臺報怨, 有司毒虐, 于是人心離叛, 天下兵起, … 天運迴圈, 中原氣盛, 億兆之中, 當降生聖人, 驅逐胡虜, 恢復中華, 立綱陳紀, 救濟斯民. … 予恭承天命, 罔敢自安, 方欲遣兵北逐胡虜, 拯生民于塗炭, 復漢官之威儀. 慮民人未知, 反為我讎, 絜家北走, 陷溺猶深, 故先諭告, 兵至, 民人勿避. 予號令嚴肅, 無秋毫之犯, 歸我者永安于中華, 背我者自竄于塞外. 蓋我中國之民, 天必命我中國之人以安之, 夷狄何得而治哉."

3 Arthur Waldron, 1992.

4 백성을 고정 직업에 종사하도록 하고 호적에 등록시키는 생각은 고대 중국으로까지 소급되는데, 그러한 생각이 실제로 구현되었는지는 확실하지 않다. 이와 관련된 고대 중국의 사료는 『관자(管子)』 「소광(小匡)」과 『국어(國語)』 「제어(齊語)」이다. 특히 『국어』 「제어」에 실려 있는 제환공(齊桓公)과 관중(管仲)의 다음 대화가 눈에 띈다.
"환공이 말했다. "백성의 일을 이루어내려면 어떻게 해야 하나요?" 관중이 대답했다. "네 부류의 백성들이 섞여 살지 말게 해야 합니다. 섞여 살면 그들의 말이 어지럽고 일이 바뀌게 됩니다." 환공이 말했다. "사농공상(士農工商)의 거처 문제를 어떻게 해야 할까요?" 관중이 대답했다. "옛 성왕이 사(士)는 한가하고 조용한 곳에 나아가게 하였고, 장인[工]은 관부에 나아가게 하였고, 상인은 시장에 나아가게 하였고, 농민은 농토에 나아가게 하였습니다. 저 사들로 하여금 모여서 마을을 이루고 살게 하면 조용한 곳에서 아버지와 아버지는 의(義)를 말하고, 자식과 자식은 효(孝)를 말하고, 군주를 섬기는 이들은 경(敬)을 말하고, 어린 사람들은 제(弟)를 말하게 됩니다. 어려서부터 그에 익숙해져서 마음이 안정되어 다른 일들을 보아도 그리로 옮겨가지 않습니다. 그러므로 부형들의 가르침은 엄하지 않아도 이루어지고, 자제들의 배움은 수고롭지 않아도 해낼 수 있게 됩니다. 이리하여 사의 자식은 항상 사가 됩니다. 저 장인들로 하여금 모여서 마을을 이루고 살게 하면, 사시를 살피고, 공과 괴로움을 변별하고, 그 쓰임을 조절하고, 골라 비교하고 재료를 어울리게 합니다. 아침부터 저녁까지 일을 하되 사방에 베풀어서 자제들을 가르치고, 일을 가지고 서로에게 이야기하고, 서로에게 솜씨를 보이고, 서로에게 결과를 보입니다. 어려서부터 그에 익숙해져서 마음이 안정되어 다른 일들을 보아도 그리로 옮겨가지 않습니다. 그러므로 부형들의 가르침은 엄하지 않아도 이루어지고, 자제들의 배움은 수고롭지 않아도 해낼 수 있게 됩니다. 이리하여 장인의 자식은 항상 장인이 됩니다. 저 상인들로 하여금 모여서 마을을 이루고 살게 하면, 사시를 살피고, 마을의 자원을 조사하고, 시장의 가격을 알아서 팔 물건을 지고 안고 들고 메고 소와 말에 실어서 사방을 돌아다니며, 가진 것과 가지지 않은 것을 교환하며, 싼 것은 사고 비싼 것은 팔게 됩니다. 아침부터 저녁까지 일을 하되 자제들을 가르치고, 이익을 가지고 서로에게 이야기하고, 이윤으로 보이고, 서로에게 공개하여 가격을 알게 됩니다. 어려서부터 그에 익숙해져서 마음이 안정되어 다른 일들을 보아도 그리로 옮겨가지 않습니다. 그러므로 부형들의 가르침은 엄하지 않아도 이루어지고, 자제들의 배움은 수고롭지 않아도 해낼 수 있게 됩니다. 이리하여 상인의 자식은 항상 상인이 됩니다. 저 농부들로 하여금 모여서 마을을 이루고 살게 하면, 사시를 살피고 쟁기, 보습, 도리깨, 낫 같은 농기구 사용을 조절합니다. 날이 추워지면, 풀을 쳐내고 농토를 소제하여 경작할 때를 기다립니다. 경작할 때가 되면 깊이 땅을 갈고 빨리 씨앗을 덮어서 때맞춰 내리는 비를 기다립니다. 때에 맞는 비가 내리고 나면, 몽둥이, 낫, 괭이, 호미를 가지고 아침부터 저녁까지 경작지에서 일을 합니다. 옷을 벗고 일하고, 머리에는 삿갓을 쓰고, 몸에는 도롱이를 걸치고, 몸이 젖고 발이 진흙투성이가 되며, 피부와 털을 드러내고, 사지를 한껏 기민하게 움직여서 경작에 종사합니다. 어려서부터 그에 익숙해져서 마음이 안정되어 다른 일들을 보아도 그리로 옮겨가지 않습니다. 그러므로 부형들의 가르침은 엄하지 않아도 이루어지고, 자제들의 배움은 수고롭지 않아도 해낼 수 있게 됩니다. 이리하여 농민의 자식은 항상 농민이 됩니다. 들에

거처하되 나쁜 짓을 하지 않습니다.(桓公曰, 成民之事若何. 管子對曰, 四民者, 勿使雜
處, 雜處則其言嗢, 其事易. 公曰, 處士農工商若何. 管子對曰, 昔聖王之處士也. 使就閑燕, 處工
就官府, 處商, 就市井. 處農, 就田野. 令夫士群萃而州處, 閒燕則父與父言義, 子與子言孝, 其事
君者言敬, 其幼者言弟. 少而習焉, 其心安焉, 不見異物而遷焉. 是故其父兄之敎不肅而成, 其子
弟之學不勞而能. 夫是故士之子恒為士. 令夫工群萃而州處, 申其四時, 辯其功苦, 權節其用, 論
比協材, 旦暮從事, 施于四方, 以飭其子弟, 相語以事, 相示以巧, 相陳以功. 少而習焉, 其心安焉,
不見異物而遷焉. 是故其父兄之敎不肅而成, 其子弟之學不勞而能. 夫是, 故工之子恒為工. 令夫
商群萃而州處, 察其四時, 而監其鄕之資, 以知其市之賈, 負任擔荷, 服牛輅馬, 以周四方, 以其
所有, 易其所無, 市賤鬻貴, 旦暮從事于此, 以飭其子弟, 相語以利, 相示以賴, 相陳以知賈. 少而
習焉, 其心安焉, 不見異物而遷焉. 是故其父兄之敎不肅而成, 其子弟之學不勞而能. 夫是, 故商
之子恒為商. 令夫農群萃而州處, 察其四時, 權節其用, 耒耜枷芟, 及寒, 擊草除田, 以待時耕, 及
耕, 深耕良而疾耰之, 以待時雨. 時雨既至, 挾其槍刈耨鎛, 以旦暮從事于田野. 脫衣就功, 首戴茅
蒲, 身衣襏襫, 沾體塗足, 暴其發膚, 盡其四支之敏, 以從事于田野. 少而習焉, 其心安焉, 不見異
物而遷焉. 是故其父兄之敎不肅而成, 其子弟之學不勞而能. 夫是, 生物農之子恒為農, 野處而不
暱.)"

5　주진학, 2017, 21쪽.

6　거자오광, 2013, 291쪽.

7　蕭公權, 1998, 213-214쪽.

8　Mark E. Lewis, 2009a, p. 52.

9　Mark E. Lewis, 2009a, p. 63.

10　이 논리에 관해서는 다음과 같은 베버의 발언을 참조할 수 있다. "관료제의
관리들에 대해서 군주의 권력이 지닌 지위는 봉건국가의 경우보다 또 '판에
박힌' 가산제 국가의 경우보다 전체적으로는 역시 훨씬 더 강력한데, 이는 승
진 욕망을 지닌 후보자들이 항상 대기하고 있어 군주가 까다롭게 구는 독립
적인 관료들을 그들로 쉽게 대체할 수 있기 때문이다."(막스 베버, 2018, 73쪽)

11　류쩌화, 2019, 3권, 469쪽.

12　有官, 有職, 有差遣. 官以寓祿秩, 叙位著. 職以待文學之選 而別以差遣以治內外
之事. - 인용문 원주

13　居官不知其職者, 十常八九.(이상 『송사』 「직관지」 참조) - 인용문 원주

14　류쩌화, 2019, 3권, 469쪽.

15　Dieter Kuhn, 2009, p. 121. "사대부와 함께 천하를 다스리지, 백성들과 함
께 천하를 다스릴 수는 없다.(爲與士大夫治天下, 非與百姓治天下也.)"(거자오광, 2015,
308쪽)

16　"태학에 다니던 하군(何郡)은 "옛 학문을 좋아하고 논의를 펼치길 좋아하였다

(嗜古學, 喜激揚論議)." 그의 의견이 정부의 동의를 받지 못하자, 그는 분연히 자신의 문장을 불태워버림으로써 항의의 표시를 하였다. 이러한 행동은 의외로 금지되지도 않았고 오히려 당시 일반 사대부들의 모방의 대상이 되어 '백의의 어사'라고 불리게 되었다. 또 개봉의 범월(范鉞) 등은 과거 시험을 보면서 "곧장 당시의 병폐를 비판하는 데 아무런 거리낌도 없었다(直詆時病, 無所回忌)"고 하니, 즉 비판받는 이들에 대해 못할 말이 없었던 것이다(『사마광일기』, 46쪽). 그래서 정호가 말한 것처럼 "사람들마다 자신의 의견을 지니고 있고 집안마다 각자의 관점이 있어 경전에 대한 해석에 있어서도 각각의 관점이 난무하여 통일되지 못하였다(人持私見, 家爲異說, 支離經訓, 無複統一)"는 국면이 전개되었다. 이러한 국면은 어떤 의미에서는 도리어 무의식중에 정치의식의 형태를 느슨하게 만들고 언론의 공간을 확보함으로써 문화 중심과 정치 중심의 분리를 가속화하는 사태를 유발시켰다."(거자오광, 2015, 323쪽)

17 국시(國是) 개념에 대해서는 余英時(2003, Ch. 5)를 참조할 수 있다.

18 막스 베버, 2013, 125쪽.

19 『評鑑闡要』권8, "安右抗章, 神宗遜辭, 成何政體. 即安石果正人, 猶尚不可, 而況不正乎."

20 이러한 정치 동학에 대해서는 막스 베버가 다음과 같이 설명한 바 있다. "전문 지식의 지배하에서 바로 군주의 현실적인 영향력이 지속성을 얻을 수 있는 것은 관료기구 수장과의 지속적인 접촉을 통해서만 가능하지만, 이 접촉마저도 관료들의 중앙 최고 간부들에 의해 계획적으로 조종된다. … 특수화된 전문 지식이 점점 더 관직 보유자들의 권력 위상의 기초가 되기 때문에, '지배자'의 걱정은 일찍부터 어떻게 하면 이 전문 지식을 이용하면서도 그들에게 굴복하지 않고 자신의 지배자 지위를 유지할 수 있는가에 있었다. 그러므로 행정 업무가 점점 더 질적으로 확대되고 이와 함께 전문 지식이 필수불가결한 것이 됨에 따라, 다음과 같은 현상이 매우 전형적인 방식으로 나타난다. 즉, 지배자는 믿을 수 있는 몇몇 심복들과 그때그때마다 상의하거나 또는 상황이 어려울 때 그들을 이따금 회의에 소집해서는 더 이상 국정을 꾸려나갈 수 없어, 이제는 상설적으로 열리는 합의체적인 자문 및 의결단체―궁정의 고문관 회의는 이에 이르는 특징적인 과도현상이다―로 둘러싸인다."(막스 베버, 2018, 73, 75쪽)

21 1394년 한림학사 유삼오(劉三五)가 책임 편집한 『맹자절문(孟子節文)』은 『맹자』에서 정치적으로 민감한 85조목을 삭제하였다. 주원장은 삭제된 부분은 과거 시험에 활용해서는 안 된다고 명령했다. 이에 대한 자세한 내용은 류쩌화(2019, 3권, 975쪽) 참조.

22 명 태조와 그의 전제주의에 관한 연구사 정리는 Schneewind(2006, pp. 6-7)를 참조할 수 있다.

23 이하 두 단락은 Brook(2010, pp. 79-105)에 기초한 것이다.

24 F. W. Mote, 1961.

25 Edward Farmer, 1995.

26 Wm. Theodore de Bary, 1993, p. 91.

27 Timothy Brook, 2010.

28 John W. Dardess, 1983.

29 명나라 이전 상황에 대해서는 거자오광의 다음과 같은 정리를 참조할 수 있다. "그렇지만 이학이 아직 그렇게 순탄하게 중심으로 파고들어간 것만은 아니다. 소정(紹定) 말년(1233)에 이심전(李心傳)은 사마광, 주돈이, 소옹, 장재, 이정, 주희를 문묘에 종사할 것을 조정에 건의하였으나, 조정의 동의를 얻지 못하였다. 순우(淳祐) 원년(1241)에 와서야 즉 경원당금(慶元黨禁)이 내려진 지 거의 반세기 만에 송나라 이종(理宗)은 직접 조서를 내려 주돈이, 장재, 이정, 주희를 문묘에 종사토록 하였다. 이로써 그들은 공자와 함께 제사를 받는 명단에 들어간 것이다. 이로써 '도통'은 '정통(政統)' 속에서의 합법성을 확보하게 되었다. 그리고 순우 4년(1244), "서림(徐霖)은 서학(書學)으로 상서성의 장원이 되었는데 오로지 성리학을 숭상하였다. 온 세상이 그를 쫓으니 과거를 통해 명성을 얻을 수 있기 때문이었다. 이로부터 『사서』, 「동서명」, 「태극도」, 『통서』와 어록 이외에는 더 이상 언급하지 않게 되었다.(徐霖以書學魁南省, 全尚性理, 時競趨之, 卽可以釣致科第功名, 自此, 非『四書』, 『東西銘』, 『太極圖』, 『通書』, 語錄不復道矣)." 이로부터 이학은 민간 서원의 교육 내용으로부터 제도적 교육과 인재 선발의 계통이 되어 점차로 권력의 중심으로 진입하게 되었다."(거자오광, 2015, 429-430쪽) "그의 의의는 주로 정주이학을 확대 보급한 데 있다. 그의 12 제자인 왕재(王梓), 유계전(劉季傳), 한사영(韓思永), 야율유상(耶律有尚), 여단선(呂端善), 요수(姚燧), 고응(高凝), 백동(白棟), 소욱(蘇郁), 요돈(姚燉), 손안(孫安), 유안중(劉安中) 등은 지원(至元) 8년(1271)에 '각 지역에 있는 재(齋)의 재장(齋長)'이 되어 한족 문화에 연원을 두는 이 신유학을 뜻밖에도 변방 민족의 문명 통치하의 제국에서 보편적인 지식이 되고 권력을 갖는 사상이 되게 하였다. 어떤 의미에서는 송나라 시대를 능가하였다고 말할 수도 있다. "위로는 서울에서부터 아래로는 주(州), 현(縣)에 이르기까지 어디에나 학교가 있고, 학교에는 학생이 있고 식사가 제공된다. 더욱이 정주학을 드높이며 천하를 교육하고자 하니, 그 배양과 교육이 어찌 당송(唐宋)을 뛰어넘어 삼대(三代)를 따르는 것이 아니랴!(上自京師, 下至州縣, 莫不有學, 學有生徒, 有廩膳, 而又表彰程朱之

學, 以爲敎于天下, 則其養與敎, 豈不超乎唐宋而追踪三代.)"바야흐로 지금은 정주학이
천하에 성행하고, 가까운 곳에나 저 멀리 벽지에나 이 학문을 배우는 사람들
이 있다.(方今程朱之學行天下, 薄海內外遐陬僻壤, 猶有學其學者.)"(거자오광, 2015, 487-
488쪽) "정자(程子)와 주자(朱子)의 출현 이후로 진유(眞儒)의 학문이 다시 밝
아졌고, 허문정공(許文貞公: 허형)이 정주학으로 황제를 크게 보좌한 이후로 진
유의 공효(功效)가 다시 드러났다. 근년에 정주학으로 과거 시험을 시행하여
사(士)를 채용한 이후로는 진유의 도(道)가 점차 관리의 통치로 나타나고 있
다.(自程子朱子出而眞儒之學復明, 自許文貞公以程朱學光輔世皇帝, 而眞儒之效復著, 自近年
以程朱之學設科取士, 而眞儒之道漸見于吏治.)"(거자오광, 2015, 490쪽)

30 『명태조실록』권22, 권26, 권36 상, 권46(『명실록』제1책, 107쪽, 122쪽, 193쪽, 257
　　쪽)을 참조. - 인용문 원주

31 거자오광, 2015, 493쪽.

32 전제와 독재라는 이슈를 토론하는 데 나는 마이클 만(Michael Mann)이 제시한
　　국가 권력의 두 차원—전제 권력과 기반 권력—에 대한 구분을 따른다. 즉,
　　전제와 독재라는 이슈에서 나는 국가가 사회에 침투하는 역량을 배제한다.
　　마이클 만의 구분에 대해서는 Mann(1984)을 참조하라.

33 전제주의(despotism) 역시 한 사람에 의한 통치라는 뜻을 가지고 있는 것이
　　사실이다. 그 점은 despot의 그리스어 어원인 despotes가 권력을 쥔 1인을 의
　　미하는 데서도 드러난다. 그러나 독재(autocracy)라는 말보다 전제주의라는
　　말이 상대적으로 더 자주 권력의 폭력적인 남용이라는 부정적 함의에 연루되
　　어 있는 것으로 보인다.

34 Aristotle. 1946. 이와 관련된 논의는 Pocock(2003, p. 72)을 볼 것.

35 『論語』「八佾」13, "王孫賈問曰, 與其媚於奧, 寧媚於竈, 何謂也. 子曰, 不然. 獲
　　罪於天, 無所禱也."

36 이 내용은 김영민(2012b)에 기초.

37 "夫有物必有則, 父止於慈, 子止於孝, 君止於仁, 臣止於敬, 萬物庶事, 莫不各有
　　其所, 得其所則安, 失其所則悖, 聖人所以能使天下順治, 非能爲物作則也, 唯止
　　之各於其所而已."(주희·여조겸 편, 2004, 676쪽) 본문의 인용문은 내가 새로 번역
　　했다.『근사록』에 실린 구절은 원래 정이(이천)가 쓴『주역전의(周易傳義)』에
　　나온다.

38 경연에 대해서는 De Bary(1981, p. 29)를 참조할 수 있다.

39 왕정상에 대하여 보다 자세한 논의는 Kim(2008)을 참조할 수 있다.

40 王廷相, 1989, pp. 849-850, "元氣化爲萬物, 萬物各受元氣而生, 有美惡, 有偏
　　全, 或人或物, 或大或小, 萬萬不齊, 謂之各得太極一氣則可, 謂之各具一太極則

不可. 太極, 元氣混全之稱, 萬物不過各具一支耳."

41 王廷相, 1989, p. 889, "一理安可以應萬事. 蓋萬事有萬事之理."

42 王廷相, 1989, p. 782, "嗚呼, 天下之勢, 變而不可返之道也."

43 王廷相, 1989, p. 763, "道無定在."

44 王廷相, 1989, pp. 763, 855, 889.

45 王廷相, 1989, pp. 837, 855.

46 王廷相, 1989, p. 610, "夫緣敎以守道, 緣法以從善, 而人心之欲不行者, 亦皆可以蔽論矣. 故曰, 仁義中正, 聖人定之以立敎持世, 而人生善惡之性由之以準也."

47 이것이 곧 도학에서 통치 수단으로서 형법의 존재 이유를 부정했다는 말은 아니다. 형법은 원리상 보조 수단으로 간주된다.

48 王廷相, 1989, p. 856, "聖人之道爲天下國家, 故道德, 仁義, 禮樂, 刑法並用."

49 王廷相, 1989, p. 850, "性有善否, 道有是非, 各任其性行之, 不足以平治天下, 故聖人憂之, 修道以立敎, 而爲生民準."

50 王廷相, 1989, p. 765, "聖人取其性之善者以立敎, 而後善惡準焉."

51 『湛甘泉先生文集』, 四庫全書存目 集部, pp. 57-101, "聖人者有以見天下之同心而繼之以一, 天下之政以盡其心."

52 성인에 대한 묘사는 王廷相, 1989, p. 762 참조.

53 王廷相, 1989, p. 806.

54 王廷相, 1989, p. 610, "見孺子入井必有怵惕之心, 此何心也. 曰, 仁心之自然也. 曰, 己之子與鄰人之子入井, 怵惕將孰切. 曰, 切子. 救將孰急. 曰, 急子. 曰, 不亦忘鄰人之子耶. 曰, 父子之愛天性, 而鄰人緩也. 由是言之, 孺子怵惕之仁, 亦蔽於父子之愛矣, 而人不以爲惡, 何哉. 以所蔽者聖人治世之道, 而不得以惡言之矣. 較其蔽則一而已. 夫緣敎以守道, 緣法以從善, 而人心之欲不行者, 亦皆可以蔽論矣. 故曰, 仁義中正, 聖人定之以立敎持世, 而人生善惡之性由之以準也."

9   시민사회 혹은 정체?

1   Karl Wittfogel, 1957, p. 38.

2   Lloyd E. Eastman, 1988, pp. 110-114.

3   물론 현대적 의미의 시민사회(civil society) 개념에 선행하는 시민사회 개념사는 더 오래되고 복잡하다. Keane(1999) 참조.

4   Timothy Brook and B. Michael Frolic eds., 1997, p. 19.

5   Jürgen Habermas, 1991.

6   봉건에서 절대주의 국가로의 시계열적 발전을 염두에 두는 사람들은 국가를 이상시하는 경향이 있고, 근대국가의 성립과 더불어 그 근대국가의 전횡을 제어하는 기제로서 사회의 힘을 의식하는 사람들은 '사회'를 이상적으로 여기게 된다. 히스 체임벌린(Heath Chamberlain)이 주장하듯이, 사회는 국가만큼이나 위험한 존재일 수 있음을 잊어서는 안 된다(Brook and Frolic eds., 1997, p. 10).

7   R. Bin Wong, 1997, pp. 122-124, 164-165, 191-192.

8   Timothy Brook and B. Michael Frolic eds., 1997, p. 10.

9   예를 들면 Philip C. Huang(1993) 참조.

10 Mark E. Lewis, 2009b, pp. 102-113.

11 Max Weber, 1951.

12 Mark E. Lewis, 2009b, p. 47.

13 Mark E. Lewis, 2009b, pp. 20, 53.

14 S. N. Eisenstadt, 1996, pp. 418-419.

15 이국균(李國鈞) 등, 『중국서원사(中國書院史)』, 호남교육출판사, 1994, 131쪽에 따르면, 남송 시기 기록상 서원(書院)은 장시(江西), 후난(湖南), 저장(浙江), 푸젠(福建) 지역에만 250여 곳에 이른다. 서원별 인원을 짐작해볼 수 있는 연구도 있다. 고사득(高斯得)의 『치당존고(恥堂存稿)』 권4 「공안(公安)」 '남양서원기(南陽書院記)'에 따르면, 1242년경 맹공(孟拱)이 세운 공안서원의 정원이 140명, 남양서원의 정원이 120명이었다.

16 서원 비판자의 견해로는 다음을 참조하라. "『명희종실록(明熹宗實錄)』 권26(『명실록』 축인본), 천계(天啓) 2年(1622) 9月 경자, 13468쪽. 전해오는 말에 의하면, 이해에 예문환(倪文煥, ?~1628)은 수선서원(首善書院)의 활동을 금지해줄 것을 건의하는 정부 공식 문서에서 당시에 서원에서 이루어지고 있는 학술 강론이 별 의미 없는 활동임에 대해 이렇게 형용하였다. "많지도 적지도 않은 인원이 모여, 아프지도 가렵지도 않은 이야기를 나누고, 깊지도 얕지도 않은 겸양을 하며, 차갑지도 뜨겁지도 않은 떡을 먹고 있다(장이기張爾岐, 『호암집蒿庵集』 「호암한화蒿庵閑話」 제80조, 제로서사, 1991, 324쪽)." (거자오광, 2015, 550쪽)

17 William T. Rowe, 2009, p. 159.

18 Richard von Glahn, 2016, p. 10.

19 William Rowe, 1989; 1990.

20 중국 시민사회와 관련한 대표적 논의로는 Philip C. Huang(1993)을 참조할 것. 그 밖에 Huang(1991, pp. 320-321); Wakeman(1993); Wong(1997, pp. 112-113)을 참조할 수 있다.

21 Wm. Theodore de Bary, 1991, pp. 87-114.

22 Wm. Theodore de Bary, 1983.

23 Wm. Theodore de Bary, 1991, p. 103.

24 Wm. Theodore de Bary, 2004, p. x.

25 Wm. Theodore de Bary, 2004, p. 122.

26 Wm. Theodore de Bary, 2004, p. 135.

27 Wm. Theodore de Bary, 1991, p. 96.

28 Thomas Metzger, 2001.

29 Benjamin A. Elman, 2010.

30 Lloyd E. Eastman, 1988, p. 19.

31 Nicola di Cosmo, 2002, p. 98.

32 Mark E. Lewis, 2007, pp. 117-127.

33 Teemu Ruskola, 2013, pp. 60-107.

34 Lawrence Stone, 1979, p. 99. 이에 대한 예외로는 Adams(2005)를 참조할 수 있다.

35 Charles Tilly, 1990, p. 1.

36 Wei-ming Tu, 1989.

37 Wm. Theodore de Bary, 1991, p. 98.

38 J. G. A. Pocock, 1985, p. 9.

39 고대 중국에서 몸의 유비에 대해서는 Pines(2002, p. 159)를 참조하라.

40 이와 관련된 적절한 인용문으로는 Chan(1980, pp. 222-223)을 참조하라.

41 예컨대 주원장 문집에 실린 「봉의론(蜂蟻論)」과 유기(劉基, 1311~1375)의 『욱리자(郁離子)』를 보라.

42 『明史』 「宋濂傳」, "濂擧大學衍義, 乃命大書揭之殿兩廡壁. 頃之御西廡, 諸大臣皆在, 帝指衍義中司馬遷論黃老事, 命濂講析."

43 나는 다음에서 왕양명의 사상에 대해 자세히 논한 바 있다. http://www.iep. utm.edu/wangyang/.

44 Chan, 1963, p. 240, "滿街人都是聖人."

45 양명계 사상가 중 한 사람이라고 할 수 있는 이지(李贄)가 그 예이다. "하늘이 사람을 하나하나 낳았으니 한 사람의 쓰임은 스스로 존재한다. 공자를 기준으로 하지 않아도 된다는 것이다. 만약 공자를 기준으로 해야만 한다면 공자가 없었던 때에는 끝내 사람을 구할 수 없었다는 것인가? '공자를 배우고자 한다'는 주장은 곧 맹자가 맹자에 그치게 한 이유인 것이다."(蕭公權, 1998, 953쪽) 샤오궁취안은 이 언명을 『분서(焚書)』 「권1서답(卷一書答)」에서 인용했다.

중국정치사상사

이러한 이지의 입장은 앞선 하안(何晏)이나 혜강(嵇康) 같은 학자들의 견해를 연상시킨다. 이와 관련하여 류쩌화, 2019, 2권, 964·1007쪽 참조.

46 이러한 비판적 입장에 대해서는 Kim(2003)을 참조하라.

47 왕양명, 2001, 81쪽, "天下又有心外之事." 본문의 인용문은 내가 새로 번역했다.

48 왕양명, 2001, 625-661쪽, "九川疑曰, 物在外, 如何與身心意知是一件. 先生曰, 耳目口鼻四肢, 身也, 非心安能視聽言動. 心欲視聽言動, 無耳目口鼻四肢亦不能. 故無心則無身, 無身則無心. 但指其充塞處言之謂之身, 指其主宰處言之謂之心, 指心之發動處謂之意, 指意之靈明處謂之知, 指意之涉著處謂之物, 只是一件. 意未有懸空的, 必著事物." 본문의 인용문은 내가 새로 번역했다.

49 Philip J. Ivanhoe, 1990, p. 46; Thomas A. Metzger, 1977. 버클리(G. Berkeley)에 따르면 물리적인 외부 세계란 존재하지 않는다. 집이니 나무니 하는 것들은 단지 관념들(ideas)의 집합이며, 그러한 관념들을 우리 마음속에 만들어내는 것은 다름 아닌 신이다.

50 陳來 저, 전병욱 역, 2003, 100-110쪽. 천라이(陳來)는 언급하고 있지 않지만, 왕양명 사상과 현상학의 유사성에 주목한 이로는 천라이보다 훨씬 이전에 정화열이 있다. Hwa Yol Jung, 1965, pp. 612-636.

51 왕양명, 2001, 741쪽, "一友指巖中花樹問曰, 天下無心外之物. 如此花樹, 在深山中自開自落, 於我心亦何相關. 先生曰, 你未看此花時, 此花與汝心同歸於寂. 你來看此花時, 則此花顔色一時明白起來. 便知此花不在你的心外." 본문의 인용문은 내가 새로 번역했다.

52 漢語大辭典編輯委員會, 1995, p. 1515.

53 왕양명이 외부 세계를 부정했다고 해석하는 입장으로는 蒙培元(1984, p. 347)을 참조하라.

54 John R. Searle, 2004, pp. 68-90.

55 Michel de Certeau, 1984, p. 117.

56 왕양명이 지행합일을 토론하면서 보행자의 예를 드는 것은 이러한 맥락에서 한층 흥미롭다. 왕양명, 2001, 362쪽.

57 Philip J. Ivanhoe, 1990, p. 25.

58 이 논의는 김영민(2003)에 기초한다.

59 가장 영향력 있는 도학자라고 할 수 있는 주희 역시 그렇게 생각하였다. 주희의 지선행후(知先行後) 입장에 대해서는 傅雲龍(1988, pp. 121-137)을 참조하라.

60 왕양명, 2001, 89쪽, "又如知痛, 必己自痛了, 方知痛, 知寒, 必己自寒了, 知饑, 必己自饑了, 知行如何分得開."

61 왕양명, 2001, 88쪽, "未有知而不行者, 知而不行, 只是未知."

62 왕양명, 2001, 89쪽, "如今人儘有知得父當孝, 兄當弟者, 却不能孝, 不能弟. 便是知與行分明是兩件." 본문의 인용문은 내가 새로 번역했다.

63 왕양명, 2001, 89쪽, "此已被私欲隔斷, 不是知行的本體了." 본문의 인용문은 내가 새로 번역했다.

64 '이해 가능한 어떤 것'으로 만들기 위해 다른 식의 노력도 가능하다. 이를테면 뚜웨이밍이 왕양명 전기에서 시도한 것은, 그의 자아실현의 역정을 살펴봄으로써 그의 지행합일론이 비로소 이해 가능한 것이 된다는 주장이었다. Wei-ming Tu(1976) 참조. 천라이는 왕양명의 지행합일론과 지행에 관한 송유(宋儒)들의 이론은 기본적으로 범주 사용의 차이였다고 본다(陳來, 2003, 167쪽). 현대 도덕심리학의 관용구들을 통해 왕양명의 지행합일론을 재구성하고자 시도한 쿠아(A. S. Cua)의 경우는 왕양명의 지행합일론을 왕양명 사상의 다른 부분과 독립적으로 탐구한다(Cua, 1982). 여기서는 왕양명의 지행합일론이 그의 독특한 자아와 세계의 관계 위에서 가능한 이론임을 논증하고자 한다.

65 그러한 지식 추구는 왕양명이 '속학(俗學: 속된 배움)'이라는 호칭을 써가며 강하게 비판하였다. 왕양명의 이른바 발본색원론(拔本塞源論) 및 王陽明(1992, pp. 166, 256) 참조.

66 양지설과 지향합일설의 일반적인 관련성은 황종희가 주목한 이래로 많은 학자가 동의하고 있다. 예를 들어 楊國榮(1997, p. 193)이 있다.

67 주지하다시피 양지(良知)란 말은 맹자에게서 유래했다. 앞으로 논의하겠지만, 왕양명 양지론과 관련하여 논의되는 '앎'은 항목화된 지식이 아니라 일종의 감수성 같은 것이다. 따라서 어떤 상황이 도래하기 전의 양지 상태는 우리가 상식적으로 떠올리는 '앎'이라기보다는 각 상황에 해당하는 '앎'을 생산할 수 있는 능력에 가깝다.

68 이러한 면에 주목한 대표적인 연구로 Ivanhoe(2002) 참조.

69 왕양명, 2001, 645쪽, "于中曰, 只是物欲遮蔽. 良心在內, 自不會失, 如雲自蔽日, 曰何嘗矢了. 先生曰, 于中如此聰明, 他人見不及此." 본문의 인용문은 내가 새로 번역했다.

70 『孟子』「告子章句」上.

71 王陽明, 1992, p. 189, "是非之心, 人皆有之. 卽所謂良知也. 孰無是良知乎. 但不能致之耳. 易謂知至, 至之. 知至者, 知也, 至之者, 致知也. 此知行之所以一也."

72 王陽明, 1992, p. 183, "獲也者, 得之於心之謂, 非外鑠也."

73 왕양명, 2001, 381쪽, "天下豈有不行而學者邪." 본문의 인용문은 내가 새로 번역했다.

74 왕양명, 2001, 440쪽, "更有何可思慮得." 본문의 인용문은 내가 새로 번역했다.

75 중화(中和)에 대해서는 『중용(中庸)』 1장, 28조목의 주석을 참조.

76 왕양명, 2001, 210-211쪽, "喜怒哀樂, 本體自是中和的. 纔自家看些意思, 便過不及, 便是私." 본문의 인용문은 내가 새로 번역했다.

77 왕양명, 2001, 852쪽, "這一念不但是私念. 便好的念頭亦著不得些子, 如眼中放些金玉屑, 眼亦開不得了." 본문의 인용문은 내가 새로 번역했다.

78 왕양명이 사용한 거울과 저울의 비유에 대해서는 왕양명(2001, 214, 318쪽)을 참조하라.

79 왕양명, 2001, 399쪽, "夫良知之於節目時變, 猶規矩尺度之於方圓長短也. 節目時變之不可預定, 猶方圓長短之不可勝窮也." 본문의 인용문은 내가 새로 번역했다.

80 王陽明, 1992, p. 208, "問, 自來先儒皆以學問思辯屬知, 而以篤行屬行, 分明是兩裁事. 今先生獨謂知行合一, 不能無疑. 曰, 此事吾已言之屢屢. 凡謂之行者, 只是著實去做這件事. 若著實做學問思辯的工夫, 則學問思辯亦便是行矣."

81 왕양명, 2001, 89쪽, "見好色屬知, 好好色屬行. 只見那好色時, 已自好了. 不是見了後, 又立箇心去好. 聞惡臭屬知, 惡惡臭屬行. 只聞那惡臭時, 已自惡了. 不是聞了後, 別立箇心去惡." 본문의 인용문은 내가 새로 번역했다.

82 극도로 세밀한 선후를 왕양명도 부정한 것은 아니다. 이를테면 그가 "지는 행의 시작이고 행은 지의 완성이다(知是行之始, 行是知之成.)"라고 했을 때, 시작과 완성이라는 표현에는 하나의 사건 내에 세밀한 선후가 존재함을 함축한다고 하겠다. 그러한 세밀한 선후 관계는 중국의 많은 학자가 지(知)-행(行)-지(知)의 도식으로 정리했다. 예컨대 楊國榮(1997, p. 196)을 보라.

83 왕양명, 2001, 89쪽, "如鼻塞人雖見惡臭在前, 鼻中不曾聞得, 便亦不甚惡. 亦只是不曾知臭."

84 왕양명, 2001, 89쪽, "未有知而不行者, 知而不行, 只是未知."

85 王陽明, 1992, p. 214, "心者, 天地萬物之主也. 心卽天, 言心則天地萬物皆擧之矣."

86 격물-치지-성의-정심-수신-제가-치국-평천하.

87 왕양명, 2001, 255쪽, "自格物致知至平天下, 只是一個明明德." 본문의 인용문은 내가 새로 번역했다.

88 이러한 점은 도학의 철학이 중앙 권력에 봉사하기만 했다고 보는 이해가 일면적이라는 점을 일깨워준다.

89 양명 후학 중에서 왕간(王艮, 1483~1541)은 출세와는 무관하게 소금 생산을 하

던 집안 출신이며, 그다음 세대인 안균(顔鈞, 1504~1596)은 원래 글도 제대로 읽지 못하는 사람이었다. 기존 사상가들의 주된 청중이 통치자나 엘리트였다는 점을 감안할 때, 이 점은 매우 흥미롭다.

90 왕양명이 지은 새로운 향약 내규는 王陽明(1992, pp. 599-604)을 참조하라.

91 王陽明, 1992, pp. 154-155, "天下事雖萬變, 吾所以應之不出乎喜怒哀樂四者. 此爲學之要, 而爲政亦在其中矣."

92 George L. Israel, 2014, p. 112.

93 왕양명의 향약 관련 자료의 영어 번역으로는 Chan(1980, pp. 298-306)을 참조할 수 있다.

94 중국 마르크스주의 학자의 견해에 대해서는 侯外廬(1957, pp. 875-904); Israel(2014, p. 107)를 보라. 그리고 왕양명 사상에 대해서는 류쩌화, 2019, 3권, 1084쪽 참조.

10 제국

1 Lucian W. Pye, 1974, pp. 110-111.

2 Wm. Theodore de Bary, 2004, p. 144.

3 William T. Rowe, 2009, p. 29.

4 William T. Rowe, 2009, p. 91.

5 류쩌화, 2019, 3권, 844쪽.

6 예를 들어 Mary C. Wright, 1957; Ping-ti Ho, 1998; Pamela K. Crossley, 1990을 보라.

7 그것은 일종의 전략적 태도로 볼 수 있는데, 박지원의 『열하일기』 「심세편(審勢編)」에 실린 다음 내용이 참고가 된다. "청나라 사람은 중국의 주인으로 들어와서 학술의 종주가 있는 곳과 당시 추세의 다수와 소수를 은밀히 살피고, 이에 다수를 따라 힘껏 주류로 삼았다. 주자를 십철의 반열에 올려 제사를 지내고 "주자의 도는 우리 황실의 가학(家學)이다"라고 천하에 공표하였다. 따라서 천하에는 이에 만족하여 감복하는 자도 있고, 겉모습을 꾸며 세속에 빌붙는 자도 있다. … 그가 주자를 드높이는 것은 다름이 아니라, 이 천하의 사대부의 목에 올라타서 그 목을 누르고 그 등을 쓰다듬어준다. 천하의 사대부 대부분이 위협과 어리석게 하는 행위에 당하면서도 구차하게 스스로 의문(儀文)이나 절목(節目)에 빠지면서도 그것을 깨우칠 수가 없기 때문이다.(淸人入主中國, 陰察學術宗主之所在與夫當時趨向之衆寡, 於是從衆而力主之, 昇享朱子於十哲之列, 而

號於天下曰, 朱子之道卽吾帝室之家學也, 遂天下洽然悅服者育之, 緣飾希世者育之 … 其所以動遵朱子者非他也, 騎天下士大夫之項扼其咽而撫其背, 天下之士大夫率被其愚脅, 區區自泥於儀文節目之中而莫之能覺也.)"(거자오광, 2015, 653쪽)

8   중국화/한화 학술 담론(academic discourse of sinicization)이 중국 역사에 대한 우리의 이해를 크게 증진하기는 했지만, 신청사(新清史)라고 불리는 새로운 학술 담론은 중국화/한화 학술 담론이 지나치게 동화라는 측면만 강조한 나머지 청나라 정체성의 복잡성을 왜곡했다고 주장하였다. 신청사 그룹은 청나라의 정체성을 당대의 역사적 맥락에서 다루고자 한다.

9   "在逆賊等之意, 徒謂本朝以滿洲之君, 入爲中國之主, 妄生此疆彼界之私, 遂故爲訕謗詆譏之說耳."(Liu, 2004, p. 84)

10   Lydia H. Liu, 2004, p. 85.

11   Mark C. Elliott, 2001.

12   Evelyn S. Rawski, 1998, pp. 17-58.

13   Pamela K. Crossley, 2002, pp. 3, 97.

14   Evelyn S. Rawski, 1998, p. 4.

15   Pamela K. Crossley, 2002, p. 6.

16   Pamela K. Crossley, 2002.

17   Hung Wu, 1995.

18   Evelyn S. Rawski, 1998, p. 55.

19   Kristina Kleutghen, 2012, p. 33. 건륭제에 대한 다른 해석으로는 Kahn(1971); Crossley(1999); Berger(2003); Elliott(2009) 등을 참조할 수 있다.

20   Pamela K. Crossley, 1992.

21   게다가 건륭제의 후계자 가경제(嘉慶帝, 재위 1796~1820)도 자기 버전의 〈시일시의도〉를 주문하라고 명한 것으로 알려져 있다(Kleutghen, 2012, p. 41).

22   부자지간인 옹정제와 건륭제의 긴밀한 관계는 밀라노 공국의 예수회 선교사이자 화가로서 청나라에서 활동한 주세페 카스틸리오네(Giuseppe Castiglione)가 그린 〈평안춘신도(平安春信圖)〉에 잘 드러나 있다.

23   Hung Wu, 1995, p. 35.

24   "入室皤然者, 不知此是誰."

25   Hung Wu, 1995, p. 34.

26   Kristina Kleutghen, 2012.

27   『莊子』「天運」, "天下大駭, 儒墨皆起."『韓非子』「顯學」, "世之顯學, 儒墨也. 儒之所至, 孔丘也. 墨之所至, 墨翟也." [唐]陳子昂, 『夏日暉上人房別李參軍序』. "討論儒墨探覽眞玄. 覺周孔之犹述, 知老庄之未悟." [唐]崔湜, 『故吏部侍郎元公碑銘序』. "百家之言, 先儒未論, 一覽冰释. 四方儒墨之士, 由是嚮風矣."

28 Mark C. Elliott, 2009.

29 『圓覺經』卷上, "不卽不離, 無縛無脫, 始知衆生本來成佛, 生死涅槃猶如昨夢."

30 『周易』「系辭」下, "天下何思何慮, 天下同歸而殊途, 一致而百慮."

31 Kristina Kleutghen, 2012, p. 35.

32 『莊子』「天地」, "德人者, 居無思, 行無慮, 不藏是非美惡."

33 Patricia A. Berger, 2003, p. 52. 패트리샤 버거는 자신의 저서 제목(*Empire of Emptiness; Buddhist Art and Political Authority in Qing China*)이 시사하는 바와 같이 청나라 제국의 권위를 티베트 불교의 맥락에서 설명한다.

34 Evelyn S. Rawski, 1998, p. 295.

35 고증학의 배경이 된 사고방식을 이해하는 데 전조망(全祖望)의 다음 언급을 참고할 수 있다. "청나라 초기의 학술은 마음에만 전념하는 양명학적 사유에서 벗어났을 때 주자학의 '격물'과 '다식(多識)'의 견해에 비교적 개방적일 수 있었다. 전조망은 "다식 역시 성인의 가르침이다(多識亦聖人之教也)"라고 말하였다. 그는 '격물의 학문'은 '심신'에 있고, '집과 나라, 천하에 미침'이 있으며, "임금을 섬기고 아비를 섬기는 것은 큰 격물이고, 새나 짐승이나 풀이나 나무 따위의 자연물을 많이 아는 것은 작은 격물이다(事君事父, 格物之大者, 多識于鳥獸草木, 格物之小者)"(全祖望, 『경사문답經史問答』 권7 「대학중용맹자문목노고大學中庸孟子問目盧鎬」)라고 인정하였다."(거자오광, 2015, 667쪽)

36 "정요전(程瑤田)은 "각자 옳다는 것은 각자 이치를 가지고 있다는 것이다. 어찌 다른 사람의 이치가 반드시 옳고, 나의 이치는 반드시 옳지 않다고 볼 수 있겠는가(各是其是, 是人各有理也, 安見人之理必是而我之理必非也)(정요전程瑤田, 『통예록通藝錄』「논학외편論學外篇」 지십之十 '양실치언讓室卮言')"라고 하였는데, 그것은 '서로 자기 말이 맞다'는 뜻인 듯하다. 초순 역시 현실 생활에서의 현상은 각기 자신의 의견을 주장하면서 소송하는 듯하여 "이쪽에서는 고발하고 저쪽에서는 소송하여 각기 하나의 이치를 가지고 서로 떠들어대기를 그치지 않으니, 그것을 해결하는 사람이 만약 그 시비를 바르게 논하더라도 피차가 반드시 모두 불복한다(此告之, 彼訴之, 各持一理讒訟不已, 爲之解者若直論其是非, 彼此必皆不服)"라고 하였다. '리'가 준수할 수 있는 규칙이 아니기 때문에 실행하기 어려운 그럴싸한 도덕 원칙은 질서를 가다듬을 수 없고 오히려 논쟁과 혼란을 일으킨다."(초순焦循, 『조고집雕菰集』 권10 「이설理說」, 151쪽).)"(거자오광, 2015, 695쪽)

37 고염무의 「군현론(郡縣論)」과 『일지록(日知錄)』에 해당 내용이 실려 있다.

38 「郡縣論」, "天下之人各懷其家, 各私其子, 其常情也."(顧炎武, 2000, p. 40)

39 『日知錄』卷4, "合天下之私以成天下之公, 此所以爲王政也."(顧炎武 著·黃汝成 集

釋, 1990, p. 120)

40 William T. Rowe, 2009, pp. 61-62.

41 William T. Rowe, 2009, pp. 207-209, 216, 238-239.

42 William T. Rowe, 2009, p. 278.

43 Lowel Dittmer and Samuel S. Kim, 1993, p. 25.

44 任繼愈 저, 전택원 역, 1990, 31쪽.

45 이 부분은 김영민(1994)에 기초.

46 張之洞, 『勸學篇』「序」, "今日之世變, 豈特春秋所未有, 抑秦漢以至元明所未有也.

47 『興算學議』(『全集』, p. 156. 譚嗣同의 문헌은 蔡尙思·方行 편, 『譚嗣同全集』에 의거한다. 이하 『전집』으로 약칭), "今日之亂, 古事無可比擬."

48 『仁學』(『전집』, p. 343), "外患深矣, 海軍燼矣, 要害扼矣, 堂奧入矣, 利權奪矣, 財源竭矣, 分割兆矣, 民倒懸矣, 國與敎與種將偕亡矣, 唯變法可以救之."

49 近藤邦康, 1981, p. 2.

50 湯志鈞, 1984, p. 438.

51 여기서 양무파란 양무운동 시기에 활동했던 무리를 지칭한다기보다 양무운동적 관점을 지닌 무리를 총칭하는 개념이다.

52 張之洞, 『勸學篇』「設學」.

53 馮桂芬, 『校邠盧抗議』「采西學議」, "以中國之倫常名敎爲原本, 輔以諸國富强之術."

54 王韜, 『弢園尺牘』 권4, "形而上者中國也, 以道勝; 形而下者西人也, 以器勝."

55 王韜, 『弢園文錄』 外篇 권11, "器則取諸西國, 道則備自當躬. 蓋萬世不變者, 孔子之道也."

56 薛福成, 『籌洋芻議』「變法」, "今誠取西人器數之學, 以衛吾堯舜禹湯文武周公之道."

57 鄭觀應, 『盛世危言』「西學」, "中學其本也, 西學其末也. 主以中學, 輔以西學."

58 方克立, 1987, p. 31.

59 "夫中西學問, 本自互有得失, 爲華人計, 宜以中學爲體, 西學爲用."

60 孫家鼐, 「議復開辨京師大學堂折」, "應以中學爲主, 西學爲輔. 中學爲體, 西學爲用. 中學有未備者, 以西學輔之. 中學有失傳者, 以西學還之. 以中學包羅西學, 不能以西學凌駕中學."

61 倭仁, 「大學士倭仁折」, "竊聞立國之道, 尙禮義不尙權謀, 根本之圖, 在人心不在技藝, 今求之一藝之末, 而又奉夷人爲師, 無論夷人詭譎, 未必傳其精巧, 卽使敎者誠敎, 學者誠學, 所成就者, 不過術數之士, 古今未聞有恃術數, 而能起衰弱者."

62 別府淳夫, 1976, pp. 110, 113.

63 有田和夫, 1984, p. 22.

64 小林武, 1976.

65 島田虔次, 김석근·이근우 역,『주자학과 양명학』, 9쪽.

66 이하 송·명 이학의 체용관에 대해서는 中國哲學史研究編輯部(1988, pp. 320-321) 참조.

67 『程氏易傳』「序」, "至微者理也, 至著者象也, 體用一原, 顯微無間."

68 『答汪尙書』, "蓋自理而言, 則卽體而用在其中, 所謂一原也. 自象而言, 則卽顯而微不能外, 所謂無間也."

69 陳旭麓, 1984, p. 50.

70 張之洞,『勸學篇』「會通」, "中學爲內學, 西學爲外學. 中學治身心, 西學應世事."

71 張之洞,『勸學篇』「循序」, "今日學者, 必先通經, 以明我中國先聖先師立敎之旨. … 然後擇西學之可以補吾缺者用之."

72 『與外交報主人論敎育書』, "金匱裘可桴孝廉之言曰, 體用者, 卽一物而言之也, 有牛之體, 則有負重之用, 有馬之體, 則有致遠之用, 未聞以牛爲體, 以馬爲用者也. 中西學之爲異也, 如其種人之面自然, 不可强謂似也. 故中學有中學之體用, 西學有西學之體用, 分之則竝立, 合之則兩亡. 議者必欲合之而以爲一物, 且一體而一用之, 斯其文義違舛, 固己名之不可言矣, 烏望言之而可行乎."

73 「抱氷室弟子記」, "自乙未後, 外患日亟, 而士大夫頑益深.戊戌春, 壬伺隙, 邪說遂張, 乃若勸學篇上下卷以辟之. 大抵會通中西, 權衡新舊."

74 張之洞,『勸學篇』「變法」, "夫不可變者, 倫紀也, 非法制也, 聖道也, 非器械也, 心術也, 非工藝也."

75 張之洞,『勸學篇』「明綱」, "五倫之要, 百行之原, 相傳數千年, 更無異義, 聖人所以爲聖人, 中國所以爲中國, 實在于此. 故知君臣之綱, 則民權之說不可行也. 知父子之綱, 則父子同罪, 免喪廢祀之說不可行也. 知夫婦之綱, 則男女平權之說不可行也."

76 張之洞,『勸學篇』「變法」, "夫所謂道本者, 三綱四維是也. 若竝此棄之, 法未行而大亂作矣. 若守此不失, 雖孔孟復生, 豈有議變法之非者哉."

77 張之洞,『勸學篇』「明綱」, "君爲臣綱, 父爲子綱, 夫爲婦綱, 此白虎通引禮緯之說也. 董子所謂道之大原出于天, 天不變道亦不變, 之義本之."

78 張之洞,『勸學篇』,「正權」, "民權之說, 無一益而有百害. … 我朝深仁厚澤, 朝無苛政, 何苦倡此亂階, 以禍其身而竝禍天下哉. 此所謂有百害者也."

79 張之洞,『勸學篇』「正權」, "方今中華誠非雄强, 然百姓尙能自安其業者, 由朝廷之法維繁之也. 使民權之說一倡, 愚民必喜, 亂民必作, 紀綱不行, 大亂四起."

80 張之洞,『勸學篇』「正權」,"但建議在下, 裁奪在上, 庶乎收斂群衆之益, 而無沸羹之弊, 何必襲議院之名哉."

81 張之洞,『勸學篇』「正權」,"若人皆自主, 家私其家, 鄕私其鄕, 士愿坐食, 農愿蠲租, 商愿專利, 工愿高價, 無業貧民愿劫奪, 子不從父, 弟不尊師, 婦不從夫, 賤不報貴, 弱肉强食, 不盡滅人類不止."

82 『翼敎叢編』에 대해서는 有田和夫(1984, pp. 88-117) 참조.『勸學篇』과『翼敎叢編』의 관계에 대해서는 小林武(1976)를 참조하라.

83 張之洞,『勸學篇』「序」,"倡平等, 墮綱常也, 伸民權, 無君上也."

84 張之洞,『翼敎叢編』卷5, "今康梁所用以惑世者, 民權耳, 平等耳. 試問權旣下多, 國誰與治. 民可自主, 君亦何爲. 是率天下而亂也."

85 중국 근대에서 서학 수용을 확장해가는 흐름에 대해서는 桑咸之·林翹翹(1986, pp. 100-101); 別府淳夫(1976, p. 112); 陳旭麓(1984, pp. 51-58) 등을 참조. 간단히 정리하자면 양무파의 경우 청일전쟁 이전에는 과학 기술에 국한되고, 그 이후에는 행정적 제도 부분까지 확장된다. 그러나 윤리·전제 군주 제도 등 체제의 핵심 사안에 대해 문제를 제기한 것은 변법파에서 비롯된다.

86 다만 옌푸는 직접 정치 활동에 종사하지는 않았다. 옌푸는 가치의 변화를 촉진하기 위하여 많은 서양 정치사상 저작을 번역하였다. 그중에는 몽테스키외(Montesquieu)의『법의 정신(The Spirit of the Laws)』(1748), 애덤 스미스(Adam Smith)의『국부론(The Wealth of Nations)』(1776), 토머스 헉슬리(Thomas Henry Huxley)의『진화와 윤리(Evolution and Ethics)』(1893)도 있다. 이 시기를 전후한 번역 상황에 대해서는 다음 내용을 참고할 수 있다. "그러나 갑오년 이후 10여 년 동안 상황은 역전되었다. 일본인이 번역한 중국책은 고작 16종이었고 이 중에서도 대다수는 문학 서적이었다. 그렇지만 중국에서 번역한 일본책은 958종에 달하였으며, 그 내용에는 철학·법률·역사·지리·문학이 포함되고 지질·생물·화학·물리도 포함되어 거의 모든 근대 지식을 포괄하였다. 당시 번역에서 상당수가 일본의 손을 빌려 서양의 새로운 지식을 소개하는 것이었지만 이러한 역전은 이미 중국의 지식과 사상, 그리고 신앙 세계의 대세가 이미 스스로가 자기를 갱신하고 완결성을 유지할 수 없게 되었음을 말해준다(담여겸譚汝謙,『중일 번역 사업의 과거·현재·미래中日之間譯書事業的過去·現在與未來』, 사네토 케이슈實藤惠秀 감수, 담여겸 주편, 오가와 히로이小川博 편집,『중국 번역 일본 서적 종합 목록中國譯日本書綜合目錄』, 홍콩중문대학, 1980, 37-63쪽.)."(거자오광, 2015, 871쪽)

87 청말 이전까지의 범주사에 대해서는 張立文(1988, pp. 392-422); 中國哲學史硏究編輯部(1988, pp. 25-32)를 참조하라.

88 『周易』「繫辭傳」, "形而上者謂之道, 形而下者謂之器."

89 『朱子語類』卷75, "形而上者謂之道, 形而下者謂之器. 道是道理, 事事物物, 皆有箇道理. 器是形迹, 事事物物, 亦皆有箇形迹, 有道須有器, 有器須有道, 物必有則."

90 『周易本義』「繫辭上傳」, "陰陽, 皆形而下者, 其理則道也."

91 『太極圖說解』, "太極, 形而上之道也. 陰陽, 形而下之器也."

92 『朱子語類』卷94, "須知器即道, 道即器, 莫離道而言器可也."

93 『朱文公文集』卷72, "愚謂道器一也, 示人以器, 則道在其中."

94 『朱子語類』卷75, "形器之本體, 而離乎形器, 則謂之道."

95 『論語集註』「里仁」, "蓋至誠無息者, 道之體也, 萬殊之所以一本也, 萬物各得其所者, 道之用也, 一本之所以萬殊也."

96 『周易外傳』卷5, "天下惟器而已矣. 道者器之道, 器者不可謂之道之器也."

97 『周易外傳』卷2, "据器而道尊, 離器而道毀."

98 『周易外傳』卷5, "形而上者, 非無形之謂. 既有形矣! 有形而後有形而下. … 器而後有形, 形而後有上. 無形無下, 人所言也. 無形無上, 顯然易見之理."

99 『弢園尺牘』卷4, "形而上者, 中國也, 以道勝. 形而下者, 西人也, 以器勝."

100 『弢園文錄』外篇 卷11, "器則取諸西國, 道則備自當躬."

101 閔斗基, 1985, 48-50쪽.

102 『報貝元徵』(『全集』, p. 196. 이하 『思緯壹臺短書-報貝元徵』은 『報貝元徵』으로 약칭한다), "所謂道, 非空言而已, 必有所麗而後見. 易曰, 形而上者謂之道, 形而下者謂之器, 曰上曰下, 明道器之相爲一也. 衡陽王子申其義曰, 道者器之道, 器者不可謂之道之器也."

103 『報貝元徵』(『全集』, p. 196), "無其道則無其器, 人類能言. … 無其器則無其道, 人鮮能言之, 而固其誠然者也. 洪荒無揖讓之道, 唐虞無弔伐之道, 漢唐無今日之道, 則今日無他年之道多矣. 未有弓矢而無射道, 未有車馬而無御道, 未有牢醴璧幣鐘磬管絃而無禮樂之道, 則未有子而無父道, 未有弟而無兄道, 道之可有而且無者多矣. 故無其器則無其道, 誠然之言也, 而人特未之察耳."

104 『變法通議』「自序」, "夫變者, 古今之公理也."

105 『報貝元徵』(『全集』, p. 197), "由此觀之, 聖人之道, 果非空言而已, 必有所麗而後見, 麗於耳目, 有視聽之道, 麗於心思, 有仁義智信之道, 麗於倫紀, 有忠孝友恭之道, 麗於禮樂征伐, 有治國平天下之道. 故道, 用也. 器, 體也. 體立而用行, 器存而道不亡. 自學者不審, 誤以道爲體, 道始迷離徜恍, 若一幻物, 虛懸於空漠無朕之際, 而果何物也耶. 夫若辨道之不離乎器, 則天下之爲器亦大矣. 器既變, 道安得獨不變."

106 『報貝元徵』(『全集』, p. 202), "中國數十年來, 何嘗有洋務哉. 抑豈有一士大夫能講者. 能講洋務, 卽又無今日之事. 足下所謂洋務, 第就所見之輪船已耳, 電線已耳,火車已耳, 槍砲, 水雷及織布, 鍊鐵諸機器已耳, 於其法度政令之美備, 曾未夢見, 固宜足下之云爾. 凡此皆洋務之枝葉, 非其根本."

107 『報貝元徵』(『全集』, p. 200), "夫法也者, 道之溽頤而蕃變者也. 三代儒者, 言道必兼言治法, 在漢儒猶守此誼, 故老莊與申韓同傳, 而鹽鐵論列於儒家. 自言道者不依於法, 且以法爲粗迹, 別求所謂精者, 道無所寓之器, 而道非道矣."

108 『報貝元徵』(『全集』, pp. 200-202), "憶往年共足下談時事, 疾世之薄儒也, 嗣同奮起作色曰, 乃何詆儒術無用乎. 今日所用, 特非儒術耳. 足下便嘆絶, 說是知言. 故夫法之當變, 非謂變古法, 直變去今之以非亂是, 以僞亂眞之法, 蕲漸復於古耳. 古法可考者, 六經尙矣, 而其至實之法, 要莫詳於周禮. 周禮, 周公以之致太平而賓服四夷者也. … 蓋至是始識周公立法之善, 而孔子孟子皇皇周流, 四以匹夫挽救周公之法之將廢, 終不見用. … 是周公之法, 在秦時已蕩然無存, 況秦以來二千餘年, 日胺月削以迄今日, 雖漢唐之法, 尙遠不逮, 豈復有周公之法一毫哉. 然則今日所用, 不但非古術而已, 直積亂二千餘年暴秦之弊法, 且幾於無法. … 而使一日復於積重難返之時, 則勢有萬萬不能者, 井田可復乎. 封建可復乎. 世祿可復乎. 宗法可復乎. 一切典章制度, 聲明文物, 又泯然無傳, 非後世所能 憑虛摹擬. 此數者, 周公藉以立法之質地也. 數者不可復, 其餘無所依附, 自閟室而難施. 故曰無其器則無其道. … 古法絶廢, 無以爲因也. 無以爲因則雖周孔復作, 亦必不能用今日之法, 邈在昔之效明矣. 貫七札者非空弩, 伐大木者無徒手, 無他, 無其器則無其道而已. 於此不忍坐視而幡然改圖, 勢不得不酌取西法, 以補吾中國古法之亡. 正使西法不類於古, 猶自遠勝積亂二千餘年暴秦之弊法, 且幾於無法, 又況西法之博大精深, 周密微至, 按之周禮, 往往而合, 蓋不徒工藝一端是補考工而已."

109 『仁學』(『全集』, p. 290).

110 『報貝元徵』(『全集』, pp. 197-198), "視中國秦以後尊君卑臣, 以隔絶不通氣爲握固之愚計, 相去奚止霄壤. 於族屬有姓氏之分, 有報牒之系, 長幼卑尊之相次, 父子兄弟之相處, 未嘗不熙熙然."

111 『仁學』(『全集』, p. 341), "無惑乎君主視天下爲其囊橐中之私産, 而犬馬土芥乎天下之民."

112 『仁學』(『全集』, p. 341), "至于父子之名, 則直以爲天之所命, 卷舌而不敢議. 不知天命者, 泥于體魄之言也, 不見靈魂也. 子爲天之子, 父亦爲天之子, 父非人所得而襲取也, 平等也."

113 『仁學』(『全集』, p. 304), "重男輕女者, 至暴亂無禮之法也. 男則姬妾羅侍, 放縱無忌. 女一淫卽罪之死. 馴至積重, 流爲溺女之習, 乃忍爲蜂蟻豺虎之所不爲."

114 『仁學』(『全集』, pp. 348-349), "本非兩情相愿, 而强合漠不相關之人, 繫之終身, 以爲夫婦, 夫果何恃以伸其偏權而相苦哉. 實亦三綱之說苦之也."

115 『仁學』(『全集』, p. 351). "今中外皆侈談變法, 而五倫不變, 擧凡至理要道, 悉無從起點, 于況于三綱哉."

116 『仁學』(『全集』, p. 349), "彼君主者, 獨兼三綱而據其上."

117 『仁學』(『全集』, p. 349), "獨夫民賊, 固甚樂三綱之名, 一切刑律制度皆依此爲率, 取便己故也."

118 『仁學』(『全集』, p. 348), "君臣之禍亟. 而父子夫婦之倫遂各以名勢相制爲當然矣."

119 『仁學』(『全集』, p. 337), "二千年來君臣一倫, 尤爲暗黑否塞, 無復人理, 沿及今玆, 方愈劇矣. 夫彼君主猶是耳目手足, 非有兩頭四目, 而智力出於人人也, 亦果何所恃以虐四萬萬之衆哉. 則賴乎早有三綱五倫字樣, 能制人之身者, 兼能制人之心."

120 『仁學』(『全集』, p. 339). "生民之初, 本無所謂君臣, 則皆民也. 民不能相治, 亦不暇治, 于是共擧一民爲君. 夫曰共擧之, 則非君擇民, 而民擇君也. 夫曰共擧之, 則其分際又非甚遠于民, 而不下儕于民也. 夫曰共擧之, 則因有民而後有君, 君末也, 民本也. 天下無有因末而累及本者, 亦豈何因君而累及民哉. 夫曰共擧之, 則且心可共廢之. 君也者, 爲民辨事者也, 臣也者, 助辨民事者也. 賦稅之取于民, 所以爲辨民事之資也. 如此而事猶不辨, 事不辨而易其人, 亦天下之通義也."

121 『朱子語類』, 卷95, "未有這事, 先有這理. 如未有君臣, 已先有君臣之理."

122 『仁學』(『全集』, p. 341), "錮其耳目, 桎其手足, 壓制其心思, 絶其利源, 窘其生計, 塞蔽其智術, 繁拜跪之儀以挫其氣節, 而士大夫之才窘矣, 立著書之禁以緘其口說, 而文字之禍烈矣, 且卽挫此土所崇之孔敎, 爲緣飾史傳, 以愚其人."

123 『仁學』(『全集』, p. 345), "洪楊之徒, 見苦于君官, 鋌而走險, 其情良足憫焉."

124 『報貝元徵』(『全集』, p. 197), "夫倫常者, 王道之所以生生, 人道之所以存存, 上下四方親疎遠之邇所以相維相繫, 俾不至瓦解而土崩, 無一息之或離, 無一人之不然."

125 『仁學』(『全集』, p. 349), "五倫中于人生最無弊而有益, 無紆毫之苦, 有淡水之樂其惟朋友乎. 愿擇文何如耳, 所以者何. 一曰平等, 二曰自由, 三曰節宣惟意. 總括其義, 曰不失自主之權."

126 『仁學』(『全集』, p. 350), "夫朋友豈直貴于余四倫而已, 張爲四倫之圭臬. 而四倫咸以朋友之道貫之, 是四倫可廢也. 此非謟言也."

127 『論學者不當驕人』(『全集』, p. 401), "如民主, 君民共主, 豈非倫常中之大公者乎."

128 이와 관련하여『곽숭도일기(郭嵩燾日記)』의 다음과 같은 부분이 참고가 된다. 『곽숭도일기』에는 매우 주목할 만한 기록이 있다. 광서 4년(1878) 2월 2일, 그는 영국『타임스(Times)』지를 보고 영국이 페르시아 국왕에게 보성(寶星) 훈장을 수여한 것을 비판하였다. 즉 이러한 반문명(Half-civilized) 국가에 훈장을 수여하는 것이 합당하지 않다고 생각하였다. 그는 또한 "삼대(三代) 이

전에는 오직 중국만이 교화가 있었다. 그러므로 요복(要服)과 황복(荒服)의 명칭이 있었으니, 이는 모두 중원에서 먼 곳이므로 이적(夷狄)이라고 부른다.(三代以前, 獨中國有敎化耳, 故有要服荒服之名, 一皆遠之於中國, 而名曰夷狄.)" 그러나 오늘날 "중국의 교화는 날로 더욱 쇠퇴하고, 정교(政敎)와 풍속은 유럽 각국이 오직 그 우세한 지위를 독차지하였다(中國敎化日益微滅, 而政敎風俗, 歐洲各國乃獨擅其勝)"고 말하며, 오히려 서양이 중국을 '이적(夷狄)'으로 간주하는 것을 매우 안타까워하였다."(거자오광, 2015, 754쪽)

11 보다 넓은 맥락에서의 중국

1   예컨대 1996년 쓰촨인민출판사(四川民族出版社)와 중국사회과학원(中國社會科學院)이 함께 펴낸 8권짜리 『중국역대민족사총서(中国歴代民族史叢書)』의 서문에서 편집인 양사오유(楊紹猷)와 모쥔칭(莫俊卿)은 진·한 시기부터 강하고 통일된 다민족 국가가 압도적인 힘을 가지고 출현했다고 말한 바 있다.

2   조선 중화주의에 대한 논의는 김영민(2013a)에 기초.

3   이러한 개략적인 정의에 대부분의 논자가 동의하고 있다. 우경섭, 2012, 237쪽; 계승범, 2012, 266·268쪽.

4   이와 관련한 조선 정치사 연구사 일별을 위해서는 다음 저작을 참조할 수 있다. 이태진(1985); 이성무 외(1992); 정석종(1985); 김돈(1986) 등.

5   자본주의 맹아론과 관련한 연구사 정리로는 오성(1991); 이헌창(2008) 등을 참조하라.

6   이에 대한 연구사로는 김영민(2011)이 있다.

7   우경섭(2012) 참조.

8   정옥자, 1998, 203쪽. 우경섭이 말하듯 "1990년대 이후 이루어진 조선 중화주의에 관한 일련의 연구들의 경우 기본적으로 정옥자의 담론을 입론의 출발점으로 삼고 있다"(우경섭, 2012, 243쪽).

9   그 대표적인 예로 허태용(2009); 조성산(2009b, 145쪽; 2009a, 202쪽) 등이 있다. 조성산은 '중화' 개념 자체가 유동적임을 밝히면서, 그 개념을 역사화하고 있다. 복수로 존재했던 중화 개념 중에는 국적성이 강한 것도 있고, 약한 것도 있고, 인간 본성의 보편성에 호소하는 것도 있고, 상대적인 것도 있다. 따라서 이 글에서 다루는 중화는 그 모든 중화 관념 전체를 대상으로 하는 것이 아니라 협의의 조선 중화주의에서의 중화를 대상으로 한다. 협의의 조선 중화주의에 대해서는 후술하였다.

10 우경섭(2012); 계승범(2012).

11 계승범, 2012, 273쪽.

12 계승범, 2012, 274쪽.

13 계승범, 2012, 266쪽. 이 점에서 기존 조선 중화주의 옹호론자들의 경우나 계
　　승범의 경우에서는 공히 근대 민족국가에서 구현될 것으로 기대되는 것과 같
　　은 수준의 국가 간 경계가 담론상의 기준으로 작용하고 있는 것으로 보인다.

14 우경섭, 2012, 239쪽.

15 우경섭, 2012, 249쪽.

16 계승범, 2011, 265쪽.

17 우경섭, 2012, 257쪽.

18 우경섭, 2012, 맺음말.

19 정옥자, 1998, 288쪽. 정옥자가 보기에 조선 중화주의 핵심은 '평화'에 있다
　　(정옥자, 1998, 9, 102쪽). 인용문의 강조 표시는 내가 한 것이다.

20 우경섭, 2012, 242쪽. 인용문의 강조 표시는 내가 한 것이다.

21 계승범, 2012, 280쪽. 인용문의 강조 표시는 내가 한 것이다. 계승범의 저작
　　전반에 걸쳐 이와 유사한 맥락의 언명이 매우 많은데, 그 일부를 인용하면 다
　　음과 같다. "대보단의 역사는 왕을 포함한 조선 조정의 실세들이 대한제국을
　　세우는 순간에도 정신적으로는 여전히 과거의 명 질서와 명에 대한 기억으로부
　　터 자유롭지 못했음을 웅변적으로 잘 보여준다."(계승범, 2011, 55쪽) "19세기
　　후반이 다 지나도록 조선 사회에서 중화의 상징인 명나라가 갖던 권위가 여전
　　했음을 웅변적으로 잘 보여준다."(계승범, 2011, 257쪽) "바로 그런 고종이요, 그
　　런 조정 신료들이었기에 대한제국을 세울 즈음에도, 또 그 이후에도 그들의
　　마음속에 명나라는 중화의 이름으로 영원히 살아 있었던 것이다."(계승범, 2011, 261
　　쪽) 이 인용문의 강조 표시도 내가 한 것이다.

22 계승범, 2012, 273쪽.

23 우경섭, 2012, 258, 260쪽.

24 계승범, 2012, 273쪽; 2011, 31쪽; 정옥자, 1998, 17쪽.

25 계승범, 2011, 31-33쪽.

26 이른바 한족이 그러한 국적성/종족성을 강조하는 것은 예상 가능한 일이다.

27 계승범, 2012, 275쪽.

28 우경섭, 2012, 253쪽. 인용문의 강조 표시는 내가 한 것이다.

29 우경섭, 2012, 255-256쪽.

30 우경섭, 2012, 259쪽.

31 계승범, 2012, 287쪽.

32　허태용은 기존의 소중화론, 조선 중화 사상, 조선적 중화주의 같은 입론들을 비판하고, 명·청 교체기부터 17세기 말까지의 관념을 '중화 회복의식'으로, 이후의 관념은 '중화 계승의식'으로 나누어 설명하자고 대안을 제시한 바 있다. 내가 말하는 협의의 조선 중화주의란, 허태용의 구분 중에서 '중화 계승의식'을 경험적 용어가 아닌 분석적 개념으로 사용했을 경우를 지칭한다. 이것은 해당하는 사람들의 의식을 분류하기 위한 분석적 구분이기 때문에, 당대의 조선 중화주의자가 소중화라는 용어를 썼는지, 조선 중화라는 '용어'를 (얼마나) 썼는지, 혼용했는지 여부는 중요하지 않다. 표현에 주목한 경우로는 김문용(2009, 131쪽)이 있다.

33　그 밖에 Yang(2008)이 특정 지역의 중국으로의 편입 과정을 다뤘다.

34　이성규, 1992, 33쪽.

35　이성규, 1992, 54쪽.

36　우경섭, 2012, 258쪽. 인용문의 강조 표시는 내가 한 것이다. 중화를 문화로 보는 입장은 정옥자의 지론이기도 하다(정옥자, 1998, 17·87·152쪽). 정옥자는 중화 문화의 내용을 다음과 같이 정의한 바 있다. "중화 문화의 핵심은 太學 등 학교에서 유교 경전을 가르치는 행위인 崇學, 그 학문의 정수를 터득하여 실천함으로써 인생의 사표가 된 인물들을 제사 지냄으로써 도학을 중히 여기는 重道, 그리고 이러한 알맹이를 현실에서 구체적으로 실현하는 방법 즉 포장재인 禮와 樂 등으로 이루어져 있다."(정옥자, 1998, 199쪽) "그들이 인식한 중화 문화란 三綱과 五常(五倫)으로 요약되는 인륜을 지켜 인간으로서의 품위를 지켜가는 인문적 문화 가치이며 구체적인 구현 방법이 예의와 음악이었다. 그러한 이념을 함양하고 체질화시키는 장치가 성균관으로 대표되는 학교로서 講學과 尊性의 두 가지 기능을 그곳에서 수행하였던 것이다."(정옥자, 1998, 284쪽)

37　인용문의 강조 표시는 내가 한 것이다. 우경섭이 중화를 '본질'의 차원에서 접근하고 있음은 다음 언명에서도 드러난다. "중화의 이러한 개념 규정이 담고 있는 문제의식은 분명하다. 바로 覇權 내지 富國强兵에 대한 부정이었다. 孔孟 이래 유교 정치사상은 국가 통합 내지 지역 균형의 전제조건으로서 무력의 사용을 엄격히 부정하고자 하였다."(우경섭, 2012, 245쪽)

38　우경섭, 2012, 258쪽.

39　우경섭, 2012, 259쪽.

40　宋秉稷, 『尊華錄』 凡例 第1條, "中華之所以爲中華, 以其有羣聖賢相承."

41　허태용, 2009, 22-24쪽.

42　계승범, 2011, 37쪽; 계승범, 2012, 271쪽. 김문용도 허태용의 구분이 설득력

은 있지만 지나치게 번거로운 감이 있어 사용하지 않는다고 했다(김문용, 2009, 130쪽).

43 허태용, 2009, 27쪽. 인용문의 강조 표시는 내가 한 것이다.

44 계승범, 2012, 287-288쪽.

45 계승범, 2012, 283쪽.

46 조성산 2009a; 2009b.

47 Michael Szonyi, 2002. 그리고 김문용은 예서에서 말하는 대로 넓은 소매 옷을 입는다고 하여 중화가 되는 것은 아님을 지적하였다(김문용, 2009, 133쪽).

48 黃景源, 『江漢集』 권5, "與金元博茂澤書."

49 丁若鏞, 『茶山詩文集』 제1집 권13, "送韓校理致應使燕書."

50 이에 대한 논의로는 김문용(2009, 132-134쪽) 참조. 그 밖에 중화의 다양한 정의에 대한 논의는 김홍백(2011, 47-77쪽)에서도 찾아볼 수 있다.

51 "이제 조선이 명의 정통을 계승하였으므로 조선이 중화라는 조선 중화주의가 팽배하게 되었고, 문화 전반에 조선 고유색 현상이 나타나게 되었다."(정옥자, 1998, 153쪽) "조선 중화주의는 조선이 변방의식을 완전히 탈피하고 조선 문화가 최고라는 조선 제일의식과 자존의식을 가능케 하여 조선 고유문화 창달의 원동력이 되었다."(정옥자, 1998, 203쪽) "조선이 바로 중화라는 조선 중화주의로 후미진 변방의식을 완전히 탈피하였던 조선 후기 사회는 그 자부심을 기초로 18세기 조선 문화 중흥기를 이루어냈다."(정옥자, 1998, 232쪽) "중화를 존중하려는 존화 사상은 중화 문화 보존 논리이자 조선 후기 사회에서 다져온 조선 중화주의 존중 논리이므로 곧 민족문화 보존 논리이니 민족적, 애국적 형태를 띠지 않을 수 없었던 것이다."(정옥자, 1998, 233쪽)

52 이하 픽션에 대한 논의는 Runciman(2003, pp. 28-38) 참조.

53 Ernst Kantorowicz, 1957.

54 명 태조의 입장에 대하여 錢伯誠 等 主編, 『全明文』 I·2. 참조. 명 태조가 일본·토번(吐蕃) 및 기타 국가들에 내린 조서는 『全明文』 卷1, pp. 3-4, 22, 39, 47, 324 참조. 이와 관련된 논의는 볼(2010, 제1장) 참조.

55 앞서 논했듯이 중국의 불교 승려들은 송대 이전까지만 해도 인도야말로 '중국(中國)'에 해당한다고 생각하였다. 보다 자세한 내용은 Sen(2003, ch.2) 참조.

56 "所思者在乎明朝後無中國耳, 僕非責彼之不思明朝, 而責其不思中國耳." 홍대용의 『湛軒書』 內集 卷3 부록 「金鐘厚에게 보낸 답장(直齋答書)」, 그리고 「又答直齋書」를 참조하라.

57 계승범, 2012, 282-283쪽. 인용문의 강조 표시는 내가 한 것이다.

58 계승범, 2011, 265쪽.

59 Mark Lilla, 2007.

60 David Runciman, 2003.

61 Michael Mann, 2012, p. 4.

62 Michael Mann, 2012, p. 6.

63 Michael Mann, 2012, p. 5.

64 Michael Mann, 2012, pp. 6-13. 권력의 원천을 분류하는 그 밖의 방식으로는 존 갤브레이스(John Kenneth Galbraith)가 인격, 재단, 조직으로 나눈 것을 들 수 있다. John Kenneth Galbraith, The Anatomy of Power 참조.

65 Michael Mann, 2012, p. 302.

66 계승범은 "조선 중화는 청 질서라는 현실과 분명하게 거리를 둔 국내용 사조"라고 말한다(계승범, 2011, 280쪽). 또한 "조선 후기 지식인들의 중화론은 비록 겉으로는 四海를 아우르는 멋진 중화론으로 보일지 모르지만, 사실은 동아시아 국제 현실과도 완전히 분리된 국내용 자기 의식화에 지나지 않는 소중화의식이었던 것이다"라고도 한다(계승범, 2011, 44쪽).

67 베트남 등이 주로 취하였던 외왕내제(外王內帝)는 그 한 극단적 표현일 수도 있다.

68 약자의 무기 개념에 대해서는 Scott(1985)을 참조하라.

69 Alexander Woodside, 1988.

70 荒野泰典, 1987, pp. 213-220; 1988, p. 154.

71 『孝宗實錄』 권15.

72 ロナルド・トビ(Ronald Toby), 2008.

73 Benedict Anderson, 2006, p. 161.

74 Stefan Tanaka, 1993.

75 일본의 외무대신 아리타 하치로(有田八郎, 1884~1965)가 1940년 6월 29일 라디오 연설 "국제 정세와 일본의 위상"에서 대동아공영권을 선언하였다(Joyce C. Lebra ed., 1975).

글을 마치며 현대 세계의 중화

1 예컨대 趙汀陽(2005)과 柄谷行人(2014)을 참조할 수 있다. 이와 관련된 보다 이른 사례로는 Tu(1989)를 참조할 수 있다.

2 『中庸』 31장, "唯天下至聖, 爲能聰明睿知, 足以有臨也. 寬裕溫柔, 足以有容也. 發强剛毅, 足以有執也. 齊莊中正, 足以有敬也. 文理密察, 足以有別也. 溥博淵

泉, 而時出之. 溥博如天, 淵泉如淵. 見而民莫不敬, 言而民莫不信, 行而民莫不
說. 是以聲名洋溢乎中國, 施及蠻貊. 舟車所至, 人力所通. 天之所覆, 地之所載,
日月所照, 霜露所隊, 凡有血氣者, 莫不尊親, 故曰配天."

참고문헌

거자오광 저·이등연 외 역. 2013.『중국사상사 1: 7세기 이전 중국의 지식과 사상, 그리고 신앙세계』. 서울: 일빛.

거자오광 저·이등연 외 역. 2015.『중국사상사 2: 7세기에서 19세기까지 중국의 지식과 사상, 그리고 신앙세계』. 서울: 일빛.

계승범. 2011.『정지된 시간: 조선의 대보단과 근대의 문턱』. 서울: 서강대학교 출판부.

계승범. 2012. "조선후기 조선중화주의와 그 해석문제."『한국사 연구』159집, 265-294.

기어츠, 클리퍼드 저·김용진 역. 2017.『극장국가 느가라: 19세기 발리의 정치체제를 통해서 본 권력의 본질』. 서울: 눌민.

김돈. 1986. "조선후기 당쟁사연구의 현황과 「국사」교과서의 서술방식."『역사교육』39집, 3-45.

김동노. 2004. "유교의 예와 미시적 권력관계: 〈소학〉과 〈주자가례〉를 중심으로." 허라금 편.『유교의 예와 현대적 해석』, 55-89. 서울: 청계.

김문용. 2009. "동국의식과 세계인식: 조선시대 집단적 자아의식의 한 단면."『국학연구』14집, 121-150.

김병준. 2013. "秦漢帝國의 이민족 지배: 部都尉 및 屬國都尉에 대한 재검토."『역사학보』217집, 107-153.

김영민. 1994. "양무파와 변법파의 철학적 기초." 중국철학연구회 편.『논쟁으로 보는 중국철학』. 서울: 예문서원.

김영민. 2003. ""지행합일"의 철학적 기초."『철학연구』63집, 5-24.

김영민. 2007. ""맹자』의 「불인인지심장」 해석에 담긴 정치 사상: 주석사를 통한 동아시아 정치사상사 탐색의 한 사례."『정치사상연구』13집 2호, 56-77.

김영민. 2008. "중화질서의 이면:『한궁추(漢宮秋)』에 담긴 국제정치사상."『아세아연구』51집 2호, 143-164.

김영민. 2009. "미시성의 정치: 논어의 경우."『한국정치학회보』43집 1호, 29-44.

김영민. 2011. "철학의 역사와 의미의 역사, 성리학자와 연암 박지원: 이기론 연구방법론 재검토."『한국학논집』43집, 131-158.

김영민. 2012a. "공자의 "보수성"에 대한 재검토: 고고학적 발견에 대한 응답."『철학연구』97집, 5-31.

김영민. 2012b. "친족집단의 정치적 정당성: 세도정치의 이념적 기초 해명을 위한 시론." 『한국학논집』 47집, 215-251.

김영민. 2013a. "조선중화주의의 재검토: 이론적 접근." 『한국사연구』 162호, 211-252.

김영민. 2013b. "중국 후기 제국 시기 지배 엘리트의 정체성: 사상사적 관점의 옹호." 『아세아연구』 151호, 117-145.

김풍기. 2000. "놀이문화의 이상: 소식의 「적벽부」의 교육적 독법." 『문학교육학』 5권, 123-140.

김학주. 2001. 『원잡극선』. 서울: 명문당.

김학주. 2005. 『고문진보후집』. 서울: 명문당.

김호동. 2006. "몽골 제국과 大元." 『역사학보』 192집, 221-253.

김호동. 2010. 『몽골제국과 세계사의 탄생』. 파주: 돌베개.

김홍백. 2011. "『大義覺迷錄』과 조선후기 華夷論." 『한국문화』 56집, 47-77.

나이, 조지프 S. 저·홍수원 역. 2004. 『소프트 파워』. 서울: 세종연구원.

島田虔次 저·김석근·이근우 역. 1986. 『주자학과 양명학』. 서울: 까치.

류, 제임스 저. 이범학 역. 1991. 『왕안석과 개혁정책』. 서울: 지식산업사.

류쩌화 저·장현근 역. 2019. 『중국정치사상사 1-3』. 파주: 글항아리.

린위탕 저·진영희 역. 2001. 『쾌활한 천재』. 서울: 지식산업사.

마르크스, 카를 저·이병창 역. 2019. 『독일이데올로기』. 서울: 먼빛으로.

모테기 도시오. 2004. "국민국가 건설과 내국 식민지: 중국 변강의 '해방'." 임지현·이성시 편. 『국사의 신화를 넘어서』, 137-164. 서울: 휴머니스트.

미조구치 유조·이토 타카유키·무라타 유지로 저. 동국대 동양사연구실 역. 2001. 『중국의 예치 시스템』. 서울: 청계.

미조구치 유조·마루야마 마쓰유키·이케다 도모히사 편. 김석근·김용천·박규태 역. 2003. 『중국사상문화사전』. 서울: 민족문화문고.

민두기 편. 1984. 『中國史 時代區分論』. 서울: 창비.

閔斗基. 1985. 『中國近代改革運動의 研究』. 서울: 일조각.

박성훈·문성재 편. 1995. 『중국고전희곡 10선』. 서울: 고려원.

박한제. 2015. 『대당제국과 그 유산: 호한통합과 다민족국가의 형성』. 서울: 세창출판사.

베버, 막스 저·박상훈 역. 2013. 『막스 베버, 소명으로서의 정치』. 서울: 후마니타스.

베버, 막스 저·이상률 역. 2018. 『관료제』. 서울: 문예출판사.

볼, 피터 저·김영민 역. 2010. 『역사 속의 성리학』. 서울: 예문서원.

상앙 저·우재호 역. 2005. 『상군서』. 서울: 소명출판.

蕭公權 著·崔明·孫文鎬 譯. 1998.『中國政治思想史』. 서울: 서울대학교출판문화원.

소식 저·성상구 역. 2004.『東坡易傳』. 서울: 청계.

슈워츠, 벤자민 저·나성 역. 2004.『중국 고대 사상의 세계』. 서울: 살림.

시라카와 시즈카·우메하라 다케시 저·이경덕 역. 2008.『주술의 사상』. 파주: 사계절.

시바 요시노부 저·임대희·신태갑 역. 2008.『중국 도시사』. 서울: 서경문화사.

아렌트, 한나 저·이진우·박미애 역. 2006.『전체주의의 기원』1. 파주: 한길사.

오금성 외. 2007.『명청시대 사회경제사』. 서울: 이산.

오금성. 2007a. "일본의 명청시대 신사층 연구."『국법과 사회관행』, 271-294. 서울: 지식산업사.

오금성. 2007b. "양명학의 요람, 강서사회,""양명학파의 서원 강학 운동."『모순의 공존: 명청시대 강서사회 연구』, 57-100, 181-228. 서울: 지식산업사.

오성. 1991. "자본주의 맹아론의 연구사적 검토."『한국사시민강좌』9집, 90-119. 서울: 일조각.

왕양명 저·정인재·한정길 역. 2001.『傳習錄』. 서울: 청계.

왕충. 1996.『논형(論衡)』. 서울: 소나무.

우경섭. 2012. "조선중화주의에 대한 학설사적 검토."『한국사 연구』159호, 237-263.

이성규. 1984.『중국고대제국 성립사 연구』. 서울: 일조각.

이성규. 1992. "중화사상과 민족주의."『철학』37집, 31-67.

이성규. 2005. "중화제국의 팽창과 축소: 그 이념과 실제."『역사학보』186집, 87-133.

이성무 외. 1992.『조선후기 당쟁의 종합적 검토』. 성남: 한국정신문화연구원.

이태진 편. 1985.『조선시대 정치사의 재조명』. 서울: 범조사.

이헌창. 2008. "조선후기 자본주의 맹아론과 그 대안."『한국사학사학보』17집, 77-128.

이홍자. 2000. "원대 사대 비극 연구." 서울대학교 박사학위논문.

任繼愈 저·전택원 역. 1990.『中國哲學史』. 서울: 까치.

張光直 저·이철 역. 1990.『신화미술제사』. 서울: 동문선.

장중례 저·김한식·정성일·김종건 역. 1993.『中國의 紳士』. 서울: 신서원.

정석종. 1985. "조선후기 정치사 연구의 과제: 당쟁사 연구를 중심으로."『한국근대 사회경제사연구』, 209-233. 서울: 정음문화사.

정옥자. 1998.『조선후기 조선중화사상 연구』. 서울: 일지사.

정원지. 1984. "한궁추연구."『중국인문과학』3집, 299-321.

조성산. 2009a. "조선후기 소론계의 古代史연구와 中華主義의 변용."『역사학보』
202집, 49-90.

조성산. 2009b. "18세기 후반-19세기 전반 對淸認識의 변화와 새로운 中華관념의
형성."『한국사연구』145호, 67-113.

존스, 시안 저·이준정·한건수 역. 2008.『민족주의와 고고학』, 영남문화재연구원 학
술총서 2. 서울: 사회평론.

주진학 저·류준형 역. 2017.『체국경야의 도』. 대구: 영남대학교출판부.

주희·여조겸 편·이광호 역. 2004.『근사록집해』. 서울: 아카넷.

陳來 저·전병욱 역. 2003.『陽明哲學』. 서울: 예문서원.

크릴, H. G 저·이성규 역. 1989.『孔子: 인간과 신화』. 서울: 지식산업사.

谷川道雄 編著·鄭台燮 外譯. 1996.『日本의 中國史 論爭: 1945년 이후』. 서울: 신서원.

푸코, 미셸 저·오생근 역. 2004.『감시와 처벌: 감옥의 역사』. 서울: 나남.

푸코, 미셸 저·이규현 역. 2005.『성의 역사』. 서울: 나남.

풍우란 저·정인재 역. 1977.『중국철학사』. 서울: 형설출판사.

허태용. 2009.『조선후기 중화론과 역사인식』. 서울: 아카넷.

『廣弘明集』.

『金史』.

『論語』.

『孟子』.

『明史』.

『明太祖實錄』.

『墨子』.

『史記』.

『荀子』.

『列子』.

『元史』.

『儀禮』.

『莊子』.

『左傳』.

『中說』.

『周易』.

『春秋』.

『韓非子』.

『弘明集』.

『孝宗實錄』.

『淮南子』.

葛洪.『西京雜記』.

董其昌.『畫禪室隨筆』.

班固.『漢書』.

范曄.『後漢書』.

商鞅.『商君書』.

石崇.『王昭君辭』.

宋秉稷.『尊華錄』.

嚴復.『與外交報主人論敎育書』.

元稹.『鶯鶯傳』.

李燾.『續資治通鑑長編』.

錢伯誠 等 主編.『全明文』1·2.

丁若鏞.『茶山詩文集』.

朱喜.『四書集註』.

蔡邕.『琴操』.

洪大容.『湛軒書』.

黃景源.『江漢集』.

葛荃. 2006. "近百年來中國政治思想史研究綜論綜论." 『文史哲』第5期, 143-152.

葛兆光. 2004. "宋代"中國"意識的凸顯: 關于近世民族主義思想的一個遠源." 『文史哲』
    1, 5-12.

葛兆光. 2011. 『宅兹中國』. 北京: 中華書局.

姜廣輝. 1992. "宋代道學定名緣起." 『中國哲學』第15輯. 長沙: 岳麓書社.

顧炎武 著·黃汝成 集釋. 1990. 『日知录集释』. 石家庄: 花山文艺出版社.

顧炎武. 2000. 『(新譯)顧亭林文集』. 臺北: 三民書局.

郭慶藩 撰·王孝魚 點校. 1961. 『莊子集釋』. 北京: 中華書局.

達亮. 2009. 『蘇東坡與佛敎』. 四川: 四川大學出版社.

湛若水. 1997. 『湛甘泉先生文集』. 齊南: 齊魯書社.

唐文. 2004. 『鄭玄辭典』. 北京: 語文出版社.

陶希聖. 2009. 『中國政治思想史』(上). 北京: 中國大百科全書出版社.

蒙培元. 1984.『理學的演變』. 福建: 福建人民出版社.

方克立. 1987. "評"中體西用"和"西體中用"."『哲學研究』第9期, 29-35.

傅雲龍. 1988.『中國知行學說述評』. 北京: 求實出版社.

費孝通 主編. 1999.『中華民族多元一體格局: 修訂本』. 北京: 中央民族大學出版社.

謝扶雅. 1954.『中國政治思想史綱』. 臺北: 中正書局.

薩孟武. 1969.『中國政治思想史』. 臺北: 三民書局.

薩孟武. 2008.『中國政治思想史』. 北京: 東方出版社.

桑咸之·林翹翹 編. 1986.『中國近代政治思想史』. 北京: 中國人民大學出版社.

徐義君. 1981.『譚嗣同思想研究』. 長沙: 湖南人民出版社.

蘇軾. 1986.『蘇軾文集』. 北京: 中華書局.

苏轼. 2000.『苏轼文集』. 長沙: 岳麓書社.

安作璋. 2004.『論語辭典』. 上海: 上海古籍出版社.

梁啓超. 2010.『先秦政治思想史』. 長沙: 嶽麓書社.

楊國榮. 1997.『心學之思: 王陽明哲學之闡釋』. 北京: 三聯書店.

楊紹猷·莫俊卿. 1996.『明代民族史』. 成都: 四川民族出版社.

楊幼炯. 1970.『中國政治思想史』. 臺北: 臺灣商務印書館.

呂思勉. 2007.『中國文化史: 中國政治思想史講義』. 天津: 天津古籍出版社.

黎業明. 2009.『湛若水年譜』. 上海: 上海古籍出版社.

余英時. 2003.『朱熹的歷史世界: 宋代士大夫政治文化的研究』. 臺北: 允晨文化實業股份有限公司.

呂振羽. 2008.『中國政治思想史』. 北京: 人民出版社.

葉德輝 編. 1992.『翼敎叢編』(近代中國史料叢刊 第65輯). 臺北: 文海出版社.

葉祖灝. 1984.『中國政治思想精義』. 臺北: 中央文物供應社.

吳劍杰. 1989.『中國近代思潮及其演進』. 武昌: 武漢大學出版社.

吳延嘉. 1988.『戊戌思潮縱橫論』. 北京: 中國人民大學出版社.

王更生. 2001.『蘇軾散文研讀』. 臺北: 文史哲出版社.

王夫之. 1977.『周易外傳』. 北京: 中華書局.

王水照·朱剛. 2004.『蘇軾評傳』. 南京: 南京大學出版社.

王安石. 1959.『臨川先生文集』. 北京: 中和書局.

王陽明. 1992.『王陽明全集』. 上海: 上海古籍出版社.

王廷相. 1989.『王廷相集』. 北京: 中華書局.

王通. 2011.『中說譯注』. 上海: 上海古籍出版社.

王學奇. 1994.『元曲選校注』. 河北: 河北敎育出版社.

劉乃昌. 2004.『蘇軾文學論集』. 齊南: 齊魯書社.

중국정치사상사

劉澤華. 1987.『中國傳統政治思想反思』. 北京: 三聯書店.

劉澤華. 2000.『中國的王權注意』. 上海: 人民出版社.

劉澤華. 2008a.『中國政治思想史-先秦篇』. 上海: 人民出版社.

劉澤華. 2008b.『中國政治思想史集』. 北京: 人民出版社.

劉澤華·葛荃. 2001.『中國古代政治思想史』. 天津: 南開大學出版社.

劉惠恕. 2001.『中國政治哲學發展史: 從儒學到馬克思主義』. 上海: 上海社會科學院出版社.

張金鑑. 1989.『中國政治思想史』. 臺北: 三民書局.

張豈之. 1979. "嚴復思想的分析批判: 戊戌變法時期及其前後不久"西學"與"中學"的鬥爭." 中國人民大學淸史研究所 編.『中國近代史論文集』. 北京: 中華書局.

張立文. 1988. 中國哲学範疇發展史(天道篇). 北京: 中國人民大學出版社.

張立文 主編. 1989. "道."『中國哲學範疇精粹叢書』. 北京: 中國人民大學出版社.

張燕瑾. 1987. "元劇三家風格論."『中國古代近代文學研究』第2期, 36-48.

張之洞. 1965.『勸學篇二卷-百部叢書集成: 漸西村舍叢刊』. 臺北: 藝文印書館.

錢鍾書. 1979.『管錐編』. 北京: 中華書局.

程民生. 1999. "論宋代士大夫政治對皇權的限制."『河南大學學報』第39卷 第3期, 56-64.

程顥·程頤. 王孝魚 點校. 2004.『二程集』. 北京: 中華書局.

曹德本. 2004.『中國政治思想史』. 北京: 高等教育出版社.

趙汀陽. 2005.『天下體系: 世界制度哲學導論』. 南京: 江蘇教育出版社.

鍾來因. 1990.『蘇軾與道家道教』. 臺北: 臺灣學生書局.

左東岭. 2000.『王學與中晚明士人心態』. 北京: 人民文學出版社.

奏尙志. 1946.『中國政治思想史講和』. 臺北: 世界書局.

周貽白. 1980.『中國戲曲論集』. 北京: 中國戲曲出版社.

朱日耀 主編. 1988.『中國古代政治思想史』. 長春: 長春吉林大學出版社.

朱日耀. 1992.『中國政治思想史』. 北京: 高等教育出版社.'

朱靖華. 1983.『蘇軾新論』. 山東: 齊魯書社.

朱熹. 黎靖德 編. 1986.『朱子語類』. 北京: 中華書局.

中國哲學史研究會編輯部 編. 1988.『中國哲學史主要範疇槪念簡釋』. 杭州: 浙江人民出版社.

曾永義. 1988. "馬致遠雜劇的四種類型."『詩歌與戲曲』. 新北: 聯經出版事業公司.

曾棗莊. 1999. "論蘇軾政治主張的一致性."『三蘇研究』, 四川: 巴蜀書社.

陳康坤. 1988.『中國近代啓蒙哲學』. 長春: 吉林大學出版社.

陳安仁. 1932.『中國政治思想史大綱』. 香港: 商務印書館.

陳旭麓. 1984. "論"中體西用"." 『近代史思辨錄』. 廣東: 廣東人民出版社.

陳寅恪. 2009. 『唐代政治史述論稿』. 北京: 三聯書店.

蔡尙思·方行 編. 1981. 『譚嗣同全集』. 北京: 中華書局.

焦文彬. 1990. 『中國古典悲劇論』. 西安: 西北大學出版社.

湯志鈞. 1989. 『近代經學與政治』. 北京: 中華書局.

馮契 主編. 1989a. 『中國哲學史新編』(上冊). 上海: 上海出版社.

馮契. 1989b. 『中國近代哲學的革命進程』. 上海: 上海人民出版社.

馮友蘭. 1989. 『中國哲學史新編』(第六冊). 北京: 人民出版社.

夏乃儒 主編. 1988. 『中國哲學三百題』. 上海: 上海古籍出版社.

湯志鈞. 1984. 『戊戌變法史』. 北京: 人民出版社.

韓梅岑. 1943. 『中國政治哲學思想之主潮與流變』. 重慶: 重慶青年出版社.

漢語大辭典編輯委員會. 1995. 『漢語大辭典』. 上海: 漢語大辭典出版社.

許進雄. 1988. 『中國古代社會: 文字與人類學的透視』. 臺北: 臺灣商務印書館.

皇侃. 2013. 『論語義疏』. 北京: 中華書局.

許進雄. 1988. 『中國古代社會: 文字與人類學的透視』. 臺北: 臺灣商務印書館.

侯外廬. 1957. 『中國思想通史』第3卷. 北京: 人民出版社.

侯外廬. 1959-1960. 『中國思想通史』第4卷(上冊, 下冊). 北京: 人民出版社.

古藤友子. 1983. "張之洞の中體西用論." 『駒澤大學外國語部論集』18, 1-15.

高田淳. 1981. 『中國の近代と儒教-戊戌變法の思想』. 東京: 紀伊國屋書店.

谷川道雄. 1971. 『隋唐帝国形成史論』. 東京: 筑摩書房.

丘凡眞. 2012. "大淸帝國の朝鮮認識と朝鮮の位相." 『中國史學』22, 91-113.

宮崎市定. 1991. 『宮崎市定全集』. 東京: 岩波書店.

近藤邦康. 1981. 『中國近代思想史研究』. 東京: 勁草書局.

ロナルド·トビ(Ronald Toby). 2008. 『「鎖国」という外交』. 東京: 小学館.

梅原郁. 2003. 『皇帝政治と中國』. 東京: 白帝社.

木村正雄. 1965. 『中國古代帝國の形成: 特にその成立の基礎條件』. 東京: 不昧堂書店.

武田秀夫. 1974. "譚嗣同思想における'學'について." 『待兼山論集』第7卷, 15-33.

別府淳夫. 1976. "中體西用論と康有爲學." 『筑波大學哲學·思想學系論集』50, 109-127.

柄谷行人. 2014. 『帝国の構造: 中心·周辺·亜周辺』. 東京: 青土社.

服部宇之吉. 1911. 『漢文大系 第1卷(7版)』. 東京: 冨山房.

夫馬進. 2008. "一六〇九年日本の琉球併合以降における中国·朝鮮の対琉球外交: 東アジア四国における冊封通信そして杜絶."『朝鮮史研究会論文集』第46集, 5-38.

杉山文彦. 1979. "譚嗣同と王朝的世界觀."『一橋論叢』第81卷 第3号, 308-320.

杉山正明. 1997. "中央ユーラシアの歴史的構図." 樺山紘一 編.『岩波講座世界歷史』11. 東京: 岩波書店.

杉山清彦. 2009. "大清帝国の支配構造と八旗制一マンジュ王朝としての国制試論."『中国史学』第18巻, 159-180.

西嶋定生. 2002.『西嶋定生東アジア史論集』第3巻. 東京: 岩波書店.

小林武. 1976. "『勸學篇』と『翼教叢編』-清末の保守主義について." 木村英一博士頌壽記念事業會 編.『中國哲學史の展望と摸索』, 823-839. 東京: 創文社.

小野川秀美. 1960.『清末政治思想研究』. 京都: 東洋史研究會.

守本順一郎. 1967.『東洋政治思想史研究』. 東京: 未來社.

岸本美緒. 1999.『明清交替と江南社會: 17世紀中國の秩序問題』. 東京: 東京大學出版會.

岩間一雄. 1968.『中国政治思想史研究』. 東京: 未来社.

岩井茂樹. 2007. "清代の互市と"沈黙外交"." 夫馬進 編.『中国東アジア外交交流史の研究』. 京都: 京都大学学術出版会.

野村浩一. 1964.『近代中國の政治と思想』. 東京: 筑摩書房.

有田和夫. 1984.『清末意識構造の研究』. 東京: 汲古書院.

足立啓二. 1998.『専制國家史論』. 東京: 栢書房.

片岡一忠. 2008.『中国官印制度研究』. 東京: 東方書店.

荒野泰典. 1987. "日本型華夷秩序の形成." 朝尾直弘 編.『日本の社会史』1, 183-226. 東京: 岩波書店.

荒野泰典. 1988.『近世日本と東アジア』. 東京: 東京大学出版会.

Adams, Julia. 2005. *The Familial State: Ruling Families and Merchant Capitalism in Early Modern Europe*. Ithaca; London: Cornell University Press.

Anderson, Benedict. 2006. *Imagined Communities: Reflections on the Origin and Spread of Nationalism(New Edition)*. London: Verso.

Ang, Ien. 2013. "Can One Say No to Chineseness? Pushing the Limits of the Diasporic Paradigm." In *Sinophone Studies: A Critical Reader*, edited by Shu-mei Shih, Chien-hsin Tsai, and Brian Bernards, 57-73. New York: Columbia University Press.

Ankersmit, Frank R. 2002. *Historical Representation*. Stanford: Stanford University Press.

Aoki, Masahiko. 2013. "Historical Sources of Institutional Trajectories in Economic Development: China, Japan and Korea Compared." *Socio-Economic Review* 11(2): 233-263.

Aristotle. 1946. *The Politics of Aristotle*, translated by Ernest Barker. Oxford: Oxford University Press.

Armitage, David. 2006. *British Political Thought in History, Literature and Theory, 1500-1800*. Cambridge: Cambridge University Press.

Armitage, David. 2009. *Shakespeare and Early Modern Political Thought*. Cambridge: Cambridge University Press.

Auden, W. H., and Christopher Isherwood. 2002. *Journey to a War*. New York: Faber and Faber.

Balazs, Etienne. 1964. "China as a Permanently Bureaucratic Society." In *Chinese Civilization and Bureaucracy: Variations on a Theme*. New Haven: Yale University Press.

Beattie, Hilary J. 1979. *Land and Lineage in China: A Study of T'ung-ch'eng County, Anhwei, in the Ming and Ch'ing Dynasties*. New York: Cambridge University Press.

Berger, Patricia A. 2003. *Empire of Emptiness: Buddhist Art and Political Authority in Qing China*. Honolulu: University of Hawaii Press.

Besio, Kimberly. 1997. "Gender, Loyalty, and Reproduction of the Wang Zhaojun Legend: Some Social Ramifications of Drama in the Late Ming." *Journal of the Economic and Social History of the Orient* 40(2): 251-282.

Bevir, Mark. 2002. *The Logic of the History of Ideas*. Cambridge: Cambridge University Press.

Bogue, Ronald. 1986. "The Practice of Everyday Life(Book Review)." *Comparative Literature* 38(4): 367-370.

Bol, Peter K. 1989. "Chu Hsi's Redefinition of Literati Learning." In *Neo-Confucian Education: The Formative Stage*, edited by William Theodore de Bary and John W. Chaffee, 151-185. California: University of California Press.

Bol, Peter K. 1992. *This Culture of Ours': Intellectual Transitions in T'ang and Sung China*. Stanford: Stanford University Press.

Bol, Peter K. 2000. "Perspectives on Readings of Yingying Zhuan." In *Ways with Words: Writing about Reading Texts from Early China*, edited by Willard J. Pauline Yu, Peter Bol, Stephen Owen, and Willard Peterson, 198-201. Berkeley: University of California Press.

Bol, Peter K. 2001. "Whither the Emperor? Emperor Huizong, the New Policies, and the Tang-Song Transition." *Journal of Sung-Yuan Studies* 31: 103-134.

Bol, Peter K. 2003. "The 'Localist Turn' and 'Local Identity' in Later Imperial China." *Late Imperial China* 24(2): 1-50.

Bol, Peter K. 2008. *Neo-Confucianism in History*. Cambridge: Harvard University Asia Center.

Borges, Jorge L. 1999. *Collected Fictions*, translated by Andrew Hurley. New York: Penguin Books.

Brook, Timothy, and B. Michael Frolic, eds. 1997. *Civil Society in China*. Armonk: M. E. Sharpe.

Brook, Timothy. 2010. *The Troubled Empire: China in the Yuan and Ming Dynasties*. Cambridge; London: Belknap Press of Harvard University Press.

Burke, Edmund. 1877. *The Works of the Right Honourable Edmund Burke*, Volume 6. London: George Bell and Sons.

Chan, W. trans. 1963. *Instructions for practical living and other neo-Confucian writings by Wang Yang-ming*. New York: Columbia University.

Chan, Sin-wai. 1980. *T'an Ssu-t'ung: An Annotated Bibliography*. Hong Kong: The Chinese University Press.

Chang, Chung-li. 1955. *The Chinese Gentry: Studies on Their Role in Nineteenth-Century Chinese Society*. Seattle: University of Washington Press.

Chang, Chung-li. 1962. *The Income of the Chinese Gentry*. Seattle: University of Washington Press.

Chu, Hsi, and Tsu-chen Lue. 1967. *Reflections on Things at Hand: The Neo-Confucian Anthology*, translated by Wing-tsit Chan. New York: Columbia University Press.

Chu, T'ung-tsu. 1962. *Local Government in China under the Ch'ing*. Cambridge: Harvard University Press.

Chuang, Tzu. 1968. *The Complete Works of Chuang Tzu*, translated by Burton Watson. New York: Columbia University Press.

Confucius. 1999. *The Analects of Confucius: A Philosophical Translation*, translated by Roger T. Ames and Henry Rosemont Jr. New York: Ballantine Books.

Confucius. 2003. *Analects: With Selections from Traditional Commentaries*, translated by Edward Slingerland. Indiana: Hackett Publishing Company.

Craig, Edward, ed. 1998. *Routledge Encyclopedia of Philosophy*. London: Taylor & Francis.

Creel, H. G. 1972. *Confucius: The Man and the Myth*. New York: Greenwood Press.

Crossley, Pamela K. 1990. "Thinking about Ethnicity in Early Modern China." *Late Imperial China* 11(1): 1-35.

Crossley, Pamela K. 1992. "The Rulerships of China." *American Historical Review* 97(5): 1468-1483.

Crossley, Pamela K. 1999. *A Translucent Mirror: History and Identity in Qing Imperial Ideology*. Berkeley: University of California Press.

Crossley, Pamela K. 2002. *The Manchus(2nd Edition)*. Cambridge: Blackwell Publishers.

Cua, Antonio S. 1982. *The Unity of Knowledge and Action: A Study in Wang Yangming-ming's Moral Psychology*. Honolulu: The University Press of Hawaii.

Dardess, John W. 1983. *Confucianism and Autocracy: Professional Elites in the Founding of the Ming Dynasty*. Berkeley: University of California Press.

Dardess, John W. 2002. *Blood and History in China: The Donglin Faction and Its Repression, 1620-1627.* Honolulu: University of Hawaii Press.

De Bary, Wm. Theodore, Irene Bloom, and Joseph Adler. 1999. *Sources of Chinese Tradition, Vol. 1. (2nd Edition).* New York: Columbia University Press.

De Bary, Wm. Theodore. 1981. *Neo-Confucian Orthodoxy and the Learning of the Mind-and-Heart.* New York: Columbia University Press.

De Bary, Wm. Theodore. 1983. *The Liberal Tradition in China.* Hong Kong: Chinese University Press; New York: Columbia University Press.

De Bary, Wm. Theodore. 1991. *The Trouble with Confucianism.* Cambridge: Harvard University Press.

De Bary, Wm. Theodore. 1993. "The Uses of Neo-Confucianism: A Response to Professor Tillman," *Philosophy East and West.* 43(3): 541-555.

De Bary, Wm. Theodore. 2004. *Nobility and Civility: Asian Ideals of Leadership and the Common Good.* Cambridge; London: Harvard University Press.

De Certeau, Michel. 1984. *The Practice of Everyday Life.* Berkeley: University of California Press.

Dewald, Jonathan. 1996. *The European Nobility, 1400-1800.* New York: Cambridge University Press.

Di Cosmo, Nicola. 1999. "State Formation and Periodization in Inner Asian History." *Journal of World History* 10(1): 1-40.

Di Cosmo, Nicola. 2002. *Ancient China and Its Enemies: The Rise of Nomadic Power in East Asian History.* Cambridge: Cambridge University Press.

Dittmer, Lowel, and Samuel S. Kim. 1993. "In Search of a Theory of National Identity." In *China's Quest for National Identity*, 1-31. Ithaca: Cornell University Press.

Duncan, John. 2002. "The Problematic Modernity of Confucianism: "Civil Society" in Chosun Korea." In *Korean Society: Civil Society, Democracy and the State*, edited by Charles K. Armstrong, 36-55. London: Routledge.

Eastman, Lloyd E. 1988. *Family, Fields, and Ancestors: Constancy and Change in China's Social and Economic History, 1550-1949.* New York: Oxford University Press.

Eberhard, Wolfram. 1948. *A History of China.* London: Routledge & Kegan Paul.

Egan, Ronald C. 1994. *Word, Image, and Deed in the Life of Su Shi.* Cambridge: Council on East Asian Studies, Harvard University.

Eisenstadt, S. N. 1993. *The Political Systems of Empire.* New Brunswick: Transaction Publishers.

Eisenstadt, S. N. 1996. *Japanese Civilization: A Comparative View.* Chicago; London: University of Chicago Press.

Elias, Norbert. 2000. *The Civilizing Process: Sociogenetic and Psychogenetic Investigations.* Oxford; Malden: Blackwell Publishers.

Elliott, Mark C. 2001. *The Manchu Way: The Eight Banners and Ethnic Identity in Late Imperial China.* Stanford: Stanford University Press.

Elliott, Mark C. 2009. *Emperor Qianlong: Son of Heaven, Man of the World*. New York: Longman.

Elliott, Mark C. 2012. "Hushuo: The Northern Other and the Naming of the Han Chinese." In *Critical Han Studies*, edited by Thomas Mullaney, James Patrick Leibold, Stéphane Gros, and Eric Armand Vanden Bussche, 173-190. Berkeley: University of California Press.

Elman, Benjamin A. 1984. *From Philosophy to Philology: Intellectual and Social Aspects of Change in Late Imperial China*. Cambridge: Council on East Asian Studies, Harvard University Press.

Elman, Benjamin A. 1989. "Imperial Politics and Confucian Societies in Late Imperial China." *Modern China* 15(4): 379-418.

Elman, Benjamin A. 2010. "The Failure of Contemporary Chinese Intellectual History." *Eighteenth-Century Studies* 43(3): 371-391.

Elman, Benjamin, John Duncan, and Herman Ooms, eds. 2002. *Rethinking Confucianism: Past and Present in China, Japan, Korea, and Vietnam*. Los Angeles: University of California Press.

Eoyang, Eugene. 1982. "The Wang Chao-chun Legend: Configurations of the Classic." *Chinese Literature: Essays, Articles, Reviews (CLEAR)* 4(1): 3-22.

Erasmus. 1997. *The Education of a Christian Prince with the Panegyric for Archduke Philip of Austria*, edited by Lisa Jardine. Cambridge: Cambridge University Press.

Fairbank, John K, ed. 1968. *The Chinese World Order*. Cambridge: Harvard University Press.

Falkenhausen, Lothar von. 2006. *Chinese Society in the Age of Confucius(1000-250 BC): the Archaeological Evidence*. Berkeley: University of California.

Farmer, Edward. 1995. *Zhu Yuanzhang and Early Ming Legislation: The Reordering of Chinese Society Following the Era of Mongol Rule*. Leiden; New York; Cologne: E. J. Brill.

Fei, Xiaotong. 1953. *China's Gentry: Essays in Rural-Urban Relations*, edited by Margaret Park Redfield. Chicago: University of Chicago Press.

Fingarette, Herbert. 1972. *Confucius: The Secular as Sacred*. New York: Harper & Row.

Fogel, Joshua A. 1984. *Politics and Sinology: the Case of Naito Konan, 1866-1934*. Cambridge: Harvard University Press.

Foucault, Michel. 1979. *Discipline and Punish: The Birth of the Prison*. translated by Alan Sheridan. New York: Vintage Books.

Freedman, Maurice. 1958. *Lineage Organization in Southeastern China*. London: University of London.

Fu, Zhengyuan. 1993. *Autocratic Tradition and Chinese Politics*. Cambridge: Cambridge University Press.

Fukuyama, Francis. 2011. *The Origins of Political Order: From Prehuman Times to the French Revolution*. New York: Farrar, Straus and Giroux.

Fuller, A. Michael. 1990. *The Road to East Slope*. Stanford: Stanford University Press.

Gaddis, John L. 2004. *The Landscape of History: How Historians Map the Past*. Oxford: Oxford University Press.

Gambetta, Diego. 1996. *The Sicilian Mafia*. Cambridge: Harvard University Press.

Ge, Zhaoguang. 2014. *An Intellectual History of China*. Leiden; Boston: Brill.

Graham, Angus C. 1989. *Disputers of the Tao: Philosophical Argument in Ancient China*. Peru: Open Court.

Grant, Beata. 1994. *Mount Lu Revisited-Buddhism in the Life and Writings of Su Shih*. Honolulu: University of Hawaii Press.

Grove, Linda and Christian Daniels, eds. 1984. *State and Society in China: Japanese Perspectives on Ming-Qing Social and Economic History*. Tokyo: University of Tokyo Press.

Guan, Zhong. 1985. *Guanzi: Political, Economic, and Philosophical Essays from Early China, Vol. 1*, translated by W. Allyn Rickett. Princeton: Princeton University Press.

Habermas, Jürgen. 1991. *The Structural Transformation of the Public Sphere: An Inquiry into a Category of Bourgeois Society*. Cambridge: The MIT Press.

Hall, David L., and Roger T. Ames. 1987. *Thinking through Confucius*. Albany: State University of New York Press.

Hamashita, Takeshi. 1988. "The Tribute Trade System and Modem Asia." *Memoirs of the Research Department of the Toyo Bunko* 46: 7-25.

Hansen, Valerie. 2015. *The Open Empire: A History of China to 1800*. New York: W. W. Norton & Company.

Harris, Eirik L. 2011. "Is the Law in the Way? On the Source of Han Fei's Laws." *Journal of Chinese Philosophy* 38(1): 73-87.

Harrison, Henrietta. 2001. *China: Inventing the Nation*. London: Bloomsbury Academic.

Hartwell, Robert M. 1982. "Demographic, political, and social transformations of China, 750-1550." *Harvard Journal of Asiatic Studies* 42(2): 365-442.

Hintze, Otto. 1975. "Calvinism and Raison d'Etat in Early Seventeenth Century Brandenburg." In *The Historical Essays of Otto Hintze*, edited by Felix Gilbert, 88-154. New York: Oxford University Press.

Hirschman, Albert O. 1970. *Exit, Voice, and Loyalty: Responses to Decline in Firms, Organizations, and States*. Cambridge: Harvard University Press.

Ho, Ping-ti. 1962. *The Ladder of Success in Imperial China*. New York: Columbia University Press.

Ho, Ping-ti. 1998. "In Defense of Sinicization: A Rebuttal of Evelyn Rawski's 'Reenvisioning the Qing.'" *Journal of Asian Studies* 57(1): 123-155.

Hobbes, Thomas. 1994. *Human nature and De Corpore Politico*, edited by John Charles Addison Gaskin. Oxford: Oxford University Press.

Hobbes, Thomas. 1996. *Leviathan*, edited by Richard Tuck. Cambridge; New York: Cambridge University Press.

Hsiao, Kung-chuan. 1979. *A History of Chinese Political Thought*. Princeton: Princeton University Press.

Hsu, Cho-yun. 1965. *Ancient China in Transition: An Analysis of Social Mobility, 722-222 B.C.* Stanford: Stanford University Press.

Hsu, Cho-yun. 1999. "The Spring and Autumn Period." In *Cambridge History of Ancient China: From the Origins of Civilization to 221 B.C.*, edited by Edward Shaughnessy and Michael Loewe, 545-550. Cambridge: Cambridge University Press.

Huang, Philip C. 1991. "The Paradigmatic Crisis in Modern Chinese Studies: Paradoxes in Social and Economic History." *Modern China* 17(3): 299-341.

Huang, Philip C. 1993. "'Public Sphere'/'Civil Society' in China?: The Third Realm between State and Society." *Modern China* 19(2): 216-240.

Huang, Tsung-hsi. 1993. *Waiting for the Dawn: A Plan for the Prince(Ming-i-tai-fang lu)*, translated by Wm. Theodore de Bary. New York: Columbia University Press.

Hui, Victoria T. 2005. *War and State Formation in Ancient China and Early Modern Europe.* New York: Cambridge University Press.

Hulsewe, A. F. P. 1985. *Remnants of Ch'in Law: An Annotated Translation of the Ch'in Legal and Administrative Rules of the 3rd Century B.C. Discovered in Yun-meng Prefecture, Hu-pei Province, in 1975.* Leiden: Brill.

Hymes, Robert. 1987. *Statesmen and Gentlemen: The Elite of Fu-chou, Chiang-hsi, in Northern and Southern Sung.* Cambridge: Cambridge University Press.

Israel, George L. 2014. *Doing Good and Ridding Evil in Ming China: The Political Career of Wang Yangming.* Leiden: Brill.

Ivanhoe, Philip J. 1990. *Ethics in The Confucian Tradition.* Atlanta: The American Academy of Religion.

Ivanhoe, Philip J. 2002. *Ethics in the Confucian Tradition: The Thought of Mengzi and Wang Yangming(2nd Edition).* Indianapolis: Hackett.

Jensen, Lionel M. 1998. *Manufacturing Confucianism: Chinese Traditions and Universal Civilization.* Durham: Duke University Press.

Johnson, Wallace, trans. 1979. *The T'ang Code, Vol. 1: General Principles.* Princeton: Princeton University Press.

Johnston, Ian. 2010. "Introduction." In *The Mozi: A Complete Translation*, xvii - lxxxii. New York: Columbia University Press.

Jung, Hwa Yol. 1965. "Wang Yang-ming and Existential Phenomenology." *International Philosophical Quarterly* 5(4): 612-636.

Kahn, Harold L. 1971. *Monarchy in the Emperor's Eyes: Image and Reality in the Ch'ien-lung Reign.* Cambridge: Harvard University Press.

Kamachi, Noriko. 1990. "Feudalism or Absolute Monarchism? - Japanese Discourse on the Nature of State and Society in Late Imperial China." *Modern China* 16(3): 330-370.

Kantorowicz, Ernst. 1957. *The King's Two Bodies.* Princeton: Princeton University Press.

Karlgren, Bernhard, trans. 1950. *The Book of Odes: Chinese Text, Transcription, and Translation.* Stockholm: Museum of Far Eastern Antiquities.

Keane, John. 1999. *Civil Society: Old Images, New Visions.* Stanford; Stanford

University Press.

Kim, Youngmin. 2003. "Luo Qinshun (1465-1547) and His Intellectual Context." *T'oung Pao* 89(4): 367-441.

Kim, Youngmin. 2008. "Cosmogony as Political Philosophy." *Philosophy East and West* 58(1): 108-125.

Kim, Youngmin. 2012a. "Political Unity in Neo-Confucianism: The Debate between Wang Yangming and Zhan Ruoshui." *Philosophy East and West* 62(2): 246-263.

Kim, Youngmin & M. Petid (Editor) 2012b. *Women and Confucianism in Choson Korea: New Perspectives Paperback.* State University of New York Press.

Kim, Youngmin. 2013. "Toward a Theoretical Foundation for the History of Chinese Political Philosophy: Beyond Cultural Essentialism and Its Critique." *Philosophy Today*, (the Fall 2013 issue) 57(2): 204-212.

Kim, Youngmin. 2019. "An Interpretive Approach to "Chinese" Identity." In *The Oxford Handbook of Comparative Political Theory*, edited by Leigh K. Jenco, Murad Idris, and Megan C. Thomas, 82-101. Oxford: Oxford University Press.

Kleutghen, Kristina. 2012. "One or Two, Repictured." *Archives of Asian Art* 62(1): 25-46.

Knapp, Keith N. 1995. "The Ru reinterpretation of Xiao." *Early China* 20:195-222.

Kojève, Alexandre. 1980. *Introduction to the Reading of Hegel: Lectures on the Phenomenology of Spirit.* Cornell University Press; 1st edition.

Kuhn, Dieter. 2009. *The Age of Confucian Rule: The Song Transformation of China.* Cambridge; London: Belknap Press of Harvard University Press.

Kuhn, Philip. 1970. *Rebellion and Its Enemies in Late Imperial China.* Cambridge: Harvard University Press.

Lebra, Joyce C., ed. 1975. *Japan's Greater East Asia Co-Prosperity Sphere in World War II: Selected Readings and Documents.* Oxford: Oxford University Press.

Leibold, James. 2006. "Competing Narratives of Racial Unity in Republican China: From the Yellow Emperor to Peking Man." *Modern China* 32(2): 181-220.

Levenson, Joseph R. 1968. *Confucian China and Its Modern Fate: A Trilogy.* Los Angeles: University of California Press.

Lewis, Mark E. 1990. *Sanctioned Violence in Early China.* Albany: State University of New York Press.

Lewis, Mark E. 1999. "Warring States: Political History." In *The Cambridge History of Ancient China*, edited by Michael Loewe and Edward L. Shaughnessy, 587-650. Cambridge: Cambridge University Press.

Lewis, Mark E. 2006. *The Construction of Space in Early China.* Albany: State University of New York Press.

Lewis, Mark E. 2007. *The Early Chinese Empires: Qin and Han.* Cambridge; London: Belknap Press of Harvard University Press.

Lewis, Mark E. 2009a. *China's Cosmopolitan Empire: The Tang Dynasty*. Cambridge; London: Belknap Press of Harvard University Press.

Lewis, Mark E. 2009b. *China Between Empires: The Northern and Southern Dynasties*. Cambridge; London: Belknap Press of Harvard University Press.

Li, Wai-yee. 2000. "Mixture of Genres and Motives for Fiction in Yingying's Story." In *Ways with Words: Writing about Reading Texts from Early China*, edited by Willard J. Pauline Yu, Peter Bol, Stephen Owen, and Willard Peterson, 185-191. Berkeley: University of California Press.

Lilla, Mark. 2007. "Mr. Casaubon in America." *The New York Review of Books* (June 28), 29-31.

Liu, Lydia H. 2004. *The Clash of Empires: The Invention of China in Modern World Making*. Cambridge: Harvard University Press.

Lufrano, Richard John. 1997. *Honorable Merchants: Commerce and Self-cultivation in Late Imperial China*. Honolulu: University of Hawaii Press.

Mancall, Mark. 1984. *China at the Center: 300 Years of Foreign Policy*. New York: Free Press.

Mann, Michael. 1984. "The Autonomous Power of the State: its Origins, Mechanisms, and Results." *European Journal of Sociology* 25(2): 185-213.

Mann, Michael. 2012. *The Sources of Social Power: Volume 1, A History of Power from the Beginning to AD 1760(New Edition)*. Cambridge: Cambridge University Press.

Mencius. 2004. *Mencius*, translated by D. C. Lau. London: Penguin.

Meskill, John T. 1963. *Wang An-shih, Practical Reformer?: Problems in Asian Civilizations*. Boston: D. C. Heath and Company.

Metzger, Thomas A. 1977. *Escape from Predicament: Neo-Confucianism and China's Evolving Political Culture*. New York: Columbia University Press.

Metzger, Thomas A. 2001. "The Western Concept of the Civil Society in the Context of Chinese History." In *Civil Society: History and Possibilities*, edited by Sudipta Kaviraj and Sunil Khilnani, 204-231. Cambridge: Cambridge University Press.

Miller, Harry. 2009. *State Versus Gentry in Late Ming Dynasty China, 1572-1644*. New York: Palgrave Macmillan.

Mitchell, Timothy. 1999. "Society, Economy, and the State Effect." In *State/Culture: State-Formation after the Cultural Turn*, edited by George Steinmetz, 76-97. Ithaca: Cornell University Press.

Monod, Paul K. 1999. *The Power of Kings: Monarchy and Religion in Europe, 1589-1715*. New Haven: Yale University Press.

Morgan, Edmund S. 1988. *Inventing the People: The Rise of Popular Sovereignty in England and America*. New York: Norton.

Mote, F. W. 1961. "The Growth of Chinese Despotism: A Critique of Wittfogel's Theory of Oriental Despotism as Applied to China." *Oriens Extremus* 8(1): 1-41.

Munro, Donald J. 1969. *The Concept of Man in Early China*. Stanford: Stanford University Press.

Nye Jr, Joseph S. 2004. *Soft Power: The Means to Success in World Politics*. New York: Public Affairs.

Olson, Mancur. 2000. *Power and Prosperity: Outgrowing Communist and Capitalist Dictatorships*. New York: Basic Books.

Owen, Stephen, ed. 1997. *An Anthology of Chinese Literature: Beginnings to 1911*. New York: W. W. Norton & Company.

Owen, Stephen. 1990. "Poetry in the Chinese Tradition." In *Heritage of China: Contemporary Perspectives on Chinese Civilization*, edited by Paul S. Ropp and Timothy Hugh Barrett, 294-308. Berkeley: University of California Press.

Owen, Stephen. 2000. "Yingying Zhuan-Translation." In *Ways with Words: Writing about Reading Texts from Early China*, edited by Willard J. Pauline Yu, Peter Bol, Stephen Owen, and Willard Peterson, 173-181. Berkeley: University of California Press.

Pan, Ku. 1944. *The History of the Former Han Dynasty, Volume Two*, translated by Homer H. Dubs. Baltimore: Waverly Press.

Patten, Alan. 2011. "Rethinking Culture: The Social Lineage Account." *American Political Science Review* 105(4): 735-749.

Perdue, Peter C. 2005. *China Marches West: The Qing Conquest of Central Eurasia*. Cambridge; London: Belknap Press of Harvard University Press.

Pines, Yuri. 2002. *Foundations of Confucian Thought: Intellectual Life in the Chunqiu Period, 722-453 B.C.E.* Honolulu: University of Hawaii Press.

Pines, Yuri. 2009. *Envisioning Eternal Empire: Chinese Political Thought of the Warring States Era*. Honolulu: University of Hawaii Press.

Pines, Yuri. 2012. *The Everlasting Empire: The Political Culture of Ancient China and Its Imperial Legacy*. Princeton: Princeton University Press.

Plaks, Andrew, trans. 2004. *Ta Hsueh and Chung Yung: The Highest Order of Cultivation and On the Practice of the Mean*. London: Penguin.

Pocock, J. G. A. 1980. "Political Ideas as Historical Events: Political Philosophers as Historical Actors." In *Political Theory and Political Education*, edited by Melvin Richter, 139-158. Princeton: Princeton University Press.

Pocock, J. G. A. 1985. *Virtue, Commerce, and History*. Cambridge: Cambridge University Press.

Pocock, J. G. A. 1989. *Politics, Language, and Time: Essays on Political Thought and History(2nd Edition)*. Chicago: University of Chicago Press.

Pocock, J. G. A. 2003. *The Machiavellian Moment: Florentine Political Thought and the Atlantic Republican Tradition*. Princeton: Princeton University Press.

Pocock, J. G. A. 2009. *Political Thought and History: Essays on Theory and Method*. Cambridge: Cambridge University Press.

Pruitt, Ida, and Lao Tai Tai Ning. 1967. *A Daughter of Han: The Autobiography of a Chinese Working Woman*. Stanford: Stanford University.

Puett, Michael. 2001. *The Ambivalence of Creation: Debates Concerning Innovation and Artifice in Early China*. Stanford: Stanford University Press.

Pye, Lucian W. 1974. "Identity and the Political Culture." In *Crises and Se-*

quences in *Political Development*, edited by Leonard Binder and Joseph La Palombara, 101-134. Princeton; London: Princeton University Press.

Rachewiltz, Igor De. 1962. "Yeh-lu Ch'u-ts'ai (1189-1243): Buddhist Idealist and Confucian Statesman." In *Confucian Personalities*, edited by Arthur F. Wright and Denis C. Twitchett, 189-216. Stanford: Stanford University Press.

Rawski, Evelyn S. 1998. *The Last Emperors: A Social History of Qing Imperial Institutions*. Berkeley: University of California Press.

Rosanvallon, Pierre. 2007. *The Demands of Liberty: Civil Society in France since the Revolution*, translated by Arthur Goldhammer. Cambridge: Harvard University Press.

Rossabi, Morris. 1983. *China among Equals: The Middle Kingdom and Its Neighbors, 10th-14th Centuries*. Berkeley: University of California Press.

Rowe, William T. 1989. *Hankow: Conflict and Community in a Chinese City, 1796-1895*. Stanford: Stanford University Press.

Rowe, William T. 1990. "The Public Sphere in Modern China." *Modern China* 16(3): 309-329.

Rowe, William T. 2009. *China's Last Empire: The Great Qing*. Cambridge; London: Belknap Press of Harvard University Press.

Runciman, David. 2003 "The Concept of the State: The Sovereign of a Fiction." In *States and Citizens: History, Theory, Prospects*, edited by Quentin Skinner and Bo Stråth, 28-38. Cambridge: Cambridge University Press.

Ruskola, Teemu. 2013. *Legal Orientalism: China, the United States, and Modern Law*. Cambridge: Harvard University Press.

Ryan, Alan. 2012. *On Politics: A History of Political Thought from Herodotus to the Present*. New York: W. W. Norton & Company.

Schirokauer, Conrad, and Robert P. Hymes. 1993. "Introduction." In *Ordering the World*, 1-58. Berkeley; Los Angeles: University of California Press.

Schmitt, Carl. 2006. *Political Theology: Four Chapters on the Concept of Sovereignty*. Chicago: University of Chicago Press.

Schneewind, Sarah. 2006. *Community Schools and the State in Ming China*. Stanford: Stanford University Press.

Schwartz, Benjamin I. 1985. *The World of Thought in Ancient China*. Cambridge: Belknap Press of Harvard University Press.

Scott, James C. 1985. *Weapons of the Weak: Everyday Forms of Peasant Resistance*. New Haven: Yale University Press.

Scott, James C. 1999. *Seeing Like a State: How Certain Schemes to Improve the Human Condition Have Failed*. New Haven: Yale University Press

Searle, John R. 2004. *Mind: A Brief Introduction*. Oxford; New York: Oxford University Press.

Seligman, Adam B., Robert P. Weller, Michael Puett, and Bennett Simon. 2008. *Ritual and Its Consequences: An Essay on the Limits of Sincerity*. New York: Oxford University Press.

Sen, Tansen. 2003. *Buddhism, Diplomacy, and Trade: The Realignment of Sino-Indian Relations, 600-1400*. Honolulu: University of Hawaii Press.

Shigeta, Atsushi. 1984. "The Origins and Structure of Gentry Rule." In *State and Society in China: Japanese Perspectives on Ming-Qing Socioeconomic History*, edited by Linda Grove and Christian Daniels, 335-385. Tokyo: Tokyo University Press.

Shklar, Judith. 1969. *Men and citizens: A Study of Rousseau's Social Theory.* London: Cambridge University Press.

Sima, Qian. 1961. *Records of the Grand Historian of China, Volume I: Early Years of the Han Dynasty, 209 to 141 B.C.*, translated by Burton Watson. New York: Columbia University Press.

Sima, Qian. 2009. *The First Emperor: Selections from the Historical Records*, translated by Raymond, Dawson and K. E. Brashier. Oxford: Oxford University Press.

Skinner, G. William, ed. 1997. *The City in Late Imperial China*. Stanford: Stanford University Press.

Skinner, G. William. 1964. "Marketing and Social Structure in Rural China: Part I." *The Journal of Asian Studies* 24(1): 3-43.

Skinner, G. William. 1965a. "Marketing and Social Structure in Rural China: Part II." *The Journal of Asian Studies* 24(2): 195-228.

Skinner, G. William. 1965b. "Marketing and Social Structure in Rural China: Part III." *The Journal of Asian Studies* 24(3): 363-399.

Skinner, Quentin. 1978. *The Foundations of Modern Political Thought, vol. 1: The Renaissance*. Cambridge: Cambridge University Press.

Smith, Paul J. 1991. *Taxing Heaven's Storehouse: Horeses, bureaucrats, and the Destruction of the Sichuan Tea Industry 1074-1224*. Cambridge: Harvard University Council on East Asian Studies.

Stone, Lawrence. 1979. *The Family, Sex, and Marriage in England, 1500-1800*. New York: Harper & Row.

Strauss, Leo. 1988a. "Persecution and the Art of Writing." In *Persecution and the Art of Writing*, 22-37. Chicago: University of Chicago Press.

Strauss, Leo. 1988b. *What is political philosophy? And Other Studies*. Chicago: The University of Chicago Press.

Szonyi, Michael. 2002. *Practicing Kinship: Lineage and Descent in Late Imperial China*. Stanford: Stanford University Press.

Tackett, Nicolas. 2014. *The Destruction of the Medieval Chinese Aristocracy*. Cambridge: Harvard University Asia Center.

Tanaka, Stefan. 1993. *Japan's Orient: Rendering Pasts into History*. Berkeley: University of California Press.

Teng, Ssu-yu, and John K. Fairbank. 1954. *Chine's Response to the West*. Cambridge: Harvard University Press.

Tillman, Hoyt Cleveland. 1992. "A new direction in confucian scholarship: Approaches to examining the differences between neo-confucianism and Tao-hsüeh." *Philosophy East and West*. 42(3): 455-474.

Tillman, Hoyt Cleveland. 1994. "The Uses of Neo-Confucianism, Revisited: A Reply to Professor de Bary." *Philosophy East and West*. 44(1): 135-142.

Tilly, Charles. 1990. *Coercion, Capital, and European States, A.D. 990-1990*.

Oxford: Basil Blackwell.

Tiwald, Justin. 2008. "A right of rebellion in the Mengzi?" Dao 7(3): 269-282.

Tu, Wei-ming. 1976. *Neo-Confucian Thought in Action: Wang Yang-ming's Youth (1472-1509)*. Berkeley and Los Angeles: University of California Press.

Tu, Wei-ming. 1989. *Centrality and Commonality: An Essay on Confucian Religiousness*. Albany: State University of New York Press.

Vandermeersch, Léon, ed. 1994. *La Société Civile Face à L'Etat*. Paris: Ecole française d'Extreme-Orient.

Virag, Curie. 2017. *The Emotions in Early Chinese Philosophy*. New York: Oxford University Press.

Von Glahn, Richard. 2003. "Imagining Pre-modern China." In *The Song-Yuan-Ming Transition in Chinese History*, edited by Paul Jakov Smith and Richard von Glahn, 35-70. Cambridge: Harvard University Asia Center.

Von Glahn, Richard. 2016. *The Economic History of China: From Antiquity to the Nineteenth Century*. Cambridge: Cambridge University Press.

Wakeman, Frederic. 1993. "The Civil Society and Public Sphere Debate: Western Reflections on Chinese Political Culture." *Modern China* 19(2): 108-138.

Waldron, Arthur. 1992. *The Great Wall of China: From History to Myth*. Cambridge: Cambridge University Press.

Walzer, Michael. 1988. *The Company of Critics: Social Criticism and Political Commitment in the Twentieth Century*. New York: Basic Books.

Wang, Yang-ming. 1963. *Instructions for Practical Living: And Other Neo-Confucian Writings by Wang Yang-ming*, translated by Wing-tsit Chan. New York: Columbia University Press.

Watson, Burton, trans. 1964. *Basic Writings of Mo Tzu, Hsun Tzu, and Han Fei Tzu*. New York: Columbia University Press.

Weber, Eugen. 1976. *Peasants into Frenchmen: The Modernization of Rural France, 1870-1914*. Stanford: Stanford University Press.

Weber, Max. 1951. *The Religion of China: Confucianism and Taoism*, translated by Hans H. Gerth. Glencoe: Free Press.

Wei, Cheng-T'ung. 1986. "Chu Hsi on the Standard and the Expedient." In *Chu Hsi and Neo-Confucianism*, edited by Wing-tsit Chang, 255-272. Honolulu: University of Hawaii Press.

Wittfogel, Karl. 1957. *Oriental Despotism: A Comparative Study of Total Power*. New Haven: Yale University Press.

Wong, R. Bin. 1997. *China Transformed: Historical Change and the Limits of European Experience*. Ithaca: Cornell University Press.

Woodside, Alexander. 1988. *Vietnam and the Chinese Model: A Comparative Study of Nguyen and Ch'ing Civil Government in the First Half of the Nineteenth Century*. Cambridge: Harvard University Press.

Wright, Mary C. 1957. *The Last Stand of Chinese Conservatism*. Stanford: Stanford University Press.

Wu, Hung. 1995. "Emperor's Masquerade-"costume portraits" of Yongzheng and Qianlong." *Orientations* 26(7): 25-41.

Xunzi. 2014. *Xunzi: The Complete Text*, translated by Eric L. Hutton. Princeton: Princeton University Press.

Yang, Bin. 2008. *Between Winds and Clouds: the Making of Yunnan.* New York: Columbia University Press.

찾아보기

중국정치사상사

중국정치사상사

878

중국정치사상사

중국정치사상사

중국정치사상사

중국정치사상사

중국정치사상사

2021년 2월 15일 초판 1쇄 펴냄
2022년 3월 15일 초판 3쇄 펴냄

지은이 및 옮긴이 김영민
펴낸이 윤철호·고하영
책임편집 최세정·엄귀영
편집 이소영·임현규·정세민·김혜림·정용준·이창현
본문 디자인 김진운
표지 디자인 황일선
본문 조판 토비트
마케팅 최민규

펴낸곳 (주)사회평론아카데미
등록번호 2013-000247(2013년 8월 23일)
전화 02-326-1545
팩스 02-326-1626
주소 03993 서울특별시 마포구 월드컵북로6길 56
이메일 academy@sapyoung.com
홈페이지 www.sapyoung.com

ISBN 979-11-89946-91-3 93340

* 이 연구는 서울대학교 미래기초학문분야 기반조성사업으로 지원되는 연구비에 의하여 수행
  되었음.